U0584600

国家出版基金项目
NATIONAL PUBLICATION FOUNDATION

统制与掠夺

——日伪统治时期中国东北殖民地工业体系研究

孙瑜 著

国家社科基金重大项目『哈佛大学馆藏近代黑龙江资源史料挖掘整理研究（1906-1945）』（19ZDA223）阶段性成果

黑龙江人民出版社

图书在版编目(CIP)数据

统制与掠夺：日伪统治时期中国东北殖民地工业体
系研究 / 孙瑜著. — 哈尔滨：黑龙江人民出版社，
2021.10
　ISBN 978 - 7 - 207 - 12456 - 2

　Ⅰ. ①统… 　Ⅱ. ①孙… 　Ⅲ. ①伪满洲国(1932)—工业
体系—研究 　Ⅳ. ①F429.3

中国版本图书馆 CIP 数据核字(2021)第 098311 号

特约编辑：李庭军
责任编辑：姜新宇　滕文静　张　巍
封面设计：张　涛

统制与掠夺——日伪统治时期中国东北殖民地工业体系研究
TONGZHI YU LÜEDUO—RI-WEI TONGZHI SHIQI ZHONGGUO DONGBEI ZHIMINDI GONGYE TIXI YANJIU

孙　瑜　著

出版发行　黑龙江人民出版社
地　　址　哈尔滨市南岗区宣庆小区 1 号楼
网　　址　www.hljrmcbs.com
印　　刷　哈尔滨市石桥印务有限公司
开　　本　787×1092　1/16
印　　张　46
字　　数　600 千字
版　　次　2021 年 10 月第 1 版
印　　次　2021 年 10 月第 1 次印刷
书　　号　ISBN 978 - 7 - 207 - 12456 - 2
定　　价　196.00 元

版权所有　侵权必究　　　　　举报电话：(0451) 82308054
法律顾问：北京市大成律师事务所哈尔滨分所律师赵学利、赵景波

编 写 说 明

一、本书除个别需要强调、补充说明或勘误之处用括号直接注外，其他采用页下注。

二、工厂名、地名和当时常用词，如田师付（傅）煤矿、耐火粘（黏）土矿、双兴油房（坊）、敦化工场（厂）、貔（皮）子窝、砂（沙）金、银元（圆）、通讯（信）等保持原貌，未做更改。

引文处的原文字词、标点、语法、数据等不合乎现代规范、不准确之处，保持原貌，未做更改。

三、注释中的中日文献资料，均按作者及著述方式、书刊名、出版（印刷）单位及时间、页码的顺序注明出处，但中文和日文文献信息的表述方式又按各自表达习惯在总体顺序一致的前提下略有不同。中文书刊的出版时间均使用阿拉伯数字以公元纪年；日文书刊的出版时间以书刊上的印刷文字为准，故存在有的以公元纪年，有的以日本年号纪年，年号纪年中又存在汉字和阿拉伯数字混用情况，如昭和八年、昭和10年等。

日文出版物存在同一个字的古今写法差异，注释文献中会出现"国"和"國"、"满洲"和"滿洲"、"發行"和"発行"、"会社"和"會社"、"铁道"和"鐵道"、"植民"和"殖民"、"号"和"號"混用的情况，但同一种文献的用字力求做到统一。

参考文献中出现著作者为"满洲帝国政府"等表述，作品名中含"康德七年度版"等字样时，为便于读者查找资料，均保持原貌。

四、书中所引文献资料出版时未有相关规范，故计量单位中出现"平方里""市亩""公尺""担""石""KW""千KW"等情况，保持原貌，未做换算和统一。

本书中统计数据较多，引文中存在数字未留千分空、留有千分空或使用千分号的情况，本书采取不留千分空的原则；但对于间接引用、正文表述和表格中的统计数据，按现行出版规范要求留有千分空。

前　言

历经十载笔耕，此书始获完成。在本书即将付梓之际，笔者想在此谈一下撰写此书的三个目的。

目的一，从多维视角展现近代中国东北工业经济发展变迁的总脉络。东北地区是中国领土不可分割的组成部分。中国东北，古称辽东、关东、关外、满洲，是中国东北方向国土的统称，以山海关为分界，包括辽宁省、吉林省、黑龙江省和内蒙古东部。就面积而言，詹自佑著《东北的资源》一书认为，东北的总面积为 1 306 603 平方公里（内含"关东州" 3 462 平方公里）。① 《满洲年鉴（昭和 20 年版）》中记载，东北全境的面积为 1 306 605 平方公里（包括"关东州" 3 462 平方公里），占亚洲面积的约 3％，是日本领土的近 2 倍。② 东北物资调节委员会研究组编《东北经济小丛书·人文地理》中记载，东北的总面积是 1 969 037 平方公里。③ 上述各种说法虽有出入，但东北地区幅员辽阔是不争的事实。在矿产资源方面，据伪满洲国《矿业法》所载，东

---

① 詹自佑：《东北的资源》，东方书店 1946 年版，第 10 页。

② ［日］福富八郎：『満洲年鑑（昭和 20 年版）』，满洲日報社奉天支社，1944 年，第 1 页。

③ 东北物资调节委员会研究组编：《东北经济小丛书·人文地理》，京华印书局 1948 年版，第 7 页。

北之法定矿物就有 40 种，其中尤以煤、铁、金诸矿最为丰富，甚至被称为"世界矿产宝库"。据伪满期间出版的《满洲的物产》记载，当时发现的金属矿物主要有金、砂金、铁、铜、铅、硫化铁矿等，非金属矿物主要的有煤、白云石、耐火黏土、油母页岩、滑石、石灰石、石棉、长石、石英岩等。① 矿产资源极其丰富。另据东北财经委员会调查统计处编《伪满时期东北经济统计（1931—1945 年）》统计，1943 年，东北的煤产量占全国的 49.5%，发电能力占全国的 78.2%，生铁产量占全国的 87.7%，钢材产量占全国的 93%，水泥产量占全国的 66%。② 可见，当时东北的工业化程度较高，甚至是中国高度发达的工业地带。由以上可知，近代以来东北工业经济发达，矿产资源富饶。

另外，东北工业经济的发展不是一蹴而就的，它有一个长期历史沿革的过程。从清朝后期，东北就出现了官办、官督商办、官商合办和商办等形式的企业，其中官办具有官僚资本主义性质，官督商办、官商合办具有两重性（以官僚资本为主体，兼有民族资本成分），商办具有民族资本主义性质。当时官办企业以吉林机器局和奉天造币厂为代表。在矿业中以阜新县的新成窑、漠河金矿、吉林三姓金矿等为代表。民国时期，工业中出现了官僚军阀资本的形式。在"两张"时期，东北逐渐形成了以奉系军阀为首的官僚资本和当地民族资本长足发展的工业格局。其中奉系资本以东三省兵工厂、东北大学工厂、皇姑屯铁路工厂、奉天迫击炮厂为代表，民族资本以大亨铁工厂和顺兴铁工厂为代表。在矿业方面，有八道壕煤矿、阜新煤矿、复州煤矿、北票煤矿等。另据资料统计：截至 1932 年，包括官僚资本在内的东北民族资本经营的工厂

---

① ［日］河村清：『満洲の物産』，满洲事情案内所，1939 年，第 1 页。
② 东北财经委员会调查统计处编：《伪满时期东北经济统计（1931—1945 年）》，1949 年版，总表（概况）。

达 3 081 家，占东北工厂总数的 80％，其中包括金属工业、机械器具、窑业、纺织、制油、食品加工等行业，投资额为 6 798 万元，占东北工厂投资总额的 28％。① 总体上，这一时期奠定了以沈阳、大连、哈尔滨和图们江流域城市为中心的民族工商业初步发展的工业格局。另外，作为工业化标志之一的铁路在这一时期也有了长足发展。除"满铁"经营的铁路外，奉系军阀、官僚资本和民族资本也修建了一批自资铁路。有资料显示，"自 1921 年 2 月至 1931 年 9 月，使用本国资金和技术修建的铁路营运里程共计 1521.7 公里。"② 总之，这一时期，东北工业的发展遍布轻、重、矿业等各个领域，初步形成了比较完整的东北民族工业体系，工业格局初具规模。此后，日本通过九一八事变侵占整个东北，严格实行经济统制政策，强行打断了东北原有的工业近代化进程，将之纳入日本侵华和掠夺东北资源的殖民地工业体系之中。这是东北工业经济发展史的一段黑暗时期，但也是近代东北工业史的一个重要组成部分，不能忽略。

目的二，以史实为基础驳斥战后日本右翼"建设开发东北论"等错误史观。1963 年，日本满史会编著的《满洲开发四十年史》极力宣扬该理论，内称"满铁……排除了动荡不安和中国本土的扰乱，保持了这一地区的稳定与秩序，投放资本振兴了现代化工业，收容了困顿的当地人民"③。1971 年日本"满洲国史编纂委员会"编写的大部头的《满洲国史》也持此种观点，认为："在此暂短期间，满洲国却经受住了战争的沉重压力，产业经济、文化教育等所有方面都取得了飞速发展，实

---

① ［日］西村成雄：『中国近代東北地域史研究』，法律文化社，1984 年，第 146 页。

② 马尚斌：《奉系经济》，辽海出版社 2000 年版，第 113 页。

③ ［日］满史会编著：《满洲开发四十年史》上册，东北沦陷十四年史辽宁编写组译，辽宁省营口县商标印刷厂 1988 年版，序言。

堪称为近代史上的奇迹,它不仅促进了亚洲各民族的独立,而且也是中国今日发展的一大动力。这是不可否认的历史事实。"① 20 世纪 90 年代以来,日本又出现一批知识界右翼团体,他们成为近年来宣扬该理论的主力军,其中以右翼文人中村粲为代表。他在《评林健太郎的战争史观》一文中宣称:"满洲国有秩序的发展,南面促进了朝鲜的工业化,西面为百万华北劳动人口提供了就业机会……华北人民羡慕满洲国的繁荣。"显然,上述理论主要宣扬在伪满时期,日本对东北产业经济、交通通信、文教卫生等各方面开发的"高速度发展"和"贡献",甚至说它构成今日中国的社会经济建设的"楷模",奠定了后来中国东北部的工业基础。该理论的主要支柱即为这一时期东北工业的"发展"变化,它是对近代日本对中国东北侵略的一种美化和歪曲。

尽人皆知,日本在侵略东北后对该地区进行了残酷的政治统治和疯狂的经济掠夺,其中就包括工业掠夺。可以说,伪满时期东北工业的所谓"开发史"实际就是东北人民的血泪史。在伪满的工厂中,中国工人遭受日伪当局非人的待遇,有的工厂工人要像犯人一样被建立指纹卡片,立档存查以防万一,并填写完全有利于厂方的进厂保证书。在工作时间上,一般每天不分昼夜,一律工作 12 小时,全年无休,任意延长工作时间和劳动强度的情况屡见不鲜。中国工人普遍工作时间较长,但工资水平较低,即使是相同的工作,日本工人的工资往往是中国工人的 2 至 3 倍,同工不同酬的现象非常普遍。更有甚者,许多工人因劳累致死或被折磨而死。虽然通过此类所谓的"工业建设"造成的伤亡人数目前没有确切统计,但仍能从一些局部的统计中感受到它的残酷。据抚

---

① [日]满洲国史编纂刊行会编:《满洲国史·总论》,黑龙江省社会科学院历史研究所译,黑龙江省社会科学院 1990 年版,发刊词。

顺市政协文史资料委员会、抚顺矿业集团有限责任公司编的《抚顺煤矿百年（1901—2001）》所载，在抚顺煤矿，"据不完全统计，从 1905 年3 月到 1945 年 8 月的四十年中，华人矿工因矿山事故，受日本侵略者残害而死亡与伤残的人数，共达 23 万人之多。这个数字还不包括因虐杀、劳累过度、营养不良而死的数以万计的中国矿工及其家属子女"[①]。时至今日，在中国东北仍然留有许多由于日本残杀中国劳工留下的"万人坑"，其中包括抚顺煤矿万人坑、辽源煤矿万人坑、吉林市丰满万人坑、延吉老头沟煤矿万人坑、大栗子铁矿万人坑等，这些都是日本残害中国劳工、压迫中国工人的历史见证。可见，在伪满工业指标虚高之下是中国人民付出的血的代价，它给中国人民带来的伤痛也将是长期的。家园尚可重建，但人死不能复生。日本侵略者对这些工人和劳工生命的无情剥夺给我们国家造成重大损失，更为这些工人和劳工的家人带来一生挥之不去的痛苦。此种罪恶如果以财富的膨胀或者工业指标的虚高来掩盖，这本身就是一种人性的缺失和道德的沦丧。

此外，这一时期日本杀鸡取卵、竭泽而渔式的战时经济亦成为东北经济后续发展的桎梏之一。该体系对资源和环境的破坏主要体现在三个方面：一是日本对东北资源的疯狂开采不利于后续的资源开发。日本为了攫取更多的战争资源，根本不考虑对东北资源的合理开发、利用、保护等要素，甚至竭泽而渔。而且日本的野蛮开采，只追求产量，不顾及中国工人的死活，导致塌方、瓦斯爆炸事件频仍。这些矿山在事故后有的需要花费大量资金进行重新清理，有的只能封存放弃使用，给后续的开采带来了困难。二是资源的消耗和对日输出造成东北资源的急剧减

---

① 抚顺市政协文史资料委员会、抚顺矿业集团有限责任公司编：《抚顺煤矿百年（1901—2001）》，辽宁人民出版社 2004 年版，第 273 页。

少。整个伪满时期，日本一直处于对外侵略扩张状态，战争资源消耗巨大。在这些资源当中，很大一部分属于不可再生资源，尤其是各种矿产资源，它们的消耗阻碍了东北后续的经济开发。以煤炭工业为例，伪满时期东北的煤炭主要供应给关东军、伪满政府、日本会社及各种产业，用于民需量极少，而且还有大量煤炭被输往日本。显然这些煤炭都在日本被消耗掉了，它们客观上成为日本对外发动战争的物质基础。正是由于这些资源是不可再生的，它们的总量是不变的，随着开采的继续，它们的存量在不断减少，这破坏了东北经济后续的发展。三是日本只顾产量而无视对东北环境的破坏。1926 年在抚顺，日本只顾采矿和掠夺中国人的土地，造成浑河北岸中国人的良田被淹。日本大肆开采中国东北的煤炭资源，改变了东北的地质结构，且没有进行有效填充，造成部分地区塌陷，人民的生存环境遭到破坏。此外，日本统治东北期间还对森林滥砍滥伐。凡此种种，不一而足。

对于上述"建设开发东北论"的错误论调，孔经纬先生曾指出："笼统地说日本的侵略政策和侵略活动在客观上对东北社会经济发展起了一定的促进作用，这实际上同直截了当地说'侵略有功'没有什么本质区别。至于殖民地时代遗留下来的物质基础，一旦归属于中国，便是被掠夺果实还家。"[1] 实际上，"建设开发东北论"是为日本侵略他国进行辩护的歪理邪说，亦是日本侵略者犯下无耻罪行的一块遮羞布和挡箭牌，对它必须得进行无情的揭露，否则会误导更多的战后日本民众。

目的三，与时俱进，深化对中国"十四年抗战"历史的研究。"八年抗战"论和"十四年抗战"论之争是中国近代史研究和抗日战争史研究的一个重要问题，它不仅是一个关于战争起点的问题，而且反映了

---

① 孔经纬:《中国东北经济变迁》，吉林教育出版社 1999 年版，第 53 页。

学者对这场战争的一个重要认知，也是对东北抗战及前六年抗战历史地位的一个重要评价。中华人民共和国成立后逐渐展开了对这一问题的讨论，其中"八年抗战"说占主流。改革开放以后，随着思想解放和学术讨论的推进，以九一八事变为起点的"十四年抗战"说得到更多学者的关注和支持。事实上，"八年抗战"指的是全国性抗战，"十四年抗战"则更加强调中国人民抗战的连续性和整体性，尤其是对从九一八事变到七七事变期间，中国人民进行的东北义勇军抗战、淞沪会战、热河长城抗战、察哈尔民众抗日同盟军抗战、东北抗日联军抗战、热河抗日救国军抗战、绥远抗战等一系列大规模抗日斗争的肯定和尊重，它把九一八事变的爆发作为第二次世界大战的起点，反映了中国人民抗日战争在世界反法西斯战争中的地位和作用。值得一提的是，对这一问题的认识呈现出明显的地域性特征，其中关内学者多倾向于"八年抗战"说，关外学者（东北学者）多倾向于"十四年抗战"说，这与东北学者长期研究前六年的抗战历史密切相关。而随着讨论的深入，"局部抗战"与"全面抗战"的理论也更加清晰，这为"十四年抗战"说提供了坚实的理论支撑。尽管如此，争论依旧在进行中。2005 年 9 月 3 日，胡锦涛同志《在纪念中国人民抗日战争暨世界反法西斯战争胜利 60 周年大会上的讲话》中指出："1931 年九一八事变是中国抗日战争的起点，中国人民不屈不挠的局部抗战揭开了世界反法西斯战争的序幕。"而且，在 2014 年 9 月 3 日，习近平同志《在纪念中国人民抗日战争暨世界反法西斯战争胜利 69 周年座谈会上的讲话》中指出："九一八事变成为中国人民抗日战争的起点，并揭开了世界反法西斯战争的序幕。七七事变成为中国全民族抗战的开端，由此开辟了世界反法西斯战争的东方主战场。"显然，政府在学界论证的基础上，表明了对这一问题的基本态度，反过来，这又对学界产生影响。此后，争论渐息。从 2017

年开始，"十四年抗战"又被列入中小学教材之中。这也表明"十四年抗战"说日渐占据主流，深入人心。

"十四年抗战"说的逐步确立，推动了抗日战争史和东北沦陷十四年史的研究。尽管如此，目前国内对后者的研究还有很多不足之处，仍需加强研究。首先，在历史研究方面，以往多侧重于政治史、军事史、外交史等方面，并取得了诸多成果。近年来则更关注于社会史、经济史和文化史等领域，并取得了一定的突破。在东北沦陷十四年史领域也表现出上述研究特征，在社会史、经济史和文化史等方面研究得还不够充分，有待拓展。这需要相关学者对上述领域持续关注，并投入精力。其次，东北沦陷十四年史研究具有明显的现实价值和实际意义。它和劳工问题、历史观问题、日本遗孤问题、细菌战问题等密切相关，对这些问题的研究甚至会影响到中日两国关系的现实走向。因此，对这些问题的研究要与现实状况相结合，互为表里，从而促进学术研究的发展。最后，在东北沦陷十四年史研究方面，近年来发掘出大量的新史料，也解密了大量的新档案，其中包括大量的"满铁"资料。目前"满铁"资料散存于中国、日本、美国、俄罗斯等各国，通过学者的不懈努力，很多资料被挖掘出来，并得到一定程度的应用。尽管如此，由于这些资料数量巨大、分布零散，且多为外文，对它们的整理和研究都有很大的难度，需要诸多学者长期的辛苦付出和努力。显然，对这些资料的应用将极大地充实过去研究的不足、纠正以往研究的偏差，甚至弥补个别领域研究的空白，从而有利于厘清东北沦陷十四年史的一些具体问题。

另外，笔者在此还要谈一下在本书写作过程中遇到的一些问题。

本课题属于经济史方面的研究，因此，要使用大量的统计资料，包括表格、数据等，而在使用过程中发现了以下几个问题。

一是在各个历史阶段中外计量单位不同。如在面积单位中，中国有顷、坰、天、日、亩等，日本有陌、町、坪等。在重量单位中，中国有石、担、斤等，日本有石、贯、斤等。在货币单位方面，有两、吊、哈大洋、现大洋、元、日元、留、卢布等。在长度单位中，有米、尺、公里、英尺、英寸等。为保证数字的准确，同时尽量保持历史原貌，故在引用时多使用原计量单位。但如果涉及比较研究的状况，也会做一定程度的换算。

二是对于本书中所使用的统计数字，笔者做了慎重的鉴别。各个时期的数字，或为具体条件所限，或为口径不同，或为计量单位不统一，或为使用者观察角度不同，故即使是同一时间、同一指标也会出现差异。对此，笔者尽量参考大量资料，尤其采用中日文资料对照，进行了力所能及的鉴别工作，从而尽量提高论述的可信度和说服力。

三是对一些重要的统计数据做了衔接、调整、补充和汇总。本书中使用了大量的工矿业统计资料，原资料中有部分数据与本书关系不大，故略去或进行相应的调整。另外，对部分说明问题的重要数字如果是残缺不全的，经多方查证做了一定程度的补充。同时，对一些重要数据进行汇总。以上对于总结分析近代东北工业的特点、演变和发展趋势等提供了重要依据。

总之，由于本书涉及知识面甚广，使用资料繁杂，而本人的知识储备和积累有限，故可能存在诸多缺点和错误，在此笔者还恳请各位专家和广大读者批评斧正。

目　录

绪　　论

　　1931年，日本经过长期的策划，悍然发动了九一八事变。仅仅几个月时间，东北大片沃土就被日本关东军践踏。次年3月，在日本的扶植下，伪满洲国傀儡政权成立。此后，日本侵略者借伪满洲国傀儡在政治、经济、军事及文化等方面对东北人民实施了残酷的剥削、压迫、奴役与掠夺，东北人民陷入了恐惧压抑的亡国奴生活之中。如何评价这段历史，一直以来都是中日两国学者争论的焦点之一。尤其是战后，日本右翼大肆宣传"复兴东北""满洲的近代化"等错误论调，公开为侵略历史翻案。因此，对伪满洲国史的研究不仅是追求历史事实，揭露历史真相，也有纠正错误历史认知，维护世界和平与安全，增进中日两国人民的世代友好等积极意义。

　　近年来，国内外尤其是中日两国对伪满洲国史的研究成果丰硕。在国内，尤其是许多东北学者对该领域的研究贡献颇大。但截至目前，这些成果多集中于政治、经济、军事和文化等宽领域，对于工业史的研究还处于探索和起步阶段。日本的情况却与我国有很大的不同，他们对伪满工业史的研究取得了一部分高质量的成果。但令人惋惜的是，日本右翼以此为根据大肆鼓噪"复兴东北"等谬论，这不仅有违历史事实，也损害了我们的民族权益和民族感情。此外，伪满工业史研究本身在整个东北地方史和近现代中日关系史研究中亦占有重要地位，研究意义明显。

一、主要研究意义

关于伪满洲国工业史研究的意义主要体现在以下几个方面：

首先，有利于揭露日本对中国东北的政治压迫和经济侵略。这种政治压迫主要体现在对中国工人的血腥统治和对东北民族工业的挤压。在伪满工厂，中国工人没有任何的权利和自由，过着悲惨的亡国奴生活。日本殖民者不但将中国工人当牛做马，恣意打骂、凌辱和摧残，还成立了各种公开和秘密的法西斯特务机构，严密监视和控制中国工人，制造了许多耸人听闻的恐怖事件，实行血腥统治。对于民族工业，日伪政府仅给予最低的原料供应，对民族工厂所需的生活资料和生产资料实行配给手段，控制和压迫民族工业的发展。而当时日本人开设的工厂则享有特权，最终在这种此消彼长的竞争中东北的民族工业日渐萎缩。至于经济侵略则体现得更为露骨。伪满成立之后，在其经济纲领《满洲国经济建设纲要》中就明确了对包括金属工业、机械工业在内的 11 种工业门类实行统制政策，并确定了所谓"以开发矿业资源确立基本工业及国防工业，丰润国民经济，增大国富"的方针。[①] 此后，日本先通过"满铁"，后通过"满业"来控制东北的工业体系，搜刮东北的工业资源。七七事变爆发后，日本国内的物资紧张状况日益突出，在日本政府的授意下，伪满政府于 1940 年推行"重点主义"政策，这进一步加剧了伪满洲国工业体系的畸形。至 1941 年底，由日本控制的以军需工业为核心的殖民地工业体系初步形成。在 1942 年 10 月 6 日，伪满政府颁布了

---

① 中央档案馆、中国第二历史档案馆、吉林省社会科学院合编：《日本帝国主义侵华档案资料选编·东北经济掠夺》，中华书局 1991 年版，第 33 页。

《产业统制法》和《关于产业统制法之施行之件》，统制产业达到 86 种之多。由以上可知，日本对伪满工业的统制政策呈逐渐加强的态势，这一方面反映了日本得寸进尺的侵略心态，另一方面也反映了在战争后期日本日益陷入物资匮乏的窘境。

其次，有利于清晰概括出近代以来中国东北工业发展史的总脉络。孔经纬先生曾指出："如实地揭开战后以来至 50 年代的中国东北地区经济对伪满经济的继承与否定，对于科学地估价后来的社会经济发展同伪满经济的联系以及如何在旧有的基础上发展经济和甩掉旧包袱而实现新的起飞具有很大意义。"① 可见这里面有一个批判与继承的逻辑关系，不能因为伪满时期是日伪统治阶段就对此忽略不见。事实上，从清朝后期到九一八事变之前，东北工业有其自身清晰的发展脉络。官办、官督商办、官商合办和商办等形式的企业已经在清朝后期初具雏形，其中官办具有官僚资本主义性质，官督商办、官商合办具有两重性（以官僚资本为主体，兼有民族资本成分），商办具有民族资本主义性质。民国时期，在工业形式上除了官办、官督商办、官商合办和商办等外，还出现了军阀官僚投资，以奉系军阀为首的官僚资本和当地的民族资本均有了长足的发展。甚至可以说，该时期的东北工业已经初步步入了近代化的正轨，工业格局已经初具规模。但九一八事变的发生使东北原有的工业发展受到阻碍，东北工业近代化的发展历程，从此被纳入日本侵华和掠夺东北资源的殖民地工业体系之中。至伪满后期，该体系已经比较完整。抗日战争胜利后，由于国民党打内战，工厂矿厂停产停工，工矿业生产遭到严重破坏，加上苏联拆运走很多重要的机器设备，当时的工业生产水平很低。中华人民共和国成立后，东北成为中华人民共和国工业

① 孔经纬：《中国东北经济变迁》，吉林教育出版社 1999 年版，第 2 页。

建设的摇篮，为国家进行重要战略物资储备和工业化建设奠定了坚实基础。显然，历史的发展是阶段性和连续性的统一。伪满时期，中国东北处于日本的高压统治之下，这是中国近现代史上一个客观存在的特殊的历史阶段。这段历史给中国人民留下了巨大痛苦，它不能被完全忘却和忽略掉。从一定意义上讲，中华人民共和国成立后的东北工业格局承接于伪满工业，两者之间有着不能抹杀的关联性。因此，完全抛开伪满时期来谈中国东北的工业发展轨迹是不准确的。

最后，有利于驳斥战后日本右翼"复兴东北""建设东北"等谬论。战后，日本右翼宣扬在伪满时期日本对产业经济、交通通信、文教卫生等各方面开发的"高速度发展"和"贡献"，夸耀其所创造的世界史"奇迹"，甚至说它构成今日中国的社会经济建设"楷模"。① 日本"满史会"认为：东北原是名副其实的塞北荒原。到了1945年8月，日本在太平洋战争中失败将它归还中国时，这片昔日的荒原已经变成拥有许多现代化城市，在东洋也算是屈指可数的现代化工业地区了。在这不到半个世纪的四十年期间，中国东北地方取得了如此迅猛的变化，是不容置疑的事实。这一飞速发展的根本原因，当然在于中国人民的辛勤劳动，而日本人的技术和努力（姑且不谈其动机），所起的主导作用也是历史的事实。② 还有学者认为，"抛开政治角度，从经济的角度来看，中国东北部的工业基础也是在这一时期（伪满时期，笔者注）被奠定的"③。显然，日本右翼之所以得出此种结论，虽然也考虑到当时农业、

---

① ［日］满洲国史编纂刊行会编：《满洲国史·分论》上，东北沦陷十四年史吉林编写组译，东北师范大学校办印刷厂1990年版，序言。

② ［日］满史会著：《满洲开发四十年史》上册，东北沦陷十四年史辽宁编写组译，辽宁省营口县商标印刷厂1988年版，序言。

③ ［日］関権：『"満洲国"工業生産——"工場統計表"による推計』，『東京経済大学会誌』245号，2005年，第53頁。

商业和交通运输业等行业的变化，但主要还是注重于工业的变化，尤其是立足于对这一时期工业数据的分析。尽管如此，由于这种观点在根本上忽略了日本对东北的资源掠夺和东北人力物力的巨大消耗，尤其是在日本对东北工业物资的掠夺这一方面闭口不谈，所以其得出的结论不仅是有偏颇的，而且是错误的。国内有学者对此一针见血地指出："经济上的'编制'，物产资源的掠夺，无论在手段还是后果上都较之以往的殖民主义者有过之而无不及，给东北人民带来了深重的灾难。日本右翼分子竟然与侵略者、殖民主义者一样，美化侵略，美化殖民，异曲同工，旨在篡改侵略历史。"[①] 从这个意义上讲，日本右翼分子与以往的侵略者和殖民主义者是一丘之貉。值得注意的是，军国主义的日本虽然已经战败投降，但战后在日本法西斯军国主义仍然保留了一定的残余，且目前有死灰复燃的迹象，日本右翼的此番理论更是为这种法西斯主义提供了适宜的土壤。对此听之任之，必将会误导更多的日本年轻人加入军国主义的行列，最终会造成危害四邻，破坏世界和平与安全的局面。因此，对日本军国主义必须要未雨绸缪，防患于未然。对中方而言，深入揭露该时期日本对东北工业的掠夺，将为驳斥日本右翼"复兴东北"的谬论提供强有力的支撑，也是对日本军国主义的批判和打击。

那么，如何正确评价这一时期东北工业的动态变化则是中日两国学者争论的焦点。事实上，马克思在评价英国对印度殖民统治时的观点值得借鉴。他指出："英国的工业巨头们之所以愿意在印度修筑铁路，完全是为了要降低他们工厂所需要的棉花和其他原料的价格。""如果你想在一个幅员广大的国家维持一个铁路网，那你就不能不在这个国家里把铁路交通日常急需的各种生产过程都建立起来。这样一来也必然要在

---

① 范广杰：《东北沦陷史鉴》，载《伪皇宫陈列馆年鉴（1998—1999）》，第155页。

那些与铁路没有直接关系的工业部门里应用机器。"① 在此，英国为了在印度掠夺更多的原材料而充当了一个历史的不自觉的工具。同理，日本对伪满洲国的统治和它相类似，所不同的是由于战争的紧迫性和日本传统的恃强凌弱野蛮嗜杀的民族特性，它对东北人民的掠夺更残酷、更野蛮。因此，这一时期东北工业的扩张主要是建立在日本对东北资源杀鸡取卵式的破坏和给东北人民造成的巨大伤亡之上的，其目的是最大限度地掠夺东北物资。总之，伪满时期东北工业的动态变化是客观存在的，但这绝不是日本侵略者的本意和目的，而对于广大东北人民而言，亲身体会到的是沉重的压迫和灾难性的掠夺。所以只有将动态变化、掠夺性和灾难性三者联系起来，才能更客观地反映该时期东北工业的真实状况。

二、关于伪满工业史研究的史料

这方面的史料比较丰富，大致可分为"满铁"资料和一般史料，其中"满铁"资料占主体。"南满洲铁道株式会社"（简称"满铁"）成立于 1906 年 11 月，1945 年 9 月解散，它是贯彻日本"大陆政策"和"经营满洲"政策的重要国策会社，是日本发动侵华战争的急先锋和马前卒。"满铁"下设调查机构，其中最有名的是调查部和东亚经济调查局，它有一支庞大的调查队伍，最兴盛之时有职员 2 300 人。② 他们对中国的政治、经济、文化、社会、资源等进行了全面的调查，形成了极为丰富的文字材料，从而为日本侵华提供了详细的情报资料。"满铁"资料主要包括三类：一是"满铁"下设机构编辑出版的图书资料，

---

① 《马克思恩格斯选集》第 2 卷，人民出版社 1972 年版，第 72—73 页。
② ［日］满铁会编：『满铁资料を求めて——有马胜良遗稿集』，龙溪书舍，昭和 61 年，第 15 页。

如各种调查报告等。二是"满铁"加工整理的资料，如"满铁剪报"等。三是当时"满铁"收藏的各种图书资料。这些资料具有明显的学术价值和现实意义，为中国近现代史研究和中日关系史研究提供了大量一手资料，对它的研究有力地揭露了日本军国主义的侵华罪行，是开展爱国主义教育的重要素材。

目前这些资料主要散布于中国、美国、日本、俄罗斯等国。日本战败后，将大量的"满铁"资料运回国内。目前这些资料主要存于日本国立国会图书馆、一桥大学图书馆、庆应义塾大学法学部图书室、小田原市立图书馆等公共机关、研究机构及大学图书馆内。其中，日本国立国会图书馆藏有"满铁"资料几千册，其运营的网络数据库"亚洲历史资料中心"（アジア歴史資料センター）则公开了大量的"满铁"资料。美军占领日本时期曾将大量"满铁"资料运回国内。目前这些资料主要存放于美国国会图书馆和部分大学图书馆，其中美国国会图书馆有"满铁"资料 6 100 余份。

在俄罗斯，亦存放有一部分"满铁"资料。抗日战争胜利后大连由苏军接管。苏联对部分"满铁"档案进行了大量的翻译，并将部分档案原件运回苏联。苏联解体后，这些"满铁"资料主体部分留在俄罗斯境内，一部分也流散到一些独联体国家。

在我国，"满铁"资料藏量非常丰富，分布也较广，很多省市的档案馆、图书馆及部分大学的图书馆均有收藏。大连市图书馆藏量最多，辽宁省档案馆和吉林省社会科学院满铁资料馆藏量亦很丰富。其他藏有"满铁"资料的单位还有中央档案馆、铁道部档案馆、沈阳铁路工会图书馆、吉林大学图书馆、吉林省图书馆、黑龙江省档案馆、哈尔滨市图书馆、天津市图书馆、天津市档案馆、山东省图书馆、青岛市图书馆、上海市图书馆、上海市档案馆、上海市社会科学院历史研究所、南京市图书馆、南京大学图书馆、中国农业大学图书馆、北京交通大学图书馆等。其中，大连图书馆始建于1907年，其前身为"南满洲铁道株式会社大连图书馆"，馆藏有50多万册"满铁"资料。吉林省社会科学院"满铁"资料馆有30 000多件资料，且大部分为"满铁"调查部的文书、调查报告、会议记录、往复信件等，其资料保存形式有微缩胶片、手写稿、铅印体、晒蓝、打印稿等。吉林大学图书馆有资料5 000余种14 000余册，山东省图书馆藏有资料6 000余件（册）。资料的分散在一定程度上有利于资料的保存，但也为研究和收集"满铁"资料带来困难。此外，还有部分"满铁"资料散落于民间，为民间收藏家或科研人员所收藏，但存量不多。

上述"满铁"资料或处于保密状态不予公开，或因保存不善字迹模糊难以辨认，或存于国外难于获得，这给史学研究者的研究带来诸多不便。可喜的是，近年来国家相关部门组织专家进行论证，并资助了一大批关于"满铁"资料整理与研究的项目，出版了一系列关于"满铁"资料的丛书，主要有：辽宁省档案馆和黑龙江省档案馆编、广西师范大学出版社出版《满铁调查报告》①，解学诗、苏崇民主编《满铁档案资料汇编》②，吉林省社会科学院《满铁史资料》编辑组编《满铁史资料·路权篇》③，解学诗主编《满铁史资料·煤铁篇》④，解学诗、宋玉印编《满铁内密文书》⑤，解学诗主编《满铁调查期刊载文目录》⑥，解

---

① 《满铁调查报告》（1—8辑）分别由辽宁省档案馆和黑龙江省档案馆编，由广西师范大学出版社陆续于2005年至2016年出版。
② 解学诗、苏崇民主编：《满铁档案资料汇编》，社会科学文献出版社2011年版。
③ 吉林省社会科学院《满铁史资料》编辑组编：《满铁史资料·路权篇》，中华书局1979年版。
④ 解学诗主编：《满铁史资料·煤铁篇》，中华书局1987年版。
⑤ 解学诗、宋玉印编：《满铁内密文书》，社会科学文献出版社2015年版。
⑥ 解学诗主编：《满铁调查期刊载文目录》，吉林文史出版社2004年版。

学诗主编《满铁调查报告目录》①，解学诗主编《满洲交通史稿》②，吉林省社会科学院满铁资料馆编《吉林省社会科学院满铁资料馆馆藏资料目录》③，中国社会科学院近代史研究所编著《中国社会科学院近代史研究所藏满铁剪报类编》④，辽宁省档案馆编《辽宁省档案馆馆藏满铁剪报选辑》⑤，辽宁省档案馆编《满铁的设立——满铁档案选编》⑥，邵汉明、王建朗编《南满洲铁道株式会社社史资料汇编》⑦，辽宁省档案馆、辽宁社会科学院编《“九·一八”事变前后的日本与中国东北——满铁秘档选编》⑧，大连图书馆编《大连图书馆藏满铁资料目录》⑨，满铁资料编辑出版委员会编《中国馆藏满铁资料联合目录》⑩，辽宁省档案馆编《满铁密档·满铁与劳工》⑪，辽宁省档案馆编《满铁密档·满铁与侵华日军》⑫，辽宁省档案馆编《满铁密档·满铁机构》⑬、辽宁省档案馆编《满铁密档·满铁与移民》⑭，吉林省社会科学院编《日本涉华密档·陆海军卷》⑮，华中师范大学中国农村研究院、黑龙江省档案

①　解学诗主编：《满铁调查报告目录》，吉林人民出版社 2005 年版。
②　解学诗主编：《满洲交通史稿》，社会科学文献出版社 2012 年版。
③　吉林省社会科学院满铁资料馆编：《吉林省社会科学院满铁资料馆馆藏资料目录》，吉林文史出版社 1995 年版。
④　中国社会科学院近代史研究所编著：《中国社会科学院近代史研究所藏满铁剪报类编》，国家图书馆出版社 2016 年版。
⑤　辽宁省档案馆编：《辽宁省档案馆馆藏满铁剪报选辑》，辽宁教育出版社 2018 年版。
⑥　辽宁省档案馆编：《满铁的设立——满铁秘档选编》，辽海出版社 1998 年版。
⑦　邵汉明、王建朗编：《南满洲铁道株式会社社史资料汇编》，国家图书馆出版社 2018 年版。
⑧　辽宁省档案馆、辽宁社会科学院编：《“九·一八”事变前后的日本与中国东北——满铁秘档选编》，辽宁人民出版社 1991 年版。
⑨　大连图书馆编：《大连图书馆藏满铁资料目录》，辽宁人民出版社 2002 年版。
⑩　满铁资料编辑出版委员会编：《中国馆藏满铁资料联合目录》，东方出版中心 2007 年版。
⑪　辽宁省档案馆编：《满铁密档·满铁与劳工》，广西师范大学出版社 2003 年版。
⑫　辽宁省档案馆编：《满铁密档·满铁与侵华日军》，广西师范大学出版社 1999 年版。
⑬　辽宁省档案馆编：《满铁密档·满铁机构》，广西师范大学出版社 2004 年版。
⑭　辽宁省档案馆编：《满铁密档·满铁与移民》，广西师范大学出版社 2003 年版。
⑮　吉林省社会科学院编：《日本涉华密档·陆海军卷》，线装书局 2012 年版。

馆联合编译《满铁调查》（4 册）① 等。值得一提的是，满铁资料编辑出版委员会编《中国馆藏满铁资料联合目录》共 30 卷，分综合图书、宗教、哲学、文学、语言、文字、历史、地理、政治、经济、社会、数学、理学、医学、建筑学、军事、艺术、体育、产业总论、农业、商业、工业、交通、通信、剪报、报刊、题目索引、著者索引等类别并进行整理，将中国现存"满铁"资料中的大部分进行了归纳整理，并标明了相关资料的馆藏信息。这为研究人员检索资料提供了线索。

此外，在中央档案馆、中国第二历史档案馆、吉林省社会科学院合编《日本帝国主义侵华档案资料选编》中，《九一八事变》② 《东北经济掠夺》③ 《东北"大讨伐"》④ 《伪满警宪统治》⑤ 《伪满傀儡政权》⑥ 也收录了部分"满铁"资料。

在中华人民共和国成立前，中国方面还编辑出版了一部分重要的经济资料，主要包括：东北物资调节委员会编《东北经济小丛书》⑦，全书共 20 册，其中关于工业的有 11 册。该套丛书是迄今为止国内所编的比较详细且系统介绍伪满洲国工业问题的著作，其中重点论述了该时期的农产品加工业（轻工业）、矿产、煤炭、钢铁、机械、化工、水泥、

---

① 华中师范大学中国农村研究院、黑龙江省档案馆联合编译：《满铁调查》（4 册），中国社会科学出版社 2015 年版。

② 中央档案馆、中国第二历史档案馆、吉林省社会科学院合编：《日本帝国主义侵华档案资料选编·九一八事变》，中华书局 1988 年版。

③ 中央档案馆、中国第二历史档案馆、吉林省社会科学院合编：《日本帝国主义侵华档案资料选编·东北经济掠夺》，中华书局 1991 年版。

④ 中央档案馆、中国第二历史档案馆、吉林省社会科学院合编：《日本帝国主义侵华档案资料选编·东北"大讨伐"》，中华书局 1991 年版。

⑤ 中央档案馆、中国第二历史档案馆、吉林省社会科学院合编：《日本帝国主义侵华档案资料选编·伪满警宪统治》，中华书局 1993 年版。

⑥ 中央档案馆、中国第二历史档案馆、吉林省社会科学院合编：《日本帝国主义侵华档案资料选编·伪满傀儡政权》，中华书局 1994 年版。

⑦ 东北物资调节委员会编：《东北经济小丛书》，中国文化服务社沈阳印刷厂、京华印书局 1947 年版、1948 年版。

纸及纸浆、纤维等工业，是研究该时期工业不可多得的重要资料。东方经济研究所编《东北经济丛书》，其中包括《东北的工业》① 和《东北的矿业》② 两部。它们主要是在对日本的各种调查报告严加选择和整理的基础上编著而成。东北财经委员会调查统计处编《伪满时代东北各企业固定资产的折旧费用及折旧率》（东北经济参考资料一）③、《伪满时期东北经济统计（1931—1945 年）》（东北经济参考资料二）④ 和《伪满时期东北厂矿基本资料》（东北经济参考资料三）⑤，分别对伪满时期东北主要工矿业的折旧费和折旧率的数据进行了统计，对东北工矿业的总体情况用数据表格的形式进行了统计，对东北工厂、矿场的具体情况（包括资本状况、生产能力、机械设备状况、原材料供需状况等）进行了详细统计，它们是研究该时期东北工业重要的档案史料。另外，东北文化社年鉴编印处编的《东北年鉴》⑥ 提供了大量民国时期东北工矿业的史料，为研究伪满工业史做了铺垫。

中华人民共和国成立后也出版了一批史料丛书，主要有：辽宁省统计局出版《辽宁工业百年史料》⑦，主要以工业统计数字的形式叙述了辽宁省境内从清末至改革开放初期近百年来工业经济的发展变化状况，是研究伪满时期辽宁工业不可多得的资料。陈绍楠主编《哈尔滨经济资料文集》⑧，其第三辑提供了大量关于民国、伪满时期哈尔滨地区的制

---

①　郑学稼：《东北的工业》，东方书店 1946 年版。

②　施良：《东北的矿业》，东方书店 1946 年版。

③　东北财经委员会调查统计处编：《伪满时代东北各企业固定资产的折旧费用及折旧率》，1949 年版。

④　东北财经委员会调查统计处编：《伪满时期东北经济统计（1931—1945 年）》，1949 年版。

⑤　东北财经委员会调查统计处编：《伪满时期东北厂矿基本资料》，1949 年版。

⑥　东北文化社年鉴编印处编：《东北年鉴》，东北文化社 1931 年版。

⑦　辽宁省统计局：《辽宁工业百年史料》，辽宁省统计局印刷厂 2003 年版。

⑧　陈绍楠主编：《哈尔滨经济资料文集》（共四辑），哈尔滨市档案馆 1990 年版、1991 年版。

粉业、制油业、酿造业和其他工业的资料。东北解放区财政经济史编写组编《东北解放区财政经济史资料选编》①，收录了部分关于伪满后期的工业资料。《中国近代兵器工业档案史料》编委会编《中国近代兵器工业档案史料》②，收录了晚清、北洋政府、民国、抗战和解放战争各时期中国兵器工业的史料，其中有部分关于东北兵器工业的资料。《中国舰艇工业历史资料丛书》编辑部编纂《中国近代舰艇工业史料集》③，收录了一部分关于旅顺船坞局、大连船渠会社的史料。复旦大学历史系日本史组编译《日本帝国主义对外侵略史料选编（1931—1945）》④，涉及部分日本对中国东北的经济统制政策。孙邦主编《伪满史料丛书》（共10册），其中《经济掠夺》⑤一书编辑了"经济统制政策和产业五年计划""伪满各地经济状况及对民族工商业的摧残""农产品的掠夺""林业资源的掠夺""钢铁、煤炭等矿产资源的掠夺""满铁及伪满交通运输""劳动资源的掠夺""金融的统制与掠夺""鸦片统制与毒害"和"日本的移民侵略"等方面的资料。此外，在一些工业史资料汇编中也有部分关于东北工业史的资料，如：汪敬虞编《中国近代工业史资料》第二辑⑥、彭泽益编《中国近代手工业史资料（1840—1949）》⑦、陈

---

① 东北解放区财政经济史编写组编：《东北解放区财政经济史资料选编》，黑龙江人民出版社1988年版。

② 《中国近代兵器工业档案史料》编委会编：《中国近代兵器工业档案史料》，兵器工业出版社1993年版。

③ 《中国舰艇工业历史资料丛书》编辑部编纂：《中国近代舰艇工业史料集》，上海人民出版社1994年版。

④ 复旦大学历史系日本史组编译：《日本帝国主义对外侵略史料选编（1931—1945）》，上海人民出版社1975年版。

⑤ 孙邦主编：《伪满史料丛书·经济掠夺》，吉林人民出版社1993年版。

⑥ 汪敬虞：《中国近代工业史资料》第二辑，科学出版社1957年版。

⑦ 彭泽益编：《中国近代手工业史资料（1840—1949）》，生活·读书·新知三联书店1957年版。

真等编《中国近代工业史资料》①（共四辑）等。另外，战后我国曾对日本战犯和伪满汉奸进行了审判，整理了一部分供词。这方面的成果有：中央档案馆编《伪满洲国的统治与内幕——伪满官员供述》②和中央档案馆整理编辑《日本战犯的侵华罪行自供》③（11 卷本）。前者收录了溥仪、张景惠、臧式毅、于静远④、阮振铎等伪满"君臣"的笔供；后者收录了部分日本侵华战犯的自供词，其中包括武部六藏⑤、古海忠之⑥、

---

① 陈真等编：《中国近代工业史资料》（共四辑），生活·读书·新知三联书店 1957—1961年版。

② 中央档案馆编：《伪满洲国的统治与内幕——伪满官员供述》，中华书局 2000 年版。

③ 中央档案馆整理编辑：《日本战犯的侵华罪行自供》，香港中和出版有限公司 2014 年版。

④ 于静远（1898 年—1969 年），辽宁辽阳人，伪满洲国监察院首任院长汉奸于冲汉之子。于静远曾在瑞士炮兵学校留学，回国后历任东北大学教授、东北特区第三总署长、东省铁路护路军总司令部参谋、东北船政局顾问、东省特区长官公署参议等职。九一八事变后，曾任伪满洲国协和会总务处处长、伪满驻日本大使馆参事官、伪新京特别市市长、伪产业部大臣、伪兴农部大臣、伪民生部大臣、伪经济部大臣、伪满洲国国民勤劳奉公队总司令兼伪满洲国协和会中央本部委员会委员等职。1945 伪满洲国灭亡后，他被苏联红军逮捕，押往苏联，关押在西伯利亚。中华人民共和国成立后，他于 1950 年被引渡回国，关押在抚顺战犯管理所。1966 年 4 月 16 日，他获得特赦，1969 年 11 月 12 日去世。

⑤ 武部六藏（1893 年 1 月 1 日—1958 年 1 月 19 日），毕业于东京帝国大学法科大学法律学科，曾任长崎县理事官，内务部农林课长，福冈县学务课长，内务事务官，都市计划局、帝都复兴院书记官，建筑局庶务课长兼营缮课长，复兴局建筑部庶务课长，复兴局长官官方计划课长，复兴局长官官房文书课长，复兴事务局文书课长、计划课长、庶务课长兼内务书记官，内务大臣秘书官，内务书记官，大臣官方会计课长，秋田县知事，"关东局"司政部长，"关东局"总长，企划院次长，企划院总裁心得，伪满洲国国务院总务厅长官等职。其中伪满国务院总务厅长官一职掌握伪满实权。武部六藏通过主持"火曜会"来行使伪满的预算、立法、人事任免等重要权力。日本战败投降后，他被关押在西伯利亚，后被引渡到中国，关押在抚顺战犯管理所，并被判处有期徒刑 20 年。1956 年被特赦后回国。

⑥ 古海忠之（1900 年 5 月 5 日—1983 年 8 月 23 日），伪满官吏，日本战犯。曾任宇都宫税务署长、东京幸桥税务署长、大藏省复建管理财产局事务官、伪满洲国国务院经济部次长、伪满洲国总务厅次长等职。他负责制定了伪满洲国"第一次产业开发五年计划"。日本战败投降后，他被苏联逮捕后被移交中国，关押于抚顺战犯管理所，并被判处有期徒刑 18 年。1963 年 3 月被提前释放后回国。此后，他担任大谷重工业副社长、东京批发中心社长、TOC咨询委员、长富宫董事等职。

岐部与平①、中井久二②、三宅秀也③、堀口正雄④等伪满战犯。总之，关于伪满工业史研究，中文的一手资料不如日文的丰富，而且其中很多亦是借鉴当时的日方资料编辑而成的。

除以上外，还有一些丛书也涉及伪满工业问题，如李茂杰主编《伪满洲国政府公报全编》⑤共计163册，收录了伪满洲国政府发布的全部3 948期公告，其中包括大量的伪满工业统制法令。再如《伪满洲国期刊汇编》共五辑（56种）237册，其中第五辑⑥为统计资料专辑（10种，36册），涉及一些伪满经济统计资料。

日本方面在战后也出版了一批"满铁"资料，主要包括：《现代史资料·满铁》⑦《满洲国机密经济资料》⑧《旧殖民地关系机关刊行物综

---

① 岐部与平，1895年8月6日生于日本大分县。毕业于东京递信官吏练习所行政科，曾任"关东厅"递信书记、"关东厅"理事官、大连民政署地方课长、铁岭邮政局长、长春邮政局长、奉天邮政局长、关东军嘱托、哈尔滨电政管理局局长、吉黑邮政管理局局长、"牡丹江省"次长、"东安省"次长、"东安省"省长、伪满政府总务厅参事官、"间岛省"省长、伪满洲国厚生会理事长等职。1945年10月26日在长春被苏军逮捕。

② 中井久二，1897年1月3日生于日本鸟取县。毕业于日本明治大学，曾任伪满洲国锦州地方法院审判官、司法矫正总局局长等职。日本战败投降后被关押于抚顺战管管理所。

③ 三宅秀也，1902年生，日本兵库县人。曾任伪民政部驻哈联络员办事处雇员、吉林省永吉县参事官、吉林省永吉县治安维持会委员、"热河省"公署总务厅总务科科长、"热河省"公署警务厅警务科科长、伪治安部警务司警务科人事股股长、"奉天省"警务厅厅长等职。日本战败投降后被关押于抚顺战犯管理所。

④ 堀口正雄，1901年1月9日生，日本东京都人。曾任"新京"宪兵队敦化宪兵分队队长、牡丹江宪兵队牡丹江宪兵分队队长、关东宪兵队教习队中队队长、临时鸡宁宪兵队队长、关东宪兵队教习队队长、锦州宪兵队队长等职。日本战败投降后被关押于抚顺战犯管理所。

⑤ 李茂杰主编：《伪满洲国政府公报全编》，线装书局2009年版。

⑥ 线装书局编：《伪满洲国期刊汇编》第五辑，线装书局2010年版。

⑦ ［日］伊藤武雄、荻原極、藤井满洲男编：『現代史资料·满鉄』（31）—（33），みすず书房，昭和41年。

⑧ 解学诗监修·解题：『满洲国機密经济资料』，本の友社，2000年。这是吉林省社会科学院解学诗研究员主要根据吉林省社会科学院满铁资料馆馆藏资料在日本出版的一套"满铁"资料，内含大量密级经济资料。

合目录——满洲国·关东州编》① 《旧殖民地关系机关刊行物综合目录——南满洲铁道株式会社编》② 《日本旧外地关系统计资料目录》③ 等。但由于日本"满铁"资料藏量不如中国丰富等原因，日本出版的"满铁"资料在质量和数量方面都不如中国。

在以上"满铁"资料中有大量关于东北工业的资料，其中包括：满铁调查部《满洲经济年报》④、关东局官房文书课等编《满洲工场统计速报》⑤、大连商工会议所《满洲工场要览》⑥、经济部工务司《满洲国工场统计》⑦、经济部工务司《满洲国工场名簿》⑧、关东局官房总务课《关东州工场统计》⑨、关东局官房总务课《关东州工场矿山名簿》⑩、国务院总务厅统计处、建国大学研究院图表班编纂《满洲帝国国势图表》⑪、南满洲铁道株式会社社长室调查课《满蒙全书》⑫、满洲

---

① ［日］アジア経済研究所図書資料部編：『旧植民地関係機関刊行物総合目録 満州国・関東州編』，アジア経済研究所，1975 年。

② ［日］アジア経済研究所図書資料部編：『旧植民地関係機関刊行物総合目録 南満州鉄道株式会社編』，アジア経済研究所，1975 年。

③ ［日］国立国会図書館参考書誌部：『日本旧外地関係統計資料目録』，1964 年。

④ ［日］満鉄調査部：『満洲経済年報』，1939 年。

⑤ ［日］関東局官房文書課等編：『満洲工場統計速報（昭和十五年）』，1941 年。

⑥ ［日］大連商工会議所：『満洲工場要覧』，1937 年。

⑦ ［日］経済部工務司：『満洲国工場統計』，1942 年刊行，アジア歴史資料センター，档案号 A06033532100。

⑧ ［日］経済部工務司：『満洲国工場名簿』，1941 年刊行，アジア歴史資料センター，档案号 A06033531900。

⑨ ［日］關東局官房總務課：『關東州工場統計』，昭和 13 年，アジア歴史資料センター，档案号 A06033521800。

⑩ ［日］關東局官房總務課：『關東州工場鑛山名簿』，昭和 18 年，アジア歴史資料センター，档案号 A06033521500。

⑪ ［日］國務院總務廳統計處、建國大學研究院圖表班編纂：『満洲帝國國勢圖表』，1940 年，アジア歴史資料センター，档案号 A06031504100。

⑫ ［日］南満洲鐵道株式會社社長室調査課：『満蒙全書』，満蒙文化協會發行，大正 11 年。

事情案内所编《满洲事情》①、樋口弘《动态的满洲经济》②、星野龙男《满洲商工事情》③、中岛宗一《满洲商工事情》④、砂原滋二《满洲商工概览》⑤、丰田要三《满洲工业事情》⑥、村上钣藏《南满洲矿产地及矿产统计一览》⑦、广田虎雄《中央试验所要览》⑧、山岸明《满洲的石油》⑨、南满洲铁道株式会社总务部调查课编《满洲的纤维工业》⑩、佐佐木孝三郎《奉天经济三十年史》⑪、白石幸三郎《新满洲国的经济事情》⑫、水谷光太郎《满洲液体燃料事业的回顾与展望》⑬、实业部总务司文书科编《满洲国产业概观》⑭、永井和歌丸《关东州的资源与工业（海产编）》⑮、佐田弘治郎《满洲政治经济事情（昭和四年）》⑯、关东都督府民政部庶务课《满蒙经济要览》⑰、满铁调查部资料课编《关系

① ［日］满洲事情案内所编：『满洲事情』，满洲事情案内所發行，昭和 10 年。

② ［日］樋口弘：『動く满洲經濟』，ダイヤモンド社發行，昭和 12 年。

③ ［日］星野龍男：『满洲商工事情』，满鐵地方部商工課發行，昭和 9 年。

④ ［日］中岛宗一：『满洲商工事情』，南满洲鐵道株式会社發行，昭和 12 年。

⑤ ［日］砂原滋二：『满洲商工概覽』，南满洲鐵道株式會社殖産部商工課發行，昭和 5 年。

⑥ ［日］豊田要三：『满洲工業事情』，满洲事情案内所發行，1939 年。

⑦ ［日］村上鈑藏：『南满洲礦産地及礦産統計一覽』，南满洲鐵道株式會社地質調查所發行，昭和 4 年。

⑧ ［日］廣田虎雄：『中央試驗所要覽』，南满洲鐵道株式會社中央試驗所，昭和 13 年。

⑨ ［日］山岸明：『满洲の石油』，東亜交通公社满洲支社，1943 年。

⑩ ［日］南满洲鐵道株式会社總務部調查課編：『满洲の纖維工業』，南满洲鐵道株式会社，昭和 6 年。

⑪ ［日］佐佐木孝三郎：『奉天經濟三十年史』，奉天商工公會發行，1940 年。

⑫ ［日］白石幸三郎：『新满洲国の經濟事情』，朝日新聞社發行，昭和 7 年。

⑬ ［日］水谷光太郎：『满洲に於ける液體燃料事業の回顧と展望』，昭和 13 年。

⑭ ［日］實業部總務司文書科編：『满洲国産業概観』，满洲行政學會，1936 年。

⑮ ［日］永井和歌丸：『關東州の資源と工業（海産篇）』，關東州工業會發行，昭和 20 年。

⑯ ［日］佐田弘治郎：『满洲政治經濟事情（昭和四年）』，南满洲鐵道株式會社，昭和 5 年。

⑰ ［日］關東都督府民政部庶務課：『满蒙經濟要覽』，小林又七支店，大正 6 年。

会社统计年报（昭和 12 年度）》①、秋田忠义《图解满洲产业大系》第
五卷②、工业化学会满洲支部编《满洲的资源与化学工业》（增订改
版）③、水谷国一《南满洲铁道株式会社统计年报（昭和 11 年度）》④、
南满洲铁道株式会社总裁室地方部残务整理委员会编《满铁附属地经营
沿革全史》⑤、高野恒男《满洲国产业经济关系纲要集》第一辑⑥等，
它们提供了大量关于伪满工矿企业的重要数据，包括资本额、工厂数、
职工数、生产额等，为该领域的研究提供极大的便利。

　　日本方面还出版了一批一般史料，主要有：《现代史资料·满洲事
变》⑦《现代史资料·续·满洲事变》⑧《十五年战争重要文献系列》⑨
《现代史资料·日中战争》⑩《通往太平洋战争之道（资料篇）》⑪《满洲

① ［日］满铁调查部资料课编：『關係會社統計年報（昭和 12 年度）』，南满洲铁道株式
會社發行，昭和 14 年。
② ［日］秋田忠義：『圖解满洲産業大系』第五卷，新知社，昭和 8 年。
③ ［日］工業化學會满洲支部编：『满洲の資源と化學工業』（增訂改版），丸善株式会
社，昭和 12 年。
④ ［日］水谷國一：『南满洲鐵道株式會社統計年報（昭和 11 年度）』，南满洲鐵道株式
會社發行。
⑤ ［日］南满洲鐵道株式會社總裁室地方部殘務整理委員會编：『满鐵附屬地經營沿革
全史』，南满洲鐵道株式會社，昭和 14 年。
⑥ ［日］高野恒男：『满洲国産業經济關係要綱集』第一輯，满洲商工會中央會發行，
1944 年。
⑦ ［日］小林龍夫、島田俊彦解說：『現代史資料·满洲事变』7，みすず書房，昭和 39
年。
⑧ ［日］稻葉正夫、小林竜夫、島田俊彦编：『現代史資料·統·满洲事变』，みすず書
房，昭和 40 年。
⑨ ［日］高崎隆治：『十五年戰爭重要文獻シリーズ』，不二出版社，1990—1995 年。
⑩ ［日］島田俊彦、稻葉正夫：『現代史資料·日中戰爭』一，みすず書房，1964 年；
臼井勝美、稻葉正夫编：『現代史資料·日中戰爭』二，みすず書房，1964 年；角田順解說
编：『現代史資料·日中戰爭』三，みすず書房，1964 年。
⑪ ［日］稻葉正夫、小林龍夫、島田俊彦、角田順编：『太平洋戰爭への道（資料编）』，
朝日新聞社，1963 年。

五年计划拟定方案文件》① 等，这些史料也有利于伪满工业史研究的开展。

此外，颇值得一提的是，日本方面还出版了一些关于伪满经济的回忆录，其中不乏涉及伪满工业问题的。这些回忆录主要包括：高碕达之助《满洲的终结》②、高碕达之助集刊委员会《高碕达之助集》③、佐佐木义彦《鲇川义介先生追悼录》④、武田英克《在奔流的峡谷中——我的半生回忆》⑤、武田英克《从满洲逃离——满洲中央银行干部的经历》⑥、水津利辅《钢铁一代人的故事——日本钢铁业 100 年侧面史》⑦、满洲回顾集刊行会编《啊，满洲——建国产业开发者的手记》⑧、榊谷仙次郎日记刊行会《榊谷仙次郎日记》⑨ 等。这些回忆录为后人研究伪满工业提供了另一个视角。但由于这些作者往往站在侵略者和民族主义者的角度上看问题，美化侵略的倾向很明显，故研究分析这些资料时需加以注意。

值得注意的是，战后日本还再版了一批日文史料（包括"满铁"资料），主要有：《南满洲铁道株式会社十年史》⑩《南满洲铁道株式会

---

① ［日］北村正光发行：『満洲五箇年計画立案書類』，龍溪書舎，1980 年。

② ［日］高碕達之助：『満洲の終焉』，実業の日本社，1953 年。

③ ［日］高碕達之助集刊委員会：『高碕達之助集』，東洋製缶株式会社，1965 年。

④ ［日］佐佐木義彦：『鮎川義介先生追悼録』，鮎川義介先生追悼録刊行会，1968 年。

⑤ ［日］武田英克：『奔流のはざまに：わが半生の記』，1984 年。

⑥ ［日］武田英克：『満州脱出：満州中央銀行幹部の体験』，中央公論社，1985 年。

⑦ ［日］水津利輔：『鉄鋼一代今昔物語——日本鉄鋼業 100 年側面史』，鉄鋼短期大学，1974 年。

⑧ ［日］満洲回顧集刊行会編：『あ，満洲——国つくり産業開発者の手記』，農林出版株式会社，1965 年。

⑨ ［日］榊谷仙次郎日記刊行会：『榊谷仙次郎日記』，1969 年。

⑩ ［日］南満洲鉄道株式会社編：『南満洲鉄道株式会社十年史』，原書房，復刻大正八年，昭和 49 年発行。

社第二次十年史》①《南满洲铁道株式会社第三次十年史》②《南满洲铁道株式会社三十年略史》③《日本矿业发达史》④《满洲建国十年史》⑤《满洲事变与满铁》⑥《满洲青年联盟史》⑦《满洲事变与政策的形成过程》⑧ 和《大连市史》（普及版）⑨ 等。这些资料的再版，一方面有利于珍贵资料的保存和传承，另一方面也有利于学者的研究。

三、国内外研究现状述评

伪满时期作为中国近现代史上一个重要而屈辱的时期历来受到国内外学者的广泛关注，但是对于该时期的工业问题关注度相对较低，而且相比之下，该领域的研究国内学界成果稍多一些，但不及日本学界研究得深入。

（一）中国主要研究成果

在著作方面，中华人民共和国成立后取得了一部分成果。其中在有关伪满洲国的通史中即有部分关于工业方面的论述。如姜念东等《伪满

---

① ［日］南満洲鉄道株式会社编：『南満洲鉄道株式会社第二次十年史』，原书房，复刻昭和三年，昭和49年发行。

② ［日］松本豊三：『南満洲鐵道株式会社第三次十年史』，南満洲鐵道株式会社发行，复刻昭和十三年，昭和49年发行。

③ ［日］南満洲鉄道株式会社编：『南満洲鉄道株式会社三十年略史』，原书房，1975年。

④ ［日］鉱山懇話会编：『日本鉱業発達史』，原书房，复刻昭和7年，1993年。

⑤ 満洲帝国政府编：『満洲建国十年史』，原书房，1969年。

⑥ ［日］南満洲鉄道株式会社编：『満洲事変と満鉄』，原书房，1974年。

⑦ ［日］満洲青年聯盟史刊行委員会编：『満洲青年聯盟史』，原书房，1968年。

⑧ ［日］緒方貞子：『満州事変と政策の形成過程』，原书房，1966年。

⑨ ［日］井上謙三郎：『大連市史』（普及版），大连市役所，昭和11年，原书房，平成元年。

洲国史》① 和解学诗《伪满洲国史新编》②，其中均包括对伪满洲国工业的总体论述。还有张田实改编《伪"满洲国"始末》③ 第四章"经济搜刮与奴役劳动"论述了伪满时期东北工矿业工人的悲惨生活。在其他著作中也含有部分相关内容，如孔经纬《新编中国东北地区经济史》④ 第三编为"伪满时期东北地区经济的特殊经历"，论述了伪满殖民地经济的形成、扩展、深化和推进。他还著有一本名为《日俄战争至抗战胜利期间东北的工业问题》⑤ 的小册子。该书认为，日本帝国主义在东北搞工业，正是通过残酷剥削和掠夺的办法，把东北变成为它所垄断和独占的军事工业基地，并在投资、原料来源及市场等方面有力地助长日本帝国主义垄断资本的发展和扩张。滕利贵《伪满史丛书·伪满经济统治》⑥ 重点论述了伪满经济统制政策的演变，这是新中国成立后论述伪满经济的第一本专著。高严等主编《吉林工业发展史》⑦ 中第一编第三章"吉林殖民地工业的形成"和第四章"吉林殖民地工业的深化"对该时期吉林省的殖民工业进行了详细的论述。该书认为，吉林的工业乃至整个经济都是典型的殖民地性质，所办的工业，实为日本帝国主义在吉林殖民的产物。张福全《辽宁近代经济史（1840—1949）》⑧ 论述了从1840年至1949年间辽宁地区的经济发展史，其中包括九一八事变前日本在辽宁建立的一批垄断性企业的情况，以及伪满时期日本对工业

---

① 姜念东等：《伪满洲国史》，大连出版社1991年版。
② 解学诗：《伪满洲国史新编》，人民出版社2008年版。
③ 张田实改编：《伪"满洲国"始末》，江西人民出版社1985年版。
④ 孔经纬：《新编中国东北地区经济史》，吉林教育出版社1994年版。
⑤ 孔经纬：《日俄战争至抗战胜利期间东北的工业问题》，辽宁人民出版社1958年版。
⑥ 滕利贵：《伪满史丛书·伪满经济统治》，吉林教育出版社1992年版。
⑦ 高严等主编：《吉林工业发展史》，中国经济出版社1992年版。
⑧ 张福全：《辽宁近代经济史（1840—1949）》，中国财政经济出版社1989版。

的掠夺状况。鲍振东、李向平等《辽宁工业经济史》①，论述了从1840年至2010年辽宁省工业经济的发展演变，其中包括"日本军国主义统治下重化工业'超前'发展""殖民地工业经济体制与畸形工业结构"和"全面经济统制下的疯狂掠夺与殖民工业经济崩溃"等内容。高晓燕主编《东北沦陷时期殖民地形态研究》② 其中一节为"工矿企业的经济统制"，论述了日伪对工矿业的统制、日本垄断资本对东北经济的全面控制和伪满时期东北民族工商业的凋敝等问题。朱建华主编《东北解放区财政经济史稿》包含有"日伪统治时期的殖民地工业"的问题，认为：日伪统治时期东北工业的某些发展，给人民带来的是一场深重的灾难。③ 顾明义等主编《日本侵占旅大四十年史》④，论述了日本统治旅大时期的工业和日本统治旅大时期民族经济的分化等问题。苏崇民《满铁史》⑤ 论述了日本侵占的抚顺、烟台、阜新煤矿，大石桥菱镁矿和复州粘土矿，"满铁"经营的东北各铁路工厂，大连船渠铁工株式会社的情况；日本对抚顺页岩油和煤炭液化石油的掠夺；"满洲电业株式会社"与电业统制等问题。丘树屏《伪满洲国十四年史话》⑥ 第七章"伪满洲国的经济"，论述了早期日本在东北地区经营的工商业、"满铁"在东北的活动和伪满洲国与日本的经济活动等内容。东北沦陷十四年史总编室、日本殖民地文化研究会编《伪满洲国的真相——中日学者共同研究》⑦ 为中日两国学者共同撰写，也在一定程度上反映了中日两国学

---

① 鲍振东、李向平等：《辽宁工业经济史》，社会科学文献出版社2014年版。
② 高晓燕主编：《东北沦陷时期殖民地形态研究》，社会科学文献出版社2013年版。
③ 朱建华主编：《东北解放区财政经济史稿》，黑龙江人民出版社1987年版。
④ 顾明义等主编：《日本侵占旅大四十年史》，辽宁人民出版社1991年版。
⑤ 苏崇民：《满铁史》，中华书局1990年版。
⑥ 丘树屏：《伪满洲国十四年史话》，长春市政协文史和学习委员会1997年版。
⑦ 东北沦陷十四年史总编室、日本殖民地文化研究会编：《伪满洲国的真相——中日学者共同研究》，社会科学文献出版社2010年版。

界在一些历史问题上的共识。该书第五章"经济与产业"论述了"满洲国"的经济政策、"满洲产业开发五年计划"和"经济掠夺"等问题。辛培林等主编《黑龙江开发史》① 其中一节为"日本的经济掠夺"，论述了日本在九一八事变后对东北土地、农产品、矿产资源、森林资源、工业和商业等方面的掠夺。

在论文方面也有部分相关成果问世。季秀石《日本对我国东北经济侵略和掠夺政策的变迁及其实施》② 涉及日本对我国东北工矿业的控制和掠夺政策，认为日本的经济掠夺政策是随着侵略战争发展的不同阶段而在不断变更的。它既受到侵略战争全局的制约，也与日本经济的发展状况及世界人民的反法西斯斗争相联系。解学诗《评伪满的经济"统制"和五年计划》③ 认为："产业五年计划"失败的根本原因在于计划本身的性质，即无限贪婪的战争掠夺，完全脱离了客观可能性；但也必须看到，服务于这种掠夺的经济"统制"，由于它违背了客观经济规律，助长了经济上的混乱和矛盾。王询《辽宁工业经济发展的轨迹及反思》④ 简要论述了近代辽宁殖民地工业兴衰的轨迹。石建国《东北工业化研究》⑤ 其中一节为"日本统治时期的东北工业化"，认为：日本对东北的工业苦心经营，倾力控制，使得东北的工业迅速地畸形膨胀，东北地区由此成为日本侵占全中国和东南亚的战略基地。李作权《东北沦陷时期的民族工商业》⑥ 论述了东北沦陷时期东北民族油坊、面粉业的

① 辛培林、张凤鸣、高晓燕主编：《黑龙江开发史》，黑龙江人民出版社1999年版。
② 季秀石：《日本对我国东北经济侵略和掠夺政策的变迁及其实施》，《史林》1986年第2期。
③ 解学诗：《评伪满的经济"统制"和五年计划》，《社会科学战线》1981年第3期。
④ 王询：《辽宁工业经济发展的轨迹及反思》，《东北财经大学学报》2010年第4期。
⑤ 石建国：《东北工业化研究》，中共中央党校2006年博士论文，第29页。
⑥ 李作权：《东北沦陷时期的民族工商业》，载《伪皇宫陈列馆年鉴1987》。

衰落和东北民族纺织业、铁工厂的衰败与破产。该文指出：在伪满洲国崩溃前夕，民族工商业极端凋敝，经济生活一片荒凉。李作权《日本资本与东北经济》① 论述了日本夺取东北矿权、统制重要产业等内容。李作权《满铁在东北经济殖民地化中的地位和作用》② 认为："满铁"在东北经济殖民地化的过程中起了重要的作用，日本帝国主义通过"满铁"将东北经济纳入日本帝国主义的经济体系，使东北经济沦为殖民地经济。李作权《伪满的〈产业开发五年计划〉及其实质》③ 论述了"产业开发五年计划"的出笼、内容、实施、实质及后果等内容。蒋志平《满铁在日本侵略东北中的作用》④ 论述了"满铁"对中国东北电力、石油、煤炭、纺织等工业的掠夺。李亚婷《试论伪满时期特殊会社》⑤ 论述了特殊会社制度的建立及作用，其中重点论述了"满洲炭矿株式会社""满洲电业株式会社"和"满洲矿业开发株式会社"对其相关领域的统制。李雨桐《伪满时期中国东北工矿业发展述略》⑥ 认为：由于日本资本的介入，伪满时期东北工矿业呈畸形发展态势。一方面，其介入加速了重工业的发展，使得东北整体工业发展极不平衡；另一方面，中国民族工业遭到了毁灭性的打击，毫无存在和发展的余地。

截至目前，对伪满时期东北工业问题进行专门论述的主要是辽宁大

---

① 李作权：《日本资本与东北经济》，载《伪皇宫陈列馆年鉴 1987》《伪皇宫陈列馆年鉴 1988》。

② 李作权：《满铁在东北经济殖民地化中的地位和作用》，载《伪皇宫陈列馆年鉴 1989》。

③ 李作权：《伪满的〈产业开发五年计划〉及其实质》，载《伪皇宫陈列馆年鉴 1986》。

④ 蒋志平：《满铁在日本侵略东北中的作用》，载《伪皇宫陈列馆年鉴 1988》。

⑤ 李亚婷：《试论伪满时期特殊会社》，载《伪皇宫博物院年鉴 2000—2001》。

⑥ 李雨桐：《伪满时期中国东北工矿业发展述略》，《长春工程学院学报》（社会科学版）2017 年第 3 期。

学秦爽的硕士论文《伪满洲国殖民地工业体系形成研究》①，该文主要
从纵向角度对伪满殖民地工业体系形成的过程做详细梳理，认为日本在
"以战养战"目的下发展起来的伪满工业体系，也不自觉地为东北重工
业发展积蓄了一定条件。但囿于硕士论文的形式，很多问题还有待于进
一步展开。另有论文多篇，如宋德玲《伪满时期日本帝国主义对黑龙江
地区的经济掠夺》②、刘英杰《伪满时期日本对中国东北能源的掠夺》③
等，主要是从经济掠夺的角度进行论述，对于整个东北工业格局的论述
较少。另外，关于各个工业门类的具体研究现状将在各章节中详细论
述，在此略过。

（二）日本主要研究成果

二战后，部分日本学者亦对伪满洲国工业进行了总结，在被称为
"满洲国兴亡三部曲"④的著作中，《满洲国史（分论）》论述了伪满工
矿业的概况；《满洲国史（总论）》论述了伪满"产业开发五年计划"
和"满业"的创建与发展等内容。《满洲开发四十年史》在其矿业篇中
详细论述了抚顺煤矿，"满炭"系统煤矿，"满洲"的金矿、铁矿、非
金属矿和"满铁"地质调查所的业绩等内容；其工业篇详细论述了
"满洲"的轻工业、制铁业、机械工业、电气工业和化学工业等内容。
其他的代表性研究还有：松本俊郎《侵略与开发——日本资本主义与中

---

① 秦爽：《伪满洲国殖民地工业体系形成研究》，辽宁大学 2010 年硕士论文。
② 宋德玲：《伪满时期日本帝国主义对黑龙江地区的经济掠夺》，《北方文物》1997 年第
3 期。
③ 刘英杰：《伪满时期日本对中国东北能源的掠夺》，《社会科学辑刊》2002 年第 5 期。
④ "满洲国兴亡三部曲"，即［日］满史会：『満州開発四十年史』上下卷，满州开发
四十年史刊行会，1964 年；［日］满洲国史編纂刊行会编：『満洲国史（総論）』，满蒙同胞援
護会，1970 年；［日］满洲国史編纂刊行会编：『満洲国史（各論）』，满蒙同胞援護会，1971
年；［日］满蒙同胞援護会编：『満蒙終戦史』，河出書房新社，1962 年。

国殖民地化》① 第一章为"关东州、满铁附属地的经济与日本对殖民地的控制"，其中论述了"关东州"和"满铁附属地"的工矿业；第三章为"中国东北的殖民地化与中日经济关系"，其中论述了"满洲五年计划"与东北经济、"满洲五年计划修正计划"与钢铁增产计划等问题。山本有造编《"满洲国"的研究》② 第八章为"满洲钢铁业开发与'满洲国'经济"，论述了"满洲国"的钢铁增产计划和"满洲国"的钢铁物资的供需。关权《伪满洲国的工业生产——根据"工厂统计"来推算》③，主要从工厂数、职工数、实质生产额和附加价值额等方面分析当时东北工厂生产的实态，从中大致可看出日本人的工厂多集中于重化工业，而中国人的工厂多集中于纺织工业和食品工业等轻工业部门。须永德武《20 世纪 40 年代的满洲工业》④ 从工业投资动向、工业生产的资源基础、工业生产的动向、通货膨胀下的"满洲"工业和生产效率等角度进行分析，认为日本机械制品和生产资料对"满洲"供应的减少、输送手段的不足、劳动力市场的紧张、资源和原材料供给力的低下、物流体系机能的弱化、通货膨胀的加剧等因素造成"满洲"生产环境的恶化，它破坏了"满洲"工业生产力的基础，使之走向崩溃。风间秀人《20 世纪 30 年代"满洲国"的工业——当地资本和日本资本的动向》⑤ 认为，1939 年以后优先钢铁生产的"彻底的重点主义"的

① ［日］松本俊郎：『侵略と開発——日本資本主義と中国植民地化』，御茶の水書房，1988 年。

② ［日］山本有造編：『"満洲国"の研究』，京都大学人文科学研究所発行，1993 年。

③ ［日］関権：『"満洲国"工業生産——"工場統計"による推計』，『東京経済大学会誌』245 号，2005 年。

④ ［日］須永德武：『1940 年代の満洲工業』，『立教経済学研究』第 65 巻第 1 号，2011 年。

⑤ ［日］風間秀人：『1930 年代における"満洲国"の工業——土着資本と日本資本の動向』，『アジア経済』XLVIII‒12，2007 年。

施行造成以纺织工业和食品工业为代表的消费品部门的缩小，继而引起劳动者实际工资的低下，导致劳动移动率的上升，最终造成工业的萎缩。原朗《在"满洲"经济统制政策的展开》① 主要对作为"满洲"产业开发的主体，从"满铁"到"满业"的换位过程进行论述。山本有造《"满洲国"生产力的宏观研究》② 使用了"满洲国"产业生产的指数，对伪满经济生产力的水准及其构造的变化从宏观及长期的角度进行研究，并尝试从统计实证的角度勾勒出其轨迹。

另外，在"满铁"的社史研究中也有一部分关于伪满洲国工业史的研究，主要有：满铁会编《满铁四十年史》③，分本书篇和资料篇。本书篇论述了抚顺煤矿、鞍山制铁所、抚顺页岩油、"满业"的设立等问题。资料篇收录了大量关于"满铁"、日本政府和伪满洲国的资料。满铁会编《南满洲铁道株式会社第四次十年史》④ 主要论述了从1937年至会社解散期间"满铁"的主要业务情况，其中包括铁道工场、"满铁"下属矿业、抚顺页岩油和煤炭液化事业、"满铁"化学工业所等内容。指出"满铁"是日本"经营大陆"的政府代行机关，在四十年间它在适应国策的同时，专门实行"满洲"的"开发"。冈部牧夫编《南满洲铁道会社研究》⑤，论述了"满铁"中央试验所和"满洲"的化学工业等内容。

总的说来，在论述方面，日本的相关研究更深入一些，他们借助语

---

① ［日］原朗：『"満洲"にぉける経済統制政策の展開』，安藤良雄編：『日本経済政策史論』下巻，東京大学出版会，1976 年。

② ［日］山本有造：『"満洲国"生産力のマクロ的研究』，『経済研究』（一橋大学経済研究所）第 47 巻第 2 号，1996 年。

③ ［日］満鉄会編：『満鉄四十年史』，吉川弘文館，2007 年。

④ ［日］満鉄会編：『南満洲鉄道株式会社第四次十年史』，龍溪書舎，昭和 61 年。

⑤ ［日］岡部牧夫編：『南満洲鉄道会社の研究』，日本経済評論社，2008 年。

言的优势更多地采用了日本一手的统计资料，但多存在美化侵略等史观错误的通病。国内研究多从伪满经济宏观的角度进行论述，对于工业史研究多泛泛而谈，对细节问题的研究不够细致。关于这方面的专著目前在国内更是鲜见，这就为该问题的研究留下很大的空间，故笔者欲以此作为研究的切入点。

四、深入研究的思考与建议

如上所述，战后关于伪满洲国工业史问题的研究的确取得一定的成果。但总的看来，关于该领域的研究在中国方面尚处于起步阶段，底子薄、基础弱、范围窄、成果少，且重复研究现象比较严重。在日本方面则存在历史观错误的硬伤。因此，进一步深入拓展该领域的研究既是现实所需，也是大势所趋。而对于如何进一步推进有关伪满洲国工业史研究，笔者认为应坚持"四个结合"，即伪满洲国综合史研究和专门史研究相结合、宏观研究和微观研究相结合、定性研究和定量研究相结合、政治研究和经济研究相结合，这将收到事半功倍的研究效果，对于提升伪满洲国研究和批驳日本右翼错误史观不无裨益，具体内容如下：

第一，坚持伪满洲国综合史研究和专门史研究相结合。国内对伪满洲国问题的研究虽然在中华人民共和国成立前就有，但主要是从中华人民共和国成立后蓬勃开展起来的。在伪满洲国综合史研究方面，比较有代表性的有《伪满洲国史》《伪满洲国史新编》《中国东北沦陷十四年史纲要》①和《苦难与斗争十四年》②。它们从宏观角度对伪满洲国史的各个方面进行了总体概括和论述。关于伪满洲国专门史方面，成果则

---

① 王承礼主编：《中国东北沦陷十四年史纲要》，中国大百科全书出版社1991年版。
② 王承礼等总主编：《苦难与斗争十四年》，中国大百科全书出版社1995年版。

多集中在政治史、军事史、文化史、殖民地教育史等，而在伪满洲国农业史、对外关系史、贸易史、工业史等方面虽然取得了一部分成果，但仍有待于进一步拓宽，学者对一些微观和细节问题重视程度不够。总的来说，伪满综合史研究将对专门史研究起到提纲挈领的指导作用，而伪满专门史研究的发展将使综合史研究更加全面和深入。因此，两者结合起来将使伪满史研究取得更加丰硕的成果，并成为东北史及中日关系史研究的重镇。

第二，坚持宏观研究和微观研究相结合。这里的宏观研究主要是指对伪满工业史做总的把握。主要包括对"伪满洲国建设时期""产业开发五年计划时期"和"第二次产业开发五年计划时期"的工业政策做总体梳理，同时对伪满殖民地工业体系的筹划、确立、扩张和崩溃做总的分析和论述。微观研究主要是指对伪满工业下属各门类进行具体研究。该时期伪满工业既包括轻工业中的农产品加工业、造纸业、纺织业，也包括重工业中的钢铁工业、化学工业、机械工业、水泥工业、电力工业、砖瓦工业等，同时也包括矿业中的煤矿开采业、铁矿开采业、石油工业等，其涵盖之广，体系之全，世所罕见。但遗憾的是，目前国内对这些具体门类的研究涉及较少，偶有谈及也多流于表面。但在事实上，只有将该时期工业各门类的具体情况进行论述，才有可能将日本对东北的工业掠夺更深入地剖析出来，从而从根本上驳斥日本"建设东北"的谬论。因此，笔者认为只有将宏观研究和微观研究相结合，才能更清晰地勾勒出这一时期伪满工业的整体轮廓，从而认清它的本质。

第三，坚持定性研究和定量研究相结合。定性研究，多指从理论角度对问题进行探讨与研究，提出对策与建议，多指对事物性质而言。定量研究是从数量上进行研究的方法。这里的定性研究主要是指对伪满工业掠夺性的界定，而定量研究多指对当时伪满工业生产的各种指标的研究。目前日本方面多倾向于定量分析，但又存在统计的时间范围、地域范围和使用材料的不同等导致研究结论同中国的研究结论迥异。而中国国内对该问题的研究多注重定性研究，即从其殖民性和掠夺性上进行总体论述，但所用的定量分析不足。显然，对于该问题的研究进行量化分析，具有很强的科学性、准确性和信服力。如对当时东北工厂的生产额、库存量、工人数、失业率，东北对日本的出口量、进口量，东北矿业的开采量、运输量等进行详细分析，更能说明伪满工业的殖民性。因此，将定性研究和定量研究相结合更有益于探索伪满工业史的本质问题。

第四，坚持政治研究和经济研究相结合。从逻辑上讲，工业问题主要是属于经济问题，因此，对它的研究离不开经济学的概念、理论和方法。但伪满洲国经济问题的本质是日本要吞并中国东北，并掠夺东北的各种资源，为其进一步侵略中国和进行对外战争服务，归根结底就转化为一个政治问题。对伪满经济史的研究必须站在日本侵略中国及掠夺东北资源这一本质上，否则所进行的研究就会陷入就事论事和坐井观天的境地。日本方面的研究多忽视政治而偏重经济，甚至得出日本"建设东北"及"复兴东北"的谬论。因此，我们所进行的研究必须将两者相结合，一方面利用经济学的方法研究该时期的经济问题，另一方面高屋建瓴地站在其掠夺本质的政治基础上，只有这样所得出的结论才是客观的、公正的，才能经得起历史的检验。

综上，伪满工业史研究一定要揭示其本质，即日本对中国东北的工业掠夺和工业侵略。也就是说，日本对伪满工业政策的本质属性是掠夺性和侵略性，因此，伪满工业史实际上是殖民地工业史。任何背离此种属性的研究都是违背客观历史事实和伪满实际情况的，而日本有关伪满工业史研究则多只注重其表象的扩张变化。事实上，这种扩张变化不过是殖民地的有限工业化，是为日本的掠夺准备更多的物资储备。在此前提下，其扩张越快，对日依附性则越强，东北人民背负的负担就越沉重。而且即使有所扩张，也存在轻重工业比例失调、高精工业发展缓慢、地区发展严重失衡、杀鸡取卵式的掠夺性"开发"和对环境造成严重破坏等特点，这些问题使东北工业打下深刻的殖民地烙印，为后来地区工业的发展埋下隐患。也正是由于日本方面研究的此种原则性错误，导致其无论数据如何充分、史料如何丰富，最终仍然难免陷入缘木求鱼的误区。相反地，中国方面的研究由于坚持正确的研究导向，揭示了伪满工业的本质，得出的结论是可信的，但也存在史料运用不够充足、研究不够细致等不足。总之，伪满工业史研究还有广阔的拓展空间，这有待于中国近现代史学者和东北地方史学者做出更多的努力。

第一章　伪满洲国工业统制政策的演变

九一八事变后，日本加紧全面侵略中国东北地区。为了便于日本对中国东北工业资源的掠夺，他们制订了一系列工业政策。这些政策历经"满洲国建设时期""第一次产业开发五年计划时期"和"第二次产业开发五年计划时期"，形成了不断调整和日益加强的工业统制体制，从而为日本的经济掠夺提供便利。

第一节　"满洲国建设时期"：
工业统制政策的初步确立

一、九一八事变之初的工业政策

九一八事变爆发后，东北政局不稳，社会动荡不安。日伪政府为了稳定局势，在工业领域对民族资本和外资采取稳定和调整的政策，对奉系官僚资本则采取没收和吞并的政策。

伪满成立之初公布的《满洲国经济建设纲要》规定：带有国防的或公共公益的性质之重要事业，以公营或令特殊会社经营为原则。在上项以外之产业及资源等之经济事项，委诸民间自由经营。但为注重国民福利维持其生计起见，对于生产消费两方面施以必要之调剂。① 广大轻工业多属于后者，故仍由民间自由经营。这在一定程度上承认了民族资本家的经营权。事实上，九一八事变后，东北政局动荡，很多工商业主纷纷歇业、停业，甚至举家逃往关内。在此背景下，日伪当局为了在东北尽快站稳脚跟，同时稳定住局面，以方便日后的掠夺，故对民族工业主要采取稳定为主、调整为辅的政策。其中，在税收方面，主要还沿用民国时期税制，并实行一定的减免税策略。在资金方面，对于部分工厂给予融资便利，以维持工厂正常生产。在货币方面，统一币制，实行新的伪满洲国货币，客观上有利于市场和金融的稳定。但对于部分规模较大的民营资本，日伪当局仍然不放过，予以没收。

在对待外资问题上，暂时不做过多干涉，尽量维持现状，以获取外国之好感。在《满洲国经济建设纲要》中明确规定：当开发利源、奖励实业之际，本门户开放、机会均等之精神，广求资金于世界，尤应采取先进各国之技术、经验，并搜集一切文明精华，利用弗遗，以收实效。② 这是作为伪满经济建设的四大根本方针之一而对外公布的。实则是向外国昭示东北继续实行"门户开放"政策，欢迎其他国家前来投资。事实上，独霸东北是日本的既定方针，而在其立足未稳之时实行维持现状只是权宜之计，从而为其占有东北建立伪满洲国减少阻力，并力图尽快获得国际上的承认。在此背景下，在伪满初期日伪当局基本上未对外资企业做过多干涉。

对于官僚资本，日伪当局主要采取没收和吞并的政策。奉系官僚资

① 中央档案馆、中国第二历史档案馆、吉林省社会科学院合编：《日本帝国主义侵华档案资料选编·东北经济掠夺》，中华书局1991年版，第31页。
② 中央档案馆、中国第二历史档案馆、吉林省社会科学院合编：《日本帝国主义侵华档案资料选编·东北经济掠夺》，中华书局1991年版，第30页。

本主要由奉系大官僚直接控制，一部分由东北地方政府自办或官商合办，另有一部分为中外官商合办。奉系官僚资本由于技术先进、资本雄厚，并受到政府的庇护，在九一八事变前垄断了东北的工业。在九一八事变后，它们成为日本侵夺的主要对象。早在 1931 年 9 月 19 日，关东军就发布统命第 1 号《关东军关于清理在奉天市没收的兵器、器材及官有财产的命令》，力图将奉系官僚资本劫为己有。1932 年 6 月，伪满政府又发布《逆产处理法》，规定：旧政权者，扰乱国家之安宁秩序，有违害建国行为者的财产为逆产，逆产均没收之，没收逆产均归国有，对于逆产处理委员会之判定不得声明不服。① 至 1933 年 3 月 1 日，伪满政府公布《废止逆产处理法宣言》，结束了逆产没收行为。在此期间，日伪政府基本完成了对奉系官僚资产的掠夺。

在轻工业领域，奉天纺纱厂、奉天纯益缫织公司、惠临火柴公司、奉天八王寺啤酒汽水股份有限公司等，都被关东军占领或接管。其中，"由东三省官银号、中交两行等出资经营的奉天纯益缫织公司，事变后东三省官银号的股份被伪满中央银行接收，1932 年 10 月裁减 200 名职工的一半，生产大部分停止"②。惠临火柴公司由奉天储蓄会、东三省官银号等官僚资本兴办，九一八事变后，原有的官僚资本股份被当作"逆产"没收。奉天八王寺啤酒汽水股份有限公司，"原来资本现洋 25 万元，其中 1/3 的股份为东三省官银号所有，事变后官股被日伪没收，又派日人任公司专务董事，1935 年接任董事长，垄断一切，为所欲为"③。

---

① 孔经纬、王连忠、孙建华：《九一八事变后日本对奉系军阀官僚资本的侵掠》，《抗日战争研究》1996 年第 2 期。

② 孔经纬、傅笑枫：《奉系军阀官僚资本》，吉林大学出版社 1989 年版，第 106 页。

③ 孔经纬、傅笑枫：《奉系军阀官僚资本》，吉林大学出版社 1989 年版，第 107 页。

在重工业领域，被日伪当局占领和吞并的军事工业有：奉天兵工厂（也称东三省兵工厂）、奉天迫击炮厂、东北航空工厂、辽宁陆军粮秣厂等，上述机关企业的设备、机器、材料、武器、弹药、交通工具、库存款项等都被没收。此外，辽、吉、黑三省的陆军粮秣厂均被并入日本的陆军粮秣厂。与此同时，其他重工业企业亦难逃厄运。东北大学工厂、皇姑屯工厂、大亨铁工厂、肇新窑业公司等企业亦都被日军占领或接管。其中，肇新窑业公司有张学良①的个人股份。"'九·一八'后日军几次派人到肇新厂检查'敌股'，最后认定张学良、周濂和金哲忱的投资共2260股、135600元为'敌股'，没收归为'国有'。"② 此后，日本人逐渐掌握了公司的实权。对上述部分工厂掠夺的详细情况将在后文中论述。至此，东北主要的重工业工厂都被日本尽收囊中，且四大重工业工厂③都被日本强制占领。

矿业也是日本侵夺的主要部门。早在1931年10月，日本关东军大佐河本大作④就强制接收了东北矿务局所属之西安煤矿。他自任总办，并从"满铁"抚顺煤矿调来安田任所长。另根据1931年11月10日"满铁"地质调查所所长提交的意见，对东北的矿区应主要采取没收矿

---

① 张学良（1901年6月3日—2001年10月14日），字汉卿，国民革命军将领，奉系军阀首领张作霖长子。毕业于东三省陆军讲武堂，曾在奉军中担任第三混成旅第二团团长、第三混成旅旅长等职。"皇姑屯事件"之后，他继任为东北保安军总司令，实行"东北易帜"，参与中原大战，支持蒋介石，后任中华民国陆海空军副司令，陆军一级上将。1936年12月同杨虎城将军一起发动"西安事变"，促成国共二次合作，结成抗日民族统一战线。西安事变后遭蒋介石父子长期软禁。1990年恢复人身自由，1995年侨居美国夏威夷。

② 孔经纬、傅笑枫：《奉系军阀官僚资本》，吉林大学出版社1989年版，第108页。

③ 至20世纪20年代末，东北大学工厂、皇姑屯机车车辆厂、东三省兵工厂附设机车厂和辽宁迫击炮厂附设民生工厂，统称为东北自建自营的四大重工业工厂。

④ 河本大作（1883年1月24日—1953年8月25日），关东军高级参谋，炸死张作霖的首犯。伪满建立后，曾任"满铁"理事、"满炭"理事长，后赴山西任"山西产业会社"社长，对山西实施经济掠夺。日本战败后，他留在山西帮助阎锡山反共。1949年4月在太原解放时被捕，后被关押于太原战犯管理所。其间河本拒绝认罪，后病死于狱中。

区、中日合办或"满铁"统一经营的处理方式。这些矿区包括：阜新煤田、西安煤田、田师傅沟煤田及耐火粘土矿、牛心台煤田及耐火粘土矿、复州煤矿及耐火粘土矿区、尾明山煤矿、烟台粘土矿区、八道壕煤矿、歪头山铁矿、芦家屯萤石矿、沙岗台萤石矿、黑松林锰矿、上鹰窝矿区的长石矿、杨家南沟的长石矿、夹皮沟金矿、黑龙江省砂金矿、风推山采石场、牧养山采石场、山头堡山采石场、珠子山采石场、东盘龙山采石场、小红嘴河采砂场、得利寺采石场、山头堡川采石场、刘通土屯采石场、泉头山采石场、东鞍山采石场、唐王山采石场、许家屯采石场、石桥子采石场、万家岭采石场、蛟河煤田、北票煤矿、火石岭煤矿、缸窑煤矿、鹤立岗煤矿、龙索口煤矿、弓长岭铁矿、青城子铅矿、天宝山铜矿、老头沟煤矿等。① 可见，当时东北的主要矿区基本都被包括在内。此后，日伪政府即按照这一意见对东北的矿区实施吞并。该年11月，日本关东军还占领了东北矿务局所属之复州煤矿，原矿长被驱逐。日本派"满铁"社员任矿长，并加派日本顾问6人控制该矿经营。1932年8月，伪黑龙江省公署"将鹤岗煤矿公司事务划归厅办"②，即将该煤矿交由伪黑龙江省实业厅处理。关于蛟河煤矿，该矿由民族资本参与的奶子山煤矿股份公司开采，1933年被"满铁"兼并。关于老头沟煤矿，该矿之前由吉林省实业厅与日本人饭田延太郎合办，1933年被"满铁"以租矿的形式吞并。总之，在伪满时期，东北的各大矿区陆续被日伪政府吞并，并成为供应其军事物资的重要产地。

---

　　① 辽宁省档案馆、辽宁社会科学院编：《"九一八"事变前后的日本与中国东北——满铁秘档选编》，辽宁人民出版社1991年版，第349—360页。田师傅沟煤田也称田师付煤矿，在今本溪市境内。

　　② 周光培主编：《伪满洲国政府公报》第2册第39号，辽沈书社1990年版，1932 - 08 - 24。

由以上可知，日本在侵占东北之初，对民族资本和外资采取稳定和调整的政策，对奉系军阀官僚资本采取没收和吞并的差别对待政策，并逐渐掌握了东北的经济命脉。

二、伪满建立之初的工业统制政策

1933 年 3 月 1 日，伪满政府公布了《满洲国经济建设纲要》，确立了伪满经济建设的主要方针政策，其实质是确立了伪满洲国的经济统制政策。

早在 1932 年 7 月，关东军特务部就拟定了《满洲经济统制根本方策》，首次提出在伪满洲国实行统制经济政策，并将关东军和"满铁"作为统制经济的领导机构。此后，在《满洲国经济建设纲要》中将该政策系统化和制度化，并使之成为伪满"建设"的纲领性文件，其中明确表示："开发举国内天赋所有之资源，谋经济各部门之综合发达，特于重要之部门施以国家的统制，切实讲求合理之机会。""以东亚经济之融合与合理化为目标，先审查满日两国相依相辅之经济关系，而置重心于两国之协调，使相互扶助之关系愈益紧密。"① 这里一方面明确了伪满要实施国家统制政策，另一方面也确立了日"满"联合经济体制，其实质是将伪满经济完全置于日本的控制之下，保证伪满作为日本的殖民地地位。其实施统制的范围是："带有国防的或公共公益的性质之重要事业，以公营或令特殊会社经营为原则。"② 该纲要将工业分为三类：一类是随国内之需要，在必要之统制下逐渐发达之。其主要有金

---

① 『満洲国経済建設要綱（満洲国政府公表）』，アジア歴史資料センター：レファレンスコード，B02030713200，日本国立公文書館藏。
② 『満洲国経済建設要綱（満洲国政府公表）』，アジア歴史資料センター：レファレンスコード，B02030713200，日本国立公文書館藏。

属工业、机械工业、油脂工业、纸浆工业、曹达工业、酒精工业、野蚕工业、纺织工业、制粉工业、洋灰工业、酿造工业。二类是除上述各种工业外，其他概听其自然发达，但将来有必要时加以统制。三类指电气工业，对于电气事业施行统一经营，供给丰富低廉之电力。① 可见，这里主要是将第一类和第三类置于统制之下，第二类当时可以自由经营。至此，伪满主要的重工业门类都被置于统制政策之下。在矿业方面，规定："在煤炭，则统一各煤矿，施行合理的生产与供给，俾得有低廉丰富之燃料，同时力谋输出之增加。""在有关国防之矿产资源，原则上使特殊会社得确保其矿业权，以戒滥采而便开采。""在砂金矿及金矿，则区别国有与非国有，其非国有者开放之。"② 在此将主要矿产资源都置于统制政策之下，唯有部分砂金矿和金矿可以进行有条件的自由经营。总之，该纲要是伪满经济的纲领性文件，标志着伪满经济统制体制的建立，伪满经济亦从半殖民地经济向殖民地经济过渡。

1934 年 3 月 30 日，日本政府制定了《日满经济统制方策要纲》。要纲明确了日"满"经济统制政策的方针，即"将日满经济特别作为同一组织体，以合理的融合为目标，考虑两国资源状况、既有产业状况和国民经济发展态势，实行适地适应主义"③。其实质是将伪满经济完全合并于日本经济体系之内，实现日本对伪满经济的全面控制。根据上述方针，该要纲将伪满洲国的产业划分为四类，每一类都规定了具体的统制要纲和方法。第一类是统制产业，包括交通通讯业，钢铁业，轻金

① 『満洲国経済建設要綱（満洲国政府公表）』，アジア歴史資料センター：レファレンスコード，B02030713200，日本国立公文書館藏。

② 『満洲国経済建設要綱（満洲国政府公表）』，アジア歴史資料センター：レファレンスコード，B02030713200，日本国立公文書館藏。

③ 中央档案馆、中国第二历史档案馆、吉林省社会科学院合编：《日本帝国主义侵华档案资料选编·东北经济掠夺》，中华书局 1991 年版，第 36—37 页。

属工业，石油业，代用液体燃料工业，汽车工业，铅、亚铅、镍、石棉等采矿业，煤炭矿业，硫铵工业，采金业，电业，采木业等一共 14 种。① 显然这些行业主要以重工业为主，与国防和国策有关，由特殊会社经营。第二类采取适当的行政和资本统制措施，不经政府批准不得经营。主要包括制盐业、纸浆工业、棉花种植、绵羊饲养、面粉工业、油脂工业、制麻工业等 7 种。② 第三类只采取行政性统制措施，主要包括纤维工业、种稻、养蚕、轮船拖网渔业、机船拖网渔业 5 种。③ 第四类是除上述三类以外的行业，可以自由经营。显然，按照这一政策，主要对第一类和第二类产业进行统制，其中重工业是统制的重点。至于第三类和第四类主要采取自由经营的方式，任其自由发展。

为了进一步明确伪满对于各项事业的管理，1934 年 6 月 28 日，伪满政府又公布了《关于一般企业声明》，以作为对《满洲国经济建设纲要》的补充。其中规定："国防上重要事业、公共公益事业、一般产业之根本基础产业，即交通通讯、铁钢、轻金属、金、煤、汽车、硫氨（应为铵，笔者注）、曹达、采木等事业特别讲求措置。"④ 实即对其进行统制。除此之外，其他产业则顺从一般之事业性质，附加行政的统制，而大体广泛欢迎民间之进出经营。⑤ 此后，直到 1936 年底，伪满的

①　中央档案馆、中国第二历史档案馆、吉林省社会科学院合编：《日本帝国主义侵华档案资料选编·东北经济掠夺》，中华书局 1991 年版，第 38 页。
②　中央档案馆、中国第二历史档案馆、吉林省社会科学院合编：《日本帝国主义侵华档案资料选编·东北经济掠夺》，中华书局 1991 年版，第 38—39 页。
③　中央档案馆、中国第二历史档案馆、吉林省社会科学院合编：《日本帝国主义侵华档案资料选编·东北经济掠夺》，中华书局 1991 年版，第 39 页。
④　中央档案馆、中国第二历史档案馆、吉林省社会科学院合编：《日本帝国主义侵华档案资料选编·东北经济掠夺》，中华书局 1991 年版，第 42—43 页。
⑤　中央档案馆、中国第二历史档案馆、吉林省社会科学院合编：《日本帝国主义侵华档案资料选编·东北经济掠夺》，中华书局 1991 年版，第 43 页。

工业就是按此进行分类管理的。

由以上可知，在伪满建立之初就施行统制经济政策，尤其是重工业完全被置于统制之列。其原因主要如下：首先，重工业一般关系到国家经济命脉。可以说，控制了重工业就等于控制了一个国家的主要经济命脉。而日本侵略东北的目的就是掠夺东北的资源，吞并整个东北。因此，日本建立伪满之初就对重工业宣布施行统制政策，这有助于其侵略政策的实施。其次，在"两张"时期，东北的重工业主要掌握在军阀官僚资本手中。在九一八事变中，日本就是以东北军阀官僚作为主要作战对象，战后以"没收逆产"为名吞并这些行业也显得"顺理成章"。最后，日本对东北工业的吞并是循序渐进地进行的。从事实上看，日本先从重工业开始，再吞并轻工业，进而控制东北整个国民经济。这种方式有利于伪满建立之初的社会稳定，容易使东北民众放松警惕，为日本对东北的殖民统治减少阻力。当然，这也体现了日本吞并东北的险恶用心。

三、以"满铁"为主导的各类特殊会社的兴起

九一八事变后，日本关东军逐渐占领整个东北。此时，日本关东军采取抑制日本财阀在东北投资的政策，对日本资本家竭力排斥。某日军少佐参谋甚至公开表示："满洲为日本之生命线，经许多之宝贵流血，方归我有，故应集大家之力量开拓此项财富；所有产业之开发，必须以大众之资本与力量施行，决不许资本家之垄断。"① 于是，日本国内的资本家不得不采取观望态度。为了排斥日本的大财阀插手东北，日本军

---

① 东北物资调节委员会研究组编：《东北经济小丛书·水泥》，中国文化服务社沈阳印刷厂 1947 年版，第 4 页。

部和关东军决定将伪满的工矿业建设交予日本在东北的主要殖民机构"满铁"主导。事实上，早在伪满成立之初，伪满政府就将东北的交通运输业全部委托"满铁"经营。此后，从1934年至1936年，伪满经历了一场以"满铁"为主导，在重要产业部门实行"一业一会社"的前期工业活动。

特殊会社制度体现了"一业一会社"的基本原则。具体而言，它包括特殊会社和准特殊会社。特殊会社主要是根据特定立法建立的公司和基于伪满洲国与其他国家之间签订的条约而建立的公司。准特殊会社虽无类似特殊会社的特定立法，但与伪满政府有特定的权利义务关系，即或由政府出资，或在政府批准设立时附以命令性条款，或在会社章程中规定有政府的干涉权。事实上，无论特殊会社还是准特殊会社都是政府推行统制经济，干预企业经营的"国策"代行机关，因此说，两者并无本质区别。特殊会社制度作为企业统制体制肇始于伪满政府的《满洲国经济建设纲要》，其中规定："带有国防的或公共公益的性质之重要事业，以公营或令特殊会社经营为原则。"① 在《满洲国经济建设纲要》和此后的《关于一般企业声明》中将伪满的企业进行分类，这为各行业进行特殊会社管理定下了总的基调。

根据前述分类可知，特殊会社主要是关系国民经济命脉的金融、交通、重工业和军事工业等部门。该制度一经确立就迅速发展。早在1933年6月5日，关东军司令部制定了《满洲石油会社设立要纲》，其中规定："为了有组织地开发在满洲国防上有重要价值的石油资源并初

---

① 『満洲国経済建設要綱（満洲国政府公表）』，アジア歴史資料センター：レファレンスコード，B02030713200，日本国立公文書館藏。

步做好石油的开采和精炼统制，设立满洲石油株式会社。"① 这里首先明确了"满洲石油株式会社"成立的目的，而且该要纲还规定："满洲国政府承认石油精炼事业由本会社独占。"② 这保证了该会社对石油精炼事业的垄断，实际上也保证了日本对该事业的垄断。1934 年 2 月 21日，伪满政府又正式公布了《满洲石油株式会社法》，其中规定："满洲石油株式会社为股份有限公司，以经营关于煤油之开采、精制及买卖事业为目的。"③ 该公司为垄断伪满石油开采、精炼和销售之特殊公司，实际上是日军的石油生产供应部。其他行业的情况亦大同小异。同年 2月 27 日，伪满政府以敕令 12 号公布《满洲炭矿株式会社法》，其中规定："满洲炭矿株式会社为股份有限公司，以经营关于石炭之采掘及贩卖事业为目的。"④ 3 月 22 日，以敕令 22 号公布《同和自动车工业株式会社法》，其中规定："同和自动车工业株式会社为股份有限公司，以经营关于自动车之装置制造、修理及买卖事业为目的。"⑤ 5 月 3 日，以敕令 38 号公布《满洲采金株式会社法》，规定："满洲采金株式会社为股份有限公司，以经营另令所定之地域内金矿之采掘及制炼事业为目的。"⑥ 通过这一系列特殊会社法，伪满政府建立了相应的特殊会社，实现了对这些行业的统制。这一时期成立的比较大的特殊会社还有1934 年 11 月成立的"满洲电业株式会社"（简称"满电"）。该会社由三家日资公司——"南满洲电气株式会社""营口水道电气株式会社"

---

① 『満洲石油会社設立要綱』，第 1 頁。アジア歴史資料センター：レファレンスコード，A08072647400，日本国立公文書館藏。

② 『満洲石油会社設立要綱』，第 2 頁。アジア歴史資料センター：レファレンスコード，A08072647400，日本国立公文書館藏。

③ 李茂杰主编：《伪满洲国政府公报全编》第 11 册，线装书局 2009 年版，第 411 页。

④ 李茂杰主编：《伪满洲国政府公报全编》第 11 册，线装书局 2009 年版，第 500 页。

⑤ 李茂杰主编：《伪满洲国政府公报全编》第 12 册，线装书局 2009 年版，第 155 页。

⑥ 李茂杰主编：《伪满洲国政府公报全编》第 12 册，线装书局 2009 年版，第 507 页。

"北满电气株式会社"和伪满洲国方面的 6 家电气公司——奉天电灯厂、"新京电灯厂"、哈尔滨电业局、吉林电灯厂、齐齐哈尔电灯厂、安东发电股份有限公司合并而成。开业资金为 9 000 万元，同时"明文规定该社具有统辖同行业的特殊地位，对发、输、配电实行一元化配套经营。满洲国决定不另颁布特别法，而根据附加条件的专利特许令及电气事业法实行监督"①。实际上，"满洲电业株式会社"属于准特殊会社。至此，东北的重工业主要由各个特殊会社和准特殊会社控制。其中"满铁"和"满炭"（"满洲炭矿株式会社"）控制开发煤炭业，"满电"垄断电力业，"满洲石油株式会社"统制石油工业，昭和制钢所为钢铁业的中心。至 1937 年七七事变为止，伪满工业 28 家特殊会社和准特殊会社资本总额 4.8 亿元，具体情况见下表 1－1。② 另根据下表 1－2③ 特殊会社出资构成所载，至 1936 年 12 月末，在伪满 26 家特殊会社中"满铁"出资占十分之三强。事实上，这一时期的特殊会社和准特殊会社，大多是由"满铁"和伪满政府共同出资的。其中，"满铁"在伪满洲国的特殊会社体系中居于核心地位。这一方面是由于"满铁"侵华日久，并拥有雄厚的人力、物力和财力；另一方面，日本国内经济萧条，大量闲散资金急于对外寻求出路，但由于东北形势并不明朗，日本财界对东北投资采取观望怀疑的态度。于是，"满铁"成为日本对东北投资的主体。如前所述，在伪满特殊会社的总资本中，"满铁"出资达 31%，再加上间接投资，即特殊会社之间的投资，"满铁"总共投资近五成。所以，伪满前半期的特殊会社和准特殊会社，大部分是"满铁"

---

　　① ［日］满史会编著：《满洲开发四十年史》下册，东北沦陷十四年史辽宁编写组译，辽宁省营口县商标印刷厂 1988 年版，第 134 页。

　　② 解学诗：《伪满洲国史新编》，人民出版社 2008 年版，第 326 页。

　　③ 解学诗：《伪满洲国史新编》，人民出版社 2008 年版，第 327 页。

的"关系会社",并几乎全都是由"满铁"创办或在"满铁"参与下创办的。[①] 可以说,"满铁"是日本在东北推行统制政策的主要执行者,是凌驾于一切特殊会社之上的总特殊会社。

表1-1 伪满的特殊会社与准特殊会社(截至1937年7月)

部名	会社名	资本(万元)	设立时间
金融	中央银行(特)	3 000	1932.6.15
	兴业银行(特)	3 000	1936.12.7
保险	满洲生命保险(特)	300	1936.10.17
交通通信	满洲电线电话(特)	5 000	1933.8.31
	满洲航空(准)	415	1932.9.26
电力	满洲电业(准)	9 000	1934.11.1
兵器制造	奉天造兵所(特)	460	1936.8.1
	满洲火药贩卖(特)	50	1935.11.1
汽车制造	同和自动车(特)	620	1934.3.31
液体燃料制造	满洲石油(特)	500	1933.2.24
	满洲油化(准)	250	1936.9.1
	大同酒精(准)	176	1933.11.24
钢铁冶炼	昭和制钢(日准)	10 000	1933.5.31
	本溪湖煤铁(准)	1 000	1935.9.8
矿业	满洲矿业开发(特)	500	1935.8.24
煤炭	满洲炭矿(特)	1 600	1934.5.7
轻金属冶炼	满洲轻金属(特)	2 500	1936.11.9
采金	满洲采金(特)	1 200	1934.5.16
制碱	满洲曹达(准)	800	1936.5.22
化肥	满洲化学(日准)	2 500	1933.5.30
制盐	满洲盐业(特)	500	1936.3.1

---

① 解学诗:《伪满洲国史新编》,人民出版社2008年版,第328页。

续表

部名	会社名	资本（万元）	设立时间
移民	满洲拓殖（特）	1 500	1936.1.4
	满鲜拓殖（特）	1 500	1936.9.14
林业	满洲林业（特）	500	1936.3.1
棉花	满洲棉花（特）	200	1934.4.19
商业	日满商事（准）	1 000	1936.10.1
其他	满洲计器（特）	300	1936.10.26
	满洲图书（特）	200	1937.4.6

注：上表中"日准"即日本的准特殊会社。

表 1 - 2　特殊会社出资构成（截至 1936 年 12 月末）

（单位：千元）

属性	名义（承受）	实缴
26 社合计	357 820	261 095
伪满政府	106 826（29.9%）	83 377（31.9%）
"满铁"	104 478（29.2%）	81 091（31.1%）
其他	146 516（40.9%）	96 627（37.0%）

第二节　"第一次产业开发五年计划时期"：工业统制的加强

一、"第一次产业开发五年计划"与工矿业扩张

1936 年 8 月 10 日，日本关东军司令部制定了《满洲国第二期经济建设要纲》。方针指出："满洲国第二期经济建设"是以昭和某年"康德某年"为目标，伴随着帝国在"满"军备的充实和增强，期待实现

44

日"满"共同防卫上必要的诸设施，同时，鉴于"满洲国"的现状和"北支"的实际情况，以促进"满洲国"实现坚实的发展，并以帝国大陆政策作为根基不动摇。① 可见，所谓的"经济建设"方案主要还是出于日本在华政治和军事上的考虑，并作为实现日本大陆政策的措施之一。具体而言，其中包括：国防上重要的产业在有事之际要实现大陆的自给自足，在"满洲"特别是铁、煤炭、石油、电力等基础产业，要促进其开发。基于现地调办主义和日"满"经济合理融合的精神，无论国内外，都要特别考虑实行产业统制政策。避免特殊会社陷于只追求营利主义的弊端。② 这些都为第二阶段伪满洲国的经济政策定下了基调。

至 1936 年末 1937 年初，日本在中国东北的殖民统治已经基本稳定下来。虽然这一时期东北抗日联军浴血奋战，但在日本关东军的全力镇压下，渐显劣势。日本在伪满的统治也从初期的武力"讨伐"镇压和巩固统治，发展为深化对东北的经济掠夺，并为进一步侵华做准备。在此背景下，日本对东北的经济政策也做了相应的调整，最终出台了"第一次产业开发五年计划"。

早在 1936 年 3 月至 7 月，"满铁经调会"就进行了伪满产业计划的研究，草拟了"产业开发长期计划"，该年 8 月完成。与此同时，以"满铁"参事宫崎正义为首的"日满财政经济研究会"起草了《增进国力计划》方案。日本陆军省也炮制了所谓《满洲开发方策纲要》等。而关于后来"第一次产业开发五年计划"的起草工作，主要是在 1936

---

① ［日］高野恒男：『満洲国産業經濟關係要綱集』第一辑，満洲商工會中央會發行，1944 年，第 34 頁。

② ［日］高野恒男：『満洲国産業經濟關係要綱集』第一辑，満洲商工會中央會發行，1944 年，第 34 頁。

年10月汤岗子会议上秘密进行的。该会议的参加者有财政部总务司司长星野直树①、总务厅企划处处长松田令辅②、产业部农务司司长松岛鉴、调查局局长椎名悦三郎、关东军第三课参谋秋永月三③及"满铁"会社的参事等。"最初的草案制定后，又在企划处、产业部、财政部、总务厅的有关人员之间，不断地进行了研究，终于在11月制定了较完整的方案。"④ 此后，该方案被星野直树等人带回东京，向日本政府说明，后得到政府有条件的认可，即在执行过程中，按事项分别办理必要的手续。

"第一次产业开发五年计划"于1937年1月25日最后确定，3月由伪满洲国政府开始执行。该计划明确规定："产业开发五年计划，是根据日满经济统制要纲的根本计划，以有事之时所需要的资源之现地开发资源为重点，尽可能力求实现国内的自给自足和供应日本所缺乏的物资，为将来满洲国的生产发展奠定基础。"⑤ 这里明确地指出伪满经济开发的目的就是满足日本的军事需要。为了掩人耳目，不得不加上实现伪满洲国内自给自足的话语。其具体计划指标详见下表1-3⑥。在此计划中，主要以工矿业开发为主，同时也对农畜部门和交通部门提出了扩

---

① 星野直树（1892年4月10日—1978年1月26日），日本甲级战犯。历任伪满洲国财政部总务司司长、伪满洲国财政部次长、伪满洲国国务院总务厅厅长、东条内阁官房长官兼国务大臣、大藏省顾问官等职。1948年被远东国际军事法庭判处无期徒刑，1958年获释。

② 松田令辅，1900年4月生，山口县人。1922年11月通过文官高等试验行政科考试，1923年毕业于东京帝国大学法学部法律学科。

③ 秋永月三（1893年12月21日—1949年4月23日），日本陆军军人，最后军衔为陆军中将。

④ 中央档案馆、中国第二历史档案馆、吉林省社会科学院合编：《日本帝国主义侵华档案资料选编·东北经济掠夺》，中华书局1991年版，第201—202页。

⑤ 中央档案馆、中国第二历史档案馆、吉林省社会科学院合编：《日本帝国主义侵华档案资料选编·东北经济掠夺》，中华书局1991年版，第227页。

⑥ 中央档案馆、中国第二历史档案馆、吉林省社会科学院合编：《日本帝国主义侵华档案资料选编·东北经济掠夺》，中华书局1991年版，第228页。

张目标。在工矿业中，主要"建立兵器、飞机、汽车、车辆等有关军需的产业。开发铁、液体燃料、煤、电力等重要基础产业为重点，特别是将国防上所必需的铁、液体燃料的开发作为重点"[1]。这里主要将和军事工业相关的重工业作为开发的重点。从计划增幅上看，普遍达到当时生产能力的2—3倍以上，煤炭液化油要达到原来的57倍，武器达到原来的5倍，冒进色彩浓厚。而从投资上看，伪满"产业开发五年计划"资金分配情况见下表1-4[2]。可知，对工矿业部门的计划投资占总计划投资额的52.1%。日本对伪满工矿业，尤其是和军事相关的重工业的重视可见一斑。

表1-3　"第一次产业开发五年计划"主要计划指标

种类	开发目标	现在能力
钢	（设备能力）200万吨；（生产量）185万吨	58万吨
生铁	253万吨	85万吨
页岩油	80万吨	14万吨
煤液化油	80万吨	1.4万吨
煤	2 550万吨	1 170万吨
发电量	140万千瓦	45.9万千瓦
铝	2万吨	
机车	1 414台	650台
客货车	14 520辆	6 900辆
汽车	4 000辆	
武器	提高现有能力的5倍	
飞机	340架	

---

[1]　中央档案馆、中国第二历史档案馆、吉林省社会科学院合编：《日本帝国主义侵华档案资料选编·东北经济掠夺》，中华书局1991年版，第227页。

[2]　中央档案馆、中国第二历史档案馆、吉林省社会科学院合编：《日本帝国主义侵华档案资料选编·东北经济掠夺》，中华书局1991年版，第229页。

表1-4 "第一次产业开发五年计划"资金分配情况

种类	所需资金
矿工业部门	129 107.1 万元
农畜产部门	14 292.7 万元
交通部门	77 067.7 万元
移民	27 400.0 万元
计	247 867.5 万元

计划实行不久，七七事变爆发。为了适应中日全面战争的新形势，满足日本对军需物资的强烈需求，伪满政府对"第一次产业开发五年计划"进行了修改，在原有基础上又进行了大幅扩充。该计划于1937年12月制定，次年5月14日宣布执行，其主要指标见下表1-5[①]。可知，此次修改在原计划的基础上又进行了扩充。其总体规模增加1倍左右，在飞机制造方面甚至从300架增加至30 000架。此次修改主要是对工矿业进行了扩充，其应对军事需要的色彩浓厚。从投资额上看，原计划实际所需资金29亿元，修改后的计划为49.6亿元，如再加上涨价因素，总投资额达到61亿元。[②]

表1-5 "第一次产业开发五年计划"主要计划指标（调整后）

项目	单位	1936年生产能力	原计划指标（生产能力）	修改计划指标（生产能力）	向日本运送目标
生铁	千吨	850	2 530	4 850	1 552
钢锭	千吨	580	2 000	3 390	1 120
钢材	千吨	400	1 500	1 700	
煤炭	千吨	11 700	27 160	34 910	6 000
煤液化	千吨		800	1 770	

① 解学诗：《伪满洲国史新编》，人民出版社2008年版，第509页。
② 解学诗：《伪满洲国史新编》，人民出版社2008年版，第509页。

续表

项目	单位	1936 年生产能力	原计划指标（生产能力）	修改计划指标（生产能力）	向日本运送目标
页岩油	千吨	145	800	650	
挥发油	千公升	24	826	1 740	
铝	吨	4 000	20 000	30 000	
汽车	辆		4 000	30 000	
飞机	架		300	30 000（暂）	
电力	KW	453 600	1 404 600	2 618 110	

尽管此次修改已经严重脱离了伪满洲国的实际生产能力，但面对战争物资的极缺，伪满政府为供应日本之需要，于 1939 年 4 月又对"产业开发五年计划"进行了再次修改。其主要指标见表 1－6[①]。此次修改亦主要是对重工业部门进行扩充。其中对生铁、铅、铜、碱等矿产资源的增加比较明显。另外值得注意的是，该次修改还确定了 1943 年的计划指标，该年指标比 1941 年有了明显的增加。

表 1－6　"第一次产业开发五年计划"主要计划指标（再调整）

产品	单位	1939 年 4 月新扩充计划		1938 年 5 月修订计划	新计划与修订计划的增减比较		新计划部分所需资金（内为外汇）	记事
		1943 年	1941 年	最终目标	1943 年	1941 年		
生铁	千吨	10 000	7 450	4 850	5 150	2 600	1 244 百万元（183 百万元）包括纯铁和矿石	设备能力
钢锭	千吨	6 030	3 390	3 390	2 640	0		
煤炭	千吨	56 000	40 000	34 910	21 090	5 090	316 百万元	生产目标

①　解学诗：《伪满洲国史新编》，人民出版社 2008 年版，第 511 页。

续表

产品	单位	1939年4月 新扩充计划		1938年5月 修订计划	新计划与修订计划的 增减比较		新计划部分 所需资金 （内为外汇）	记事
煤液化	千吨	1 860	540	1 770	90		900 百万元 （170 百万元）	粗油能力
页岩油	千吨	1 150	500	650	500			
铝	千吨	80	30	30	50		180 百万元 （25 百万元）	
铅	千吨	75	50	29	46		19 百万元	
亚铅	千吨	58	51	50	8	1	5 百万元 （1 百万元）	
铜	千吨	34	31	3	31	28	18 百万元	
金	千元	649 769 （1939—1943 累计）	228 697 （1939—1941）	304 012 （1937—1941）			247 百万元	
碱	千吨	224	224	72	152	152	7 百万元	
电力	千KW	3 801		2 570	1 231		537 百万 （80 百万元）	

　　"第一次产业开发五年计划"执行不久，就受到战争形势的制约和影响，仅至第三年就陷入严重困境。从第四年起，日伪政府不得不把重点放在钢铁、煤炭、电力、液体燃料、轻金属、非铁金属等重工业部门。至计划的最后一年又不得不实行更加彻底的重点主义。此次计划的实际效果，参见下表1-7①。可知，和原来庞大的计划指标相比，实际

　　① 姜念东等：《伪满洲国史》，大连出版社1991年版，第282页。

产量相差甚远。很多项生产只是在 1937 年的基础上略有提升，个别甚至不升反降，如挥发油。只有少数几项有了明显增长，但和计划相比也不免逊色。总之，"第一次产业开发五年计划"是在日伪当局野心勃勃的策划下开展的，甚至被标榜为"三大国策"① 之一，但最终由于效果甚微，也不得不草草收场。尽管如此，它加深了中国东北对日本的依赖，使东北进一步沦为日本的原料产地和商品销售市场，并强化了东北作为日本兵站基地的地位，极大地有利于日本对东北的经济掠夺。有学者对此一针见血地指出："《五年计划》的出笼标志着日本军国主义对我国东北的侵略进入了有计划地大规模地经济侵略的阶段，《五年计划》虽然失败了，大规模的野蛮的竭泽而渔式的经济掠夺却更加凶狂，直至日本投降，一天也没停止过。"②

表 1-7　伪满"第一次产业开发五年计划"执行情况（以 1937 年为 100）

部门		第一年度	第二年度	第三年度	第四年度	第五年度	备考
生铁		100	105	126	132	175	鸭绿江最后一年发电 10 万 KW
钢锭		100	113	101	103	109	
钢板		100	114	101	101	105	
钢材		100	143	151	165	172	
页岩油	挥发油	100	16	95	82	90	
	重油	100	107	98	105	151	
	其他	100	99	105	368	1 460	
电力		100	107	138	154	191	
硫铵		100	128	84	99	105	

———————

　　① 伪满政府"三大国策"包括："产业开发五年计划"、百万户移民计划和"北边振兴计划"。

　　② 苏崇民：《有关〈满洲产业开发五年计划〉的几个问题》，载东北沦陷十四年史总编室编：《东北沦陷十四年史研究（1931—1945）》第一辑，吉林人民出版社 1988 年版，第 116 页。

二、重工业统制的深化

为了配合"第一次产业开发五年计划"的顺利进行，同时为日本提供更多的军用物资，伪满政府于1937年5月1日公布了《重要产业统制法》。该法是对《满洲国经济建设纲要》中产业统制思想的继续和延伸，给伪满洲国的产业统制提供法律上的依据，并明确了统制的形式、内容和范围。其中规定：经营重要产业者应依命令所定受主管大臣许可，重要产业之种类以敕令定之；经营重要产业者应依命令所定于每事业年度将事业计划书及事业报告书提出于主管部大臣；主管部大臣得向经营重要产业者关于其业务发布公益上或统制上必要之命令；主管部大臣认为特有必要时，得令经营重要产业者报告其业务或财产之状况，或派所属官吏，检查其金库账簿及其他各种文书物件；经营重要产业者于下列情形应依命令所定受主管部大臣许可，欲为统制协定或改废统制协定时，欲扩张或变更生产设备时，欲转让事业之全部或一部时，法人欲为合并时。[①] 至于产业统制的范围，在《关于施行重要产业统制法之件》中明确规定为兵器制造业、飞机制造业、汽车制造业、液体燃料制造业、金属冶炼业、炭矿业、毛织业、棉纺织业、麻制线业、麻纺织业、制粉业、麦酒制造业、制糖业、烟草制造业、曹达制造业、肥料制造业、巴尔普（制纸原料）制造业、油房业、洋灰制造业、火柴制造业。[②] 而关于所谓主管部大臣的分工，规定：兵器制造业及航空机制造业则为实业部大臣及治安部大臣，关于液体燃料制造业及火柴制造业则

---

① 李茂杰主编：《伪满洲国政府公报全编》第42册，线装书局2009年版，第439—440页。

② 李茂杰主编：《伪满洲国政府公报全编》第42册，线装书局2009年版，第441—442页。

为实业部大臣及经济部大臣，关于其他产业则为实业部大臣。[①] 由以上可知，兵器制造业等重工业门类被纳入产业统制的范围之内，包括部分重工业在内的重要产业的生产、经营均受到伪满政府严格的控制，同时部分轻工业如毛织业、棉纺织业、麻制线业、麻纺织业、制粉业、麦酒制造业、制糖业、油房业（油坊业）亦被纳入统制之列，这保证了日本对伪满工业经济的掠夺。而且，《重要产业统制法》中规定统制的种类共 21 种，比原《满洲国经济建设纲要》的 12 种（包括电力工业）有了明显的增加，这也说明日本对东北经济统制的加剧和经济掠夺的加深。

伴随着淞沪会战和南京保卫战等战役的结束，日本侵华战争长期化的趋势逐渐明朗，为了适应新的战时格局，日本政府进一步推行"日满一体化"的战时经济体制，把伪满的统制经济完全纳入日本的战时统制经济之中。在日本政府的授意下，伪满政府出台了一系列政策来应对战时需要。1938 年 2 月公布的《总动员法》规定：本法当战时或事变为使在国防上最有效地发挥国之全力统制运用人的及物的资源（包含资金）为目的。同时规定"总动员物资"涵盖武器、被服、粮食、饲料、药品、运输设备、通信物资、照明物资、燃料、电力、生金属、合金等涉及军需的方方面面，而且规定除上述物资外，还可以进一步扩展物动范围。[②] 至此，伪满确立了战时体制，其物资统制完全要符合战时需要。

此后，伪满政府陆续颁布了一系列物资统制法。1938 年 4 月 1 日，伪满政府以敕令第 55 号公布《铁钢类统制法》，规定：本法所称铁钢

---

① 李茂杰主编：《伪满洲国政府公报全编》第 42 册，线装书局 2009 年版，第 442 页。

② 李茂杰主编：《伪满洲国政府公报全编》第 60 册，线装书局 2009 年版，第 535—540 页。

类系指铣铁、钢块、大钢片、小钢片、平钢片、薄板材、马口铁用板材、管材、丝材、棒钢、形钢、钢板、钢管、轨条、夹挟板、阳螺旋、阴螺旋、垫圈、锅钉、斯派克、线索、钉、丝、马口板、铸铁品及铁屑等而言；又规定前项之钢板、钢管、丝、线索及钉等包含锌镀者。[①] 据此，只要含有一点儿钢铁类成分就属于此法的统制范畴。通过该法的颁布，钢铁及相关制品从生产、买卖、价格直至进出口等都实行了全面统制。不唯如此，非铁金属、轻金属、煤炭、农产品等物资也很快被纳入统制范畴。此后，伪满颁布《米谷统制法》（1938 年 10 月）、《棉花统制法》（1938 年 12 月 14 日）、《毛皮皮革类统制法》（1938 年 12 月 26 日）、《原棉棉织品统制法》（1939 年 3 月 25 日）等。1939 年 10 月，伪满政府将"日满商事会社"改组为特殊会社，负责钢铁、煤炭、水泥、化工产品等物资的销售统制。而与人民群众息息相关的生活必需品，则由"满洲生活必需品会社"全面统制。关于伪满主要物资统制实施机构见下表 1 – 8[②]。1940 年 6 月，伪满政府又公布《物价及物资统制法》，根据该法，物品的价格、物资的收购和分配全由伪满洲国统制。[③]

表 1 – 8　各种物资统制实施机构（1939 年 10 月）

物资类别	统制机关	统制范围
钢铁类	日满商事会社	配给、价格、输出入
非铁金属	日满商事会社	配给、价格、输出入
轻金属	满洲轻金属制造会社	配给、价格、输出入

---

① 李茂杰主编：《伪满洲国政府公报全编》第 63 册，线装书局 2009 年版，第 1—2 页。

② 解学诗：《伪满洲国史新编》，人民出版社 2008 年版，第 521 页。

③ 中央档案馆、中国第二历史档案馆、吉林省社会科学院合编：《日本帝国主义侵华档案资料选编·东北经济掠夺》，中华书局 1991 年版，第 62—64 页。

续表

物资类别	统制机关	统制范围
煤炭	日满商事会社	配给、价格、输出入
水泥	满洲共同水泥会社	配给、价格、输出入
木材	满洲林业会社	采伐、配给、价格
橡胶	全满橡胶工业联合会	输入、配给
毛皮皮革	满洲畜产会社	毛皮皮革的收买、价格、配给
	毛皮输入组合	毛皮的输入
	皮革输入组合	皮革的输入
	单宁剂输入组合	单宁剂的输入
羊毛	满洲羊毛同业会	收买、配给、价格
原棉棉制品	满洲棉业联合会	收买、配给、输出入、价格
柞蚕	满洲柞蚕会社	收买、加工、销售、输出、价格
米谷	满洲粮谷会社	生产、配给、价格、输出入
饲料	满洲粮谷会社	收买、输出、配给、价格
小麦、面粉	满洲制粉联合会	小麦收购、面粉生产、输入、销售
重要特产品	满洲特产专管会社	大豆、豆饼、豆油的买卖（预定 1939.11.1 实施）
棉籽	满洲棉籽输出组合	以输出为目的的棉籽的收买与输出
苏子	满洲苏子组合	收买、配给、输出、价格
蓖麻籽	蓖麻籽共同搜货事务所	搜货、配给、价格
洋麻	农事合作社	收买、配给、价格
烟叶	满洲烟叶会社	收买、配给、价格、输出入
麻袋	满洲特产中央会、关东州特产中央会	输入、配给、价格
生活必需品	满洲生活必需品会社	输入、采购、配给、价格

不仅如此，1938 年 9 月 16 日伪满政府还公布《临时资金统制法》，加强了对资金的统制。1938 年 12 月 1 日又公布《劳动统制法》，加强

了对劳动力的统制。由以上可知，在这一时期，日伪当局利用不断颁发的法律法规建立了不断强化的经济统制体制，从而集中了一切人力、物力和资金等，并全面控制了重要产业的生产、流通、销售和分配等环节，最大限度地保证了日本对东北实施经济掠夺并全力迎合日本的战时需要。

三、"满业" 的崛起

1937 年 10 月，日本政府宣布日本产业株式会社（简称"日产"）进入中国东北，并建立"满洲重工业开发株式会社"（简称"满业"）。事情看似突然，但实为日本军部同日产董事长鲇川义介①长期酝酿的结果。它的建立主要源于以下几点原因：首先，在伪满前期，"满铁"垄断了东北的工业生产和经营。仅从投资额上看，从 1932 年到 1937 年，日本对我国东北的投资为 15 亿元，其中"满铁"为 8.4 亿元，占 56%，如再加上"满铁"子公司部分的 1.3 亿元，则达 68%。② 但至 1936 年，"满铁"的民间股份实缴已经结束，其闲散资金有限。伴随着"产业开发五年计划"的制定和推行，对伪满的投资需求大幅增加。为了解决这一问题，日伪当局必须寻找新的投资来源。其次，伴随着"二二六"事变的解决，军部在日本国内掌握了对政府的控制权，军部和私人大财阀走向合作，这为日本财阀进军中国东北创造了适宜的政治氛

---

① 鲇川义介（1880 年 11 月 6 日—1967 年 2 月 13 日），日产汽车和富士财阀的创始人，日本实业家、政治家。1927 年鲇川义介接管了其内弟久原房之助的企业——久原矿业，并改名日本产业株式会社（简称"日产"），鲇川义介任会长。1937 年他将日产总部迁往长春，建立"满业"，接管了"满铁"在东北经营的重工业。1945 年日本无条件投降后，他被列为甲级战犯，后被整肃。1953 年当选为参议院议长、帝国石油社长、石油资源开发社长。1959 年因选举舞弊案下野。

② 姜念东等：《伪满洲国史》，大连出版社 1991 年版，第 273 页。

围。再次，在这一时期日本关东军抛弃了伪满建立之初所谓"不许财阀进入满洲"的政策，欢迎日本财阀来东北投资。最后，日产集团在国内的准战时体制下，股票价格、利润率、分红率都有所下降，为了扩大利润，日产集团也在积极寻觅新的投资对象。鲇川义介在 1936 年考察东北时，对东北的重工业表现出浓厚的兴趣，最终双方一拍即合，又经过多次谈判和协商，鲇川义介决定在东北建立"满业"。

1937 年 10 月 22 日，日本政府内阁会议通过了《满洲重工业确立要纲》，四天后，伪满洲国国务院会议也通过了设立"满业"的决定。要纲中明确规定：为谋求"满洲国"重工业的确立发展，在"满洲国"政府的出资下，设立以综合经营新兴重工业为目的的有力的国策会社。该会社由"满洲国"政府和日、"满"民间各半出资。[①] 这里实际上没有东北的民间资本投入。同时，该要纲还确定了"满业"的主要经营行业范围。其大致对下列事业进行支配性投资，并担任经营指导，即铁钢业、轻金属工业、重工业（汽车、飞机等制造业）、煤炭工业，此外，该会社附带投资经营金、亚铅、铅和铜等矿业。[②] 在此，"满业"将伪满当时主要的重工业都囊括在内。该年 12 月 20 日，伪满政府又抛出《满洲重工业开发株式会社管理法》，确定了会社经营的一些细则。其中规定："满洲重工业开发株式会社之资本额定为四亿五千万元。"[③] 为了保证"满业"的利润收入，第 12 条和第 13 条规定：伪满政府和民间股份的利润分配有特别规定，即利润年率在 7 厘 5 毫以下时，按伪满

---

① 中央档案馆、中国第二历史档案馆、吉林省社会科学院合编：《日本帝国主义侵华档案资料选编·东北经济掠夺》，中华书局 1991 年版，第 155 页。

② 中央档案馆、中国第二历史档案馆、吉林省社会科学院合编：《日本帝国主义侵华档案资料选编·东北经济掠夺》，中华书局 1991 年版，第 155 页。

③ 中央档案馆、中国第二历史档案馆、吉林省社会科学院合编：《日本帝国主义侵华档案资料选编·东北经济掠夺》，中华书局 1991 年版，第 159 页。

政府股份1、民间股份2的比例分配；超过7厘5毫时，超出部分按同一比例分配。此外，还规定在10年内保证"满业"的综合纯益，当利润年率未达到6厘时，由伪满政府补贴。[①] 这就保证了无论"满业"实际生产及经营状况如何，它都会从东北获取巨额利润。此后，由于资材缺乏、能源短缺、人力不足等原因，"满业"的生产也陷入困境，利润较低。为此，伪满政府对"满业"的补助连年增加，在1941年达3 800万元。[②] 显然，这些都是在东北搜刮的民脂民膏。

"满业"的建立对"满铁"产生巨大挑战。如果说在伪满建立初期是"满铁"在工业领域中一统天下，那么，从1937年开始就是双方分庭抗礼。"满铁"不得不按照日本政府的意愿将相关的重工业企业移交"满业"。"满铁"转让出的持股总额为1.07亿元以上，对昭和制钢所的持股转让为55%，其余几社都是持股全部转让。[③] 其中转让的公司包括"满洲炭矿""日满镁""满洲铝矿"、同和汽车、"满洲石油"等。至此，"满铁"的事业主要包括三项，即以铁路为中心的交通运输业、以抚顺煤矿为中心的煤炭开采冶炼业和以"满铁调查部"为中心的调查研究。

"满业"则逐渐发展为垄断东北重工业经营的超级会社。"满业"除接受"满铁"重工业子公司外，还对东北已有的重工业工厂进行收买、整合，其中包括先后收买了"满洲铝矿会社"和本溪湖煤铁公司的股份。同时，"满业"还对接收来的公司进行整合并建立新厂，其中主要有"满洲矿山会社""满洲飞行机制造株式会社""满洲汽车制造

---

① 中央档案馆、中国第二历史档案馆、吉林省社会科学院合编：《日本帝国主义侵华档案资料选编·东北经济掠夺》，中华书局1991年版，第159—160页。
② 解学诗：《伪满洲国史新编》，人民出版社2008年版，第526页。
③ 解学诗：《伪满洲国史新编》，人民出版社2008年版，第527页。

会社"和东边道开发会社等。至 1939 年 10 月，"满业"直接投资会社和间接投资会社详见下表 1 - 9[①]。此后，"满业"仍不断扩张，"到 1941 年，子会社已拥有 16 家，名义资本达 15.6 亿元，其中'满业'承受额达 12.98 亿元（大部分实缴）；孙会社 15 家，名义资本 1.4 亿元"[②]。可见，"满业"已成为一家真正的超级托拉斯，其事业基本覆盖了伪满的整个重工业。它的兴衰可以看作是反映伪满重工业生产的晴雨表。

表 1 - 9　"满业"所属会社

类别	会社名	设立时间	实缴资本（千元）
直接投资会社	昭和制钢所	1929.7	175 000
	同和汽车工业会社	1934.3	18 100
	满洲炭矿会社	1934.5	140 000
	满洲轻金属会社	1936.11	50 000
	满洲矿山会社	1938.2	50 000
	满洲飞行机制造会社	1938.6	20 000
	东边道开发会社	1938.9	41 250
	本溪湖煤铁公司	1910.5	100 000
	满洲汽车制造会社	1939.5	25 000
	协和铁山会社	1939.8	10 000
间接投资会社	满洲铅矿会社	1935.6	4 000
	满洲镁工业会社	1938.7	2 500
	安奉矿业会社	1937.11	500
	热河矿业会社	1935.10	300
	抚顺水泥会社	1934.7	5 000

---

① 解学诗：《伪满洲国史新编》，人民出版社 2008 年版，第 528 页。
② 解学诗：《伪满洲国史新编》，人民出版社 2008 年版，第 530 页。

第三节 "第二次产业开发五年计划时期"：
工业统制的高潮

一、工业统制的高潮

1941 年 12 月 7 日，日本偷袭珍珠港，太平洋战争爆发。日本原希望通过此战解决其战争物资紧缺问题，但事与愿违，却加剧了日本的物资紧缺。战争爆发六天后，即 1941 年 12 月 13 日，日本关东军司令官梅津美治郎①、伪满总务长官武部六藏和伪国务总理大臣张景惠②等人在伪省长会议上，强调必须确定"从物质上协助日本的战时体制的方针"③。按照这一指示，该年 12 月 22 日，伪满国务院总务厅制定了《战时紧急经济方策要纲》。其中，根本方针规定：针对大东亚战争爆发而出现的紧急事态，需进一步整备并强化经济的战时体制；发挥自给资源的作用；加强同大陆各地区之间的经济联系。同时，考虑到我国（伪满洲国，笔者注）国防上的特殊地位，应以及时满足日本战时紧急

---

① 梅津美治郎（1882 年 1 月 4 日—1949 年 1 月 8 日），日本北九州大分县人，陆军大将，侵华战争罪魁祸首之一。毕业于陆军大学，曾任步兵第一联队副、步兵第一联队连长、步兵第三联队长、参谋总部编制动员课长、陆军省军务局军事课长、步兵第 1 旅旅长、参谋本部总务部部长、驻瑞士使馆副武官、中国驻屯军司令官、第 2 师团长、陆军次官、第 1 军司令官、关东军司令兼特命全权大使、关东军总司令、陆军参谋总长、军事参议等职。曾签署《何梅协定》，参与实施"关特演"，并在美国"密苏里"号军舰上代表日本"大本营"签署投降书。战后作为甲级战犯被判处无期徒刑，后病死狱中。

② 张景惠（1871 年 6 月 21 日/1872 年 5 月 4 日—1959 年 1 月 11 日），字叙五，辽宁台安人，奉系军阀统领。在奉系军阀统治东北期间，曾任陆军第二十七师第五十三旅旅长、奉军暂编第一师师长、奉军前敌湘西司令、奉军西路总司令、奉天督军署参议、东北政务委员会委员、东省特别行政区长官等职。九一八事变后投靠日本人，曾任伪满洲国参议府议长兼东省特别行政区长官、军政部总长、国务总理大臣等职。"八一五"光复后，被苏军逮捕，关押于抚顺战犯管理所。1959 年死于战犯管理所。

③ 解学诗：《伪满洲国史新编》，人民出版社 2008 年版，第 687—688 页。

需要作为各项经济政策的唯一目标，以迅速征服战时的紧张局势。① 在此，主要是要将伪满打造成供应日本军需物资的战略基地。该要纲还规定了对日供应的战时急需产品的种类，主要包括钢铁、煤炭、液体燃料、轻金属、有色金属和农产品。可见，重工业部门成为日本掠夺东北物资的重点。

为了便于日本对东北资源的掠夺，1942年10月6日，伪满政府以敕令第191号公布《产业统制法》，以此取代已执行5年之久的《重要产业统制法》。这样做的原因为："在同拥有高度生产力的美英进入长期战的今日，强行扩大生产力，极度发挥生产力，已是我满洲国的最高命令。为此，必须根据国家目的，将建设资材、原材料、资金、劳动力以及技术等，做最有效的利用，使全部产业沿着国家目的进行运营。为做到这一点，在物资、资金、劳务等各部都已经制定动员计划，制定并运用了物资及物价统制法、资金统制法、劳动统制法等，但是，对于直接承担生产力扩充和生产力发挥的企业本身的统制，除特殊法人企业和重要产业统制法适用企业外，没有法的行为根据，而且重要产业统制法的规定，在进行与目前时局相适应的企业统制方面，存有不够充分之憾。"② 可见，《产业统制法》主要是为了加强战时产业统制体制。根据《产业统制法》，重要产业统制由原来的21种增至86种，统制范围从重工业、化工业扩展至轻工业，几乎涵盖了伪满的各个部门。政府的统制权限也有了明显的加强，根据《产业统制法》第11条规定：主管部大臣认为于公益上或统制上有必要时得对于经营统制产业者关于下列各款所载事项发命令或为处分，即事业设备之新设、扩张及改良；事业之休

---

① 中央档案馆、中国第二历史档案馆、吉林省社会科学院合编：《日本帝国主义侵华档案资料选编·东北经济掠夺》，中华书局1991年版，第287页。

② 解学诗：《伪满洲国史新编》，人民出版社2008年版，第693—694页。

止；生产数量之确保及增加、生产方法之改良、生产之限制、生产品之规格及生产技术之供与；原料或材料之取得、保有、使用限制及供与；生产品之配给；试验研究及试作；除前列各款外关于业务事项。[①] 至此，伪满政府拥有了对企业更大的统制权限，可以说，政府可以对企业为所欲为，而企业不过成为政府手中的玩偶而已。《产业统制法》的出台，标志着日本对伪满的经济统制政策达到登峰造极的程度，它一方面反映了日本所进行的对外侵略战争陷入严重的物资危机之中，为继续战争，心如蛇蝎般加强对东北人民的搜刮；另一方面，也反映了日本法西斯在战败崩溃前陷入了明显的疯狂、焦躁和仇恨之中，但这些只能加速它的灭亡。

二、"第二次产业开发五年计划"与工矿业扩张

在战时紧急经济政策的指导下，日伪当局加紧对东北产业的掠夺，其主要表现在对"第二次产业开发五年计划"的制定和执行上。

早在 1941 年夏，日伪当局就着手制定"第二次产业开发五年计划"。该计划 9 月成案，10 月由伪满政府向"日满华经济协议会"提交，11 月最后确定。但该计划尚未实施，太平洋战争即爆发。为了应对时局，同时也为了贯彻《战时紧急经济方策要纲》，日伪当局又对该计划进行了调整和修改。此后，它于 1942 年 4 月开始执行。"计划虽有指标，但不确定，而是在执行过程中，根据形势与需要，随时调整、变更，推进战争紧需物资的掠夺。"[②] 其实质就是为了最大限度地掠夺战争物资，满足日本的战时需要。《满洲国产业开发第二次五年计划基本

---

① 李茂杰主编：《伪满洲国政府公报全编》第 127 册，线装书局 2009 年版，第 382 页。
② 中央档案馆、中国第二历史档案馆、吉林省社会科学院合编：《日本帝国主义侵华档案资料选编·东北经济掠夺》，中华书局 1991 年版，第 286 页。

方针要纲》中确立了该计划的方针，其中规定："满洲国产业开发第二次五年计划，是日满一体为核心的以迅速确立大东亚共荣圈自给经济为目标的综合性产业开发计划的组成部分。根本方针是，期望确实完成在发展适合我国资源的基本产业方面所承担的使命，同时，鉴于我国所处的特殊地位，也考虑到开发当地需要建立的产业，以及同其他部门的均衡发展，充实和增强综合性的经济力量。"① 显然，这里明确表示伪满经济的发展主要是为了建立大东亚共荣圈，换句话说，它是为了建立以日本为宗主国的东亚政治经济体系。这里为日本掠夺东北产业披上合法的外衣，日本据此可以更肆无忌惮地掠夺东北的各种资源。

"第二次产业开发五年计划"和"第一次产业开发五年计划"相比有着明显的不同，其中最主要的区别是后者侧重于飞机、汽车、兵器等高级军工产业，而前者侧重于钢铁、煤炭、非铁金属和动力等基础产业部门。而且，前者还依靠同华中、华北的大陆物资交流，完善计划性，实质是满足地区性平衡，推动计划的实施。"第二次产业开发五年计划"主要生产计划指标见下表1－10②。

表1－10 "第二次产业开发五年计划"主要生产计划指标

种类	单位	1942年 第一年	1943年 第二年	1944年 第三年	1945年 第四年	1946年 第五年
生铁	千吨	1 600	1 910	2 010	2 220	2 590
钢坯	千吨	705	975	1 045	1 045	1 318
钢材	千吨	517	589	606	726	952

---

① 中央档案馆、中国第二历史档案馆、吉林省社会科学院合编：《日本帝国主义侵华档案资料选编·东北经济掠夺》，中华书局1991年版，第280页。
② 中央档案馆、中国第二历史档案馆、吉林省社会科学院合编：《日本帝国主义侵华档案资料选编·东北经济掠夺》，中华书局1991年版，第285—286页。

续表

种类	单位	1942 年第一年	1943 年第二年	1944 年第三年	1945 年第四年	1946 年第五年
煤炭	千吨	27 500	31 450	35 780	40 230	44 930
铝	吨	10 000	10 000	13 000	15 000	15 000
镁	吨	1 000	1 000	1 000	1 000	2 000
铜（金属）	吨	1 100	1 200	1 300	5 100	5 200
铅（金属）	吨	9 000	11 000	12 000	12 000	12 000
亚铅（金属）	吨	3 820	4 250	6 800	8 920	8 920
石棉	吨	7 000	7 500	8 000	9 000	10 000
页岩油	吨	282 000	282 000	474 500	474 500	667 000
煤炭液化	千公升	268 500	468 500	468 500	525 500	625 500
曹达灰	吨	68 000	83 000	98 000	113 000	128 000
硫铵	吨	246 400	250 300	273 100	295 400	301 400
盐	千吨	1 262	1 490	1 823	2 105	2 332
人造丝	吨	29 000	29 000	31 000	33 000	40 000
纸浆	吨	造纸 92 700	105 400	137 100	144 800	138 300
金	吨	3 436	3 754	3 918	7 107	7 032
水泥	千吨	1 862	2 440	2 450	2 670	2 890
水力发电	百万 KW	970	1 710	2 936	4 250	5 000

"第二次产业开发五年计划"投资 86.5 亿元，比第一次投资增加 28.9%。其中在中国东北筹资 34.6 亿元，占 40%；在日本筹资 51.9 亿元，占 60%。[①] 尽管如此，"第二次产业开发五年计划"的实际效果却远不如预期。其中在 1943 年或 1944 年其工业产量达到峰值，但仍同计划指标相差甚远。在 1944 年，"除了铜产量 2205 吨，超过计划 69.6%

---

① 张福全：《辽宁近代经济史（1840—1949）》，中国财政经济出版社 1989 年版，第 439 页。

之外，其他产品都没有达到计划要求指标。原煤实际产量 2653 万吨，为计划的 74.1%，页岩油为 23.5 万吨，为计划的 49.5%，生铁 118 万吨，为计划的 58.7%，钢 48.4 万吨，为计划 46.3%，钢材 56 万吨，为计划的 92.4%，铝 8000 吨，为计划的 61.5%，原盐 67.6 万吨，为计划的 37.1%。"[①] 由此可见，伪满的工业生产已经膨胀至顶点，但仍然远未达到其预期目标。也就是说，它没有满足日本的军用物资需求，这必然为其延续和支撑对外侵略战争带来巨大困难。同时，这种工业的畸形膨胀，造成东北殖民地工业体系的扭曲和错位，从而加速了东北殖民地工业体系的崩溃。

---

① 张福全：《辽宁近代经济史（1840—1949）》，中国财政经济出版社 1989 年版，第 440 页。

第二章　日伪对东北轻纺工业的垄断

第一节　制油工业

制油工业，在旧时被称为油坊业，为东北三大工业之首，可见其发展相对比较充分。"在东北各种重要的工业中，最具有地方特色，在民间特别受到重视，同时即使从国家的角度来看，最重要的无疑也是油坊工业。"[①] 目前国内关于伪满制油工业的研究成果比较有限[②]，这也为今后的研究留下很大的空间。本节将主要从日伪掠夺的角度突出日本对东北制油工业的控制与侵占。

近代以来榨油方法主要有楔式榨油法、螺旋式榨油法、水压式榨油

---

① ［日］藤曲政吉：『満洲建国と五省の富源』，満洲通信社，昭和7年，第373页。

② 主要成果有：李朝月《1905—1932年哈尔滨民族机器榨油业发展探究》（哈尔滨师范大学2012年硕士论文）论述了1905年至1932年哈尔滨民族机器榨油业的起步、发展、衰落的过程，并通过对哈尔滨民族机器榨油业的理性思考，追寻这段历史的现实指导意义，探求推动现代工业发展的正确途径，但在地域上仅局限于哈尔滨地区。孔经纬《新编中国东北地区经济史》（吉林教育出版社1994年版）概述了伪满时期东北制油工业的情况，但由于视角问题，对工业掠夺问题涉及较少。张志强《近代东北的榨油业》（《东北地方史研究》1984年第1期）论述了晚清至20世纪20年代末东北民族榨油业的发展状况。徐敬之《解放前大连民族工商业见闻》（载中国人民政治协商会议辽宁省大连市委员会文史资料委员会编：《大连文史资料》第6辑，大连市委党校印刷厂1989年版）分初创、繁荣、衰败和灭亡四个时期论述了日本统治大连四十年间大连油坊业的兴衰。该文认为，这期间大连的经济命脉完全操控在日本统治集团手中，民族工商业受到日寇无孔不入的统制、排挤和压迫。

法和溶剂抽油法，其中前三者属于压榨法。当时东北大豆油坊之榨油多数采用压榨法。具体而言，楔式榨油法是凭借人力使用楔子榨油，是比较原始的小规模榨油法，出油率较低，仅为 7.5%—8.5%。螺旋式榨油法是使用螺旋代替楔子，所产生的压力更大，出油率平均为 10%。水压式榨油法与前两者不同，主要是利用水的压力进行榨油，其生产规模要大于前两者，属于机器作业。水压式油坊又可分为水压式圆豆饼油坊和水压式方豆饼油坊，前者榨油率为 10%—10.5%，后者为 12.5% 左右。至于溶剂抽油法，主要是利用溶剂将油槽中所压榨大豆之油分予以吸收，至大豆之蛋白质与油分分离之后，再将含油溶剂加热，使溶剂蒸发，所剩者即为豆油。此法采油率极高，一般为 14% 以上，但因属于大规模化学作业，需要巨额资本，且对技术的要求较高，因此使用此法的油坊当时在东北寥寥无几。

一、清末民国时期东北的制油工业

根据"满铁"的调查，以往中国人对油脂的需求超出想象，在日常食物中都使用油。另外，油脂在工具、房屋的涂料和灯火用燃料中都被使用，用途广泛。即使说中国人一刻也离不开油也不为过。[1] 制油工业在我国历史悠久，大约在秦汉时代就有了制油的作坊出现。[2] 在西汉有用芝麻榨油的记载。至清末民国时期，东北的制油工业进一步发展。其中，奉天省的油坊业比较发达。该省的交通主要靠辽河，牛庄（今营口）地处辽河口，享其地利，成为东北油坊业的中心，营口也是当时东北最繁华的地区。1861 年营口开埠后，外资亦注入该地的油坊业。

---

① ［日］南満洲鐵道株式会社社長室調査課：『満蒙全書』第四卷，満蒙文化協會發行，大正 11 年，231 頁。

② 张志强：《近代东北的榨油业》，《东北地方史研究》1984 年第 1 期，第 43 页。

1896 年，英国太古洋行成立太古榨油厂，采用机器榨油，豆饼产量和出油率远高于手工油坊，利润丰厚，此为东北机器榨油之嚆矢。1884年，丹麦的苏尔兹洋行在营口建立一榨油厂，生产蓖麻籽油。光绪三十二年（1906 年）日商小寺庄吉在营口开设水压机器油坊，资本金 30 万元，在大连、奉天、开原、八面城等地设办事处。[①] 光绪三十三年（1907 年），日商三井物产株式会社与营口华商经营的东永茂油坊等合办三泰油坊，资本金为 50 万元，本店设在营口，分店设在大连。至宣统三年（1911 年），营口有新式油坊 23 家，另有日商经营的 9 家油坊，资本金总额为 111.5 万两炉银，日产豆饼 3.2 万斤。[②] 日俄战争后，东北的榨油工业也发生变化。主要由于日本的土壤缺少氮的成分，需用豆饼作为肥料，故东北的榨油工业亦开始重视豆饼生产。日俄战争后，日本获得在中国旅顺和大连的租借权，建立关东都督府，并于 1906 年建立"满铁"。大连作为日本侵略中国的主要基地逐渐发展起来，东北的油坊业中心也从营口转移至大连。1905 年，"福顺厚支店"在大连开业。1906 年日商小寺在大连建水压机器油坊及公成玉、双和栈、成盛兴、润兴茂等油坊。[③] 1908 年 4 月，中日合办的三泰油坊开工，资本金50 万元，日产豆饼 5 000—6 000 片，规模很大。同年，日商大仓组建的"日清制油株式会社大连工厂"开工，资本金 75 万元，以电作动力，日产豆饼 5 000—6 000 片，为东北地区最大的油坊。[④] 至 1911 年，大连有油坊 47 家。[⑤] 新民府至 1910 年 4 月共有油坊 28 家，基本沿用旧

① 辽宁省统计局编：《辽宁工业百年史料》，辽宁省统计局印刷厂 2003 年版，第 532 页。
② 辽宁省统计局编：《辽宁工业百年史料》，辽宁省统计局印刷厂 2003 年版，第 532 页。
③ 辽宁省统计局编：《辽宁工业百年史料》，辽宁省统计局印刷厂 2003 年版，第 533 页。
④ 辽宁省统计局编：《辽宁工业百年史料》，辽宁省统计局印刷厂 2003 年版，第 533 页。
⑤ 辽宁省统计局编：《辽宁工业百年史料》，辽宁省统计局印刷厂 2003 年版，第 533 页。

法生产。奉天（沈阳）至 1910 年 5 月共有油坊 46 家。安东（丹东）至 1910 年共有油坊 10 家，内有 3 家使用石油发动机，7 家使用木机。[①]

哈尔滨的油坊业开始于光绪三十一年（1905 年）俄人缶干司克创设的机器油坊，此外主要有东和油坊（设立于 1910 年）、铃木油坊（设立于 1910 年）、三井油坊（设立于 1910 年）、小寺油坊（设立于 1910 年）、瓦沙耳油坊（设立于 1910 年）、缶沙特金（设立于 1906 年）。[②] 在 1910 年哈尔滨还设有义昌信油坊。[③] 这一时期吉林省的制油工业也有了明显发展，出现新旧油坊业并存，旧式油坊业为主的局面。在长春，至 1907 年已有油坊 20 余家，主要属于商业兼营，其中包括公升合、益发合、万发合、东发合、世鸿泰、合发栈等，多兼营当铺、粮栈、店行、布行等业。[④] 至 1909 年，长春的油坊增至 35 家。[⑤] 在 1910 年长春有成发栈和益发合两家新式油坊。[⑥] 在吉林市，1910 年 11 月下旬共有油坊 36 家，同年海龙府城有油坊 7 家，北山城子有油坊 40 家。[⑦] 在 1910 年下半年，公主岭有粮栈、杂货店兼营的油坊 8 家，专业油坊二三家；怀德有油坊 22 家；伊通州有大小油坊 21 家；东平县大肚川有油坊十三四家；四平街有油坊 2 家；乌拉街有油坊 16 家；德惠有油坊 2 家；西安（辽源）有油坊 15 家；柳河有油坊 4 家。[⑧] 这一时期，西安

[①] 孔经纬：《新编中国东北地区经济史》，吉林教育出版社 1994 年版，第 86 页。

[②] 陈绍楠主编：《哈尔滨经济资料文集》第三辑，哈尔滨市档案馆 1991 年版，第 151—152 页。

[③] 孔经纬：《新编中国东北地区经济史》，吉林教育出版社 1994 年版，第 87 页。

[④] 孔经纬主编：《长春经济演变》，长春出版社 1991 年版，第 33 页。

[⑤] 孔经纬主编：《长春经济演变》，长春出版社 1991 年版，第 33 页。

[⑥] 高严等主编：《吉林工业发展史》上卷，中国经济出版社 1992 年版，第 51 页。

[⑦] 高严等主编：《吉林工业发展史》上卷，中国经济出版社 1992 年版，第 51 页。

[⑧] 高严等主编：《吉林工业发展史》上卷，中国经济出版社 1992 年版，第 51 页。

（辽源）的油坊中有两家属于新式油坊。① 此外，在东北其他一些乡村集镇中亦有自己的油坊，产品多用于当地消费。

民国时期东北的制油工业有了进一步的发展，新式榨油厂数量增加。尤其是一战爆发后，由于各国工业受到一定影响，对东北豆油、豆饼的需求量急剧增加，东北的制油工业出现了一个发展的高潮期。其中辽宁省的豆油和豆饼生产占东北的大宗。1917 年，辽宁省有榨油厂及作坊 593 家，豆油产量达 12 144 吨。② 在营口，1914 年和 1915 年有 20 家油坊。1926 年营口各家油坊共生产大豆饼 387.93 万片，生产小豆饼 16.3 万片。③ 1931 年东永茂资本金额达 10 万两，有水压式机器 60 部，工人 69 人。④ 在大连，日商对制油工业加大投资。1921 年，日商开设"三菱商事油坊"，资本金 50 万元，日产豆饼能力 3 000 片。1929 年，日商建立"三菱商事油坊第二工场"，资本金也是 50 万元，日产豆饼能力 4 000 片。⑤ 1922 年，日商建立"大信油坊"。另外，日商开设的"丰年制油株式会社大连分工场"，资本额达 1 000 万元，年产豆饼能力为 120 万片。⑥ 可见，规模十分庞大。"1915 年，（大连，笔者注）油坊增至 57 户，生产设备得到扩充，日产豆饼最高达 25 万片，堪称油坊业的'黄金时期'。"⑦ 可见，大连的油坊业发展很快。1924 年，奉天城内有 22 家油坊，从业人员 588 人。其中，人数最多的油坊有 42 人，最少的有 16 人，资本金共计 227.9 万元。年产豆饼 198.65 万片，价值

---

① 高严等主编：《吉林工业发展史》上卷，中国经济出版社 1992 年版，第 51 页。
② 辽宁省统计局编：《辽宁工业百年史料》，辽宁省统计局印刷厂 2003 年版，第 537 页。
③ 辽宁省统计局编：《辽宁工业百年史料》，辽宁省统计局印刷厂 2003 年版，第 534 页。
④ 辽宁省统计局编：《辽宁工业百年史料》，辽宁省统计局印刷厂 2003 年版，第 534 页。
⑤ 辽宁省统计局编：《辽宁工业百年史料》，辽宁省统计局印刷厂 2003 年版，第 535 页。
⑥ 辽宁省统计局编：《辽宁工业百年史料》，辽宁省统计局印刷厂 2003 年版，第 535 页。
⑦ 徐敬之：《解放前大连民族工商业见闻》，载中国人民政治协商会议辽宁省大连市委员会文史资料委员会编：《大连文史资料》第 6 辑，大连市委党校印刷厂 1989 年版，第 87 页。

496.63 万元；年产豆油 993.25 万斤（4 966 吨），价值 248.31 万元。[①]
在安东，1929 年有 21 家油坊，共有资本金 484 280 两（镇平银），每家
有从业人员多者 50 人，少者 20 余人，年产豆油 40—118 万斤，年产豆
饼 9—23 万片。[②] 据有关资料统计，民国 14 年至 19 年（1925 年至 1930
年），辽宁省境内油坊每年年产豆油为 15—16 万吨。[③]

　　在吉林省，制油工业继续发展，使用近代机械的新式油坊数量明显
增加。1922 年，长春有华商经营的豆饼、豆油制造厂 8 家，分别是：
益发合、涌巨油坊、永巨成、永顺长、永衡通、永衡谦、德泰泉、涌发
合。1928 年 12 月末，长春益发合制油厂资本金为 85 万元。[④] 据 1923
年 5 月的调查，四平街有 5 家新式油坊，资本金共计小洋 21.5 万元，
使用石油发动机等机械共计 169 马力，螺旋式榨油机 184 台，职工 195
人。1922 年共产豆油 178.3 万斤，豆饼 37.2 万片。[⑤] 1927 年，公主岭
东茂泰油坊生产豆油 50.7 万斤，生产豆饼 11.8 万片。1929 年农安县有
3 家使用电力的新式油坊，资本金共计 3 万元。[⑥] 据统计，在 1916 年吉
林全省有油坊 501 户，年产豆油 6.1 万吨。[⑦] 另据资料记载，1925 年长
春有 8 家油坊，郑家屯有 15 家，洮南有 10 家，四洮、洮昂线有 21 家，
吉长线有 8 家，合计 62 家。1929 年末，长春油坊增至 12 家，郑家屯减
至 10 家，洮南仍为 10 家，四洮、洮昂线减至 14 家，吉长线减至 7 家，
合计 53 家，比 1925 年减少 9 家。同时，资本金与产量，1929 年末与

---

① 辽宁省统计局编：《辽宁工业百年史料》，辽宁省统计局印刷厂 2003 年版，第 535 页。
② 辽宁省统计局编：《辽宁工业百年史料》，辽宁省统计局印刷厂 2003 年版，第 536 页。
③ 辽宁省统计局编：《辽宁工业百年史料》，辽宁省统计局印刷厂 2003 年版，第 546 页。
④ 孔经纬主编：《长春经济演变》，长春出版社 1991 年版，第 67—68 页。
⑤ 高严等主编：《吉林工业发展史》上卷，中国经济出版社 1992 年版，第 93 页。
⑥ 高严等主编：《吉林工业发展史》上卷，中国经济出版社 1992 年版，第 93 页。
⑦ 高严等主编：《吉林工业发展史》上卷，中国经济出版社 1992 年版，第 92 页。

1925 年相比也有所减少。①

在哈尔滨，由于交通便利和欧战的影响，制油工业亦发展很快。至 1930 年哈尔滨有油坊 53 家，在中东路沿线有 19 家，合计 72 家。"在哈尔滨之 53 所，每昼夜可消费大豆原料 3400 余吨。中东路沿线 19 所，每昼夜可消费大豆原料 700 吨。合计全工厂 72 所，每昼夜可消费大豆原料 4100 吨。"② 另据资料显示，1927 年"北满"21 个城镇共有 147 家油坊。其中，哈尔滨为 37 家，占 25.1%；其他城镇为 110 家，占 74.9%。③ 此外，据 1930 年 5 月的调查，阿城县大兴昌制油厂资本额为 8 万元，义盛源制油厂为 10 万元，同兴源制油厂为 12 万元。④ 另据资料显示，在 1928 年左右，"齐齐哈尔有三家、昂昂溪有三家、克山有三家、青冈有八家、安达有四家、肇州有十五家、拜泉有二十八家、兰西有十家、明水有五家、大赉有八家、巴彦有四家等油坊也都建成或投入生产。黑龙江全省统计，约有五百余家油坊，投资总额可达一千三百多万元"⑤。可见，"北满"的制油工业有了一定的发展。

虽然这一时期东北的榨油业出现了一个短暂的高潮，但是伴随着一战的结束，这种战时景气亦随之消亡。各国开始整顿工业，减少豆油及豆饼的进口量，并提高进口税，东北的制油工业进入困难时期。1923 年又经历了所谓的"水豆事件"（黄豆水分过大），东北的榨油工业更是雪上加霜，油坊数量大量减少，产量下降。尤其是 1929 年全球性经济危机爆发后，东北的制油工业进一步衰落。在此番衰落中，东北民族

---

① 高严等主编：《吉林工业发展史》上卷，中国经济出版社 1992 年版，第 94 页。
② 陈绍楠主编：《哈尔滨经济资料文集》第三辑，哈尔滨市档案馆 1991 年版，第 163 页。
③ 孔经纬：《新编中国东北地区经济史》，吉林教育出版社 1994 年版，第 278 页。
④ 孔经纬：《新编中国东北地区经济史》，吉林教育出版社 1994 年版，第 278 页。
⑤ 张志强：《近代东北的榨油业》，《东北地方史研究》1984 年第 1 期，第 45 页。

工业损失最大。这些民族工业饱受外商排挤,在竞争中日益处于不利地位。"这些外商利用在东北的政治特权,以其雄厚的资本和先进制油技术,对东北大豆、豆油、豆饼进行疯狂掠夺,严重排挤和打击我国民族制油业的发展。日商还利用所谓中日合办的名义,进一步控制了制油权,把东北变成了其原料掠夺供给地,从而加深了殖民地半殖民地化。"[①] 在此压力下,东北民族制油工业日趋萎缩。

二、伪满时期东北的制油工业

伪满时期,由于大豆减产和日伪的严厉统治,东北的制油工业总体上处于下降趋势。在辽宁省,豆油产量日益减少,由1931年的10.5万吨减少到1937年的9.5万吨,1941年继续减少至7.5万吨,再到1944年只生产3.4万吨。[②] 1934年辽宁省境内植物油加工工业生产额为8 012.30万元,1940年辽宁省境内生产额为9 904.04万元,增加了23.6%。[③] 但如果考虑到通货膨胀的因素,其生产额并无明显增加。从从业人员来看,1934年辽宁省境内植物油加工工业企业共有从业人员6 980人,其中中国人5 699人,日本人1 281人。1940年辽宁省境内植物油加工工业企业共有6 586人,比1934年减少5.6%,其中有中国人4 886人,日本人1 700人。[④] 虽然总体上人数略有减少,但是日本人数量增加,这也表明日本人对东北制油工业的染指加深了。1944年,辽宁省境内有油坊302家,豆饼年生产能力为126万吨,略高于1936年

---

① 张志强:《近代东北的榨油业》,《东北地方史研究》1984年第1期,第45页。
② 辽宁省统计局编:《辽宁工业百年史料》,辽宁省统计局印刷厂2003年版,第547页。
③ 辽宁省统计局编:《辽宁工业百年史料》,辽宁省统计局印刷厂2003年版,第548页。
④ 辽宁省统计局编:《辽宁工业百年史料》,辽宁省统计局印刷厂2003年版,第548页。

的产量。[①] 伪满时期"满洲大豆化学工业株式会社大连工厂"是规模最大的制油工厂。1934 年"满铁"等会社共同出资 500 万元，在大连建立"满洲大豆株式会社"。1940 年伪满政府又出资，改为"满洲大豆化学工业株式会社"。该会社采用先进榨油法，即生产豆油的同时，还制有副产品，如大豆胶、可塑剂、人造羊毛等。该工厂 1940 年公称资本增加到 3 000 万元，实缴资本增加到 750 万元，1943 年实际使用资金794 万元，1942 年有职工 132 人。[②]

早在 1933 年 3 月 1 日出台的《满洲国经济建设纲要》和 1934 年 3月 30 日日本政府出台的《日满经济统制方策要纲》中就将油脂工业列入统制之列。至 1937 年 5 月 1 日，伪满政府又出台《重要产业统制法》，其中油坊业（设有抽出式及压榨器 15 台以上者）也被列入统制之列。[③] 这里进一步明确了日伪政府对油坊业尤其是规模较大的油坊业的控制，进而限制了东北民族工业的发展。

在吉林省，1940 年全省有油坊 128 个。[④] 1934 年，长春的油坊有11 家，其中益发合和义和公当时处于停业状态。1931 年至 1936 年长春油坊豆饼、豆油产量详见下表 2 - 1[⑤]，可知这一时期长春油坊业的产品产量下降明显。1939 年九台县合资创办福和祥工厂，以榨油和酿酒为主，是当时规模比较大的企业。至 1941 年，该厂已发展到拥有榨油机

① 辽宁省统计局编：《辽宁工业百年史料》，辽宁省统计局印刷厂 2003 年版，第 549 页。
② 张福全：《辽宁近代经济史（1840—1949）》，中国财政经济出版社 1989 年版，第 663页。公称资本指工厂对外公布的资产总额。实缴资本指工厂成立时公司实际收到的股东的出资总额，它是公司现实拥有的资本。使用总额指工厂在经营上的固定资本与流动资本的总计（包括实缴资本、流动资金、滚存利益金、借入款、公司债务等）。
③ 中央档案馆、中国第二历史档案馆、吉林省社会科学院合编：《日本帝国主义侵华档案资料选编·东北经济掠夺》，中华书局 1991 年版，第 48 页。
④ 高严等主编：《吉林工业发展史》上卷，中国经济出版社 1992 年版，第 187 页。
⑤ 孔经纬主编：《长春经济演变》，长春出版社 1991 年版，第 139 页。

76 台，但其后经营逐渐陷入困境。[①] 1941 年，日伪将敦化县的 18 家油坊合并成敦化组合油坊（今敦化市植物油厂）。当时的主要设备有 57 台人力螺旋榨油机、50 马力电动机和 100 平方米豆坑等，但由于原料实行配给，限制了它的发展。[②]

表 2 - 1　1931 年至 1936 年长春油坊豆饼、豆油产量

年份	豆饼产量（块）	豆油产量（斤）
1931	995 550	4 679 500
1932	712 600	3 331 500
1933	682 000	2 922 500
1934	856 900	3 729 500
1935	966 600	3 686 300
1936	705 444	2 334 595

哈尔滨是"北满"制油业的中心，它的兴衰反映了"北满"制油业的变化情况。1930 年哈尔滨有油坊 38 家，1931 年为 33 家，1932 年为 28 家，1933 年为 20 家，1934 年为 15 家，1935 年至 1938 年为 14 家。[③] 可见，伪满建立以后，哈尔滨油坊倒闭的不在少数。在 1938 年 6 月，哈尔滨的油坊主要有：东和油房、东兴昌、双兴油房、和聚公、恒祥东、东裕油房、协昌仁、义昌信、同成和、元孚、同聚祥、华英公司等。此外，1929 年至 1937 年哈尔滨油坊业产量详见下表 2 - 2[④]。可见，哈尔滨豆油和豆饼的产量总体上呈下降趋势。另外，"1937 年连满洲中央银行的旁系公司——大兴公司出资经营的市内最大的工厂东济油坊，

① 高严等主编：《吉林工业发展史》上卷，中国经济出版社 1992 年版，第 188 页。
② 高严等主编：《吉林工业发展史》上卷，中国经济出版社 1992 年版，第 188 页。
③ ［日］长谷川编：《哈尔滨经济概观》，王绍灿、王金石译，哈尔滨市人民政府地方志编纂办公室 1990 年版，第 181 页。
④ ［日］长谷川编：《哈尔滨经济概观》，王绍灿、王金石译，哈尔滨市人民政府地方志编纂办公室 1990 年版，第 183 页。

也不得不停业倒闭"[1]。该油坊由于获得政府的间接支持，资金雄厚，技术先进，但在制油工业整体萧条的局面下也难逃厄运，这也说明当时哈尔滨制油工业的不景气现象是非常严重的。1944 年，齐齐哈尔有水压式油坊 1 家，年生产能力为 14 000 公吨，有螺旋式油坊 3 家，年生产能力为 37 500 公吨；龙江县有螺旋式油坊 7 家，年生产能力为 12 500 公吨；泰来县有螺旋式油坊 4 家，年生产能力为 11 000 公吨；佳木斯市有水压式油坊 1 家，年生产能力为 32 500 公吨；哈尔滨市有方块豆饼油坊 1 家，年生产能力为 19 000 公吨，有水压式油坊 10 家，年生产能力为 176 000 公吨；五常县有螺旋式油坊 1 家，年生产能力为 4 000 公吨；阿城县有螺旋式油坊 2 家，年生产能力为 10 500 公吨；牡丹江市有水压式油坊 1 家，年生产能力为 23 500 公吨；绥化县有螺旋式油坊 1 家，年生产能力为 4 500 公吨；克山县有螺旋式油坊 2 家，年生产能力为 13 000 公吨。[2] 可见，在"北满"哈尔滨市的制油工业是最发达的，齐齐哈尔次之。

表 2-2　哈尔滨市油坊业产量

年度 \ 种类	工作时数	豆粕产量（千块）	豆油产量（吨）
1929	—	13 287	40 640
1930	—	13 709	41 930
1931	—	9 481	30 133
1932	—	4 946	15 233

---

① ［日］长谷川编：《哈尔滨经济概观》，王绍灿、王金石译，哈尔滨市人民政府地方志编纂办公室 1990 年版，第 179 页。

② 东北物资调节委员会研究组编：《东北经济小丛书·农产加工篇》，京华印书局 1948 年版，第 13—18 页。

续表

年度＼种类	工作时数	豆粕产量（千块）	豆油产量（吨）
1933	2 246	4 949	14 753
1934	1 782	4 065	12 608
1935	2 551	4 459	13 611
1936	2 033	3 228	11 199
1937	—	4 246	11 844

　　伪满时期，为了便于统治，伪满政府将榨油工厂分为特种油坊和普通油坊。普通油坊主要是依靠大豆制油，特种油坊是指使用大豆以外的原料制油的油坊，包括苏子、小麻子、芝麻、花生、棉籽等。在1944年东北的特种油坊主要有：大连日清制油株式会社、大连三泰油坊、"营口康德棉籽工业株式会社"、安东日华制油株式会社、奉天大同生药株式会社等。至伪满后期，由于资材缺乏、大豆减产、出口受阻等，制油工业衰落的现象进一步加剧。据"满铁"的调查，在1940年由于大豆产量的锐减、煤炭的不足，东北油坊工业遭遇到过去以来最坏的状况，即大油坊停业，小油坊倒闭，油坊工人被解雇。[①] 在1940年4月，丰年制油、"满洲大豆工业"及大连油坊实业组合所属的38家工厂全部停业。[②] 另据伪满兴农部的调查，在1945年7月，东北地区开业的油坊有634家，有榨油机9 374台，年处理大豆能力为212.4万吨；东北停业的油坊有355家，有榨油机2 136台，年处理大豆能力29.9万

---

　　① 『油房工業の現態』（秘），『満洲トピック解説』第二ノ二〇號，昭和15年8月20日總裁室弘報課發行。
　　② 『油房工業の現態』（秘），『満洲トピック解説』第二ノ二〇號，昭和15年8月20日總裁室弘報課發行。

吨。[①] 可见，至伪满末期停业倒闭的油坊不在少数，但多是些资金少、规模小、技术落后的小油坊，制油工业的竞争更加激烈。至此，日伪统治下整个制油工业的衰落已不可避免。

三、日伪对东北制油工业的掠夺

伪满时期，日伪对东北制油工业的掠夺主要体现在以下两个方面：

（一）日伪对东北大豆和豆油的掠夺。大豆的主要用途是榨油和制成豆饼，伪满时期无论是大豆、豆油还是豆饼都无一例外地成为日伪掠夺的对象。伪满建立后，日伪政府在对东北工业进行统制的基础上，又对农业进行统制。1937年10月，伪满政府为了增加输出品，对主要特产物（主要是大豆）开始实行统制。1940年，日伪政府公布《特产物专管法》，对大豆等特产实施统制（包括收购、价格、配给及输出的统制），设立了农产物交易场。由于来源和销路都受到严格的控制，各油坊的经营受到严重影响。"日本帝国主义为了竭力支持德国法西斯，大部分大豆都运往德国，供中国人经营的油坊加工的数量很少，油坊因原料不足无法正常生产，开始赔钱了。"[②] 1941年春，伪满政府又成立"专管会社"，主要进行大豆的统制，具体业务由"三菱公司"负责，不仅控制油坊原料和产品的供销渠道，还控制了豆油和豆饼的价格。"大豆按统一价格卖给油坊，豆油和豆饼必须按统一价格卖给'专管公社'。当时由于物价上涨，榨油所需油包草、油包布、煤、电等都在涨价，各家油坊都是入不敷出，叫苦连天。谁要不干，就说你不支持'大

---

① 张福全：《辽宁近代经济史（1840—1949）》，中国财政经济出版社1989年版，第662页。

② 郭守昌：《日本帝国主义是怎样掠夺东北大豆和吞并民族工商业的》，载孙邦主编：《伪满史料丛书·经济掠夺》，吉林人民出版社1993年版，第266页。

东亚圣战'，当然也就是'反满抗日'了；加上每家都已形成一个完整的油坊生产机构，又是人，又是机器设备，不干这个又能干啥呢？再闹一个无业游民就更麻烦了，只好挺着干。"① 可见，在伪满统制政策之下，各油坊陷入了进退维谷的境地，干赔钱，不干更赔钱，各油坊要么彻底倒闭，要么只能苦苦地坚持。

伪满中央政府为了保证完成预定计划，将收买数量分配至各省，各省再将数额摊派至各县，各县为了完成指标往往出动警察进行强制出荷。太平洋战争爆发后，日本对农产品的需求量急剧增加，伪满也加大了对农产品的征购和掠夺，"强制出荷"更是屡见不鲜。曾任伪新京高等法院庭长和审判长的饭守重任②战后供认："《粮谷管理法》是关于粮谷（除大豆以外）的统制法律。《特产物专管法》是关于东北重要特产物大豆等的统制法律。其立法的目的，就是强化粮谷及大豆的出荷工作。用极其低廉的价格迫使农民出荷大量的粮谷和大豆，以满足侵略战争的粮食需要，特别是加速大豆的输出。"③ 这表明掠夺东北大豆就是为了支援日本的对外战争。显然，这样的法令给农民带来巨大危害。"这两个法令的制定和实施，就是为了强制农产物出荷，甚至连农民的口粮也要全部供出。"④ 对于违反法令者，日伪政府予以严厉惩处。"有

---

① 郭守昌：《日本帝国主义是怎样掠夺东北大豆和吞并民族工商业的》，载孙邦主编：《伪满史料丛书·经济掠夺》，吉林人民出版社1993年版，第266—267页。

② 饭守重任（1906年8月—1980年11月），日本福冈市人。曾任东京地方裁判所预备判事、判事，伪奉天高等法院审判官，伪满司法部参事官，伪新京高等法院庭长、审判官。日本无条件投降后被拘押于苏联，1956年回国。

③ 中央档案馆、中国第二历史档案馆、吉林省社会科学院合编：《日本帝国主义侵华档案资料选编·东北经济掠夺》，中华书局1991年版，第506页。

④ 中央档案馆、中国第二历史档案馆、吉林省社会科学院合编：《日本帝国主义侵华档案资料选编·东北经济掠夺》，中华书局1991年版，第506页。

的县由于农民反抗，警察放火烧了农民的房屋。"① 饭守重任也供认："自从这两个法令（《粮谷管理法》和《特产物专管法》，笔者注）施行到日本投降的五年间，约有两万农民受到这两个法令的处罚，其中大约有一成左右的人被判刑。"② 可见，大豆出荷对东北农民而言就是一场灾难。

（二）导致东北民族油坊业的萎缩。在日伪当局的压榨下，民族油坊业或趋于萎缩，或被直接吞并。在长春，益发合除经营制粉业外，也兼有制油厂。"制油厂从一九四二年被指定为农产公社（日伪当时统制农产品的组织）的直属油坊，也完全为日伪加工。"③ 为日伪当局进行加工，只能获得微薄的加工费，这使得这些工厂只能在艰难中勉强维持，极易破产。在安东市，一二十年代是油坊业发展的黄金时期，在1928年共有油坊业27户。九一八事变后，安东的油坊业开始逐年衰落。从1931年至1937年，相继有十余户油坊废业。至此，安东市油坊业只有14户，其中不包括日本人金井氏经营的日升油坊。④ 这14户油坊，由于原料获得和产品销售的困难，不得不兼营其他行业，如棉织业、染整业和零售业等。"更严重的是一九四〇年，日本帝国主义为了进一步统治油坊业（应为统制，笔者注），达到抢光、扩军的目的，便不择手段地将安东市现有的油坊业，除双合栈、双合义（联号）这两户坚决不参加合并外，其余十二户被强制合并到日升油坊，接着组织所

① 中央档案馆、中国第二历史档案馆、吉林省社会科学院合编：《日本帝国主义侵华档案资料选编·东北经济掠夺》，中华书局1991年版，第504页。
② 中央档案馆、中国第二历史档案馆、吉林省社会科学院合编：《日本帝国主义侵华档案资料选编·东北经济掠夺》，中华书局1991年版，第506页。
③ 刘益旺、贾涛：《长春益发合兴衰始末》，载政协吉林省长春市委员会文史资料研究委员会编：《长春文史资料》9，1985年版，第69页。
④ 宋瑞宸：《解放前安东的油坊业》，载中国人民政治协商会议辽宁省委员会文史资料研究委员会编：《辽宁文史资料》第八辑，辽宁人民出版社1984年版，第126页。

谓安东制油株式会社，理事长仍由金井佐次（日升油坊经理，笔者注）担任。"[1] 这 12 户油坊的设备大部分都被拆除，除一部分由安东制油株式会社留用外，大部分被卖掉或运往日本。"合并后的机器设备，经过所谓民主评议核价，将核定的价格作为向安东制油株式会社的投资，发给各户几张股票，走走过场罢了。而且'七二五'物价停止令也打击了民族制油业。从安东制油株式会社成立到日本帝国主义投降，股票从未分得红利。"[2] 可见，所谓合资参股不过是日伪当局吞并和没收中国民族资本的一种借口罢了。在镇赉县，"和盛源"油坊，因不给油料只好停业，人员由"七二五"停止令前的 20 余人减少到 7 人，企业名存实亡。[3] 在伪满末期，辽宁省黑山县的经济处于崩溃的边缘。"此间黑山工商业均萎靡不振，呈现瘫痪状态，油坊全部停业，粮业统归组合，布匹、上杂货业等多数废业，一般中、小工商业户只能苟延残喘地维持生计，稍一不慎，便有被抓经济犯的危险。"[4] 在齐齐哈尔，伪满时期主要有油坊 12 家，包括德增盛、义增永、三合永、兴信油坊、田糖坊、田糖坊玉记、复成永、昌记油坊、义信昌、涌巨广等。日本为了吞并齐齐哈尔的油坊业，成立"龙兴制油株式会社"，对这 12 家油坊进行威

---

① 宋瑞宸：《解放前安东的油坊业》，载中国人民政治协商会议辽宁省委员会文史资料研究委员会编：《辽宁文史资料》第八辑，辽宁人民出版社 1984 年版，第 126—127 页。

② 宋瑞宸：《解放前安东的油坊业》，载中国人民政治协商会议辽宁省委员会文史资料研究委员会编：《辽宁文史资料》第八辑，辽宁人民出版社 1984 年版，第 127 页。1941 年 7 月 25 日，日伪当局颁布了"七二五"物价停止令，即所谓"七二五"价格。按此法令规定，所有工商业户的生产和销售，都必须按规定的办法进行配给、采购、出售，通过统购、统销来控制管理。"七二五"价格规定有以下四种：一是对布匹类实行公定价格；二是对日用杂品实行标准价格；三是对饭馆、酱菜等实业协议价格；四是对五金类实行停止价格。各商号的所有商品都必须登记在价格本子上，由经济管理部门盖章，不得随便更改，违者处罚。

③ 王中新、樊德明：《伪满时期镇东的工商业》，载孙邦主编：《伪满史料丛书·经济掠夺》，吉林人民出版社 1993 年版，第 119 页。

④ 常树勋：《日伪"七·二五"停价令后的黑山工商业》，载孙邦主编：《伪满史料丛书·经济掠夺》，吉林人民出版社 1993 年版，第 127 页。

逼恫吓，包括采用抓捕和拘押各油坊的经理、罚款、逼债等方式，迫使这些油坊加入该会社。最终，这些油坊的经理不得不就范。"'龙兴制油株式会社'是1942年春开始土木施工的，到冬天，便开始拆各家机器往大油坊（即指龙兴制油株式会社，笔者注）拉，'三菱'入的股是36台水压机，及××元现金。1942年冬，大油坊部分建成投产，日本把持一切，专横跋扈，德增盛的程悦庭、义增永的王麟书在大油坊给挂了个科长的头衔，说了不算，无非是每月领薪水而已。各油坊入股后，人员和机器都并入大油坊。"① 由此可见，民族制油工业被日本吞并基本上是无可逃避的宿命。

由以上可知，东北的制油工业在清末民国时期有了很大的发展，属于新旧制油工艺并存时期，新式油坊发展很快。同期，日本也主要以大连地区为据点，加紧对东北制油工业的渗透。伪满建立以后，日伪政府的统制政策及大豆的减产等原因，东北的制油工业趋于衰落。在此期间，东北的民族油坊业饱受打击，纷纷减产、停业或直接被日资企业吞并，东北的制油工业进入一个前所未有的黑暗时期。

第二节　面粉工业

面粉工业主要是指小麦制粉业，亦有少部分经营淀粉和蛋白粉者，为东北三大工业之一。我国人民虽以大米为主食，但北方诸省大半食面，故面粉工业比较发达。"制粉业有旧式的土法和使用新式机器两种，前者称为磨坊，规模很小，散布于满洲各地，后者称为火磨，是采用蒸

---

① 郭守昌：《日本帝国主义是怎样掠夺东北大豆和吞并民族工商业的》，载孙邦主编：《伪满史料丛书·经济掠夺》，吉林人民出版社1993年版，第271页。

汽或者电气动力的新式制粉业。"[1] 在旧中国，在很长一段时间内面粉工业还属于新旧生产工艺并存的时期。目前国内关于伪满时期面粉工业的研究已取得部分成果[2]，这为今后的研究奠定了基础。

一、清末民国时期东北的面粉工业

旧式磨坊有数名劳动力，役使两三头驴，一天处理三四石小麦，生产小麦粉千斤左右；火磨使用新式的制粉机器，每昼夜具有一千袋乃至两千袋的制粉能力。[3] 在清末，东北有众多的手工磨坊。这些旧式的小磨坊，多由粮店、烧锅、油坊或杂货店等兼营，专营者较少。此种小磨坊多由四至五人进行生产，有一至二盘碾子、磨，由驴进行拉磨，一日两班作业，操作简单。"中东铁路修建之前，东北北部的小磨坊有：伯都讷190家、双城堡150家、阿什河40家、宾州20家、呼兰镇300家、三姓25家、绥化90家、巴彦55家、齐齐哈尔100家。"[4] "宣统二年（1910年）前后，奉天省有710多家，其中：奉天府有旧式磨坊140家，铁岭、开原、辽阳、熊岳城各有50多家，西丰、营口各有40多

---

① ［日］南满洲鉄道株式会社殖産部商工課编：『満洲商工概覧』，満洲日報社印刷所，昭和5年，第83頁。

② 主要成果有：孔经纬《新编中国东北地区经济史》（吉林教育出版社1994年版）论述了清朝至中华人民共和国成立前东北面粉工业的概况。屈宏《1907—1932年哈尔滨民族面粉业发展探析》（哈尔滨师范大学2011年硕士论文）论述了近代哈尔滨民族面粉业的发展历程、发展原因、特点及对民族面粉业发展的理性思考等问题，但在地域上仅局限于哈尔滨地区。郭立彬《华俄道胜银行与东北的近代面粉工业》（《黑龙江史志》2009年20期）主要论述了华俄道胜银行与东北面粉工业的关系，但篇幅较短。魏爽《略论一战前列强在哈尔滨面粉工业上的角逐》（《黑龙江史志》2010年23期）主要论述了俄国和日本对东北面粉工业的争夺，认为哈尔滨面粉工业的兴起、发展是帝国主义在华政治、经济、军事势力对比变化的一个缩影。李作权《略论中国东北地区近代面粉工业的兴衰》（载《伪皇宫陈列馆年鉴1989》）对东北近代面粉业的生产变化情况进行分析，揭示出日伪统治时期东北民族资本的悲惨命运。

③ ［日］南满洲鐵道株式会社社长室調查課：『満蒙全書』第四卷，満蒙文化協會发行，大正11年，第311頁。

④ 孔经纬主编：《清代东北地区经济史》，黑龙江人民出版社1990年版，第410页。

家，复县、海城、腾鳌堡各有 20、30 家、永陵有 10 几家。"① "吉黑地区以齐齐哈尔和伯都纳为最多，各有 200 家左右，齐齐哈尔的大磨坊有磨 5、6 盘，小家 2 盘；伯都纳平均 1 户 2 盘，生产的面粉除在当地及附近村落消费外，还输往边境地区。吉林府有 170 多家，双城 150 家，农安 60 家，伊通州 50 多家，长春、怀德、阿什河各 40 家，宁古塔、三岔口、宾州、三姓各 20、30 家，其他地区各有 7、8 家至 10 余家。"② 由以上可知，在清末东北的旧式磨坊数量较多，分布地域较广，其产品主要供当地销售。事实上，这种旧式磨坊虽然规模小、成本低，但产量亦较低，在同后来的机械磨坊竞争中逐渐被淘汰。

在清末，以蒸汽为动力的新式机械磨坊亦开始在东北建立。"在北满最初创设西式工场者，在一千九百年，尚在中东路开始营业以前。即哈尔滨之磨面合名会社，以三十万卢布开办，此厂其后转入华人之手，改为广源盛面粉工场。"③ 1902 年，中东路公司建立了面粉工厂，命名为"松花江面粉公司"。该年"俄人霍瓦士斯基创设第三面粉公司于傅家甸。1903 年，哈尔滨市继续成立俄国面粉公司、波罗金面粉公司、东方面粉公司、得齐休可夫等面粉公司……1904 年，依沙耶夫公司又成立于哈市。1905 年，李夫公司成立于傅家甸"④。1911 年，双和盛火磨公司成立于双城堡，资本金 10 万元，每日制粉 1 000 普特。⑤ 在 1908 年时，哈尔滨及中东路沿线用蒸汽机之新式面粉工厂为 16 个。⑥ 事实

① 辽宁省统计局编：《辽宁工业百年史料》，辽宁省统计局印刷厂 2003 年版，第 524 页。
② 孔经纬主编：《清代东北地区经济史》，黑龙江人民出版社 1990 年版，第 410 页。
③ 哈尔滨满铁事务所编：《北满概观》，汤尔和译，商务印书馆 1937 年版，第 280 页。
④ 陈绍楠主编：《哈尔滨经济资料文集》第三辑，哈尔滨市档案馆 1991 年版，第 82 页。
⑤ 陈真编：《中国近代工业史资料》第四辑，生活·读书·新知三联书店 1961 年版，第 381 页。
⑥ 陈绍楠主编：《哈尔滨经济资料文集》第三辑，哈尔滨市档案馆 1991 年版，第 83 页。

上，这一时期哈尔滨面粉工业比较繁荣，主要源于以下几点原因：一是伴随着中东铁路的通车，中国人和俄国人的流入量增大，对面粉的需求量亦增加。二是由于日俄战争，大批俄国军队拥入东北，粮食需求量大。后者甚至造成整个东北的面粉工业出现了一个短暂的发展高潮。日俄战争结束后，整个东北的面粉工业亦受到影响。三是日俄战争后，"制粉业者为挽救危机，乃将面粉输往西伯利亚及沿海州方面，从事推销，故东北制粉业不久又走向繁荣之途"[1]。可见，由于开拓了俄罗斯市场，也扩大了东北面粉工业的销路。在吉林省，19世纪末开始出现以蒸汽为动力的火磨。1898年正月，创设了官督商办的吉盛火磨公司，后因赔钱于1900年6月关闭。该省还有同利机磨公司、同盛机器面粉公司等。此外还有裕顺和火磨（1910年成立）。[2] 在奉天省，"机械制粉厂（小麦粉），光绪三十一年（1905年）在南满有1家，宣统二年（1910年）有2家"[3]。1906年，日本商人在铁岭开办了"满洲制粉株式会社"，公称资本金100万元（实缴45万元），总公司设于东京。次年6月开业，专门生产面粉。[4] "光绪三十四年（1908年）9月，日本商人福田又在抚顺千金寨开设制粉所，经营制粉和杂谷买卖，年产70余万斤，生产额为3万元。"[5] 总的说来，在清末东北的制粉工业还处于新旧生产方式交替的时期，机械制粉逐渐取代旧式磨坊，但旧式磨坊一段时间内仍然存在，一直延续到民国时期。另外，哈尔滨的机械制粉业比较繁盛，在东北面粉工业中居于中心地位。

---

① 东北物资调节委员会研究组编：《东北经济小丛书·农产加工篇》，京华印书局1948年版，第74页。

② 陈真编：《中国近代工业史资料》第四辑，生活·读书·新知三联书店1961年版，第381页。

③ 辽宁省统计局编：《辽宁工业百年史料》，辽宁省统计局印刷厂2003年版，第524页。

④ 辽宁省统计局编：《辽宁工业百年史料》，辽宁省统计局印刷厂2003年版，第524页。

⑤ 辽宁省统计局编：《辽宁工业百年史料》，辽宁省统计局印刷厂2003年版，第524页。

民国建立以后，机械制粉业逐渐占据主流地位，但仍有一些旧式磨坊存在。在哈尔滨，机械制粉业非常发达。在 1921 年哈尔滨有本国火磨 15 家、外国火磨 7 家。1923 年 11 月，哈尔滨有本国面粉厂 25 家，每昼夜生产能力为 1 307 808 公斤。[1] 1929 年 4 月哈埠各厂情况见下表 2 - 3[2]。此外，商人王荆山[3]还于 1926 年从哈尔滨商人刘某之手买下一座正在修建的火磨，建成裕昌源哈尔滨分号。他还在黑龙江安达开设裕达火磨。[4] 其他黑龙江省的机械制粉厂还有宁安县的新华两合公司、增兴公司、裕东股份有限公司、毓顺公司，一面坡的公和利制粉无限公司，方正县的季康号机制面粉股份有限公司，富锦县的锦昌机制面粉无限公司，三姓的通达火磨和依兰商会火磨，黑河的德昌火磨股份有限公司，齐齐哈尔的德增火磨公司，安达的吉祥面粉厂、裕达面粉厂，绥化县的阜通面粉厂等。

表 2 - 3　1929 年 4 月哈埠各厂概况

厂名	所在地	设立时间	每昼夜生产面粉能力（单位普特）
裕昌源	八站	1920	1 050
第四天兴福	八站	1919	3 050

---

① 孔经纬：《新编中国东北地区经济史》，吉林教育出版社 1994 年版，第 271 页。

② 陈绍楠主编：《哈尔滨经济资料文集》第三辑，哈尔滨市档案馆 1991 年版，第 85—86 页。

③ 王荆山，又名王琳，祖籍山东省黄县，长春裕昌源火磨创始人。20 世纪 20 年代初他开始同日本人相勾结。1922 年起，他历任长春市城市建设和整顿市容筹备会委员、长春头道沟商务会会长、长春益通商银行董事长兼长春信托会社社长等职。伪满洲国建立后，他历任萨尔瓦多驻"满洲国"名誉领事、"新京特别市"咨议、"日满实业协会"常务理事、"中央禁烟促进会"委员、"满洲军援产业株式会社"社长、银行协会会长、"新京防范协会"会长等职。1945 年 11 月他被苏军逮捕，后被释放。1951 年在镇压反革命运动中被捕，次年以汉奸叛国罪在长春被处死。

④ 马国宴：《长春裕昌源火磨的创办人王荆山》，载政协吉林省长春市委员会文史资料研究委员会编：《长春文史资料》9，1985 年版，第 122 页。

续表

厂名	所在地	设立时间	每昼夜生产面粉能力（单位普特）
义昌泰	八站	1918	1 750
东兴	八站	1913	2 800
忠兴福	八站	1918	3 500
广信通	八站	1918	700
万福兴	八站	1917	2 100
庆泰祥	八站	1913	2 450
双合盛	道里	1903	2 800
永胜第一	道里	1904	2 983
永胜第二	道里	1904	3 500
永胜第三	道里	1904	2 450
广源盛	道里	1902	2 100
松江	道里	1918	2 800
政记	道外	1908	700
安裕	道外	1918	700
第四天兴福分厂	旧哈尔滨	1918	4 900
第二天兴福	旧哈尔滨	1920	10 500
第二东兴	旧哈尔滨	1919	700
福兴恒	顾乡屯	1921	3 050
协丰	顾乡屯	1911	1 050
奉大	松浦镇	1920	1 450
成泰益	松浦镇	1908	700
计（23 家工厂）			57 783

　　这一时期吉林省的面粉工业也继续发展。王荆山于 1914 年 9 月 12 日创办了裕昌源火磨。裕昌源火磨是长春市第一家由中国商人开办的机

械化大型粮食加工企业。① 1918 年他以 19 万元收买了吉林的恒茂火磨，改称裕昌源吉林火磨。1921 年在长春头道沟设双和栈机磨面粉股份有限公司，资本总额 100 万元，每股大洋 50 元。② 该厂于 1929 年 12 月申请停业，后被长春福顺厚机磨面粉无限公司收购。当时长春的机器制粉厂主要状况见下表 2 - 4③。此外，还有吉林县的恒茂火磨公司、扶余县的吉大机器面粉公司和增盛火磨面粉有限公司等。除新式机械磨坊外，旧式的磨坊也很发达。在 1924 年，吉林县有 115 家旧式磨坊，生产面粉 1 412.2 万斤；和龙、延吉、汪清 3 县有石臼 8 060 个，生产面粉 943.8 万斤；敦化县有石臼 443 个，年产面粉近 251 万斤；额穆县有石臼 2 438 个，生产面粉 130 万斤。④ 另外，在吉林省的其他地区也有大量旧式小磨坊存在。

表 2 - 4　长春机器制粉厂统计表（1929 年）

厂别	性质	资本金（哈大洋千元）	公积金	职员	工人	出品额（袋）	价值（哈大洋千元）	盈余（哈大洋千元）
益发合	合资	500	23 700	55	33	1 200 000 豆油 1 310 吨	5 725	86
裕昌源	公司	1 000		70	72	732 175	2 190	12
福顺厚	独资	400		46	70	860 000	3 010	
亚洲	公司	500		40	150	1 000 000	3 000	
天兴福	独资	400		35	45	580 000	2 610	

在奉天省，民国 5 年（1916 年）沈阳县有旧式磨坊 201 家，碾坊

---

① 马国宴：《长春裕昌源火磨的创办人王荆山》，载政协吉林省长春市委员会文史资料研究委员会编：《长春文史资料》9，1985 年版，第 121 页。

② 孔经纬：《新编中国东北地区经济史》，吉林教育出版社 1994 年版，第 269 页。

③ 高严等主编：《吉林工业发展史》上卷，中国经济出版社 1992 年版，第 91 页。

④ 高严等主编：《吉林工业发展史》上卷，中国经济出版社 1992 年版，第 91 页。

164 家。在民国 13 年（1924 年），奉天城内有旧式磨坊 75 家，资本金 42.9 万元，从业人员 356 人。① 机械制粉业，在民国 4 年（1915 年）"南满"有 5 家，民国 9 年（1920 年）增为 9 家。民国 11 年（1922 年），辽宁省境内日本人开的面粉厂有"满洲制粉铁岭工场"和"满洲制粉奉天工场"，中日合办的有"中华制粉大连工场""中华制粉开原亚细亚制粉"和"中华制粉辽阳制粉"。民国 19 年（1930 年），绥中县李守田、张恩霖、彭化邦等人集资 20 万元（国币），在北镇县沟帮子建立了长城面粉公司，购买德国生产的机器设备，日产面粉 600 袋（每袋 40 斤），有工人 50 名，由八道壕煤矿提供电力。② 另据资料显示，在 20 世纪 20 年代初，"南满"的主要制粉工厂有十几家，主要有："满洲制粉"（日本人开办，1906 年成立，所在地为铁岭，资本金为 300 万日元）；"满洲制粉分工厂"（日本人开办，1912 年成立，所在地为长春）；"大陆制粉"（日本人开办，1919 年成立，所在地为大连，资本金为 100 万日元，后与"满洲制粉"合并）；"日华制粉"（日本人开办，所在地为沈阳，资本金为 20 万日元）；"日中合办亚洲制粉"（中日合办，1919 年成立，所在地为开原，资本金为 300 万日元）；裕昌源火磨（国人开办，1914 年成立，所在地为长春，资本金为 30 万两）；"福田制粉所"（所在地为抚顺，资本金为 5 000 日元，每日制粉能力为 1 000 斤）；千金寨制粉所（1911 年成立，所在地为抚顺千金寨，资本金为 4 000 元）；德懋昌制粉厂（国人开办，1914 年成立，所在地为四平街，资本金为 3 000 两）；泉泰机器面厂（国人开办，1914 年成立，所在地为沈阳，资本金为 4 570 元，一日制粉能力为 170 袋）；裕顺和

① 辽宁省统计局编：《辽宁工业百年史料》，辽宁省统计局印刷厂 2003 年版，第 524 页。
② 辽宁省统计局编：《辽宁工业百年史料》，辽宁省统计局印刷厂 2003 年版，第 526—527 页。

89

火磨（国人开办，1910 年成立，所在地为吉林，资本金为 5 万元，一日制粉能力为2 240袋）；恒茂火磨面（国人开办，1916 年成立，所在地为吉林，资本金为 32 万元，一日制粉能力为 2 800 袋）；希米亚可夫股份有限公司（俄国人开办，1910 年成立，所在地为宽城子，资本金为 8 万留，一日制粉能力为 600 袋）。① 总的说来，日本人开办的工厂规模大、资本雄厚、技术先进，在东北市场竞争中占有优势；但东北民族工业也有了很大的发展，已初具规模，对外国资本起到一定的抵制作用。

民国时期东北的面粉工业在一战前后出现发展的高峰，至 20 世纪 20 年代中后期开始衰落。一战爆发后，"输往俄领之面粉增多，而由外国之输入面粉杜绝；在东北需要之面粉，骤然增加，制粉业又得到发展机会"②，出现了空前盛况。另外，一战造成外国面粉输入几乎断绝，上海、汉口的工厂忙于供给南方，无暇他顾，乘此之机，东北的面粉工业出现繁荣局面。③ 但是伴随着战争的结束，对俄面粉输出锐减。而外国面粉亦加紧对华输入，冲击着东北的面粉工业。哈尔滨作为东北面粉工业生产的中心，亦逐渐趋于衰落。在 1925 年 4 月，哈尔滨面粉火磨同业公会向东省特区行政长官呈文称："哈尔滨面粉火磨同业公会为哈埠火磨已趋危途，恳请设法救济事。窃哈埠原有华俄火磨 21 家，华商占 15 家，去年尚有四五家继续开磨勉强支持，但均时作时辍，现下已全数停磨。"④ 至 1929 年世界性经济危机爆发，东北的面粉工业也受到

① ［日］南满洲铁道株式会社社长室调查课：『满蒙全书』第四卷，满蒙文化协会发行，大正 11 年，第 323—324 页。

② 东北物资调节委员会研究组编：《东北经济小丛书·农产加工篇》，京华印书局 1948 年版，第 74 页。

③ ［日］南满洲铁道株式会社社长室调查课：『满蒙全书』第四卷，满蒙文化协会发行，大正 11 年，第 313 页。

④ 陈绍楠主编：《哈尔滨经济资料文集》第三辑，哈尔滨市档案馆 1991 年版，第 88 页。

巨大冲击，多数处于停产状态。

总的说来，民国时期东北的面粉工业主要集中于北部地区，尤其是哈尔滨，它是东北面粉工业生产的中心。"大规模之工场，殆有东省北部独占的经营之势。东省南部虽有日人经营此项工业，逐年亦见优盛，但仍远不及东省北部中外人之所经营。"[①]

二、伪满时期东北的面粉工业

伪满洲国建立以后，东北的面粉工业略有恢复。伪满政府制定了相关政策，包括以小麦粉自给自足为目标，对小麦原料品种进行改良和确立增产计划等。同时，在1934年11月通过第二次修改关税，对小麦粉实行每担1元的进口税，这对于保护东北的小麦生产起到一定的作用。1936年又实施贸易紧急统制令，限制外国粉进口，从而使各地的制粉工厂逐渐恢复生产。

伪满时期规模比较大且拥有资金超过100万日元的国内制粉工厂（本社所在地、资金）主要有："日满制粉"（哈尔滨、1 000万日元）、"满洲制粉"（奉天、575万日元）、"康德制粉"（奉天、资本金500万日元）、裕昌源（"新京"、资本金433万日元）、"满洲日本制粉"（"新京"、资本金200万日元）、东洋制粉（奉天、资本金200万日元）、亚洲制粉（开原、资本金100万日元）、益发合（"新京"、资本金200万日元）。[②] 其中，"日满制粉株式会社"成立于1934年6月25日。该会社在海拉尔、锦州、安达、绥化、海伦、佳木斯、牙克石等地

---

① 傅恩龄编：《八十四年前的东北地理教本》上，南开大学出版社2015年版，第225页。

② ［日］满洲国史编纂刊行会编：『满洲国史（各論）』，满蒙同胞援護会，1971年，第618頁。

设有分工厂，代表者是中泽正洽和大志摩孙四郎。① 1937 年哈尔滨市面粉总产量是 14 721 511 袋（每袋 22 公斤），其中"日满制粉株式会社"占了四分之三强。② 由此可见，"日满面粉株式会社"已经基本垄断了哈尔滨的面粉工业。另据《盛京时报》记载，1936 年哈尔滨市面粉工业日产量为 4 万袋，其较大的厂家有义昌泰制粉厂、天兴福制粉厂、忠兴福制粉厂、"日满制粉"和裕昌源制粉厂等。③ 1937 年 2 月，又设立"康德制粉株式会社"。1937 年 5 月，伪满实施《重要产业统制法》，符合该法的制粉工场有 73 家，日产能力为 21 万余袋，不符合该法的小规模的和没有许可的机械制粉工场在各地尚有 15 家，日产能力为 5 600 袋，两者合计 88 家，日产能力 22 万袋，每年可生产 4 400 万袋（200 个工作日）至 6 600 万袋（300 个工作日）。④ 这一时期，哈尔滨仍然是东北面粉工业的中心。哈尔滨市从 1929 年至 1936 年间面粉产量及所占东北地区总产量的比重详见下表 2 – 5⑤。

表 2 – 5　哈尔滨市 1929—1936 年间面粉产量及其占东北地区总产量比重

（单位：千包）

年份	全东北区总生产量	哈尔滨市生产量	哈尔滨市占东北比重
1929	12 679	8 446	66.6%
1930	11 725	7 141	60.9%

① 陈绍楠主编：《哈尔滨经济资料文集》第三辑，哈尔滨市档案馆 1991 年版，第 149 页。

② 陈绍楠主编：《哈尔滨经济资料文集》第三辑，哈尔滨市档案馆 1991 年版，第 115 页。

③ 陈绍楠主编：《哈尔滨经济资料文集》第三辑，哈尔滨市档案馆 1991 年版，第 150 页。

④ 孔经纬：《新编中国东北地区经济史》，吉林教育出版社 1994 年版，第 394 页。

⑤ 中国科学院经济研究所中央工商行政管理局资本主义经济改造研究室编：《旧中国机制面粉工业统计资料》，中华书局 1966 年版，第 60 页。

续表

年份	全东北区总生产量	哈尔滨市生产量	哈尔滨市占东北比重
1931	11 068	6 105	55.2%
1932	8 312	4 649	55.9%
1933	9 000	5 553	61.7%
1934	5 036	3 969	78.8%
1935	14 076	5 940	42.2%
1936	—	7 534	—

此外，在东北资本超过 10 万元的面粉工厂还有福康（位于哈尔滨，公称资本为 33 万元，缴纳资本为 33 万元）、裕东栈制面粉（位于牡丹江，公称资本为 30.2 万元，缴纳资本 30.2 万元）、新华面粉（位于牡丹江，公称资本 15 万元，缴纳资本 15 万元）、"间岛油坊"（位于"间岛"，公称资本 10 万元，缴纳资本 5 万元）、哈尔滨麻昌泰（合资）（位于哈尔滨，公称资本 41 万元）。[①] 总的说来，日本控制下的面粉厂规模较大、产量较高，民族资本控制下的面粉厂则趋于萎缩。为了进一步控制东北的面粉工业，1936 年 2 月，日伪当局成立"满洲制粉联合会"，将全东北的机械制粉工厂纳为会员。1939 年 12 月，又成立"满洲谷粉会社"，"该社行一年收买原料小麦后，将此供给各制粉会社，各社完成制粉事业后，该会社再将其纷买回，交纳入专卖总局"[②]。1941 年 7 月又成立了"满洲农产公社"，并将前者合并。

虽然伪满时期面粉工厂数量不在少数，但该时期的面粉工业仍然处于萧条和衰落状态，其主要原因有：1. 制粉工业处于伪满统制之列，限制了机器面粉业的发展。相比之下，小磨坊投资少、产量低，产品易

---

① ［日］齐藤直基知编：《满洲产业经济大观》，满洲产业调查会 1943 年版，第 323 页。

② ［日］齐藤直基知编：《满洲产业经济大观》，满洲产业调查会 1943 年版，第 322 页。

于供应当地需求，且处于统制网之外，故在一定程度上得到了恢复和发展。这一时期，小磨坊"暗操其业，而将当地所产之小麦大量处理，致火磨由于原料缺乏，异常不振"①。显然，小磨坊抢占了一部分市场份额，对机器面粉业产生一定的冲击。2. 小麦原料供应不足，限制了机器制粉业的发展。小麦作为重要农作物也处于统制之列，其所定价格比其他农作物低，故限制了小麦的生产。小麦的单位产量较其他农作物低，同等条件下，农民多选择耕作其他作物。此外，伴随着农作物统制政策的强化，农民必须交出一定量之农作物，"除特别指定农产物非按指定数量交出不可外，其余亦可以其他农产物代交（如以高粱抵大豆），故农家多不种单位面积收获较少之小麦，而尽量种植单位面积收获较多之高粱、包米、谷子等作物"②。原料的不足，造成机器制粉工厂经常歇业，这都影响这些工厂的发展。3. 代用品的生产暂时缓解了面粉生产的不足。"伪满的麦粉消费额，年在三千（应为三千万，笔者注）乃至三千五百万袋，自给量不过一千五百万至二千万袋。过去，靠上海、澳洲及日本的供给。自战争发生后，输入由停顿至于完全不可能，只有加紧管制配给，并用高粱粉，包米粉等代替。"③伪满建立后，虽然限制外来面粉的进入，但由于自身生产的不足，并未能促进国内面粉工业的发展。为了满足国内面粉工业的需要，不得不用高粱粉、玉米粉替代。当然这也只是权宜之计，其结果一方面是降低了东北人民的生活水平，另一方面也使面粉工业进一步萎缩。

---

① 东北物资调节委员会研究组编：《东北经济小丛书·农产加工篇》，京华印书局1948年版，第88页。

② 东北物资调节委员会研究组编：《东北经济小丛书·农产加工篇》，京华印书局1948年版，第91页。

③ 郑学稼：《东北的工业》，东方书店1946年版，第198页。

三、日伪对东北面粉工业的掠夺

伪满时期，日伪对东北面粉工业的掠夺主要体现在以下两个方面：

（一）日伪对小麦和面粉的统制与掠夺。七七事变后，东北从第三国进口面粉出现困难，东北的面粉价格上涨。在此背景下，日伪当局于1938年8月公布《小麦及面粉供求调整及价格统制应急实施要项》，其要点为：向各工厂分配面粉产量；统制面粉的原料小麦；共同购进面袋；规定小麦的最高市场价格，同时，公定工厂购入的最高价格。[1] 该年9月，成立统制各面粉厂商的"满洲制粉联合会"，全东北的面粉厂必须参加。根据规定，在定价范围内，各制粉厂可以自由采购原料，但所生产的面粉则由制粉联合会按价格收买，不准自由出售。1939年12月6日，伪满政府颁布《小麦及制粉业统制法》，次日又颁布《小麦专卖法》和《麦粉专卖法》，其中规定各地区生产的小麦，由当地"粮谷会社"统一收购。然后，按各厂生产比例，以定价分配给各厂，各厂所生产的面粉则由专卖署按定价统一收买。[2] 至此，伪满政府从供销两个环节对面粉工业进行全面统制。

伪满后期，粮食严重不足。为了继续支持日本的对外侵略战争，日伪当局对东北农民实行强制性的"粮谷出荷"。面粉作为东北人民的主食之一也属于"出荷"之列。由于"出荷"量大，甚至要收缴农民手中的口粮和种子，因此受到农民的抵制。对此，日伪当局采取强硬措施，如动用警察进行收缴，停止配给品，对农民进行殴打、关押等，用

---

① 中央档案馆、中国第二历史档案馆、吉林省社会科学院合编：《日本帝国主义侵华档案资料选编·东北经济掠夺》，中华书局1991年版，第507页。

② 上海市粮食局、上海市工商行政管理局、上海社会科学院经济研究所经济史研究室编：《中国近代面粉工业史》，中华书局1987年版，第252页。

各种残酷手段迫使农民"出荷"。如此强制性"出荷",往往使农民背井离乡,甚至妻离子散,家破人亡。在辽宁省辽中县,"由于王国栋(辽中伪县长,笔者注)、赵经武(腰屯村村长,笔者注)的威逼,腰屯村大多数农民被迫倾家荡产,抛弃故土,离开亲朋,扶老携幼,冒着凛冽的寒风,踏着厚厚的积雪,到黑龙江省延寿县去逃荒"①。在庆安县,"历年在催粮的收尾阶段为搜净农民粮食,各个村都组成搜荷队,深入各村进行搜查。搜荷队如狼似虎手拿探子、铁锹等工具,一进屯便挨家逐户,屋里屋外,棚上地下,村里村外,草垛柴堆、雪地土坑,甚至野外坟地都探测到了。一旦在谁家被翻出粮来,就要抓到村上,遭受毒刑拷打。欢胜乡苗家沟村牟有志交不上尾欠粮,因在家翻出点粮来,被绑到村公所严刑拷打,灌辣椒水,放回数日后死去"②。这说明,对包括面粉在内的强制性"粮谷出荷"给东北人民带来巨大灾难,它使很多农民被迫挣扎在死亡线上。

(二)导致东北民族面粉工业的萎缩。九一八事变爆发后,东北沦陷,"我国机制面粉工业丧失了广大的销售市场和一个重要原料产地,东北民族资本经营的面粉厂(占当时实存厂厂数总计的35.5%)亦同时沦入日伪统治之下。我国民族面粉工业遭受到沉重的打击"③。这一时期,日本财团积极向东北的面粉工业扩张,东北的民族面粉工业在其压榨和排挤之下趋于萎缩。据调查,1938年是九一八事变之后制粉业的鼎盛时期,东北制粉厂在营业中的共约65家,日生产能力共计

---

① 翟永魁:《伪满时期辽中县的"粮谷出荷"》,载孙邦主编:《伪满史料丛书·经济掠夺》,吉林人民出版社1993年版,第183—184页。

② 于洪乔:《庆安县的"粮谷出荷"》,载孙邦主编:《伪满史料丛书·经济掠夺》,吉林人民出版社1993年版,第191页。

③ 中国科学院经济研究所中央工商行政管理局资本主义经济改造研究室编:《旧中国机制面粉工业统计资料》,中华书局1966年版,第3页。

136 200包，其中属于日本国内面粉工业垄断资本集团的仅上述就有24家，日生产能力共计为81 580包，占生产能力总数60%。[①]当时日本在东北的制粉厂规模大，产量高。这一时期，由于日伪政府在供销两个环节控制了东北的面粉工业，东北的民族面粉工厂主要靠获取加工费取得微薄利润。"虽然得到一点加工费，也很难维持，税务局加紧课税，不管企业赔不赔钱，一律按卖钱额纳税。"[②]此外，工厂还要接受日伪政府摊派的公债、股票、储蓄、"国防献金"等，而且汉奸特务还常常敲诈勒索，这些都给工厂带来巨大的经济压力和负担。1940年，日伪政府为了维护其殖民经济，对东北所有的民族制粉厂进行了甄别和淘汰。经此浩劫，全东北93家制粉厂中有47家被整理掉。

在哈尔滨，天兴福第四制粉厂香坊支厂"就因为没有铁路专用线，一个好端端的制粉厂，就让白白地拆掉了。强制把四百磅卧式锅炉两个拆运到吉林省新站老爷岭葡萄酒厂；一百五十马力的电动机一台及其附属部件拆运到阿城；四百马力的电动机一台及其附属零件拆运到鞍山；还把制粉机两部晃罗、圆罗、洗粉机、草籽机、包装机、筛子、轴承、绞龙和风车等等，以及附属部件全部拆运到平房"[③]。"至光复前，哈尔滨制粉厂只剩下十个，其中民族资本制粉厂只剩下七个，而且都是奄奄

[①]　上海市粮食局、上海市工商行政管理局、上海社会科学院经济研究所经济史研究室编：《中国近代面粉工业史》，中华书局1987年版，第251页。

[②]　邵越千：《天兴福的创立和发展》，载中国人民政治协商会议黑龙江省哈尔滨市委员会文史资料研究委员会编：《哈尔滨文史资料》第四辑，哈尔滨市龙江印刷厂1984年版，第49页。

[③]　邵越千：《天兴福的创立和发展》，载中国人民政治协商会议黑龙江省哈尔滨市委员会文史资料研究委员会编：《哈尔滨文史资料》第四辑，哈尔滨市龙江印刷厂1984年版，第49页。

一息,靠卖机器过日子。"① 可见,哈尔滨的面粉工业在日本资本的挤压下已经命若悬丝。"在日伪政府的统治、限制、榨取、掠夺之下,哈尔滨制粉业陷入了无法摆脱的困境。中国资本的制粉厂不仅没有利润,每年还要被敲诈去许多财产。以双合盛制粉厂为例,在日伪时期被敲诈、勒索的资本总额达四百万元,占全部资本的百分之三十六。这些被敲诈、勒索的资金有些是以强制性摊派公债、股票、储蓄等手段豪夺;有些是以献金形式巧取;更有日本特务、汉奸的公开敲诈。"② 实力雄厚的大厂尚且如此,那些规模较小、技术能力较弱的小厂所遭遇的困难更可想而知。双合盛也是当时比较大的民族面粉工业,由民族资本家张廷阁③任总经理。日伪政府实行小麦及制粉业统制后,民族工业饱受打击。"双合盛制粉厂从此产量日减,生产任务常年不足,并且开始出现经营亏损。"④ "该厂在 1944 年以后,被迫改制苞米面,全年仅开工50—60 天,流动资金几乎全部耗光,接近倒闭状态。这是双合盛制粉

---

① 邵越千:《天兴福的创立和发展》,载中国人民政治协商会议黑龙江省哈尔滨市委员会文史资料研究委员会编:《哈尔滨文史资料》第四辑,哈尔滨市龙江印刷厂 1984 年版,第50 页。

② 市民建、工商联史料组:《哈尔滨的制粉业》,载中国人民政治协商会议黑龙江省哈尔滨市委员会文史资料研究委员会编:《哈尔滨文史资料》第四辑,哈尔滨市龙江印刷厂 1984 年版,第 85 页。

③ 张廷阁(1875 年 10 月 4 日—1954 年 2 月),号凤亭,山东省掖县石柱栏村人。1896 年张廷阁从烟台乘海船前往海参崴投亲谋生,1912 年张廷阁兑出海参崴的商铺,携巨款来到哈尔滨经商。1925 年,成立双合盛无限公司,张廷阁任总经理。1927 年,张廷阁又开办了兴记航业公司。该年张廷阁成为哈尔滨商界首富,后被选为哈尔滨商会总会长。伪满时期,张廷阁继续担任哈尔滨商会会长,并担任其他伪职。但他并不失民族本色,做了许多有益于民族的事情。1945 年 9 月,曾任哈尔滨市政府临时市长,并参加了市政参议会。1954 年 1 月 24 日,双合盛制粉厂因棚板粉尘自燃引起火灾,全部机器设备被烧毁。同年 2 月,张廷阁病逝于哈尔滨。

④ 杨云程:《我所知道的双合盛与张廷阁》,载中国人民政治协商会议黑龙江省哈尔滨市委员会文史资料研究委员会编:《哈尔滨文史资料》第二辑,黑龙江省教育厅印刷厂 1983 年版,第 48 页。

厂历史上最不景气的年月。"[1]

长春益发合是旧中国在东北地区颇具代表性的民族资本主义工商企业，其制粉厂在长春产量较高、销路较好，所生产的龙马牌面粉畅销东北。在伪满后期，伴随着日伪政府经济统制政策的加强，益发合的经营也陷入困难。"自一九三八年以后，不仅面粉产量日益减少，而且由一九四〇年开始，小麦原料完全被满洲面粉组合掌握，不得不从事苞米面的生产。在一九四〇年前益发合制粉厂还能自产自销，到一九四〇后即逐步丧失自销能力。到一九四五年即完全为日伪加工，依靠加工费维持。"[2] 在益发合哈尔滨支店，其"江北岸之制粉厂，遵照政府制粉工厂整理纲要，仍在休整之中。附设之米谷工厂，亦因交通梗塞，未获配给之权"[3]。益发合是实力雄厚的民族工厂，抗经济风险的能力比较强，但在日伪当局的压榨下也举步维艰，苟延残喘。桦南县的东茂祥火磨建于1938年，至1940年初基本竣工，随即投入生产。"工厂开工不久，在欢庆的余兴未尽之际，日本侵略者扼杀中国民族工业的魔爪就暗暗伸了过来。先是'满拓本部'派代表来厂商讨'入股'，说是'友善合作'，如能达成协议，则原料与产品销售均无阻碍，双方都会大大有利。"[4] 在遭到拒绝后，又提出要按工厂造价收买，再遭拒绝。于是日伪当局甚至抓捕了工厂的账房先生刘学茹，并刑讯逼供，逼其承认工厂

①　民建哈尔滨市委、哈尔滨市工商联：《张廷阁与双合盛兴衰》，载中国民主建国会黑龙江省委员会黑龙江省工商业联合会编：《黑龙江工商史料》第一辑，中共黑龙江省委机关铅印室1988年版，第40页。

②　刘益旺、贾涛：《长春益发合兴衰始末》，载政协吉林省长春市委员会文史资料研究委员会编：《长春文史资料》9，1985年版，第68—69页。

③　刘益旺、贾涛：《长春益发合兴衰始末》，载政协吉林省长春市委员会文史资料研究委员会编：《长春文史资料》9，1985年版，第70页。

④　宋铎：《桦南县东茂祥火磨的艰难历程》，载孙邦主编：《伪满史料丛书·经济掠夺》，吉林人民出版社1993年版，第161页。

生产的目的是为抗联提供给养，但刘学茹很有民族气节，并未承认，最终被工厂花钱赎回。由于未能吞并该厂，日伪当局勒令其停产。由此可见，民族面粉工业在日伪当局的剥削下难于生存，减产甚至倒闭现象比比皆是。

由以上可知，清末民国时期东北的面粉工业有了很大的发展，但旧式磨坊和新式火磨长期并存，而后者逐渐占据优势。伪满建立后，日伪当局出于统制和掠夺的需要，对小麦实行改良和增产政策，同时实行一定的贸易保护政策，但面粉工业仍然处于萧条和衰退状态，尤其是伪满后期，各地面粉工厂减产、停产乃至倒闭现象严重，民族工业备受欺凌，被迫挣扎在死亡线上。面粉工业的衰退直接影响到东北人民的基本生活，广大民众缺衣少食，东北社会趋于动荡，整个伪满洲国处于崩溃前夕。

第三节 酿酒工业

酿酒工业也是东北"三大工业"之一，由于需求量大，获利丰厚，且所需技术水平较低，所以发展比较快。尤其是烧酒，为中国人民的传统饮品。"东北丰产高粱，故每年所制之烧酒额数巨大，洒（应为酒，笔者注）性强烈，日本各处销售颇多。"[1] 可见，烧酒深受中外人士的欢迎。"烧酒之制造，年代已深。我国业斯业者，遍处皆是。盖以原料充足，不用购自外洋，故价格低廉，销路极广。上至官绅，下至贩夫走

---

① 傅恩龄编：《八十四年前的东北地理教本》上，南开大学出版社 2015 年版，第 226 页。

卒莫不购用，尤以劳动界者购用最多。"[①] 另外，伴随着俄国人和日本人等外国人的增多，符合他们口味的啤酒、日本酒等也开始在东北销售和制造，这也促进了相关酒厂的发展。目前国内关于伪满酿酒工业的研究成果比较有限[②]，这为对其进行进一步研究留下很大的空间。

一、清末民国时期东北的酿酒工业

吉林省的酿酒工业发展得比较早，早在道光初年吉长烧锅就有百余家。在长春府，1890 年正月共有烧锅 16 家，共计 59 筒，具体见下表 2－6。[③] 在 1894 年，该地有 11 家老烧锅，42 筒，包括德昌号、顺盛号、义和成、义和永、万增玉、万成号、万发号、世聚涌、顺和泉、公升合、广成涌等。[④] 至 1906 年，长春府有烧锅 21 家，1911 年减为 11 家。[⑤] 据清朝官方统计，1908 年吉林全省（按当时吉林省行政区域）各地烧锅数据如下：吉林 14 家、磐石县 13 家、双城厅 20 家、哈尔滨 1 家、新城府 13 家、蒙江（靖宇）18 家、绥芬厅 5 家、岔路河 17 家、乌拉厅 5 家、拉林 5 家、宾州厅 19 家、长春府 14 家、延吉厅 5 家、长寿县 8 家、伊通州 6 家、水曲柳岗 8 家、阿勒楚喀 7 家、榆树县 37 家、

---

① 陈绍楠主编：《哈尔滨经济资料文集》第三辑，哈尔滨市档案馆 1991 年版，第 193 页。

② 主要成果有：陈永欣《日伪时期日本通过东北酿酒业的经济掠夺研究》（《边疆经济与文化》2018 年第 2 期）认为酿酒业作为近代东北的重要产业，在日伪统治时期不可避免地遭受了大肆的破坏与掠夺。日本发展东北酿酒业，实则是一种具有侵略性质的经济掠夺政策。孔经纬《新编中国东北地区经济史》（吉林教育出版社 1994 年版）涉及伪满时期东北酿酒业的概况，但对掠夺问题语焉不详。顾明义等主编《大连近百年史》（辽宁人民出版社 1999 年版）论述了旅大地区酒类酿造业的概况。

③ 孔经纬主编：《长春经济演变》，长春出版社 1991 年版，第 34 页。

④ 孔经纬主编：《长春经济演变》，长春出版社 1991 年版，第 34—35 页。

⑤ 孔经纬主编：《长春经济演变》，长春出版社 1991 年版，第 34 页。

农安县 14 家、宁古塔 12 家、五常厅 17 家、三姓 8 家。以上合计 266 户。[1] 另据吉林省烟酒本税总局调查，全省一年烧酒酿造额为 6 989 万斤，这是征税斤数，实际年产量约在 8 000 万斤以上。[2]

表 2-6　1890 年正月长春 16 家烧锅概况

字号	坐落	筒数
万增号	朱家城子	4
义和成	全家屯	5
万成号	万宝山	3
义和号	宽城子	4
德昌号	郭家屯	4
晋盛号	长春堡屯	3
德盛号	大家沟屯	3
义和永	郭家屯	4
义盛和	苇塘沟屯	4
万发号	宽城子	4
世聚涌	库金堆屯	3
顺盛号	双山子屯	4
公升合	宽城子北大街	4
同合泉	宽城子	4
同生源	花曲柳沟屯	3
顺和泉	大青嘴屯	3
总计 16 家，59 筒		

在辽宁省，1894 年牛庄（营口）开业的酒厂有郐隆泉，1900 年开业的有海兴泉。1909 年新民府有 6 家烧锅，拥有 260 人，资本金为

---

① 高严等主编：《吉林工业发展史》上卷，长春出版社 1991 年版，第 52 页。
② 高严等主编：《吉林工业发展史》上卷，长春出版社 1991 年版，第 52 页。

62 940 两。[①] 奉天府原有烧锅 16 家，1910 年减少为 12 家，都在城外农村中。其中义丰泉、万隆泉、醴泉涌等 9 家较大，资本金分别为 40 万吊、35 万吊及 20、30 万吊不等。各烧锅合计年产烧酒 330 余万斤。[②] 当地消费七八十万斤，余者多销往营口、大连、盖平等地。在 1910 年前后，奉天全省共有烧锅 72 家。[③]

光绪六年（1880 年）八月，在黑龙江省呼兰和巴彦苏苏等地都有申请开设烧锅之举。呼兰在光绪七年（1881 年）至八年（1882 年）共报请开设 10 家烧锅。1888 年 3 月在呼兰副都统所属绥化厅已有 18 家烧锅，1894 年在呼兰府有 29 家烧锅。[④] 至宣统三年（1911 年），各地烧锅数量为呼兰 12 家、巴彦 17 家、兰西 7 家、木兰 2 家，合计 38 家。[⑤]

此外，在哈尔滨由于俄国人比较多，对啤酒的需求量较大，这也促进了哈尔滨啤酒工业的发展。早在 1900 年就建立了乌鲁布列夫斯基啤酒厂，厂址位于南岗区花园街，1908 年改称谷罗里亚啤酒厂（即哈尔滨第一啤酒厂）。[⑥] 1901 年又建立了哈盖迈耶尔、留杰尔曼啤酒厂，位于哈尔滨香坊小北屯，1927 年改称为五洲啤酒厂。[⑦] 1905 年德籍俄人考夫曼在道里创办梭忌奴啤酒厂。[⑧]

民国时期，东北的酿酒工业有了进一步的发展。在吉林省，酿酒业

---

① 辽宁省统计局编：《辽宁工业百年史料》，辽宁省统计局印刷厂 2003 年版，第 571 页。
② 辽宁省统计局编：《辽宁工业百年史料》，辽宁省统计局印刷厂 2003 年版，第 571 页。
③ 辽宁省统计局编：《辽宁工业百年史料》，辽宁省统计局印刷厂 2003 年版，第 571 页。
④ 孔经纬：《新编中国东北地区经济史》，吉林教育出版社 1994 年版，第 87 页。
⑤ 孔经纬：《新编中国东北地区经济史》，吉林教育出版社 1994 年版，第 87 页。
⑥ 陈绍楠主编：《哈尔滨经济资料文集》第三辑，哈尔滨市档案馆 1991 年版，第 200 页。
⑦ 陈绍楠主编：《哈尔滨经济资料文集》第三辑，哈尔滨市档案馆 1991 年版，第 200 页。
⑧ 陈绍楠主编：《哈尔滨经济资料文集》第三辑，哈尔滨市档案馆 1991 年版，第 200 页。

主要集中于长春地区。1922 年，长春有中国人经营的造酒厂 7 家：日升德、德泰泉、鸿发烧锅、涌发合、永衡谦、合发店、万若方。[①] 另据1921 年 12 月的资料显示，"长春城里烧锅逐年减少，而头道沟烧锅逐年增多，因头道沟系在南满铁道用地内……烧商避重就轻，相率迁入，以图省税。惟烧锅虽设于铁路用地内，而卖酒仍全销于长春城里，且城里均设有卖酒专局，税局不予过问，每日车马送酒，巡差亦不盘查"[②]。"是同一开设烧锅，同一自由卖酒，税额轻重悬殊。"[③] 这一方面说明日本通过"满铁"附属地绕开中国海关，损害了中国的经济发展；另一方面也说明它逐渐改变了中国的经济布局，进一步加剧了东北各地区经济发展的不平衡。另外，珲春县于 1922 年 8 月设立天兴勇烧锅，由李玉山经营，1931 年 8 月的资本额为现大洋 2 万元。[④] 在 1919 年 12 月双城县拥有永兴复、天增源、义丰源、天增盛、广兴泉、永盛隆、大兴长、福恒升等 8 家烧酒工厂，具系清代所设。[⑤]

在辽宁省，酿酒工业也有了一定的发展。1912 年安广县的公济制酒公司，资本额为 8 000 元，有工人 12 人。另有烧锅 4 家，共 85 人。[⑥]1913 年西丰县有 14 家烧锅。1919 年奉天有 15 家烧锅，同年新民县有 3 家烧锅（200 名职工），海城县有 4 家烧锅，铁岭县加入商会的烧锅有 3 家。[⑦] 总的说来，辽宁省的酿酒工业主要集中于奉天。在 1923 年，奉天城内的烧锅有天成酒店、万隆合、永成源、永源生、醴泉涌、义盛泉、

---

① 孔经纬：《新编中国东北地区经济史》，吉林教育出版社 1994 年版，第 279 页。
② 孔经纬主编：《长春经济演变》，长春出版社 1991 年版，第 68 页。
③ 孔经纬主编：《长春经济演变》，长春出版社 1991 年版，第 68 页。
④ 孔经纬：《新编中国东北地区经济史》，吉林教育出版社 1994 年版，第 279 页。
⑤ 孔经纬：《新编中国东北地区经济史》，吉林教育出版社 1994 年版，第 180 页。
⑥ 孔经纬：《新编中国东北地区经济史》，吉林教育出版社 1994 年版，第 180 页。
⑦ 辽宁省统计局编：《辽宁工业百年史料》，辽宁省统计局印刷厂 2003 年版，第 572 页。

聚隆泉、万花春、馥泉涌、义成德、万隆涌、万隆源、永泉盛、东兴泉、合发泉、天兴涌、广泉永、永隆源、广合源等。[①] 在 1929 年，沈阳市内有烧锅 8 家，资本均在万元以上。"八家之中，惟大顺吉一厂，制果子酒，其余均专制烧酒，每年共制出烧酒二百七十万斤，果子酒一万打，出品价值共约四十万元，专供市民饮用，并不行销外处。"[②] "辽宁省之辽阳，素以产美酒负盛名。近更输出于中国他处及朝鲜日本。"[③] 另外，"关东州"的制酒业也比较繁盛。在 1931 年，"关东州"和"满铁"附属地有饮料酒制造工业企业 48 家，其中中国人经营的有 31 家，资本金 110.9 万元，中国从业人员 642 人；日本人经营的有 17 家，资本金 50.5 万元，日本从业人员 8 人。[④] 可见，在"关东州"和"满铁"附属地等日本控制的地区，日本也对制酒工业进行了渗透。而且，这些地区的部分酒厂为了满足居住于当地的日本人的需要，不仅生产烧酒，还生产日本酒。

这一时期，哈尔滨的酿酒工业也持续发展。1914 年东三省啤酒厂在道外南十七道街开办，1926 年改称大兴啤酒厂。[⑤] 1914 年，五洲啤酒汽水公司在哈尔滨八区开办，由王立堂等人经营，1933 年曾改称"联合啤酒公司"。[⑥] 1918 年 12 月，裕济茂烧锅在哈尔滨道外开办。[⑦] 1926 年 9 月，在哈尔滨又设立了官办的东三省呼兰制糖酒厂，经营啤酒、酒精，经理为张铭坤。至 1929 年 6 月，资本额为哈大洋 3 万至 10 万元，

---

① 辽宁省统计局编：《辽宁工业百年史料》，辽宁省统计局印刷厂 2003 年版，第 573 页。

② 东北文化社年鉴编印处编：《东北年鉴》，东北文化社 1931 年版，第 1048 页。

③ 傅恩龄编：《八十四年前的东北地理教本》上，南开大学出版社 2015 年版，第 226 页。

④ 辽宁省统计局编：《辽宁工业百年史料》，辽宁省统计局印刷厂 2003 年版，第 574 页。

⑤ 陈绍楠主编：《哈尔滨经济资料文集》第三辑，哈尔滨市档案馆 1991 年版，第 200 页。

⑥ 陈绍楠主编：《哈尔滨经济资料文集》第三辑，哈尔滨市档案馆 1991 年版，第 200—201 页。

⑦ 陈绍楠主编：《哈尔滨经济资料文集》第三辑，哈尔滨市档案馆 1991 年版，第 201 页。

使用蒸汽机，工人39人。① 总的说来，在当时哈尔滨作为国际都市，欧洲人较多，因此啤酒业比较发达。"哈尔滨当地的啤酒工厂，'九一八'事变前，共有五处，其中俄国人经营的三处，中国人经营的两处，一年的酿造量约达十万维大罗。（注：一维大罗为12.3升，约15公斤)"② 另据1930年5月的调查，阿城县大兴昌制酒厂资本额为12万元，丰升泰制酒厂为11万元，永源发制酒厂为10万元。③ 在勃利县，1929年有两处烧锅，造酒18万斤，出境10万斤。④ 在宁安县，1923年有公益烧锅、永衡东西、义发源、和源永、大德永、元和盛、大兴源、晋源永、永兴泉、镇兴源、福兴源、兴隆泉等12家酒业。⑤ 可见，在哈尔滨不仅有旧式烧锅，也有生产啤酒的新式酒厂。在其他地区，则主要以生产白酒的烧锅居多。

在热河省，工业发展比较落后。"朝阳县工业，虽有酿酒织布等数家，类多资本薄弱，无设备之可言。仅大兴泉烧锅一家，可作为朝阳县工业之代表。"⑥ 该厂建于1927年，1929年销售烧酒19万斤，销售露酒4 700瓶。⑦ 总的说来，热河省的酿酒工业还处于起步阶段，当地的白酒需求多依赖于他省。

当时东北也有少数酒厂生产日本酒，主要以"满洲清酒会社"为

---

① 孔经纬：《新编中国东北地区经济史》，吉林教育出版社1994年版，第279页。
② 陈绍楠主编：《哈尔滨经济资料文集》第三辑，哈尔滨市档案馆1991年版，第187页。
③ 孔经纬：《新编中国东北地区经济史》，吉林教育出版社1994年版，第279页。
④ 孔经纬：《新编中国东北地区经济史》，吉林教育出版社1994年版，第279页。
⑤ 孔经纬：《新编中国东北地区经济史》，吉林教育出版社1994年版，第279—280页。
⑥ 东北文化社年鉴编印处编：《东北年鉴》，东北文化社1931年版，第1110页。
⑦ 东北文化社年鉴编印处编：《东北年鉴》，东北文化社1931年版，第1110页。

首，另有数家生产。[①] 其中抚顺的大松号酒造部亦生产清酒，该厂建于1920 年 7 月，资本金为 30 万日元，在 1928 年生产清酒 1 000 石，价值7 万日元。[②] 但总的说来，日本酒的生产在东北所占份额很小。

同期，在东北也有生产葡萄酒的酒厂。在金州有农园的相生由太郎和在大连有农园的石本贯太郎从事葡萄酒的酿造，产品品质良好。[③]

二、伪满时期东北的酿酒工业

九一八事变后，日本逐渐占领整个东北。在伪满前期日伪当局主要对带有国防的或公共公益性质之重要事业进行统制，放松了对酿酒工业的控制，故在伪满前期东北的酿酒事业得到了一定程度的发展。在伪满建立之初，"全东北约有酿酒厂 300 家，从高粱的消费额和实际的输出来看，年产额约 45 万石（一石约 275 斤），估价为 2300 万元。如果以东北高粱的生产量为 3500 万石，那么用来酿造高粱酒的为 123.725 万石，仅占总量的 3.34%"[④]。可见，在伪满成立之初，东北的酿酒工业比较繁荣。总的说来，伪满时期东北的酿酒工业比较发达。在"新京市"，1935 年末东二道街的裕昌源（厂主王荆山）生产烧酒，有职工67 人；同年末南关桥东大街路北的鸿发兴，亦生产烧酒，有职工 32人。[⑤] 另据 1937 年的资料记载，当时"新京"有 7 家中国人经营的制

---

① ［日］砂原滋二编：『満洲商工概覧』，南満洲鐵道株式會社殖産部商工課發行，昭和5 年，第 85 頁。

② ［日］砂原滋二编：『満洲商工概覧』，南満洲鐵道株式會社殖産部商工課發行，昭和5 年，第 85 頁。

③ ［日］南満洲鐵道株式會社社長室調査課编：『満蒙全書』第四卷，満蒙文化協會發行，大正 11 年，第 407 頁。

④ ［日］關東局：『關東局施政三十年史』，凸版印刷株式社，昭和 11 年，第 488 頁。另占比应为 3.54%。

⑤ 孔经纬主编：《长春经济演变》，长春出版社 1991 年版，第 139 页。

造烧酒的酒厂，分别是洪发源、积德泉、裕成涌、洪发亿、合发店、裕生源、鸿发兴，其中资本额最多的是鸿发兴，为 37 200 元。[1] 1935 年在桦甸县主要有 2 家民营烧锅，其中世昌烧锅资本 3 万元，大盛泉烧锅资本 1 万元。[2] 在四平市，泰和益烧锅规模比较大，资本为现洋 7.7 万元。西安县（辽源县）中兴涌（兼制油）资本为现洋 5 万元。[3] 另外，在 1935 年 5 月，濛江县永泰泉烧锅，资本为 1.2 万元。洮安县有 3 家烧锅，其中福丰达烧锅资本额多达 10.8 万元。柳河县有 8 家烧锅，乾安县有 2 家烧锅。辉南县在 1933 年 2 月新设 2 家烧锅。敦化县 1933 年有 3 家烧锅。东丰县有 3 家烧锅。[4] 此外，长白 1937 年有 5 家烧锅。[5]

在辽宁省，1934 年有各种酒（包括中国酒、日本酒、洋酒）制造工业企业 167 家，其中由中国人经营的有 123 家，日本人经营的有 44 家。1940 年增加到 222 家，其中由中国人经营的有 172 家，日本人经营的有 50 家。[6] 伪满时期由于日伪疯狂掠夺东北的粮食，造成中国传统的烧酒生产趋于萎缩。1940 年以后，辽宁境内的烧酒厂不足 200 家，工人 2 000 多人，并逐年减产。大城镇在伪满末期烧酒厂也只有 58 家，工人 1 123 人，产量为 14 360 吨。[7] 与此同时，辽宁省的啤酒业有了一定的发展，其中日本人建立的"满洲麦酒株式会社"规模较大。此外，日本人又建立了"亚细亚麦酒株式会社"，生产札幌牌和麒麟牌啤酒。1933 年，日本人在抚顺又建立了"满洲造酒株式会社"，生产绍兴酒，

[1] 孔经纬主编：《长春经济演变》，长春出版社 1991 年版，第 139 页。
[2] 高严等主编：《吉林工业发展史》上卷，中国经济出版社 1992 年版，第 145 页.
[3] 高严等主编：《吉林工业发展史》上卷，中国经济出版社 1992 年版，第 147 页。
[4] 高严等主编：《吉林工业发展史》上卷，中国经济出版社 1992 年版，第 147 页。
[5] 高严等主编：《吉林工业发展史》上卷，中国经济出版社 1992 年版，第 148 页。
[6] 辽宁省统计局编：《辽宁工业百年史料》，辽宁省统计局印刷厂 2003 年版，第 576 页。
[7] 张福全：《辽宁近代经济史（1840—1849）》，中国财政经济出版社 1989 年版，第 664 页。

资本金为 25 万元。[1]

在哈尔滨，酿酒工业依旧发达，其中烧酒业为传统行业。在 1933 年，哈尔滨主要的烧锅有增盛通、天源涌、汇源涌、大兴制酒厂江北分厂。在 1938 年哈尔滨市烧酒业主要有 6 家，其主要情况见下表 2 - 7[2]。次年，6 家烧酒业生产量为 182.4 万公斤，销售量为 212 万公斤，其中本市销售 183.3 万公斤，外埠销售 28.7 万公斤。[3] 可见，哈市烧酒业主要面向本市销售。

表 2 - 7　1938 年哈尔滨酿酒业情况表

工场名	住所	代表者	资本金额	从业员数		日生产能力
				职员	工人	
增盛烧锅	道外大保定街 68 号	窦荣五	3.2 万元	22 人	30 人	1 200 公斤
裕济成烧锅	道外北 16 道街竹林巷 4 号	陈阴轩	4 万元	26 人	25 人	800 公斤
汇源涌	太古 14 道街 111 号	艾益清	1.2 万元	17 人	20 人	738 公斤
天源涌烧锅	大保定街 62 号	王恕忱	3.2 万元	15 人	19 人	820 公斤
泰兴永烧锅	顾乡屯天合街 49 号	程国钧	2 万元	8 人	15 人	750 公斤
万泉永烧锅	香坊安埠街 250 号	毛守范	3.4 万元	22 人	23 人	800 公斤

至伪满后期，由于日伪疯狂掠夺粮食，对酿酒工业进行严厉限制，中国人经营的烧锅数量急剧减少，日渐萎缩。这一时期，日伪当局在农

---

① 辽宁省统计局编：《辽宁工业百年史料》，辽宁省统计局印刷厂 2003 年版，第 575 页。
② 陈绍楠主编：《哈尔滨经济资料文集》第三辑，哈尔滨市档案馆 1991 年版，第 196 页。
③ 陈绍楠主编：《哈尔滨经济资料文集》第三辑，哈尔滨市档案馆 1991 年版，第 196 页。

村实行"粮谷出荷",甚至逼迫农民交出部分口粮。在城市里,日伪当局实行粮食配给制,多数家庭口粮不足。尤其是到伪满末期,粮食配给的数量更少,质量更低,而且经常中断。由于粮食严重不足,故用于酿造烧酒的高粱也难于供应,在这种情况下东北酿酒工业的衰落实属必然。同样,在伪满末期用于制造啤酒的大麦也供应不足,这也影响了啤酒工业的生产。

三、日伪对东北酿酒工业的掠夺

伪满时期,日伪对东北酿酒工业的掠夺主要体现在以下两点:

(一)挤压东北民族资本。伪满时期东北的民族酿酒工业在日伪当局的压榨下趋于萎缩。1923 年华商在四平建立了德昌烧锅,1938 年后它拥有 2 处酒厂,但从 1943 年起,该厂被迫改行,经营木材加工业。[①] 1939 年九台县合资创办福和祥工厂,以榨油和酿酒为主。在 1941 年该厂有酿酒窖 12 个,但此后其经营逐渐陷于困境。[②] 长春益发合也经营酿酒工业,但在伪满经济统制政策之下也面临重重困难。益发合"在长春、农安的两座造酒工厂,因归专卖也相继停业"[③]。在西安县(今辽源市),日本加紧实行经济统制。"过去比较兴旺的几大家烧锅、油坊和粮栈都成了空壳,被迫停业。"[④] 在镇赉县,"粮油加工、制酒业受到控制,'和顺泉'和'衡兴公'两个烧锅的米面和油料加工因无粮,被

---

① 高严等主编:《吉林工业发展史》上卷,中国经济出版社 1992 年版,第 188 页。
② 高严等主编:《吉林工业发展史》上卷,中国经济出版社 1992 年版,第 188 页。
③ 刘益旺、贾涛:《长春益发合兴衰始末》,载政协吉林省长春市委员会文史资料研究委员会编:《长春文史资料》9,1985 年版,第 69 页。
④ 安庆祥、郝贵聪:《解放前西安县经济发展综述》,载政协辽源市委员会文史资料委员会编:《辽源文史资料》第四辑,辽源矿务局印刷厂 1991 年版,第 11 页。

迫停产了。烧酒的原料也不足，只好烧烧停停，企业处于倒闭的边缘"①。显然，没有原料，酿酒工业的经营难以为继。在哈尔滨，伪满前期民族酿酒工业已有低迷倾向。"哈市烧锅业受 1929 年中苏争端、'九一八'事变、空前大水灾等事件和天灾及当地中国人经济不振等影响，近年来营业极其萧条，从业者已锐减至四五家，而且各家又都处于极力缩减作业时间的困难局面。"②"哈尔滨沦陷后，白酒生产厂家多被日本人操纵，1935—1940 年，年均产白酒 300 吨。"③ 至伪满后期，哈市的烧酒业已出现明显衰退趋势，其主要原因有三：一是日伪当局加强了粮食统制，作为烧酒原料的小麦、玉米等粮食供应不足。二是附近农村的烧酒以低价运抵哈市，对哈市烧酒业产生冲击。"距哈较近之烧商（如双城、宾县、阿什河、呼兰等处），皆以最低之价格运销哈埠。而哈埠各烧商不惟不设法联络以谋对策，反皆各自为计，不智孰甚。"④三是受到啤酒业的影响。啤酒价格较低，在社会上逐渐受到欢迎。"年来啤酒业颇为盛行，且价复低廉，故一般人皆乐为购用。啤酒之多卖，即烧酒之少销。"⑤ 显然，二者是此消彼长的关系。

伪满时期，哈尔滨啤酒的生产经营逐步被日本人所垄断。⑥ 在哈市的啤酒工厂中规模较大的为日本人高桥真男经营的"哈尔滨麦酒株式会

① 王中新、樊德明：《伪满时期镇东的工商业》，载孙邦主编：《伪满史料丛书·经济掠夺》，吉林人民出版社 1993 年版，第 119 页。
② ［日］长谷川编：《哈尔滨经济概观》，王绍灿、王金石译，哈尔滨市人民政府地方志编纂办公室 1990 年版，第 190 页。
③ 哈尔滨市地方志编纂委员会编：《哈尔滨市志·轻工业 食品工业》，黑龙江人民出版社 1999 年版，第 481 页。
④ 陈绍楠主编：《哈尔滨经济资料文集》第三辑，哈尔滨市档案馆 1991 年版，第 195 页。
⑤ 陈绍楠主编：《哈尔滨经济资料文集》第三辑，哈尔滨市档案馆 1991 年版，第 195 页。
⑥ 哈尔滨市地方志编纂委员会编：《哈尔滨市志·轻工业 食品工业》，黑龙江人民出版社 1999 年版，第 473 页。

社"和俄国人经营的欧林达路啤酒工场。前者资本金为 200 万元，年产能力 450 万瓶，职工数为 150 人；后者资本金为 15 万元，年产能力 150 万瓶，职工数 45 人。[①] 1936 年，"哈尔滨麦酒株式会社"董事长"高桥真男等人于哈尔滨香坊区油坊街建立'哈尔滨啤酒股份有限公司香坊工厂'，全套生产设备采用当时德国和日本生产的产品，工厂规模和技术水平是当时东北沦陷区内最大的啤酒厂"[②]。可知，当时东北最大的啤酒厂亦为日资。该时期哈尔滨还有中国人经营的啤酒工厂 5 家，主要有哈尔滨酒厂、五洲啤酒工场、恒顺号、鼎兴泰、哈尔滨啤酒一面坡工场。"规模较小之满人经营者 5 家，其制品之销路，因品质之不良，逊于自日本及南满之输移入品。"[③] 可见，中国人经营的啤酒厂由于技术、资金上的劣势，在同日俄啤酒厂竞争过程中处于不利地位，故出现经营不振的状况。另外，根据 1937 年 5 月 1 日公布的《重要产业统制法》，日伪政府将麦酒制造业列入其中，这也限制了中国人对啤酒业的经营。"1940 年以后，日伪当局控制粮食原料，税收加大，厂家负担沉重，多数厂家处于停产、半停产状态，只剩下哈尔滨啤酒股份有限公司下属的几个啤酒厂维持生产，产量也逐年减少。"[④] 当时日资啤酒厂获得原料相对容易，而中资啤酒厂因原料缺乏多数停产。这种状况一直持续到日本战败投降。

在辽宁省境内，1934 年酿酒工业生产额为 984.99 万元，其中中国人经营的为 563.1 万元（占总数的 57.2%），日本人经营的为 421.89

① 陈绍楠主编：《哈尔滨经济资料文集》第三辑，哈尔滨市档案馆 1991 年版，第 197 页。
② 哈尔滨市地方志编纂委员会编：《哈尔滨市志·轻工业 食品工业》，黑龙江人民出版社 1999 年版，第 474 页。
③ 陈绍楠主编：《哈尔滨经济资料文集》第三辑，哈尔滨市档案馆 1991 年版，第 197 页。
④ 哈尔滨市地方志编纂委员会编：《哈尔滨市志·轻工业 食品工业》，黑龙江人民出版社 1999 年版，第 474 页。

万元（占总数的42.8%）。1940年酿酒工业生产额增长至5 065.47万元，比1934年增加了4.14倍，其中中国人经营的为2 522.63万元（占总数的49.8%），日本人经营的为2 542.84万元（占总数的50.2%）。[①]可见，日本人经营的酿酒工业其所占份额有了明显提高，已经超过了中资工厂，占一半以上。至伪满末期，由于日伪疯狂掠夺粮食，对酿酒工业进行严厉限制，中国人经营的烧锅数量急剧减少，日渐萎缩。

（二）大量产品被供应给日军或其他日本人。在哈尔滨，1941年太平洋战争爆发后当地各白酒厂均被日本侵略者强令生产军事用的75度酒精，以供侵略战争军需。[②] 1939年日资企业东三洋行和饭岛农场筹建了通化葡萄酒酿造公司，1940年9月1日开业，占地总面积1万平方米。1944年初日本关东军总部将其改为军工厂。该厂主要以当地生长的野生山葡萄为原料，生产的葡萄酒主要供应给关东军和伪满官僚。1934年4月，日本太阳株式会社和麒麟株式会社共同投资，在奉天铁西区建立了"满洲麦酒株式会社"，1936年10月投产，是辽宁省境内唯——家生产啤酒的工厂。"当时，设计年产啤酒2.6万吨，实际最高年产量为1.6万吨，主要供侵华日军。"[③] 此外，"亚细亚麦酒株式会社"生产的啤酒，其主要消费对象为日军和伪满官员。至伪满末期，日本由于缺乏原油，开始使用酒精代替。"伪满政府于民国三十三年及三十四年，以伪专卖总局为中心，一面加强既有工厂之生产能力，一面新设工厂，或改造麦酒工厂及制糖工厂，生产酒精。"[④] 但至日本投降时

---

① 辽宁省统计局编：《辽宁工业百年史料》，辽宁省统计局印刷厂2003年版，第576页。

② 哈尔滨市地方志编纂委员会编：《哈尔滨市志·轻工业 食品工业》，黑龙江人民出版社1999年版，第481页。

③ 辽宁省统计局编：《辽宁工业百年史料》，辽宁省统计局印刷厂2003年版，第575页。

④ 东北物资调节委员会研究组编：《东北经济小丛书·化学工业》下，京华印书局1948年版，第120页。

该生产计划并未完全实现。伪满时期，在中国东北还生产大量的日本酒，其中在"关东州"和"满铁"附属地历年日本酒生产额见下表2－8①，辽宁省境内历年日本酒产量见下表2－9②。这些日本酒主要由日本在东北的酿酒厂利用中国的大米发酵而成，其中抚顺米、松树米、安东米用得最多。③由于餐饮习惯不同，中国人一般不喝日本酒，而且通常情况下日本酒的价格也高于中国酒，因此，这些日本酒主要供应给在华日本人。日本专家对此也认为："东三省独立之后，日本移民一定日多一日，清酒需要的增加，更不待言了。"④可见，日本移民是其主要消费对象。

表2－8　"关东州"和"满铁"附属地历年日本酒生产额

（单位：万元）

年份	1932	1933	1934	1935	1936	1937	1938
日本酒	26.26	79.10	283.31	354.83	342.54	66.31	75.94

表2－9　辽宁省境内历年日本酒产量

（单位：石）

年份	1932	1933	1934	1935
日本酒	5 119	14 033	29 705	47 813

由以上可知，酿酒工业作为东北的传统行业在清末民国时期有了很大的发展，各地烧锅林立，同时啤酒工厂和日本酒工厂也相继建立。伪满洲国建立以后，由于日伪当局对东北酿酒工业控制的放松，该工业有了一定程度的发展。但至伪满后期，由于高粱、大麦等粮食的不足，以及日伪政府的经济统制政策，东北的酿酒工业趋于萎缩。民族工业由于

---

① 辽宁省统计局编：《辽宁工业百年史料》，辽宁省统计局印刷厂2003年版，第577页。
② 辽宁省统计局编：《辽宁工业百年史料》，辽宁省统计局印刷厂2003年版，第577页。
③ ［日］日本工业化学会满洲支部编：《东三省物产资源与化学工业》，沈学源译，商务印书馆1936年版，第240页。
④ ［日］日本工业化学会满洲支部编：《东三省物产资源与化学工业》，沈学源译，商务印书馆1936年版，第248页。

资金少、技术水平低、设备简陋及日本资本的挤压等原因，处于奄奄一息之状态。总的说来，酿酒工业属于日本掠夺东北物资体系的一环，它虽然不是日本关注的重点物资，但亦不能幸免。这反映了日本掠夺东北物资的彻底性、全面性和无差别性。至伪满末期，由于资金减少、物资短缺及日伪当局对重工业的倾斜政策，酿酒工业的衰弱也是大势所趋，东北的酿酒工业处于历史发展的艰难时期。

第四节　造纸工业

造纸工业既是轻工业，亦是化学工业的一部分，是制造各种纸张及纸板的工业部门。它包括用木材、芦苇、甘蔗渣、稻草、麦秸、棉秸、麻秆、棉花等原料制造纸浆的纸浆制造业，制造纸和纸板业，生产涂层、上光、上胶、层压等加工纸及加工纸制造业几个方面。中国的造纸工业向来比较发达。造纸术是中国古代四大发明之一，拥有悠久的历史，它成熟于东汉时期。世界机器造纸业则开始于 18 世纪末，后逐渐传入我国。但目前国内关于近代东北造纸工业的研究成果相对有限①，故还有进一步探讨的空间。

---

① 主要成果有：张福全《辽宁近代经济史（1840—1949）》（中国财政经济出版社 1989 年版）介绍了民国时期在安东建立的鸭绿江制纸株式会社的概况。孔经纬主编《清代东北地区经济史》（黑龙江人民出版社 1990 年版）论述了清末旧式造纸小作坊、吉林试办的机械造纸厂和黑龙江造纸公司的情况。孔经纬《新编中国东北地区经济史》（吉林教育出版社 1994 年版）论述了民国时期吉林省旧式纸坊的概况。胡绍增等《齐齐哈尔经济史》（哈尔滨船舶工程学院出版社 1991 年版）论述了清末民国时期齐齐哈尔造纸工业的轮廓。[日] 满洲国史编纂刊行会编、东北沦陷十四年史吉林编写组译《满洲国史·分论》（东北师范大学校办印刷厂 1990 年版）介绍了伪满时期东北造纸业的概况。

一、清末民国时期东北的造纸工业

在清代，中国主要依靠旧法造纸，造纸业属于传统造纸业，多为家庭作坊式作业，资本金较少，一般都是二三百元，多者两三千元，以马匹为动力，不属于近代机械造纸业。在奉天，1903 年建福合义，资本金为 200 元。次年，建源兴和，资本金为 500 元。"宣统三年（1911年），营口有 4 家纸局（厂），共有工人 100 余名。辽阳有 6 家纸坊，每家日产纸 32 匹左右。盖平有 8 家纸坊，每家有 4 至 5 名或 10 余名工人，日产纸 15、16 匹，年产纸 3 万余匹，输往营口及邻近地区销售。"①1907 年，吉林省当局于松花江南岸设立实习工厂，内设制纸等科。② 在齐齐哈尔，清末"城北路工业小学分别办纸碱二厂。造纸原料主要取自城东九里的九道沟，城东南三十里的哈拉乌苏以南之苇子沟，城北四百里北山及城西碾子山等处的榆树皮，以及城东北四百里的哈拉扒山所产椴树皮，城东南七十里之大小推扒所产乌拉草"③。可见，当地的造纸原料非常充沛。"黑龙江造纸公司于宣统元年（1909 年）在省城招股筹办，共集股本银 3 000 两，作为 300 股，并开始赁工场，购机器，备器具，收原料。宣统二年（1910 年）三月开工，定名龙江造纸有限公司"④，后改为官商合股商办企业。1911 年继续增股，改为龙江官督商办造纸股份有限公司，龙江知府兼任造纸公司督办。该公司曾因经济紧

---

① 辽宁省统计局编：《辽宁工业百年史料》，辽宁省统计局印刷厂 2003 年版，第 472 页。
② 孔经纬：《新编中国东北地区经济史》，吉林教育出版社 1994 年版，第 92 页。
③ 胡绍增等：《齐齐哈尔经济史》，哈尔滨船舶工程学院出版社 1991 年版，第 76 页。
④ 孔经纬主编：《清代东北地区经济史》，黑龙江人民出版社 1990 年版，第 414—415页。

张向广信公司①借款。此外，1910 年，黑龙江提学司实业科科长曾禀请借官款开办甘河造纸厂，批复俟省城造纸公司办有成效后再行推广。②

　　民国时期，东北的造纸工业有了进一步的发展。在民国元年（1912年），奉天省有 18 家纸局（厂）。各家年产纸数百匹，多者年产 6 000 匹至 7 000 匹。③ 1914 年，田庄台建立大兴纸厂，使用机器造纸。"一九一七年创立的吉林富宁造纸公司（中日合办，属于日本王子造纸公司的系统），及继起的日本大仓系的丰材公司，都曾试办过造纸，可是都不能怎样发展。"④ 1923 年 6 月，富宁造纸公司为"共荣企业股份有限公司"所接办。"民国 7 年（1918 年）7 月 12 日，日本人松浦静男等 4人以 3000 日元资本金，在大连谭家屯建'合名会社松浦制纸工场'，生产粗纸（烧纸），年产能力 450 万磅。"⑤ 合名会社，即无限公司，后因厂址为官方所收买，故将工厂迁移至沙河口。"民国七年（即 1918 年，笔者注）十二月又有'满洲制纸株式会社'（即股份有限公司）成立于大连市外革镇堡会夏家屯"⑥，后因经济状况不佳，生产停滞。1933 年，该社为松浦制纸株式会社所收买。1931 年，在抚顺又建立了抚顺造纸厂，规模较大。同年在齐齐哈尔有造纸厂 2 家，职工 21 人，制造毛头

---

　　① 广信公司，创办于 1904 年 10 月，次年 2 月开业，主要从事放借业务。所发官帖，凡官衙经征租赋、厘捐并买卖交易，均准行使。后由官督商办改为官商合办，并开始从事贩运粮石、汇兑金银、收买金银、开设当铺等业务，是黑龙江省主要的金融机关。其所发官帖稳定了黑龙江地区的金融秩序，在一定程度上抵制了外资银行的资本入侵，促进了黑龙江地区的经济发展。

　　② 孔经纬主编：《清代东北地区经济史》，黑龙江人民出版社 1990 年版，第 415 页。

　　③ 辽宁省统计局编：《辽宁工业百年史料》，辽宁省统计印刷厂 2003 年版，第 472 页。

　　④ ［日］日本工业化学会满洲支部编：《东三省物产资源与化学工业》上册，沈学源译，商务印书馆 1936 年版，第 279 页。

　　⑤ 辽宁省统计局编：《辽宁工业百年史料》，辽宁省统计印刷厂 2003 年版，第 472 页。

　　⑥ 国民政府主席东北行辕经济委员会经济调查研究处编：《东北造纸业概况》，1947 年版，第 1 页。

纸。① 可知，其规模不大。这一时期，东北规模较大的造纸厂基本上都是日本人开办的，部分会社情况详见下表2-10②。这些日本工厂都是采用机器生产，产量高，所占市场份额大。这一时期中国人经营的工厂主要是六合成纸厂。该厂"利用鸭绿江边之芦苇制造烧纸，嗣为张学良氏收买后，曾设法扩大工厂，向英国定购造纸机器，但于机器未到之前发生九一八事变"③。可见，中国人在东北的机器造纸业领域完全处于劣势。

表2-10　东北日本主要造纸厂情况表

厂名	建立年月	资本金（万元）	动力（马力）	产量
大连满洲制纸株式会社（本店）	1918年12月	50万元，实缴12.5万元	蒸汽98	
大连夏家河子制纸株式会社	1918年12月		蒸汽100	
安东鸭绿江制纸株式会社	1919年6月	500万元，实缴125万元	电力1 119	木浆7 553吨，118.7万日元

在1931年，奉天省共有造纸厂57家，生产额为233.6万元。其中日本人经营的4家，生产额为167万元；中国人经营的9家，生产额为1.6万元；纸坊44家，生产额为65万元，资本金为15万元。④ 可见，日本人的造纸厂资本多、产量高，在奉天省造纸市场上所占比重大。在1929年吉林省有造纸厂20家，资本总数为98 700元，年产量为142 600

---

① 胡绍增等：《齐齐哈尔经济史》，哈尔滨船舶工程学院出版社1991年版，第110页。
② 辽宁省统计局编：《辽宁工业百年史料》，辽宁省统计局印刷厂2003年版，第473页。
③ 国民政府主席东北行辕经济委员会经济调查研究处编：《东北造纸业概况》，1947年版，第2页。
④ 辽宁省统计局编：《辽宁工业百年史料》，辽宁省统计局印刷厂2003年版，第473页。

匹，价值 219 500 元，工人总数 368 人，且未使用机器生产。[①] 这说明当时都是采用旧法生产。1929 年黑龙江省有造纸厂 7 家，资本总数为哈洋 2 800 元，工人总数 62 人，全年产量为 35 280 匹，其中使用蒸汽机器者仅 1 家。[②]

这一时期在中国东北地区，规模比较大的造纸厂还有鸭绿江制纸株式会社。该厂成立于 1919 年 6 月，由日本大仓公司以资本金 500 万元创建于安东六道沟。适值一战后欧美纸浆向东亚地区大量倾销，影响了该公司的销路，故于 1922 年 8 月至 1926 年 7 月期间暂时停工。该厂生产的中国纸品质优良，销路很广。该厂"产品中之毛边纸、宣纸，半销于'南满铁路'沿线，半销于上海、天津、山东等地"[③]。这一时期，东北大多数工厂都受到经济形势的影响，收益较低，有的甚至濒于破产。但鸭绿江制纸株式会社由于资本雄厚、设备先进，抵御经济风险的能力较强，获益较丰。

二、伪满时期东北的造纸工业

伪满洲国建立后，东北的造纸工业出现了一个短暂的"兴盛"。"许多专造中国纸的小工厂，既尽呈复活的景象，而规模过大，一般认为没有希望的鸭绿江造纸厂，现在亦开足马力造纸；又久闭的木浆工厂亦因日本的原料不足，市价腾贵而开工了。东三省的造纸工业，现在正有'劫后重生'的状态。"[④] 由于伪满初建，日本出于维护统治的需要

---

① 东北文化社年鉴编印处编：《东北年鉴》，东北文化社 1931 年版，第 1068—1069 页。

② 东北文化社年鉴编印处编：《东北年鉴》，东北文化社 1931 年版，第 1083 页。

③ 辽宁省统计局编：《辽宁工业百年史料》，辽宁省统计局印刷厂 2003 年版，第 472 页。

④ ［日］日本工业化学会满洲支部编：《东三省物产资源与化学工业》上册，沈学源译，商务印书馆 1936 年版，第 280 页。

暂时放松了对东北民族资本的剥削，故出现了一个经济上的"恢复期"。当然所谓"劫后重生"只是粉饰侵略的一种托词罢了。这一时期，东北的造纸工业在日本的整合和操控下，出现了一些规模比较大的工厂，这些造纸厂分为三个等级，且基本上都为日资，其中一等厂包括："锦州巴尔布株式会社锦州工场"①"日满巴尔布株式会社""满洲豆秆巴尔布株式会社""满洲钟渊制纸株式会社东满工场""满洲钟渊制纸株式会社营口工场""东洋巴尔布株式会社""满洲巴尔布工业株式会社""鸭绿江制纸株式会社""六合制纸株式会社""安东造纸株式会社""满洲特殊制纸株式会社吉林工场""满洲特殊制纸株式会社营城子工场""满洲特殊制纸株式会社新京工场""满洲纸工株式会社""满洲制纸株式会社""满洲造纸株式会社"等。部分工场主要情况如下：

"锦州巴尔布株式会社锦州工场"，创办于 1939 年 6 月 2 日，主要股东为王子证券株式会社、大阪商事株式会社。该厂 1942 年生产纸浆 13 295 吨，各种纸 14 574 吨；1943 年生产纸浆 12 206 吨，各种纸 15 651吨；1944 年生产纸浆 11 000 吨，各种纸 10 840 吨。②

"日满巴尔布株式会社"，设立于 1936 年 9 月 11 日，原名为"日满巴尔布制造股份有限公司"，1938 年 11 月 21 日改为此名。1945 年"日满巴尔布株式会社"并入"锦州巴尔布株式会社"。其敦化工场 1942 年生产人造丝纸浆 2 040 吨，造纸纸浆 12 980 吨；1943 年生产人造丝纸浆2 182吨，造纸纸浆 9 047 吨；1944 年生产人造丝纸浆 2 556 吨，造纸

---

① 巴尔布系日文パルプ的音译，为纸浆之意。
② 东北财经委员会调查统计处编：《伪满时期东北厂矿基本资料·工厂篇之三·化学》，1949 年版，第 93 页。

纸浆 8 854 吨。①

"满洲豆秆巴尔布株式会社"，创办于 1937 年 9 月 3 日，1939 年 12 月正式开工，主要股东有日本酒井织维工业株式会社、伪满政府、伪满兴业银行、"满铁"和酒井伊四郎。该厂 1942 年生产人造丝纸浆、漂白纸浆和未漂白纸浆合计 4 831 吨，印刷纸和包装纸合计 2 781 吨；1943 年生产人造丝纸浆、漂白纸浆和未漂白纸浆合计 3 979 吨，印刷纸和包装纸合计 5 578 吨；1944 年生产人造丝纸浆、漂白纸浆和未漂白纸浆合计 1 091 吨，印刷纸和包装纸合计 2 503 吨。②

"满洲钟渊制纸株式会社东满工场"，位于延吉县开山屯，主要股东为钟渊实业株式会社和钟渊公大实业株式会社。该厂 1942 年生产人造丝纸浆 730 吨，漂白纸浆和未漂白纸浆合计 12 900 吨，各种纸浆总计 13 630 吨，洋纸 2 496 吨；1943 年生产人造丝纸浆 178 吨，漂白纸浆和未漂白纸浆合计 6 917 吨，各种纸浆总计 7 095 吨，洋纸 3 026 吨；1944 年生产人造丝纸浆 430 吨，漂白纸浆和未漂白纸浆合计 6 450 吨，各种纸浆总计 6 880 吨，洋纸 1 999 吨。③

"满洲钟渊制纸株式会社营口工场"，原名"康德苇巴尔布株式会社"，建于 1936 年 10 月。1939 年 5 月至 11 月该厂改善机械设备产品，品质提高，产量明显增加。该厂主要股东为钟渊实业株式会社和钟渊公大实业株式会社。该厂 1942 年生产造纸纸浆 6 796 吨，纸 3 857 吨；1943 年生产造纸纸浆 7 283 吨，纸 4 427 吨；1944 年生产造纸纸浆 6 400

---

① 东北财经委员会调查统计处编：《伪满时期东北厂矿基本资料·工厂篇之三·化学》，1949 年版，第 94 页。

② 东北财经委员会调查统计处编：《伪满时期东北厂矿基本资料·工厂篇之三·化学》，1949 年版，第 95 页。

③ 东北财经委员会调查统计处编：《伪满时期东北厂矿基本资料·工厂篇之三·化学》，1949 年版，第 96 页。

吨，纸 2 204 吨。①

"东洋巴尔布株式会社"，创办于 1936 年 9 月 11 日，1938 年 10 月 4 日开工生产，主要股东为日本毛织株式会社、川西精三、川西龙三、吴羽纺织株式会社。该厂 1942 年生产人造纸浆 364 吨、漂白纸浆 5 356 吨、未漂白纸浆 8 650 吨，纸浆总计 14 370 吨，纸 2 718 吨；1943 年生产人造纸浆 310 吨、未漂白纸浆 5 483 吨，纸浆总计 5 793 吨，纸 2 369 吨；1944 年生产人造纸浆 1 030 吨、未漂白纸浆 2 110 吨，纸浆总计 3 140 吨，纸 2 161 吨。②

"满洲巴尔布工业株式会社"，创办于 1936 年 5 月 11 日，1938 年 6 月 12 日开工生产，主要股东为三菱制纸株式会社、王子证券株式会社、寺田元之助、寺田元三部、岸本五卫兵。该厂 1942 年生产未漂白纸浆 7 425 吨，漂白纸浆 5 001 吨，人造丝纸浆 50 吨，纸浆总计 12 476 吨；1943 年生产未漂白纸浆和漂白纸浆合计 8 139 吨，人造丝纸浆 49 吨，纸浆总计 8 188 吨；1944 年生产未漂白纸浆和漂白纸浆合计 5 530 吨，人造丝纸浆 70 吨，纸浆总计 5 600 吨，纸 513 吨。③

"鸭绿江制纸株式会社"，主要股东为合名会社大仓组、王子证券株式会社。该厂 1942 年生产纸浆 10 950 吨；1943 年生产纸浆 6 800 吨；1944 年生产纸浆 6 580 吨、宣纸 918 吨、毛边纸 1 216 吨、包装纸 4 394 吨，生产其他纸 755 吨。④

---

① 东北财经委员会调查统计处编：《伪满时期东北厂矿基本资料·工厂篇之三·化学》，1949 年版，第 97 页。
② 东北财经委员会调查统计处编：《伪满时期东北厂矿基本资料·工厂篇之三·化学》，1949 年版，第 98 页。
③ 东北财经委员会调查统计处编：《伪满时期东北厂矿基本资料·工厂篇之三·化学》，1949 年版，第 99 页。
④ 东北财经委员会调查统计处编：《伪满时期东北厂矿基本资料·工厂篇之三·化学》，1949 年版，第 100 页。

"安东造纸株式会社",创办于 1936 年 9 月,次年 11 月开工。该厂由矢野茂成与中国人孙培莘、周玉棠、宋承德等人合资创办,专门制造卷烟纸,后与王子制纸株式会社合资。该厂 1942 年生产卷烟纸 1 395吨,1943 年生产卷烟纸 1 496 吨,1944 年生产卷烟纸 1 134 吨。[①]

伪满时期东北造纸厂的二等厂包括:"吉林制纸株式会社""朝日制纸株式会社""丸三制纸工厂""大满制纸株式会社""抚顺制纸株式会社""松浦制纸株式会社""协和制纸株式会社""满洲纸业奉天工场""日满制纸株式会社""照国制纸株式会社"等。部分工场主要情况如下:

"吉林制纸株式会社",创办于 1939 年 12 月 25 日,主要股东为日本纸业株式会社、北原广和川崎清男。该厂 1943 年生产各种纸 340 吨;1944 年生产薄叶纸 370 吨、打字用纸 172 吨、自由包装纸 20 吨、手纸1 吨,合计 563 吨。[②]

"朝日制纸株式会社",位于安东市(今丹东市),1945 年 8 月公称资本 180 万元,实缴资本 180 万元,使用总额 225.7 万元。该厂 1941年生产纸绳原纸 598 吨、薄叶纸 374 吨、印刷纸 406 吨,合计 1 378 吨;1942 年生产各类纸 1 260 吨;1943 年生产各类纸 1 172 吨;1944 年生产纸绳原纸 156 吨、薄叶纸 141 吨、印刷纸 78 吨,合计 375 吨。[③]

"丸三制纸工厂",位于奉天市铁西区,主要股东为古谷芳太郎。该厂 1941 年生产日本纸 2 137 吨,1942 年生产各类纸 2 149 吨,1943

---

① 东北财经委员会调查统计处编:《伪满时期东北厂矿基本资料·工厂篇之三·化学》,1949 年版,第 102 页。

② 东北财经委员会调查统计处编:《伪满时期东北厂矿基本资料·工厂篇之三·化学》,1949 年版,第 109 页。

③ 东北财经委员会调查统计处编:《伪满时期东北厂矿基本资料·工厂篇之三·化学》,1949 年版,第 110 页。

年生产各类纸 1 312 吨, 1944 年生产各类纸 231 吨。[①]

"大满制纸株式会社", 创办于 1943 年 9 月 22 日, 主要股东为丸井制纸株式会社、大西规一、池田江一、熊野光次、藤原猪八。该厂1944 年生产 41 吨纸。[②]

"抚顺制纸株式会社", 创办于 1930 年 11 月 23 日, 主要股东为太阳烟草株式会社、今村荣松、孙兴远、陈孟元。该厂 1941 年生产满天纸 1 252.08 吨, 手纸 187.24 吨, 牛皮纸 1.55 吨, 印刷纸 2.51 吨; 1944年生产满天纸 30 吨。[③]

"松浦制纸株式会社", 如前文所述该厂创办于民国时期。1942 年生产纸 2 672 吨, 1943 年生产纸 2 312 吨, 1944 年生产纸 965 吨。[④]

"满洲纸业奉天工场", 创办于 1937 年 10 月, 同年 12 月开工,1941 年使用资本总额 25.4 万元, 主要股东为文野新竹。1942 年生产各类纸 1 048 吨, 1943 年生产各类纸 570 吨, 1944 年生产各类纸265 吨。[⑤]

伪满时期东北造纸业还有三等工厂, 包括 24 个公司 28 个工厂, 主要情况见下表 2 – 11[⑥]:

---

① 东北财经委员会调查统计处编:《伪满时期东北厂矿基本资料·工厂篇之三·化学》,1949 年版, 第 111 页。
② 东北财经委员会调查统计处编:《伪满时期东北厂矿基本资料·工厂篇之三·化学》,1949 年版, 第 112 页。
③ 东北财经委员会调查统计处编:《伪满时期东北厂矿基本资料·工厂篇之三·化学》,1949 年版, 第 113 页。
④ 东北财经委员会调查统计处编:《伪满时期东北厂矿基本资料·工厂篇之三·化学》,1949 年版, 第 114 页。
⑤ 东北财经委员会调查统计处编:《伪满时期东北厂矿基本资料·工厂篇之三·化学》,1949 年版, 第 116 页。
⑥ 国民政府主席东北行辕经济委员会经济调查研究处编:《东北造纸业概况》,1947 年版, 第 7—8 页。

表2-11　伪满造纸业工厂基本情况

序号	公司名称	设立时间	生产能力（吨）
1	昭和制纸株式会社	1938 年 7 月	2 150
2	协和制纸工厂	1941 年 4 月	1 250
3	间岛制纸株式会社	1937 年 4 月	330
4	松山制纸工厂	1939 年 9 月	180
5	亚洲制纸工厂	1939 年 8 月	800
6	沈阳制纸工厂（二厂）	1940 年 3 月	2 390
7	锦州制纸工厂	1942 年 4 月	900
8	东亚制纸工厂	1941 年 11 月	900
9	日成泰制纸工厂	1942 年 10 月	600
10	东记制纸工厂（三厂）	1942 年 10 月	1 110
11	满洲纸加工株式会社	1942 年 10 月	980
12	义顺号制纸合名会社	1943 年 4 月	600
13	同益永制纸工场	1942 年 12 月	440
14	日光制纸工场	1942 年 6 月	440
15	福兴制纸工场	1942 年 10 月	440
16	天一公司	1938 年 5 月	500
17	盘山制纸工场	1943 年 2 月	600
18	裙野制纸所	1937 年 11 月	530
19	睦堂制纸所	1935 年 1 月	650
20	福海制纸工场	1939 年 7 月	170
21	兴亚纸业株式会社（二厂）	1944 年 2 月	600
22	满洲泸纸工业株式会社	1942 年 10 月	230
23	三和抄纸工场	1941 年 10 月	20
24	丸十制纸工场	1942 年 3 月	20
总计			16 830

三等工厂以制造烧纸、手纸、包装用纸等下级纸为主，普遍产量较低，且成立时间大多较晚。尽管如此，在伪满后期这些工厂有了一定的发展。"此等三级工厂（三级工厂即三等工厂，笔者注）所以蓬勃一时者，盖有二因，其一为各大规模之一级工厂无不营业旺盛，刺激人心。

其二为国人对于造纸业发生兴趣，当时东北之生活必需品，多半仰赖日本输入，嗣因时局关系，日本实施输出管制，故东北不得不力谋自给自足，然设立其他工厂，购买原料皆有困难，故均无甚进展，唯有造纸工业，因纸浆丰富且造纸机器简单，沈阳，抚顺等地均可制造，其需要资金既少，下级纸之制造技术亦甚简单，故小规模造纸工厂在短期间成立者不在少数。"① 可见，此种现象主要源于需求和技术等因素。除以上三个等级的工厂外，在东北还有许多小规模的手工造纸工厂，但这些工厂产量普遍较低，且所造纸张大多品质低劣。

为了便于日本统制东北的造纸工业，伪满政府于1942年7月成立"满洲纸业统制协会"。"换言之，民国二十八年以前（即1939年，笔者注），对于纸浆之生产，输入，配售等，完全放任，二十八年以后，始行自治统制，即'满洲制纸联合会'，'满关纸输入组合'，'满关纸配给组合'等机构之成立是也。然此等机关，缺欠连系，其统制难得完善故生产力之扩充，及综合计划之实行，均有障碍，致使供求及价格，亦发生不均衡现象。"② 可见，此种统制政策并不能促进东北造纸工业的发展，反而束缚了它的发展。总之，此种统制不过是为了日本全面控制东北的造纸工业，从而有利于日本的经济掠夺。

伪满时期，东北的造纸工业扩张很快，这也为日伪当局的掠夺提供了更多的资源。"就八·一五光复前之东北制纸业状况言之，制纸公司达四十三家，所设工厂已达五十五厂之多；额定资本为一七六〇〇万圆（伪币），实收额为三五九〇〇万圆；机械则制纸机已完成者八二架，

---

① 国民政府主席东北行辕经济委员会经济调查研究处编：《东北造纸业概况》，1947年版，第8—9页。

② 国民政府主席东北行辕经济委员会经济调查研究处编：《东北造纸业概况》，1947年版，第9页。

未完成者十二架，年间生产能力，合计则为一二二二〇〇公吨；如按装中之机械全部完成，其生产能力估计可达一七六〇〇〇公吨；故东北区内之制纸工业，在过去数年间发展颇速，几可达于自给自足之地步。"① 其扩张规模可见一斑。另据资料显示："日伪统治时期，日本帝国主义为了利用东北的丰富的造纸原料和廉价劳动力，变东北为它的资本输出市场，发展了相当规模的造纸工业。1943 年生产各种纸 76386 吨，有职工 9 千人。"② 可见，东北的造纸工业已成为日本掠夺的重要对象。

三、日伪对东北造纸工业的掠夺

伪满时期日伪当局全面控制和掠夺东北的造纸工业，主要表现在以下两个方面：

（一）从造纸原料上看，伪满的造纸工业主要利用东北本地原材料。造纸原料虽然是多元的，但在伪满时期东北的造纸工业以木材和苇草为主，其中后者为代用纸浆之原料。"造纸原料主要是木材、芦草、稻草、麻、棉等。木材在东北特别丰富，其中最可贵的则是关里稀少的白松，木造的纸浆，除造纸外，还可以造人造丝原料，伪满时多向日本输出。"③另外，"可作代用原料者，则为大豆秆；大豆秆乃东北之特产，年产额约为五五〇万公吨。仅开原及其附近之铁路沿线，每年即可收集六〇万公吨左右。如此多而且廉，实不失为木材纸浆之一种补助原料

---

① 东北物资调节委员会研究组编：《东北经济小丛书·纸及纸浆》，中国文化服务社沈阳印刷厂 1947 年版，第 1 页。
② 朱建华主编：《东北解放区财政经济史稿》，黑龙江人民出版社 1987 年版，第 240 页。
③ 东北解放区财政经济史编写组编：《东北解放区财政经济史资料选编》第二辑，黑龙江人民出版社 1988 年版，第 182 页。

也。"① 伪满时期的造纸厂多建于取材方便之处。如"锦州巴尔布株式会社锦州工场","此厂所用原料是辽河上游盘山,锦县等处所产之芦苇"②。"苇经屡次割取,其茎秆势必退化,故一般多自设沟渠,以灌溉培植。"③ 可见,为了获取造纸原料,还专门进行了简单的水利建设。再如"满洲钟渊制纸株式会社营口工场","此厂以辽河西岸一带所产之芦苇为原料,制造巴尔布"④。又如"六合成纸厂",在成立之初即是以附近之芦苇为原料,制造毛边纸及烧纸。⑤ 该厂后被日本人所吞并。此外,"满洲制纸株式会社"以高粱秆、麦秆、苞米秆等为原料制造各种纸张。⑥ 这些原料也主要来自当地。

除上述工厂外,还有部分工厂使用木材做原料。如"满洲钟渊制纸株式会社东满工场","1938 年 11 月(下期)至 1940 年 11 月(下期),每期都受到原木,药品,煤等原料供给不足之影响,而使生产发生极大困难,在伪满统制制度下,原料益感困难,但 1941 年度上期终达到预定产量,唯原料之木材及煤价上涨,致使经营不利,曾请求原料减价,但无结果"⑦。可见,作为主要原料的木材之供应直接影响到该厂的生

---

① 东北物资调节委员会研究组编:《东北经济小丛书·纸及纸浆》,中国文化服务社沈阳印刷厂 1947 年版,第 88 页。

② 东北财经委员会调查统计处编:《伪满时期东北厂矿基本资料·工厂篇之三·化学》,1949 年版,第 93 页。

③ 东北财经委员会调查统计处编:《伪满时期东北厂矿基本资料·工厂篇之三·化学》,1949 年版,第 93 页。

④ 东北财经委员会调查统计处编:《伪满时期东北厂矿基本资料·工厂篇之三·化学》,1949 年版,第 97 页。

⑤ 东北财经委员会调查统计处编:《伪满时期东北厂矿基本资料·工厂篇之三·化学》,1949 年版,第 101 页。

⑥ 东北财经委员会调查统计处编:《伪满时期东北厂矿基本资料·工厂篇之三·化学》,1949 年版,第 107 页。

⑦ 东北财经委员会调查统计处编:《伪满时期东北厂矿基本资料·工厂篇之三·化学》,1949 年版,第 96 页。

产和效益。而且，"1943 年 5 月—10 月原材料的供给更为不足，尤其是夏季降雨过多，发生水灾，致原木之运输工作，无法进行，影响了巴尔布之生产"①。在伪满末期，物资紧缺非常严重，作为原料的木材也不例外，这些都严重影响了造纸工厂的生产。再如，"锦州巴尔布株式会社敦化工场"，"1941 年上期因用水及煤之供给欠佳，以致停工甚久，同年下期虽然允许增加产量，唯因木材及煤价上涨，致目的未达"②。可见，该厂亦以木材作为原料。事实上，木材虽然属于可再生资源，但如果采伐量超过了生长量，就会破坏环境。另外，木材的生长需要一定的周期和年限，如果不能采取科学的采伐方式，势必造成环境破坏和资源浪费。在伪满末期，日伪当局采取竭泽而渔、杀鸡取卵的方式大肆采伐森林，对东北森林资源的破坏是十分严重的。

（二）从资本构成上看，日资垄断了东北的造纸工业。伪满时期，日资对部分东北的造纸工厂实施了吞并，其中比较有代表性的是六合成纸厂。该厂建于 1923 年，为韩麟绂所建，是东北地区中国人最早经营的机械造纸厂。"事变后由伪满中央银行接管则仰赖日本王子制纸公司之技术援助进行扩张，至民国二十四年乃为王子证券株式会社所收买，遂改为'六合成造纸厂'，该厂乃东北制造印刷纸，模造纸之第一家工厂。"③ 至此，六合成纸厂被日资完全吞并。

在 1934 年，辽宁省境内共有 85 家造纸及纸制品工厂，其中中国人经营的有 82 家，日本人经营的有 3 家；至 1940 年辽宁省境内共有 146

---

①　东北财经委员会调查统计处编：《伪满时期东北厂矿基本资料·工厂篇之三·化学》，1949 年版，第 96 页。

②　东北财经委员会调查统计处编：《伪满时期东北厂矿基本资料·工厂篇之三·化学》，1949 年版，第 94 页。

③　国民政府主席东北行辕经济委员会经济调查研究处编：《东北造纸业概况》，1947 年版，第 2 页。

家造纸及纸制品工厂，其中中国人经营的有117家，日本人经营的有29家。[①] 可见，日本人经营的工厂数量增幅远高于中国人的工厂。从实缴资本额来看，1934年辽宁省境内造纸工业企业实缴资本578万元，其中中国人经营的为79万元，日本人经营的为519万元，后者占总额的89.8%；在1940年辽宁省造纸工业企业资本总额增加到5 414.5万元，其中中国人经营的为147.2万元，日本人经营的为5 267.3万元，后者占总额的97.3%。[②] 可见，日本人的工厂资金雄厚，规模较大。从生产额上看，在1934年辽宁省境内造纸工业企业生产额为425万元，其中中国人的为75.8万元，日本人的为349.2万元，后者占总额的82.2%；在1940年辽宁省生产总额为3 388.6万元，其中中国人的为544.8万元，日本人的为2 843.8万元，后者占总额的83.9%。[③] 这说明这期间辽宁省造纸业产量增加很快，且日资工厂居于垄断地位，增幅明显高于中资工厂。伪满时期辽宁省的造纸工业在东北各省市中居于首位，其资本构成情况和生产状况基本上代表了整个东北的情况。

以上是伪满时期东北造纸工业的主要情况。总体上，由于所需资金少、技术含量低、资金回流快及日本出于掠夺而扶植等原因，这一时期东北的造纸工业出现了一定程度的扩张。但这种扩张主要是建立在对东北原材料的掠夺和对东北民族造纸工业的挤压基础之上的，是日本对华掠夺体系的重要一环，也是日本实行"现地调办主义"的重要组成部分。尽管如此，至伪满末期，由于交通中断、运输困难、资源匮乏、资本不足等，东北造纸工业的产量急剧下降，很多工厂停工或倒闭，直至

---

① 辽宁省统计局编：《辽宁工业百年史料》，辽宁省统计局印刷厂2003年版，第480—481页。

② 辽宁省统计局编：《辽宁工业百年史料》，辽宁省统计局印刷厂2003年版，第481页。

③ 辽宁省统计局编：《辽宁工业百年史料》，辽宁省统计局印刷厂2003年版，第481页。

日本战败投降后才逐渐恢复生产。总之，伪满时期是近代东北造纸工业发展史上的一个曲折时期，日本的掠夺和统制阻碍了东北造纸工业的发展。

第五节　纺织工业

纺织工业，是指将自然纤维和人造纤维原料加工成各种纱、丝、线、绳、织物及其染整制品的工业部门，包括棉纺织业、毛纺织业、丝织业、化纤纺织业、针织业、印染业等。纺织工业在我国历史悠久，早在原始社会，古人就已经能够制造简单的纺织工具。根据考古发现，在五千年前的新石器时期就已经有纺轮和腰机了，在西周时期又出现了简单的机械缫车、纺车和织机等。可以说，在中国漫长的奴隶制时代和封建时代，纺织工业有了长足的发展。进入近代以来，纺织工业又有了进一步的发展，引入了西方的机械设备，逐步实现了近代化。但在日伪统治时期，东北的纺织工业进入其发展史上的一个黑暗时期。目前关于这一方面的成果非常有限①，这也为下一步研究留下了空间。

---

① 中国方面主要成果：张福全《辽宁近代经济史（1840—1949）》（中国财政经济出版社1989年版），部分章节论述了伪满时期辽宁纺织工业的总体状况；张晓红《中国近代东北地区棉纺织业与市场形态研究（1920—1945）》（吉林大学出版社2013年版），论述了20世纪二三十年代东北的棉纺织业状况及日伪对东北棉纺织业的统制，但对工业掠夺问题着墨不多；黄振宇《故厂情——追忆哈尔滨毛织厂》（《黑龙江史志》2015年24期），主要论述了伪满时期哈尔滨裕庆德毛织厂（伪满后期称"康德毛织厂"）的情况，但篇幅较短，且属于回忆录性质。日本方面主要成果：《满洲开发四十年史》（［日］满史会编：『満洲開発四十年史』上下卷，满州开发四十年史刊行会，1964年）论述了民国及伪满时期东北纺织工业的状况，使用了很多重要的统计数据，但美化日本侵略的倾向明显；《满洲国史·分论》（［日］满洲国史编纂刊行会编：『満洲国史（各論）』，满蒙同胞援護会，1971年）论述了民国及伪满时期东北柞蚕丝工业、棉布工业、制麻工业和毛织工业等纤维工业的概况。

一、清末民国时期东北的纺织工业

清末属于近代东北纺织工业的酝酿和准备时期。在东北，棉花生产和织布业从清初开始就作为自给自足经济的重要组成部分而存在。[①] 从1880 年起，辽东半岛逐渐出现了若干有资本主义性质的纺织手工业作坊和工场手工业。1886 年，在奉天府开办了至诚永，从事纺织业。次年，又开办了永兴和针织工场。此后又开办了同兴、天增利、天增东、重增源、邓记、永顺等织布工场，资本从数百元至一两万元，生产大布、花布，其中几家备有织布铁机。[②] 1904 年，营口开办同泰兴织袜厂，资本金 1 000 元。1911 年有天聚公、人和兴、东华兴等织布工厂，各有工人十几名至四五十名。[③] 1909 年，新民府有人工织布的机房为 15家，共 100 人，资本金 4 000 两，生产花旗布、柳条布、芝麻布、斜纹布、爱国布等。[④] 1910 年在辽阳建立了大业织布公司，资本金 2 万元，有工人 50 人。[⑤] 清嘉庆以来，奉天省东部的缫丝业也逐渐发展起来，凤凰城有绀丝坊 40 余家，宽甸县有 60 家。1890 年，盖平设隆兴德缫丝厂，资本约 4 000 元。[⑥] 总的说来，这一时期东北的纺织工业规模小、资本少、技术水平较低，还属于手工作坊性质，不是真正意义上的近代工业。

民国建立后，东北的纺织工业有了进一步的发展。在民国初年，织

---

① ［日］满鐡經济調查会编：『满洲經济年報』，改造社，1934 年，第 73 頁。
② 孔经纬主编：《清代东北地区经济史》，黑龙江人民出版社 1990 年版，第 416 页。
③ 孔经纬主编：《清代东北地区经济史》，黑龙江人民出版社 1990 年版，第 416 页。
④ 孔经纬主编：《清代东北地区经济史》，黑龙江人民出版社 1990 年版，第 416 页。
⑤ 陈真、姚洛合编：《中国近代工业史资料》第一辑，生活·读书·新知三联书店 1957年版，第 52 页。
⑥ 孔经纬主编：《清代东北地区经济史》，黑龙江人民出版社 1990 年版，第 417 页。

布业多是作为棉布商的副业，近年来伴随着纺纱的输入，在营口、辽
阳、锦州等地很兴盛，但是都是采用旧式机器的小规模家庭作坊。① 其
中属中国资本（为区别于同期的外国资本，这里将官僚资本和民族资本
合称为中国资本）的主要有：东华兴织布工厂（营口，生产棉布）、惠
中织布公司（营口，生产棉布）、魁星永织布工厂（营口，生产棉布）、
官立织布工厂（锦州，生产棉布）、第一织布工厂（锦州，生产棉布）、
第二织布工厂（锦州，生产棉布）、集成织布工厂（锦州，生产棉布）、
贫民习艺所（锦州，生产棉布）、和聚正丝栈（安东，生产柞蚕丝）、
福增源丝栈（安东，生产柞蚕丝）、恒泰昌丝栈（安东，生产柞蚕丝）、
东泰丝栈（安东，生产柞蚕丝）、中和顺丝栈（安东，生产柞蚕丝）。②
此后，中国资本进一步发展，其中织布业在奉天省南部最为繁荣，向北
则逐渐减少。在南部地区尤其是以营口、锦州、新民、辽阳为中心，并
到达铁岭、奉天等地。这些人口稠密的地区其经济本就同中国关内地区
无异，又受到来自辽河下游和渤海的湿润空气的影响，很适合于该行业
的发展。③ 可见，织布业的分布具有明显的地域性特点。这一时期，奉
天的织布业还多是作为副业供应给自家使用，或者是生产一部分在市场
上贩卖。专门从事织布的有织机 20 台以上的工厂有 12 家，有织机 7 台
至 10 台的只有约 30 家，合计约 40 家，运转的织机台数约 800 台，包
括作为副业的织机在内，当时在奉天附近地区共有织机约 3 000 台。④ 可

---

① 『満洲の工業に就て』，關東都督府民政部：『満蒙經済事情』第六号，大正 6 年，第
88 頁。

② 『満洲の工業に就て』，關東都督府民政部：『満蒙經済事情』第六号，大正 6 年，第
111—112 頁。

③ ［日］南満洲鐵道株式会社社長室調査課：『満蒙全書』第四卷，満蒙文化協會發行，
大正 11 年，第 98 頁。

④ ［日］南満洲鐵道株式会社社長室調査課：『満蒙全書』第四卷，満蒙文化協會發行，
大正 11 年，第 108 頁。

见，这时织布业虽然有了明显的发展，织机数量也较多，但仍属于手工作坊性质，还不具备近代化工厂的特征。

1913 年至 1916 年，奉天省盖平县设立了一些专缫茧丝的公司，包括恒盛德、永兴盛、聚成福、源记号、利源长、有富记、裕厚成等。1915 年至 1916 年，安东有正记丝厂，资本 3 万元；远记丝厂，资本 2 万元；实业丝厂，资本 2 万元；和丰丝厂，资本 3 万元；谦盛恒丝厂，资本 2 万元；恒顺庆丝厂，资本 2 万元；东泰丝厂，资本 2 万元；双兴织布厂，资本 2 万元。[①] 在 1919 年，安东（丹东）有丝厂、茧栈 20 余家。由于近年山茧出产丰富，烟台商人多来此开设厂栈，就近缫织出口，故丝厂茧栈均见发达，且极获利。[②] 可见，由于有烟台商人的投资，安东的丝织业发展很快。在哈尔滨，华商织布厂趋于繁盛，1917 年设有恒祥泰，1918 年设有成记，1919 年设有富华，1916 年设有恒顺福、振东，1917 年设有同兴、东瑞，1918 年设有振远、利茂、天兴永、义增福，1919 年设有东盛、茂盛、东川、德利、德隆和生纶毛巾厂。[③] 1924 年，崔进德在西傅家区北新街（老江坝）227 号创建成纪工厂，以弹棉、织布为主业，雇工四五十人，有 30 多台人力织布机。[④] 可见，旧式的纺织工业在民国时期仍然持续发展。在奉天，"新民县织布业，与烧锅油房，同为该县工业中之最大者，向极发达，去年（一九二六）工厂计三百余家，织机一千二百余架，工人二千余名。本年（一九二七）因奉票跌价关系，纱价抬高，出货难售，各厂出入均感困难，其资

---

① 孔经纬：《新编中国东北地区经济史》，吉林教育出版社 1994 年版，第 179 页。
② 中国银行总管理处编印：《东三省经济调查录》，1933 年版，第 85—86 页。
③ 孔经纬：《新编中国东北地区经济史》，吉林教育出版社 1994 年版，第 180 页。
④ 哈尔滨市纺织管理局史志办编：《哈尔滨市纺织系统厂志汇集》，哈尔滨市纺织局 1994 年版，第 692 页。

本微薄者，以无力支持，相率歇业"①。这说明东北的民族纺织业虽然发展很快，但资本少、抗击金融风险的能力弱，因此在同外资竞争过程中处于不利地位。

"民国四年，土布工业虽渐抬头，然仍未能脱去家庭工业之范围；迨民国十年，始渐步入近代纺织工业之途。"② 日本方面也认为，"最初在满洲作为近代工业的棉纺织业的勃兴，已是在大正十年（1921 年，笔者注）前后。即以大正八年（1919 年，笔者注）创立的旅顺机业为滥觞，在大正十年在铁岭兴办了满洲织布，在奉天中国方面又创办了奉天纺纱厂"③。可见，在民国十年（1921 年）左右，纺织工业作为近代工业正式登上东北的历史舞台。其中，1918 年 11 月，刘尚清发起创办奉天纯益缫织公司，先集资奉钞 25 万元，主要生产花素绸及纯丝，其副产品为茧蛹，使用提花电力织机 40 余台，以奉天省东南各县的山茧为原料。④ 这属于东北典型的近代民族工业。这一时期东北比较大的民族纺织工业主要有奉天纺纱厂、厚生福、天增利、至诚永、长顺合、重盛源等。其中奉天纺纱厂为官商合办企业，成立于 1921 年，1923 年 1 月 1 日开始营业，成立时资本金为奉票 450 万元。该厂有纺机25 000锭，织机 250 台，在 1929 年使用 650 马力电动机。⑤ "其出品价值，恒较舶来品为廉，即就粗布一项而言，该厂出品，每匹不过现洋八元，外

---

① 彭泽益编：《中国近代手工业史资料（1840—1949）》第三卷，生活·读书·新知三联书店 1957 年版，第 28 页。

② 东北物资调节委员会物资组编：《东北经济小丛书·织维工业》，中国文化服务社沈阳印刷厂 1948 年版，第 13 页。

③ ［日］南满洲铁道株式会社总务部调查课编：『满洲の纤维工业』，南满洲铁道株式会社，昭和 6 年，第 35—36 页。

④ 孔经纬：《新编中国东北地区经济史》，吉林教育出版社 1994 年版，第 179 页。

⑤ ［日］南满洲铁道株式会社总务部调查课编：『满洲の纤维工业』，南满洲铁道株式会社，昭和 6 年，第 37 页。

货则在十一元以上，物美价廉，多为国人所乐用，以致供给不敷需要。"① 该厂是东北最大的纺织工厂，一度获利丰厚，为其他纺织厂所不及。纯益缫织公司为官办企业，成立于1920年，资本金为国币25万元。"每年出品数量，共绸八千匹，丝三百担；副产品，每年出蚕蛹十万斤，所织花素绸，质坚耐久，品质在舶来品之上。售价极廉，每尺仅现洋三角，颇为一般人所乐用。"② 在民国初期，最大的织布工厂是天增利织布厂，它有三个工厂，织机20台，职工500人。③ 东兴色染纺织公司成立于1924年9月，资本金为国币30万元，为商办企业，主要产品为白大布，并兼营染色工业。"大布销路极广，几于供不应求；因该厂大布，每匹仅售现洋十元；较诸外国布匹，每匹约廉二元。其质地坚固，最合一般农工之用，故销路有增无减。"④ 当时东北的中资纺织工厂具有一定的价格优势，因此销路较好，多有盈利。此外，在1928年辽宁省还有两家官办纺织厂，其中惠兴公司资本金50万元，使用电力纺纱，有职工160人，织机130台，生产大布，生产能力为520匹；习艺所，资本金30万元，使用人力纺纱，有职工170人，织机85台，生产花布，生产能力为170匹。⑤ 这一时期东北的中资纺织工业（除奉天纺纱厂外）多起步晚，规模小，但亦呈方兴未艾之势。

　　同期外国资本也开始抢夺中国市场，其中尤以日本最为"积极"。"清末，美国及日本布匹，先后输入我国，土布大受打击，日美两国棉

---

① 东北文化社年鉴编印处编：《东北年鉴》，东北文化社1931年版，第1038页。
② 东北文化社年鉴编印处编：《东北年鉴》，东北文化社1931年版，第1038页。
③ ［日］南满洲铁道株式会社社长室调查课：『满蒙全书』第四卷，满蒙文化协会发行，大正11年，第108页。
④ 东北文化社年鉴编印处编：《东北年鉴》，东北文化社1931年版，第1039页。
⑤ ［日］砂原滋二：『满洲商工概览』，南满洲铁道株式会社殖产部商工课发行，昭和5年，第88页。

商，在东北竞争市场，颇为激烈，其结果，美商失败，东北棉布市场，遂为日商所独占。"[1]　当时日本比较大的机械纺织工业主要有：旅顺机业株式会社，日资企业，公称资本10万元，主要经营一般机业、制丝业、染色业、养蚕业及与各业相关产品的贩卖及其附属事业。[2]"满洲织布株式会社"，位于铁岭，成立于1921年7月1日，公称资本60万元，主要经营棉丝布的制造及其附属事业。[3]它成立后不久，效益不好，陷入停顿状态。"满洲纺绩株式会社"，成立于1923年3月15日，公称资本500万元，使用1 680马力电动机，在1929年有纺机31 360锭，织机504台。[4]内外绵株式会社分店，所在地为"关东州"金州，成立于1924年，资本金1 600万元，在1929年末有纺机53 600锭，使用2 400马力电动机。[5]"满洲福岛纺绩株式会社"，所在地为"关东州"周水子会周水子屯，设立于1923年4月1日，公称资本300万元，使用973马力诱导电动机，在1929年末有纺机18 816锭。[6]为了保持日资工厂同东北民族工业的竞争力，"满铁"对部分日资企业给予扶植。从1924年至1926年，"满铁"对在"满"日资纺织工厂补助了一部分电费，有助于这些企业经营条件的改善。[7]另外，由于东北官方的扶

---

①　东北文化社年鉴编印处编：《东北年鉴》，东北文化社1931年版，第1036页。

②　［日］南满洲铁道株式会社总务部调查课编：『满洲の纤维工业』，南满洲铁道株式会社，昭和6年，第36—37页。

③　［日］南满洲铁道株式会社总务部调查课编：『满洲の纤维工业』，南满洲铁道株式会社，昭和6年，第42页。

④　［日］南满洲铁道株式会社总务部调查课编：『满洲の纤维工业』，南满洲铁道株式会社，昭和6年，第42页。

⑤　［日］南满洲铁道株式会社总务部调查课编：『满洲の纤维工业』，南满洲铁道株式会社，昭和6年，第46页。

⑥　［日］南满洲铁道株式会社总务部调查课编：『满洲の纤维工业』，南满洲铁道株式会社，昭和6年，第48页。

⑦　［日］南满洲铁道株式会社总裁室地方部残务整理委员会：『满铁附属地经营沿革全史』上卷，南满洲铁道株式会社发行，昭和14年，第1151页。

植，中资纺织工业也给日资企业带来压力。此种情况危及"满洲纺绩会社"的存亡，于是"满铁"给予其一部分贷款，使其维持经营，这构成其后来"繁荣"的基础。[①] 可见，"满铁"是这些日资企业在中国扩张的后台和帮凶。

总的来看，这一时期东北的纺织工业有了很大的发展，其中中国资本出现繁荣局面，新成立的纺织企业较多，但多数规模小、资本少，其中主要以奉天纺纱厂实力较强，颇有竞争力。另根据"满铁"的统计，在1925年至1929年，"从作为原料的棉花消耗量和生产量上看，奉天纺纱厂拥有绝对优势，它是中国方面唯一值得引起注意的工厂"[②]。日本方面在东北则成立了一些规模较大的纺织企业，它们资本雄厚，且使用新式机器设备，在东北市场上逐渐占据优势。

二、伪满时期东北的纺织工业

九一八事变爆发后，日本占领整个东北。此时日本在东北的纺织厂多是事变前建立的，趁此之机，它们大肆活动，获利丰厚。日本国内的纺织工业界见有利可图，欲进军东北，但受到日本关东军的抵制。"但与日本军部有特殊关系者，则并不受限制，如新设之恭泰纺织、德和纺织、伪满洲富士棉、伪满日亚麻纺织等工厂皆是也。此外小资本家又在各地创设或添设织棉、编织、染色加工等工厂，一时颇呈活泼气象。彼时因系自由经济时代，故可称为准备发展时期。"[③] 这一时期日本出于

---

① ［日］南满洲铁道株式会社总裁室地方部残务整理委员会：『满铁附属地经营沿革全史』上卷，南满洲铁道株式会社发行，昭和14年，第1151页。

② ［日］南满洲铁道株式会社总务部调查课编：『满洲の纤维工业』，南满洲铁道株式会社，昭和6年，第53页。

③ 东北物资调节委员会物资组编：《东北经济小丛书·织维工业》，中国文化服务社沈阳印刷厂1948年版，第31页。

政治、经济的需要，未对东北纺织工业进行过多限制，同时由于东北具有广阔的发展市场，因此，在伪满初期东北的纺织工业未受明显影响。

以往东北纺织工业的纤维原料多由外国输入，其制品也出口日本，而在 1937 年日本国内为增加外汇，对通用日元的国家和地区减少了纺织品出口。在此背景下，伪满政府为实现纺织工业的自给自足，加强对纺织工业的统制。1937 年 5 月 1 日，伪满政府公布《重要产业统制法》，其中规定：欲经营毛织物制造业（除用手织机者）、棉纱纺织业、棉纱物制造业（除用手织机者）、麻制线业（年产 50 吨以上者）、麻纺织业（除用手织机者）等重要产业者，应依命令所定，受主管部大臣许可。[①]　这就将纺织工业完全置于伪满政府的控制之下。此后，伪满政府为进一步控制纺织工业，又颁布了《棉花统制法》（1937 年 10 月）、《羊毛类之统制》（1938 年）、《原棉棉制品统制法》（1939 年 3 月）、《麻纤维及麻制品管理法》（1940 年）、《纤维及纤维制品统制法》（1941 年 7 月）等，这些法令标榜是为了使纺织工业实现增产，实现东北纺织工业的自给自足，实质上是使东北成为日本的战略物资供应地，为日本的对外侵略战争提供更多的战争资源。尽管如此，由于当时农村的生产力遭到严重破坏，而该时期开工的纺织厂又较多，这造成东北整个纺织工业陷于混乱，产量不升反降。"据动力机械操作的纺织工业统计，棉纱最高年产量是 1938 年，达到 18.5 万件，其后逐年下降，1941年降到 12.5 万件。"[②]　尤其至伪满末期，物资原料紧缺，劳动力匮乏，交通陷于瘫痪，整个伪满工业都陷入困境，纺织工业也不例外，减产现

①　中央档案馆、中国第二历史档案馆、吉林省社会科学院合编：《日本帝国主义侵华档案资料选编·东北经济掠夺》，中华书局 1991 年版，第 45—47 页。

②　张福全：《辽宁近代经济史（1840—1949）》，中国财政经济出版社 1989 年版，第 667页。

象严重。"且伪满当局对于统制既乏经验，又无理解，徒知实行低物价低工资政策，而置业者之利益于不顾，殊不知业者既无利可获，势必影响生产，及至伪满政府察知施策失当，欲谋补救时，而一切生产资材及机械零件，因时机之消失，已难获得，致预期之产量，尚均不能达到，又遑论增产。"① 可见，在当时伪满政府错误政策的指导下，又受到不利的政治和经济环境的影响，日本力图实现纺织工业的增产不过是其一厢情愿的妄想罢了。

1940 年东北生产棉纱的工厂有 11 家，产量为 14.8 万件；生产大尺布的工厂有 119 家，产量为 80.2 万匹；生产粗布的工厂有 167 家，产量为 161.7 万匹；生产絮棉的工厂有 76 家，产量为 4 262 吨；生产蚕丝的工厂有 448 家，产量为 403 吨；生产毛线的工厂有 2 家，产量为 905 吨；生产洋服料子的工厂有 1 家，产量为 54.4 万米；生产毯子的工厂有 1 家，产量为 32.6 万条；生产黄麻袋的工厂有 3 家，产量为 943.4 万条。② 另据资料显示，1945 年 7 月，东北有棉纺织厂 218 家，毛纺织厂 7 家，制棉厂 43 家，棉制品厂 598 家，麻纺织厂 40 家，蚕丝纺织及人造毛皮厂 63 家，更生纺织厂 10 家，染色厂 86 家，织维纺织厂 92 家，总计 1 157 家，有职工 72 201 人。③ 可见，尽管在伪满后期纺织工业的产量下降，但由于纺织工业作为最基本的轻工业门类，所需资金少，技术含量较低，且资金回流快等，该时期纺织工业的规模仍然很大。

---

① 东北物资调节委员会物资组编：《东北经济小丛书·织维工业》，中国文化服务社沈阳印刷厂 1948 年版，第 34—35 页。

② 东北财经委员会调查统计处编：《伪满时期东北经济统计（1931—1945 年）》，1949 年版，（2）—42。

③ 东北财经委员会调查统计处编：《伪满时期东北厂矿基本资料·工厂篇之五·纺织》1949 年版，第 5 页。

伪满时期东北纺织工业主要工厂的基本状况如下：

在棉纺织业方面，主要有"满洲福岛纺绩株式会社""内外棉株式会社金州支店""德和纺绩株式会社""营口纺绩株式会社""牲牲染织株式会社""满洲纺绩株式会社""南满纺绩株式会社""恭泰纺绩株式会社""株式会社奉天纺织厂""东棉纺织株式会社"等。其中"满洲福岛纺绩株式会社"是侵入东北最早的日本纺织资本之一，1945 年 7 月有精纺机 49 520 锭，合股机 1 020 锭，宽幅织机 90 台。1943 年生产棉纱 18 093 件，棉布 15 000 匹；1944 年生产棉纱 9 901 件，棉布 8 000 匹。[①] "德和纺绩株式会社"创办于 1936 年 9 月 16 日，1945 年 7 月有精纺机 62 600 锭，合股机 35 020 锭，宽幅织机 780 台，染色机 34 台，轴线机 100 台。1944 年生产棉纱 8 640 件，轴线 13 882 罗，更生棉毯 176 754 条，棉布 248 000 匹，染织维制品 64 480 匹。[②] "营口纺绩株式会社"创办于 1933 年 3 月 24 日，1941 年至 1945 年 7 月，有精纺机 55 728 锭，混棉机 100 台，梳棉机 290 台。1944 年生产棉纱 11 458 件，宽幅棉布 218 828 匹，窄幅棉布 53 400 匹。[③] "南满纺绩株式会社"创办于 1939 年 12 月 22 日，1945 年 7 月有精纺机 35 280 锭，合股机 4 400 锭，宽幅织机 1 000 台。1944 年生产棉纱 7 485 件，棉布 215 匹。[④]

在毛纺织业方面，主要有"满蒙毛织株式会社""株式会社满洲制绒所""满洲制毡株式会社""堀又洋行""满洲住江织物株式会社"

---

① 东北财经委员会调查统计处编：《伪满时期东北厂矿基本资料·工厂篇之五·纺织》，1949 年版，第 17 页。

② 东北财经委员会调查统计处编：《伪满时期东北厂矿基本资料·工厂篇之五·纺织》，1949 年版，第 19 页。

③ 东北财经委员会调查统计处编：《伪满时期东北厂矿基本资料·工厂篇之五·纺织》，1949 年版，第 20 页。

④ 东北财经委员会调查统计处编：《伪满时期东北厂矿基本资料·工厂篇之五·纺织》，1949 年版，第 23 页。

"康德毛织株式会社"等。其中"满蒙毛织株式会社"根据 1918 年日本内阁拓殖会议的决议而设立，资本金 1 000 万元。日本方面提供了助成金，陆军省得知输入外国机械比较困难，遂于 1919 年将千住制绒所的 25 台织机及附属机械借给该社。在伪满成立初期，其资本金为 250 万元，为毛织品年产量为 120 万码，毛丝年产量为 48 万磅，帽子年产量为 6 万打。[①]"康德毛织株式会社"，原为哈尔滨巨商于 1924 年建立，在 1937 年 1 月成为拥有资本金 65 万元的株式会社。同年 10 月引入钟纺资本（即日本的钟渊纺纱株式会社，笔者注）后，改称"康德毛织株式会社"，主要生产呢绒、毛布及绒毯。[②]可见，其资本性质已发生变化。

在制棉业方面，主要有"满蒙棉花株式会社""株式会社高冈棉厂""吉田号药棉厂""满洲棉花株式会社""御多福棉花株式会社""满洲制棉合资会社""康德制棉株式会社""满洲棉荃工业株式会社""东省制棉株式会社""满洲富士棉株式会社"等。其中，"满蒙棉花株式会社"创办于 1937 年 9 月 30 日，1945 年 7 月有和纺机 10 240 锭，四幅纺机 30 台，二幅纺机 41 台，两面机 13 台，片面机 22 台，梳棉机 15 台。1944 年生产衣服棉和被褥棉 1 024 660 公斤，更生棉毯 45 078 条；1945 年生产衣服棉和被褥棉 714 055 公斤，更生棉毯 31 651 条。[③]株式会社高冈棉厂创办于 1940 年 9 月 25 日，1943 年生产衣服棉和被褥

---

① ［日］關東局：『關東局施政三十年史』，凸版印刷株式会社，昭和 11 年，第 456 頁。
② ［日］豐田要三：『滿洲工業事情』（滿洲事情案内所報告 43），滿洲事情案内所發行，1939 年，86 頁。
③ 东北财经委员会调查统计处编：《伪满时期东北厂矿基本资料·工厂篇之五·纺织》，1949 年版，第 33 页。

棉 1 450 000 公斤，1944 年生产衣服棉和被褥棉 1 320 000 公斤。①

　　在棉制品业方面，主要有"株式会社德和纺织厂""株式会社满洲线带工厂""满洲东洋帆布株式会社""新满撚纱厂""铁岭染织株式会社""同记工厂株式会社"等。其中，株式会社德和纺织厂创办于 1933 年 9 月 16 日，1935 年 6 月为日本人所收买；1942 年 8 月，它与瓦房店的"满洲制丝株式会社"及沈阳的"株式会社德和染色厂"合并，易名"德和纺绩株式会社沈阳分厂"。1941 年生产各种棉布 199 656 匹，帆布 21 160 匹；1942 年生产各种棉布 240 000 匹，各种布带类13 000 000 米，腿绊 100 000 副。②

　　在麻纺织业方面，主要有"满洲制麻株式会社""辽阳纺麻株式会社""康德再生织维工业株式会社""日满纺麻株式会社""奉天制麻株式会社""满洲麻工业株式会社""满日亚麻纺织株式会社"等。"满洲是东亚最大的麻袋消费地区，它主要作为特产品的包装而被使用。"③因此，制麻工业发展很快。其中"满洲制麻株式会社"创办于 1917 年，"奉天制麻株式会社"创办于 1919 年。"关东州政府"在 1918 年为"满洲制麻株式会社"购入设备提供贷款，并于 1929 年免除其产品输往日本的关税，因此其业绩较好。④该时期"奉天制麻株式会社"由于银价暴跌等原因，经营陷于困难，并于 1930 年停业。1933 年 12 月该厂再次开业，并于 1936 年与"满洲制麻株式会社"合并，成为"满洲制麻

---

　　① 东北财经委员会调查统计处编：《伪满时期东北厂矿基本资料·工厂篇之五·纺织》，1949 年版，第 34 页。

　　② 东北财经委员会调查统计处编：《伪满时期东北厂矿基本资料·工厂篇之五·纺织》，1949 年版，第 43 页。

　　③ ［日］丰田要三：『满洲工业事情』（满洲事情案内所报告 43），满日社印刷所，1939 年，第 82 页。

　　④ ［日］关东局：『关东局施政三十年史』，凸版印刷株式会社，昭和 11 年，第 453—454 页。

株式会社奉天工场"。①

在蚕丝纺织及人造毛皮业方面，主要有"安东柞蚕工业株式会社"
"满洲纺绩株式会社安东工场""满洲柞蚕兴业株式会社""满洲蓖麻蚕
株式会社"等。其中，"安东柞蚕工业株式会社"创办于 1939 年 9 月 9
日，1945 年 7 月有合股机 109 台，约 5 000 锭；有织机 500 台。1942 年
生产柞蚕丝 26 653 公斤；1943 年生产柞蚕丝 26 470 公斤，挽手 57 860
公斤，丝线 386 公斤，生蛹 330 082 公斤，干燥蛹 23 508 公斤。②

在更生纺织业方面，主要有"合名会社羽田奉天工厂""太阳和纺
株式会社""兴亚企业株式会社"等。其中，"合名会社羽田奉天工厂"
创办于 1938 年 5 月 1 日，1945 年 7 月有纺机 14 000 锭，四幅织机 45
台。1941 年生产更生棉毯子 51 444 条。③

在染色业方面，主要有"满洲内外棉株式会社""营口纺绩株式会
社奉天工厂""协和染织株式会社""康德染色株式会社""满蒙染织株
式会社""株式会社德和染色厂"等。其中，"满洲内外棉株式会社"
创办于 1939 年 8 月 12 日，在 1945 年 7 月有染色机 38 台，加压煮布机
4 座，烘干机 8 台，拉幅机 3 台。1944 年染黑色棉布 80 523 匹，染蓝士
林棉布 8 027 匹，染草绿色棉布 86 881 匹。④

在织维纺织业方面，主要有"满洲织维工业株式会社""满洲东洋
纺绩株式会社"和"康德织维工业株式会社"等。其中，"满洲织维工

---

① ［日］關東局：『關東局施政三十年史』，凸版印刷株式会社，昭和 11 年，第 454 頁。
② 东北财经委员会调查统计处编：《伪满时期东北厂矿基本资料·工厂篇之五·纺织》，
1949 年版，第 57 页。
③ 东北财经委员会调查统计处编：《伪满时期东北厂矿基本资料·工厂篇之五·纺织》，
1949 年版，第 61 页。
④ 东北财经委员会调查统计处编：《伪满时期东北厂矿基本资料·工厂篇之五·纺织》，
1949 年版，第 65 页。

业株式会社"创办于 1942 年 9 月，1945 年 7 月有精纺机 15 000 锭，合股机 1 840 锭，织机 141 台。1941 年生产柞蚕可纺性织维 43 750 公斤，柞蚕人造织维混纺衣服料 7 000 匹。[①]

上述工厂都是日资工厂，资本力量雄厚，生产设备比较先进，产量巨大。同期也有一些民族纺织工业存在，但规模小，产量少，影响力薄弱。在牡丹江市，先后有新源袜厂（1940 年白某建立）、德兴永袜厂（厂主李子玉）、之大袜厂（厂主李常伍）、岗德袜厂（厂主吕庆彬）、同记袜厂（厂主李志祥）等民营小针织厂。"从 1940 年到 1945 年日本战败止，全市共发展 6 户手工业针织厂家，从业人员 37 人，共有织袜机、罗文机 53 台。"[②] 规模不大，可以想见。在 1940 年末，东北民族纺织工业有长记制丝厂（安东，厂主孙殿住）、仁昌制丝厂（安东，厂主林均和）、和顺德制丝厂（安东，厂主贺端亭）、王记丝厂（安东，厂主贺业明）、同义成（安东，厂主胡书良）、源生德丝厂（庄河，厂主孔明五）、益发合株式会社棉布工厂（长春，厂主孙秀三）、老王带房（长春，厂主王海亭）、长记工厂（长春，厂主赵长有）、天增福工厂（长春，厂主房树清）、恒盛合（哈尔滨，厂主闵玉林）、同德工厂（哈尔滨，厂主闵树春）、雪岩工厂（哈尔滨，厂主崔雪岩）、广泰李工厂（安东，厂主王占一）、增顺泰工厂（安东，厂主姜仁臣）等。[③] 另据资料显示，在 1940 年，东北共有纺织工厂 1 816 家，其中"满洲国"方面的工厂有 1 710 家，出资额为 46 310 272 元，生产额为 114 635 989

① 东北财经委员会调查统计处编：《伪满时期东北厂矿基本资料·工厂篇之五·纺织》，1949 年版，第 71 页。

② 丁继荣：《建国前后的牡丹江市纺织业》，载牡丹江市政协文史资料委员会编：《牡丹江文史资料》第五辑，牡丹江市政协 1989 年版，第 50 页。

③ ［日］满洲国经济部工务司工政科：『满洲国工场名簿（康德七年末现在）』，1941 年，第 1—18 页。

元，有职工 42 908 人；日本方面的工厂有 101 家，出资额为 156 305 702 元，生产额为 127 877 906 元，有职工 24 557 人；此外还有其他国家的工厂 5 家，出资额为 42 000 元，生产额为 234 545 元，有职工 39 人。① 据此可知，东北的民族纺织工业虽然数量很多，但规模相对较小，机械化程度较低，产量仍不及日资工厂。

以上是伪满时期东北纺织工业的基本情况，可知这一时期东北纺织工业在规模、产量和设备方面都有了明显的提升，但主要集中于日资工厂。东北的民族工厂或被吞并，或濒于倒闭，或勉强维持，且多属于一些小作坊性质，根本无力同日资工厂展开竞争。尤其在伪满末期，由于资金不足、物资短缺、交通不便、人力匮乏等原因，很多工厂陷于停顿，减产停产现象严重，这也在很大程度上限制了日本的对外侵略战争。

三、日伪对东北纺织工业的掠夺

伪满时期，日伪大肆掠夺东北的纺织工业，主要体现在以下三个方面：

（一）中资纺织工业的萎缩。日本占领东北后，日本资本也加紧向东北的纺织工业扩张，不仅原有的日本在华资本迅速膨胀，日本本土的资本也逐渐侵入东北。与此同时，伪满政府也通过制定法律条规为其张目，相比之下，东北中资纺织工业在这三重压榨和排挤之下趋于萎缩。当时在中国东北最有代表性的中资企业当属奉天纺纱厂。该厂规模宏大、设备齐全、获利丰厚，是唯一能同日本资本进行竞争的中资企业，

---

① ［日］满洲国经济部工务司工政科：『满洲国工場統計 A（康德七年）』，1942 年，第 2 頁。

在东北的企业界中举足轻重，但伪满建立后它也成为日本侵夺的重点。"9.18后（该厂）首为日帝所占领，继由日本纺织托棘斯'钟渊纺纱株式会社'接管。"①"营口纺绩株式会社"在创立之初为中国人独资经营，"1934年秋日本独占资本家之'朝鲜纺绩株式会社'乘隙入股，同年12月增加资本，并收买沈阳之东兴纺纱厂，1942年再增加资本，并向'协和工业株式会社'及'营口造船株式会社'投资"②。日本资本通过融资稀释了中国的民族资本，并逐渐掌握了营口纺绩株式会社的主导权，改变了该厂的资本性质。

为了加强对东北纺织工业的控制，日本成立了"满洲纤维联合会"，日本厂商也参加其中，并占据主导。此后由于棉布实行配给制度，"满洲纤维联合会"掌握分配棉纱原料和加工的大权，从而控制了各纺织厂的生产。该会对日本人的工厂分配任务是满满的，而对中国人工厂的分配则寥寥无几。该会还掌握了对织布规格进行检查和收买产品的权力。在长春，新力棉织厂始建于1921年，当时名为协力工厂，由民族资本家孙彝三独资创办，是当时长春民族纺织工业的代表。从1939年起，物资紧张现象日趋严重，伪满政府也加强了对面粉、棉纱等重要物资的统制。"面粉厂不能自营面粉，改为给日伪少量的加工。协力工厂随着面粉厂的萧条，生产也每况愈下，不但新进来的46台机未能使用，就是原有的54台机也只能半开工，给纤维组合加工面袋。至1943年，终因长期处于停工半停工状态而蒙受巨大亏损，连续经营22年的协力

①　东北财经委员会调查统计处编：《伪满时期东北厂矿基本资料·工厂篇之五·纺织》，1949年版，第25页。
②　东北财经委员会调查统计处编：《伪满时期东北厂矿基本资料·工厂篇之五·纺织》，1949年版，第20页。

工厂遂告废业。1940年至1943年是协力工厂的衰落时期。"① 协力工厂设备比较先进，实力相对雄厚，但在日伪当局的压制下亦不得不停业，至于其他规模较小的民族纺织厂更是缺乏危机的抵御能力，在日伪当局统制政策的压迫下纷纷倒闭。在哈尔滨，早在20世纪20年代，从山东、河北等地来的拓荒者在傅家甸（即道外区）开设东和太、大兴织布厂，生意兴隆，曾经有过鼎盛时期。日本侵略军入侵哈尔滨后，对织布业严加统制，倾销日本洋布，工厂受到排挤，陷于瘫痪处境。② "在那时，吉林（指吉林市，笔者注）存在的工厂有裕华工厂、永吉工厂、兴源工厂等。对那些小作坊日伪也进行了清理，有的关闭，剩下的二三十家合并为吉昌织布工厂；袜子工厂也进行了清理，分为两个工厂，一个是军足，一个是袜子；还有鸿吉织毛巾工厂，永顺织腿绷工厂。这些工厂在加工当中得加工费很少，不能维持，只好用剩余纱、布私卖，这就给警察宪兵造成更多的勒索机会。"③ 曾亲身经历过这段历史的吉林裕华织染工厂创始人许华利的后代许洪山不禁感叹："看起来，在伪满的工商业者，能够存续到祖国光复，是何其难啊！"④ 在吉林省，到1945年"八一五"光复，纺织工业中只残存几家小工厂，多数工厂处于停业状态。⑤ 这些都反映了中资纺织工业的萧条。

---

① 杨孝侯：《长春新力棉织厂厂史略闻》，载《长春文史资料》编辑部编：《长春文史资料》第五辑，长春市政协文史资料委员会1988年版，第89—90页。

② 哈尔滨市纺织管理局史志办编：《哈尔滨市纺织系统厂志汇集》，哈尔滨市纺织局1994年版，第245页。

③ 许洪山：《吉林裕华织染工厂的创立与发展》，载《吉林文史资料》编辑部等编辑：《吉林文史资料》第十五辑，中国人民政治协商会议吉林省委员会文史资料研究委员会1987年版，第145—146页。

④ 许洪山：《吉林裕华织染工厂的创立与发展》，载《吉林文史资料》编辑部等编辑：《吉林文史资料》第十五辑，中国人民政治协商会议吉林省委员会文史资料研究委员会1987年版，第146—147页。

⑤ 高严等主编：《吉林工业发展史》上卷，中国经济出版社1992年版，第189页。

事实上，在伪满后期由于原料供应不足、电力缺乏、交通运输困难、劳动力匮乏及伪满统制机关的收购价格过低等原因，整个东北的纺织工业陷于瘫痪状态，大量生产设备闲置无用。据战后国民党东北物资调节委员会研究组的统计，"八一五"光复前，东北纺织工业生产能力的发挥：棉纺织锭为 27%，织机为 21%，毛纺织为 41%，麻纺织为 29%，丝纺织为 16%，人造纤维为 31%。[1] 整个纺织工业的状况尚且如此，而备受欺压的中资纺织工业的境遇则更加糟糕，或破产倒闭，或苟延残喘，挣扎在死亡线上。

（二）产品流向与日伪掠夺。伪满时期东北比较大的纺织厂基本上都沦为日本的军需工厂，成为日本掠夺的对象。在纺织品分配方面，日本始终坚持军需第一的原则，尤其是在太平洋战争爆发后，在物资紧缺的情况下，日本更是全力保障军需供应。在分配的顺序方面，首先是军用，其次是特需，再次是以纺织品换取矿产品、农副产品等重要战略物资，最后才是普通的民需。"在纺织品总消费量已经大量减少，而又增加军需、特需的供应量，则城乡居民的消费棉布数量已是微乎其微了。"[2] 在当时东北大的纺织厂主要以供应军需产品为主，其中内外棉株式会社金州支店，在"日帝侵我华北后，它成为日本关东军的军需工厂，专给日军及伪满军制造各种军用纱布"[3]。"满蒙毛织株式会社"，主要以"西满"作为其原料羊毛之廉价来源地。"1943 年伪满实行羊毛统制，向内蒙及西满人民强征羊毛，以供日帝攫取超额利润及供应军

---

① 张福全：《辽宁近代经济史（1840—1949）》，中国财政经济出版社 1989 年版，第 673 页。

② 张福全：《辽宁近代经济史（1840—1949）》，中国财政经济出版社 1989 年版，第 673 页。

③ 东北财经委员会调查统计处编：《伪满时期东北厂矿基本资料·工厂篇之五·纺织》，1949 年版，第 18 页。

需。"① "满洲制毡株式会社"，该公司专给关东军制造军用毡子。② "日满纺麻株式会社"，"本厂以制造线麻绳，麻织物及各种混合纺织为主，原料用线麻及亚麻，均为东北特产，制品大部供日关东军用"③。辽宁被服厂由张作霖④于1917年创办，1932年被伪满政府所接收，改名为"满洲国被服厂"。在30年代末有职工3 000多人，主要定做各种军装等物品。⑤ 上述这些工厂都是当时东北规模比较大的纺织企业，设备先进，产量较高，所占的市场份额也较大。这些工厂优先供应军需也表明在当时有大量的纺织品被直接供应给日军，这也对民需产生重大挤压。另外，日本与天津市大财阀在哈尔滨设立了"哈尔滨满日亚麻株式会社"，依兰亚麻场建于1940年3月，隶属于此会社。"该场每年制出的亚麻纤维达300多吨，全部运往日本国的北海道等地，加工制造成枪衣、炮衣、子弹带、水囊、行李袋、行军床、军用帐篷、飞机翼布、防雨器材、防毒面具等军用品以及工业用品。"⑥ 可见，依兰亚麻场已经完全沦为日本的军需品供应基地。伪满时期，在辽宁地区有棉线针织品组合4个，分别是安东（包括凤城）、营口（包括海城）、大连、奉天（包括辽阳、铁岭、四平），加入的工厂有252家，职工3 898人，有织

---

① 东北财经委员会调查统计处编：《伪满时期东北厂矿基本资料·工厂篇之五·纺织》，1949年版，第27页。

② 东北财经委员会调查统计处编：《伪满时期东北厂矿基本资料·工厂篇之五·纺织》，1949年版，第29页。

③ 东北财经委员会调查统计处编：《伪满时期东北厂矿基本资料·工厂篇之五·纺织》，1949年版，第52页。

④ 张作霖（1875年3月19日—1928年6月4日），字雨亭，奉天省海城县人，北洋军阀奉系首领。曾任陆军二十七师师长、奉天督军兼省长、东三省巡阅使等职，号称"东北王"。1928年6月4日在皇姑屯被炸身亡。

⑤ ［日］佐佐木孝三郎编：『奉天經済三十年史』，奉天商工公會，1940年，499页。

⑥ 王洪学：《伪满时期的"依兰亚麻株式会社"》，载孙邦主编：《伪满史料丛书·经济掠夺》，吉林人民出版社1993年版，第284页。

袜机 11 002 台。伪满后期，这些组合主要生产军用品，年产能力为军用袜子 1 824.9 万打，军用手套 121.5 万打，占东北生产军用袜子总数的 80.5%，军用手套的 46.9%。[1] 可见，这些工厂的军需生产性质非常明显。此外，瓦房店监狱也有 300 人生产军用手套。[2] 另据资料显示，"伪满之织维制品，首先供作军用，此外尚须以之换取矿产、农产、水产、畜产等战时重要产业之生产资材，故对一般民需极谋削减"[3]。显然，在伪满后期，资材严重缺乏，军需尚感不足，又怎能充分供应民需。在西安县（今辽源市），"到了康德六年（1939 年，笔者注），日本人又成立了棉布组合，对棉布实行了统治（应为统制，笔者注），昔日的大幅布在市场上少见了，一些人只好穿更生布"[4]。更生布品质低劣，御寒效果差，但也供应不足。在伪满末期，普通民众缺衣少穿，甚至衣不蔽体，生活异常穷困。

（三）日伪当局对东北纺织工人的压榨。在经济上，在纺织工业中中国工人的工资远低于日本工人，同工不同酬的现象非常严重。1937 年 4 月，在东北纺织工业中男性中国工人的日工资为 0.50 元，男性日本工人的工资是 1.84 元，[5] 后者是前者的 3.68 倍；同月，中国女工的日工资是 0.38 元，日本女工的日工资是 1.68 元，[6] 后者是前者的 4.42

---

① 张福全：《辽宁近代经济史（1840—1949）》，中国财政经济出版社 1989 年版，第 671 页。

② 张福全：《辽宁近代经济史（1840—1949）》，中国财政经济出版社 1989 年版，第 671 页。

③ 东北物资调节委员会物资组编：《东北经济小丛书·织维工业》，中国文化服务社沈阳印刷厂 1948 年版，第 35 页。

④ 安庆祥、郝贵聪：《解放前西安县经济发展综述》，中国人民政治协商会议辽源市委员会文史资料委员会编：《辽源文史资料》第四辑，辽源矿务局印刷厂 1991 年版，第 11 页。

⑤ 苏崇民、李作权、姜璧洁编著：《劳工的血与泪》，中国大百科全书出版社 1995 年版，第 207 页。

⑥ 苏崇民、李作权、姜璧洁编著：《劳工的血与泪》，中国大百科全书出版社 1995 年版，第 208 页。

倍。另据资料显示，1940 年，在纺织工业中中国工人的工资每工时为 0.09 元，日本工人的工资为每工时 0.31 元，[①] 后者是前者的 3.44 倍。可见，在一般情况下日本工人的工资是中国工人的 3—4 倍，经济上的剥削可见一斑。另外，具体来看，在"满洲纺绩株式会社"（国民党统治时期称辽阳纺织厂，简称辽纺），中国工人一天不过挣 2 角钱，要 23 人才能顶得上一个日本人的工资。[②] 这里中日工人工资相比未免过于悬殊。"满洲纺绩株式会社"主要雇佣中国工人，日本人多为管理层，收入极高，故如此。但中日两国工人收入悬殊确为不争的事实。

在政治上，中国工人遭受到日伪当局的法西斯统治，人身安全难以保障。在奉天纺纱厂（国民党统治时期命名为沈阳纺纱厂，简称沈纺），"松尾国治掌握沈纺大权，各科首长也都换了日本人。对中国人根本没有瞧起，稍有反抗，轻者被其开除，重则送到宪兵队里，谁敢说一个不字，亡国奴的头衔，压得挺不起腰来"[③]。由于日本人数量较少，因此，他们主要通过二鬼子（日本人的帮凶）和三鬼子（二鬼子带来的工友）对奉天纺纱厂进行统治，由于有日本人作为靠山，这些二鬼子和三鬼子在厂里横行霸道，欺压工人。在"满洲纺绩株式会社"，"日本鬼子对厂内中国工人管理是非常严厉的，组织机构设有人事系，是专管中国工人的特殊机构。在人事系工作的日本鬼子一个个如狼似虎（其中，柳泽、来元、冈田、远山、小森等尤为凶恶），再加上车间工头、人事系翻译和宿舍管理员等，虽然都是中国人，但他们大都丧尽天良，

---

① 东北财经委员会调查统计处编:《伪满时期东北经济统计（1931—1945 年）》，1949 年版，(1) —24。

② 杨大明:《满洲纺绩株式会社史要》，载政协辽阳市委员会学习宣传文史委员会编:《辽阳文史资料》第十三辑，辽阳市委机关印刷厂 2003 年版，第 46 页。

③ 刘沛泽:《廿年纺织生活片段》，载政协辽阳市委员会学习宣传文史委员会编:《辽阳文史资料》第十三辑，辽阳市委机关印刷厂 2003 年版，第 36 页。

认贼作父，不但不同情中国工人，反而助纣为虐，加深对工人的迫害"①。这里日本人和所谓的"二鬼子"共同欺压和剥削中国工人，中国工人处于工厂的最底层，遭受到严酷的双重压迫。也正是由于日伪控制的"满洲纺绩株式会社"臭名昭著，在辽阳城它被当地居民称为除辽阳监狱之外的"第二监狱"。该厂有高高的围墙，墙上还竖起密集的电网，一旦进入，基本上是有去无回。厂里设有刑讯室，他们对工人施以灌凉水、灌辣椒水、皮鞭抽打等酷刑，无所不用其极。"日本人所谓的'大东亚圣战'（即太平洋战争）开始以后，对中国工人的统治和压榨更为变本加厉。在工厂内专门设立了一个'矫正辅导院'。凡是他们给扣上'政治犯''经济犯''国事犯''嫌疑犯'帽子的中国人，都要进院接受'矫正'和'辅导'。这个地方同当时的监狱丝毫没有两样。"② 由于日本人对待中国工人凶狠残暴，当地人都尽量远离该厂，这也导致该厂在当地很难招到工人。为了获得充足的劳动力，日本人远赴山东等地招工，宣传该厂待遇优厚，骗来了很多外地人。这些外地人一旦进厂，就如同进入监狱一样，经常挨打受气，受人驱使，过着牛马一般的生活，死亡率极高。"从 1941 年到 1945 年祖国光复前，这五年间为辽纺工人死亡最多的年代，约计有 1 千多人。由青岛招来的 1 千多名工人及家属竟死去 3—4 百人。由热河招来的工人和家属 300 余人，死了 50—60 人。由其他地区招来的工人，死亡也不在少数。"③ 高死亡率更说明日伪统治的野蛮性和残酷性。

由以上可知，在九一八事变前东北的纺织工业有了一定程度的发

---

① 刘春辉、贾魁元：《解放前辽阳纺织厂工人斗争史略》，载政协辽阳市委员会学习宣传文史委员会编：《辽阳文史资料》第十三辑，辽阳市委机关印刷厂 2003 年版，第 8 页。

② 杨大明：《满洲纺绩株式会社史要》，载政协辽阳市委员会学习宣传文史委员会编：《辽阳文史资料》第十三辑，辽阳市委机关印刷厂 2003 年版，第 42 页。

③ 刘春辉、贾魁元：《解放前辽阳纺织厂工人斗争史略》，载政协辽阳市委员会学习宣传文史委员会编：《辽阳文史资料》第十三辑，辽阳市委机关印刷厂 2003 年版，第 5 页。

展。尤其是在民国 10 年（1921 年）左右，东北的纺织工业已经开始迈入近代化的正轨。但同期日本也加紧对东北纺织工业的渗透和掠夺，陆续建立了一些规模较大的纺织工厂。至九一八事变后，日本对纺织工业加紧增资，并通过强取豪夺和威逼恫吓吞并了部分比较大的中资纺织工厂，逐渐从总体上控制了东北的纺织工业。在它的压迫下，一部分中资企业停业倒闭，还有一部分中资企业在夹缝中求生存，苟延残喘。这一时期出于掠夺东北资源的需要，日本大幅扩充了东北的纺织工业，导致东北纺织工业在规模、产量和设备方面都有了明显的提升，但主要集中于日资工厂。总之，日本对中国东北的政治侵略和经济掠夺，切断了中国东北纺织工业的正常发展路径，窒息了东北中资纺织工业自身发展所具有的生机和活力，也使广大东北纺织工人处于日伪当局的压榨之下，至伪满末期整个东北民族工业陷于一片死寂。

第六节　制盐工业

制盐工业是生产原盐、加工盐及综合利用盐卤资源的工业部门。东北的辽宁省海岸线漫长，尤其是旅大地区是我国著名的产盐区。"关东州的盐田，东部是州内条件最好的地区，从碧流河口到登河口的黄海沿岸，西面是旅顺双岛湾、营城子、三道湾、普兰店一带的海岸线，以及分散于凤鸣岛及五岛等的各岛屿，这些地区海岸线都极其平坦，构成了具备良好条件的盐田。"① 而且，在黄海沿岸和渤海沿岸也有一些地区产盐量丰富。在辽东半岛沿海地区的潮浸区，由于气象的关系，成为理想的制盐地。其中从营口、盖平、复县附近到"关东州"自古就作为

---

① ［日］永井和歌丸：『關東州の資源と工業（海產篇）』，關東州工業會發行，昭和 20 年，第 5 頁。

盐田而闻名。① 在清末，奉天盐区纡回二千余里，有盐滩二千多处。②
另外，盐不仅是民众生活的必需品，也是近代化学工业的基础原料，故
不仅受到东北地方政府的重视，也引起日本的垂涎。不唯如此，制盐工
业还是日本最早控制中国东北工业的门类之一，具有很强的代表性，研
究意义明显。目前学界对日伪统治时期东北的制盐工业进行了一定程度
的探讨，并取得了部分成果，③ 但仍有很大的研究空间。

一、清末民国时期东北的制盐工业

东北盐业的起源缺乏明确的史迹，据说远在黄帝治世时，就已经在
辽河东北地区通过煮熬海水以制盐。即使在周代，奉天省沿海地区的煮
盐也被供应给燕国，从这一史实可知盐业的起源一定是非常久远的。④
在明代也采取煎盐法制盐，根据《辽东志》记载，"整个辽东都司当时
共有煎盐军 1201 人，产盐量为 377 万斤"⑤。清朝建立后，清政府在东
北设有多个盐庄。在雍正年间，有煎盐，有晒盐，但以煎盐为主。⑥ 从
康熙年间开始采用天日法在渤海沿海制盐。所谓天日法就是不使用燃

---

① ［日］白石幸三郎：『新満洲国の經濟事情』，朝日新聞社，1932 年版，第 116 頁。
② 王革生：《清代的东北盐业》，《东北地方史研究》1984 年第 1 期，第 32 页。
③ 主要包括：张福全《辽宁近代经济史（1840—1949）》（中国财政经济出版社 1989 年
版）论述了民国及伪满时期东北采盐业的状况。顾明义等主编《日本侵占旅大四十年史》（辽
宁人民出版社 1991 年版）论述了日伪统治时期日本对旅大地区盐业的掠夺等问题。崔再尚
《日本对东北盐业资源的掠夺》（《大连近代史研究》第 11 卷）论述了日本对大连地区及东北
盐业的掠夺及其危害。曲惠新《沦陷期的东北盐业》（《盐业史研究》1992 年第 2 期）论述了
旧中国东北盐业概况、日伪时期的东北盐业和伪满时期东北盐业的管理及技术改进等问题。
赵光珍《日本殖民统治大连时期的盐业史探》［《辽宁师范大学学报》（社会科学版）1999 年
第 5 期］认为殖民盐业史发展的历程是日本侵略者对大连进行经济掠夺的重要方面。王万涛
《日本对旅大地区土地资源的掠夺（续）》（《大连近代史研究》第 6 卷）简述了日本对大连地
区盐田的侵占。此外，《满洲国史·分论》（［日］满洲国史编纂刊行会编：『満洲国史（各
論）』，满蒙同胞援護会，1971 年）也介绍了伪满时期东北制盐业和钠碱业的概况。
④ ［日］中溝新一：『満洲年鑑（昭和八年）』，満洲文化協會，1933 年，第 289 頁。
⑤ 辽宁省统计局编：《辽宁工业百年史料》，辽宁省统计局印刷厂 2003 年版，第 487 页。
⑥ 王革生：《清代的东北盐业》，《东北地方史研究》1984 年第 1 期，第 34 页。

料，依靠日光和风力蒸发海水来制造盐的方法。它有产量高、生产费用低的特点。"康熙四十八年（1709 年），貔子窝东老滩开辟了大连地区最早的盐田，尔后逐渐向周边沿海地区发展。"① 在营口，"于清光绪三年（1877 年）始设盐厘局专司征税。当时生产规模较小，滩田构造只能因陋就简，堤坝参差，滩池零乱，发展缓慢。有盐民 359 户，开晒滩田 1181 副斗，最高年产量 17.7 万吨"②。可见，营口的盐业有了初步的发展。清末，复县（也称复州，现辽宁省大连瓦房店市）的盐业发展很快。"光绪三年（1877），奉天（今沈阳）府为了规范复州湾沿海一带的盐业秩序，设立了隶属奉天将军署粮饷处的复州盐厘局。辖白家口、小岛子、望海甸及羊官堡四个分卡，局驻孙家屯（今谢屯境内），局设委员，卡设滩长。至此，复州（县）开始有了盐务专官。"③ 复州盐厘局成立后，通过发给盐票、设立滩长和统一计量工具等措施规范了对复州地区盐业的管理，也促进了当地盐业的发展。

甲午中日战争后，俄国租借辽东半岛，对当地盐业课以较重的出口税。这使得当地的盐业除皮子窝、普兰店仅存一部分盐田外，其他的几乎都废弃了。日俄战争后，日本侵占旅大地区，并将其改为"关东州"。"从 1905 年 10 月至 12 月，关东总督府民政长官石塚英藏在南满日军占领地区进行了'满洲利源调查'，关东州盐业作为最具实际价值的利源而开始受到关注。总督府在建立之初就努力恢复州内及五岛、普兰店、营城孜、貔子窝、夹心子的盐场。"④ 可见，在日本占领旅大地

---

① 大连市史志办公室编：《大连市志·冶金工业志 电子工业志 盐业志 医药志》，辽宁民族出版社 2004 年版，第 351 页。本文中貔子窝和皮子窝为同一地，现属于辽宁省大连市普兰店区。

② 李德隆：《营口盐场今昔》，载中国人民政治协商会议营口市委员会文史资料研究委员会编：《营口文史资料》第十辑，中共营口市委机关印刷厂 1994 年版，第 99 页。

③ 大连盐化集团有限公司编：《百年盐业百年文化》，2012 年版，第 2 页。

④ ［日］大连市史编集委员会编：『続大连市史』，大连会，2009 年，第 54 页。

区之初，盐业就作为重要资源而备受关注。1906 年 3 月 23 日，"关东州"民政署颁布了《关东州盐田规则》和《关东州盐田规则实行细则》，对盐田实行强制控制。此后，"关东州"的盐田大部分都被日本人侵占。"关东州"当局一方面恢复荒废的盐田，另一方面开设新盐田，实现了"关东州"盐田的扩张。从 1906 年日本人开始经营当地的盐田，当年经营的盐田个数、面积、盐产量详见下表 2 - 12①：

表 2 - 12　1906 年日本人经营盐田情况统计表

	盐田个数（个）	盐田面积		盐产量	
		市亩	町步	清石	万斤
皮子窝	90	13 935	929	45 760	2 745.6
普兰店	34	2 160	144	50 00	300
五岛	8	2 805	187	14 600	876
金州	9	1 155	77	——	——
旅顺	1	90	6	300	18
羊头湾	2	150	10	250	15
双岛湾	21	1 605	107	4 090	245.4
营城子	4	315	21	1 740	104.4
老虎滩	2	105	7	300	18
北沙河口	1	60	4	300	18
合计	172	22 388（22 380）	1 492	72 340	4 340.4

注：每町步换算 15 市亩。原表有误，括号中为正确数据。

在"关东州"，"大日本盐业株式会社"是规模最大的盐企。该会社前身为"大日本食盐コークス株式会社"，成立于 1903 年 9 月，资本金为 5 万元。"大日本食盐コークス株式会社"于 1906 年 12 月与"赞岐制盐株式会社"合并，资本金达 200 万元。1908 年 2 月，"大日本食

---

① 辽宁省统计局编：《辽宁工业百年史料》，辽宁省统计局印刷厂 2003 年版，第 488 页。

盐コークス株式会社"改称"大日本食盐株式会社"。该会社于 1912
年 7 月又与五岛的"东洋制盐株式会社"合并，资本金达 220 万元。经
过不断扩张，"大日本盐业株式会社"逐渐控制了"关东州"大部分
盐田。

　　民国建立后，"关东州"的制盐工业进一步扩充。其中"大日本盐
业株式会社"经营的盐田数量占"关东州"盐田总数的三分之二以上。
1915 年 1 月 19 日，"大日本盐业株式会社"与"满韩盐业株式会社"
合并，增资 10 万元，资本金达到 370 万元，在皮子窝的夹心子开设盐
田。1915 年 7 月，它又与"东亚盐业株式会社"合并，增资 120 万元，
资本金达到 495 万元。1917 年 12 月，它又与"台湾盐业株式会社"合
并，又增资 100 万元，去除之前未缴纳的资本金，共有资本金 400 万
元，实缴 380.24 万元。从 1921 年至 1931 年，"大日本盐业株式会社"
在"关东州"拥有的盐田面积见下表 2 - 13①。可见，"大日本盐业株
式会社"控制的盐田数量除个别年份（1928 年至 1930 年）稍有停滞
外，总体上呈明显增长的趋势，从 1921 年至 1931 年的十年间就增长了
78.8%，扩张势头非常明显。

表 2 - 13　1921 年至 1931 年"大日本盐业株式会社"在"关东州"拥有的盐田面积

（单位：市面）

年份	双岛湾	皮子窝	普兰店	五岛	合计
1921	7 770	24 840	6 570	2 910	42 090
1922	8 445	24 975	6 555	9 855	49 830
1923	8 355	26 490	6 615	9 855	51 315
1924	11 910	30 135	7 260	13 755	63 060

---

　　① 辽宁省统计局编：《辽宁工业百年史料》，辽宁省统计局印刷厂 2003 年版，第 489 页。
原表略有修改。

续表

年份	双岛湾	皮子窝	普兰店	五岛	合计
1925	11 925	30 015	7 275	13 980	63 195
1926	11 925	30 030	7 275	13 980	63 210
1927	11 925	30 030	7 275	19 575	68 805
1928	11 895	30 030	7 275	19 575	68 775
1929	11 895	30 030	7 275	19 575	68 775
1930	11 895	30 030	7 275	19 575	68 775
1931	11 955	36 465	7 275	19 575	75 270

东洋拓殖会社从 1918 年开始寻求合适的盐田，在 1920 年申请贷给以皮子窝为中心的盐田，同年 5 月获得许可。而后于 1921 年 6 月又申请贷给登沙河的盐田，次年 12 月获得许可。[①] 同期，中国人也经营少量盐田。

这一时期，在"关东州"地区还有部分工厂进行盐加工作业。1913 年在普兰店和双岛湾建有较大的盐加工场，后因销路不畅而倒闭。1927 年 6 月，"大日本盐业株式会社"在旅顺双岛湾开设洗涤及粉碎洗涤的加工场，其部分年份生产状况见下表 2 - 14[②]。

表 2 - 14　"大日本盐业株式会社"开设加工场部分年份生产状况

（单位：万斤）

	1928 年	1929 年	1930 年	1931 年
双岛湾加工场加工渔业用洗涤盐数量	3 072	4 159	4 779	1 016
双岛湾加工场加工工业用洗涤盐数量	520	2 261	3 773	4 918

---

① ［日］永井和歌丸：『關東州の資源と工業（海產篇）』，關東州工業會發行，昭和 20 年，第 9 頁。

② 辽宁省统计局编：《辽宁工业百年史料》，辽宁省统计局印刷厂 2003 年版，第 494 页。

除"关东州"外，辽宁省其他地区的制盐工业发展也很快。民国建立后，在财政部下设盐务署，统辖各省的盐运使。在东北依旧例设东三省盐运使管理过去的盐厘分局（后改为场务分局）、盐厘补征局、缉私局。另外，财政部还向吉林和黑龙江两省派驻榷运局长，他受奉天盐运使的监督，执掌两省运盐事务。[①] 当时东北有六大盐场，包括黄海沿岸的庄河盐场，渤海沿岸的营盖盐场、复县盐场、兴绥盐场、锦县盐场、盘山盐场。上述六大盐场从 1927 年至 1931 年盐产量见下表 2－15[②]，其中营盖盐场规模最大，产量最高。可见，当时东北当局控制的盐场产量也很高。

表 2－15　1927 年至 1931 年六大盐场产量

（单位：万斤）

	1927 年	1928 年	1929 年	1930 年	1931 年
营盖盐场	20 550	24 546	25 773	25 832	21 097
复县盐场	13 467	14 673	12 618	10 397	6 009
盘山盐场（北镇盐场）	795（897）	804（1044）	639（690）	929（319）	707
庄河盐场（庄凤盐场）	1 781（246）	1 911（476）	1 824（676）	2 291（844）	1 878
锦县盐场	2 800	1 717	2 614	2 722	2 596
兴绥盐场	1 654	1 332	1 530	1 694	1 110
万斤（合计）	42 190	46 503	46 364	45 028	33 397
吨（合计）	253 140	279 018	278 190	270 171	200 386

注：以上北镇盐场于 1931 年并入盘山盐场，庄凤盐场于 1931 年并入庄河盐场。

---

① ［日］關東都督府民政局庶務課：『滿蒙經済要覽』，小林又七支店印刷，大正六年，第 268 页。

② 辽宁省统计局编：《辽宁工业百年史料》，辽宁省统计局印刷厂 2003 年版，第 492 页。

这一时期东三省盐运署设于营口，当地产盐尤多。当时在东北地区（除"关东州"外），"现共有精盐公司四家，每日可出精盐一千二百余包（每包重司马秤一百五十斤）。出品销运及于长江一带，汉口九江安徽等处，销场最大"①。可见，东北的精盐在国内比较受欢迎。以上四家公司情况见下表 2 - 16②。另外，福海精盐公司还于 1927 年在营口东双桥子设分厂，且规模较大。由以上可知，东北的制盐工业正处于逐渐发展的势头，但九一八事变的发生，使这一切戛然而止。

表 2 - 16　东北地区四家精盐公司概况

名称	工人数	每日制造量（包）	设立年月
奉天	200	320	1922
利源	250	500	1923
华丰	120	130	1926
福海	200	300	1922

二、伪满时期东北的制盐工业

九一八事变后，伪满政府逐渐控制了整个东北的制盐工业。为增加食盐生产，伪满政府又整顿了东北境内的盐田，成立了"满洲盐业株式会社"。该社设立于 1936 年 4 月 28 日，是基于"满洲国"盐田开发和统制工业盐输出的目的，根据第 55 号敕令，以资本金 500 万元（实缴四分之一）成立的"半官半民的特殊会社"。③ 该社垄断了东北盐的制造、加工和贩卖及盐副产品的加工和贩卖。该社理事长为三角爱三，副理事长为洪维国，理事为甲斐喜八郎和芝喜代二。"该公司所设之盐田，

---

① 东北文化社年鉴编印处编：《东北年鉴》，东北文化社 1931 年版，第 1061 页。
② 东北文化社年鉴编印处编：《东北年鉴》，东北文化社 1931 年版，第 1061 页。
③ ［日］瀬沼三郎编辑：『满洲国现势』，满洲国通信社，昭和 10 年，第 465 页。

西自锦州小凌河，东至复县之渤海沿岸，以及貔子窝以东之黄海沿岸。"① 为了进一步控制东北的盐业，1936 年 12 月 24 日伪满政府还颁布了"盐专卖法"，规定盐的生产、销售、输出、输入、经营数量、价格等都受该法控制。当时在伪经济部下设专卖总局，总局下设盐务科分管盐务行政。专卖总局在"全国"主要地区设 14 个专卖署，下设 108 个专卖局，在此之下又设 190 个分局和 9 个分驻所，掌管"全国"的盐务。② 专卖制度的实行，加强了日本对东北盐业的控制。

另外，"制碱（曹达）工业"也与制盐工业关系密切。原盐是制碱的主要原料，故日本在东北也开始谋求建立制碱工业。"满铁"经济调查会在《曹达（苏打）工业对策案纲要》（1932 年 12 月）中认为："鉴于日本内地苏打进口的现状和原料盐不足的根本问题，以及满洲盐业开发的重要性和同有关工业的联系，认为在满洲有创办苏打工业企业的必要。"③ 在这一政策的指导下，1936 年 5 月成立了"满洲曹达株式会社"。该社资本金为 1 600 万元，其中"满铁"400 万元，旭硝子会社 560 万元，"满化"（"满洲化学工业株式会社"）400 万元，昌光硝子会社 240 万元。④ 会社下设大连、开原、奉天等工厂，还有锦州盐田（500 陌）和南关岭盐田（150 陌）。由于有自己的盐田，会社解决了原料盐的供应问题。

1931 年，由于日本侵略等原因，东北的六大盐场产量最低，仅为 20 万吨。此后，产量有所上升。其中，六大盐场部分年份产盐量见表 2－17 和表 2－18。

① 东北物资调节委员会研究组编：《东北经济小丛书·化学工业》上，中国文化服务社沈阳印刷厂 1948 年版，第 72 页。

② ［日］福富八郎：『満洲年鑑（昭和 18 年版）』，満洲日日新聞社，昭和 17 年，第 162 页。

③ 苏崇民主编：《满铁档案资料汇编》第十卷，社会科学文献出版社 2011 年版，第 294 页。

④ 満洲国通信社编：『満洲国現勢』，1943 年，第 540 页。

表2-17　"满洲国"盐田产盐量（天日盐）①

（单位：担）

盐场名	1934 年	1935 年	1936 年	1937 年	平均
营盖盐场	1 301 159	3 726 538	2 889 197	2 200 448	2 529 335
复县盐场	1 718 290	3 416 512	3 790 052	3 230 443	3 038 824
庄河盐场	147 420	429 863	431 006	607 391	403 920
盘山盐场	43 871	108 817	93 785	78 635	81 277
锦县盐场	167 107	346 990	340 190	292 546	286 708
兴绥盐场	183 821	359 830	336 147	275 015	288 703
合计	3 561 668	8 388 550	7 880 377	6 684 478	6 628 768

表2-18　"满洲国"盐田产盐量②

（单位：吨）

	产盐量	
	1938 年	1939 年
营盖盐场	65 831	148 305
复县盐场	103 116	244 340
庄河盐场	36 462	61 601
盘山盐场	356	2 794
锦县盐场	7 540	25 143
兴绥盐场	9 309	24 074
合计	222 614	506 257

另据资料显示，伪满六大盐田面积见下表2-19③。可见，伪满六大盐场的规模和面积在不断增加。同时，"满洲盐业株式会社"控制的盐田数量也在逐渐增加，这是日本对东北盐业垄断加强的重要体现。其

---

① ［日］河村清：『満洲水産概要』，満洲事情案内所，1940年，第22页。

② ［日］高谷大二郎：『満洲鹽業概要』，三木昇二编：『満洲化學工業協會會誌（1940年度版）』，満洲化學工業協會，1940年，第129页。表格略有改动。

③ 辽宁省统计局编：《辽宁工业百年史料》，辽宁省统计局印刷厂2003年版，第498页。

中，在九一八事变后，日本就开始染指复县和庄河的盐场。1932 年，日本殖民当局对上述两县的场务局进行了改组。"场务局中，虽然仍保留伪满局长，但从局长、事务官、警官、科长、技士、属官、雇员、会计、马警、秤夫等半数都换上了日本人。其中事务官、技士、会计等实权人物都是日本人。盐田的兴废、技术的改造、财务的开支、人员的使用、生产数量质量的管理等主要权力也从伪职人员那里移到了日本人手里。"[1] 从 1938 年开始，"满洲盐业株式会社"正式接管了上述两个盐场。在伪满后期，伴随着日本曹达工业的发展和近海盐中心主义的确立，伪满政府感到盐增产的紧要性，遂在"产业开发五年计划"中确定了盐的增产目标为 87 万吨。[2] 尽管该计划野心勃勃，但由于物资、人力及资金的不足，这一目标未能实现。

表 2-19　伪满洲国六大盐田面积

（单位：公顷）

	1931 年	1934 年	1945 年	
			合计	其中："满洲盐业株式会社"所有
营盖盐场	4 692	5 700	6 538	1 282
复县盐场	1 884	7 400	8 672	4 112
庄河盐场	1 038	1 650	3 899	664
锦县盐场	560	590	3 700	3 032
兴绥盐场	392	400	718	
盘山盐场	1 330		1 700	1 282
	9 896		25 227	10 372

在"关东州"，其制盐工业也得到进一步的扩张。"大日本盐业株

---

[1]　顾明义等主编：《日本侵占旅大四十年史》，辽宁人民出版社 1991 年版，第 384—385 页。

[2]　［日］菊地主计：『満洲重要産業の構成』，東洋経済出版部，1939 年，第 134—135 頁。

式会社"居于主体地位。此外，1934年12月，同和盐业会社设立，该社以矢原重吉经营的盐田为基础，并收买了一部分中国人的盐田。另外，作为个人经营者，还有武田政吉、宫田仁吉两人。[①] 1932年至1936年"关东州"各盐场的盐产量和盐加工数量见下表2-20[②]。

表2-20　1932年至1936年"关东州"各盐场产盐量和盐加工数量

（单位：吨）

	日晒原盐	再制盐	粉碎洗涤盐	洗涤盐
1932年	225 087	3 586	3 552	19 930
1933年	291 170	4 166	18 136	32 046
1934年	249 406	4 947	16 855	46 682
1935年	505 809	4 225	28 667	87 607
1936年	413 084	4 959	34 326	115 153

伪满后期"关东州"盐供求状况见下表2-21[③]。可见，"关东州"的盐产量、消费量和出口量都在逐年增加，这也是为了满足日本对外战争的需要。

表2-21　伪满后期"关东州"盐供求状况

（单位：吨）

项目 ＼ 年次		1937	1940	1943
生产量	数量	429 188	705 589	800 000
	指数	100	164	186
消费量	数量	32 136	81 066△	81 066△
	指数	100	252	252

---

① ［日］永井和歌丸：『關東州の資源と工業（海産篇）』，關東州工業會發行，昭和20年，第10页。

② 辽宁省统计局编：《辽宁工业百年史料》，辽宁省统计局印刷厂2003年版，第503页。

③ 东北财经委员会调查统计处编：《伪满时期东北经济统计（1931—1945年）》，1949年版，（8）—1。

续表

项目 \ 年次		1937	1940	1943
出口量	数量	514 827	360 784△	555 000※
	指数	100	70	108
在生产数量中消费量所占的百分比		7.5	11.5	10.1

注：△系资料缺乏采用 1939 年的数字；※是因为资料缺乏而将历年东北和"关东州"的产量及出口量相比较所做的估计数字。

这一时期，"关东州"的盐加工工业进一步拓展。1932 年，日本人在貔子窝投资 20 万元，建成年加工能力为 1 亿斤粉碎洗涤盐加工场 1 座。它和之前的旅顺双岛湾加工场为当时"关东州"主要的盐加工场。1934 年，在营城子和普兰店又建成了 1 座年加工能力为 2 000 吨的原盐洗涤工场。

1932 年至 1936 年"关东州"各盐场的盐产量和盐加工数量见下表 2 - 22①。

表 2 - 22　1932 年至 1936 年"关东州"各盐场盐产量和盐加工数量

（单位：吨）

	日晒原盐	再制盐	粉碎洗涤盐	洗涤盐
1932 年	225 087	3 586	3 552	19 930
1933 年	291 170	4 166	18 136	32 046
1934 年	249 406	4 947	16 855	46 682
1935 年	505 809	4 225	28 667	87 607
1936 年	413 084	4 959	34 326	115 153

值得一提的是，在伪满时期东北还生产湖盐。盐湖位于"兴安北

---

① 辽宁省统计局编：《辽宁工业百年史料》，辽宁省统计局印刷厂 2003 年版，第 503 页。

省"海拉尔以南约 120 公里处的白银诺尔和白银察罕诺尔。前者面积为250 陌，后者面积约 2 700 陌。产盐量根据当年气象状况有所不同，两者合计约 1 万担，称为呼伦贝盐。① 它主要供应当地消费。另外，察哈尔省的大布苏泡也产盐。年产盐量约 35 至 40 万担，其中半数在东北销售。② 尽管如此，湖盐在东北盐产量中所占比重较小。

伪满时期，东北的制盐工业受到日本政府的严格控制。明治维新以后，日本以食盐为原料的化学工业，尤其是钠碱工业、人造丝工业、人造纤维工业发展很快。至 1933 年和 1934 年，这些工业有了明显发展，这也造成对食盐的需求量急剧增加。当时台湾、"关东州"、东北境内、青岛、长芦所生产的食盐能满足其需要量的 30% 左右，其他主要从地中海、红海等国进口。可见，东北地区所生产的食盐对日本而言非常重要。日本政府认为过度依赖地中海、红海等国并非长久之策，故制定了"近海盐增产计划"。根据该计划，"民国三十二年（一九四三年）度之预计需求量，为二五〇万公吨；其输入量之二〇% 系仰赖远海各国；八〇%（即约二〇〇万公吨）则由近海各地取得之"③。在此日本政府要加大对近海地区食盐的依赖程度，减少对其他地区食盐的进口，这也为在战时状态下其战略物资的补充做准备。其"近海盐增产计划"目标见下表 2 – 23④。按照此计划，在 1942 年东北的食盐供应量占近海盐总量的 50%，在 1945 年占近海食盐总量的 46.7%。可见，东北在日本的食盐供应体系中占据半壁江山，也成为日本掠夺的重点地区。由于伪满

---

① ［日］河村清：『満洲水産概要』，满洲事情案内所，1940 年，第 36 页。

② ［日］河村清：『満洲水産概要』，满洲事情案内所，1940 年，第 36 页。

③ 东北物资调节委员会研究组编：《东北经济小丛书·化学工业》上，中国文化服务社沈阳印刷厂 1948 年版，第 80 页。

④ 东北物资调节委员会研究组编：《东北经济小丛书·化学工业》上，中国文化服务社沈阳印刷厂 1948 年版，第 80—81 页。

政府紧跟日本政府步伐，故加紧扩充东北制盐工业，"实行开发盐业，力行增产；其结果，已大致达到其增产目标之数量"[1]。

表 2 - 23　日本政府"近海盐增产计划"

年度 地区	民国三一年度可能供应量 （万吨）	民国三四年度供应目标 （万吨）
台湾	25	45
旧"关东州"	60	70
伪满境内	45	70
长芦	40	70
山东	40	45
合计	210	300

三、日伪对东北制盐工业的掠夺

在日伪统治东北期间，日伪当局竭力掠夺东北的盐业，其主要表现在以下三个方面：

（一）排挤和侵吞东北的中资盐业。早在日本侵占旅大地区之初，日本就开始排挤从事盐业经营的中国资本。在 1905 年日方人员到租借地外的交流岛征收盐税，并占领盐滩。虽经中方交涉，但日本不予理会。此后，五岛盐滩从复州划出并入日本统治下的"关东州"，改隶属于金州盐场五岛管区，下辖交流岛、骆驼岛。次年，日本又侵入西中岛、凤鸣岛建盐滩。此后，日伪当局扩大了对"关东州"地区盐滩的侵夺，同时压服有反抗情绪的中国盐滩主。从 1926 年至 1931 年"关东

---

① 东北物资调节委员会研究组编：《东北经济小丛书·化学工业》上，中国文化服务社沈阳印刷厂 1948 年版，第 81 页。

州"盐田情况见下表2-24①。

表2-24 1926年至1931年"关东州"盐田情况

年次	"关东州"盐田合计		其中：中国人盐田		日本人盐田		中国人盐田占比	日本人盐田占比
	万市亩	万町	万市亩	万町	万市亩	万町		
1926	9 378	626	2 394	160	6 984	466	25.2	74.5
1927	10 466	698	2 414	161	8 052	537	23.1	76.9
1928	10 455	697	2 405	160	8 050	537	23	77
1929	10 509	701	2 414	161	8 095	540	23	77
1930	10 509	701	1 946	130	8 563	571	18.5	81.5
1931	10 509	701	1 451	97	9 058	604	13.8	86.2

另外，同时期"关东州"盐产量见下表2-25②。

表2-25 1926年至1931年"关东州"盐产量

（单位：万斤）

	"关东州"盐产量合计	其中：中国人经营的		日本人经营的	
		盐产量	占比	盐产量	占比
1926年	49 856	18 152	36.4	31 704	63.6
1927年	39 209	12 777	32.6	26 432	67.4
1928年	41 449	13 942	33.6	27 507	66.4
1929年	41 490	13 877	33.4	27 613	66.6
1930年	41 578	14 426	34.7	27 152	65.3
1931年	34 206	9 289	27.2	24 917	72.8

由以上可知，从1926年至1931年六年间，"关东州"盐田的总数略有增加，其中中国人的盐田数有了明显减少，而日本人的盐田数明显

---

① 辽宁省统计局编：《辽宁工业百年史料》，辽宁省统计局印刷厂2003年版，第490页。表格略有改动。

② 辽宁省统计局编：《辽宁工业百年史料》，辽宁省统计局印刷厂2003年版，第491页。表格略有改动。

增加，这反映了日本对中国人盐田的吞并。同期，"关东州"的盐产量有所减少，但日本人所经营盐田产量所占的比重却在增加，这从总产量的角度反映了日本对"关东州"盐业的侵占。

伪满建立后，这种趋势更加明显。从 1932 年至 1935 年"关东州"盐田状况见下表 2-26[①]。可见此四年间，中国人经营的盐田面积由 13.7% 降为 10%，日本人经营的盐田面积由 86.3% 增至 90%。在 1936 年，"中国人经营的盐田面积减少为 830688 町，仅占 9.6%，余者都被日本人侵占"[②]。至此，中国人控制的盐田面积越来越少。

表 2-26　1932 年至 1935 年"关东州"盐田情况

（单位：町）

年份	合计	其中：中国人经营面积		日本人经营面积	
		面积	占合计%	面积	占合计%
1932 年	6 991 640	960 540	13.7	6 031 100	86.3
1933 年	6 991 640	960 540	13.7	6 031 100	86.3
1934 年	7 079 930	842 610	11.9	6 237 320	88.1
1935 年	8 653 200	866 130	10	7 785 070	90

有资料显示，从 1930 年至 1940 年，"满洲曹达株式会社"、江良谦次等资本也开始染指"关东州"的盐田。在此激烈竞争的背景下，占有盐田的中国人备受排挤。在旅顺，"当时的盐业受关东厅殖产科管理，日本人生产的盐，每石税金是 6 角，国人生产的盐，每石税金则高于日本人，而且卖价最高不得超过 1.50 元，并不能出口。因此，中国人经营的盐业大部分倒闭，被日本盐业株式会社从中廉价收买"[③]。在此背

---

① 辽宁省统计局编：《辽宁工业百年史料》，辽宁省统计局印刷厂 2003 年版，第 499 页。
② 辽宁省统计局编：《辽宁工业百年史料》，辽宁省统计局印刷厂 2003 年版，第 499 页。
③ 王延和：《旅顺盐业开发简史》，载中国人民政治协商会议辽宁省大连市委员会文史资料委员会编：《大连文史资料》第六辑，大连市委党校印刷厂 1989 年版，第 102 页。

景下，中国人的盐田越来越少。"据统计三官庙原有中国民滩为 164.7 公顷，到 1940 年仅剩下了 28 公顷。貔子窝地区 80% 的中国盐民被逼得家破人亡。大连 5 个地区中国民营盐场的盐田面积从 1929 年的 1 595.3 公顷减少到 1940 年的 868.75 公顷。12 年间下降了 46%。"① "我国人经营者，更受其排挤与限制，是以不得不出卖盐田而转业，从此我国人经营者逐渐减少，更谈不到发展，但日本人的盐业株式会社及其私营者，应运而生。"② 在 1940 年，"关东州"地区主要由七大盐商主宰盐业，即"大日本盐业株式会社""东亚拓殖株式会社""满洲曹达株式会社""同业盐业株式会社"、矢原重吉、宫田仁吉、武田政吉。七大盐商共占有盐田 11 008.6 顷，占大连盐田总面积的 92.2%；中国人经营的盐田为 861.5 顷，占盐田总面积的 7.8%。③ 另有资料显示："及至八一五解放时，日籍占有的盐田已达一四〇一二一六公亩，我国人私资仅四五五二九公亩。"④ 在此，中资盐田数占盐田总量的 3.1%，比 1940 年进一步减少，说明这种侵吞在加剧。可见，在日本统治"关东州"期间，日本侵吞中国人的盐田成为一种常态，这种剥夺的结果是使相关的中国人倾家荡产，血本无归。

（二）直接掠夺东北的盐业产品。"关东州"产盐最初以日本、朝鲜、中国东三省及西伯利亚沿海地区的一般粮食用盐作为目标，其中对中国各地和西伯利亚的输出因诸多原因几乎无法实现，只有对日本内地和朝鲜的食盐供给符合预期状况，故产盐量与年俱增。⑤ 可见，供应日

---

① 顾明义等主编：《日本侵占旅大四十年史》，辽宁人民出版社 1991 年版，第 378 页。

② 旅大概述编辑委员会印行：《旅大概述》，1949 年版，第 136 页。

③ 崔再尚：《日本对东北盐业资源的掠夺》，载大连市近代史研究所、旅顺日俄监狱旧址博物馆编：《大连近代史研究》第 11 卷，辽宁人民出版社 2014 年版，第 235 页。

④ 旅大概述编辑委员会印行：《旅大概述》，1949 年版，第 136 页。

⑤ ［日］關東局：『關東局施政三十年史』，凸版印刷株式会社，昭和 11 年，第 423—424 页。

本和日本治下的朝鲜是"州盐"("关东州"产盐)的主要用途。在日本统治"关东州"期间,日本建立了6座加里(氯化钾)工厂,其中4座投产运行,年产氯化钾1 250吨。其他产品还有:"光卤石2230吨,卤块3320吨,硫化碱4.50吨,溴素33.5吨,硫酸镁250吨。"[1] 上述产品,除硫化碱、硫酸镁等多用于民用外,其他产品多用于军用工业。其中夹心子岛化工厂和大连岛化工厂生产的光卤石,先运往朝鲜制成氯酸钾,再运往日本用于军事工业。"关东州"的原盐和盐化工产品,除了少量在本地消费外,其他多运往日本。其中,1926年至1930年"州盐"输出情况见下表2-27[2]。可见,在此五年中有四年输出日本的数量超过本地使用的数量。这五年输出量占总产量的比重分别是:60.8%、69.5%、71.7%、74.6%、81.6%。这五年输出日本"州盐"的数量占总输出量的比重分别是:35.7%、23.9%、27.8%、34.1%、48.2%。如果算上输往作为日本殖民地的朝鲜的"州盐"数量,该比例分别为:39.3%、66.8%、68.3%、66.2%、70%。在此无论是输出日本的数量,还是输出日本和朝鲜的"州盐"总量,在输出总量中所占的比例总体上呈增长趋势,这也表明日本对"关东州"制盐工业掠夺的加强。

伪满建立后,对日原盐出口量进一步增加,其中,1937年至1939年原盐消费量见下表2-28[3]。三年出口量占总产量的比重分别是:91.6%、77.4%、81.7%,总体上比伪满建立前有所提高,其中输往日

---

① 顾明义等主编:《日本侵占旅大四十年史》,辽宁人民出版社1991年版,第383页。

② [日]佐田弘治郎:『満洲政治経済事情(昭和5年)』,南満洲鉄道株式会社,1931年,第186頁。

③ 东北财经委员会调查统计处编:《伪满时期东北经济统计(1931—1945年)》,1949年版,(8)—8。

本和朝鲜的原盐占大宗。在日本殖民侵占旅大期间，日本掠夺原盐（未经再加工的大粒盐）历年数量见下表 2 – 29①。可见，仅在旅大地区，日本就掠夺了原盐 675.9 万吨。另外，再加工盐、再制盐、洗涤盐、粉碎洗涤盐，从 1925 年开始到 1945 年的 21 年间，共输入日本 1 686 339吨。在化工产品中，氯化钾、光卤石等是用于军事工业的大宗产品，从1935 年到 1945 年的 11 年间，旅大地区共输出 142 830 吨。②"此外，八一五前在各大盐田所在地设立加里工厂及化学工厂，制造洗涤盐（工业用盐）、粉碎洗涤盐（渔业用盐）、煎熬盐、硫化曹达、盐化加里、溴盐化镁、炭酸镁、苛性曹达等，在某些盐场的卤水与原盐，是专供其工厂原料的自给，由于以上的经营方式，可以看出日人对盐业之经营方针是向化学工业方面发展。"③ 而且，在貔子窝等地的加里工厂和轻金属镁工厂，"至 1944 年，共生产光卤石、氯化钾、溴素等约 1.4 万吨，并运往日本国内用于军工生产，所制溴废液运往朝鲜镇南浦工厂生产轻金属镁，用于飞机制造"④。可见，日本对东北盐业的掠夺与其化学工业和军事工业的发展是密不可分的。另据资料显示，"日本在大连地区共强占土地开辟建盐场 43 座，海水化工厂 6 座，再加工盐场 4 座，计占地 1.2 万余公顷，掠夺海盐和化工产品达 860 余万吨"⑤。旅顺盐业"产品大部分为日本军事化学工业专用，并且还出售到国际市场（包括

① 顾明义等主编：《日本侵占旅大四十年史》，辽宁人民出版社 1991 年版，第 383 页。
② 顾明义等主编：《日本侵占旅大四十年史》，辽宁人民出版社 1991 年版，第 384 页。
③ 旅大概述编辑委员会印行：《旅大概述》，1949 年版，第 139 页。
④ 大连市史志办公室编：《大连市志·冶金工业志 电子工业志 盐业志 医药志》，辽宁民族出版社 2004 年版，第 351—352 页。
⑤ 崔再尚：《日本对东北盐业资源的掠夺》，载大连近代史研究所、旅顺日俄监狱旧址博物馆编：《大连近代史研究》第 11 卷，辽宁人民出版社 2014 年版，第 241 页。

美、德、英、法、意等国家）"①。日本对旅大地区盐业产品的掠夺可见一斑。

表 2 - 27 "州盐"生产消耗历年表

（单位：千斤）

年次		1926	1927	1928	1929	1930
盐田面积		6 252（町）	△	6 970	7 005	7 005
生产量		498 562	392 089	414 484	414 899	415 778
输出量	日本	108 393	65 171	82 675	105 463	163 559
	朝鲜	10 953	116 730	120 339	99 307	73 810
	州内	81 163	81 186	49 278	66 956	81 421
	其他	4 223	9207	44 939	37 792	20 280
	计	303 314	272 314	297 231	309 518	339 170
过剩盐		195 248	119 796	117 253	105 381	76 608

注：上述其他地区包括苏联沿海诸州、库页岛和香港；△处原表数字不清晰。

表 2 - 28 原"关东州"历年原盐消费量比较

（单位：吨）

项目 年次	出口量	州内消费量			合计	指数
		食用	工业用	计		
1937	514 827	20 884	26 252	47 136	561 963	100
1938	376 750	33 413	76 426	109 839	486 589	87
1939	360 784	16 611	64 455	81 066	441 850	79
1937—1939 平均	417 453	23 636	55 711	79 347	496 800	88

① 王延和：《旅顺盐业开发简史》，载中国人民政治协商会议辽宁省大连市委员会文史资料委员会编：《大连文史资料》第六辑，大连市委党校印刷厂1989年版，第101—102页。

表 2 - 29　1906—1945 年"州盐"输出日本累年表

（单位：吨）

年度	输出量	年度	输出量
1906	24 590	1926	133 292
1907	23 101	1927	114 664
1908	43 041	1928	148 771
1909	49 575	1929	145 537
1910	49 684	1930	154 589
1911	83 307	1931	250 232
1912	50 494	1932	225 123
1913	58 484	1933	291 170
1914	76 570	1934	154 105
1915	61 360	1935	182 920
1916	61 554	1936	240 117
1917	112 689	1937	405 264
1918	122 848	1938	285 150
1919	103 371	1939	351 471
1920	75 196	1940	479 433
1921	93 114	1941	389 902
1922	97 340	1942	303 949
1923	207 197	1943	357 758
1924	154 358	1944	326 184
1925	159 060	1945	158 475
		合计	6 759 129

注：原表输出量之和与合计数有出入，已无法查证。

　　除"关东州"外，辽宁省其他地区生产的原盐及盐化工产品亦被输往日本。其中，伪满时期东北食盐输出日本数量见下表 2 - 30[①]。

---

　　① 东北物资调节委员会研究组编：《东北经济小丛书·化学工业》上，中国文化服务社沈阳印刷厂 1948 年版，第 85—86 页。表格略有改动。

表2-30　伪满时期东北食盐输出日本数量

（单位：吨）

年份	输出量
1934 年	104 279
1935 年	79 262
1936 年	117 156
1937 年	138 000
1938 年	84 432
1939 年	111 363
1940 年	111 814
1941 年	204 514
1942 年	213 606
1943 年	211 144
1944 年	215 442

此外，伪满后期辽宁地区原盐输出日本情况见下表2-31[①]：

表2-31　伪满后期辽宁地区原盐输出日本情况

年份	原盐产量（万吨）		其中：出口日本（万吨）	
	产量	1936 年为 100%	数量	占产量（%）
1937	83.1	93.8	43.8	52.7
1938	68.7	77.5	34.2	49.8
1939	117.6	132.7	62.6	53.2
1940	136.9	154.5	67.8	49.5
1941	130	146.7	78.7	60.5
1942	147.5	166.5	82.6	56
1943	168.4	190.1	85.5	50.8
1944	150.5	169.9	87.9	58.4

---

① 张福全：《辽宁近代经济史（1840—1949）》，中国财政经济出版社1989年版，第592页。

另外，"日帝 1938 年以来，由伪满盐业株式会社于白旗修建扬水所（电动抽水机 800 余马力）变电所（变电能力 2000VW）轻便铁路（长 29 公里）……这一切的良苦用心，目的在于掠夺"①。可见，日本在营口建设的相关设施也都是为了便于盐业掠夺。

由以上可知，辽宁地区每年出口日本的原盐数量巨大，占辽宁地区原盐总产量的一半左右，虽个别年份偶有下降，但总体上呈增长趋势。

伪满时期，日本为了加大对东北原盐的掠夺，不断压缩东北境内的原盐消费量，特别是对占全部消费量 65% 以上的食用盐，更是加大限制，实行限量配给制。在 1938 年以前每人每年消费量平均为 18 斤，至 1944 年减少至 16 斤。"1945 年为进一步压缩销量，伪满政府制定了食盐供应计划，对食品加工业用盐大大削减，计划压缩 20%，实际上超过此数；其次，提高食用盐价格，压低化工用盐价格。"② 通过这些政策，挤压出更多的食盐以供应日本。"由于日伪采取以上的一系列措施，日本帝国主义在伪满时期从辽宁共掠夺原盐达 744 万吨，按化工用盐平均批发价计算，合伪满币 9 亿元。伪满政府所统制的盐场（不含旅大盐场），由 1932 年至 1944 年从原盐专卖收入中就得到 2.4 亿元。"③ 显然，这巨额输出量和高额利润是以东北人民在重重重压下所过的凄惨生活为代价的。

（三）压迫和剥削中国工人。早在日本开辟东北盐场期间就开始剥削建筑工人。1909 年，日本政府决定建立旅顺双岛湾盐场，并雇佣大量的中国工人。"日本资方利用中国廉价的劳动力，使用了种种惨无人

---

① 李德隆：《营口盐场今昔》，载中国人民政治协商会议营口市委员会文史资料研究委员会编：《营口文史资料》第十辑，中共营口市委机关印刷厂 1994 年版，第 100 页。

② 张福全：《辽宁近代经济史（1840—1949）》，中国财政经济出版社 1989 年版，第 593 页。

③ 张福全：《辽宁近代经济史（1840—1949）》，中国财政经济出版社 1989 年版，第 593 页。

道的办法，大肆剥削、压迫中国工人，每天的劳动工时达 12 小时之久。再加上中国工头从中克扣剥削，工人每天所得工资仅仅不过 5 角多钱（日币）。"① 而且日本资方和中国工头还多在附近开设一些杂货铺、烟馆、赌场、饭店等，通过这些场所继续剥削工人。"另外工头在日方的怂恿下，又私立刑法，任意惩罚工人，每月结算工资时，工人所得寥寥无几。"② 几番剥削下来，工人们往往负债累累。

盐业工人工作量大，生活困苦，被称为"盐驴子"，其悲惨境地可想而知。日本占领旅大以后，中国工头往往充当日本人的帮凶。"日本人大兴土木，雇用大量中国人为他们修滩、建厂、晒盐，工人们从事极其繁重的体力劳动，而生活水平却极其低下。即使这样，那些依靠日本人大发横财的'中国人'还想从中再捞一把，置同胞的生死于不顾，从而引发了工人们的强烈不满。"③ 在 1935 年春天，丛田举承包了位于凤鸣岛的日本滩田，为了节省开销，本来应该雇用 16 个人，他却只雇用了 11 个人。"即使这样，他还嫌工人吃得太多，经常做些夹生的饼子给工人吃。"④ 这些中国工头经常克扣和拖欠工人工资，残酷剥削中国工人，且由于日本人的支持，他们往往有恃无恐。"超负荷的体力劳动使滩工们的身体遭受严重摧残，而对他们伤害最大的还是那些借他人势力狐假虎威的中国人。"⑤ 可见，中国盐业工人要受到工头和日本统治者的双重剥削。另据资料显示，在日本统治旅大时期，"广大盐工衣着不遮体，橡子面充饥，住的潮湿房，伤病不得医，死难者难以计数。盐

---

① 王延和：《旅顺盐业开发简史》，载中国人民政治协商会议辽宁省大连市委员会文史资料委员会编：《大连文史资料》第六辑，大连市委党校印刷厂 1989 年版，第 100—101 页。
② 王延和：《旅顺盐业开发简史》，载中国人民政治协商会议辽宁省大连市委员会文史资料委员会编：《大连文史资料》第六辑，大连市委党校印刷厂 1989 年版，第 101 页。
③ 大连盐化集团有限公司编：《百年盐业百年文化》，2012 年版，第 16 页。
④ 大连盐化集团有限公司编：《百年盐业百年文化》，2012 年版，第 16 页。
⑤ 大连盐化集团有限公司编：《百年盐业百年文化》，2012 年版，第 17 页。

工在烈日炎炎下或风雨交加中，使用简单而笨重的生产工具，每天要进行十几个小时的艰辛劳动"①。可见，中国工人始终处于被剥削和被压迫的悲惨境地。此外，在1943年中共党员李彭华在貔子窝地区干岛子建滩工地组织工人罢工，历时7天，取得胜利。"日本场主答应将克扣工人日工资2角全部发给并再增加日工资3角，实行每日8小时工作制，不准打骂工人。"② 这也从侧面反映了日本人对中国工人的欺压。

总而言之，东北的制盐工业是日本掠夺的重点领域之一，它有以下几个特点：一是这种掠夺开始时间早，持续时间长。它开始于日俄战争结束之后，在日本统治旅大之初。此后从未中断，直至日本战败投降为止，历史40年，与日本侵占旅大地区的历史相伴始终。二是大致可以分为两个阶段，且掠夺成扩大化趋势。第一个阶段从1905年至1931年，其掠夺主要集中于旅大地区。第二阶段从1931年至1945年，其掠夺从旅大地区蔓延至整个东北，且掠夺盐制品数量倍增。三是这种掠夺严重影响了东北民众的日常生活。食盐是民众日常生活的必需品之一，而日本为了掠夺更多的盐及盐制品，对东北民众实行食盐配给制，严重压缩了民众的食盐需求量，这必然影响到民众的饮食生活乃至身体健康。"日本帝国主义从中国盐业中，榨取了成千上万的财富，而中国人民流的血汗却无法计算。贪得无厌的帝国主义者，在中国盐业的发展过程中，犯下了史无前例的罪恶。"③ 日本为了满足侵略扩张的需要，早已罔顾东北人民的基本利益，这给东北人民带来了灾难。

---

① 大连市史志办公室编：《大连市志·冶金工业志 电子工业志 盐业志 医药志》，辽宁民族出版社2004年版，第432页。

② 大连市史志办公室编：《大连市志·冶金工业志 电子工业志 盐业志 医药志》，辽宁民族出版社2004年版，第357页。

③ 王延和：《旅顺盐业开发简史》，载中国人民政治协商会议辽宁省大连市委员会文史资料委员会编：《大连文史资料》第六辑，大连市委党校印刷厂1989年版，第102页。

第三章 日伪对东北能源工业的吞并

第一节 煤炭工业

中国东北蕴藏着数量巨大的煤炭资源。综合九一八事变前日方调查之结果，就其已知煤矿之藏量计算，辽宁约为 16.7 亿吨，吉林约为 10.3 亿吨，黑龙江约为 5.55 亿吨，热河（包括东蒙一部分）约为 15.5 亿吨，总计约 48 亿吨。[①] 据伪满时期的煤质煤量调查委员会按各煤矿调查之数量合计之，为 82 亿吨，但该委员会推测之数量则为 200 亿吨。[②] 1943 年至 1945 年，另据满业调查部、满洲矿工技术员协会和日满商事会社调查，已开、未开煤矿总储量为 230.104 亿吨，其中已开煤矿储量为 225.389 亿吨。[③] 虽然准确储量难于估算，但东北地区蕴藏丰富的煤炭资源是不容置疑的。此外，煤炭是重要的军用物资，在战争资源中占有重要地位，因此，日本自始至终都将东北的煤炭资源作为侵夺的重

---

① 施良：《东北的矿业》，东方书店 1946 年版，第 46 页。

② 东北物资调节委员会研究组编：《东北经济小丛书·煤炭》，京华印书局 1948 年版，第 5 页。

③ 解学诗主编：《满铁史资料·煤铁篇》第二分册，中华书局 1987 年版，第 797 页。

点。目前学术界关于此问题的研究取得了较多成果①，但多集中于对掠夺过程和手段的分析，对于掠夺性质的界定和分析仍显不足，故此为本节关注之重点。

一、清末民国时期东北的煤炭工业

在东北地区，早在唐、宋、辽、金年间就有人以土法开采煤炭。到了清代，清朝政府以东北为其祖先发祥地，实行封禁政策，造成东北人口骤减，煤炭业亦陷于停滞。更为重要的是，清政府迷信风水学说，担

① 主要成果包括：李力《伪满前期满铁对东北煤炭业的控制——满洲炭矿株式会社成立经纬》（《东北史地》2013 年第 1 期）认为，伪满建立后，日本成立了由"满铁"实际控制的"满洲炭矿株式会社"，吞并了除"满铁"抚顺煤矿外的所有大中型煤矿，使"满铁"（包括"满炭"）控制了伪满 90% 以上的煤炭生产量。李雨桐《"满炭"系统控制下东北煤炭业的扩张》（《现代交际》2019 年第 10 期）认为，"满炭"主要负责经营除"满铁"抚顺煤矿和大仓财阀的本溪湖煤矿以外的东北各主要煤矿。随着"满炭"系统的急速扩张，东北的煤炭业加速沦陷。"满炭"对东北煤炭资源的摧毁式侵占，使东北的经济及人民的生产生活付出了惨重的代价。李雨桐《伪满时期"满炭"对东北煤炭资源的操控》（《现代交际》2019 年第 18 期）认为，"满炭"系统是伪满时期操控东北煤炭资源开采、冶炼、销售的垄断组织。这一时期，东北大部分的煤炭资源经"满炭"之手被日本收入囊中。李雨桐《近代日本操控东北煤炭业的过程解析》（《吉林广播电视大学学报》2018 年第 5 期）认为，日本通过"满铁"及"满炭"两大系统对东北煤炭资源的相关情况进行了详细调查，并在掠夺过程中将东北煤炭资源大部分运往日本国内。日本资本的侵入及不计后果的开采方式，严重打击了东北的煤炭工业，使东北的煤炭业完全成为日本殖民主义经济体制的附庸。李雨桐《近代日本对东北煤炭资源"开发"的伪善性研究》（《吉林广播电视大学学报》2019 年第 4 期）认为，经过大量的调查，日本侵略者以"经济开发"的名义，疯狂掠夺东北的煤炭资源，使东北人民的财产遭受重大损失。揭露日本对东北资源"开发"的伪善性，明确日本侵略者掠我资源的事实，这既是对"侵略有功"论的有力驳斥，也有助于中日关系健康发展。胡吉勇、李信《日本对吉林的煤炭掠夺》（《吉林日报》2015 年 9 月 15 日）论述了近代以来日本对吉林地区煤炭掠夺的概况，但篇幅较短，很多问题未能展开。另外，还有一些硕博论文关注于此问题，主要有：王林楠《近代东北煤炭资源开发研究（1895—1931）》（吉林大学 2010 年博士论文）。该文涉及伪满建立前日本对东北部分煤矿的掠夺，但不涉及伪满时期。而后者恰为日本掠夺东北煤炭资源的主要阶段。杨帆《日本对东边道地区经济资源掠夺研究（1905—1945）》（东北师范大学 2018 年博士论文）。该文论述了日俄战争以后日本对通化、白山、本溪等地煤铁资源的掠夺。杨钰《日俄战争后日本与抚顺煤矿》（齐齐哈尔大学 2014 年硕士论文）。该文论述了日俄战争后日本对抚顺煤矿的掠夺，但不涉及东北其他煤矿。

心采矿会破坏龙脉，因此禁止在陵寝周围采矿。直至乾隆三十九年（1774 年），清政府开始允许对盛京、锦州等地的煤矿进行开采，并发给作为许可证的龙章票。乾隆年间，还允许对本溪湖、五湖嘴煤矿进行开采，并发给龙章票许可。但至道光年间，"对于陵寝附近之金山、煤矿又禁止采掘；且对于兴京、铁岭、抚顺各地矿山，亦一律封锁"①。总体上，这一时期在东北虽然有一些煤矿，但由于清廷实行封禁政策，因此煤矿较少，规模较小。至清中期，内忧外患，财政匮乏，朝野渐有开发矿山之议。从光绪年间起，清政府对矿业尽管仍然进行限制，但总的趋势是益弛禁，先后批准开矿数十处，其中包括抚顺煤矿、老头沟煤矿、杉松岗煤矿等。

正是由于东北拥有丰富的煤炭资源，因此引起列强的垂涎，最先掠夺东北煤矿权的是沙俄。光绪二十二年（1896 年），清政府与沙俄签订《喀西尼密约》，俄国开始侵蚀中国的矿权。"根据该密约，帝俄不但取得吉林省及黑龙江省之各种矿权，并获得铁路两侧三〇华里内之煤炭采掘权。"②此后，在吉林省境内，沙俄占据石牌岭、陶家屯、一面坡、乌吉密等煤矿；在黑龙江省境内，占据扎赉诺尔煤矿；在"南满"支线，以中俄合办之名经营抚顺煤矿。此外，它还以此名义开采了尾明山、五虎嘴等煤矿。可见，沙俄在东北的势力盛极一时。

及至日俄战争后，俄国战败，其在东北的矿权大部分被非法移交给日本。在清末，日本攫取中国的第一批矿权主要是抚顺、烟台煤矿。光绪二十七年（1901 年），候选府经历王承尧、候选知县翁寿分别提出在

① 东北物资调节委员会研究组编：《东北经济小丛书·煤炭》，京华印书局 1948 年版，第 2 页。

② 东北物资调节委员会研究组编：《东北经济小丛书·煤炭》，京华印书局 1948 年版，第 3 页。

抚顺的开矿申请，后经清廷批准，王承尧建立"华兴利煤矿公司"，公司设在千金台；翁寿建立"抚顺煤矿公司"，公司设在老虎台。此后，翁寿为同王承尧竞争，引入俄资，先后将俄籍华人纪凤台、俄国退役大校陆宾诺夫等人引入公司，并以此为靠山力图挤垮华兴利煤矿公司。后在盛京将军增祺[①]等人的干涉下，其阴谋未能得逞。有鉴于此，王承尧亦引入中俄道胜银行股金 6 万两（股本并未收齐），并明文规定：道胜银行只为入股分红，不为合办，银行不得过问公司事务，不得参与公司管理，从而保住了公司的主权。[②] 此后，翁寿亦被陆宾诺夫等人排挤出抚顺煤矿公司，翁寿遂向增祺告状，增祺将抚顺煤矿公司判与王承尧，但显然在当时王承尧无力收回。日俄战争后，日本武装占领了抚顺煤矿，王承尧遂向各方奔走呼号，清政府也为此向日方发出数次照会。1907 年 5 月 11 日，日驻清公使林权助明确向庆亲王奕劻[③]表示：千山台矿区与抚顺煤矿所有其他部分同样，显系俄国所经营。任何人都不能否认的明显事实是，俄国曾将苏家屯往东的铁路支线延长到该矿区界内，以便供应东省铁路用煤。该矿区……理应移归日本所有。[④] 诉诸史实，抚顺煤矿公司为沙俄所盗用，并未得到清政府的认可，其所谓的铁路用煤亦属于掠夺物资。而华兴利煤矿公司虽引入俄资，但其主权尽归王承尧所有。可见，日方不过是为强占抚顺煤矿而强词夺理罢了。

烟台煤矿，清嘉庆年间由吴某以军功领得开矿龙票。光绪二十年

---

① 增祺（1851 年—1919 年），字瑞堂，伊拉里氏，满洲镶白旗人。曾任齐齐哈尔副都统、福州将军、船政大臣、闽浙总督、盛京将军、宁夏将军、广州将军（后兼署两广总督）等职。宣统三年（1911 年）授都统，兼弼德院顾问大臣。

② 傅波：《中日抚顺煤矿案交涉始末》，黑龙江人民出版社 1987 年版，第 13 页。

③ 爱新觉罗·奕劻（1838 年 3 月 24 日—1917 年 1 月 29 日），晚清宗室重臣，满洲镶蓝旗人，曾任御前大臣、总理各国事务衙门大臣、首席军机大臣、内阁总理大臣、弼德院总裁等职。

④ 解学诗主编：《满铁史资料·煤铁篇》第一分册，中华书局 1987 年版，第 55 页。

（1894 年）曾由英人庞氏投资开办，后由"中东铁路"经营。日俄战争后，日本以继承沙俄经营权为由占领了该煤矿。1907 年交由"满铁"经营，改为抚顺炭矿烟台采炭所。为了占领中国的抚顺、烟台煤矿，日本一方面拒不交还，另一方面向清政府持续施压。最终清政府签订了《东三省交涉五案条款》，其中规定：中国政府认日本国政府开采上开两处煤矿（即抚顺、烟台两处煤矿，笔者注）之权；日本政府尊重中国一切主权，并承允上开两处煤矿开采煤觔，向中国政府应纳各项，惟该税率应按中国他处煤税最惠之例，另行协定。① 1911 年 5 月 12 日，双方又签订《抚顺烟台煤矿细则》，给予日本在该地区排他性的开采权，并拥有一定的治理权力，此外，还规定细则时限为 60 年，如至期煤尚不能采尽，再行延期。② 至此，日本完全占有了中国的抚顺、烟台煤矿。此外，这一时期日本还强占了中国的瓦房店煤矿（炸子窑）和本溪湖煤矿，其中本溪湖煤矿在中日的交涉下改为中日合办，命名为本溪湖商办煤矿有限公司。

民国建立以后，我国开矿之风渐盛。1914 年，民国政府制定了《矿业条例》，奖励矿业投资。此后又恰逢一战，煤矿业极为繁荣，因此申请开矿者逐年增多。至一战结束后，伴随着全球经济进入不景气时代，矿山企业也陷入萧条。尽管如此，由于巴黎和会加速了中国的民族觉醒，全国各地掀起了轰轰烈烈的收回国权运动。"其时东北当局为求自力开发矿业计，乃设东北矿务局，管辖八道壕、复州、西安、尾明山

---

① 解学诗主编：《满铁史资料·煤铁篇》第一分册，中华书局 1987 年版，第 92 页。
② 解学诗主编：《满铁史资料·煤铁篇》第一分册，中华书局 1987 年版，第 123—124页。

及鹤岗各煤矿。"① 同时，当局公布《开放官留未办各矿暂行简章》，实则选出其中最优良者，作为官营，而余者委之民营。② 其中，东北矿务局由王正黻任总办，该局直接经营和间接经营的煤矿包括：黑山县八道壕煤矿、复县复州湾煤矿、西安煤矿、海城大岭滑石矿、辑安宝马川金矿、阜新煤矿、兴城富儿沟煤矿（试办中）。"此外犹复遴派技师、四出勘矿。其在报领及试探中者，不遑枚举。"③ 在当时，八道壕煤矿规模较大、产量较高，为奉系控制的主要煤矿。"壕矿自十一年起至十九年底止共计采煤五十三万九千三百二十八吨。而以十九年份之七万七千余吨为最多额。"④ 其他煤矿的产量亦不在少数。可见，东北的民族矿业有了一定的发展。不唯如此，张学良当政以来还针对日本采取一些措施，其中包括废弃抚顺煤输出税协定、否认抚顺油页岩的开采权、增征日本投资的振兴公司之铁捐、惩办与日人在烟台合作的中国人并治以盗卖国土之罪等⑤，这对于遏制日本对东北煤矿业的侵夺起到一定的作用。

　　尽管遭到来自中国方面的抵制，但日本还是想方设法地掠夺中国的煤炭资源。这一时期，日本的工作重心为竭力巩固及扩大原有矿区，同时力图侵占新的矿区。民国建立之初，日本就大肆侵占抚顺矿区内外土地。1911 年 4 月，抚顺居民陈荣等 58 人在呈奉天交涉司文中表示："现日商绘图照会交司饬案下假藉矿道强买民产又数大段，夺食驱民，

---

　　① 东北物资调节委员会研究组编：《东北经济小丛书·煤炭》，京华印书局 1948 年版，第 4 页。

　　② 施良：《东北的矿业》，东方书店 1946 年版，第 3 页。

　　③ 东北文化社年鉴编印处编：《东北年鉴》，东北文化社 1931 年版，第 1121 页。

　　④ 东北文化社年鉴编印处编：《东北年鉴》，东北文化社 1931 年版，第 1123 页。

　　⑤ ［日］日本工业化学会满洲支部编：《东三省物产资源与化学工业》，沈学源译，商务印书馆 1936 年版，第 6 页。

网图厚利。"① 同年 7 月，乡正李玉宸等 22 人呈抚顺县监督文中称：（日方宣称）本村村南之田亩，亦在矿界之内，尽数丈量。身等聆闻之下，不胜惊异，伏思日人矿界北至浑河，身所种之地系在浑河北畔，实有河南、河北之分，界内、界外之别。今日人意存贪权利，援引牵混……若今日人如是搜罗，则我民失业，不免饥寒交迫，流离失所。② 1913 年日本驻奉天代理总领事井原真澄还向抚顺县知事提出在杨柏堡、老虎台及大山矿复线工程等用地要求，遭到县知事的抵制后，日方通过张都督③向县知事施压，基本实现。此后，日本加快了对抚顺土地的兼并。1915 年 6 月 25 日，日本驻奉天总领事落合谦太郎代表"满铁"向奉天交涉署长田潜提出收买耕地、沙地及荒地 7 605 130 坪，后遭到田潜的拒绝。1917 年，抚顺炭矿在万达屋、新屯、龙凤、老虎台等处强购民田 3 000 余亩，占用之后却赖账不付钱，当地居民纷纷上书奉天省。1921 年 9 月 19 日，千金寨（千金台）居民白辅廷在呈奉天省长文中揭露抚顺炭矿强占民田的罪行，其中表示："民于村东处有地十余日，禾稼非常茂盛，转瞬可庆酉成，于八月间，炭坑用着此地，概未商诸于民，因禾稼妨碍，竟自擅致割毁。惜哉！货任弃于此地，野老罔费犁锄，秀实不令其成。……民于村东南又有地十余日，民于此地关系极重。……乃无端被炭坑侵占，时而取土，时而挖坑，时而修道，任其自由行动。"④ 1924 年 6 月 12 日，千金寨居民葆让之上书奉天省长，表示："窃民原有坐落抚顺千金寨街东头基地一千八百九十余坪，与日人炭坑发电所相毗连，民国十年间，被该发电所由东端擅行占去四百坪有

---

① 解学诗主编：《满铁史资料·煤铁篇》第一分册，中华书局 1987 年版，第 138 页。
② 解学诗主编：《满铁史资料·煤铁篇》第一分册，中华书局 1987 年版，第 138—139 页。
③ 应为张锡銮。
④ 解学诗主编：《满铁史资料·煤铁篇》第一分册，中华书局 1987 年版，第 146 页。

奇，……已逾四年之久，非但未给退出，反将其余部分倾炉炭，堆积如山，所剩未占者无几。"① 1930 年 7 月，抚顺居民佟维章等四人上书东北政务委员会，表示："查日人原定矿区，先前不过千金寨、老虎台两村，区域面积本属甚小，嗣后渐次侵占，竟达十数村之多，将全县土地面积占去十分之三。"② 除公开收买外，为了减少中国官方的压力，抚顺煤矿还使用土地假人名义进行秘密收买，尤其是在九一八事变前几年，秘密收买占绝大多数。由以上可知，日本对于抚顺地区当局采取蚕食鲸吞的方式侵夺土地，致使抚顺居民被迫远离家园，流离失所。根据日方的统计，从 1908 年至 1916 年抚顺煤矿收买土地面积为 3 029 532坪，1917 年至 1926 年收购面积为 12 730 897 坪，1927 年至 1931 年收购面积为 1 899 997 坪，其中秘密收买面积为 1 214 795 坪，总计17 660 426 坪。③

这一时期，日本还窃取中国的"搭连煤矿""华胜煤矿"和"阜新煤矿"等。搭连煤矿亦称塔连嘴子煤矿，位于抚顺煤矿东部，前方是浑河，右方是东洲河，与浑河略成直角，后方靠山。在古代当地人就发现了煤矿矿苗，采取"狐狸挖洞"④的方式采掘露头煤炭。"中国人孙喜冒等人于一九〇八年筹资上报，得到了清政府发给的准予采掘执照，获取了对搭连煤矿的采掘权。当时占地面积共五十亩，取名为'大兴煤矿公司'。"⑤ 由于经营不善，煤矿不久陷于困境。同期日本人三好龟吉多次潜入搭连煤矿进行秘密考察，了解到搭连煤矿的煤质和大致储量，于

---

①　解学诗主编：《满铁史资料·煤铁篇》第一分册，中华书局 1987 年版，第 147 页。
②　解学诗主编：《满铁史资料·煤铁篇》第一分册，中华书局 1987 年版，第 148 页。
③　解学诗主编：《满铁史资料·煤铁篇》第二分册，中华书局 1987 年版，第 157 页。
④　"狐狸挖洞"指当地人把露出地表的煤像狐狸挖洞那样挖出来。
⑤　王渤光：《日本帝国主义对抚顺搭连煤矿华胜煤矿的鲸吞》，载《抚顺文史资料选辑》第三辑，政协抚顺市委员会文史资料委员会 1984 年版，第 88 页。

是游说孙喜冒进行煤矿合办。1914 年 10 月，孙喜冒和三好龟吉签订中日双方合办的合同，其中规定：所采的煤，应将其六成供作经费，其余分别由三好取得二成，由中国方面代表人取得二成；矿业税由中国方面代表人负责，出口税则由三好负担；亏损全由三好负责。整个公司资本为十万日元，其中六万日元由中国代表出资，四万日元由三好龟吉出资。[①] 据此，孙喜冒和三好龟吉成立了中日合办的"大兴煤矿有限公司"。该合同于次年获得中国政府的承认。该公司还申请新矿区 871 亩，新旧矿区合计总面积为 921 亩。[②] 此后，在 1916 年 2 月三好龟吉和日本人饭田义一签订合同，将其在大兴煤矿有限公司的一切权益转让给饭田义一。次年，饭田又与"东洋炭矿株式会社"[③] 签订合同，转让了他在公司中的权益。1919 年，公司又申请增加矿区 2 255 亩，于是矿区共达 3 176 亩。[④] 同年，孙喜冒将其经营煤矿的一切权利转让给周文贵[⑤]。1928 年 6 月 30 日，东洋炭矿株式会社社长与抚顺煤矿长签订该社所有一切权利转让给该煤矿的契约，同年 7 月从周文贵处征得同意书。[⑥] 在中方，周文贵的权益先由其兄周文富继承，后由周文贵之子周武福继承。1930 年，"满铁"以日金 50 万元收买了周文富对该矿的一切权利。

---

① 王渤光：《日本帝国主义对抚顺搭连煤矿华胜煤矿的鲸吞》，载《抚顺文史资料选辑》第三辑，政协抚顺市委员会文史资料委员会 1984 年版，第 89—90 页。

② 解学诗主编：《满铁史资料·煤铁篇》第一分册，中华书局 1987 年版，第 174 页。

③ 东洋炭矿株式会社于 1917 年 3 月 5 日成立，总社设在日本东京，同年 4 月 1 日在抚顺开设分社。1919 年 3 月 19 日将总社改设于抚顺。

④ 解学诗主编：《满铁史资料·煤铁篇》第一分册，中华书局 1987 年版，第 174 页。

⑤ 周文贵（1878 年—1928 年），字义亭，旅顺元宝房人，大连爱国企业家。周文贵童年失学，以赶马车为业。其兄周文富（1874 年—1931 年）曾在旅顺船坞局机器厂当学徒，后成为该厂钳工。1907 年周氏兄弟创办了周家炉，后发展为顺兴铁工厂，生意日渐兴隆，规模很大，是东北民族工业的代表。周文贵还投资矿业。但周家企业的发展遭到日本的极力排挤，损失惨重。1928 年周文贵因海难死于非命，其兄周文富于 1931 年病故。周氏兄弟对旅大民族工业的发展做出了重要贡献。

⑥ 解学诗主编：《满铁史资料·煤铁篇》第一分册，中华书局 1987 年版，第 172 页。

表面上仍以周文贵为公司总理，实行中日合办之名，但实际上双方已缔结权利转让契约，"满铁"已将该煤矿独占。1934年，"满铁"又给周武福一些日元后，便完全将搭连煤矿吞为己有。[①] 至此，日本开始更加肆无忌惮地开采搭连煤矿的炼焦用煤炭。

华胜煤矿位于古城子以西附近，在1911年"满铁"划定矿界时，即以古城子河为界，河东为抚顺煤矿地区。在华胜煤矿一带，自古以来当地居民就进行简易的煤炭开采。1905年左右由中国人马福隆和范宜春等人主持开采该煤矿，定名为"华胜煤矿公司"。同期日本人调查发现，"在华胜煤矿埋藏有数百万吨优质煤炭，而且煤层的上层煤距地表很近，覆盖物又浅，易于开采，甚为有利可图"[②]。但这一矿区在当时不属于抚顺煤矿，而属于马福隆等人的华胜煤矿公司，于是日本开始处心积虑地谋划吞并华胜煤矿。1921年，马福隆因资金困难向抚顺煤矿申请贷款，日方认为有利可图，便同马福隆签订了委任经营华胜煤矿开采、销售等全部业务的合同。合同规定："抚顺炭矿矿长井上匡四郎为甲方，华胜煤矿公司经理为乙方，经中国政府许可之采矿执照中新增矿区的煤炭开采与销售等全部业务委任给甲方；为经营而需要的机械、器材和资金由甲方筹办，并由甲方经营之。乙方担负向中国政府交纳的矿区税，矿产税由甲方承担。"[③] 之后又签订附属合同，乙方将新增矿区的全部土地卖给甲方，甲方每月支给乙方车马费200元。这一时期，以荒井泰治为社长的"南昌洋行株式会社"也经营着古城子露天矿附近

---

　　① 王渤光：《日本帝国主义对抚顺搭连煤矿华胜煤矿的鲸吞》，《抚顺文史资料选辑》第三辑，政协抚顺市委员会文史资料委员会1984年版，第91—92页。
　　② 抚顺矿务局煤炭志编纂委员会编：《抚顺矿区史略（1901—1985）》，抚顺矿工报印刷厂1988年版，第35页。
　　③ 抚顺矿务局煤炭志编纂委员会编：《抚顺矿区史略（1901—1985）》，抚顺矿工报印刷厂1988年版，第36页。

的一个矿区，而且该会社也曾贷款给马福隆。荒井泰治以此为借口，认为抚顺煤矿侵犯了其利益，并向"满铁"提出抗议。经过数次交涉，"满铁"和"南昌洋行株式会社"于1922年12月签订了备忘录，根据该备忘录，"南昌洋行株式会社"（乙方）完全放弃从前对华胜煤矿新增矿区的主张，交予"满铁"任意处理。乙方与马福隆之间的正当债权债务，甲方应负责解决。甲方承认乙方与马福隆订立的报销合同。乙方承认甲方将来可与马福隆取得谅解而将华胜煤矿的旧矿区合并于新增矿区的合同之内。① 据此，日本的两大会社以中国的矿区为筹码进行协调，实现了其内部利益的统一，而中国的矿权则受到明显侵犯。"满铁"对华胜煤矿的控制，导致华胜煤矿公司无法正常经营，故在1923年8月24日，马福隆将华胜煤矿矿权、土地和设备以66万日元（其中28万日元作为过户偿还"南昌洋行株式会社"债务，13万日元系对抚顺煤矿的债务抵偿）卖给抚顺煤矿。从此，抚顺煤矿完全吞并了华胜煤矿。日本对抚顺搭连煤矿和华胜煤矿的吞并，扩大了日本"满铁"所经营的抚顺煤矿，炼焦煤和优质煤被源源不断地运送到日本，支援了日本的对外侵略战争。

阜新煤矿，原为中国人所有。1898年8月，徐泉在阜新老君庙西南方建立东盛窑，开挖斜井采煤。此后，新成窑、天成窑、福成窑、兴顺窑、玉德窑、宝成窑、九成窑、实成窑等纷纷建立，但这些煤矿规模都比较小。此后，由于该地被判明煤质优良、矿脉广阔，遂引起日本的觊觎。1914年6月，大仓组派工学士大日方一辅前往该地调查煤田情况，途中遇土匪袭击身亡。日方强辩此事件因新邱煤矿而引起，要求以

---

① 解学诗主编：《满铁史资料·煤铁篇》第一分册，中华书局1987年版，第186页。

该煤矿作为赔偿。在日方的强烈坚持下，中方被迫同意，但须成立中日合办企业。由此，大仓组于 1914 年成立了大新公司和大兴公司，后两公司被"满铁"收买。为了鲸吞阜新煤田，同时减少吞并的阻力，"满铁"收买汉奸刘海轩等人，以其名义收买土地，再转让给"满铁"。其中在 1918 年 5 月，刘海轩将其收买的 12 个矿区全部转让给大新、大兴两公司。此外，"满铁"还收买其他汉奸，以他们的名义呈请矿区，至 1922 年共呈请了 26 个矿区。其中，1918 年 13 个矿区，1919 年 8 个矿区，1920 年 3 个矿区，1922 年 2 个矿区。[①] 为了使这些矿区顺利获批，"满铁"还贿赂北洋军阀政府、热河都统等机关的官僚，以达到盗取中国矿权的目的。

二、伪满时期东北的煤炭工业

九一八事变后，在伪满政权的保护下，日本对东北煤矿业的侵夺变得更加有恃无恐。伪满时期，垄断东北煤炭工业的主要是"满铁"和"满炭"（满洲炭矿株式会社）两大家。"满铁"持有的抚顺、烟台等煤矿因系"满铁"不可或缺的事业而未并入"满炭"。九一八事变后日本又强令抚顺煤矿增产，其目的主要为："一是用优质的抚顺煤炭发展日本国内的军事工业，以扩大其军事侵略；二是奠定日本国内的经济基础，建立以日本为中心的东亚区域经济网，谋取更高利润；三是解决日本国内能源不足而陷于危机的状况，并为日本在我东北地区建立的军事工业解决燃料供应，促其发展。"[②] 为了扩大产量，抚顺煤矿不断地收

---

① 解学诗主编：《满铁史资料·煤铁篇》第二分册，中华书局 1987 年版，第 656 页。

② 王渤光：《抚顺煤矿史料（三）》，载《抚顺文史资料选辑》第三辑，政协抚顺市委员会文史资料委员会 1984 年版，第 208 页。

买土地，扩大矿区。其中 1932 年收买的土地面积为 479.809 亩，1933 年为 558.201 亩，1934 年为 127.279 亩，1935 年为 359.966 亩，1936 年为 10 421.356 亩。[①] 其扩张速度和规模远大于事变前。而 1932 至 1940 年抚顺煤矿各矿占用土地面积见表 3 - 1[②]，可见，抚顺煤矿各矿中除搭连煤矿的用地面积略有减少外，其他矿的用地面积总体呈明显增长趋势，这也反映出日本对东北矿区的侵占。

表 3 - 1 1932—1940 年抚顺煤矿各矿占用土地面积

（单位：平方米）

年度	抚顺用地	烟台用地	搭连用地	杂用地	计
1932 年	55 495 820	1 349 293	233 126		
1933 年	55 436 433	1 355 441	233 126		
1934 年	55 517 675	1 363 535	277 050		
1935 年	55 517 675	1 363 535	277 050	56 694	
1936 年	62 162 012	1 363 535	227 050	56 694	
1937 年	66 573 993	1 359 680	227 050	56 694	
1938 年	69 612 032	1 487 405	227 050	30 679 110	
1939 年	70 817 246	1 491 385	227 050	30 837 916	103 373 597
1940 年	64 691 937	2 375 281	227 050	30 885 465	98 179 733

1936 年以后，抚顺煤矿还相继开凿了龙凤竖井、老万斜井、大山斜井等。

1932 年至 1944 年抚顺、烟台煤矿历年产量见表 3 - 2[③]，可见，抚顺煤矿煤炭产量占辽宁省煤炭产量的大宗。

---

① 解学诗主编：《满铁史资料·煤铁篇》第二分册，中华书局 1987 年版，第 375 页。
② 解学诗主编：《满铁史资料·煤铁篇》第二分册，中华书局 1987 年版，第 375 页。
③ 辽宁省统计局编：《辽宁工业百年史料》，辽宁省统计局印刷厂 2003 年版，第 147 页。

表 3－2 1932 年至 1944 年抚顺、烟台煤矿历年产量

（单位：万吨）

年度	辽宁省境内合计	抚顺煤矿（含南昌阿金沟）	烟台煤矿
1932 年	687.1	562.7	15.90
1933 年	824.8	706.1	17.47
1934 年	913.9	757.2	23.16
1935 年	1 099.7	873.3	26.83
1936 年	1 131.8	959.3	30.96
1937 年	1 176.5	953.0	34.84
1938 年	1 255.6	913.9	36.43
1939 年	1 418.3	909.8	38.15
1940 年	1 434.8	777.0	35.70
1941 年	1 480.0	680.9	36.80
1942 年	1 382.6	628.6	37.58
1943 年	1 749.5	561.9	39.60
1944 年	890.3	483.6	33.40

另外，1932 年至 1944 年抚顺、烟台煤矿在籍工人数见表 3－3[①]。

表 3－3 抚顺、烟台煤矿在籍工人数

（单位：人）

年度	抚顺煤矿			烟台煤矿
	合计	中国人	日本人	
1932 年	28 002	24 946	3 056	
1933 年	33 439	29 903	3 536	
1934 年	34 128	30 594	3 534	
1935 年	37 604	33 352	4 252	
1936 年	43 586	39 017	4 569	

---

① 辽宁省统计局编：《辽宁工业百年史料》，辽宁省统计局印刷厂 2003 年版，第 147 页。

续表

年度	抚顺煤矿			烟台煤矿
	合计	中国人	日本人	
1937 年	49 719	44 420	5 299	
1938 年	64 401	57 723	6 678	
1939 年	79 371	71 437	7 934	4 546
1940 年	76 563	68 180	8 383	3 690
1941 年	78 748	70 038	8 710	3 641
1942 年	91 365	81 683	9 682	4 085
1943 年	81 767	81 767		4 165
1944 年	82 385	82 385		4 182

在 1936 年抚顺煤矿的产量达到顶峰，此后开始逐年下降。这一时期抚顺煤矿的采煤作业已基本上实现了初步的机械化。这些采煤、发电、炼钢、火药制造、炼油等设备基本上都是从日本进口的。但全面抗战爆发后，这些设备的进口受到阻碍。"当时，抚顺煤矿需要钢材六万五千吨，实际只得到二万三千吨。需要电线用铜材八百吨，而分配来的数只有三百一十吨，只是需要的百分之三十九，而实际得到的供应却只有一百八十吨。需要水泥五万四千吨，实际得到四万七千吨。轴承合金材料等有色金属以及炼钢用元素材料、合金铁等，进口量更加减少。至于钢材中圆钢（尤其是车轴钢）干脆不进口了。"[①] 由此可见，一方面抚顺煤矿的关键设备依靠日本进口，对日依靠十分明显；另一方面，由于物资短缺、设备不足，其减产也是必然的结果。尽管如此，日本侵略者仍不甘心，想方设法地扩大生产。当时主要采取三种办法："一是残

① 王渤光：《抚顺煤矿史料（三）》，载《抚顺文史资料选辑》第三辑，政协抚顺市委员会文史资料委员会 1984 年版，第 213—215 页。

酷统治；二是疯狂镇压；三是乱采乱掘，实行破坏性开采。"① 尽管如此，其产量仍然下滑，但这给东北人民造成的伤害越来越大。

除抚顺煤矿外，"满铁"还兼并了一些散在东北各地的煤矿。其中蛟河煤矿于1933年12月被"满铁"兼并。老头沟煤矿于1933年被"满铁"在租矿形式下获得开采权。瓦房店煤矿虽早为"满铁"所接管，但直至1934年才开采。在伪满末期，"满铁"还强行吞并了富锦煤矿和光义煤矿。其中，富锦煤品质优良，黏结性强，发热量大，灰分少，适宜于炼铁。"满铁"为了解决当时炼铁用原料煤不足的问题将其吞并，并于1944年设立了旁系公司富锦煤矿株式会社。光义煤矿，位于穆棱煤矿西约20公里处，"满铁"于1945年着手开发，未及建成，东北已光复。

"满洲炭矿株式会社"于1934年5月6日正式成立，注册资本为1 600万日元，由伪满洲国政府与"满铁"各半出资。其中伪满政府以复州煤矿、八道壕煤矿、尾明山煤矿、孙家湾煤矿，以及北票煤矿、西安煤矿、鹤岗煤矿中的官股等作为投资，"满铁"则把阜新县内的矿业权和附属财产作为投资。1935年"满炭"开始开采滴道煤矿，同年还开始经营扎赉诺尔煤矿。1936年后又开始收买北票煤矿、西安煤矿和鹤岗煤矿的私股部分。另外，"满炭"还着手开发新的煤矿，主要有和龙煤矿、田师付煤矿、舒兰煤矿、东宁煤矿、三姓煤矿、城子河煤矿、恒山煤矿、珲春煤矿、宝清煤矿、瑷珲煤矿等，至此，"满炭"已逐渐形成了对东北煤炭工业的垄断。

但至1940年，"满炭"开始盛极而衰。伴随着日本侵华战争的扩

---

① 王渤光：《抚顺煤矿史料（三）》，载《抚顺文史资料选辑》第三辑，政协抚顺市委员会文史资料委员会1984年版，第216页。

大，其资金、资材和劳力等陷入全面恶化。为了最大限度地扩大生产，服务于战争，伪满政府改变了过去"一业一会社"主义，从 1940 年开始改组"满炭"，把所有权和经营权分离。1941 年，密山煤矿脱离"满炭"而独立。1943 年，阜新、北票、西安、鹤岗、扎赉诺尔、珲春、康德矿业等煤矿又相继独立。至此，仅有三姓、东宁及其他数处小煤矿仍处于"满炭"的经营之下，"满炭"已经变成各煤矿的服务机关。

伪满时期其他煤矿的情况如下："阜新煤矿"，在伪满初期由"满炭"直营，是包括新邱、孙家湾、八道壕、太平、平安、高德、城南等各采煤所的一大煤矿。1943 年脱离"满炭"，改称阜新煤矿株式会社。该矿主要由"满业"投资，1945 年实缴资本 2.2 亿元，使用总额达 2.5 亿元。伪满时期该矿扩张迅速，"煤炭产量 1938 年达到 107.6 万吨，1939 年达到 234 万吨，1940 年达到 337.6 万吨"[①]。以后各年均在 400 万吨上下。其在籍工人数 1939 年为 34 028 人，1940 年为 39 888 人，1941 年为 46 541 人，1944 年为 58 823 人。[②] 至伪满后期，阜新煤矿成为仅次于抚顺煤矿的大煤矿。

"本溪湖煤矿"，位于安奉路沿线，自本溪湖市的东北端起横断铁路线，延伸至西南部。在乾隆年间就有人开采；至咸丰、同治年间，冶铁和采煤两项事业并进；至光绪年间渐趋衰落。1909 年日本大仓组建立中日合办之"本溪湖煤矿公司"，从事采煤事业，后兼营制铁事业，改称"本溪湖煤铁公司"。至伪满末期，又与鞍山制钢所合并，改称为"满洲制铁会社本溪支社"。该矿 1939 年生产煤炭 95 万吨，1940 年生产 74.4 万吨，1941 年生产 75 万吨，1942 年生产 79.8 万吨，1943 年生产 86.8 万吨，1944 年生产 95.1 万吨。[③] 1941 年有职工 2 018 人，年选

---

① 辽宁省统计局编：《辽宁工业百年史料》，辽宁省统计局印刷厂 2003 年版，第 147 页。
② 辽宁省统计局编：《辽宁工业百年史料》，辽宁省统计局印刷厂 2003 年版，第 147 页。
③ 辽宁省统计局编：《辽宁工业百年史料》，辽宁省统计局印刷厂 2003 年版，第 147 页。

煤设备能力为 328 万吨。①

　　"北票煤矿"，"清代即已由当地人用土法开采"②。1917 年，它被京奉铁路局作为开滦煤矿的补助矿，1921 年被改为官商合办。伪满建立后，被伪满洲国实业部接收，后建立"日满合营北票炭矿股份有限公司"。1937 年被并入"满炭"，至伪满后期又独立经营。该矿 1939 年生产煤炭 61.96 万吨，1940 年生产 94.07 万吨，1941 年生产 116.82 万吨，1942 年生产 107.9 万吨，1943 年生产 117.8 万吨，1944 年生产 123.83 万吨。③ 1939 年有职工 19 523 人，1941 年有 21 428 人，1944 年有 15 857 人。④

　　"田师付煤矿"，属于奉天省本溪县域内。民国时期为孟凌云所有，1937 年为"满炭"所收购，1942 年转给溪碱炭矿株式会社经营。1939 年生产煤炭 7.32 万吨，1940 年生产 20.8 万吨，1941 年生产 47.8 万吨，1942 年生产 57.2 万吨，1943 年生产 69.5 万吨，1944 年生产 61.84 万吨。⑤ 1939 年该矿有工人 3 865 人，1941 年有 4 757 人，1944 年有 6 744 人。⑥

　　"牛心台煤矿"，位于本溪湖市东约 17 公里，太子河左岸，至本溪湖可利用溪碱线之便。⑦ 该矿 1939 年为"满炭"所收买，1941 年归溪碱炭矿株式会社经营。1939 年生产煤炭 17.9 万吨，1940 年生产 26.14 万吨，1941 年生产 26.71 万吨，1942 年生产 21.33 万吨，1943 年生产 15.8 万吨，1944 年生产 15.28 万吨。⑧

①　张福全：《辽宁近代经济史（1840—1949)》，中国财政经济出版社 1989 年版，第 498 页。
②　解学诗主编：《满铁史资料·煤铁篇》第二分册，中华书局 1987 年版，第 788 页。
③　辽宁省统计局编：《辽宁工业百年史料》，辽宁省统计局印刷厂 2003 年版，第 147 页。
④　辽宁省统计局编：《辽宁工业百年史料》，辽宁省统计局印刷厂 2003 年版，第 147 页。
⑤　辽宁省统计局编：《辽宁工业百年史料》，辽宁省统计局印刷厂 2003 年版，第 147 页。
⑥　辽宁省统计局编：《辽宁工业百年史料》，辽宁省统计局印刷厂 2003 年版，第 147 页。
⑦　解学诗主编：《满铁史资料·煤铁篇》第二分册，中华书局 1987 年版，第 791—792 页。
⑧　辽宁省统计局编：《辽宁工业百年史料》，辽宁省统计局印刷厂 2003 年版，第 147 页。

"八道壕煤矿"，发现于 1919 年，曾由张作霖、吴俊升、孙烈臣等组织八道壕矿务局，于 1921 年开始采掘，其后归属于奉天省矿务总局。伪满时期为"满炭"经营，改称"阜新炭矿八道壕采矿所"。1939 年该矿生产煤炭 10.35 万吨，1940 年生产 8.88 万吨，1941 年生产 11.03 万吨，1942 年生产 15.97 万吨，1943 年生产 25.83 万吨，1944 年生产 27.95 万吨。[①] 1939 年该矿有工人 1 268 人。[②]

"瓦房店煤矿"，属于"满铁"经营。伪满时期该矿被交予抚顺煤矿蛟河采煤所管理。1939 年生产煤炭 5.19 万吨，1940 年生产 7.61 万吨，1941 年生产 7.47 万吨，1942 年生产 6 万吨，1943 年生产 5.21 万吨，1944 年生产 3.65 万吨。[③]

"复州煤矿"，又称五湖嘴煤矿，位于复县城南 52 公里处。据说清以前已经开采，清乾隆年间由郑亲王家仆陈、刘二人领有。该矿"以同治年间为最盛，于同治七年之产量，曾达八〇〇〇万市斤"[④]。伪满成立以后，该矿被"满炭"经营，1944 年 10 月转给复州矿业株式会社。该矿 1939 年生产煤炭 13.6 万吨，1940 年生产 13.5 万吨，1941 年生产 14.99 万吨，1942 年生产 12.35 万吨，1943 年生产 14.51 万吨，1944 年生产 12.3 万吨。[⑤] 1939 年该矿有工人 1 409 人，1940 年有 1 630 人，1941 年有 1 575 人，1942 年有 1 579 人，1944 年有 1 343 人。[⑥]

"南票煤矿"，在清代即有人开采。1939 年由"满洲矿业汽船株式会社"创办，当时称南票煤矿采煤所，后改为南票煤矿株式会社。

---

① 辽宁省统计局编：《辽宁工业百年史料》，辽宁省统计局印刷厂 2003 年版，第 147 页。
② 辽宁省统计局编：《辽宁工业百年史料》，辽宁省统计局印刷厂 2003 年版，第 148 页。
③ 辽宁省统计局编：《辽宁工业百年史料》，辽宁省统计局印刷厂 2003 年版，第 147 页。
④ 东北物资调节委员会研究组编：《东北经济小丛书·煤炭》，京华印书局 1948 年版，第 117 页。
⑤ 辽宁省统计局编：《辽宁工业百年史料》，辽宁省统计局印刷厂 2003 年版，第 147 页。
⑥ 辽宁省统计局编：《辽宁工业百年史料》，辽宁省统计局印刷厂 2003 年版，第 147 页。

"1945 年实缴资本 2000 万元，实际使用资金 2722 万元。原煤产量，1944 年达到 6.5 万吨，为最高的年份。"① 该矿 1940 年有工人 250 人，1942 年有 668 人，1944 年有 2 385 人。②

"扎赉诺尔煤矿"，位于滨州线满洲里附近，苏"满"边境，扎赉诺尔站西约 3 公里。1900 年中东铁路进行地质调查，1902 年由"北满"铁路局着手开发。1935 年"北满"铁路局将其委托给"满铁"经营，同年 8 月委托给"满炭"经营，1941 年为独立公司。该矿煤质一般，但储藏量大，据称可达 40 亿吨。1941 年该矿生产煤炭 12.2 万吨，1942 年生产 31.9 万吨，1943 年生产 37.6 万吨，1944 年生产 26.1 万吨。③

"鹤岗煤矿"，位于"三江省"鹤立县鹤岗街。1926 年成立官商合营鹤岗煤矿公司，1937 年为"满炭"所经营，1943 年独立成为鹤岗炭矿株式会社。该矿 1941 年生产煤炭 140 万吨，1942 年生产 192 万吨，1943 年生产 242 万吨，1944 年生产 285 万吨，1945 年生产 320 万吨。④

"西安煤矿"，位于"奉天省"西安县第一区平梅县中部。1932 年成立官商合营西安煤矿公司，归东北矿务局管理，后为"满炭"旁系煤矿，1938 年为"满炭"直营，1943 年又归于"满业"，成为西安煤矿。1940 年生产煤炭 155.4 万吨，1941 年生产 167.8 万吨，1942 年生产 137 万吨，1943 年生产 187.6 万吨，1944 年生产 225.4 万吨。⑤

"舒兰煤矿"，地跨吉林省舒兰县和吉林县。1897 年被发现，1936

---

① 张福全：《辽宁近代经济史（1840—1949）》，中国财政经济出版社 1989 年版，第 502 页。

② 辽宁省统计局编：《辽宁工业百年史料》，辽宁省统计局印刷厂 1988 年版，第 147 页。

③ ［日］满史会编著：《满洲开发四十年史》上册，东北沦陷十四年史辽宁编写组译，辽宁省营口市印刷厂 1988 年版，第 735 页。

④ ［日］满史会编著：《满洲开发四十年史》上册，东北沦陷十四年史辽宁编写组译，辽宁省营口市印刷厂 1988 年版，第 730 页。

⑤ ［日］满史会编著：《满洲开发四十年史》上册，东北沦陷十四年史辽宁编写组译，辽宁省营口市印刷厂 1988 年版，第 732 页。

年归"满炭"所有，1939 年成立舒兰炭矿株式会社。该矿 1941 年有日本人 1 251 人、中国人 1 万人，1942 年有日本人 478 人、中国人 4 000 人。[①]

"珲春煤矿"，位于"间岛省"珲春县盘石沟。伪满时期由"东满产业会社"经营，1944 年 10 月起由"满业"经营。该矿 1940 年生产煤炭 21.8 万吨，1941 年生产 34 万吨，1942 年生产 37.8 万吨，1943 年生产 36.7 万吨，1944 年生产 35.2 万吨。[②]

"密山炭矿滴道采煤所"，总社设在"东安省"虎林县鸡宁车站附近的鸡宁街，采煤所位于滴道东站北 5 公里。该矿 1940 年生产煤炭 69.2 万吨，1941 年生产 100.8 万吨，1942 年生产 109.1 万吨，1943 年生产 83.5 万吨，1944 年生产 87 万吨。[③]

"穆棱煤矿"，位于牡丹江穆棱县。1924 年吉林省政府与俄国人斯基泰尔斯基达成合营契约，建立穆棱煤矿公司。伪满时期，租矿权人及经营者为穆棱炭矿株式会社。该矿 1940 年生产煤炭 29 万吨，1941 年生产 36.2 万吨，1942 年生产 38.1 万吨，1943 年生产 36 万吨。[④] 此外，关于伪满时期东北煤矿业的情况见表 3 –4[⑤]。

---

① ［日］满史会编著：《满洲开发四十年史》上册，东北沦陷十四年史辽宁编写组译，辽宁省营口市印刷厂 1988 年版，第 734 页。

② ［日］满史会编著：《满洲开发四十年史》上册，东北沦陷十四年史辽宁编写组译，辽宁省营口市印刷厂 1988 年版，第 736 页。

③ ［日］满史会编著：《满洲开发四十年史》上册，东北沦陷十四年史辽宁编写组译，辽宁省营口市印刷厂 1988 年版，第 742 页。

④ ［日］满史会编著：《满洲开发四十年史》上册，东北沦陷十四年史辽宁编写组译，辽宁省营口市印刷厂 1988 年版，第 745 页。

⑤ 东北财经委员会调查统计处编：《伪满时期东北经济统计（1931—1945 年）》，1949 年版，(3)—64、(3)—65、(3)—66、(3)—67。

表3－4 煤矿概况一览表

矿山所在地		经营类	储量（万吨）	工人数（1941）	产煤量（吨）					
所属县	地址				1937	1940	1941	1942	1943	1944
东北总计			2 301 037	263 894	14 386 914	21 343 995	24 632 287	25 810 511	25 397 829	26 526 704
辽东省			（沈阳市）20 345 141	106 973	11 811 791	11 947 804	11 928 528	11 463 445	11 152 071	10 792 738
抚顺	抚顺	满铁	95 000	53 434	9 529 693	7 770 022	6 809 068	6 286 068	5 619 403	4 835 593
抚顺	大兴	大兴矿业	165	+188	—	41 057	38 601	39 992	38 083	25 343
本溪	牛心台	溪碱煤矿	11 855	583	165 000	55 537	67 498	84 584	155 333	152 820
本溪	田师付	溪碱煤矿	16 700	3 138	3 957	250 276	557 197	571 549	695 052	618 350
本溪	本溪湖	满洲制铁	36 075	14 445	776 500	744 000	750 000	798 000	863 102	951 000
本溪	小南沟	亲和企业	—	+512	—	39 557	53 496	76 734	—	—
本溪	前厂子	裕和矿业	10	+301	—	26 422	31 422	26 541	11 936	—
本溪	久和	久和矿业	630	—	—	16 049	64 831	30 539	37 375	39 511
本溪	南甸	恒昌矿业	490	—	—	—	—	—	27 218	31 590
西安	西安	满炭	33 900	18 383	798 029	1 504 700	1 683 230	1 460 470	1 616 773	2 095 000
西丰	西丰	西丰炭矿	10	+148	—	21 144	21 863	28 075	4 507	—
凤城	赛马集	康德矿业	33 000	+147	—	16 568	21 073	29 517	139 277	309 771

续表

矿山所在地		经营类	储量（万吨）	工人数（1941）	产煤量（吨）					
所属县	地址				1937	1940	1941	1942	1943	1944
临江	石人沟	满洲制铁	18 233	4 191	—	135 018	229 858	402 523	628 709	395 100
临江	烟筒沟	满洲制铁	9 781	1 288	—	53 931	37 330	39 200	—	（松湾）35 901
通化	五道江	满洲制铁	11 592	2 013	—	136 733	243 212	215 600	259 300	166 400
通化	铁厂子	满洲制铁	8 748	1 946	1 063	201 781	228 234	253 800	232 200	169 259
辉南	杉松岗	满洲制铁	3 490	+477	—	14 290	12 037	16 957	20 134	27 645
辽阳	烟台	满铁	4 000	3 171	348 401	356 999	367632	375 828	—	333 950
复县	复州	满炭	1 500	1 630	140 172	134 931	149 897	123 542	145 115	104 303
复县	瓦房店	满铁	1 400	603	48 976	70 393	76 239	57 233	—	36 500
	其他		58 562（沈阳市）20	+370	—	358 396	480 810	546 693	653 554	374 702
辽西省										
阜新	阜新	满炭	447 816	60 688	400 810	3 523 731	4 235 649	4 204 421	4 213 039	4 522 883
黑山	八道壕	满炭	400 000	58 300	333 670	3 376 280	3 987 400	3 857 590	4 101 990	4 120 500
锦西	锦州	锦州煤矿	20 000	1 454	67 140	88 750	110 300	159 700		279 500
			312	+132	—	8 224	19 531	18 050	12 499	18 065

续表

| 矿山所在地 | | 经营类 | 储量（万吨） | 工人数（1941） | 产煤量（吨） | | | | | |
所属县	地址				1937	1940	1941	1942	1943	1944
锦西	南票	矿发	21 400	+209	—	1 375	30 912	31 983	29 857	65 300
	其他		6 284	+593	—	49 102	87 506	137 098	68 693	39 518
吉林省			269 702	26 266	631 097	1 702 233	2 755 054	3 273 413	3 183 008	2 352 335
蛟河	蛟河	满铁	45 600	3 230	312 166	487 500	753 300	1 271 700	1 447 000	1 124 836
蛟河	杉松	杉松煤炭	520	+303	—	25 109	44 744	57 455	55 056	—
九台	营城子	营城子煤矿	15 100	3 906	19 778	172 637	236 004	351 154	378 773	359 410
九台	裕东	裕东煤矿	1 400	+1 519	185 100	214 118	224 342	188 402	180 338	105 830
九台	新东	新东煤矿	390	1 784	—	27 311	68 057	74 655	73 312	—
桦甸	桦甸	桦甸煤矿	62	+72	—	8 573	10 690	9 173	4 326	—
珲春	珲春	珲春煤矿	100 100	3 927	11 058	151 367	356 084	334 035	373 474	352 398
和龙	和龙	满炭	20 000	2 004	2 885	152 600	202 010	169 014	164 810	146 550
和龙	土山子	三和煤矿	4 703	+221	—	21 279	37 391	79 824	82 604	74 147
延吉	老头沟	满铁	16 000	1 623	100 110	136 220	158 500	197 400	175 300	152 000
延吉	福洞	福洞煤矿	1 213	+189	—	13 803	27 936	37 212	42 850	37 114
舒兰	舒兰	舒兰煤矿	58 743	6 471	—	195 316	485 919	350 430	29 729	—

续表

矿山所在地		经营类	储量（万吨）	工人数（1941）	产煤量（吨）					
所属县	地址				1937	1940	1941	1942	1943	1944
瑷珲	其他		5 871	+1 017	—	96 400	150 077	152 959	175 436	—
	黑龙江省		5 175	240	—	26 134	38 505	75 221	42 331	107 309
瑷珲	瑷珲	满炭	1 000	240	—	26 134	38 505	57 107	42 331	107 309
瑷珲	其他	满炭	4 175	—	—			18 114	—	—
	松江省		751 366	41 727	1 040 346	2 796 142	4 165 591	5 192 348	5 175 249	6 482 339
鹤立	鹤冈	鹤冈煤矿	500 000	14 646	479 848	1 164 117	1 582 600	2 027 800	2 245 600	2 678 900
密山	恒山	密山煤矿	60 000	4 725	—	197 670	417 101	613 592	594 879	877 590
密山	城子河	密山煤矿	53 000	4 346	—	151 271	337 710	485 950	551 400	738 150
鸡西	滴道	密山煤矿	37 000	11 230	101 552	582 538	945 953	1 117 907	854 269	870 020
鸡西	鸡西	密山煤矿	2 000	1 566	85 577	145 954	241 732	268 582	246 313	250 966
鸡西	麻山	密山煤矿	10 000	766	—	—	—	16 804	31 357	163 310
东宁	东宁	满炭	4 520	1 123	2 069	135 406	139 776	151 879	157 000	184 000
穆棱	穆棱	穆棱煤矿	7 500	1 705	371 300	332 760	338 608	389 674	365 379	297 279
富锦	富锦		14 108	+319	—	23 280	47 028	33 880	—	142 172
依兰	三姓	满炭	33 400	932	—	39 533	81 541	56 535	98 752	186 479

续表

矿山所在地		经营类	储量（万吨）	工人数（1941）	产煤量（吨）							
所属县	地址				1937	1940	1941	1942	1943	1944		
宝清	宝清	满炭	300	164	—	8 614	3 284	1 811	—	—		
	其他		29 538	+205	—	14 999	30 258	27 934	30 300	93 473		
"热河省"			81 212	24 897	351 773	1 112 073	1 359 421	1 298 860	1 275 136	1 307 569		
北票	北票	满炭	20 000	23 602	351 773	940 700	1 168 339	1 079 016	1 178 012	1 238 300		
兴隆	兴隆	满炭	35 000	—	—	—	—	13 866	21 692	69 269		
	其他		26 212	+1 295	—	171 373	191 082	205 978	75 432	—		
原兴安省（现内蒙古自治区）			400 605	3 103	151 097	235 878	149 539	302 803	356 995	261 054		
新巴尔虎	扎赉诺尔	扎赉诺尔	398 000	3 052	151 097	229 190	142 056	294 056	356 995	261 054		
右翼旗	其他	煤矿	2 605	+51	—	6 688	7 483	8 747	—	—		
*其他			—	—	—	—	—	—	—	700 477		

注：＊是不知其所属省份的产煤量。

三、日伪对东北煤炭工业的掠夺

伪满时期，日伪对东北煤炭工业的掠夺主要体现在以下四个方面：

（一）从产品原料上看，生产煤炭的原料大部分源自中国。首先，现代化的煤炭生产离不开电力，伪满时期，"东北煤矿每产煤一公吨，约需动力一〇至四〇基罗瓦特小时，平均为二〇基罗瓦特小时左右"[①]，其中又尤以抚顺煤矿和复州煤矿使用电力较多。抚顺煤矿为发电之用建立了抚顺发电所，后来又建立了抚顺第二发电所和大官屯发电所等。复州煤矿因坑内积水较多所需电力亦较高，因此也配备有发电厂。此外，1938 年日伪政府为开发阜新煤矿，又建立了阜新发电所。总之，伪满时期，东北的各大煤矿基本上都有自己的发电所，后来由于大规模水电站的建立，部分煤矿的发电站才逐渐关闭。其次，坑木也是生产煤炭的必需品。"东北煤矿产煤每一公吨约须使用坑木〇〇一一至〇〇五九立方公尺，平均为〇〇二七立方公尺"[②]。当时伪满的煤矿所使用的坑木大部分是就地取材，其中最适宜的木材为松木。"惟东北松木甚少，故煤矿支柱多用其他木材，即耐久力最弱之杨木亦常用之。"[③] 后来，在伪满的一些煤矿中甚至使用"满铁"的旧铁轨为支柱。再次，现代化的煤矿开采还要大量使用炸药。"至民国三十三年（1944 年，笔者注），东北煤矿中，使用炸药量最少者，亦达一二七公分，最高者达四九八公

---

① 东北物资调节委员会研究组编：《东北经济小丛书·煤炭》，京华印书局 1948 年版，第 37 页。

② 东北物资调节委员会研究组编：《东北经济小丛书·煤炭》，京华印书局 1948 年版，第 37 页。

③ 东北物资调节委员会研究组编：《东北经济小丛书·煤炭》，京华印书局 1948 年版，第 38 页。

分，平均则为三三九公分。"[①] 当时煤矿使用的炸药主要是硝酸亚炸药，价格低廉且相对安全。"东北煤矿所用炸药，在伪满时代，系以大连之旧满洲化学工业会社所制之硝酸亚，运交旧满洲火药会社之沈阳工厂、阜新工厂、安东工厂及抚顺煤矿之火药工厂，制成炸药，分配于各煤矿。"[②] 可见，这些炸药都是在东北制造的，然后再分配给各煤矿。最后，生产煤炭还需要钢材、铣铁、铸铁管、铜电线、铜、铅、水泥等，其所用资材数量及价格见下表3－5[③]。总之，伪满时期生产煤炭所使用的资材基本都是就地取材、本地生产，这就从产品源头上打下了掠夺的烙印。

（二）从煤炭用途上看，只有很少一部分用于民需。伪满时期东北煤炭供求状况见表3－6[④]。其中从1941年开始，为增产钢铁，开始由华北输入煤炭。根据此表可知，1936年一般取暖用煤的配售量占总量的18.6%，1937年占23%，1938年占20.6%，1939年占21.7%，1940年占21.5%，1941年占17.9%，1942年占17.4%，1943年占17.3%，1944年占16.6%。可见，从1937年以后，总体上呈下降趋势，这主要是由于中日全面战争和太平洋战争的爆发，造成物资紧缺和军需生产相关的用煤量大幅增加。1944年一般取暖用煤更是急剧减少。事实上，至1944年伪满统治下东北地区的物资紧缺已经达到历史新低，煤炭业亦不例外。因此，取暖用煤只能一再被压缩。当时，"东北冬季

---

① 东北物资调节委员会研究组编：《东北经济小丛书·煤炭》，京华印书局1948年版，第38页。

② 东北物资调节委员会研究组编：《东北经济小丛书·煤炭》，京华印书局1948年版，第38页。

③ 东北物资调节委员会研究组编：《东北经济小丛书·煤炭》，京华印书局1948年版，第39—40页。

④ 东北物资调节委员会研究组编：《东北经济小丛书·资源与产业》下，中国文化服务社沈阳印刷厂1947年版，第84页。

表 3 - 5　建设用材料数量及价格

资材种类	钢材	铣铁	铸铁管	铜电线	铜	铅	水泥	木材	合计
数量（公吨）	14 000	1 500	500	150	30	100	15 000	40 000（立方公尺）	
每出煤一公吨所需资材数量（公斤）	14.00	1.50	0.50	0.15	0.03	0.10	15.00	0.04（立方公尺）	
每公吨或每立方公尺单价（元）	400	110	350	6 000	2 000	1 000	30	30	
每出煤一公吨所需资材价额（元）	4.200	0.165	0.175	0.900	0.060	0.100	0.450	1.200	7.250

表 3-6　煤铁供求状况

年次	单位	一般取暖用配售量	旧关东军军需配售量	铁路用配售量	制铁用配售量	火力电气及煤气用配售量	产业用总量	输出	输入
民国25年	万公吨	208	不明	195	135	58	160	3 364	—
民国26年	万公吨	284	不明	194	163	66	184	3 342	—
民国27年	万公吨	284	64	235	206	84	236	2 267	4
民国28年	万公吨	339	86	326	260	93	248	1 186	25
民国29年	万公吨	392	137	428	269	117	259	1 164	61
民国30年	万公吨	423	250	497	353	145	263	1 162	271
民国31年	万公吨	447	240	558	390	143	317	1 198	282
民国32年	万公吨	461	256	625	394	103	308	2 218	298
民国33年	万公吨	403	252	649	317	79	294	2 229	201

酷寒，缺少煤炭，即难以保持适当温度。由于煤炭拮据，配售常感不足，室内温度，几与室外相等，故多着皮衣办公，此于事务之效率，影响甚大"①。以上伪政府办公人员尚有皮衣可穿，至于普通百姓在家中恐怕只能忍受严寒了。由以上可知，一般取暖用煤中包括很大一部分的伪政府机关用煤，至于普通百姓家庭用煤恐怕少之又少。此外，铁路用煤、制铁用煤、火力电力及煤气用煤、产业用煤等和普通百姓的直接关系不大，因此，不能把普通民众作为使用这部分煤炭的受益者。总之，伪满时期的煤炭主要供应给关东军、伪满政府、日本会社及各种产业生产之用，真正用于民需者很少。

（三）大量煤炭被直接运往日本，尤其以抚顺煤为主。抚顺煤矿长期被日本强占，这期间被直接运往日本的抚顺煤不计其数。日本劫掠抚顺煤主要有以下几点原因：首先，抚顺煤具有调节日本国内煤炭价格的作用。抚顺煤的进口量相对于日本国内的煤炭产量比较小，但是，"当国内（指日本，笔者注）自身的生产处在能否满足需要的青黄不接时期，这一为数不多的进口煤乃是左右市价的关键。在日本国内，无论是煤矿业者或者需煤者，较之三池煤和夕张煤都更加重视抚顺煤，就是由于这个经济上的原因"②。从此意义上讲，抚顺煤是日本国内煤炭价格的调节器。其次，抚顺煤量大、质优、价廉。"满铁"认为，抚顺煤矿煤藏量约10亿吨，每天可产煤1万吨，一年产煤300万吨，还可采掘300年，是"东亚第一大煤矿"，这不仅是"会社"的利益，也是我国（这里指日本，笔者注）的一大宝库。③另据资料记载，"截至1931年为止，抚顺煤矿已有14个矿区开采，露天4处，井下10处，年产量已

---

① 东北物资调节委员会研究组编：《东北经济小丛书·资源与产业》下，中国文化服务社沈阳印刷厂1947年版，第85页。

② 解学诗主编：《满铁史资料·煤铁篇》第二分册，中华书局1987年版，第442页。

③ ［日］南满洲铁道株式会社编：『南满洲铁道株式会社十年史』，大正8年，第490—491页。

达 700—800 万吨"[①]。不唯如此,在伪满时期也开凿了一些矿区。抚顺煤的质量也极其优良,一直被日本称为"东洋的标准煤",以至不管什么煤都以抚顺煤为标准评定优劣,日本海军还有必须使用抚顺煤的特别规定。[②] 可见,抚顺煤成为评定优质煤的主要参照物。抚顺煤的价格也极其低廉。"满铁通过对中国资源的恣意掠夺和对中国廉价劳动力的极力榨取,使抚顺煤的生产成本低到仅及日本国内煤炭生产成本的三分之一,因而抚顺煤在日本有很大竞争力。"[③] 可知,抚顺煤的价廉与日本对中国东北矿工的残酷剥削和极力压榨有很大关系。最后,抚顺煤对日本军事工业有特殊意义,故成为日本掠夺的重点。在日本国内重要的海军军事工厂——吴工厂,其制造战炮和军舰所用的钢板,必须用抚顺煤来冶炼。在日本另一个重要的军事工厂——八幡制铁所,"有炼钢用煤气发生炉二十余座,假如使用抚顺中块煤,则开动十二座就足以够用,煤气性质稳定,可节省经费,因此趋向专用抚顺煤。抚顺煤还具备可供现代化电站使用的良好条件,关西共同火力发电厂等一再要求供应抚顺煤,但目前不能充分供应"[④]。该发电厂的锅炉只有用抚顺煤才能将火室内温度增加到所需要的 1 500 摄氏度以上。对此,日本帝国主义分子大声疾呼:强行向日本输出煤,是"满洲国"必须完成的首要任务。[⑤] 故抚顺煤也成为日本掠夺的重要对象。

另外,根据表 3 – 7[⑥] 可知,在抚顺煤输出对象量中,输往日本的占

---

① 解学诗主编:《满铁史资料·煤铁篇》第一分册,中华书局 1987 年版,前言第 9 页。

② 解学诗主编:《满铁史资料·煤铁篇》第一分册,中华书局 1987 年版,前言第 10—11 页。

③ 解学诗主编:《满铁史资料·煤铁篇》第一分册,中华书局 1987 年版,前言第 10 页。

④ 解学诗主编:《满铁史资料·煤铁篇》第二分册,中华书局 1987 年版,第 443 页。

⑤ 王渤光:《抚顺煤矿史料》,载孙邦主编:《伪满史料丛书·经济掠夺》,吉林人民出版社 1993 年版,第 354 页。

⑥ 本表根据解学诗主编的《满铁史资料·煤铁篇》(中华书局 1987 年版)第二分册第438 页和第 444 页表格修改而成,略有删改。

半数以上，其中从 1941 年之后更是超过了 80%。事实上，从 1941 年开始，抚顺煤的对外输出基本上就只有日本和朝鲜，这一方面是由于太平洋战争爆发后日本战略物资异常紧张，另一方面也是由于抚顺煤产量下降，故对日本实行重点供应。另外，从计划输出量上看，其计划量远远高于实际供应量，这一方面说明日本对抚顺煤需求量较大，另一方面也说明由于物资紧缺，实际供应量只能被迫减少。而关于整个东北煤炭的对日输出量见表 3-8[①]。可知，东北煤炭对日输出量在逐年减少，且从 1941 年开始对海外的煤炭输出量基本断绝，这说明后期煤炭需求量较大，日本及伪满尚且不够用，更无暇顾及海外。抚顺煤"近几年来已毫无余力销往海外，只有少量海军用煤运往中国方面，但从昭和 16 年度起也完全停止"[②]。即使这少量用煤也和日军有关。对日煤炭输出量的减少，对日本产业产生重大影响。随着输出量的减少，抚顺煤炭的使用不得不转向重点方面。"昭和十五年（1940 年，笔者注）的情况是（抚顺煤，笔者注）集中于京滨重工业地带、日铁八幡制铁所、中京与阪神重工业地带以及吴工厂五个地方，其他地方几乎完全没有。"[③] 由此而带来的日本产业界的萧条可想而知。

表 3-7 1932—1943 年抚顺煤销售数量表

（单位：吨）

项目 时间	实际输出煤			计划输出煤	输往日本煤炭占输出煤总量的百分比
	日本	朝鲜	合计	日本	
1932	1 789 611	343 688	3 176 371		56.34
1933	2 388 286	403 707	3 537 198		67.52

---

① 东北财经委员会调查统计处编：《伪满时期东北经济统计（1931—1945 年）》，1949 年版，（3）—72。

② 解学诗主编：《满铁史资料·煤铁篇》第二分册，中华书局 1987 年版，第 446 页。

③ 解学诗主编：《满铁史资料·煤铁篇》第二分册，中华书局 1987 年版，第 445 页。

续表

项目 时间	实际输出煤			计划输出煤	输往日本煤炭占输 出煤总量的百分比
	日本	朝鲜	合计	日本	
1934	2 724 612	463 423	3 665 262		74.34
1935	2 388 371	441 648	3 077 717		77.6
1936	2 048 174	467 510	2 705 614		75.7
1937	1 713 436	544 253	2 341 987	2 643 000	73.16
1938	959 733	466 500	1 442 470	2 310 000	66.53
1939	722 570	206 098	937 386	2 037 000	77.08
1940	546 998	172 017	721 287	1 430 000	75.84
1941	667 781	160 319	828 100	1 000 000	80.64
1942	621 958	135 814	757 772		82.08
1943	587 092	62 383	649 475		90.39

注：输出煤中涉及输往台湾地区、海外的本表未列出。

表 3 – 8　1937—1944 **年煤销售数量**

（单位：千公吨）

项目 时间	实际输出煤				输往日本煤炭占输出 煤总量的百分比
	日本	朝鲜	海外	合计	
1937	1 912	616	78	2 606	73.37
1940	762	286	2	1 050	72.57
1941	671	348	–	1 019	65.85
1942	643	941	–	1 584	40.59
1943	577	1 364	–	1 941	29.73
1944	590	1 568	–	2 158	27.34

（四）日伪当局对东北煤炭工人的剥削与压榨。伪满时期日伪当局在矿山实行法西斯统治，利用封建把头制度将几十万矿工置于水深火热之中。矿工要受到封建把头、武装伪宪警和劳务系的多重压迫。在抚顺煤矿，从矿到采炭所都设置了劳务系，专门监视管理工人，镇压工人

起义。劳务系设主任，由日本人担任，下设劳务班长、内勤劳务员和外勤劳务员。劳务系是日本侵略者奴役工人的爪牙，他们经常打骂工人，索贿受贿，贪污配给品，还有的甚至在工村奸淫妇女，无恶不作。他们的任务是对工人进行生活和工作上的"照料"和"管理"。"所谓'照料'和'管理'，就是监督和镇压。工人从起床到睡觉，从吃饭到上厕所，每时每刻、随时随地都置身于劳务系的监视之下。稍有一点'越轨'行为，轻者遭毒打、重者就要丧生。"① 在劳务系之下还设大小把头和直辖小把头。"矿工对会社抱有忠诚态度的人极少。……在生产上把头的任务相当于工厂中工长的任务。大把头负责监督小把头及常佣夫的一切责任。小把头须经常协助劳务系工作人员致力于属下常佣夫的风纪取缔及思想指导。"② 一旦发现中国工人有反"满"思想，劳务系和大小把头就会把工人送到"矫正辅导院"里。"矫正辅导院"实际上就是关押工人的集中营。工人一般都是有去无回，基本上都被打死在里面。为了控制全体工人，日本帝国主义分子还在抚顺煤矿实行"指纹法"，通过指纹加强对中国工人的管理，即"采用卡片指纹按捺栏上，由所属课所采取左食指印，作成指纹卡片。卡片由华工系保管一份，另一份交还所在单位。如发现指纹有问题，即由所属单位予以解雇和处理"③。显然，通过这种方式日伪当局加强了对抚顺工人的控制。

在西安煤矿，"在日本帝国主义侵占西安煤矿血雨腥风的十四年中，西安矿业所（后改为西安炭矿株式会社）设立了警察队、炭矿警备队，

---

① 王渤光：《抚顺煤矿史料》，载孙邦主编：《伪满史料丛书·经济掠夺》，吉林人民出版社1993年版，第356页。

② 王渤光：《抚顺煤矿史料（三）》，载《抚顺文史资料选辑》第三辑，政协抚顺市委员会文史资料委员会1984年版，第216页。

③ 王渤光：《抚顺煤矿史料（三）》，载《抚顺文史资料选辑》第三辑，政协抚顺市委员会文史资料委员会1984年版，第217页。

以及专门残害矿工的劳务系和许多特务组织，并利用一些死心塌地为日本侵略者效劳的汉奸、把头、外勤等作为统治矿工的爪牙。日伪势力勾结在一起，发现有不满日伪统治的人或不堪虐待逃跑的人，就随便给安上一个'罪名'，对无辜的矿工吊打非刑，摧残肉体和任意杀害。从工人称为'老虎系'（即劳务系）的刑讯室里，经常传出撕心裂胆的惨叫声，有的被打死，有的被砍死，有的被烙死，也有的被电死，数以万计的矿工被杀害，矿山成了日伪统治者残害矿工的屠场"①。当时矿工遭遇的刑罚主要有：跪砖头、上大挂（将双手反绑吊在木架上，用胶皮电缆抽打）、棍棒打、过电刑、冻冰人（在冬天，将"犯罪"的矿工扒光衣服，并往身上浇冷水）、灌辣水（给工人灌汽油和辣椒水）、烙铁烙、老虎凳、喂狼狗、挖人心、埋活人等，可谓无所不用其极。"在那万恶的旧社会，煤矿工人不仅可以任意受压榨和剥削，而且还可以把你当成商品自由买卖。"② 他们完全不把矿工当人看待。

此外，伪满时期为了弥补劳动力的不足，日伪当局还抓来特殊工人进行挖煤生产。

抚顺煤矿工人的流动性极大，这也造成抚顺煤矿劳动力严重不足。抚顺煤矿工人的流动性主要表现在：一是难以忍受日本帝国主义的残酷统治与压榨，逃离矿井，到外地谋生；二是因工人逃走，矿井劳力不足，日寇便在东北各省强行抓"劳工"和用封建把头到关内各省诱骗农民，把这些人送到抚顺煤矿强行采煤，接着，这些人再跑，他们就再

---

① 张家珠：《日伪统治者残害矿工的暴行》，载政协辽源市委员会文史资料委员会、政协辽源市西安区委员会文史资料委员会：《辽源文史资料》第三辑，辽源矿务局印刷厂1990年版，第1页。

② 魏本厚口述、王者安整理：《一个老矿工的控诉》，载政协辽源市委员会文史资料委员会、政协辽源市西安区委员会文史资料委员会：《辽源文史资料》第三辑，政协抚顺市委员会文史资料委员会1984年版，第32页。

抓再骗，于是，流动性就越来增大。① 为了解决劳动力严重不足的问题，当时在东北的煤矿大量使用"特殊工人"。所谓"特殊工人"主要是指在华北战场上被日军抓捕的"战俘"以及在扫荡中被抓捕的人员，他们经过日军设在各地的俘虏收容所或劳工教习所的拘禁或训练后被押送东北，从事劳役，其中很多被分派到东北的矿山之中。显然，这些"特殊工人"包括了抗日军人、中共干部和平民百姓等。其中抚顺煤矿是东北使用"特殊工人"最早和最多的煤矿。早期的"特殊工人"被分配到煤矿中，受把头管理，待遇和普通工人相同。但从1943年10月以后，"特殊工人"均单独居住、单独伙食、单独劳动，保持原来的班、队制。抚顺煤矿的"特殊工人"主要分为"搭连特殊工人大队"和"龙凤坑特殊工人大队"。其中"搭连特殊工人大队"先后组织了七批，约3 100人；"龙凤坑特殊工人大队"先后组织了九批，其中第九批是1943年3月由山东胶东等地送来的，共400人。伪满时期，抚顺煤矿究竟有多少"特殊工人"，目前还没有准确数字。但据日本战犯宝田震策供认，抚顺炭矿"特殊工人"总数为4万人。②

在本溪湖煤铁公司，"特殊工人的住地被圈上大电网，没有行动自由。特殊工人住在大把头的大房子里，还要受大把头的盘剥，每个大柜的大把头手下都有一批小把头，用皮鞭和棍棒随意打骂工人"③。当时劳务系和大小把头联合起来对特殊工人实行监督，发现中国工人有反"满"思想者，即"思想不良分子"，就要送到"矫正辅导院"，实为集中营。一旦进入，很少能够生还。

---

① 王渤光：《抚顺煤矿史料（三）》，载《抚顺文史资料选辑》第三辑，政协抚顺市委员会文史资料委员会1984年版，第215页。

② 赵广庆、曹德全：《抚顺通史》，辽宁民族出版社1995年版，第435页。

③ 苏崇民等编著：《劳工的血与泪》，中国大百科全书出版社1995年版，第359页。

在东宁煤矿，劳工大多是从关内被抓来的"浮浪"和"战俘"。"这些人衣不蔽体，食不果腹，冬无棉，夏无单，只得用麻袋片、洋灰袋子纸遮体，有的只得赤身裸体，吃的是每天 1 斤 2 两苞米面掺橡子面，吃小米时是三分之一的带皮谷子和沙子。十冬腊月住草席棚（工棚子），每天在日军刺刀、把头皮鞭棍棒威逼下挥锹抢镐，抬土筐，挑土篮，因冻饿疾病劳累，加之日军残害，死者无数。"① 由于剥削压迫深重，"特殊工人"的死亡率极高。

从经济剥削上看，中国工人生活困苦。中国工人的工资远低于日本工人。参见表 3 - 9② 可知，在抚顺煤矿，日本人的工资是中国人的两至三倍，甚至更多。在 1940 年东北整个煤气工业中，中国工人的工资是 0.12 元，日本工人的工资是 0.41 元，③ 亦不及日本人的三分之一。在抚顺煤矿，工人们在日伪当局的皮鞭刺刀之下，平均每天进行 12 小时的繁重劳动，"而得到的少到不能再少的所谓'工薪'，还受到层层剥削：'票头'扒一层，'把头'扒一层，到工人手里的钱就寥寥无几了"④。而且，有的工人即便开支能剩下几个钱，煤矿也不给现金，而是发给"实物引换券"，要到指定的他们开的卖店中去买东西，再受一层剥削。不唯如此，抚顺煤矿当局为了榨干煤矿工人的血汗钱，消磨矿工的意志，便与汉奸把头、军警宪特等相互勾结开设妓院赌场，继续搜刮矿工的钱财。如龙凤采炭所的汉奸大把头牟金义，绰号牟六，人称六

---

① 黄青山：《民国和日伪时期的东宁煤矿》，载牡丹江市政协文史办公室编：《牡丹江文史资料》第五辑，牡丹江市政协 1989 年版，第 137 页。

② 解学诗等主编：《满铁与中国劳工》，社会科学文献出版社 2003 年版，第 350 页。

③ 东北财经委员会调查统计处编：《伪满时期东北经济统计（1931—1945 年）》，1949 年版，（1）—24。

④ 王渤光主编：《抚顺人民抗日斗争四十年（1905—1945）》，辽宁人民出版社 1992 年版，第 13 页。

爷。"他在龙凤坎地区，修建戏园子、妓院、赌场，搜刮矿工钱财。在煤矿工人发工钱时，怂恿矿工逛妓院、赌钱。推牌九，一揭两瞪眼，把仅有的钞票搂进了把头的腰包。而输光了的矿工们只有垂头丧气，下井干活，拼命卖苦力。没钱吃饭还得向把头借高利贷，驴打滚的利，还也还不清。"① 矿工们只能任其摆布，听之任之。当时在抚顺煤矿还有很多童工。这些童工工钱少，好管理。他们要从事和成年人一样的繁重劳动，采煤、运输、打眼、放炮等活都要干。年龄太小的，就从事背煤、给电气工人背工具兜子等工作。由于过度劳累和营养不良，很多童工病倒甚至夭折。"在非人的待遇下，从山东来的 120 名童工，不到半年时间，就被折磨死 60 余名。到 1945 年日本鬼子投降，各矿的童工所剩没有几个人了。"② 至于日伪当局对"特殊工人"的剥削就更残酷了。"在生活上'特殊工人'更苦，一般工人下井挣工资，而'特殊工人'下井只发给生活费，很少给现钱。他们勉强维持最低生活水平的生活。"③"特殊工人"一般不发给工作服，得病也不给医治，死亡率很高。所以说，"特殊工人"是抚顺煤矿最廉价的劳动力。另据资料统计，"日本帝国主义占领抚顺煤矿四十余年，共榨取利润高达二十六亿八百多万元。在这笔巨额利润的每一分钱之中，无不渗透着中国人民的血和泪"④。

① 姚云鹏：《日伪时期对矿工的精神毒害》，载抚顺市政协文史资料委员会、抚顺矿业集团有限责任公司编：《抚顺煤矿百年（1901—2001）》，辽宁人民出版社 2004 年版，第 287 页。

② 傅波、刘畅、王平鲁主编：《抚顺地方史概览》，抚顺市人民政府印刷厂 2001 年版，第 289 页。

③ 王渤光主编：《抚顺人民抗日斗争四十年（1905—1945）》，辽宁人民出版社 1992 年版，第 151 页。

④ 王渤光、秦广忱：《日伪时期抚顺煤矿重大事故概述》，载抚顺市政协文史资料委员会、抚顺矿业集团有限责任公司编：《抚顺煤矿百年（1901—2001）》，辽宁人民出版社 2004 年版，第 273 页。

表 3 - 9：抚顺煤矿工人月均收入（1934—1943 年）

（单位：元,%）

年度	日本人	中国人			日本人	中国人		
		雇员以上	常佣方	常佣夫		雇员以上	常佣方	常佣夫
1934 年	95.99	20.71	13.22	14.54	100.0	21.6	13.8	15.1
1935 年	99.94	20.58	13.76	15.88	100.0	20.6	13.8	15.9
1936 年	98.32	22.83	15.35	16.49	100.0	23.2	15.6	16.8
1937 年	97.89	26.26	17.13	17.58	100.0	26.8	17.5	18.0
1938 年	98.38	31.77	21.02	20.26	100.0	32.3	21.4	20.6
1939 年	105.02	40.87	24.73	24.88	100.0	38.9	23.5	23.7
1940 年	110.07	46.86	29.49	31.71	100.0	42.6	26.8	28.8
1941 年	118.79	57.50	34.43	35.73	100.0	48.4	29.0	30.1
1942 年	134.50	67.00	41.60	39.00	100.0	49.8	30.9	29.0
1943 年	151.69	75.91	44.72	45.48	100.0	50.0	29.5	30.0

在东宁煤矿，"工人工资微薄，再加上日本人用鸦片顶替部分工资，多数工人扎吸成瘾，中毒严重"[1]。"每月满班工人口粮 60 斤，其中苞米面 20 斤，豆饼 20 斤，橡子面 20 斤，矿工们处在水深火热之中。"[2] 显然，这些口粮根本不够矿工一家老小所需。在西安煤矿，实行封建把头制度。在矿上，煤矿的把头和日本统治者沆瀣一气，残酷压榨中国工人，这使得这种把头制度带有明显的法西斯性质。当时，"大把头从日本主子那里包工，一元钱的工资大把头要从中抽出三角钱，然后再包给

---

① 黄青山：《民国和日伪时期的东宁煤矿》，载牡丹江市政协文史办公室编：《牡丹江文史资料》第五辑，牡丹江市政协 1989 年版，第 135 页。

② 黄青山：《民国和日伪时期的东宁煤矿》，载牡丹江市政协文史办公室编：《牡丹江文史资料》第五辑，牡丹江市政协 1989 年版，第 135 页。

二把头，经过一层一层的扒皮抽头，到工人名下的工资就没有几个钱了"①。此外，把头还通过扣发"铺底费"②、开设高价卖店、吃空头工资、随意克扣矿工工资、敲诈勒索、扣发抚恤金等方式对矿工进行剥削。矿工在日本侵略者和封建把头的双重压榨下处境悲惨。

从劳动灾害上看，中国工人的伤亡率极高。早在九一八事变前，抚顺煤矿就事故频仍。在1931年前抚顺煤矿主要重大事故见表3-10③。可知，抚顺煤矿出现事故属于常态化，中国工人的伤亡数也远超过日本工人。另外，在1931年2月8日，抚顺煤矿失火，矿局下令封闭矿井，导致3 000多名中国工人死亡。对此，中华全国总工会于1931年2月17日发表了《为抚顺事件宣言》，指出："抚顺煤矿失火，坑内三千工友，完全被日本帝国主义资本家活埋在坑内了，这是多么残酷的事哟。帝国主义资本家本来只知一味残酷的剥削工人，对于工人的生命是没有丝毫爱惜的。平时在坑内既没有任何的安全设备，失火后将洞口封闭，不准救援，在坑内工作的三千工友活活被他们埋葬在坑里面了。"④ 日本的罪行令人发指。另外，从1907年至1931年抚顺煤矿职工工伤人数见表3-11⑤。按此统计，至1931年中国人共死亡4 196人。

---

① 张家珠：《矿山把头是怎样盘剥矿工的》，载政协辽源市委员会文史资料委员会、政协辽源市西安区委员会文史资料委员会：《辽源文史资料》第三辑，辽源矿务局印刷厂1990年版，第10页。

② 矿工来到矿山后，向把头贷款，用于购买部分基本生活用品和生产工具。事实上，这笔款项已由煤矿当局在招工时拨付，但被把头截留。

③ 解学诗主编：《满铁史资料·煤铁篇》第一分册，中华书局1987年版，第335—337页。

④ 王渤光：《日帝霸占抚顺煤矿时期的重大事故》，载《抚顺文史资料选辑》第六辑，政协抚顺市委员会文史资料委员会1985年版，第249页。

⑤ 解学诗主编：《满铁史资料·煤铁篇》第一分册，中华书局1987年版，第338页。

表 3 - 10　1931 年前抚顺煤矿主要重大事故

时间	地点	原因	伤亡	备考
1910 年 1 月 13 日下午 1 时 25 分	东乡坑外上下风道中间的井外火药管理所	火药爆炸	日本人 5 名,中国人 17 名死亡	
1915 年 2 月 18 日上午 11 时 30 分	老虎台矿竖井下 25 片东 3 段	自然发火	日华人 45 名中毒,但无死伤	
1916 年 4 月 14 日上午 10 时	大山矿	自然发火	日本人 1 名,中国人 150 名死亡	
1917 年 1 月 11 日晚上 10 时 40 分	大山矿	煤尘爆炸	日本人 17 名,中国人 900 名死亡	
1917 年 2 月 10 日晚上 8 时	大山矿	瓦斯爆炸	日本人 10 名,中国人 3 名死亡	
1920 年 12 月 30 日	搭连矿 2 号坑	瓦斯爆炸	中国人 32 名死亡	
1926 年 1 月 2 日晚上 6 时	古城子矿千金西竖井 1 片	自然发火		
1926 年 10 月 18 日	老虎台矿	自然发火	中国人 69 名死亡	
1927 年 12 月 12 日早上 6 时	烟台采煤所	井内出水	中国人 36 名死亡	
1928 年 3 月 8 日下午 1 时 20 分	烟台采煤所第二斜井	瓦斯爆炸	中国人 39 名死亡,6 名负伤	
1928 年 4 月 9 日早上 5 时 30 分	大山矿千金寨西坑 18 片至 29 片	水灾	中国人 482 名死亡	
1928 年 10 月 1 日早上 4 时 35 分	烟台采煤所第二斜井	瓦斯爆炸	中国人 46 名死亡	
1929 年 1 月 25 日早上 3 时	教养工厂	火灾		

续表

时间	地点	原因	伤亡	备考
1929 年 1 月 26 日上午 9 时 10 分	烟台采煤所第一斜井	瓦斯爆炸	日本人 3 名,中国人 135 名死亡	
1929 年 8 月 6 日早上 5 时至 7 日午前 10 时	煤矿各处	降雨出水	东乡矿:去向不明日本人 1 名,中国人 3 名;龙凤矿:死亡 2 名,去向不明 1 名;工程事务所:死亡 1 名	
1929 年 8 月 3 日早上 5 时 5 分	火药工厂	爆炸	中国人 3 名死亡,2 名轻伤	
1931 年 6 月 17 日下午 4 时 30 分	古城子矿	旧井火灾	日本人 5 名瓦斯中毒,日人 5 人死亡	

表 3－11 1907—1931 年抚顺煤矿职工工伤人数

时间	死伤总计			死亡		
	计	日本人	中国人	计	日本人	中国人
1907	141			14		
1908	209					
1909	443	154	289	28	7	21
1910	600	123	477	1		1
1911	1 247	163	1 084	9		9
1912	1 864	179	1 685	9		9
1913	3 184	205	2 979	37	1	36
1914	3 650	201	3 449	42		42
1915	3 879	231	3 648	30	1	29
1916	5 412	298	5 114	1 126	28	1 098
1917	3 982	189	3 793	53	3	50
1918	4 902	226	4 676	83	1	82

续表

时间	死伤总计			死亡		
	计	日本人	中国人	计	日本人	中国人
1919	4 800	211	4 589	50		50
1920	5 277	274	5 003	30		30
1921	4 081	144	3 937	121	4	117
1922	11 128	787	10 341	128	3	125
1923	14 927	807	14 120	237		237
1924	16 084	667	15 417	259	1	258
1925	16 407	749	15 658	164	5	159
1926	20 230	880	19 350	216	4	212
1927	20 443	727	19 716	286	4	282
1928	15 245	508	14 737	873	8	865
1929	6 758	356	6 402	200	3	197
1930	6 534	420	6 144	178	3	175
1931	3 833	259	3 574	121	9	112

注：1921 年以前，只是矿山死伤者（即不包括其他方面的死伤者）；本表只是在籍者（直接采掘工中大量是统计非在籍工人）。原表数据有误，1930 年死伤总计数应为 6 564。

九一八事变后，日本完全控制整个东北，对抚顺煤矿的掠夺更加明显，中国工人的死亡数量也不断增加。根据表 3 – 12① 和表 3 – 13② 可知伪满时期抚顺煤矿矿工死伤众多，且绝大多数也是中国工人。这些工人死后多被扔入"万人坑"中，可以说"万人坑"是抚顺煤矿的附属物，也是日本奴役中国工人的罪证之一。至今在抚顺地区还有众多的

---

① 解学诗主编：《满铁史资料·煤铁篇》第二分册，中华书局 1987 年版，第 615 页。
② 解学诗主编：《满铁史资料·煤铁篇》第二分册，中华书局 1987 年版，第 615 页。

表3-12 1932—1941年抚顺煤矿工人死亡累计

	日　本　人		中　国　人		合　　计	
	本年度	累计	本年度	累计	本年度	累计
1932	2	131	111	4 833	113	4 964
1933	8	139	123	4 956	131	5 095
1934	3	142	175	5 131	178	5 273
1935	7	149	172	5 303	179	5 452
1936	3	152	236	5 539	239	5 691
1937	3	155	275	5 814	278	5 969
1938	9	164	275	6 089	284	6 253
1939	12	176	362	6 451	374	6 627
1940	19	195	377	6 828	396	7 023
1941	10	205	340	7 168	350	7 373

表3-13 1931—1942年抚顺煤矿伤亡工人统计

年份	死　伤　合　计			死　　亡		
	计	日本人	中国人	计	日本人	中国人
1931	3 833	259	3 574	121	9	112
1932	4 667	273	4 394	113	4	109
1933	5 571	273	5 298	118	4	114
1934	4 287	254	4 033	154	4	150
1935	5 104	296	4 808	202	4	198
1936	5 655	330	5 325	211	3	208
1937	6 285	374	5 911	230	5	225
1938	7 979	473	7 506	218	1	217
1939	10 197	715	9 482	324	19	305
1940	9 694	675	9 019	293	9	284
1941	8 674	785	7 889	244	5	239
1942	9 981	793	9 188	309	6	303

注：本表系统计在籍人员。

万人坑。据抚顺市博物馆的调查，在整个抚顺地区，从东到西几十里地的范围内，共查出万人坑 70 多处。[①]

除抚顺煤矿外，其他煤矿也是事故频仍，伤亡不断。在通化，"在掠夺煤炭资源中，日本侵略者不顾矿工死活，不计资源得失，采取野蛮的采煤方法，使资源面采率不到 30%。矿工人身安全无保障，事故频发，伤亡惨重"。"1941 年，老一坑车场子一个月内发生两次冒顶事故，造成 11 名矿工遇难。1942 年 5 月，一坑山顶露天小井发生坍塌事故，9 名矿工死亡。"[②] 在扎赉诺尔煤矿，"日本侵略者不按计划、不按正常开采程序、不按地质的客观条件，胡开乱采。他们不顾工人的死活，更不管煤田破坏程度如何。因此扎赉诺尔各个井口被弄得不是起火，就是发水，再就是冒顶，毁井死人的事情经常发生"[③]。事实上，由于日伪当局采取"要矿石不要人"的政策，高伤亡率和高死亡率是其必然。

当时在东北不仅抚顺煤矿有大量的"万人坑"，其他煤矿亦是如此。在北票煤矿，其遗留下来的万人坑有五六处，其中台吉南山"万人坑"就挖掘出 6 500 多具死难矿工的遗骨。[④] 在辽源，自 1931 年西安煤矿沦陷，到 1945 年东北光复，日本侵略者从西安煤矿掠夺了超过 1 549 万吨煤炭，获得近亿元的高额利润，而留下的却是堆满矿工尸骨的六个

---

① 何天义主编：《日军枪刺下的中国劳工——伪满劳工血泪史》，新华出版社 1995 年版，第 141—142 页。

② 中共通化市委党史研究室编著：《通化百年》，吉林人民出版社 2011 年版，第 110—111 页。

③ 李长春口述、李亚东整理：《日寇铁蹄下的扎赉诺尔煤矿》，载中国人民政治协商会议内蒙古自治区委员会文史资料委员会编：《伪满兴安史料》（《内蒙古文史资料》第三十四辑），内蒙古新华印刷厂附属厂 1989 年版，第 208 页。

④ 战丽珠、张涉任、张九英：《日伪统治时期的北票煤矿》，载孙邦主编：《伪满史料丛书·经济掠夺》，吉林人民出版社 1993 年版，第 366 页。

"万人坑"。这一个个"万人坑",是日本帝国主义侵略罪行的历史见证。[①] 辽源煤矿的老矿工回忆说:"当时死人主要有两个原因,一是井下事故频繁,水、火、瓦斯、冒顶、片帮,事故接二连三,鬼子只顾出煤,不顾人的死活,是名副其实的人肉政策。第二是工人生活条件差,疾病流行,来场流行病就说不上死多少人。鬼子怕传染,把得病没死的人也往死尸坑里扔。"[②] 可见,中国矿工完全是在死亡线上挣扎。在鸡西,"几个矿都有专门火化劳工的炼人炉和埋葬劳工的'万人坑'。劳工死后没有任何抚恤,家属、儿女得不到一分钱的丧葬费"[③]。此外,在辽源煤矿、延吉老头沟煤矿、鹤岗煤矿、密山煤矿等都有"万人坑"被发现。可以说,"万人坑"是伪满煤矿的附属物,也是日本奴役中国工人的罪证之一。总之,伪满时期东北煤炭产量的增加是以中国工人的血泪和生命为代价的,是名副其实的"人肉开采"。

由以上可知,从清末开始,日本就加紧侵夺抚顺、烟台煤矿。民国以后,日本更是窃取了中国的搭连煤矿、华胜煤矿和阜新煤矿等,从而最大限度地掠夺东北的煤炭资源。伪满建立以后,日本依靠伪政权的支持,通过"满铁"和"满炭"两大体系垄断并掠夺东北的煤炭工业。此外,从煤炭的生产原料、产品用途、出口对象和人力资源等方面都深刻反映了日本对东北煤炭工业的掠夺。尽管至1944年,伪满工业生产陷入全面减产或停顿的状态,但作为工业基础的煤炭工业产量仍然稳步

---

① 张家珠:《日伪统治者残害矿工的暴行》,载政协辽源市委员会文史资料委员会、政协辽源市西安区委员会文史资料委员会:《辽源文史资料》第三辑,辽源矿务局印刷厂1990年版,第7—8页。

② 杨恺忱、邹德隆整理:《难忘的历史 血泪的回忆——辽源煤矿部分老工人座谈会纪实》,载政协辽源市委员会文史资料委员会、政协辽源市西安区委员会文史资料委员会编:《辽源文史资料》第二辑,辽源矿务局印刷厂1989年版,第58页。

③ 张凤鸣、王敬荣主编:《残害劳工》,黑龙江人民出版社2000年版,第196页。

增加，这一方面是日本重点掠夺政策的结果，另一方面也说明日本对东北煤炭工业的掠夺异常残酷，这也导致广大东北煤炭工人只能在死亡边缘挣扎求生。

第二节 电力工业

电力作为新能源和工业化的重要标志，在20世纪受到各国政府的充分重视。日本侵占中国东北后，注意到该地区拥有丰富的可用于发电的煤炭和河流资源，于是在东北各地建设各类电站，大肆掠夺东北的电力工业。目前国内关于该问题的研究已取得部分成果[①]，但对日本关于东北电力工业的掠夺性问题触及有限，而这恰恰是该时期东北电力工业存在的实质。本节则力图以此为切入点，希望能从局部上反映出日本对东北工业的掠夺性本质。

一、近代东北电力工业勃兴的背景

近代东北电力工业的发展与当时的国内国际环境及自身的优势有着密不可分的关系，其主要表现如下。

---

① 主要成果有：赵建华《伪满电力业统制研究》（辽宁大学2011年硕士论文）主要论述了日本对东北电力工业的统制政策；井志忠《"满洲"电业株式会社始末》（《外国问题研究》2011年第2期）主要介绍了"满洲电业株式会社"的发展历程，代表性发输配电设施和伪满洲国覆灭时的状况；李代耕《中国电力工业发展史料——解放前的七十年（1879—1949）》（水利电力出版社1983年版），第六章为"'九一八'以后的东北电力工业"，论述了日帝经营东北电力工业的掠夺方针，"满电"的组织结构、特点及资本构成等；梁燕、刘大宇《浅谈日本对东北能源工业的掠夺》（《黑龙江史志》2014年第22期）概括了日本掠夺东北能源工业（包括煤炭工业、石油工业、电力工业）的概况；南龙瑞《日伪殖民统治与战后东北重建》（中央编译出版社2012年版）第四章为"日本'满洲经营'与丰满水力发电所的建设"，论述了丰满水力发电所的方案的确立、丰满水力发电所的建设和发电所建设的负面问题等，该书为日文书写。

首先，世界历史逐渐步入电气时代。1866 年，德国人西门子制成发电机。至 19 世纪 70 年代，能投入使用的发电机问世。此后，电力逐渐成为补充和取代蒸汽机的新能源。随后，电灯、电车、电影放映机等相继被发明，人类进入了"电气时代"。1875 年，法国巴黎北火车站建成世界上第一座电厂，并为附近地区提供照明供电。1879 年，美国旧金山实验电厂建成供电，成为世界上最早出售电力的电厂。至 19 世纪 80 年代，在英国和美国建立了一批电站，发电事业飞速前进。在中国，电力也逐渐进入人们的生活。早在 1879 年，上海公共租界的英国人为迎接美国前总统格兰特的到来，就特意安装了电灯，于 5 月 17、18 日在黄浦江外滩上使用。不久，1882 年英国商人狄斯等人在上海开办电光公司，在乍浦路建设电灯厂，并于该年 7 月 26 日正式供电。[1] 次年，在上海外滩和南京路一带，越来越多的商家开始使用电灯照明。此后，英、法、德、俄、日等国相继在香港、天津、青岛、大连、旅顺等地设立电厂。如 1889 年英国在香港设立电灯公司，1892 年法商在天津法租界设立电灯厂，1902 年俄国在大连设立发电所，1903 年德国在青岛设立电灯厂，1905 年日本人在旅顺设立旅顺电气作业所等。至于华商资本的电灯厂，最早的是 1901 年建立的宁波电灯厂。其后，江苏奉贤的振恒昌电灯厂、湖北汉口的既济水电厂等相继设立。[2] 至 19 世纪末 20 世纪初，世界一体化趋势已日趋明显，因此，东北电力工业的发展已成为大势所趋。

其次，东北具有丰富的发电资源。在九一八事变前，东北主要依靠

---

① 李代耕编：《中国电力工业发展史料——解放前的七十年（1879—1949）》，水利电力出版社 1983 年版，第 4 页。

② 陈真编：《中国近代工业史资料》第四辑，生活·读书·新知三联书店 1961 年版，第 871—872 页。

火力发电，所使用的煤炭主要来自当地。东北蕴藏着丰富的煤炭资源，日本早就垂涎三尺，曾多次对此进行调查。仅抚顺煤矿一地，据"满铁"调查人员当时的估计，其埋藏量约有 10 亿吨。[①] 即使是在市场上不具竞争优势的劣质煤，日本人也试图最大化地利用其价值。"采掘出的在市场中不占优势的劣质煤，约占采煤量的 10% 至 20%，很早以前就有人发现可以用它发电（所谓煤矿现场发电方式），且大正年间在抚顺等地就进行过。"[②] 伪满电气株式会社工务部长冈雄一郎更是明确指出："矿山发电所可尽量利用当地废煤或恶质煤，先求成本之低廉。"[③] 在抚顺煤矿，建立了大山坑发电工场，1918 年完成设备安装。[④] 另外，在本溪湖、通化、北票、鞍山、开原等地的大煤矿均设立火力发电站。在其他地区，如哈尔滨、长春、牡丹江、大连、四平等地的电站亦从附近地区的煤矿获取煤炭进行发电。

再次，东北拥有发达的铁路网络。日本早已认识到铁路交通的重要性，处心积虑地在中国东北构建铁路网。在九一八事变前，日本主要通过"满铁"进行东北的铁路修建，其掌握的铁路主要有"南满"铁路、安奉铁路、吉长铁路、吉敦铁路、四郑铁路、郑通及郑洮铁路、洮昂铁路、溪碱铁路、天图铁路等。除日本人控制和经营的铁路外，奉系军阀、官办资本和民族资本也修建了一批自资铁路。其中掌握东北政权的张作霖、张学良父子乘中国的收回利权运动，推行排日政策，积极着手

---

① ［日］南满洲铁道株式会社：『南满洲铁道株式會社十年史』，原书房，大正八年，第490 页。

② ［日］满史会编：『满州开发四十年史』下卷，满州开发四十年史刊行會，1964 年版，第 547 页。

③ 孙运璇：《孙运璇撰〈日伪开发东北电力计划概述〉》，《民国档案》1994 年第 1 期，第 24 页。

④ ［日］松本丰三：『南满洲铁道株式會社三十年略史』，南满洲铁道株式會社，昭和12 年版，第 394 页。

建设包围"满铁"的铁路网。① 这些铁路包括京奉铁路的部分支线，民办的开丰铁路，官办的吉海、昂齐、洮索、齐克铁路，官商合办的奉海、呼海、鹤岗等省有铁路，共计 10 条铁路。正在修建的铁路也达数十条之多。此外，还有中苏共同经营的中东铁路。至九一八事变前，当时东北已建成的铁路总长度，与日本有关（包括铁路借款）的为 2 361 公里，与俄国（苏联）有关的为 1 789 公里，与英国有关的为 890 公里，中国方面的为 1 186 公里，合计 6 226 公里。② 上述铁路在地广人稀的东北承担重要的交通运输功能，其中煤炭即主要运输对象。发达的铁路运输方便了各地的电厂获取廉价的煤炭资源，是东北电力工业发展的重要推动力之一。

二、清末民国时期东北的电力工业

早在清末洋务运动期间，清政府即开始在东北使用电力。清光绪十六年（1890 年 11 月 9 日），在清政府兴办北洋水师时，由法国人德威尼在旅顺包建旅顺大石船坞及旅顺船坞电灯厂，其中设置"大小电光灯四十九具，包定银一万二千两"③。此为东北电力工业之滥觞。1897 年"胶州湾事件"发生后，清政府被迫将胶州湾租借给德国。受这一事件的影响，俄国亦决定占据旅顺。1898 年 3 月，俄国同清政府签订《旅大租地条约》，获得旅顺、大连湾 25 年的租借权及将中东铁路从哈尔滨延伸至大连及营口至鸭绿江间某一地点的利权。俄国占领旅大后，"深知

---

① ［日］满洲国史编纂刊行会编：『满洲国史（各论）』，满蒙同胞援护会，1971 年，第 846—847 頁。

② ［日］满洲国史编纂刊行会编：『满洲国史（各论）』，满蒙同胞援护会，1971 年，第 847 頁。

③ 吴汝纶：《李文忠公（鸿章）全集》奏稿卷之七十三卷，载沈云龙主编：《近代中国史料丛刊续编》694，台湾文海出版社 1948 年版，第 2114 页。

把大连建成一个国际商港就必须建得非常方便，在这些便利的项目中必然包括电灯、电车、船舶及附属品的修理工场及船坞在内。因为首先要向电灯、电车供应电力，所以决定首先建设一个大发电所，同时将来船舶及船舶修理工场也需要电力作业"①。1902 年 10 月，在滨町行政区船渠工厂的附近地区，俄国命令东支铁道会社建造拥有三台 25 万伏发电机的火力发电所，为该工厂提供动力，② 是为大连发电所。不久，该厂建成并投入使用，并成为当时东北最主要的电力设施。至 1908 年，俄国在哈尔滨有米奇科夫发电厂、斯蒂辛科发电厂、托列宁发电厂、华俄道胜银行发电站、敖连特旅馆发电站、普兹莫斯剧场发电站、阿尔诺尔托剧场发电站、贝鲁古塔发电站、秋林公司商店发电站。"发电量最大的是铁路总工厂发电站，2000 马力。"③ 此外，俄国在东北还有海拉尔发电所，系俄国中东路守备队于 1908 年建立，主要供应军方及一般需要。④

　　1900 年 7 月，俄国又以保护中东铁路为名，派遣 15 万军队侵入东北，并长期拒不撤兵。日本对此大为不满，加上双方在朝鲜的利益冲突难以协调，最终兵戎相见，于 1904 年爆发日俄战争。该年 5 月，日军占领大连，接管了大连发电所，并为军队和政府提供用电。在旅顺，俄国于战前建立了铁路用电力设施。1905 年 1 月，日军占领旅顺后修理了这些设施。4 月开始为要塞、各守备队、"政府"宿舍等提供电灯用

---

　　① ［日］上田恭辅：『露西亚时代の大连』，1918 年，第 31 页。
　　② ［日］関口寿一：『满洲经济十年史』，兴亚印刷株式会社，1942 年，第 307 页。
　　③ 孔经纬、朱显平：《帝俄对哈尔滨一带的经济掠夺》，黑龙江人民出版社 1986 年版，第 39 页。
　　④ 东北物资调节委员会研究组编：《东北经济小丛书·电力》，京华印书局 1948 年版，第 72 页。

电，同年 10 月为民间提供电灯用电。① 最终日俄战争以俄国失败而告终，日俄两国签订《朴次茅斯条约》，其中规定：俄国承认将辽东半岛即旅大"租借地"的租借权、享受的一切特权以及在该地域内的一切公共财产转让给日本；同时，承认将长春至旅顺间的铁路和一切支线及其所属的一切特权和财产（包括煤矿在内）都转给日本。此后，俄国创办的"中央发电所"也被日本接管，后者开始在东北大肆扩张电力工业。

1907 年"满铁"成立后，从日本政府机关手中接管了大连的电气设施，同年 11 月开始了电力的供应。次年它在抚顺、奉天，1910 年又在长春设立发电所。② 这一时期日本经营的电厂主要有 7 家，分别是旅顺电气作业所、安东电气株式会社、奉天电气作业所、抚顺煤矿发电所、长春电气作业所、大连铁路工场发电厂和周水子小野田水泥株式会社发电厂。中日合办的电厂有 3 家，即营口水道电气株式会社、铁岭电灯局和本溪湖煤铁公司发电所。1905 年 12 月 8 日，民营的营口电气株式会社成立，初步计划经营当地的电灯事业，但不久就被营口水道电气株式会社吞并。营口水道电气株式会社于 1905 年 4 月由日本人谋划创办，采取中日合办的方式。"1906 年（日明治 39 年）11 月 15 日，中日双方'推选'出岩下清周、太田黄重五郎和益田三郎三人为创立委员，以子爵涩泽荣一和中野武营二人为参谋员，按照日本商法在东京阶乐园召开了创立总会，水道电气株式会社由此正式产生。"③ 会社下设营口

---

① ［日］满洲電業株式會社調查課：『满洲に於ける電氣事業概説』，1935 年，第 2 页。
② ［日］满洲電力株式會社：『電業讀本』，满洲電力株式會社，1938 年，第 30 页。
③ 韩世魁：《营口电力工业的产生与第一座发电厂》，载中国人民政治协商会议营口市委员会文史资料研究委员会编：《营口文史资料》第十辑，中共营口市委机关印刷厂 1994 年版，第 142 页。

发电所（厂）。"1908 年 3 月 1 日，从英国购进一台 300 千瓦交流发电机开始发电，日发电量为 3 760 千瓦时。当时主要供营口新市街（日本人租界地）、旧市街、牛家屯和河北火车站用电。1910 年 9 月又安装一台 200 千瓦交流发电机。"①

中国方面经营的电厂主要有耀滨电灯公司、吉林宝华电灯公司、长春商埠电灯厂、奉天电灯厂和卜奎电灯厂。耀滨电灯公司，设立于 1905 年 12 月，在 1906 年 7 月，"电灯杆线安设停妥，拟定于七月初二日通电燃灯"②。吉林宝华电灯公司，为胡廷儒以商股 20 万元于 1907 年在吉林省城创办。1908 年秋天改商办为官办，称为官办电灯处，或称吉林宝华电灯公司或吉林宝华电灯股份有限公司。③ 长春商埠电灯厂，由吉林西南路兵备道吉长道尹颜世清等于 1910 年筹划建立，装机 200 千瓦。"其开办费由吉长道尹颜世清任内自开埠局拨出吉平银十七万六千五百三十一两零三分二厘。"④ 1911 年 7 月开始向中国部分居民区供应照明用电。奉天电灯厂原为东三省银元总局附属的电灯厂，"光绪三十四年五月间奉文停铸铜圆，该局前总办郎中舒鸿贻以原有工匠、机器废弃可惜，呈请创设电灯厂一所，制办电灯，经前督臣徐世昌批准，并委舒鸿贻兼办"⑤。1909 年该厂竣成投产。卜奎电灯厂，是齐齐哈尔第一座发电厂，于 1909 年建成发电，装机为 40 千瓦直流发电机。

① 韩世魁：《营口电力工业的产生与第一座发电厂》，载中国人民政治协商会议营口市委员会文史资料研究委员会编：《营口文史资料》第十辑，中共营口市委机关印刷厂 1994 年版，第 142 页。

② 吉林省档案馆编：《清代吉林档案史料选编·工业》中，1985 年版，第 493 页。

③ 孔经纬：《新编中国东北地区经济史》，吉林教育出版社 1994 年版，第 91 页。

④ 吉林省电力工业志编辑室编：《吉林省电力工业志》，中国城市出版社 1994 年版，第 19 页。

⑤ 锡良：《奉省设立电灯厂开办及常年经费请做正开销折》，载锡良：《锡良遗稿（奏稿）》第二册，中华书局 1959 年版，第 980 页。

"供当时巡抚衙门、兵营及商工户的照明用电。厂址在市府路原芙蓉街路南电业文化宫（已拆）西侧。"[1] 电灯厂靠近齐昂铁路火车站，交通非常便利。尽管这一时期在中国东北中国人经营的发电厂数量不在少数，但发电能力远远低于日本工厂，其中 1910 年中国人经营的发电厂发电 162 万度，日本人的电厂发电 1 174 万度；1911 年中国人的发电厂发电 194 万度，日本人的发电厂发电 1 674 万度。[2]

民国建立后，随着电力的广泛应用，电力工业投资亦被各方看好。"满洲亦以斯业之创设，于社会公共之利益甚多，认为良好投资事业，故主要都市，电气事业簇起，有如雨后春笋。"[3] 这一时期出现民族资本的兴起，其主要表现为东北矿务局在西安、复州、八道沟等地的煤矿和在北镇、新立屯、黑山、新民等地经营的电灯事业。[4] 从民国元年（1912 年）至 20 年（1931 年），东北地区新建发电厂 77 家。中国官办和民办的有 52 家，中日合办的有 1 家，日本人（包括"满铁"）办的有 17 家，俄国人办的有 5 家，英国人办的有 1 家，另有 1 家（讷河电灯公司）不详。其中较大的有：民办的哈尔滨电业局（成立于 1920 年，发电设备能力为 4 000 千瓦）、东北矿务局办的八道壕发电所（成立于 1924 年，发电设备能力为 3 200 千瓦）、北票煤炭公司经营的发电厂（成立于 1926 年，发电设备能力为 1 500 千瓦）、官办的安东电灯厂（成立于 1931 年，发电设备能力为 1 000 千瓦）。安东电灯厂成立之初，由"官银号、中国银行、商务会息借法价大洋十二万元、镇平银六万

---

① 王梦林、赵广田：《卜奎电灯厂始末》，载齐齐哈尔市政协文史办公室编：《齐齐哈尔文史资料》第 18 辑，齐齐哈尔市政协文史资料研究委员会 1988 年版，第 251 页。

② 辽宁省统计局编：《辽宁工业百年史料》，辽宁省统计局印刷厂 2003 年版，第 154 页。

③ ［日］满洲帝国实业部编纂：『電気事業要覧（第二回）』，满洲電気協會，1937 年，第 1 页。

④ ［日］满洲帝国政府编：『满洲建国十年史』，原书房，1969 年，第 302—303 页。

两、小洋二万一千元，并借用江堤公债票准备金现大洋十二万元、江堤流通券准备金现小洋十八万元。除以上贷款，尚欠慎昌洋行等机器价款约现大洋五十万元。借欠两项共约计洋一百零二万左右"①。可见该厂从开办之初就得到中国政府的大力扶植。另外，奉天省电灯厂和齐齐哈尔电灯厂规模亦很大。奉天省电灯厂在民国时期有了进一步的发展。"至1919年（民国8年）电灯厂已略具规模。员工已达百余，资本总额为大洋52万元，安装电灯已达5万余盏，发电量1000瓩（即千瓦，笔者注），营业区域达40平方公里。此后，又陆续增加一些机器和锅炉设备，到1928年（民国17年），工厂已有大小机台36部，房舍230余间。"② 齐齐哈尔电灯厂于1926年改为官办，更名为省城电灯厂。据1931年4月该厂上报黑龙江省的年鉴资料记载："本厂有1600瓩（即千瓦，笔者注）发电机组和自动燃煤锅炉一座，设有文书、庶务、发电、营业、会计、稽查六股，职工七十人，年收入哈洋四十余万元，除支出人工、电料、燃料等项外可余利八万元。"③ 当时整个东北规模最大的发电厂当属"满铁"经营的鞍山制铁所，该厂成立于1919年，发电设备能力为6000千瓦。此外，这一时期还有一些工厂自备发电厂，主要有9家：中国人办的有奉天纺织厂发电厂、奉天造兵厂发电厂、皇姑屯工厂发电厂、东北大学发电厂、祐东煤矿公司发电厂；日本人（包括"满铁"）办的有"满洲制糖奉天工场发电厂"和"满洲制糖铁岭工场发电厂"；英国人办的有"满洲合同制粉发电厂"；俄国人办的有穆

---

① 丹东市史志办公室编印：《清末至解放初期的丹东工业史料（1910—1950）》，1986年版，第32页。

② 袁铁凤：《奉天电灯厂的创办及沿革》，载政协沈阳市沈河区文史资料研究委员会编：《沈河文史资料》第二辑，沈阳市第二市政建设工程公司印刷厂1990年版，第65页。

③ 王梦林、赵广田：《卜奎电灯厂始末》，载齐齐哈尔市政协文史办公室编：《齐齐哈尔文史资料》第18辑，齐齐哈尔市政协文史资料研究委员会1988年版，第252页。

棱煤矿公司发电厂。

这一时期东北民族电力工业的发展，固然有追逐利润、改善民生等经济方面的意图，但也不乏维护国家主权和民族利益的追求。由于俄、日觊觎东北，竞相在各地开办电厂、掠夺资源，难免引起中方的疑惧。盘踞东北的奉系军阀出于维系自身统治的需要，对于关乎其经济利益、政治形象和军工发展的电力工业自然也不能拱手相让。它一方面与列强虚与委蛇，另一方面也积极推进民族工业的产业布局与发展。"张作霖随着实力增强，与日关系趋于紧张，彼此呈现一种双重面相，而非单一地张'亲日'，或日本支持张，双方关系充满妥协与斗争。"① 如他曾不顾日本反对，大规模兴建东北铁路网，以抵制日本利用"南满"铁路对东北财富的掠夺。② 张学良自 1928 年主政东北后，更是发起东北新建设运动，在经济方面以维护主权、振兴实业为重点。在张氏父子的倡导和支持下，东北建立了一批民族电厂。

在"两张"政权时期，八道壕煤矿是中方独资创办的电气化现代煤矿的代表，其发电设备能力仅次于鞍山制铁所。1922 年，张学良聘请著名矿业专家王正黼③为总办，扩建煤矿和兴建发电厂。"从德国购买 4 000 基瓦发电机 2 台，发电量高达 8 000 基瓦。八道壕煤矿还实现了电气化，用电力运煤、抽水、送风、选煤，在全国煤矿中居先进地位。"④ 该电厂除供应矿山用电外，还向辽西的北镇、沟帮子、新立屯、

---

① 张文俊、申晓云：《论张作霖与日本关系的双重面相》，《历史教学》（高校版）2009年第 4 期，第 38 页。

② 侯文强：《张作霖、张学良与东北铁路建设》，《南京政治学院学报》2003 年第 3 期，第 85—87 页。

③ 王正黼（1890 年—1951 年），字子文，浙江宁波人，中国采矿专家。曾任辽宁本溪湖煤铁公司总工程师兼制铁部部长、东北矿务局总办等职，创办、扩建和改进了阜新、八道壕等煤矿，兴建了八道壕发电厂，还创办了北京门头沟平兴煤矿。1945 年后资助创建了燕京大学工学院。

④ 马尚斌：《奉系经济》，辽海出版社 2000 年版，第 89 页。

打虎山、新民等地供电，初步形成了辽西的供电网。此外，八道壕发电厂还在辽西建立了一批分厂，主要有黑山分厂、打虎山分厂、北镇分厂、沟帮子分厂、新立屯分厂等，形成了全省第一个跨城市输电网。

这一时期，面对列强不断加快的侵略步伐，东北人民的民族意识增强，爱国热情高涨。另外，由于电力是直接关系民生的基础事业，外资利用其垄断地位，任意抬高用电价格、攫取暴利，受到民众的广泛抵制。20 世纪 20 年代末，中国掀起了回收利权运动，对日本在中国东北电力领域的扩张予以严重打击。在电力事业领域，抵制日本、力争主权的一个典型个案发生在哈尔滨。1920 年以前，该市电力事业多为外资经营，日本人成立的"北满电气株式会社"在该市电业中一度形成垄断之势，日本人的电站向居民征收的电费非常高。[①] 为改变这种局面，1920 年 5 月，民族资本创办的哈尔滨电业公司成立。当哈尔滨的华俄董事会准备对该市的电力事业"招商承办时，野心勃勃之日人，急力设法运动，期得承办。幸华商徐鹏志、张潘议、王衡三、傅宗渭、郝懋祥等五人，以国权攸关，力与日人抗争"[②]。后根据 1920 年 5 月 25 日及 1921 年 12 月 20 日两次会议的决议，由该五人承办。至此，由于中国民族资本家的据理力争，日本垄断哈尔滨市电力工业的企图没有得逞。该公司成立后对改善民生有显著效果："道里市内电灯，原为北满电气会社所经营，从前每一个灯头，每月取洋三元，电表一小时，每字收洋六角，自上年十二月一日哈尔滨电业公司电灯放光之后，灯头一个每月收洋二元，电表一小时每字仅收洋二角八分，以此之故市民改用该公司电灯者颇多，无形之中取回已失利权不少，北满电气会社因该公司电灯价

---

① 朱显平：《帝俄霸占哈尔滨市政的几个问题》，《哈尔滨史志》1986 年第 3 期，第 90 页。
② 大洲：《哈尔滨之电业公司》，《东省经济月刊》第三卷第八号（1927 年 8 月 15 日发行），第 69 页。

廉不得已亦减轻价格，借为扩充营业之计，现在由三元落至二元五角。"① 哈尔滨电业公司在中国民众的支持下，对"北满电气株式会社"形成强有力的竞争，致使其市场份额逐渐萎缩。"市民方面以爱国热忱，均纷纷改用电业（哈尔滨电业公司，笔者注）之电流，故该社（'北满电气株式会社'，笔者注）自十六年以来营业竟一落千丈。以前在南岗道里共有发电厂三处，现在只有在一面街一处。"② 而且哈尔滨电业局（1927 年哈尔滨电业公司改为哈尔滨电业局）于"1929 年（民国 18 年）收买俄商秋林及东铁两发电厂，1930 年（民国 19 年）合并傅家甸中国人创办之耀滨电灯公司，除北满电气会社之外，哈市电业悉归统制矣"③。哈尔滨电业局的崛起对日本在东北的电力事业造成重大打击。日方也不得不承认，"满电虽然在满洲电气事业中居于首位，其资本和技术已遥遥领先。但是它的事业被局限在关东州和满铁附属地内，限制了它的发展。在北满唯一代表日本权益的北满电气株式会社，由于遭到中国方面官营企业强有力的竞争，其结果甚至威胁到它的存在"④。从总体上看，这一时期东北官办和民办的电力工业有了很大的发展，但在与日本的较量之中仍明显处于下风。"中国方面新建的小型电厂由于资本缺乏、经营不当、官绅盘剥等原因，除两三家官营企业外，几乎都陷于经营不善的状态。"⑤

　　同期日本加紧对东北电力事业的染指和渗透。其中"满铁"积极

---

　　① 《特别区室内点灯费》，《滨江时报》1923 年 10 月 17 日。

　　② 宇存：《哈尔滨经济界之调查》七续，《中东经济月刊》第六卷第六号（调查）（1930 年 6 月 15 日发行），第 8 页。

　　③ 中国电业史志编辑室、湖北省电力志编辑室编：《中国电业史料选编》上，天津牛家牌印刷厂1987 年版，第 176 页。

　　④ ［日］满史会编：『满州开发四十年史』下卷，满洲开发四十年史刊行會，1964 年，第 521 頁。

　　⑤ ［日］關口壽一：『滿洲經濟十年史』，興亞印刷株式會社，1942 年，第 308 页。

向铁路沿线主要城市拓展电力业。第一次世界大战爆发后，东北铁路沿线各地对电力的需求急剧增加，"满铁"由此扩建其控制的发电厂。如大连发电所（前身为"中央发电所"），1921 年发电能力为 6 750 千瓦，1924 年发电能力迅速增至 12 500 千瓦。[①] 1908 年，"满铁"还在抚顺建立电力工业。"首先建立'大山坑发电所'，1913 年共有发电机 5 台，容量达到 4500 千瓦。1914 年成立'门特瓦斯工场'，安装 1500 千瓦发电机 2 台，3000 千瓦发电机 3 台，容量达到 12000 千瓦。1921 年又新建'大官屯第一发电所'，容量达 30000 千瓦，于 1922 年开始向奉天送电。"[②] 此外，"满铁"还利用与当地商人合作的方式，在瓦房店、公主岭等地设立小型电灯株式会社。这些会社的多数股份掌握在"满铁"手中，且其经理人员须由"满铁"任命，故其经营权牢牢操控于"满铁"之手。值得一提的是，为了整合日本在"南满"地区的电力事业，1926 年 6 月，日本成立"南满洲电气株式会社"。该会社将本社设于大连，在奉天、长春、安东、辽阳等地设有分社，从营口水道电气会社收买下鞍山地区的电气事业，设鞍山分社，并向铁路沿线各地电气事业投资，直接或间接地参与其经营活动，逐渐垄断了"南满"地区大部分电力事业。

在 20 世纪 20 年代后期，日本主要通过"南满洲电气株式会社"推行其在中国东北的电力事业。据"满铁"档案记载："根据使原满铁直接经营的电气事业脱离满铁的划一的制度，而采用符合实际的经营方法以提高其成绩这一宗旨，把在大连、奉天、长春及安东等地的电气事业

---

① 苏崇民：《满铁史》，中华书局 1990 年版，第 258 页。

② 王渤光主编：《抚顺人民抗日斗争四十年史（1905—1945）》，辽宁人民出版社 1992 年版，第 8 页。

分出，于大正十五年（1926 年，笔者注）6 月 1 日设立了该社。"① 这表明该会社成立的目的之一是便于日本对东北电力工业的管理和经营。而且，"该社除大正十五年 6 月继承了大连、奉天、长春、安东和连山关等地的电气事业外，又收买下列会社的事业或股份，达到了统制南满洲电气事业（属日本人的）的目的"②。这表明日本对东北电力工业的政策本质就是为了吞并该事业，从而实现对全行业的控制。在此政策指导下，日本采取排斥和挤压中国及俄国电力事业的举措也就不足为奇了。上述被收买的会社包括鞍山和汤岗子的电气事业，海城电灯株式会社，瓦房店、辽阳、铁岭、四平街等地电灯会社的股份，"开原满洲电气株式会社"的过半数股份，新义州电气株式会社的一半股份等。通过这一系列的收买与接收，该会社逐渐实现了对"南满洲"电力事业的垄断。至 1930 年，"南满洲电气株式会社"一共在东北控制电力企业 17 家，发电容量为 52 679 千瓦，占全东北发电总量的 27.9%。若再加上"满铁""关东厅"、日本人经营事业、中日合办事业等日本关系企业经营的电力事业，其发电量占全东北总量的 80.4%。③ 不唯如此，在这一时期日本甚至开始在中国谋求建立水力发电站。"日本欲期发展朝鲜北都电气铁道，及谋握东省东部之电气铁道权，故对于鸭绿江之水力权，惨淡经营，牺牲一切，谋归己有。现已将发电所地点调查妥协，其地与新义州直线距离一百六十启罗米突，在平安北道渭源郡，密山之对岸。本系我国土地，日人拟在此处横断鸭江，建一极大之水力发电所。日后如真建成，则东省东部所藉以交通之鸭绿江水，全为日人发电之用，交

---

① 苏崇民主编：《满铁档案资料汇编》第十卷，社会科学文献出版社 2011 年版，第 163 页。
② 苏崇民主编：《满铁档案资料汇编》第十卷，社会科学文献出版社 2011 年版，第 166 页。
③ 杜恂诚：《日本在旧中国的投资》，上海社会科学院出版社 1986 年版，第 306 页。

通必生阻碍。"[1] 可见，在 20 世纪 20 年代后半期，日本已经完成对鸭绿江水系的调查，并筹划建立水电站。最终在伪满时期日本在此建立了水丰水电站。

在东北北部，日本人也极力谋取电业的垄断地位。如在哈尔滨，"日人对于哈埠之电业久思一攫而夺之，故当民七之交，在哈设立北满电业公司，仗金钱之魔力，先从俄人手中将特别区之内电灯电话一概攫走，又用大宗金钱，运动俄各党道，拟攫取电车敷设权"[2]。"该公司谋扩张电灯、电力之供给范围，并兼营电铁事业，欲取得哈市电业权，遂向市会及其他方面运动。""在此期中北满电气会社，能胜中、俄之竞争压迫，一时制伏市会之大势，电业权几入该社之手。"[3]虽然后来该公司的意图并未完全得逞，但是也基本上将俄国资本排挤出局，成为主导哈市电业的两大电气机构之一（另一机构为中方的哈尔滨电业局）。相比之下，在九一八事变前俄国在东北仅有 6 家电力企业。日俄在电业领域的竞争结果也清楚地体现了双方在中国东北的势力消长状况。由于占据资金和技术优势，这一时期日本的发电厂普遍规模较大，拥有很强的竞争力。此点在发电设备能力和发电量上体现得尤为明显。民国元年（1912 年）中国人工厂发电设备能力 3 400 千瓦，发电量 238 万千瓦时；日本人工厂发电设备能力 10 700 千瓦，发电量 1 926 万千瓦时；至民国二十年（1931 年）中国人工厂发电设备能力 57 000 千瓦，发电量 8 200 万千瓦时；日本人工厂发电设备能力 164 800 千瓦，发电量46 096万千

---

[1]　仙乎：《东三省电气事业》，《东省经济月刊》第三卷第四号（1927 年 4 月 15 日发行），第 19 页。

[2]　《垂涎电业》，《滨江时报》1930 年 9 月 14 日。

[3]　哈尔滨满铁事务所编：《北满概观》，汤尔和译，商务印书馆 1937 年版，第 260—261 页。

瓦时。① 可见，日本人在发电事业上继续保持其优势地位。

总的说来，这一阶段东北电力工业领域处于多国混战的状态，包括东北的民族工业，日本、俄国、英国等纷纷建有自己的电厂。在此过程中，中国的民族电业有了一定的发展，初见规模。英国和俄国在日本的排挤下，电力事业基本衰落。而日本以强大的国力为后盾，加强对中国民族电业的挤压，逐渐占据优势地位，尤其是在"南满"地区处于绝对垄断地位。之所以出现此种格局，主要有以下几点原因：首先，日本从灭亡中国的"大陆政策"出发，加强对中国东北的渗透和吞并，电力工业作为主要的能源工业自然成为日本侵夺的主要对象。其次，东北军阀集团出于维系自身统治的需要，对于关乎其核心利益的电力工业自然不能放任不管。因此，这一时期在东北军阀集团的支持下，东北官办和民办的电力工业有了很大的发展。最后，由于双方实力相差过于悬殊，而日本又竭力扩张，依托其强大的人力、物力、财力和技术等，故日本在东北电力工业中处于优势地位。

三、伪满时期东北的电力工业

九一八事变后，日本侵占了整个东北，随着政治控制和军事侵略的加剧，日本也加强了对中国东北大规模的经济掠夺，东北电力工业亦不能幸免。1932 年 7 月关东军特务部的《要纲案》中确立了"火主水从"的原则，简言之，即以火力发电为主，以水力发电为辅。此后，1933年 3 月 1 日伪满政府发布的《满洲国经济建设纲要》中规定："带有国防的或公共公益的性质之重要事业，以公营或令特殊会社经营为原则"，

① ［日］満洲電業株式會社調査課：『満洲に於ける電氣事業概説』，昭和十年八月改訂再版，第 10—13 頁。

"对于电气事业施行统一经营，供给丰富低廉之电力。"① 可见从伪满成立之初，日本就将电力工业作为主要监管对象，进而排斥中国民族资本的参与。

关东军特务部根据上述方针，提出实行统一管理的具体办法，即按地区将日"满"电力企业合并，然后实行"全满洲"的合并和统一监督。其后，将"南满洲电业株式会社"、营口水道电气株式会社、"北满电气株式会社"、奉天电灯厂、"新京电灯厂"、哈尔滨电业局、吉林电灯厂、齐齐哈尔电灯厂、安东发电股份有限公司等合并，统一建立"满洲电业株式会社"（简称"满电"）。该会社于1934年12月1日正式开业，其资金为9 000万日元（1937年资金额为1.6亿日元），社长为吉田丰彦，总公司设于"新京"，在大连、奉天、营口、鞍山、安东等地设分公司。在该社的会社章程中明确规定：本会社以经营电力、电灯的供给及相关业务，对本社和同类会社进行投资为目的。即本社以电力、电灯的供给、同类事业的投资、相关会社的投资为目的而设立，并作为"全满"电气供给事业的统制会社。② 此后，各地发电厂纷纷被并入"满洲电业株式会社"，该会社逐渐控制了全东北的电力事业。其中，营口水道电气株式会社在合并后更名为"满洲电业株式会社营口支店"。"营口发电所（厂）也得到不断扩建，至1937年装机容量已增加到9800千瓦，年发电量为2000万千瓦时，供电范围除营口市内，还包括大石桥市和田庄台等地。"③ 同期，"满电"下辖的其他电厂也逐步

---

① 『满州国经济建设要纲』（满州国政府公表），アジア歴史資料センター：レファレンスコード，B02030713200，日本国立公文书馆藏。

② ［日］满洲电力株式会社：『電業讀本』，满洲电力株式会社，1938年，第45—46页。

③ 韩世魁：《营口电力工业的产生与第一座发电厂》，载中国人民政治协商会议营口市委员会文史资料研究委员会编：《营口文史资料》第十辑，中共营口市委机关印刷厂1994年版，第143页。

扩张。

这一时期，东北的电力工业除被"满电"垄断外，还有钢铁、水泥、纸浆等工业部门的自备发电厂，它们并未并入"满电"，主要有：老头儿沟煤矿、安东六合成制纸公司、营口纺织会社、大同洋灰会社、小野田水泥会社泉头工厂、本溪湖彩家屯洋灰工场、"满洲纸浆会社""日满纸浆会社""东满纸浆会社"、东洋人绢纸浆会社、"满洲炭矿会社（阜新）""东满水泥会社"、宫原水泥工场（本溪湖）、"满洲炭矿会社（兴隆）"、锦州合成燃料会社、吉林人造石油会社等。其中发电能力最大的是吉林人造石油会社，其发电设施和现有设备均为18 000千瓦。其中，"阜新发电厂始建于 1936 年，投产于 1939 年 6 月，是日本帝国主义为掠夺阜新的煤炭资源而建设的坑口电站"[①]。它与海州露天煤矿毗邻。

1937 年 1 月 25 日，日本关东军为配合掠夺制定了第一次"产业开发五年计划"，其中规定：以开发铁、液体燃料、煤、电力等重要基础产业为重点，电力开发目标为 140.5 万千瓦。[②] 在此，电力工业作为重点产业而备受重视。计划甫一实施，七七事变爆发。为了向日军提供更多的军用物资，伪满政府于 1938 年又公布了新计划。根据新计划，电力工业的计划目标增至 257.055 万千瓦。[③] 此后，由于战争物资紧缺，伪满政府在日本的授意下再次修改计划，该计划于 1939 年 4 月公布，

---

① 孙丽君：《废墟上崛起的发电厂》，载辽宁省政协学习宣传和文史委员会编：《辽宁文史资料精萃 经济·文化·教育》，辽宁人民出版社，第 284 页。

② 『満洲産業開発 5 年計画綱要』，アジア歴史資料センター：レファレンスコード，A09050546900，日本国立公文書館藏。

③ 『満州産業開発五年計画実施経過概要』，アジア歴史資料センター：レファレンスコード，B09040783300，日本国立公文書館藏。

其中电力生产能力扩充至 380.1 万千瓦。① 根据上述计划，该时期动工兴建了水丰、阜新、抚顺等大型水、火电站，部分电站投入运行使用。至 1941 年五年计划结束，其实际火力发电 50 万千瓦，水力发电 18 万千瓦，② 共计 68 万千瓦，这和计划中的 380.1 万千瓦相差甚远。但由此亦可看出日本已经逐渐重视水力发电事业，并开始积极投资兴建水电站。

1940 年，伪满政府鉴于水电的前途，改取"水主火从"原则。次年 11 月，伪满政府又制定了第二次"产业开发五年计划"，该计划于 1942 年 4 月 1 日起执行。其中将水力发电作为重点产业进行开发。"水力发电计划，预定扩充镜泊湖（九年度完成）、松花江（十二年度末完成）、浑江桓仁（十三年度末完成）、浑江沙兴子（十六年度末完成）等。鸭绿江，十一年度完成水丰的扩充，其次义州十三年度末，云峰十四年度末完成。"③ 从计划目标上看，火力发电计划增加 30 万千瓦，水力发电计划增加 70 万千瓦，共计 100 万千瓦。④ 显然，这正是对"水主火从"原则的践行。至日本战败投降为止，其具体实绩为"水力发电增加了三十三万千瓦，又准备了有十二万千瓦发电能力的水力发电机两架（丰满水力发电）。在鸭绿江的义州和云峰建设着发电站；在浑江也建设了后来停止"⑤。可见，虽然该时期电力工业有了明显的增长，但

---

① 解学诗：《伪满洲国史新编》，人民出版社 2008 年版，第 511 页。

② ［日］古海忠之：《有关满洲产业开发五年计划的罪行》，载中央档案馆整理编辑：《日本战犯的侵华罪行自供》5，香港中和出版有限公司 2014 年版，第 372 页。

③ 中国档案馆、中国第二历史档案馆、吉林省社会科学院合编：《日本帝国主义侵华档案资料选编·东北经济掠夺》，中华书局 1991 年版，第 285 页。

④ ［日］古海忠之：《有关满洲产业开发五年计划的罪行》，载中央档案馆整理编辑：《日本战犯的侵华罪行自供》5，香港中和出版有限公司 2014 年版，第 375—376 页。

⑤ ［日］古海忠之：《有关满洲产业开发五年计划的罪行》，载中央档案馆整理编辑：《日本战犯的侵华罪行自供》5，香港中和出版有限公司 2014 年版，第 379 页。

远远落后于其目标，更谈不上满足日本的军事需要了。

至伪满末期，在发电方面，"满电"已经实现了一统天下。它"逐步收买了抚顺、昭和制钢所、本溪湖煤铁公司的企业自用火电站及大丰满、镜泊湖（36 000 千瓦）等政府建设的水力发电设施，并把政府所持有的满洲和朝鲜合营的鸭绿江水力电气株式会社的股票也收买过来，归为己有"①。至此，"满电"已经成为垄断东北火力发电和水力发电体系的超级国策会社。在输电方面，最初伪满的电力事业从利用小容量蒸汽发电机的小火力发电开始，进而发展到以超高压送电网联合大规模矿山进行综合经营，后相继开发大容量水力发电，并全部由"满电"统一经营。"东北之送电事业由满洲电业株式会社一手经营，主要分为三送电事务所——南满送电事务所，中满送电事务所，东满送电事务所。"② 它们都是"满电"的子会社。在配电方面，亦由"满电"实施垄断。"东北之配电事业除极少数地域外，亦由满电独自经营。全东北各主要都市均设有满洲电业株式会社支社，次要都市亦均设有营业所。"③ 可见，伪满时期从发电、输电以至配电都由"满电"全面控制，这标志着日本牢牢控制着东北的电力事业。

事实上，日本之所以全面控制东北的电力工业，并竭力排斥东北民族资本介入，主要出于以下几点原因。首先，电力工业为其他工业门类提供重要能源，控制了电力工业就等于在一定程度上控制了其他工业的发展，这符合日本在中国东北的侵略野心。其次，电力工业与军事工业关系密切。由于日本法西斯穷兵黩武，连年战事，军事工业的扩张势在

---

① ［日］满史会编著：《满洲开发四十年史》下卷，东北沦陷十四年史辽宁编写组译，辽宁省营口县商标印刷厂1988年版，第141页。

② 东北科学技术学会：《电力报告书》，1945年9月1日，第18—19页。

③ 东北科学技术学会：《电力报告书》，1945年9月1日，第24页。

必行。在当时情况下，只有控制电力工业才能充分保证军事工业的膨胀，从而更好地为其侵略扩张服务。最后，电力工业是中国东北最有潜力的工业。无论是资源丰富的煤炭，还是用之不竭的水资源都为电力开发提供良好的条件，也为未来东北电力工业的发展提供广阔的空间。日本对此有着深切的认识，故将电力工业牢牢掌握在手中。

四、日伪对东北电力工业的掠夺

伪满时期，日本对东北电力工业的掠夺主要体现在以下三个方面：

（一）从电力工业生产原料上看，日本主要利用本地资源进行发电，属于现地掠夺。火力发电站主要使用当地的煤炭进行发电。九一八事变后，日本对东北全境的煤炭资源进行调查。根据"满铁"和"满洲炭矿株式会社"的调查，不仅东北南部，甚至北部和东部都陆续发现有丰富而优质的煤田。对此，日方最初估计其埋藏量是 40 亿吨，后来查明仅阜新新邱煤田即达 40 亿吨，鹤岗、密山等地也各有数十亿吨。[1] 在煤炭销售市场中不占优势的劣质煤，约占采煤量的 10% 至 20%，但尤其适合于发电，故成为日本掠夺的对象。日方认为：在东北各地蕴藏有丰富低廉的可用于发电的煤炭资源。在煤炭产地有大量的劣质煤，这些煤贩卖困难，但只要在当地经过适当处理就可用于发电并获得极其低廉的电力，同时通过高压输电线还可向远距离输送，使周边地区也获得丰富而廉价的电力。[2] 可见，日方在此问题上极为重视经济上的考虑。在伪满时期，"满电"在抚顺、阜新、西安、通化、鹤岗等地的大煤矿

---

① ［日］满史会编著：《满洲开发四十年史》下册，东北沦陷十四年史辽宁编写组译，辽宁省营口县商标印刷厂1988年版，第 147 页。

② ［日］满洲電業株式會社調查課：『満洲に於ける電氣事業概説』，1935 年，第 33—34 页。

均建设火力发电站。[①] 另外，在北票、鞍山、本溪湖、珲春等富含煤矿的地区亦建有发电站。在其他地区，如哈尔滨、长春、牡丹江、甘井子、二道江等地的电站亦从附近地区的煤矿获取劣质煤进行发电。

水力发电站主要是利用当地的水力资源进行发电。对于东北的水力资源，"满铁"早在九一八事变前就做过简单的调查。伪满建立后，伪满实业部设立临时产业调查局，经初步调查后，与国道局、"满铁""满电"联合，对灌溉、河运、治水、水利等进行全面的调查。从水力发电角度看，由于流况不佳、落差小，不适于水道开发，但可兴建大型堤坝式水库，利用落差进行发电，并能减轻河道下游的水旱灾害。另"据 1938 年对 13 条主要河流 37 个点的调查，其正常功率为 155 万千瓦。其后随着调查的进展，功率继续增加，至 1942 年已确认蕴藏着的最大功率约为 800 万千瓦"[②]。经过这些调查，日伪当局确认了东北具有适合于发电的水力资源，并决定采取修建大坝的方式进行发电。故在其后的第二次"产业开发五年计划"中，提出在镜泊湖、松花江、浑江桓仁、浑江沙兴子及鸭绿江等地建设水电站的计划。至日本战败投降为止，水丰水电站（鸭绿江）、镜泊湖水电站和丰满水电站（松花江）均已部分建成，并已开始供应电力。

水丰水电站位于鸭绿江上游，距离安东有 80 公里，建有 107 米的拦河坝，通过拦河坝拦截鸭绿江的主流进行发电，发电能力为 70 万千瓦。[③] 1937 年公称资本为 1 亿元，实缴 6 250 万元，伪满和朝鲜各半出

---

① ［日］太田正孝：『新經濟辭典』，東京富山房，1942 年，第 985 页。

② ［日］满史会编著：《满洲开发四十年史》下册，东北沦陷十四年史辽宁编写组译，辽宁省营口县商标印刷厂 1988 年版，第 147 页。

③ ［日］满史会编著：《满洲开发四十年史》下册，东北沦陷十四年史辽宁编写组译，辽宁省营口县商标印刷厂 1988 年版，第 153 页。

资，由野口遵任理事长。1941 年 8 月，向伪满洲国输电 20 万千瓦。[1]
丰满水电站建于 1939 年 3 月，位于吉林市境内的松花江上，为当时亚
洲规模最大的水电站。至 1945 年 8 月 15 日日本战败投降为止，丰满水
电站尚未全部竣工，总投入资金 2.37 亿日元，电站机组安装已完成了
第一期工程的 50%，完成总工程量的 87%。镜泊湖水力发电所，建于
1939 年 3 月，1942 年 6 月开始发电。该发电所位于松花江支流牡丹江
的上游，距离古渤海国的上京——东京城古遗址约 35 公里，安装有 2
万千瓦的发电机，年发电量为 5.5 亿千瓦时。[2] 对于浑江的桓仁电站，
日伪当局也提出了具体计划，即建立高 91 米、长 1 018 米的堤坝，蓄
水池面积达 209 万平方公里，最终发电能力为 28 万千瓦。[3] 但该水电站
只修建了一部分，后随着日本的战败而被迫中辍。此外，日伪还在鸭绿
江中游建设云峰水电站，计划发电能力为 10 万千瓦，于 1942 年 8 月开
工兴建，1945 年 8 月因日本投降而停工。

（二）从电力使用对象上看，主要以军事部门、日伪工厂为主。在
20 世纪 30—40 年代，电气的应用主要包括通信、照明、动力、热源、
家庭生活、各种产业、交通、运输、保健、卫生、军事、国防等各个方
面。[4] 但在伪满，电力在很大程度上要为日伪工厂提供动力。当时伪满
的刊物对此承认："由于产业五年计划各种工业部门积极的扩张强化，
电力的需要量因之而激增。那么，这视为产业开发原动力的电力事业之
重要性就不言而喻了。"[5] 可见，电力工业是伪满进行"产业开发五年

---

① ［日］黄文雄：『満州国の遺産』，光文社，2001 年，第 269 頁。
② ［日］黄文雄：『満州国の遺産』，光文社，2001 年，第 269 頁。
③ ［日］黄文雄：『満州国の遺産』，光文社，2001 年，第 269 頁。
④ ［日］満洲電力株式會社：『電業讀本』，満洲電力株式會社，1938 年，第 141 頁。
⑤ 赵恩棠：《谈谈我国的水力发电事业》，载《新满洲》第 2 卷第 12 号，满洲图书株式
会社 1940 年版，第 22 页。

计划"的动力之源。其中在 1940 年东北各主要工业使用电力数量如下：金属工业 523 267 千瓦时，机械工业 98 699 千瓦时，化学工业 320 612 千瓦时，窑业 164 402 千瓦时，制材工业 10 322 千瓦时，纺织业 75 058 千瓦时，食品工业 73 606 千瓦时，印刷及装订业 4 435 千瓦时，杂工业 8 303 千瓦时。总计 1 278 704 千瓦时，价额为 2 915.2 万元。[①] 另据资料显示，以上述工业门类为例，1936 年使用电力 555 674 千瓦时，1940 年则为 1 278 704 千瓦时[②]，增加了一倍以上。由此可见，以上工厂使用的电力数额巨大。还有一点值得注意的是，在上述工业中，以金属工业、机械工业、化学工业和窑业等使用电力较多，而这些工业恰恰和军事部门关系密切，并在很大程度上为日伪军队提供军用物资。可见，伪满时期电力工业的服务对象以军事生产部门为主。

从电力用途上看，在 1933 年东北共计使用电力 516 090 千瓦时，其中家庭用电（电灯和电热用）105 661 千瓦时，一般工业用电 174 637 千瓦时，特殊工业用电 78 222 千瓦时，矿业用电 126 995 千瓦时，电气铁道用电 30 325 千瓦时，农业用电 250 千瓦时。[③] 这里的农业用电主要是指大规模农场在进行灌溉、排水及机器加工时使用的电力，显然这和普通农户的日常生产关系不大。据以上可知，普通家庭用电占总量的 20.5%，其他大部分都为工矿业用电。另在 1941 年东北各城市总计使用电力 1 663 372 千瓦时，其中电力用电 1 366 616 千瓦时，电灯用电

---

① 东北财经委员会调查统计处编：《伪满时期东北经济统计（1931—1945 年)》，1949 年版，(2) —95。

② 东北财经委员会调查统计处编：《伪满时期东北经济统计（1931—1945 年)》，1949 年版，(2) —97。

③ ［日］满洲電業株式會社調查課：『満洲に於ける電氣事業概説』，1935 年，第 23 頁。

274 922 千瓦时，电热用电 21 834 千瓦时。[①] 据此，电力（即动力）用电使用占全部的 82.2%，电灯用电占 16.5%，电热用电仅占 1.3%。这里和普通百姓生活息息相关的电灯用电和电热用电所占比例很小，而大部分电力都用于工厂生产。另据资料显示，在 1942 年，从用途上看，动力用电占 90%，电灯用电占 9.3%，电热用电占 0.7%。[②] 可见，上述情况有愈演愈烈之势，仅从电灯使用情况亦能看出端倪。1937 年底，在东北部分地区日本人使用电灯 1 343 082 盏，日本人户数为 153 131 户，平均每户使用电灯 8.8 盏；东北"满洲人"使用电灯 1 049 414 盏，有"满洲人"户数 677 091 户，平均每户使用电灯 1.5 盏。[③] 之所以日本人户数少是因为日本移民相对于东北的中国人少很多，但这也从一个侧面反映出电灯的使用者以日本人为主，且日本人的生活质量要明显高于中国人。

在价格上，伪满政府进行宏观调控，保证军事工业和其他相关工业使用廉价电力，而普通百姓用电价格则较高。日伪政府认为："电费之规定直接影响各种企业之发展，故须特别慎重。"[④] 其电费的收取分为以下几种：（1）电灯及小量动力电热，此为广大东北人民使用之电力。（2）大量需用家电费，大体可分为一般特约（农业部门）、矿山特约和农事特约三种。这里主要是指矿山和农场使用的电力。（3）"特殊大量需用电费。此项电费为特别低廉者，其主要目的为助成国策产业之完

---

① 东北财经委员会调查统计处编：《伪满时期东北经济统计（1931—1945 年）》，1949 年版，（2）—97。

② 东北物资调节委员会研究组编：《东北经济小丛书·资源与产业》下，中国文化服务社沈阳印刷厂 1947 年版，第 89 页。

③ ［日］满洲电业株式会社总务部调查课：『社业统计（昭和 12 年下期报竝年报）』，满洲日日新闻社印刷，昭和 13 年 7 月 10 日，第 76—77 页。

④ 东北科学技术学会：《电力报告书》，1945 年 9 月 1 日，第 24 页。

成。"① 可见，对于工业用电，伪满政府给予特别优惠的政策。另据资料显示，在黑龙江地区，1937 年电灯用户平均电价为 159.98 元，电力用户平均电价为 50.67 元；1938 年电灯用户平均电价为 174.01 元，电力用户平均电价为 48.94 元；1939 年电灯用户平均电价为 172.37 元，电力用户平均电价为 48.65 元。② 在此电灯用户（民用）的电费约是电力用户（工业用电）的 3—4 倍。这充分体现出伪满政府对工业部门用电的倾斜和支持。可见，在《关于满洲电业合同株式会社设立要纲》中所标榜的"提供低廉丰富的电力供给"③ 主要是为工业部门服务的，与东北广大的普通民众无关。

（三）从人力剥削的角度，也反映出日伪当局对东北电力工人的剥削和压榨。"在日本帝国主义统治下的西安发电所（即后来的辽源发电厂，笔者注），工人的劳动条件是十分恶劣的，劳动强度也是非常大的。上煤时，靠的是工人用肩往上背煤；除炉灰时，靠的是工人用大铁锹往外捞，然后再由马车拉到厂外。"④ 很多可以机械化的劳动完全依靠人力，这非常容易出现事故。在丰满水电站，劳工们当牛做马，挣扎在死亡线上。这些劳工很多是被大东公司通过欺骗的方式从华北、山东及关内等地招来，还有收降的保安补充队、勤劳奉仕队、摊派的劳工及犯人等，基本上都是无偿劳动。同时日伪在丰满水电站设有"丰满警备队"、丰满劳务股、"丰满警察署"、日本宪兵队和日"满"军队，这些

---

① 东北科学技术学会：《电力报告书》，1945 年 9 月 1 日，第 24—25 页。

② 黑龙江省地方志编纂委员会编：《黑龙江省志·电力工业志》，黑龙江人民出版社1992 年版，第 237 页。

③ 『満洲に於ける電業合同に関する株式会社設立要綱』，アジア歴史資料センター：レファレンスコード，A09050349200，日本国立公文書館蔵。

④ 王者安：《昔日的西安发电厂》，载政协辽源市委员会文史资料委员会、政协辽源市西安区委员会文史资料委员会编：《辽源文史资料》第三辑，辽源矿务局印刷厂 1990 年版，第 80—81 页。

"军警宪特分子，渗透到劳工的劳动场所和生活的各个角落，整个丰满被白色恐怖笼罩着"①。当时劳工们工作条件非常艰苦，寒冬腊月里在户外劳动也没有手套，穿着夹鞋。"两只手一挨石头，就像针扎似的难受，一不小心，肉皮就被粘下一层。"② 劳工们在江坝上推轱辘马子，由于坡度大，又没有安全设施，碰死碰伤的事件时有发生。冬季里劳工们还要挖土方，为了避风就沿着一定的深度往里挖，坑越挖越大，劳工也越聚越多，但由于既无横杆也无立柱，经常会发生塌方事件。此外，日方人员还常常在工地中工人并未走净时就指使炮手点炮崩石头，经常炸得工人血肉横飞。"丰满所有劳工，不论工种如何，每日劳动皆为12小时，所有劳动现场都有监工、拉杆的对劳工进行监督。"③ 这些监工手拿木棒、马鞭、小铁锤等，对他们认为干活不出力的、磨洋工的，甚至是看着不顺眼的，经常动手就打，很多劳工甚至被毒打致死。劳工的食宿条件也非常恶劣，住的是由几根木杆搭起来的席棚子。席棚子两头开门，没有窗户，既不保暖也不防潮，棚内蚊子、苍蝇、跳蚤非常多。晚上劳工睡在"土炕"上，名为土炕，实为土台。土炕不通烟火，铺上烂草和破席子，不隔凉也不隔潮。④ 劳工们每天吃的是苞米面窝头和发霉的高粱米饭，给点咸菜，有时还给点咸盐豆，很少能吃到青菜。在这样的环境下生活，劳工极易得病，如果因得病不能干活，往往被监工直接扔到万人坑中。在穿着方面，招聘公司大东公司在冬季发给劳工们

---

① 丰满发电厂工人运动史编审委员会编：《丰满发电厂工人运动史（1937—1985）》，丰满发电厂工运史办公室1992年版，第10—11页。

② 闻师：《丰满电站的沧桑》，载孙邦主编：《伪满史料丛书·经济掠夺》，吉林人民出版社1993年版，第460页。

③ 闻师：《丰满电站的沧桑》，载孙邦主编：《伪满史料丛书·经济掠夺》，吉林人民出版社1993年版，第460页。

④ 闻师：《丰满电站的沧桑》，载孙邦主编：《伪满史料丛书·经济掠夺》，吉林人民出版社1993年版，第461页。

黄色棉坎肩一件，且只发一次，并从薪水中扣除，此后再未发过任何服装。"这些从家带来的褴褛棉衣穿破后，只好将两条麻袋在底部抠三个洞，中间夹着水泥袋子或杂草，做成套头式的'大坎肩'，并用水泥袋子纸缠在胳膊和腿上，来防寒取暖。在夏季，有的劳工只好裸露着身体在烈日下劳动。"① 正是在这样的生产、生活条件下，丰满水电站修建期间劳工大量死亡。丰满建设处处长空闲德平也承认，整个工期死亡总人数达1 000余人，其中病死者占94%。死亡人数最高的月份是1939年7月，死亡达78人，日均2.6人。② 当然，这是缩小和处理后的数字，实际数字远高于此。另外，"根据伪满丰满工程处劳务股编写的《劳动管理概况》中记载和原永吉县警务科附野奇茂作③及原丰满警察署特务系主任金泽武文在1954年于'抚顺战犯管理所'的供词，并经有关人员证实，确认丰满劳工在伪满期间至少死亡6 500余人"④。应该说，这一数字相对客观一些。

在桓仁水电站，劳工们在日本侵略者的压迫下，受尽苦难。日伪当局通过强征、诱骗和抓捕等手段，从各地抓来大批劳工。"到1942年，被掳掠劳工达2 000多人。"⑤ 劳工每人每天只配给9两粮，大部分是橡子面，因此劳工们只好忍饥挨饿。每天干10多个小时的重体力活儿，

① 丰满发电厂工人运动史编审委员会编：《丰满发电厂工人运动史（1937—1985）》，丰满发电厂工运史办公室1992年版，第17页。
② ［日］内田弘四编：『豊満ダム：松花江堰堤発電工事実録』（非壳品），大豊建設株式会社，1979年，第65—66页。
③ 野奇茂作，1898年9月17日生人，日本静冈县人，曾任奉天日本宪兵队兵工厂分队军曹、军曹班长，陆军宪兵曹长，伪吉林省永吉县警正、警务科附，伪吉林县警正兼事务官，伪虎林口境警察队本队长，伪怀德县理事官、警务科科长等职。1946年1月15日被逮捕。
④ 丰满发电厂工人运动史编审委员会编：《丰满发电厂工人运动史（1937—1985）》，丰满发电厂工运史办公室1992年版，第20页。
⑤ 张宝玉：《劳工血泪》，载孙邦主编：《伪满史料丛书·经济掠夺》，吉林人民出版社1993年版，第489页。

晚上睡在又潮又冷的劳工房里。"夏天逢下大雨，屋里就下小雨，破被子整天湿漉漉的，很多劳工生了疥疮。到了冬天更难熬，床铺没有一点儿热乎气儿，无奈几个人缩成一团，互相靠身体来取暖。屋子里，水盆中的水都冻鼓了。"① 由于日伪当局不把劳工当人看待，劳工的生存条件非常恶劣，因此伤亡率很高，在水电站修建的五年间，不少劳工命丧黄泉，或者留下终身残疾。

伪满时期整个东北的电力工业中有大量的中国工人，在1944年，"满电"全部职工达16 539人，其中日本人占42%，其余中国人达9 593人。② 相比较而言，电力工业中日本人所占的比率要高于其他工业，这主要是因为该行业对技术的要求相对较高。中国人主要是临时雇员或勤杂人员，成为职员的人比较少。日本人除担任参事外，多为职员和雇员。日本人所担任的职位不仅身份地位比较高，工资亦远高于中国工人。据统计，1937年4月，在电气煤气工业中，以大连、沈阳和长春作为考察对象，中国男工平均工资为0.91元，日本男工平均工资为2.42元。③ 日本人的工资是中国人的2.66倍。在1938年9月，伪满产业部又对"新京"、奉天和哈尔滨一带的工厂进行调查，其中在电气及瓦斯工业中，男性中国工人的平均日工资为0.77元，男性日本工人的平均日工资为2.98元。④ 日本人的工资是中国人的3.87倍。此外，根据"满电"职员最高与最低工薪比较可知，1935年在总务人员中，中国人最高为45元、最低为18.38元，日本人最高为215元、最低为

---

① 张宝玉：《劳工血泪》，载孙邦主编：《伪满史料丛书·经济掠夺》，吉林人民出版社1993年版，第490页。

② 辽宁省统计局编：《辽宁工业百年史料》，辽宁省统计局印刷厂2003年版，第169页。

③ 苏崇民等编著：《劳工的血与泪》，中国大百科全书出版社1995年版，第208页。

④ 苏崇民等编著：《劳工的血和泪》，中国大百科全书出版社1995年版，第210—211页。

22.5 元；在会计人员中，中国人最低为 15.6 元，日本人最低为 25 元；在营业人员中，中国人最高为 180 元、最低为 15 元，日本人最高为 249 元、最低为 22.5 元；在技术人员中，中国人最高为 110 元、最低为 15 元，日本人最高为 260 元、最低为 34.5 元。[①] 由此可见，中日两国工人工资的差距是比较大的，同工不同酬的现象普遍存在。

由以上可知，东北的民族电力工业从诞生后不久就受到以日本为首的外来势力的挤压，在清末民国时期就已处于弱势地位，至伪满时期，东北电力工业已完全被日本独家垄断。而从电力工业的生产原料、使用对象和人力资源剥削等方面都深刻反映出日本对东北电力工业的野蛮掠夺。"从开办电气事业开始，日本人就从未想到用科学手段帮助中国搞建设，而是把电力作为掠夺我国财富的开路先锋。"[②] 他们甚至认为：广阔的"满蒙"地域天惠的富源又不少，将来此等未开的门扉必须用电气的钥匙来打开。[③] 其掠夺贪婪的本性溢于言表。至日本投降为止，日本建立的电力体系土崩瓦解，东北的电力事业终于回到中国人民手中。

第三节　石油工业

石油作为重要燃料和动力资源，无论是在战时、和平时，还是对于

---

① 东北财经委员会调查统计处编：《伪满时期东北经济资料（1931—1945 年）》，1949 年版，（13）—19。

② 韩世魁：《营口电力工业的产生与第一座发电厂》，载中国人民政治协商会议营口市委员会文史资料研究委员会编：《营口文史资料》第十辑，中共营口市委机关印刷厂 1994 年版，第 143 页。

③ 韩世魁：《营口电力工业的产生与第一座发电厂》，载中国人民政治协商会议营口市委员会文史资料研究委员会编：《营口文史资料》第十辑，中共营口市委机关印刷厂 1994 年版，第 143 页。

军需和民需都是不可或缺的重要物资。它甚至被看作是决定近代战争胜败的关键因素[1]，因此对于穷兵黩武的日本来说，石油被称为"生命之源"。日本是典型的贫油国，石油资源主要依靠进口。近代以来，中国东北逐渐发现有可用于加工石油的油页岩、煤炭等资源，此后东北被打造成供应日本石油资源的主要基地。也正是由于上述原因，日本对东北石油工业的掠夺极具典型性、灾难性和罪恶性。可以说，近代东北石油工业的变迁是日本掠夺东北工业的一个缩影。然而，目前国内对该领域的研究仍处于探索阶段，研究成果有限[2]，这为对该问题的研究留有很大的空间。本节则着重论述伪满石油工业的演变脉络和掠夺性本质，希望对揭示日本对中国东北的工业掠夺能有所启迪。

一、民国时期东北的石油工业

在民国时期，石油大致可分为天然石油、页岩油和煤炭液化石油三

---

① ［日］工業化學會満洲支部編：『満洲の資源と化學工業』（増訂改版），丸善株式会社，昭和12年，第395頁。

② 主要成果有：姜念东等《伪满洲国史》（大连出版社1991年版），该书章节之下有一小部分论述石油工业；解学诗《伪满洲国史新编》（人民出版社2008年版），该书一节为"'人肉开采煤炭'与石油梦"。以上两者主要从伪满全史的角度对石油工业进行总体梳理，对一些细节问题囿于篇幅所限尚未展开。专门论述的文章主要是王晓峰和孙彤《满铁与日本军方对抚顺油页岩资源的"技术研发"》（《东北史地》2012年第3期），该文主要论述日本"开发"东北石油资源的技术问题。于丹、张敏《抚顺油母页岩兴衰史》（《兰台世界》2010年第23期）对抚顺油母页岩的兴衰做了概况性的介绍。邱建群《伪满时期日本的石油贸易管制研究》（《日本研究》2013年第4期）主要根据英文资料，聚焦1933年至1935年日本将美英的美孚真空、英荷壳牌和德克萨斯公司三大石油公司排挤出中国东北这一史实，认为这并未导致美国对伪满实行石油"禁运政策"。此文是研究伪满石油统制政策的重要成果。梁燕、刘大宇《浅谈日本对东北能源工业的掠夺》（《黑龙江史志》2014年第22期）概括了日本掠夺东北能源工业（包括煤炭工业、石油工业、电力工业）的概况。赵立静、傅波《抚顺人造石油资源的掠夺》（载孙邦主编：《伪满史料丛书·经济掠夺》，吉林人民出版社1993年版）论述了日本对抚顺页岩油的翻番掠取和对抚顺煤炼油的掠取。该文认为东北人造石油的生产及其产品，完全是以日本帝国主义发动侵略战争为基点，直接为战争服务的。

种类型。以上三者所构成的石油工业在"两张"时期仅处于发端阶段。

在天然石油方面，九一八事变前，东北曾发现多处。"东北石油及土沥青等矿，除抚顺之油母页岩，曾经实行采炼者外，其他发现最早者，为热河凌源县之含油页岩，最有希望者，为黑龙江札兰诺尔之沥青土。更有密山及长春各处之页岩，亦含有石油，可资提炼。"①另据成书于光绪二十八年（1902 年）的《满洲旅行记》记载，"鸡林（即吉林）土门之上流，柳河镇之附近一带，有石油矿"②。在九一八事变前，日本主要尝试"开发"札兰诺尔石油矿。该矿"东起札兰诺尔车站之东十八公里之阿尔古小站，西迄札兰诺尔东站之西十九公里之阿巴，沿路一带，皆属油矿，矿区包围于札兰诺尔煤矿之东西南三方面，全区面积约二百九十方里"③。在扎赉诺尔（即札兰诺尔）地区，曾发现有天然沥青，据信有石油矿存在。另外，游牧民在扎赉湖的北岸堆积碎石做成炉子进行燃烧，其中碎石中多孔的玄武岩因加热而流出黑色半液体油脂状的物质，并发生燃烧，这一发现引起当地人的注意。其后，这一情报被俄国、美国和日本所知。"满铁"中央试验所和"东支铁道"又对被发现的矿石进行了试验，也认为有石油存在。1924 年哈尔滨美国领事馆的官员陶林齐，谋求依靠美国资本实现石油的企业化生产，但未能实现。三年后，在哈尔滨的日本人佐藤森三郎也加入进来，此时计划由日本方面出资，但由于陶林齐的病死又未能实现。④其后在 1930 年，佐藤等人和"满铁"间定下某种契约，由"满铁"地质调查所技师新带

---

① 东北文化社年鉴编印处编：《东北年鉴》，东北文化社 1931 年版，第 1192 页。

② 穆恒洲主编：《吉林省旧志资料汇编·矿产矿务篇》，吉林文史出版社 1985 年版，第 304 页。

③ 东北文化社年鉴编印处编：《东北年鉴》，东北文化社 1931 年版，第 1193 页。

④ ［日］山岸明：『滿洲の石油』（滿洲産業叢書第 12 輯），東亞交通公社滿洲支社，昭和 18 年，第 40 頁。

国太郎进行现场调查。① 而当地离得最近的扎赉诺尔煤矿的设施由于中东路事件而大部分损毁，且在当地附近也没有居民居住，再加上交通治安状况恶劣等原因，此次调查基本上没有完成。值得注意的是，当时东北当局也注意到该地的石油资料。据记载，"此矿（扎赉诺尔矿）于民国十六年时，曾经呈请开办，并深得前大元帅张作霖，及黑督吴俊升之赞许，允与投资扶助。嗣以皇姑屯祸发，不幸作罢，近有周金声者，与黑省农矿厅订立租采合同，拟请开办"②。这说明官营资本已经开始关注此矿。另据资料显示，1931 年夏，中国的地质调查所派遣技师侯德封在该地进行调查。同年 9 月，原东北政府矿山局顾问德国人夏伊特也进行了调查。③ 但由于治安状况恶劣等原因未能得到所期待的结果。不久，九一八事变爆发。

在页岩油方面，日本取得较大进展。1909 年，"满铁"在开发胜利矿西大井时发现一种可燃性岩石，后经专家研究，初步确定为油页岩。此后，"满铁"和日本海军都进行了炼制页岩油的试验，其中，"满铁"投入的调查和研究费用约 50 万日元，召开技术委员会审议 30 次，供试验用的油页岩达 7 000 吨。④ 可见，为了获得中国的石油资源，"满铁"可谓费尽心机。海军方面也由"军工厂研究部军工大尉金子吉三郎来抚

---

① ［日］山岸明：『滿洲の石油』（滿洲產業叢書第 12 輯），東亞交通公社滿洲支社，昭和 18 年，第 40 頁。

② 东北文化社年鉴编印处编：《东北年鉴》，东北文化社 1931 年版，第 1193 页。吴俊升（1863 年 10 月 11 日—1928 年 6 月 4 日），字秀峰，奉天昌图人，奉系军阀。十七岁进入辽源捕盗营，后编入骑兵，在清末任奉天后路巡防营统领，候补总兵。民国建立后，曾任奉天第二骑兵旅旅长、第二十九师师长、北路总司令、黑龙江督军兼署省长、东三省保安副司令兼黑龙江保安司令、讨逆军总司令、安国军第七军团军团长、东三省边防司令兼保安总司令等职。1928 年 6 月 4 日，在皇姑屯事件中被日本人炸死。

③ ［日］山岸明：『滿洲の石油』（滿洲產業叢書第 12 輯），東亞交通公社滿洲支社，昭和 18 年，第 41 頁。

④ ［日］水谷光太郎：『滿洲に於ける液体燃料事業の回顧と展望』，1938 年 12 月，第 10 頁。吉林省社会科学院满铁资料馆馆藏，档案号 04792。

顺进行研究，从 1921 年 5 月到 1922 年 4 月，发表报告书四册，并制订了在抚顺设立二千吨干馏厂的计划"[1]。不唯如此，这期间日方还将油页岩送至瑞典、英国、日本等国做实验，并确定了抚顺内热式干馏法，效果明显。1925 年 5 月，"满铁"和日本陆海军决定建立日处理 2 000 吨矿石的抚顺页岩油工厂。后由于试验炉效率的提高，决定建立日处理 4 000 吨矿石的炼油厂。[2] 该厂于 1928 年 3 月动工，次年末竣工。依托于该厂，日本加紧对东北石油资源的"开发"。1930 年 1 月抚顺制油工厂（1940 年改名为西制油厂）建成投产，计划年产粗油 7 万吨、硫铵 1.8 万吨，创立当时的工厂设备，有页岩破碎工场、页岩干馏工场、粗油蒸馏及粗蜡抽出工场及其他附属设备。[3] 该年 5 月，炼制 4 000 吨油的设备（50 吨的干馏炉 80 座）开始作业。这一时期，西制油厂的产量已经接近其预期目标，主要产量见表 3 - 14[4]。这也说明，虽然页岩油技术起步不久，但日本已经开足马力竭力掠夺。

表 3 - 14　九一八事变前炼油厂产量

品名	1930 年	1931 年
粗油生产量	57 791 吨	63 059 吨
主要产品		
重油	28 578 吨	40 161 吨
粗蜡	10 608 吨	12 640 吨
焦炭	2 685 吨	3 445 吨
硫铵	13 332 吨	15 802 吨

---

① ［日］水谷光太郎：『満洲に於ける液体燃料事業の回顧と展望』，1938 年 12 月，第 11 页。吉林省社会科学院满铁资料馆馆藏，档案号 04792。

② ［日］满史会编著：《满洲开发四十年史》上册，东北沦陷十四年史辽宁编写组译，辽宁省营口县商标印刷厂 1988 年版，第 716 页。

③ 抚顺矿务局编译委员会编印：《抚顺页岩油》，1950 年版，第 47 页。

④ 解学诗主编：《满铁史资料·煤铁篇》第三分册，中华书局 1987 年版，第 829 页。

日本大肆掠夺东北页岩油的行径引起国民政府的警觉和抗议。早在
1927 年 6 月 6 日，抚顺县县长李济东就代表奉天实业厅致信抚顺煤矿矿
长梅野实①，对日本的行为提出质疑。他指出："根据《远东时报》的
记事以及其他报纸，抚顺油页岩在煤层上厚四千尺，总量多达五十五亿
万吨，使用干馏法提炼 55%（应为 5.5%，笔者注）的重油，可得三亿
万吨。满铁会社在进行煤炭采掘的同时，还计划利用这些油页岩，并派
遣了专家进行调查研究。"② 而日本方面则以此举系废物利用为由加以
搪塞。与此同时，日本加紧进行页岩油实验，这更引起中国方面的注
意。1930 年 2 月 27 日，中国外交部特派员辽宁交涉员王镜寰③在致日
本驻奉天总领事林久治郎④的照会中表示："查贵方在抚顺开采煤矿煤
层上面发现页岩石油，事前并未呈由贵馆照会转请开采，其与矿业条例
种种不合处，农矿厅引证已极详明，即按诸中日协定抚顺、烟台煤矿细
则第七、八、九各条，处处均以采煤为限，亦属越出协定范围以外，特
此提出抗议，相应照会贵总领事查照，即希饬令该矿当局停止开采此项
页岩石油，以符原约。"⑤ 对此，林久治郎于 3 月 3 日答复，主要提出

---

　　①　梅野实，1871 年 12 月 19 日生，福冈县人。东京帝国大学土木科毕业，曾任"满铁"
大连埠头事务所所长、"满洲合成橡胶会社"社长、"满洲土地开发"理事长、抚顺煤矿矿长
等职。

　　②　『撫順縣公署公函』（極秘），第 123 页，アジア歴史資料センター：レファレンスコ
ード，B09041884400，外務省外交史料館蔵。

　　③　王镜寰（1883 年—1935 年），字明宇，生于辽宁省北镇县。曾任奉天省东丰县知事、
奉天省官地清丈局坐办兼屯垦局坐办、清丈局总办兼水利局总办、奉天省政务厅厅长兼清丈
屯垦水利局督办、东三省交涉总署署长、外交部驻辽宁特派员、察哈尔省政务委员兼财政厅
厅长等职，1935 年 3 月 2 日病逝于武汉。

　　④　林久治郎（1882 年 10 月 17 日—1964 年 7 月 23 日），历任日本驻吉林领事官补、日
本驻吉林领事、日本驻天津领事、日本驻济南领事、日本驻英国大使馆二等书记官、日本驻
福州总领事、日本驻汉口总领事、日本驻泰国公使、日本驻奉天总领事、日本驻巴西大使等
职。1936 年从外务省辞去官职后，担任南洋协会理事长和爪哇军政监最高顾问等职，以南方
问题专家著称。

　　⑤　解学诗主编：《满铁史资料·煤铁篇》第三分册，中华书局 1987 年版，第 830 页。

两点理由：一是"矿业条例是为中外合办事业所定之手续，而抚顺、烟台两煤炭系按贵我两国间条约特别协定者，故不得适用"①。二是"抚顺页岩油工业，系从抚顺煤矿区内敷盖在煤层上的废物中炼制者，亦即属于废物利用，恰似从煤炭中提出煤气，再从其废物中炼制焦油一样，丝毫不违反条约"②。显然，日方为强占中国的页岩油资源进行狡辩。此后，中国外交部于 1930 年 4 月 22 日在致日使节书中又对此进行了抗议，内称："兹该矿（抚顺煤矿）发现之油母页岩，既非煤类，自不能视为同一矿产，当然不容日本方面擅自开采。"③ 日方对此采取暂不理会的态度，但在行动上加紧开采。不久，九一八事变爆发，该问题不了了之。

在煤炭液化石油方面，日本亦加紧研究。煤炭液化实验最早在"满铁"中央试验所进行。伴随着近年来燃料问题的发展，会社很早就对煤炭液化企业投入大量研究经费，在中央试验所进行了积极的调查研究。④ 关于煤炭液化事业的实验是从昭和三年（1928 年）开始的。当时的"满铁"总裁山本条太郎⑤非常重视煤炭液化问题。他痛感到日本对

---

① 解学诗主编：《满铁史资料·煤铁篇》第三分册，中华书局 1987 年版，第 830 页。
② 解学诗主编：《满铁史资料·煤铁篇》第三分册，中华书局 1987 年版，第 830 页。
③ 解学诗主编：《满铁史资料·煤铁篇》第三分册，中华书局 1987 年版，第 831 页。
④ ［日］松本豊三：『南滿洲鐵道株式會社第三次十年史』（軍秘）第 84 號，南滿洲鐵道株式會社發行，昭和 13 年，第 1942 页。吉林省社会科学院满铁资料馆馆藏，第 20080 号。
⑤ 山本条太郎（1867 年 11 月 6 日—1936 年 3 月 25 日），日本实业家、政治家。日本福井县武生市人。1881 年入日本三井物产会社横滨支店工作。1891 年赴三井物产会社上海支店工作，专门经营中国东北大豆业务。1901 年升任支店长。1909 年升任会社常务董事。1914 年因涉嫌海军受贿的西门子事件，被迫离开三井物产会社。此后他担任多家公司的社长和负责人。1920 年当选众议员，步入政界，任政友会总干事。1927 年 7 月起任"满铁"第十任总裁，进行所谓的改革，效果明显，被称为"满铁中兴之祖"。他积极推动日本对中国的政治、经济侵略。同年 10 月与张作霖达成在"满蒙"建设五条铁路的谅解。后因炸死张作霖事件，田中义一内阁辞职，此项计划未能实现。受其影响，1929 年 8 月山本从"满铁"总裁一职离任，任立宪政友会院内总务。1935 年敕选为贵族院议员。著有《经济国策的提倡》等。

燃料、钢铁和肥料的自给自足是当务之急，这被看作是除铁道运营之外的三大事业。[①] 他在任期间投入大量资金资助煤炭液化石油问题研究。显然，当权者强有力的支持极大地有利于该研究的向前推进。后来山本甚至被尊为"煤炭液化的两大恩人"之一。[②]（另一人为继任"满铁"总裁松冈洋右[③]）1928 年 6 月 9 日，后来曾任抚顺工厂燃料科科长的阿部良之助赴"满铁"工作。此后，他在"满铁"的技术研究所内从事煤炭液化研究，并得到所长渡边猪之助的支持。"在昭和五年（1930年）之时，其研究队伍主要以阿部为中心，并有藤川重雄、杉山邦一参与。"[④] 次年，因编制问题，此项工作移交给中央试验所进行。

与此同时，海军方面也开始从事煤炭液化研究。小川德技师在德山海军燃料厂进行煤炭液化研究，后带着煤炭样本前往德国，在煤炭液化技术发明者乌阿克斯博士的实验室进行了新原煤和抚顺煤的试验。海军的研究也引起"满铁"方面的注意。此后，"满铁"总裁山本条太郎和海军大臣冈田启介[⑤]交换了意见。1928 年 6 月 12 日，山本致函冈田表示：我社为推进煤炭液化研究设立了煤炭液化法调查委员会，请海军方

---

① ［日］阿部良之助：『躍進燃料』，满鐵科技协会：《满洲の技術》第 19 卷第 164 号，第 351 页。吉林省社会科学院满铁资料馆馆藏档案，第 35839 号。

② ［日］南满洲鉄道株式會社：『满鉄石炭液化ノ成功』，昭和 14 年，附图。

③ 松冈洋右（1880 年 3 月 4 日—1946 年 6 月 27 日），日本山口县人，曾任日本领事官候补、日本驻上海领事助理、"关东都督府"外事课长、"满铁"副总裁、"满铁"总裁、日本参议院议员、外务大臣等职。战败后，作为甲级战犯受到远东国际军事法庭的审判，期间病死。

④ ［日］满史会编：『满洲开发四十年史』下卷，满州开发四十年史刊行会，1964 年，第 618 页。

⑤ 冈田启介（1868 年 2 月 13 日—1952 年 10 月 17 日），日本海军军人，政治家。毕业于日本海军兵校，曾参与中日甲午战争、日俄战争和第一次世界大战，并曾担任联合舰队司令长官，最终军衔为大将。1927 年进入政界，历任海军大臣、首相，"二二六"事件后辞职。

面派适当人选参加。① 他还表示："如能购入德国 I. G 公司已完成的设备，则海军和满铁一道，本着上述购买的方针，正式谋求实现煤炭液化工业。""满铁在此件决定后，负担三年间以 30 万日元为限的研究经费。"② 对此，海军次长大角岑生③于 7 月 2 日给予了答复，表示同意"满铁"提出的条件，进行协同研究，并指定海军省军需局长海军中将池田岩三郎④作为海军方面的代表参加"满铁"的煤炭液化法调查委员会。⑤ 由此可见，"满铁"和海军方面就煤炭液化问题通力合作，极力促进该研究的顺利进行。1929 年该研究在实验室进行，1931 年进行小规模工业试验，1932 年进行中型工业化试验。

由上可知，东北的石油工业在发展之初就受到日本的染指和渗透，这也影响到后来东北石油工业的发展。

二、伪满时期东北的石油工业

九一八事变后，由于日本逐渐控制了整个东北地区，于是开始肆无忌惮地开采和掠夺当地的石油资源。1932 年 12 月，"关东军特务部提出的液体燃料方策"中指出："鉴于我国缺乏液体燃料资源，决定开发和确保满洲未开发之资源，以求将来在液体燃料方面做到自给自足，并

---

① 解学诗主编：《满铁史资料·煤铁篇》第三分册，中华书局 1987 年版，第 877 页。

② 解学诗主编：《满铁史资料·煤铁篇》第三分册，中华书局 1987 年版，第 877—878 页。

③ 大角岑生（1876 年 5 月 1 日—1941 年 2 月 5 日），海军大将，日本海军大臣，男爵。历任驻德武官、海军大将副官、巡洋战舰筑波号副长、军令部参谋、海军省副官、海军大臣秘书官、战斗舰朝日号舰长、驻法武官、军务局长、第 3 战队司令、海军次长、第二舰队司令、横须贺镇守府司令、军事参议官、海军大臣等职。大角于 1941 年初至中国考察，2 月 5 日在前往海南岛途中于广东黄扬山坠机殒命，是日本在中日战争中阵亡官阶最高的海军将领之一。

④ 池田岩三郎（1874 年 8 月—1937 年 2 月 10 日），广岛县人，毕业于海军机关学校。曾任驻英造船监督官、海军省军需局长等职，海军中将。

⑤ 解学诗主编：《满铁史资料·煤铁篇》第三分册，中华书局 1987 年版，第 878 页。

力求廉价供应一般需要。"① 这里实际上确定了开发东北石油资源的总方针。在措施上，主要包括"尽速调查石油及油页岩资源，发现这些资源后，随时制订有关开发保存的方策"。"煤炭液化及低温干馏工业将来随着试验和工业的发展，促进其企业化。"② 可见，当时所认知的主要石油类型，即天然石油、页岩油和煤炭液化石油都是日本掠夺的目标。

（一）天然石油。天然石油由于使用方便，成为日本掠夺的首选。但纵观整个日本侵略东北时期，它并未找到大规模的油田，仅在扎赉诺尔和阜新煤田两处做过尝试。伪满成立后，"满洲石油株式会社"于1934年在扎赉诺尔湖西北岸进行试采，但历经数年未有明显收获。"1939年，由东大教授青山秀三郎等实施弹性探矿法，与此同时，继续进行达赖诺尔（扎赉诺尔，笔者注）西北岸深掘试钻，数年后好容易才找到线索，但是尚未呈现出正式油田的模样。"③ 在阜新煤田，"满洲煤矿会社"进行试钻探矿。"1938年4月，在深度为500米至680米之间，采到约200升原油。"④ 次年7月，在该地区又进行深达2 000米的钻探，资材和人员都是由日本石油公司台湾矿区转来的，但也仅喷出少量原油。由于所产石油太少，未能建成油田。

伪满时期，主要由"满洲石油株式会社"承担石油的开采和精炼工作。"满洲石油株式会社"总公司设于"新京"，工厂设于大连，机

---

① 中央档案馆、中国第二历史档案馆、吉林省社会科学院合编：《日本帝国主义侵华档案资料选编·东北经济掠夺》，中华书局1991年版，第369—370页。

② 中央档案馆、中国第二历史档案馆、吉林省社会科学院合编：《日本帝国主义侵华档案资料选编·东北经济掠夺》，中华书局1991年版，第370页。

③ ［日］满洲国史编纂刊行会编：《满洲国史（分论）》上，东北沦陷十四年史吉林编写组译，东北师范大学校办印刷厂1990年版，第940页。

④ ［日］满洲国史编纂刊行会编：《满洲国史（分论）》上，东北沦陷十四年史吉林编写组译，东北师范大学校办印刷厂1990年版，第940页。

械装备为完全蒸馏式。当时计划年处理原油 15 万吨。1940 年添设润滑油制造设备，1941 年开始生产，1944 年添设触媒分解装置。因原油来源枯竭，置重点于重油分解，更开始装设瓦斯重合装置，二者均生产高率烷值的航空汽油。[①] 在 1943 年，该厂有工人 1 195 人，技术人员 93 人，职员及其他 855 人，共计 2 143 人。[②] 此外，日本陆军燃料厂也承担部分原油精制工作。至伪满后期，由于南洋原油来源不畅，上述工厂相关设备基本闲置。

（二）页岩油。伪满建立以后，日本加紧在东北进行炼油活动。此后，西制油厂多次扩建，规模和产量均有明显变化。1933 年西制油厂进行了扩大处理能力的改造，1936 年又开始建设西部第二工厂。"到 1945 年建设总投资为 4235 万日元。其中东场，包括页岩干馏及热裂化等装置，投资 1466 万日元；西场，包括页岩干馏和石蜡等装置，投资 1991 万日元；硫酸装置、日本人的住宅和其他设施，投资 778 万日元。共建成 11 个工场（车间）"[③]，分别是破碎工场、干馏工场、硫铵工场、柴油工场、石蜡工场、汽油工场、润滑油工场、硫酸工场、锅炉工场、机械工场、变电所等。在产量方面，历年产量见表 3 – 15[④]。其中 1930 年生产原油仅为 5.8 万吨，1935 年产量已达 12 万吨，至 1941 年东北页岩油产量达 22.6 万吨，1942 年产量达到 25.8 万吨，为战时最高值。

---

① 东北财经委员会调查统计处编：《伪满时期东北厂矿基本资料·工厂篇之三·化学》，1949 年版，第 25 页。
② 东北财经委员会调查统计处编：《伪满时期东北厂矿基本资料·工厂篇之三·化学》，1949 年版，第 25 页。
③ 抚顺石油工业志编委会编：《抚顺石油工业志（1909—1987）》，辽宁人民出版社 1989 年版，第 65 页。
④ 抚顺石油工业志编委会编：《抚顺石油工业志（1909—1987）》，辽宁人民出版社 1989 年版，第 66 页。

表 3-15　西制油厂历年产量

（单位：万吨）

年度	1930	1931	1932	1933	1934	1935	1936	1937
页岩原油	5.8	6.3	7.2	9.1	5.8	12.0	12.4	14.1
年度	1938	1939	1940	1941	1942	1943	1944	1945
页岩原油	14.8	16.4	16.5	22.6	25.8	25.6	22.9	10.7

七七事变爆发后，随着战争的逐步扩大，石油需求量巨大。在 1939 年，日本又提出开发东露天矿，建设东制油厂，计划年产页岩原油 50 万吨、硫铵 9 万吨。总投资 1.43 亿日元，其中东露天矿的建设投资为 6 739.42 万日元，东制油厂的建设投资为 7 515.94 万日元。[①] 从 1944 年到 1945 年试生产中，其总共生产页岩原油不到 5 万吨，并因加工装置未建成，页岩原油被送到西制油厂加工。[②]

（三）煤炭液化石油。伪满时期煤炭液化工业有了进一步的发展。1934 年 11 月，在日本成立了石炭液化委员会，有陆海军参加，研究煤炭液化问题。次年 5 月，又在大连开会，根据德山海军燃料厂和"满铁"中央试验所试验结果，认为煤的液化是可行的，并决定建设大规模的试验工场。[③]

1936 年 5 月，"满铁"总裁向日本首相广田弘毅提出要建立一个煤炭液化工厂，同年 7 月该方案被批准。1939 年初，石炭液化厂基本建成。同年 5 月开始投料试运行。6 月，制成液相生成油，即一段加氢生

---

①　抚顺石油工业志编委会编：《抚顺石油工业志（1909—1987）》，辽宁人民出版社 1989 年版，第 69—70 页。

②　抚顺石油工业志编委会编：《抚顺石油工业志（1909—1987）》，辽宁人民出版社 1989 年版，第 71 页。

③　抚顺石油工业志编委会编：《抚顺石油工业志（1909—1987）》，辽宁人民出版社 1989 年版，第 71 页。

成油，性能相当于天然原油。"满铁"总裁大村卓一①还将2瓶液化原油献给日本天皇。由于制油成功，"满铁"奖励给液化厂15万奖金。液化厂厂长深山达藏和中央试验所燃料课课长阿部良之助还因"石炭直接液化法研究"获得1939年度的朝日文化奖。②这些都表明日本对东北的煤炭液化石油工业非常重视。在1941年5月，液化厂又以液相生成油为原料进行气相加氢，生产出气相生成油，即二段加氢生成油，此为航空汽油的原料。从1942年开始，该厂又利用剩余水煤气建设合成甲醇小型试验装置，日产能力为甲醇1立方米。该厂建成投产后，遭遇诸多困难。"液相加氢部分运转一直不正常，且因高压反应器泄漏，多次发生爆炸。"③而且，由于产率和一次转化率都很低，循环油量很大，成本也很高，因此，煤炭液化石油产量很低。尤其至伪满后期，资材、资金和人力都出现匮乏，其中"满铁"抚顺煤矿长久保孚④和海军省多次交涉，希望提供足够的特殊钢材，但一直无法彻底解决。⑤按照1936年《抚顺煤炭液化工业建设五年计划》原案，1937年抚顺的煤炭液化能力要达到年产2万吨，至1941年要达到年产25万吨。⑥另根据1940年10月20日的《人造石油预定产量报告书》，至1944年建成年产人造

---

① 大村卓一（1872年—1946年），毕业于札幌农学校，曾任日本铁道监察官、西伯利亚铁道管理官、第一任朝鲜总督府铁道局局长、关东军交通监督部部长、"满铁"总裁、"满洲国"大陆科学院院长等职。

② ［日］财团法人满铁会：『満鉄四十年史』，吉川弘文馆，2007年，第195页。

③ 《中国炼油工业》编辑委员会编：《中国炼油工业》，石油工业出版社1989年版，第38页。

④ 久保孚（1887年—1948年），曾任"满铁"抚顺煤矿副矿长、抚顺煤矿矿长，著有《东亚的石炭方策》一书。

⑤ 解学诗主编：《满铁史资料·煤铁篇》第三分册，中华书局1987年版，第890—892页。

⑥ 解学诗主编：《满铁史资料·煤铁篇》第三分册，中华书局1987年版，第886页。

石油 15 万吨的工厂。[1] 而由于上述原因，至伪满末期抚顺石炭液化石油产量远未达到预期目标。1944 年抚顺石炭液化厂共生产各类石油产品3 260吨，为建厂以来的最高年产量。[2] 作为东北生产煤炭液化石油主要工厂的抚顺石炭液化厂，它的产量占据东北煤炭液化石油产量的主体。它的失败代表日本在东北煤炭液化事业的破产。

伪满时期东北的液体燃料厂还有"满洲人造石油株式会社吉林工厂""945 部队锦西制造所""满洲合成燃料株式会社""石炭液化研究所"等。"满洲人造石油株式会社吉林工厂"，创办于 1943 年 6 月，主要股东为伪满政府、帝国燃料兴业株式会社和"满铁"。1944 年生产低温煤焦油 1 260 吨，1945 年生产低温煤焦油 2 015 吨。[3] 945 部队锦西制造所，建于 1942 年初，原厂名为"日本陆军第二燃料厂"，6 月改称945 部队锦西制造所。该厂设立之初以精馏南洋原油为目的，其后添设低温干馏法。在 1944 年，该厂选用阜新烟煤进行干馏，并将蒸出的沥青油运往四平燃料厂另行加工提炼飞机用油。[4] "满洲油化株式会社"，建于 1936 年，公称资本为 200 万元。1939 年以原油开始试验煤油至1940 年始行综合试验，同年被日本陆军收买，改为"满洲第 238 部队"，并将原有装置改为陆军式加氢法。[5] 该厂后与锦西"日本陆军第二燃料厂"合并，改称为 945 部队。"满洲合成燃料株式会社"，建于

---

① 解学诗主编：《满铁史资料·煤铁篇》第三分册，中华书局 1987 年版，第 893 页。

② 《中国炼油工业》编辑委员会编：《中国炼油工业》，石油工业出版社 1989 年版，第38 页。

③ 东北财经委员会调查统计处编：《伪满时期东北厂矿基本资料·工厂篇之三·化学》，1949 年版，第 27 页。

④ 孙为人：《"945"部队揭秘》，载中国人民政治协商会议葫芦岛市委员会文史资料委员会编：《葫芦岛文史资料》第三辑，葫芦岛日报社印刷厂 1995 年版，第 53—54 页。

⑤ 东北财经委员会调查统计处编：《伪满时期东北厂矿基本资料·工厂篇之三·化学》，1949 年版，第 30 页。

1937 年 8 月 6 日，1939 年 12 月公称资本 5 000 万元，主要股东为伪满政府、三井物产、帝国燃料、三井矿山、"满洲炭矿"和"满洲石油"等。1945 年生产能力为生产粗合成油 3 万吨。[①] 石炭液化研究所，创办于 1939 年 8 月 16 日，公称资本 600 万元，实缴资本 300 万元，主要股东为伪满政府和神户制钢所。1944 年 11 月和 12 月，曾处理中油 10 万升；翌年 3 月和 4 月又处理 10 万升，至 8 月 15 日，第二次尚未添氢即行停止。[②]

由此可知，伪满时期日本大肆开发当时已知的三种类型石油，但由于客观认识条件和技术水平的有限，在天然石油方面，日本未能有所突破，此亦为中国之幸。但对于页岩油和煤炭液化石油，日本甚至不顾当时物质条件的有限，强力开发，大肆扩张，这使伪满时期东北的石油工业出现"跃进"式的增长，这一方面反映了日本对石油资源的急需，另一方面也充分暴露出日本法西斯的贪婪。

三、日伪对东北石油工业的掠夺

近代以来，尤其是伪满时期，日本对东北石油资源的掠夺主要体现在以下几个方面：

（一）从产品原料上看，日伪基本上实现了对石油资源的就地开采、现地掠夺。对原料的掠夺主要以油页岩和液化用煤为对象。早在 1924 年"满铁"理事赤羽克己就表示："抚顺煤矿的油页岩在煤层的顶端，成为约 120 米的厚层，其藏量实达 55 亿吨。如果进行干馏，平均

---

① 东北财经委员会调查统计处编：《伪满时期东北厂矿基本资料·工厂篇之三·化学》，1949 年版，第 31 页。

② 东北财经委员会调查统计处编：《伪满时期东北厂矿基本资料·工厂篇之三·化学》，1949 年版，第 32 页。

可得 5.5% 的原油，上述页岩所含石油约达 3 亿吨之巨。这一数量约相当于美国石油藏量 15 亿吨的五分之一，足供我国加上海军年需 100 万吨的 300 年之用。"① 此时，"满铁"已将东北油页岩储藏量调查完毕，并已盘算好要将炼制的石油用于日本海军。日本海军中将、"满铁"顾问、海军燃料厂厂长水谷光太郎②其后也表示："（抚顺古城子露天煤矿的）煤炭年产约 400 万吨，其剥离的油页岩平均年产可达 600—700 万吨。如露天煤矿开采三十年，可得到油页岩 2 亿 1 千万吨，其采油量将达到很大的数量。""（对于东北所产的 3 亿吨原油），我国今后每年重油消费量即使以 400 万吨计算，仍可供应 75 年。"③ 可以认为，水谷光太郎代表了日本军方对掠夺抚顺油页岩的基本态度，即最大限度地进行开采，并供应给日本。

在 1942 年东北有油页岩产地 13 个，其中辽西 1 个、黑龙江省 7 个、伪松江省 1 个、热河省 4 个。④ 其中主要矿区所在地为抚顺、石门寨、罗子沟、凌南五家子、大拉子、公郎头、桦甸盆地、三姓、大城子、九佛堂等，⑤ 尤以抚顺煤矿为主。从油页岩产量上看，1940 年为 12 005 995 吨，1941 年为 11 919 155 吨，1942 年为 7 677 684 吨，1943

---

① 解学诗主编：《满铁史资料·煤铁篇》第三分册，中华书局 1987 年版，第 817 页。

② 水谷光太郎（1876—1962），日本海军中将、"满铁"顾问、海军燃料厂厂长，著有《满洲液体燃料事业的回顾与展望》。

③ ［日］水谷光太郎：『満洲に於ける液体燃料事業の回顧と展望』，1938 年，第 4—5 頁。吉林省社会科学院满铁档案馆馆藏，档案号 04792。

④ 东北财经委员会调查统计处编：《伪满时期东北经济统计（1931—1945 年）》，1949 年版，（3）—5。

⑤ 东北财经委员会调查统计处编：《伪满时期东北经济统计（1931—1945 年）》，1949 年版，（3）—96。

年为 4 277 413 吨。① 由此可知，每年油页岩的开采量都非常巨大，如果以含量 5.5% 计算，也大致可以估算出当年日本所生产的原油数量。此外，从 1942 年开始油页岩开采量有所下降，这主要是由于伪满后期人力资源严重不足，资金、设备严重缺乏所致。

对于煤炭液化所需用煤，由于与普通开采之煤在统计上难于区分，且由于相关资料匮乏，故具体数量难以估算。尽管如此，也能从相关材料上体会到日本的叵测居心。在 1928 年"满铁"总裁山本条太郎曾坦露心迹，表示煤炭液化"问题如能解决，则利用满洲丰富低廉之煤炭以制造成油，其数量实不可胜计。此或成为世界产业经济上之一大革命，亦未可知。此实为吾侪私所期望成功者也"②。在此可以感受到一位典型的侵略者对掠夺东北石油资源的渴望和兴奋。伪满时期抚顺石炭液化厂设立于抚顺也是因为最初考虑使用抚顺煤。在其《煤炭液化事业计划书》中明确表示：原料煤可随意廉价取得。由于原料产地在抚顺，因之工厂设在抚顺，可以节省运输费和其他费用；根据需要，可以取得随意的数量和种类，因之能节省贮藏和其他经费。③ 该厂最初使用抚顺西露天矿的烟煤，但由于其碳氢含量比较高，后改为碳氢含量比较低的胜利矿焦煤。此外，"满洲油化株式会社"（四平）主要以西安（辽源）煤作为原料，之所以将厂址设于四平，主要为了靠近辽源煤矿。"满洲合成燃料株式会社"亦以阜新煤为原料，用德国瓦斯合成法制造人造石

---

① 东北财经委员会调查统计处编：《伪满时期东北经济统计（1931—1945 年）》，1949 年版，(3)—96。另见解学诗主编：《满铁史资料·煤铁篇》第三分册，中华书局 1987 年版，第 857 页。

② ［日］山本条太郎：《满铁会社经营之基础》，《东方杂志》1928 年 12 月第 25 卷第 24 号，第 59 页。

③ 解学诗主编：《满铁史资料·煤铁篇》第三分册，中华书局 1987 年版，第 883 页。

油，① 但生产成绩不佳。当然，由于前述原因直至日本投降为止，东北所产人造石油数量有限。

（二）从产品流向和流量上看，这些石油产品主要被供应给日军，且数量巨大。伪满石油企业在成立之初，就确定了将产品供应给日军的宗旨。这在有关石油工业的政策文件中就有明确规定。1932 年 12 月，"关东军特务部提出的液体燃料方策"表示：将抚顺油页岩生产的页岩油一部分炼成挥发油，并主要用作军用燃料，如有剩余，再供应民需。② 众所周知，石油资源是日本的紧缺资源，几无剩余，因此所谓民需便成了一句空话。1933 年 6 月 5 日《满洲石油株式会社设立要纲》中亦规定："本会社在战时、事变中有义务按满洲国政府指定价格交售日满军所需数量的石油。"③ 这已明确规定将石油供应给日伪军队是该会社的一种应尽义务。此外，在日本军官和"满铁"高层的往来信函中亦能看到此种罪恶交易。1933 年 5 月 1 日日本海军省次官藤田尚德④ 在致"满铁"总裁林博太郎⑤ 的信函中表示："以现有设备生产的页岩

---

① 东北财经委员会调查统计处编：《伪满时期东北厂矿基本资料·工厂篇之三·化学》，1949 年版，第 31 页。

② 中央档案馆、中国第二历史档案馆、吉林省社会科学院合编：《日本帝国主义侵华档案资料选编·东北经济掠夺》，中华书局 1991 年版，第 370 页。

③ 中央档案馆、中国第二历史档案馆、吉林省社会科学院合编：《日本帝国主义侵华档案资料选编·东北经济掠夺》，中华书局 1991 年版，第 371 页。

④ 藤田尚德（1880 年 10 月 30 日—1970 年 7 月 23 日），日本海军大将，最后一任天皇侍从长。曾任第二舰队参谋、横须贺预备舰队副官、军务局职员、英国驻在、英国大使馆附武官候补校官、第五支队参谋、海军省人事局职员、防护巡洋舰"须磨"舰长、海军省军务局第二科长、海军省副官、战列舰"雾岛"号舰长、军舰政治本部总务部部长、海军省人事局局长、第三支队司令官、横须贺兵工厂厂长、舰政本部部长、海军次官、吴镇守府司令长官、军事参议官、明治神宫宫司、侍从长等职。

⑤ 林博太郎（1874 年 2 月 4 日—1968 年 4 月 28 日），伯爵，日本教育家、实业家、政治家。东京帝国大学文科大学哲学科毕业，任贵族院议员。曾担任东京高商教授兼宫内省式部官、东京帝国大学教授。1932 年 7 月至 1935 年 8 月任"满铁"总裁。战后任霞会馆监事、高千穗商科大学理事长。

油归海军使用问题，依据昭和二年 4 月 27 日官房机密第 96 号之 3 海军次官给贵社社长的答复，谅已知悉。"① 这里虽不知双方的密约具体内容为何，但可推断出关于页岩油归日本海军使用问题双方已达成协议。1934 年 2 月 20 日，"满铁"总裁林博太郎在致日本海军大臣大角岑生的信函中亦表示：你们一直用较高的价格购买重油，对此至为感谢，希望贵军像过去一样购买是荷。② 可见，日本海军购买"满铁"的石油是一种既成事实。

在煤炭液化石油方面，早在"满铁"和海军方面协商进行抚顺煤炭液化试验时，双方就对石油的销路问题达成一致。1934 年 10 月 15 日日本海军次官在致"满铁"总裁林博太郎的信中就表示："现试察我国液化燃料供销现状，确立自给政策，实际上是国防上不可一日苟且偏安的，可知实现煤炭液化工业乃我国燃料国策上紧要之事。鉴于抚顺煤在液化工业上具备最有利的各种条件，因此建议贵社此时应以该煤为原料，以海军燃料厂所进行的试验为基础，从速着手其工业化，敬希核夺。"③ 这里明确了煤炭液化石油问题在军事上的重要性。1935 年 6 月 27 日，日本海军次官再次就煤炭液化石油问题致信林博太郎，其中表示海军希望有尽量多的重油和相当数量的航空用高级挥发油。④ 可见，海军方面对煤炭液化石油的态度是多多益善。对于海军方面的要求，"满铁"方面自然非常重视，1936 年 5 月 11 日"满铁"总裁在提交给日本内阁总理大臣的《煤炭液化事业计划书》中就明确表示：在产品

---

① 解学诗主编：《满铁史资料·煤铁篇》第三分册，中华书局 1987 年版，第 837 页。
② 解学诗主编：《满铁史资料·煤铁篇》第三分册，中华书局 1987 年版，第 838—839 页。
③ 解学诗主编：《满铁史资料·煤铁篇》第三分册，中华书局 1987 年版，第 879 页。
④ 解学诗主编：《满铁史资料·煤铁篇》第三分册，中华书局 1987 年版，第 881 页。

销路方面，航空挥发油和重油销售给陆海军，汽车挥发油和一部分重油供应"满洲国"专卖总署，甲酚一般是在市场上销售。[1] 可见，"满铁"和海军方面在煤炭液化石油的销路问题上意见一致。事实上，在煤炭液化石油问题上，"满铁"提供资金，海军提供销路，双方在技术上实现了互通共享，为了"帝国利益"而沆瀣一气。

当然，不同的石油工厂其产品流向又稍有不同，但归根结底绝大部分都落入日方之手。其中，抚顺炭矿制油工场生产的重油作为燃料被海军承购，挥发油作为汽车用油由伪满洲国专卖署在伪满贩卖，粗蜡作为石蜡原料被送往日本精蜡会社制成石蜡和重油，其中石蜡被供应给日本，焦炭主要作为电极材料被售与日本的东海电极会社等。[2] 抚顺西制油厂建成之初着重生产重柴油，提供给日军作为坦克和军舰的燃料。[3] 而"满洲人造石油株式会社吉林工厂"生产的石油产品售与四平之日本陆军第945部队，加工制造陆军用燃料。[4] 此外，抚顺石炭液化厂在战败前一直生产飞机和汽车使用的汽油。[5] 可见，石油产品的使用对象主要是日本。

由于军用尚且不够，对民用自然多加限制。对于煤油，"民国三十年（1941年，笔者注）以前，农村之灯火用煤油，可自由购买，但自三十一年（1942年，笔者注）起，因天然煤油进口困难，伪满政府便

---

①　解学诗主编：《满铁史资料·煤铁篇》第三分册，中华书局1987年版，第884页。

②　［日］工业化學會满洲支部编：『满洲の资源と化學工業』（增訂改版），丸善株式会社，昭和12年，第392頁。

③　抚顺石油工业志编委会编：《抚顺石油工业志（1909—1987）》，辽宁人民出版社1989年版，第63页。

④　东北财经委员会调查统计处编：《伪满时期东北厂矿基本资料·工厂篇之三·化学》，1949年版，第27页。

⑤　［日］松村高夫：『15年戰争期にゕける撫順炭鉱の劳働史』上，『三田学会雜誌』2000年93卷2号，第46页。

限制消费。光复前之数年间，对农村用之灯油，几乎毫无配售，农民日常生活之不便，当可想像而知"①。曾任伪满经济部大臣的阮振铎②战后供认：石油年产50余万吨，其中就供给日寇国内约40万吨，因之农村普遍地不能点灯，终年过黑暗生活。③ 另外，曾任伪满洲国总务长官的武部六藏战后也供认：（伪满生产的石油）到了太平洋战争的末期就全部军用了，"满洲"的汽车都改用木炭和酒精。④ 可见，由于日本奉行军需第一的政策，民用石油严重不足，东北民众的生活受到极大影响。

至于产品流量方面，虽然相关资料较少，但是基本上也能反映出当时的轮廓。如抚顺西制油厂从1930年至1943年生产重油合计842 861吨，其中"满铁"自用37 785吨，占4.5%；当地销售28 850吨，占3.4%；日本海军使用达776 226吨，占92.1%。⑤ 抚顺西制油厂是当时东北最主要的石油工厂，所产石油占东北所产石油的大部分，其产品流向和流量具有很强的代表性。且据以上可知，"满铁"自用和海军使用合计达96.6%，占绝大多数份额。至伪满末期，民用更是被竭力压缩，基本可以忽略不计。另根据西制油厂1940年生产成绩可知，该年生产重油70 068吨，海军利用64 579吨，占92%；生产二号重油3 789吨，

① 东北物资调节委员会研究组编：《东北经济小丛书·化学工业》下，京华印书局1948年版，第105页。

② 阮振铎，1892年5月12日生，铁岭县西关人。曾赴日本留学，历任伪辽宁省城地方维持会顾问、伪奉天省政府秘书长、伪满新京国都建设局局长、伪满国道局国道会议委员、伪满文教部大臣、伪满驻日特命全权大使、伪满交通部大臣、伪满外交部大臣、"日满经济委员会"委员、伪满特派赴日慰问大使随员等职。战后被关押于抚顺战犯管理所。1961年12月25日作为第三批特赦人员被释放。

③ 中央档案馆编：《伪满洲国的统治与内幕——伪满官员供述》，中华书局2000年版，第149页。

④ 中国档案馆、中国第二历史档案馆、吉林省社会科学院合编：《日本帝国主义侵华档案资料选编·东北经济掠夺》，中华书局1991年版，第221页。

⑤ 解学诗主编：《满铁史资料·煤铁篇》第三分册，中华书局1987年版，第872页。

海军利用 3 564 吨，占 94%。① 可见，海军的石油利用率基本上在 90% 以上。此外，古海忠之也供认，伪满洲国从 1937 年至 1945 年 8 月对日援助的液体燃料达 52 万吨。② 总之，伪满时期日本掠夺东北大量的石油资源，这已是不争的历史事实。

（三）从人力剥削的角度，也体现了日伪当局对石油工人的盘剥。在"满洲油化株式会社"（四平），日方将工人分为三种：一是里工，是固定工人。日本人以免当劳工、免去青年所受训和免国兵漏等差役为诱饵，诱使工人做工。普通工人每天工资只有 5 至 7 角钱，大工匠也只有 1 元钱，即便如此，获得这样的工作也要托人作保，花钱送礼。二是包工，也叫外包工，是由包工头子招来的临时工人。厂里管包工事务的都是日本人，工人把他们叫作"柜头"，把厂外包工的日本人叫"工头"，把中国人充当狗腿子的叫"小工头"。③ 三是劳工。劳工没有工资，经常忍饥挨饿，还要饱受折磨，很多人由于积劳成疾而病倒，甚至死亡。在石炭液化厂，厂方将中国工人分为牌子工、临时工和包工三种。"牌子工、临时工大部分是本地人，其中一部分是十一二岁的童工。包工是汉奸、把头从山东、河北等地骗来的工人，这些人每天由把头领进厂来干活。"④ 可见，为了最大限度地掠夺石油资源，日方甚至使用中国童工，可谓丧心病狂。在工厂里，这些工人稍有不从，就要遭受皮肉之苦，当时日方并没有把中国工人当人来看待，而是作为奴隶来奴

---

① 解学诗主编：《满铁史资料·煤铁篇》第三分册，中华书局 1987 年版，第 875 页。

② 中国档案馆、中国第二历史档案馆、吉林省社会科学院合编：《日本帝国主义侵华档案资料选编·东北经济掠夺》，中华书局 1991 年版，第 299 页。

③ 杨春发整理：《伪满时期的四平油化厂》，载孙邦主编：《伪满史料丛书·经济掠夺》，吉林人民出版社 1993 年版，第 380 页。

④ 抚顺石油工业志编委会编：《抚顺石油工业志（1909—1987）》，辽宁人民出版社 1989 年版，第 74 页。

役。在 945 部队锦西制造所，"那时中国工人进了厂，就像牲口套上夹板套，完全失去了自由。厂里戒备森严，三步一岗，五步一哨，只准工人拼命干活，不准乱说乱动。工人稍有违纪，立即被处刑罚"①。可见，这种剥削和压迫在东北石油工业中普遍存在。

在工资待遇方面，中国工人工资极低，生活困苦。在"满洲油化株式会社"（四平），由于包工要受到日本人、包工头等人的剥削，所以一般工资只能得到其中的三分之一，至多三分之二。在石炭液化厂，中国工人的工资，最高的一天只有日元 3 角 6 分，相当于当时日本厂长、系主任工资的三四十分之一。② 显然，这些钱根本不够一家人所用，所以很多工人吃糠咽菜，甚至是橡子面。在抚顺的石油工厂，"那时候大多数工人都是单身汉，根本没有条件成家，这些人住的是七八十人挤在一起的大房子，秫秸夹泥坯的臭油房，冬天风雪交加，冷得像座冰窟，雨天外面下大雨，屋里下小雨。穿的都是更生布，补丁连补丁，满身上下都是油垢。工人从来没有过节假日，从未休过星期天，有时一天工作时间长达十一二个小时"③。可见，中国工人生活在水深火热的苦难之中。在西制油厂，1943 年日方从关内抓来 3 000 多人充当劳工，由于工作疲劳过度，饥寒交迫，病疫发生，不到一年就死去 300 多人，尤其是冬天死人更多。④ 在 945 部队锦西制造所，"1942 年严冬的一天，日本包工山崎组的中国土木工人张才用手指在地上写了几个中国字，被工

---

① 孙为人：《"945"部队揭秘》，载中国人民政治协商会议葫芦岛市委员会文史资料委员会编：《葫芦岛文史资料》第三辑，葫芦岛日报社印刷厂 1995 年版，第 52 页。
② 抚顺石油工业志编委会编：《抚顺石油工业志（1909—1987）》，辽宁人民出版社 1989 年版，第 74 页。
③ 抚顺石油工业志编委会编：《抚顺石油工业志（1909—1987）》，辽宁人民出版社 1989 年版，第 74 页。
④ 抚顺石油工业志编委会编：《抚顺石油工业志（1909—1987）》，辽宁人民出版社 1989 年版，第 74—75 页。

头发现，立即遭到一顿毒打。一次工人刘祥拉肚子去厕所，没来得及向工头请假，当即定罪为'密探'被枪杀。一个装水道管件的工人叫李小四，因为从兜里搜出几根铁钉，便先是被挂牌示众，然后被砍头"[1]。可见，日方视中国人命如草芥，中国工人连最基本的生存权利都难以保障，唯有深陷苦海之中。

由以上可知，近代东北的石油工业虽然脱胎于民国时期，但在伪满时期变化明显，石油产量迅速膨胀。从表象上看，伪满洲国的石油工业的确有了明显的发展，但是此种发展不过是为日本侵略扩张和殖民统治提供更多的物资保障。而且从石油的产品原料、产品流向和流量、人力资源剥削等方面都暴露出日本对东北石油工业的掠夺性本质，可以说，该时期东北石油工业产量的提高主要是建立在日本对中国资源的极大消耗和对中国工人的残酷剥削之上的。至伪满末期，由于资材的缺乏、能源的短缺、人力资源的不足和交通运输的中断，石油工业的生产迅速萎缩。

---

[1]　孙为人：《"945"部队揭秘》，载中国人民政治协商会议葫芦岛市委员会文史资料委员会编：《葫芦岛文史资料》第三辑，葫芦岛日报社印刷厂1995年版，第52页。

第四章　日伪对东北基础原料工业的控制

第一节　钢铁工业

钢铁工业，亦称黑色冶金工业，是指生产生铁、钢、钢材、工业纯铁和铁合金的工业，是世界所有工业化国家的基础工业之一。经济学家通常把钢产量或人均钢产量作为衡量各国经济实力的一项重要指标。钢铁工业是重要的基础工业部门，为发展国民经济与国防建设提供重要的物质基础。它是重工业的核心产业，也是其他重工业部门发展的基础。更为重要的是，它与兵器工业有着密不可分的联系，因此对于崇尚武力、一切以军事为先的日本政府而言，钢铁工业占据至关重要的地位，故近代以来日本对东北钢铁工业的统制和掠夺也异常严重。目前国内学术界对伪满时期东北钢铁工业的研究取得了较多成果[1]，但对工业掠夺问题的研究还有进一步扩展的空间，这也是本节关注之所在。

一、清末民国时期东北的钢铁工业

东北地区具有悠久的冶铁历史。早在距今两千多年前的战国时期，鞍山地区的人们就已经开始使用铁器。在明代，当时最大的铁厂在天成山，即今弓长岭一带。至清代，辽东的冶铁业完全衰落。在本溪湖地区，历史上也曾经营冶铁业。本溪县水簸箕沟及桦皮峪铁矿在康熙年间就已被发现。在咸丰、同治年间已有人开采并用土法炼铁。在光绪初年，兄弟山的制铁业趋于昌盛，其采掘者有数百人以上，化铁炉（熔矿

---

　　① 主要成果包括：解学诗、张克良《鞍钢史（1909—1948年）》（冶金工业出版社1984年版）记录了日本疯狂掠夺我国东北钢铁资源、残酷压榨广大工人的罪恶史实，同时也介绍了当时的钢铁生产技术、管理方面的情况。薛志刚《日本对我国东北钢铁资源的掠夺及其后果》（《大连近代史研究》2012年第9卷）认为日本对我国东北钢铁资源的疯狂掠夺，严重破坏了我国的矿山资源，也夺走了很多中国矿工的性命。关国磊《满铁"昭和制钢所"的建立与经营》（《大连近代史研究》2009年第6卷）结合旅顺日俄监狱旧址博物馆藏品"昭和制钢所创业二十周年纪念挂盘"，探讨了昭和制钢所的建立与经营。赵光锐《满铁昭和制钢所的劳动力招募问题研究》（《抗日战争研究》2000年第1期）认为"满铁"昭和制钢所在招募工人过程中采取独特的劳动招募政策，形成了以当地农民为主要对象的劳动力招募体制。昭和制钢所的经营策略一方面降低了生产成本，确保了拥有足够的熟练工人；另一方面也是日本帝国主义在伪满殖民政策的特殊体现，即利用中国的人力资源来掠夺中国的物质资源。李雨桐《昭和制钢所殖民性特征解析》[《长春工程学院学报》（社会科学版）2018年第2期]认为昭和制钢所从成立直至消亡，有力地证明了近代日本对中国东北侵略的史实，它的存在是对日本右翼分子"侵略有功论"的有力驳斥，它的消亡也是历史发展的必然。其他研究成果还有：李雨桐《吉林通化七道沟铁矿发展历史探究》（《江西科技师范大学学报》2020年第1期）、庄严《日伪时期日本对东北钢铁资源的掠夺及其特点——以辽宁为剖析对象》（载郭素美、张凤鸣主编：《东北沦陷十四年史研究》第三辑，黑龙江人民出版社1996年版）、解学诗《日本帝国主义与东北煤炭工业——〈满铁史资料〉第四卷序言》（《社会科学战线》1983年第4期）、解学诗《鞍山制铁所的变迁》（载解学诗：《解学诗文集》，吉林人民出版社2010年版）、杨帆《日本对东边道地区经济资源掠夺研究（1905—1945）》（东北师范大学2018年博士论文）、张丽《近代日本对鞍山钢铁资源的掠夺（1909—1945）》（东北师范大学2007年硕士论文）、张敏《论战时体制下日本对东北战争资源的掠夺（1941—1945年）》（哈尔滨师范大学2010年硕士论文）等。

炉）业者近百户，那里成为制造农具、家具等铁工业的中心。[1] 此后，伴随着营口开港和外国铁制品的进口，东北土法炼制的铁制品无法与之竞争，遂趋于衰落。

鸦片战争以后，中国逐渐沦为帝国主义的半殖民地，至清末日本开始关注并大肆掠夺东北的铁矿资源。1904 年至 1905 年，日俄两国为争夺在华权益爆发了日俄战争。战争甫一结束，日本财阀大仓组就趁机侵占安奉铁路（今丹东至沈阳线）沿线本溪湖一带的煤、铁矿山，并进行非法勘察和采掘。后清政府被迫妥协并签订《中日合办本溪湖煤矿合同》。1911 年，根据该约成立的中日合办本溪湖煤矿公司添设制铁部，后改为"商办本溪湖煤炭有限公司"。

几乎与此同时，"满铁"也不甘落后，开始向鞍山等地的铁矿伸出魔手。在 1909 年，"满铁"地质调查所的人员发现了鞍山铁矿，后又相继调查发现了弓长岭铁矿、歪头山、桥头、鞍子河、杉松冈、大栗子沟、七道沟、三道沟、化皮沟、红窑、小岭等各矿床，摸清了东北的铁矿储藏情况。此外，颇值得一提的是，在清末"满铁"曾计划利用清和公司掠夺鞍山一带的铁矿。1908 年 11 月 3 日，"满铁"奉天公所所长佐藤安之助拉拢清政府地方官僚，以中日合办名义创办清和公司。该公司日本方面的资本名义上由佐藤个人认股，实际为"满铁"提供，而且"满铁"还供给经营资金。该公司在成立之初就计划窃取中国的鞍山铁矿。1909 年 9 月，佐藤派人对辽阳州鞍山和海城县的铁石山做了实地调查。之后，清和公司一方面派人到当地居民中活动，欺骗说想采买当地石材；另一方面通过奉天交涉司[2]陶大钧（亲日派）协调地方

---

[1] 辽宁省统计局编：《辽宁工业百年史料》，辽宁省统计局印刷厂 2003 年版，第 183 页。

[2] 清末奉天行省公署所属七司之一，掌全省对外交涉事宜，于 1907 年 3 月设置，以原将军衙门办理对外交涉各局改并而成。设交涉使一人（正三品）总理司属事务，下设金事、科员、一等译官、二等译官等职。

官给予方便。对此，地方官向派驻当地的巡警查问购买石材对当地人民有无妨害。对此，当地巡官曹福呈文表示："三屯民户（铁石山周边的三个村屯）四百余家众口一词，均不认卖，并言日后如有偷卖等弊，还以身等是问。""查铁石山之毗连村屯，既有诸多妨碍，均不认卖，亦未与该公司合议情事，无端又指出笔管堡等屯之山，又系官山，亦碍众民生命，更难认卖。"① 在此，明确表明了当地居民对清和公司购买当地矿山的拒绝。对此，奉天交涉司亦不敢妄动，只能下令地方官再次调查。这导致清和公司购买矿山的计划破产。

民国建立后，在1912年4月27日"满铁"决定解散清和公司，并亲自向奉天省当局交涉，以获取鞍山一带的铁矿开采权。此后，"满铁"收买奉天都督张锡銮②、陆军二十七师师长张作霖等人，并得到他们的帮助。为便于申请，"满铁"成立"中日合办振兴铁矿有限公司"，其中中方代表为辽阳地主秦日宣（后改为于冲汉③），日方代表为镰田弥助，以中日合办的名义申请开矿，实为"满铁"全额出资。而此时日本政府则对灭亡中国抱有更大的阴谋。1915年5月，日本政府向袁

---

① 解学诗主编：《满铁史资料·煤铁篇》第三分册，中华书局1987年版，第943页。

② 张锡銮（1843年—1922年），字金波，浙江钱塘人。在清朝，历任通化知县、锦县知县、锦州凤凰厅同知、新军前后三营统领兼鸭绿江团练、东边道兼中江税务监督并全营翼长、直隶海防营务处总办、福建兴化府知府、北洋营务处兼发审处总办、奉天东边道税务总监、中军各营统领、巡警总办、奉天营务处总办、奉天度支使、淮军全军翼长、山西巡抚等职。民国建立后，历任奉天防务、东三省宣抚使、奉天都督、奉天西边宣抚使等职，著有《张都护诗存》。

③ 于冲汉（1871年—1932年），字云章，辽宁省辽阳县人，清末秀才，曾留学日本，中华民国时期著名政客，后投靠日本，沦为汉奸。清末曾任办理辽阳西部巡警事宜、辽阳交涉局局长、长春道台衙门帮办、奉天交涉司随办、辽阳知州等职。中华民国时期，曾任外交部特派奉天交涉员、奉天巡按使署外交顾问、奉天官银号总办、东三省巡按使署总参议、国务院参议、辽阳电灯公司总经理、鞍山铁矿公司振兴公司总办、东三省保安总司令部总参议、东三省特别区行政长官、中东铁路督办、东三省保安总司令部参议等职。九一八事变爆发后，于冲汉得到关东军的支持，任奉天地方维持委员会副委员长兼奉天地方自治指导部部长。伪满洲国成立后，于冲汉任首任伪监察院院长。1932年11月12日，病死于大连。

世凯提出了"二十一条",其中即包含东北开矿事宜。在其《关于南满洲开矿事项之换文》中规定:"日本国臣民在南满洲左开各矿除业已探勘或开采各矿区外,速行调查选定,中国政府即准其探勘或开采,但在矿业条例确定以前,仍仿照现行办法办理。"① 其所列各矿就包括鞍山一带和杉松岗的铁矿。后由于全国掀起轰轰烈烈的反对日本侵略的群众运动,军阀政府宣布该条约无效。但在当时和以后,日本常常援引此条约,把它当作扩张日本在华利权的依据。

这期间"满铁"也加紧获取鞍山铁矿的活动。"满铁"通过对农商部总长周自齐②、次长金邦平③、矿政司长张轶欧④等人的行贿⑤,终于获得其"格外通融"。1916 年 4 月,农商部颁发给振兴公司试采执照,次年 2 月 23 日,又下发了采矿许可证,至此,"满铁"以"振兴公司"名义获取大孤山、樱桃园、鞍山、王家堡子、对面山、关门山、小岭子、铁石山等矿区的开采权。此后,"满铁"大肆强买矿区土地,非法

---

① 解学诗主编:《满铁史资料·煤铁篇》第三分册,中华书局 1987 年版,第 970 页。

② 周自齐(1869 年 11 月 17 日—1923 年 10 月 21 日),字子廙,山东省单县人。历任驻美公使馆参赞、领事,外务部右丞、左丞,山东都督兼民政长,中国银行总裁,交通总长,陆军总长,财政总长,农商总长,国务总理等职。1922 年 6 月 2 日,摄行大总统职务,后退出政界。1923 年 10 月 21 日,病故于上海。

③ 金邦平,1881 年生人,字伯平,安徽黟县人,早年留学日本。在清末,曾任翰林院检讨、直隶总督兼北洋大臣袁世凯文案、北洋常备军督练处参议、宪政编查馆谘议官、天津自治局督理、资政院秘书长等职。民国成立后,曾任中国银行筹办处总办、政事堂参议、农商部次长、全国水利局副总裁、北洋政府农商部总长等职。离开政界后,任天津启新洋灰公司经理、上海启新洋灰公司经理、耀华学校校长等职。

④ 张轶欧(1881 年—1938 年),名肇桐,又字翼侯,无锡北门外江尖渚人。早年留学日本,后赴比利时学习采矿冶金,获海南工科大学路矿业硕士学位。民国成立后,任工商部采矿科技师、技正、科长,矿务司司长,矿政局主任,第一区矿务监督署署长,矿务局会办,农商部矿政司司长等职。曾建立矿冶研究所,并发起成立中华博物馆同志会、中国矿冶工程学会等群众学术团体,为我国地质矿冶研究事业的发展做出贡献。著有《地质调查报告》《实业资料汇编》等书。

⑤ 解学诗、张克良编:《鞍钢史(1909—1948)》,冶金工业出版社 1984 年版,第 44—46 页。

收买矿区外民有地，扩占白家堡子、新关门山、一担山等矿区，并攫取火连寨等地的石灰石矿等，严重侵夺中国的矿权。

事实上，"满铁"在尚未获取鞍山铁矿开采权时就谋划建立鞍山制铁所，从事炼铁事业。早在1913年2月，"满铁"总裁中村是公①就建议日本政府投资1 000万元，在鞍山创办炼铁事业。其后，"满铁"继任总裁中村雄次郎②也于1915年向日本政府提交《事业计划意见书》，建议投资2 000万元在鞍山建大型制铁所。翌年4月，日本政府终于批准申请，并于10月4日正式颁布经营许可证。此后，鞍山制铁所于1917年初开始动工，4月3日举行了"地镇祭"。1918年5月15日，正式成立鞍山制铁所，八田郁太郎任首任所长。1919年3月，炼焦厂开始生产焦炭。4月29日一号高炉点火，至此，鞍山制铁所正式投产。

建厂初期，由于技术不稳定，生铁含硅量高，生产成本也高，再加上1920年世界性经济危机的蔓延，鞍山制铁所产品销售困难，连年亏损。此后，通过解决贫矿处理问题、节约经费和改进煤炭的供应等措施，鞍山制铁所开始扭亏为盈，在1928年该所盈利达到120万元。③ 从

---

① 中村是公（1867年12月20日—1927年3月1日），日本政治家、实业家。东京帝国大学法科大学毕业，曾任秋田县收税长、"台湾总督府"事务官、"台湾临时土地调查局"局长、"台湾总督府总务局"局长兼"财政局"局长、"满铁"副总裁、"满铁"总裁、内务大臣、铁道院总裁、东京市长、贵族院议员等职。

② 中村雄次郎（1852年3月18日—1928年10月20日），日本陆军军人、炮兵专家、政治家、宫中重臣。历任大阪预备炮兵第2大队队副、炮兵分厂厂副、大阪炮兵工厂监务、陆军士官学校教官、炮兵大尉、陆大教授心得、炮兵少佐、参谋本部第2局员兼陆大教授、参谋本部陆军部第1局第1课长、炮兵会议事务官兼议员、炮兵中佐、炮兵第一方面提理、军务局炮兵事务课长、炮兵大佐、军务局炮兵课长、军务局第1军事课长兼炮兵会议议长、陆军少将、陆军士官学校校长、陆军次官兼军务局长、陆军总务长官、陆军中将、预备役和制铁所长官、贵族院敕选议员、男爵、"满铁"总裁、关东都督、贵族院议员、宫内大臣、枢密顾问官等职。

③ 解学诗、张克良编：《鞍钢史（1909—1948）》，冶金工业出版社1984年版，第117页。

1919 年至 1931 年鞍山制铁所生铁产量和成本见下表 4 - 1[①]。其中从 1926 年 7 月一号和二号两个高炉同时生产，此前为两座高炉交替生产，故从该年起产量骤增。而且在 1928 年，"满铁"还进行了三号高炉及其附属设备的设计和施工，从 1929 年开始试生产，故从 1930 年起，产量高达 28 万吨。

表 4 - 1 鞍山制铁所生铁产量和成本

年度	计（吨）	各高炉别生产量			生产量增长指数（%）	生产成本	
		第一高炉（吨）	第二高炉（吨）	第三高炉（吨）		每吨成本（元）	指数（%）
1919 年	32 126	32 126	—	—	100	130.721	100.0
1920 年	76 094	76 094	—	—	237	91.199	70.5
1921 年	58 107	42 649	15 458	—	182	78.973	60.4
1922 年	67 492	—	67 492	—	210	69.736	53.3
1923 年	73 461	—	73 461	—	229	54.605	41.7
1924 年	96 021	38 889	57 132	—	299	58.077	44.4
1925 年	89 676	89 676	—	—	279	67.363	51.5
1926 年	165 054	97 955	67 099	—	514	51.303	39.3
1927 年	203 445	103 060	100 385	—	633	35.241	35.6
1928 年	224 460	107 725	116 735	—	699	28.520	21.8
1929 年	210 443	94 155	110 487	5 801	655	32.187	24.7
1930 年	288 433	—	114 874	173 559	898	29.376	22.5
1931 年	269 494	—	108 354	161 140	—	—	—

这一时期，本溪湖煤铁公司也经营钢铁业，其历年产量见表格 4 - 2[②]。

---

① 解学诗主编：《满铁史资料·煤铁篇》第三分册，中华书局 1987 年版，第 1199 页。

② 解学诗主编：《满铁史资料·煤铁篇》第三分册，中华书局 1987 年版，第 1200 页。

表4-2 鞍山制铁所与本溪湖煤铁公司生铁产量比较

（单位：吨）

年度	本溪湖生铁产量	鞍山生铁产量
1915 年	29 438	—
1916 年	49 211	—
1917 年	37 971	—
1918 年	44 966	—
1919 年	78 841	32 126
1920 年	48 845	76 094
1921 年	31 018	58 107
1922 年	—	67 492
1923 年	（145）24 328	73 461
1924 年	（420）51 950	96 022
1925 年	（2 902）49 990	89 676
1926 年	（1 241）51 000	165 054
1927 年	（4 438）50 500	203 445
1928 年	（4 275）63 030	224 461
1929 年	（8 850）76 300	210 443
1930 年	（6 039）85 060	288 433
1931 年	（10 196）65 620	269 494

注：括号内数字为低磷生铁。

此外，这一时期日本人饭田延太郎还获取中国的弓长岭铁矿。该铁矿位于辽阳东面约20里处，由苏家堡子、太阳及黄泥坎子三矿区组成。1918年12月，日本人饭田延太郎和奉天省政府一起，成立了中日官商合办弓长岭铁矿无限公司。此后，由于铁价下降、炼铁业萧条等原因，该矿一直未能正式开采。

二、伪满时期东北的钢铁工业

为了掠夺东北的钢材，"满铁"制定了野心勃勃的炼钢计划。1929年7月4日，日本政府正式设立"昭和制钢所"。但该计划曾一度停顿，后随着九一八事变的爆发而加快步伐。1933年4月10日，日本政府批准昭和制钢所正式营业。同年5月，鞍山制铁所与"满铁"分开，并于6月1日并入昭和制钢所。新成立的昭和制钢所为"满铁"子会社，由"满铁"全额出资。该会社成立后，"满铁"加紧了对它的扩张，其中主要表现为吞并振兴公司和弓长岭铁矿。1933年末，"满铁"把对振兴公司的权力正式移交给昭和制钢所。"满铁"、振兴公司和昭和制钢所于12月26日签订契约。根据该契约，"昭和制钢所付给满铁以相当于对振兴公司债权的现款，而得以包购振兴公司所开采的全部铁矿和石灰石"①。这就保证了振兴公司对昭和制钢所的原料供应。1936年6月，昭和制钢所又和振兴公司签订契约，租得振兴公司大孤山等11个矿区的矿业权，租矿期为20年。但昭和制钢所仍嫌不足，于次年7月2日全面接管了振兴公司的资产和债务，并于1940年从于静远（于冲汉之子）和镰田弥助手中收买了矿权。至此，昭和制钢所完全吞并了振兴公司。

为了获得充足的矿石，昭和制钢所还吞并了弓长岭铁矿。弓长岭铁矿虽为日人饭田延太郎所有，但由于其长期接受"满铁"提供的巨额维持费，故与"满铁"颇有渊源。饭田本人也积极希望将该矿转卖给"满铁"。此后，双方很快达成协议，"满铁"以175万元的价格收买了饭田的矿权。1933年3月31日，双方签订契约书，成立"满日合办弓长岭铁

---

① 解学诗、张克良编：《鞍钢史（1909—1948）》，冶金工业出版社1984年版，第223页。

矿无限公司"，该公司将所有之矿业权（包含附属设施）租赁给昭和制钢所，期限为20年，期满可延长，租赁费为年付日金3.5万元。[1] 这就保证了昭和制钢所的矿石供应。至1937年前后，昭和制钢所年产生铁70万吨，钢材28.5万吨。[2] 自1939年至1943年，该公司建成第四号至第九号6座高炉。在1944年，昭和制钢所与本溪湖煤铁公司、东边道开发株式会社合并，成立了"满洲制铁株式会社"。

在本溪湖煤铁公司，事变后日本人加紧对中国人的压迫和排挤。1931年10月20日，日本关东军派来一名参谋，会同本溪湖日本守备队长向中国职工宣布：因时局关系，限中国职工在三天内撤出公司，公司的一切大权全部为日本人所掌握。公司中国方面的350万元股金也全部被日本关东军占有。[3] 1935年，大仓喜七郎[4]将公司改名为"本溪煤铁有限公司"，其公称资本为1 000万元。1937年5月，本溪煤铁有限公司并入"满洲重工业株式会社"，大仓喜七郎任社长。1939年，根据伪满"产业开发五年计划"增资10 000万元。1941年，该公司设立宫原工厂，其第一高炉点火；同时，该年增资20 000万元。次年10月，宫原工厂第二高炉点火。

此外，日伪当局还于1938年9月设立东边道开发公司，主要开采通化大栗子沟、七道沟一带的铁矿。据估计，这一带蕴藏铁矿达四亿四千

<hr>

[1]　解学诗主编：《满铁史资料·煤铁篇》第四分册，中华书局1987年版，第1328—1330页。

[2]　东北财经委员会调查统计处编：《伪满时期东北厂矿基本资料·工厂篇之一·金属冶炼》，1949年版，第24页。

[3]　吕冬冬、栾莹：《历史的见证——本溪湖劳工问题研究》，吉林人民出版社2006年版，第8—9页。

[4]　大仓喜七郎（1882年6月16日—1963年2月2日），日本东京府人，大仓财阀第二代总帅，男爵，其父大仓喜八郎为大仓财阀的创立者。他曾资助日本多项文化活动，如围棋、音乐、舞蹈等，尤其促进了日本职业围棋界的复兴。其因在文化方面的贡献，获得日本政府颁发勋三等瑞宝章。

七百万吨，其中包括品位 63% 的赤铁矿和锰矿。[1] 这引起日本的充分关注，并初步设计进行两期规划。第一期计划主要开采矿石和煤炭，第二期计划着手建立钢铁厂。

至此，伪满时期形成了以昭和制钢所、本溪煤铁有限公司和东边道开发公司为主体的钢铁工业体系。至伪满末期，日伪当局为了便于管理和掠夺东北的钢铁工业，又于 1944 年 4 月将上述三个公司合并，成立"满洲制铁株式会社"，资本金为 7.4 亿元，总公司设于鞍山，但这并未阻止伪满钢铁生产持续恶化的趋势。关于伪满时期东北主要钢铁厂（公称资本 50 万元以上）的情况见下表 4 –3[2]。

根据表 4 –3 可知，当时东北的这些大中型钢铁厂基本都由日本人把持，即日本资本居于绝对垄断地位。虽然有的工厂有伪满政府参股，但由于伪满政府为傀儡政权，故对工厂的资本性质毫无影响。而且，由于伪满政府出资，减轻了日本资本的压力，更便于日本对这些工厂的控制。与之相对应的是，民族资本对钢铁工业几无涉足。这一方面是由于钢铁工业生产投资大、技术高，民族资本当时处于夹缝中挣扎的状态，毫无余力参与竞争；另一方面由于日本对东北钢铁工业采取严格的统制政策，大力排挤民族资本，故东北的钢铁工业为日本资本完全垄断。此外，根据上表亦可知，至伪满末期，尤其是 1944 年以后，大部分钢铁厂的产量明显下滑。不唯如此，整个东北的钢铁产量亦如此。其中占据东北生铁产量大部分的鞍山、本溪湖、东边道三个炼铁厂，其产量从 1943 年的

---

[1] 姜念东等：《伪满洲国史》，大连出版社 1991 年版，第 294 页。
[2] 本表主要根据东北财经委员会调查统计处编：《伪满时期东北厂矿基本资料·工厂篇之一·金属冶炼》（1949 年版）相关部分整理而成。

表4－3　伪满主要钢铁厂情况

工厂名	工人数		主要股东	主要产品	最高产量	
	年度	人数			年度	数量
满洲住友金属工业株式会社奉天工厂	1944	1 818	住友金属、住友本社、住友机械	铸钢品	1944	3 720 吨
				外轮、轮心	1941	7 762 吨
				车轮装配	1944	30 059 吨
鞍山工厂	1945	800		钢管	1943	13 155 吨
				瓦斯管	1940	11 363 吨
日满钢材工业株式会社	1943	486	东洋钢材株式会社（后改名三机工业）、福昌公司	矿山用机械	1940	3 000 吨
				铁骨	1939	6 100 吨
				铸物	1940	200 吨
				建筑材料	1941	1 100 吨
满洲钢机株式会社	1943	152	东京剪断株式会社	钻头	1941	348 120 把
				铰刀	1944	10 000 把
奉天铁钢工业株式会社	1943	173		小型钢材	1942	328 吨
				镀锌铁皮			
株式会社中山钢业所	1944	193	中山育雄	镀锌铁线	1943	1 150 吨
				钢条			

续表

工厂名	工人数		主要股东	主要产品	最高产量	
	年度	人数			年度	数量
大信兴产株式会社奉天工厂	1943	740	株式会社大信洋行、石田荣三、佐渡岛商店	铸铁制品	1939	3 600 吨
株式会社满洲铁业工厂	1944	180	鹈川泽太郎、鹈川良范	铜板	1941	360 吨
				洋钉	1941	1 733 吨
				普通铁线	1942	824 吨
满洲铅工业株式会社	1944	10	芳泽鹤太郎	铅管加工	1944	600 吨（包括预定数字）
				铅板加工	1944	400 吨
满洲大和（金属）制造株式会社	1944	34	株式会社大和金属商会	减磨合金	1944	218 吨
日满镕材工业株式会社	1943	93	饭田藤二郎、嵯峨根岩男	电焊条	1944	600 吨
				瓦斯焊条	1941	200 吨
满洲汤浅伸铜株式会社	1943	81	汤浅伸铜株式会社、株式会社东京汤浅商店、合资会社汤浅商店、原田商事株式会社	铜制品	1944	（预定数字）2 880 吨

续表

工厂名	工人数		主要股东	主要产品	最高产量	
	年度	人数			年度	数量
株式会社满洲进和商会	1942	266	株式会社进和商会	洋钉	1941	3 285 吨
				镀锌铁线	1941	1 763 吨
满洲制铁株式会社鞍山本厂			"满业""满铁"、合名会社大仓组、伪满政府			
选矿工厂	1943	2 987		选矿、还原矿、精矿、中矿、烧结矿、团矿	1937	(选矿) 717 588 吨
制铁工厂	1943	2 155		生铁	1942	1 309 837 吨
制钢工厂	1943	7 783		钢锭	1943	843 035 吨
				钢片	1943	718 905 吨
窑业工厂	1943	521		菱苦土熔滓砖	1940	20 279 吨
焦炭工厂、副产物工厂	1943	2691		焦炭	1943	1 644 000 吨
				煤焦油	1943	100 851 吨
				硫酸 (50°)	1942	36 058 吨
满洲制铁株式会社本溪湖支厂	1945	20 000	"满业"、大仓事业株式会社、伪满政府	生铁	1943	206 796 吨
				硫酸铔	1944	3704 吨

续表

工厂名	工人数		主要股东	主要产品	最高产量	
	年度	人数			年度	数量
满洲制铁株式会社东边道支厂二道江工厂	1945	200	"满业"	生铁	1944	1 600 吨
满洲大谷重工业株式会社	1945	1 877	大谷哲平	钢板	1943	36 159 吨
				铸铁机械	1941	3 200 吨
满洲神钢金属工业株式会社	1943	1 844	株式会社神户制钢所	钢片	1944	4 277 吨
满洲制钢株式会社	1945	1 400	东京制钢、关西制钢、东洋制钢、帝国产业株式会社	钢线	1943	1 468 吨
				钢绳	1944	2 170 吨
满洲久保田铸铁管株式会社	1945	1 400	株式会社久保田铁工所、株式会社大连机械制作所	铸铁直管	1940	53 355 吨
				铸铁异型管	1940	1 910 吨
鞍山钢材株式会社	1943	901	五十岚小太郎、久保田静	山形钢	1938	31 578 吨
				小铁轨	1944	65 428 吨
满洲日本钢管株式会社	1943	540	日本钢管株式会社	瓦斯管	1941	14 461 吨
				电线管原管	1941	2 847 吨

续表

工厂名	工人数 年度	人数	主要股东	主要产品	最高产量 年度	数量
满洲钢管工业株式会社	1944	150	日本管制造株式会社、住友金属工业株式会社、满洲住友金属株式会社	薄钢电线管	1944	672 吨
满洲亚铅（锌）镀株式会社	1943	214	株式会社大信洋行、原田商事株式会社、株式会社乌羽洋行、畑中佐太郎	镀锌铁板	1938	33 676 吨
				洋钉	1941	3 323 吨
鞍山（剪断）工业株式会社	1944	107	鞍山建材株式会社	钢板、钢材 切断作业	1939	1 800 吨
鞍山精钢业株式会社	1943	283	大阪平野钢业株式会社	铁线	1942	3 000 吨
株式会社满洲高冈组鞍山铁工厂			高冈浩、内田钰司、堀清次郎、明右一夫	铁材加工、制作、装配、包公	1944	3 500 吨
鞍山（剪断）工业株式会社	1945	150		钢板切断	1945	（包括预定数字）800 吨
康德金属工业株式会社	1941	161	小西英雄、永易新造	各种铸钢品	1941	1 170 吨

续表

工厂名	工人数		主要股东	主要产品	最高产量	
	年度	人数			年度	数量
鞍山制铆株式会社	1944	184	井口清次郎	螺杆、螺母	1940	950 吨
满洲熔接器材株式会社			株式会社大信洋行	铆钉	1940	1 000 吨
				电焊条	1942	（预定数字）600 吨
满铁抚顺炭矿制铁工厂	1944	1 482		海绵铁	1943	8 046 吨
				钢锭	1944	12 673 吨
株式会社康德制钢所	1944	111	"满业"、大仓事业株式会社、满洲制铁株式会社、奉天造兵所	6 耗（毫米的旧译）线材	1943	3 000 吨
				各种小型钢材	1944	2 500 吨（预定数字）
本溪湖特殊钢株式会社	1943	1 064		特殊钢	1941	4 000 吨
				锉	1944	300 000 吨
株式会社宫原机械制作所	1943	211	大谷利胜、大谷哲平、辻井芳雄、矢田让、增渊右卫门	各种生产用机械（熔矿处理机、送风机等）	1944	5 861 吨
株式会社龙兴制作所	1944	170		铸物制品	1944	370 吨
大华矿业株式会社大连制铁所	1943	1 650	上岛庆驾	特殊钢	1942	1 231 吨
				纯铁	1941	10 382 吨

170.2 万吨下降至 1944 年的 117.6 万吨。[1] 包括"满洲制铁本厂""满洲神钢金属""满洲大谷重工业""满洲住友金属"和"满洲重机"在内的五厂钢块产量由 1943 年的 86.9 万吨减至 1944 年的 47.4 万吨。[2] 一方面，是由于后期煤炭供应不足、交通运输困难、铁矿石供应紧张；另一方面，也受到美军飞机轰炸的影响。1944 年 7 月 29 日，70 架 B29 美机轰炸了昭和制钢所，炸毁 2 座炼焦炉和高炉的附属设施。9 月 8 日，美机又轰炸了鞍山和本溪的钢铁厂。12 月 7 日，美机又进行了第三次轰炸。美机的轰炸破坏了钢铁厂的正常生产，迫使关东军决定迁厂；迁厂又造成工厂停工，产量下滑。故至 1944 年以后，东北钢铁产量一落千丈。

三、日伪对东北钢铁工业的掠夺

伪满时期，日伪对东北钢铁工业的掠夺主要集中表现在以下三个方面：

（一）对钢铁生产原料的掠夺。显然，铁矿石是钢铁冶炼的主要原料。"东北地区之铁矿石埋藏量，约为六亿公吨，其主要产区为鞍山、本溪湖、东边道三地区。"[3] 伪满时期，日伪当局在此三地均建有大型钢铁厂，其目的不言自明。具体而言，当时主要的钢铁厂所属矿山囊括了东北铁矿山的绝大部分。其中昭和制钢所开采弓长岭、樱桃园、王家堡子、眼前山、一担山、白家堡子、磊子山、大孤山、鞍山等矿，本溪湖煤铁

---

① 东北财经委员会调查统计处编：《伪满时期东北经济统计（1931—1945 年）》，1949 年版，（2）—58。

② 东北财经委员会调查统计处编：《伪满时期东北经济统计（1931—1945 年）》，1949 年版，（2）—58。

③ 东北物资调节委员会研究组编：《东北经济小丛书·钢铁》，京华印书局 1948 年版，第 9 页。

公司开采庙儿沟、八盘岭、财神庙、歪头山、通远堡等矿，东边道开发公司开采大栗子和七道沟等矿，协和矿山开采开原、许家屯、西丰、石城岛等矿，"满洲矿山"开采大庙、黑山、头沟等矿。① 再从铁矿石产量上看，1937 年为 241.830 2 万吨，1939 年为 349.962 万吨，1940 年为 334.916 2 万吨，1941 年为 418.167 9 万吨，1942 年为 449.640 2 万吨，1943 年为 495.419 8 万吨，1944 年为 380.002 万吨。② 显然，这些铁矿石都被日伪当局用于冶炼钢铁。除铁矿石外，石灰石作为媒熔剂也是重要的炼铁原料。每制铁 1 吨，需要石灰石约 0.65 吨。东北地区的石灰石分布较广，埋藏量亦丰富。伪满时期的钢铁厂主要使用本地的石灰石进行冶炼。其中昭和制钢所主要开采火连寨和甘井子的石灰石矿，本溪湖煤铁公司主要开采腰堡、本溪湖、宫原和明山沟等地的石灰石矿。③ 其他所需的原料如锰矿等亦采自东北。其中昭和制钢所的锰矿来自瓦房子、高桥和绥中、凌源、郭家店等地，本溪湖煤铁公司的原料采自蓝家沟、通远堡、千家西沟等地。④ 可以说，就地取材是伪满钢铁生产的重要原则之一。

水源亦是冶炼钢铁需要考虑的重要问题。其中在鞍山，日本为建立鞍山制铁厂曾对水源问题进行了详细的调查和论证。在鞍山制铁所成立之初，就开始开发千山川水源。但由于取水不足，又于 1917 年决定开

---

① 东北财经委员会调查统计处编：《伪满时期东北经济统计（1931—1945 年）》，1949 年版，（3）—12。

② 东北财经委员会调查统计处编：《伪满时期东北经济统计（1931—1945 年）》，1949 年版，（3）—53。

③ 东北财经委员会调查统计处编：《伪满时期东北经济统计（1931—1945 年）》，1949 年版，（3）—12。

④ 东北财经委员会调查统计处编：《伪满时期东北经济统计（1931—1945 年）》，1949 年版，（3）—12。

发首山水源地。"1918 年 5 月成立鞍山制铁所水道事务所。同年 12 月，千山川水源、首山水源和千山川唧筒所（第三水泵站）、首山唧筒所（第一水泵站）全部建成。"① 总之，鞍山制铁所（昭和制钢所）所用的水源主要是千山川水源和首山水源。东边道开发公司位于通化市二道江区二道江街，其所用水源主要来自当地的浑江。

此外，从炼铁燃料上看，主要使用东北的煤炭。与煤相比，焦炭更适于炼铁。早在九一八事变前，日本即占有抚顺煤矿，但抚顺煤不太适宜炼焦。于是，"满铁"进行了一系列试验，改进了炼焦技术。最终，在原料煤配比上，使抚顺煤占 80%，本溪煤占 20%，并以此为标准配比，炼制焦炭。② 此种焦炭即成为伪满时期鞍山炼铁所的主要燃料。在本溪湖煤铁公司，主要使用本地的本溪湖煤。后期由于本溪湖煤供应不足，遂大量运进没经过水洗的北票煤。③ 由以上可知，除原料外，在水源和燃料方面也采取就地解决的方法，亦属于现地掠夺范畴。

（二）大量的钢铁产品被直接输往日本。早在九一八事变前，鞍山生产的生铁就被大量输往日本，其产品的销售地区与销售数量见下表 4-4④。可知，其输往日本的数量占产品总量的大部分，其中 1931 年占 82.1%，1932 年占 88.4%。不仅鞍山如此，整个东北生产的生铁也被大量输往日本。"满洲产的生铁，除当地使用二三万吨外，全部输往于

---

① 鞍钢史志编纂委员会编：《鞍钢志（1916—1985）》上册，人民出版社 1991 年版，第 455 页。

② 解学诗、张克良编：《鞍钢史（1909—1948）》，冶金工业出版社 1984 年版，第 156 页。

③ ［日］满史会编著：《满洲开发四十年史》上册，东北沦陷十四年史辽宁编写组译，辽宁省营口县商标印刷厂 1988 年版，第 765 页。

④ 解学诗主编：《满铁史资料·煤铁篇》第三分册，中华书局 1987 年版，第 1209 页。

表4-4 鞍山生铁产品销售地区与数量

（单位：吨）

年度	满洲			日本	朝鲜	其他			合计
	满铁社用	满洲各地	计			中国〔关内〕	其他	计	
1919									
1920	534	2 004	2 538	7 435	736	—	353	353	11 062
1921	2 842	8 971	11 813	71 256	2 115	1 683	263	1 946	87 130
1922	4 881	13 368	18 249	69 631	2 538	4 922	920	5 842	96 260
1923	6 910	6 779	13 689	57 076	2 242	4 335	32	4 367	77 374
1924	6 913	3 014	9 927	61 633	2 272	7 217	20	7 237	81 069
1925	4 697	7 207	11 904	87 037	2 877	10 962	347	11 309	113 127
1926	3 961	7 384	11 345	121 181	2 728	10 123	1 329	11 452	146 706
1927	3 608	9 470	13 078	175 413	2 279	16 582	1 030	17 612	208 382
1928	6 060	11 037	17 097	171 974	2 790	19 763	120	19 883	211 744
1929	6 424	10 613	17 037	159 942	4 316	18 796	—	18 796	200 091
1930	2 394	5 122	7 516	119 557	2 220	32 598	601	33 199	162 492
1931	2 460	7 671	10 131	227 257	2 520	35 106	1 717	36 823	276 731
1932	2 279	10 745	13 024	308 596	2 717	21 303	3 313	24 616	348 953

外地，而主要是输往日本。"① 其数量约占日本输入总量的20%。② 九一八事变后，对日输出量更是有增无减。在生铁方面，鞍山和本溪湖生铁运往日本国内数量见下表4－5③。此外，1932 年至 1943 年昭和制钢所生铁销路和销量见下表4－6④。可知，在 1933 年输往日本的生铁数量占其总量的 83%，1937 年占 64.6%，1942 年占 38.5%，1943 年上半年占 26.2%。可见，后期输往日本的生铁比重有所减少，这主要是由于昭和制钢所建成以后利用自身生产的生铁炼制钢材，故生铁输出量有所减少。另外，关于昭和制钢所运往日本的生铁在日本生铁输入总量的比重见下表4－7⑤。可知，尽管昭和制钢所生铁对日输出量占其自身对外输出的比重有所减少，但在日本生铁输入量中仍然占据重要地位，个别年份甚至居于主要地位。

伪满时期，钢材产品也被大量输往日本。其中钢块（钢锭）和钢片（钢坯）输往日本的数量见下表4－8⑥。至于钢材，其出口主要输往日本及日本统治下的华北。⑦ 在特殊钢方面，"出口有大华矿业工厂所生产之高速度钢、特殊工具钢，统输往日本，供其海军之用"⑧。由以上可知，伪满时期东北钢铁厂的钢铁产品作为日本掠夺东北资源的重要对象被大量输往日本。

---

① 解学诗主编：《满铁史资料·煤铁篇》第三分册，中华书局 1987 年版，第 1210 页。
② 解学诗主编：《满铁史资料·煤铁篇》第三分册，中华书局 1987 年版，第 1210 页。
③ 解学诗主编：《满铁史资料·煤铁篇》第四分册，中华书局 1987 年版，第 1508 页。
④ 解学诗主编：《满铁史资料·煤铁篇》第四分册，中华书局 1987 年版，第 1509 页。
⑤ 解学诗主编：《满铁史资料·煤铁篇》第四分册，中华书局 1987 年版，第 1510 页。
⑥ 解学诗主编：《满铁史资料·煤铁篇》第四分册，中华书局 1987 年版，第 1513 页。
⑦ 东北物资调节委员会研究组编：《东北经济小丛书·钢铁》，京华印书局 1948 年版，第 86 页。
⑧ 东北物资调节委员会研究组编：《东北经济小丛书·钢铁》，京华印书局 1948 年版，第 88 页。

表 4 - 5　鞍山与本溪湖生铁运往日本国内数量

（单位：吨）

年份	鞍山生铁	本溪湖生铁	合计	增减
1932 年	235 398	74 280	309 678	+56 537
1933 年	355 131	101 400	456 531	+146 853
1934 年	305 037	125 275	430 312	-26 219
1935 年	269 804	123 480	393 284	-37 028
1936 年	149 526	123 809	273 335	-119 949

表 4 - 6　1932 至 1943 年昭和制钢所生铁销路、销量表

（单位：吨）

年度	伪满境内				日本	朝鲜	其他	总计
	满铁社用	伪满各地	炼钢用	合计				
1932	2 279	10 745	—	13 024	308 597	3 716	24 616	349 953
1933	2 880	19 903	—	22 783	287 332	4 020	31 921	346 056
1934	3 495	21 971	—	25 466	295 776	4 140	26 117	351 499
1935	3 061	16 025	—	19 086	249 375	4 800	24 644	297 905
1936	3 452	16 882	—	20 334	120 951	5 160	22 234	168 679
1937				61 108	129 983	3 870	6 390	201 351
1938	5 567	92 956	494 121	592 644	112 080	—	—	704 724

续表

年度	伪满境内				日本	朝鲜	其他	总计
	满铁社用	伪满各地	炼钢用	合计				
1939	7 764	132 393	456 167	596 324	290 870	—	—	887 194
1940	2 784	173 278	456 946	633 008	295 194	—	3 420	931 622
1941	10 357	172 095	478 206	660 658	517 541	—	1 890	1 180 089
1942	8 752	132 375	673 011	814 138	509 300	—	—	1 323 438
1943（上半年）	5 141	96 570	382 511	484 222	172 270	—	—	656 492

表4-7　昭和制钢所运往日本生铁在日本输入量中所占的比重

年度	日本总输入量（吨）	昭和制钢所生铁运往日本数量（吨）	比率（%）
1932	650 380	308 597	47.4
1933	801 284	287 332	35.8
1934	778 583	295 776	37.9
1935	1 092 541	249 375	22.8
1936	1 094 879	120 951	11.0
1937	1 129 943	129 983	11.5
1938	1 072 032	112 080	10.4
1939	928 030	290 870	31.3
1940	854 566	295 194	34.5
1941	784 292	517 541	65.9
1942	878 463	509 300	57.9

表4-8 钢块、钢片（钢锭、钢坯）供求表

(单位：吨)

	钢块〔锭〕			钢片〔坯〕		
	生产量	出口量	境内需求量	生产量	出口量	境内需求量
1935	211 565	—	211 565	172 872	63 000	109 873
1936	364 315	—	364 315	328 844	167 000	161 844
1937	516 347	—	516 347	455 808	160 000	295 808
1938	585 094	—	585 094	534 017	140 000	394 010
1939	525 997	—	525 997	458 729	64 982	393 747
1940	532 296	—	532 296	479 066	38 852	440 214
1941	561 374	—	561 374	522 176	47 265	474 911
1942	731 626	30 000	701 626	509 104	79 106	429 998
1943	843 035	26 424	816 611	718 905	140 009	578 898
1944	438 669	5940	433 729	396 254	103 633	292 621

注：1935年、1938年、1943年钢片〔坯〕部分数据有出入，已无核准。

（三）从人力剥削上看，中国工人遭到日伪当局残酷的盘剥和压榨。早在九一八事变爆发之初，日本就加大了对本溪湖煤铁公司中国工人的压迫。"在'九一八'事变当时，本溪地区尚属平静。经过旬余，事态逐渐恶化：日本职工敌视中国职工的情绪顿时高涨，平素有过微小争执的此时也要借端报复。开始时是持棍行凶，被殴者不可胜数。"[1]还有一些人被打住院，险些丢掉性命。"如制铁科杨科长、公司医院陈院长、三坑技术员周广安等，均在下班归家途中被素日挟仇的日本职工截堵痛殴，打得头破血流，昏迷不省人事，经过长期救治，才保住生命。继而挟嫌诬告，硬给中国职工戴抗日帽子，挑唆日本警宪入矿抓

---

① 王一清：《本溪湖煤铁公司20年》，载辽宁省政协学习宣传和文史委员会编：《辽宁文史资料精萃 经济·文化·教育》，辽宁人民出版社1999年版，第146页。

人。"① 在此情况下，中国工人一日数惊，在惶恐中度日。

在昭和制钢所，1942 年职工总数近 9 万人，这其中还不包括"特殊工人"和矫正辅导院的"辅导工人"，以及勤劳奉公队和勤劳奉仕队的人数。在工资方面，"一个日本人参事每月工资为 300—400 元，而一个中国人普通工人只有 20 元的收入，工资之悬殊竟达 15—20 倍。即使是同类人员，其工资差别也是很大的。中国人准职员以上人员的月工资平均为 100 元左右，而日本人同类人员则在 150 元以上；准职员以下的一般工人相差更大，日本人工人工资约在 80 元以上，而中国人工人只有 20 元左右。按日工资计算，常工以下人员，最低为 3 角多，最高也只有 6 角多。另据资料载，童工最低工资只有 2 角 2 分。"② 可见，中日工人同工不同酬的现象非常严重。工人的劳动时间也比较长。在昭和制钢所，矿山工人每年 4—9 月份的劳动时间是 10 小时 30 分，1 月份和 12 月份都在 9 小时以上；各厂劳动时间都是 10 小时，两班制则为 12 小时。③ 虽然工作辛苦，但很多工人都无力供养家属。在后期粮食紧张之时，工人们不得不以糠麸、野菜、草根、树皮和橡子面等充饥。而且，工人的生命安全也缺乏保障，事故频仍，工人伤亡事件屡有发生。此外，工人们罹患职业病的也特别多，尤其是矽肺病和风湿病。但即使患病之后也无法得到救治，只能忍受疾病的痛苦，甚至死亡。当时流传着"弓长岭是万人坑，炼铁厂是鬼门关，薄板厂是阎王殿，选矿厂是大猪圈，要吃小型饭，就得拿命换"④ 的歌谣。显然，这是中国工人遭受残酷压榨的悲惨写照。另有资料记载，在昭和制钢所，"当战争时期，工

① 王一清：《本溪湖煤铁公司 20 年》，载辽宁省政协学习宣传和文史委员会编：《辽宁文史资料精萃 经济·文化·教育》，辽宁人民出版社 1999 年版，第 146 页。
② 解学诗、张克良编：《鞍钢史（1909—1948）》，冶金工业出版社 1984 年版，第 368 页。
③ 解学诗、张克良编：《鞍钢史（1909—1948）》，冶金工业出版社 1984 年版，第 377 页。
④ 鞍钢史志编纂委员会编：《鞍钢志（1916—1985）》上册，人民出版社 1991 年版，第 13 页。

人们更受到残酷的压榨，同时还受封建把头的剥削，每天在铁蹄、皮鞭下过着牛马不如的生活，不时受到凌辱嘲笑，无辜地受到毒打，有时活活地被打死，无处诉冤。伤病无钱治疗，事故每天都在发生。穿的是破衣烂裳，冬天还有的穿不上棉衣。吃的是粗粮和萝卜头，在饥寒交迫的情况下，每天还得干12小时活，有时坐着就打盹。工人们真是受到说不尽的痛苦"①。可见，工人们过着非人的生活，挣扎在死亡线上。

特殊工人所受的压迫则更为严重。伪满时期，昭和制钢所是使用特殊工人的重点单位。特殊工人所从事的劳役，是强制性和不付报酬的。在厂矿内，特殊工人被隔离居住，周边围以外墙（或铁丝网），以防止其逃跑。当"军警"发现特殊工人有逃跑企图时，可立即开枪射杀。厂矿当局对特殊工人的言行严加规范。"如果特殊工人有所谓'不逊态度或示威反抗时'，（昭和制钢所的警备队，笔者注）可与警察署共同'施以矫正训练上的监禁、制缚以及其他惩戒上必要的措施。'"② 此外，在弓长岭铁矿的"矫正辅导院"，工人们每天要从事12个小时以上的重体力劳动，但仍然不能吃饱。于是，有的工人不得不以老鼠充饥，或以棉衣中的棉絮为食。在那里，很多工人累死、病死，或被日本人及其帮凶枪杀，死后再被扔进附近的万人坑。曾被关押于此的老工人尚兆缘控诉："我在辅导院里共住了13个月就光复了。如果再有一个月不光复，我也就死在里面了。仅据我所知，同我一道进去的30余人，只出来6人，其余都死在里面了。"③ 可知，在"矫正院"死亡率是非常高的。

在本溪湖煤铁公司，中国工人亦饱受剥削。1921年，公司中中国

---

① 程远达：《血泪斑斑话鞍钢》，载政协辽阳市委员会学习宣传文史委员会编：《辽阳文史资料》第13辑，辽阳市委机关印刷厂2003年版，第52页。

② 解学诗、张克良编：《鞍钢史（1909—1948）》，冶金工业出版社1984年版，第366页。

③ 解学诗、张克良编：《鞍钢史（1909—1948）》，冶金工业出版社1984年版，第365页。

人和日本人工资见下表4-9①。可知，即使是同一工种，日本人的工资往往是中国人的两至三倍。九一八事变后，工人的境况更加悲惨，其实际工资更少，但工作时间却很长。据"满铁"经济调查会1935年的调查，本溪湖铁矿山（即庙儿沟铁矿）日勤的工作时间是每天11小时，这是当时东北所有铁矿中工人工作时间最长的。同期其他铁矿的日勤工作时间也都在9小时以上。② 有矿工曾回忆："因为家里穷，13岁时，我就到南坟庙儿沟露天铁矿干活，打山洞、挖铁矿石，推轳辘马子矿车，每天工作12小时以上。每天挖矿石、推车都有定额，完不成就要挨打。"③ 可以说，工作时间长、劳动量大、收入低是本溪湖中国矿工的工作实态。

表4-9 1921年1月本溪湖煤铁公司各科中日工人工资情况

科别	国籍	工人数（人）	每日工资	
			低价（元）	高价（元）
坑务科	中人	3 484	0.78	0.78
	日人	3	1.64	1.65
制材料	中人	257	0.59	0.60
	日人	6	1.94	1.94
熔矿科	中人	130	0.90	0.92
	日人	11	2.12	2.15
原料科	中人	115	0.66	0.66
	日人	4	2.16	2.16

---

① 刘万东：《从本溪湖煤铁公司看日本帝国主义对我国东北的经济侵略》，《辽宁大学学报》（哲学社会科学版）1982年第2期，第42页。

② 刘万东：《从本溪湖煤铁公司看日本帝国主义对我国东北的经济侵略》，《辽宁大学学报》（哲学社会科学版）1982年第2期，第44页。

③ 吕冬冬、栾莹：《历史的见证——本溪湖劳工问题研究》，吉林人民出版社2006年版，第145页。

续表

科别	国籍	工人数（人）	每日工资	
			低价（元）	高价（元）
采矿科	中人	836	0.81	0.82
	日人	14	2.37	2.38
机械科	中人	427	0.84	0.85
	日人	55	2.69	2.69
修筑科	中人	94	0.83	0.84
	日人	6	2.47	2.50
贩卖科	中人	2	0.62	0.63
	日人	—	1.19	1.20
庶务科	中人	85	0.62	0.63
	日人	—	1.19	1.20
总计	中人	5 430	0.754	0.736
	日人	99	2.072	2.083
备考	按该公司章程，凡各项工资，均以小洋计算			

在1936年，日本人在本溪南坟庙儿沟铁矿建立了本溪监狱南坟第二分监狱，即"明生队"，次年开始入住"犯人"。这里关押的有所谓的经济犯、思想犯、浮浪子嫌疑犯，还有所谓的各类刑事犯，以及山西抗日战场上抓来的太原队。他们每天都要从事重体力劳动，"这些人有的要戴上脚镣子，看守警备队，用铁笼子车运到山上采矿场运铁矿石，推铁轱辘马子车，端铁簸箕，全是重活，一天干14个小时，人们累得筋疲力尽，完不成就要受各种残酷的刑罚"[1]。其酷刑有压杠子、坐老虎凳、钉竹签子、灌辣椒水、用烧红的铁烙铁烙。此外，还有水牢呛人和大柳树吊人冻冰棍等。中国人被折磨致死后就被扔进附近的万人坑。

---

① 吕冬冬、栾莹：《历史的见证——本溪湖劳工问题研究》，吉林人民出版社2006年版，第147页。

据统计，到 1945 年的 8 年间，仅在"明生队"被折磨死的中国人就达 17 800 人以上。[1]

在通化大栗子沟铁矿，日伪政府从东北和关内各地强抓大量劳工，强迫其下井采矿。"劳工最大的危险是生病。在悲惨生活和繁重劳动的折磨下，劳工们一个个筋疲力尽，骨瘦如柴，生病率不断增高。病会给劳工们带来更大的厄运，无疑等于被判为死刑。"[2] 病人无论得了什么病，都被关进"病号房"，很少有人能逃生。"由于病号多，天天有死人，有时一天抬出八九口，没有棺材，人死后只有四页破板裹着尸体，用铁丝捆三道棺抬到'万灵塔'一扔就算了事。"[3] "到 1942 年末，工人猛增到 2 万多人。在日伪皮鞭和刺刀下的矿工，由于吃不饱和过度疲劳、营养不良，病死、累死、饿死、被打死和事故死去的不计其数。"[4] 可见，劳工们如同生活在人间地狱之中。

在通化七道沟铁矿，"那时候的矿山是受骗的多，讨饭的多，挨打受骂的多，劳动时间多，妻离子散的多，缺胳膊少腿的多，生病的多，死的多……"[5] "从 1938 年到 1945 年，在这八年的时间里，日本侵略者从七道沟铁矿共掠夺了 135.8634 万吨矿石，留下的却是 1.6 万多具

---

① 吕冬冬、栾莹：《历史的见证——本溪湖劳工问题研究》，吉林人民出版社 2006 年版，第 153 页。

② 李权洙：《浑江大栗子铁矿劳工的生活》，载孙邦主编：《伪满史料丛书·经济掠夺》，吉林人民出版社 1993 年版，第 503 页。

③ 李权洙：《浑江大栗子铁矿劳工的生活》，载孙邦主编：《伪满史料丛书·经济掠夺》，吉林人民出版社 1993 年版，第 504 页。

④ 中共通化市委党史研究室编著：《通化百年（1877—2008）》，吉林人民出版社 2011 年版，第 110 页。

⑤ 魏春德等口述，于开圻、刘荒、辛愚圣整理：《日伪统治时期七道沟铁矿工人的苦难》，载孙邦主编：《伪满史料丛书·经济掠夺》，吉林人民出版社 1993 年版，第 513 页。

中国矿工的尸骨。"① 在当地留下了三个万人坑，其状之惨，不可名状。

由以上可知，在伪满时期虚高的钢铁产值之下，是中国人民付出的生命代价。于静远战后也供认："为了掠夺上述这些物资（东北的铁矿及其他矿产，笔者注），每年都奴役大批中国劳工。从 1942 年强制摊派劳工，每年约百万余人。1943 年强征勤劳奉公队员 8 万余人，1944 年强征了 12 万余人，共计 20 余万人在矿山、工厂、工地无偿地劳动，因病、累死亡的有 6 000 余人。"② 于静远是当时伪满摊派劳工政策的主要负责人之一，他的话当是可信的。

综上所述，由于东北丰富的地质储备，至清代东北的冶铁业有了很大的发展。从清末开始，日本开始关注并试图掠夺东北的铁矿资源。日俄战争后，日本大仓财阀通过本溪湖煤铁公司掠夺本溪的铁资源。此后在民国时期，日本主要通过清和公司、振兴公司、鞍山制铁所、弓长岭铁矿等掠夺东北的铁矿资源。伪满建立后，日伪政府建立了以昭和制钢所、本溪煤铁有限公司和东边道开发公司为主体的钢铁工业体系，全面掠夺东北的钢铁工业。此外，从钢铁原料、产品流向和流量、人力资源剥削等方面都深刻反映了日本对东北钢铁工业的掠夺。可见，掠夺是日伪时期东北钢铁工业的主线。因此，只注意到伪满时期东北钢铁工业的冒进和扩张，忽略或淡化日本对东北钢铁工业的剥削和掠夺，都不能反映伪满时期东北钢铁工业的本质，甚至还会助长战后错误史观的形成。

---

① 魏春德等口述，于开圻、刘荒、辛愚圣整理：《日伪统治时期七道沟铁矿工人的苦难》，载孙邦主编：《伪满史料丛书·经济掠夺》，吉林人民出版社 1993 年版，第 513 页。

② 于静远：《日本对东北的铁矿及其它矿产的掠夺》，载孙邦主编：《伪满史料丛书·经济掠夺》，吉林人民出版社 1993 年版，第 331 页。

第二节　化学工业

化学工业，又称化学加工工业，泛指在生产过程中化学方法占主要地位的过程工业，包括基本化学工业和塑料、合成纤维、石油、橡胶、药剂、染料工业等。在民国时期，化学工业还可理解为"将主要原料之性质、形态加以变化，制成对人类生存上极有价值制品之工业也"[①]。另外，火药工业和液体燃料工业虽然也属于化学工业，但将在本书兵器工业和石油工业中论述，本节不再重复。近代化学工业主要开始于 19世纪初，在民国时期有了很大的发展。目前国内关于此问题的研究成果比较有限[②]，这为对该问题进行研究留下了很大的空间。

一、清末民国时期东北的化学工业

在清末，大连油脂厂是东北比较早的化工厂。它建于 1905 年，是当时我国从事植物油料加工最大的企业。"抚顺化工厂建厂时间也较早，

[①]　东北物资调节委员会研究组编：《东北经济小丛书·化学工业》上，中国文化服务社沈阳印刷厂 1948 年版，第 1 页。

[②]　中国方面的成果有：张福全《辽宁近代经济史（1840—1949）》（中国财政经济出版社 1989 年版）介绍了清末民国及伪满时期辽宁化学工业的概况，开国内研究东北地区化学工业之先河。鲍振东、李向平等《辽宁工业经济史》（社会科学文献出版社 2014 年版）涉及部分"满洲化学工业株式会社"和"满洲曹达株式会社"的内容。顾明义等主编《日本侵占旅大四十年史》（辽宁人民出版社 1991 年版）论述了民国及伪满时期旅大地区化学工业尤其是"满洲化学工业株式会社"和"满洲曹达"大连厂的生产经营情况。日本方面的成果有：《满洲开发四十年史》（下卷）（［日］满史会编：『満洲開発四十年史』下卷，满洲开发四十年史刊行会，1964 年版）论述了"满铁"中央试验所的研究成果、大豆油硬化工业、大豆油的酒精提取工业、丙酮和丁醇发酵及利用水煤气反应制造氢等内容。《满洲国史（分论）》（［日］满洲国史编纂刊行会编：『満洲国史（各論）』，满蒙同胞援护會，1971 年版）论述了清末民国及伪满时期东北氮工业、制盐业及钠碱业、染料工业、火柴工业、肥皂工业、硬化油工业、涂料工业、火药制造工业、橡胶工业、电气化学工业、煤炭干馏工业、林产化学工业、医药品工业等化学工业的概况。

光绪三十四年（1908 年）建厂，以油、煤为主要原料，以炭黑、焦炭为主导产品。"① 这一时期还有一些工厂生产肥皂、香皂、肥皂粉和工业用肥皂等。其中，建厂最早的是日本人于 1906 年 9 月在大连建立的畑中石硷工场，资本金为 3 000 元，年生产额为 34 984 日元。② 其他的同类工厂还有丰盛洋行（1907 年 8 月，旅顺）、万玉洋行石硷制造所（1908 年 7 月，大连）、"满洲石硷株式会社"（1909 年 6 月，大连）和鸟合石硷制造所（1911 年 8 月，奉天）等，这些工厂均由日本人投资建成，这说明日本人在日用化学产品制造方面占有明显优势。另外，火柴工业也属于化学工业。"光绪三十三年（1907 年）日本人高坂万兵卫等人以资本金 30 万日元，在大连建'日清磷寸（火柴）株式会社'。"③它是东北比较早的火柴厂。

民国建立以后，东北的化学工业进一步发展。大连油脂工业株式会社开办于 1916 年 5 月，设有硬化油工场。"满铁"中央试验所早先曾进行过大豆油硬化试验研究，在第一次世界大战时受到日本陆海军当局的怂恿，在通过分解大豆油进行制造甘油的工业试验的同时，也进行了该项研究，并大体完成。"满铁"与在"满"人士出资一百万元创立了该会社。④ 硬化油多用于制造肥皂。这一时期，东北的肥皂生产基本上为日本所垄断。日本人建立的比较大的工厂有畑中石硷工场、旅顺石硷制造所、大连万玉洋行石硷制造所、"满洲石硷制造株式会社"。1922 年上述各厂情况见下表 4 - 10⑤。伴随着肥皂工业的兴起，民族资本也开

---

① 辽宁省统计局编：《辽宁工业百年史料》，辽宁省统计局印刷厂 2003 年版，第 339 页。
② 辽宁省统计局编：《辽宁工业百年史料》，辽宁省统计局印刷厂 2003 年版，第 378 页。
③ 辽宁省统计局编：《辽宁工业百年史料》，辽宁省统计局印刷厂 2003 年版，第 384 页。
④ ［日］關東局编：『關東局施政三十年史』，凸版印刷株式会社，昭和 11 年，第 468 页。
⑤ 辽宁省统计局编：《辽宁工业百年史料》，辽宁省统计局印刷厂 2003 年版，第 378 页。

始涉足于此。"国人由民国十年起，始着手创办斯业，当时销路甚好，因之创业者续有增加。民国十六年前后，仅沈阳一市，肥皂工厂已有三六处之多，可谓极盛一时。"[1] 肥皂工业虽然属于重工业，但因具有投资相对较少，技术含量较低，资金回流较快等特点，得到民族工业的重视，因此发展很快。在 1925 年奉天省城有民族资本办的肥皂厂 8 家，但多生产一些中低档产品，具体情况详见下表 4 - 11[2]。另据资料显示，"民国 18 年（1929 年）奉天市有肥皂工厂 7 家，每家资本金为 1000 元—2000 元，年产肥皂约 30 万打，价值 30 万元。这些厂兼产蜡烛"[3]。在哈尔滨，肥皂工业发展较快。清末民初之际，肥皂多依靠外货。"本地开始自造，是在民国十年以后，渐渐的才有人设立工厂。同时因为制胰原料和洋烛有连带关系，洋烛工厂也都附带制造。"[4] 截至 1930 年底，中国人在哈尔滨道外区设立的制胰工厂达 10 家，主要情况见下表 4 - 12[5]。尽管如此，在当时东北的肥皂工业除大连有日本人的几家大厂外，其他多为小规模家庭工业式工厂，产量较低。总体上，东北肥皂工业的总产量"尚不及全东北需求量之四%；因而东北所需肥皂之大部分，均由日本及朝鲜输入之"[6]。可见，在肥皂方面，东北对日本的依赖性很大。

---

① 东北物资调节委员会研究组编：《东北经济小丛书·化学工业》下，京华印书局 1948 年版，第 29 页。

② 辽宁省统计局编：《辽宁工业百年史料》，辽宁省统计局印刷厂 2003 年版，第 378 页。

③ 辽宁省统计局编：《辽宁工业百年史料》，辽宁省统计局印刷厂 2003 年版，第 379 页。

④ 陈绍楠主编：《哈尔滨经济资料文集》三，哈尔滨市档案馆 1991 年版，第 208 页。

⑤ 陈绍楠主编：《哈尔滨经济资料文集》三，哈尔滨市档案馆 1991 年版，第 208 页。

⑥ 东北物资调节委员会研究组编：《东北经济小丛书·化学工业》下，京华印书局 1948 年版，第 30 页。

表4-10 1922年月本建立的肥皂工厂基本情况

工厂名	资本金（万元）	产品		
		名称	单位	数量
畑中石硷工场	3	香皂	万块	18
		肥皂	万块	25
旅顺石硷制造所	2.5	肥皂	万块	11.06
		肥皂粉末	公斤	520
大连万玉洋行石硷制造所	5.5	肥皂	万块	86.31
		洋蜡	万袋	7.64
满洲石硷制造株式会社	100	肥皂	万打	11.59（3万元）

表4-11 1925年奉天民族资本创办的肥皂厂基本情况

工厂名称	品种	产量（箱）	产值（元）
华美公司	香皂	32 500	526 500
吉奉永	香皂	26 500	456 300
同聚成	香皂	24 500	408 500
泰和庆	香皂	30 800	496 300
华兴东	肥皂	38 500	245 500
福和兴	肥皂	32 300	186 500
华利公司	肥皂	45 500	258 800
从和祥	肥皂	28 200	142 000
合计		258 600（258 800）	2 720 400

注：原表有误，括号中为正确数据。

表4-12 至1930年底中国人在道外区设立的制胰工厂基本情况

名称	地址	成立时期	经理人	日出品价值（哈元）
隆记工厂	道外太古街	1925	周培卿	20
和记工厂	道外十一道街	1921	王益三	12

续表

名称	地址	成立时期	经理人	日出品价值 （哈元）
德泰信工厂	道外德胜街	1925	姜明远	15
鸿记工厂	道外太古七道街	1928	林鸿奎	7
永顺东工厂	道外太古街	1924	邹子英	30
东兴长工厂	道外南十六道街	1927	郑显堂	15
天盛涌工厂	道外北六道街	1925	温智远	35
瑞和裕工厂	道外崇俭街	1921	战襟三	25
大和成工厂	道外南十四道街	1927	孙铭三	30
天泰和工厂	道外中五道街	1922	戴子恒	15

"东北硫酸工业，以旧关东州厅于民国六年四月开办之硫酸工厂为始。"[1] 该厂主要供应"关东州"内工厂之需要，其设备为铅室式。1920 年 1 月该厂为大连油脂工业株式会社所收购，后因销路不好而停产。"民国七年抚顺煤矿门德煤气工厂内，以收回硫酸铔为目的而设置之铅室式硫酸工厂，于民国八年四月开工。"[2] 另外，"满洲制铁株式会社本溪湖工场"于民国 15 年（1926 年）建成硫酸工场，有纳塔式设备 1 座，硫酸日产能力为 13.5 吨。该会社公原（宫源）工场制造硫酸的设备也是纳塔式的，日产硫酸 30 吨。[3] 以上三厂为民国时期东北制造硫酸的主要工厂，但都为日资企业，可见，日本已经垄断了东北硫酸的生产。

在硫铵生产方面，东北最早由"南满瓦斯株式会社"于 1910 年回

---

[1]　东北物资调节委员会研究组编：《东北经济小丛书·化学工业》上，京华印书局 1948 年版，第 135 页。

[2]　东北物资调节委员会研究组编：《东北经济小丛书·化学工业》上，京华印书局 1948 年版，第 135 页。

[3]　辽宁省统计局编：《辽宁工业百年史料》，辽宁省统计局印刷厂 2003 年版，第 344 页。

收少量硫铵。"大量生产是从 1915 年抚顺煤矿开始，1920 年鞍山制铁所，1926 年本溪湖煤铁公司相继生产硫铵，到 1931 年辽宁地区硫铵产量达到 27 463 吨，比 1920 年增加 3 倍。"① 可见，硫铵生产也主要为日本所垄断。

在染料和涂料制造方面，民国时期也有了一定的发展。"大和染料合资会社"建于 1918 年，专门生产硫化染料。1919 年 2 月，该会社以 200 万日元改组为"大和染料株式会社"，后由于德国产品的竞争，该会社产品销量受到影响，减资到 50 万日元。"满洲涂料株式会社"建于 1919 年 2 月，资本金为 50 万元。它以大豆油为原料，主要生产涂料、清漆、颜料等，销路很好。在 1931 年，"关东州"和"满铁附属地"共有涂料染料厂 6 家，有 5 家为日本人经营的；资本金共为 75.5 万元，其中中国人经营的仅占 11%；生产额方面，中国人经营的仅占 0.7%。② 可见，中国人经营的工厂生产量在该领域中处于微弱的地位。

东北酒精工业的发展与沙俄对东北的入侵密切相关。俄国人对酒精饮品的需要，促使大量酒精输入东北。1900 年前后，宁安的西尼科夫公司、库兹尼兹科夫公司和哈尔滨奇阿依可夫思奇公司都建设了酒精酿造工厂，但由于俄国制品的竞争，这些公司被迫减产。③ 近代东北的酒精工业开始于 1922 年，人们利用近代设备，依靠先进的酿造方法制造工业用酒精。在 1922 年，东北已有酒精工厂 14 处，年产能力约 8 000

---

① 张福全：《辽宁近代经济史（1840—1949）》，中国财政经济出版社 1989 年版，第 240 页。

② 辽宁省统计局编：《辽宁工业百年史料》，辽宁省统计局印刷厂 2003 年版，第 367 页。

③ ［日］社團法人工業化學會滿洲支部：『滿洲の資源と化學工業』（增訂版），丸善株式會社，昭和 12 年，第 191 頁。

吨。① 产品除供应东北本地消费外，还有部分走私到苏联。此后，由于苏联加大取缔酒精走私力度，以及中东路事件导致中苏关系紧张，东北的酒精工业生产过剩，面临危机。"日本为挽救其在东北酒精工业经济的危机，遂纠合昭和酒精工厂，广记酒厂等四工厂及三分工厂，成立满洲酒精公司，统制生产，以防止市场价格之跌落，而利维持工厂之经营。"② 尽管如此，酒精生产依然过剩，各厂的生产受到明显影响。1931 年，东北的酒精酿造工厂及其设备状况见下表 4 – 13③。

表 4 – 13　1931 年东北的酒精酿造工厂及其设备情况

工厂名	所在地	经营者	每昼夜生产能力（喂得罗）
昭和酒精公司	哈尔滨（顾乡屯）	日本	1 400
广记酒厂	哈尔滨（马家沟）	中国	1 400
艾卢美卢	哈尔滨（道里）	德国	250
上高酒厂	旧哈尔滨	俄国	400
亚为酒厂	哈尔滨（傅家甸）	中国	500
东三省官银号	哈尔滨（傅家甸）	中国	250
呼兰制糖酒厂	哈尔滨（傅家甸）	中国	200
阿城制糖酒厂	滨绥线阿城	美国	700
一面坡酒厂	滨绥线一面坡	中国	200
马桥河酒厂	滨绥线马桥河	中国	120
东宁酒厂	滨绥线东宁	中国	150

---

①　东北物资调节委员会研究组编：《东北经济小丛书·化学工业》下，京华印书局 1948 年版，第 119 页。

②　东北物资调节委员会研究组编：《东北经济小丛书·化学工业》下，京华印书局 1948 年版，第 119—120 页。

③　［日］社團法人工業化學會滿洲支部：『滿洲の資源と化學工業』（增訂版），丸善株式會社，昭和 12 年，第 192 頁。

续表

工厂名	所在地	经营者	每昼夜生产能力（喂得罗）
富拉尔基酒厂	滨绥线富拉尔基	中国	400
四合兴酒厂	滨绥线海拉尔	中俄合办	250
振边酒厂	大黑河	中国	500
计			6 720

注：喂德罗（vedro），俄桶，俄国桶装计量单位。

二、伪满时期东北的化学工业

伪满建立后，出于掠夺的需要，东北的化学工业出现了冒进式地扩张。化学工业的各个门类都有了明显的增长。

在油脂工业方面，"满洲大豆化学工业株式会社"创办于1940年6月20日，该年公称资本为3 000万元，实缴资本为750万元。1941年生产豆精8 565吨，豆油7 677吨，大豆胶40吨。[1]"满洲油脂株式会社奉天工场"创办于1938年6月。1942年生产化妆肥皂2 447吨，洗衣肥皂306吨，甘油206吨，脂肪酸327吨，工业肥皂216吨；1943年生产化妆肥皂4 619吨，洗衣肥皂858吨，甘油381吨，脂肪酸346吨，工业肥皂192吨；1944年生产化妆肥皂2 900吨，洗衣肥皂1 178吨，甘油414吨，脂肪酸406吨，工业肥皂81吨；1945年半期生产化妆肥皂836吨，洗衣肥皂331吨，甘油133吨，脂肪酸834吨。[2]"满洲油脂

---

[1] 东北财经委员会调查统计处编：《伪满时期东北厂矿基本资料·工厂篇之三·化学》，1949年版，第51页。

[2] 东北财经委员会调查统计处编：《伪满时期东北厂矿基本资料·工厂篇之三·化学》，1994年版，第52页。

株式会社大连工场",创办于 1938 年 6 月,原名大连油脂株式会社,1939 年被沈阳的"满洲油脂株式会社"所收买,改称"满洲油脂株式会社大连工场"。制品除硬化油外,有重合油、肥皂、甘油、农药、氧气和消毒剂等。[①] 该时期其他的油脂工厂还有"满洲花王石硷株式会社""满蒙油剂工业株式会社""满洲协同油脂株式会社""康德油脂工业株式会社""协和油脂工业株式会社"等。

在酸碱工业方面,"满洲铅矿株式会社葫芦岛制炼所硫酸工场"创办于 1938 年,1945 年开工,仅于 6—8 月三个月中工作三次,日本即告投降。当年生产浓硫酸 2 083 吨。[②] "满铁化学工厂第一制造所"创办于 1942 年 8 月 8 日,同年公称资本 800 万元,实缴资本 500 万元。该厂 1943 年生产火碱 2 677 吨,漂白粉 1 306 吨,盐酸 767 吨,氢气 920 立方米,液氯 210 吨;1944 年生产火碱 1 284 吨,漂白粉 303 吨,盐酸 306 吨。[③] "满洲曹达株式会社大连工场"创办于 1936 年 5 月,该年公称资本 800 万元,实缴资本 600 万元。该厂 1941 年生产碳酸钠 61 517 吨,火碱 2 317 吨;1942 年生产碳酸钠 57 915 吨,火碱 1 299 吨;1943 年生产碳酸钠 58 596 吨,火碱 1985 吨;1944 年生产碳酸钠 50 062 吨,火碱 1 649 吨。[④] 该时期酸碱工业工厂还有"满洲曹达株式会社开原工场"和"满洲乾卯药品工业株式会社"等。

在油漆工业方面,"满洲日本油漆株式会社"创办于 1939 年 2 月,

---

① 东北财经委员会调查统计处编:《伪满时期东北厂矿基本资料·工厂篇之三·化学》,1949 年版,第 53 页。

② 东北财经委员会调查统计处编:《伪满时期东北厂矿基本资料·工厂篇之三·化学》,1949 年版,第 19 页。

③ 东北财经委员会调查统计处编:《伪满时期东北厂矿基本资料·工厂篇之三·化学》,1949 年版,第 20 页。

④ 东北财经委员会调查统计处编:《伪满时期东北厂矿基本资料·工厂篇之三·化学》,1949 年版,第 21 页。

1941 年公称资本 400 万元，实缴资本 160 万元，使用总额 270 万元。该厂 1941 年生产铅油类 1 499 吨，清油 1125 吨，清漆 342 吨，喷漆 442 吨；1942 年生产铅油类 1 502 吨，清油 821 吨，清漆 205 吨，喷漆 162 吨，磁油 224 吨；1943 年生产铅油类 1 687 吨，清油 970 吨，清漆 272 吨，喷漆 253 吨。[1] "满洲关西油漆株式会社"创办于 1938 年 7 月，1941 年 8 月公称资本 150 万元，实缴资本 150 万元，使用总额 237 万元。该厂 1941 年生产铅油类 1 308 吨，清油 246 吨，清漆 168 吨，磁油 427 吨，喷漆 326 吨；1942 年生产铅油类 3 128 吨，清油 450 吨，清漆 155 吨，磁油 198 吨，喷漆 290 吨；1943 年生产铅油类 3 900 吨，清油 300 吨，清漆 144 吨，磁油 180 吨，喷漆 336 吨。[2] "满洲神东涂料株式会社奉天工场"创办于 1938 年 9 月，1941 年公称资本 150 万元，实缴资本 150 万元，使用总额 99 万元。该厂 1941 年生产铅油类 613 吨，清油 634 吨，清漆 118 吨；1943 年生产铅油类 942 吨，清油 323 吨，清漆 213 吨，喷漆 13 吨。[3] 该时期其他油漆工厂还有"满洲神东涂料株式会社抚顺工场""奉天满洲油漆株式会社""满洲涂料工业株式会社""满洲化工株式会社"等。

在硫酸铔和煤气工业方面，"满洲化学工业株式会社"创办于 1933 年 2 月，同年公称资本 2 500 万元，实缴资本 1 250 万元，使用总额 2 527.3万元。该厂 1942 年生产硫酸铔 91 080 吨，浓硝酸 1 426 吨；1943 年生产硫酸铔 53 912 吨，浓硝酸 3 043 吨，液氩 2 500 吨，硝酸铔

① 东北财经委员会调查统计处编：《伪满时期东北厂矿基本资料·工厂篇之三·化学》，1949 年版，第 59 页。
② 东北财经委员会调查统计处编：《伪满时期东北厂矿基本资料·工厂篇之三·化学》，1949 年版，第 60 页。
③ 东北财经委员会调查统计处编：《伪满时期东北厂矿基本资料·工厂篇之三·化学》，1949 年版，第 61 页。

10 812吨，稀硝酸 60 894 吨；1944 年生产硫酸铔 30 036 吨，浓硝酸 3 122吨，稀硫酸 22 312 吨，液氩 3 000 吨，硝酸铔 8 926 吨，浓硫酸 32 100吨，稀硝酸 19 359 吨，二硝基氩 443 吨，硫酸矾土 896 吨，硫化黑 908 吨。[①]"满洲硫安工业株式会社"创办于 1939 年 2 月，该年公称资本 5 000 万元，实缴资本 1 250 万元。该厂计划生产能力为年产硫酸铔 20 万吨，1941 年该厂有中外职工共计 21 人。[②] 抚顺煤矿化学工业所，下设煤气工厂、炼焦厂、煤焦油蒸馏工厂、沥青焦炭工厂、硫酸工厂（铅室法）、硫酸工厂（接触法）、电解厂。该厂 1944 年有职工1 063人。1942 年煤气工厂生产硫酸铔 792 吨，高温焦油 5 172 吨，低温焦油 1 381 吨，半焦 20 400 吨；炼焦厂生产焦炭 44 482 吨，粗苯 196 吨，高温焦油 1 428 吨；煤焦油蒸馏工厂生产粗酚 1 355 吨，甲酚 138 吨，沥青 4 748 吨，补装用沥青 984 公升，粗苯 188 公升；沥青焦炭工厂生产沥青焦炭 1 171 吨；硫酸工厂（铅室法）生产 50 度硫酸 21 142 吨；硫酸工厂（接触法）生产 98 度硫酸 34 287 吨，50 度硫酸 4 741 吨；电解厂生产氧气 66 605 立方米，氢气 39 582 立方米。1943 年煤气工厂生产硫酸铔 259 吨，高温焦油 4 498 吨，低温焦油 490 吨，半焦21 775吨；炼焦厂生产焦炭 45 910 吨，高温焦油 1 379 吨；煤焦油蒸馏工厂生产粗酚 1 454 吨，甲酚 141 吨，沥青 4 581 吨；沥青焦炭工厂生产沥青焦炭 572 吨；电解厂生产氧气 74 585 立方米，氢气 35 640 立方米。[③] 该时期的其他工厂还有"南满瓦斯株式会社""满洲瓦斯株式会社奉天工场"

[①]　东北财经委员会调查统计处编：《伪满时期东北厂矿基本资料·工厂篇之三·化学》，1949 年版，第 41 页。

[②]　东北财经委员会调查统计处编：《伪满时期东北厂矿基本资料·工厂篇之三·化学》，1949 年版，第 42 页。

[③]　东北财经委员会调查统计处编：《伪满时期东北厂矿基本资料·工厂篇之三·化学》，1949 年版，第 43 页。

"满洲瓦斯株式会社新京工场""满洲瓦斯株式会社安东工场""满洲瓦斯株式会社锦州工场""满洲瓦斯株式会社鞍山营业所"。

树脂工业方面,"满洲化成工业株式会社",创办于 1939 年 6 月,1942 年 8 月公称资本 25 万元,实缴资本 25 万元,使用总额 62.6 万元。该厂 1942 年生产合成树脂中间制品 48 吨,醋酸钙 7 吨,木焦油 9 吨,木炭 140 吨;1943 年生产合成树脂中间制品 80 吨,木精 800 吨,醋酸钙 15 吨,木焦油 3 吨,木炭 120 吨。[①] "满洲树脂株式会社",创办于 1942 年 9 月,同年公称资本为 50 万元,实缴资本 12.5 万元。1942 年生产松节油 1 号 27 000 公斤,木焦油 36 000 公斤;1943 年生产松节油 1 号 2 210 公斤,松节油 2 号 3 540 公斤,松节油 3 号 8 170 公斤,木焦油 19 000 公斤,松香 3 600 公斤。[②] "奉天胶木工业株式会社",创办于 1939 年 8 月,1942 年 3 月公称资本 20 万元,实缴资本 10 万元,使用总额 20.5 万元。该厂 1941 年生产电气零件 106 397 个,瓶盖类 81 871 个,机械零件 12 496 个,文具类 46 926 个,家庭用品 100 个;1943 年生产各类产品总量 3 000 公斤。[③] 其他树脂工业工厂还有"满洲理化学工业株式会社"。

在酒精工业方面,"大同酒精株式会社",创办于 1933 年 11 月,同年公称资本 167 万元,实缴资本 167 万元。该厂 1942 年生产无水酒精 3 827 公升,普通酒精 2 560 公升,丙醇及酮 276 吨;1943 年生产无水酒精 3 298 公升,普通酒精 4 060 公升,变性酒精 168 公升,丙醇及酮

---

① 东北财经委员会调查统计处编:《伪满时期东北厂矿基本资料·工厂篇之三·化学》,1949 年版,第 77 页。

② 东北财经委员会调查统计处编:《伪满时期东北厂矿基本资料·工厂篇之三·化学》,1949 年版,第 78 页。

③ 东北财经委员会调查统计处编:《伪满时期东北厂矿基本资料·工厂篇之三·化学》,1949 年版,第 79 页。

276 吨；1944 年生产无水酒精 2 948 公升，普通酒精 7 772 公升，三等酒精 482 公升，变性酒精 540 公升，丙醇及酮 300 吨。[1] "满洲特产工业株式会社"，创办于 1935 年 6 月，同年公称资本 300 万元，实缴资本 75 万元。该厂 1940 年生产酒精 1 193 公升，1941 年生产酒精 1 143 公升，1942 年生产酒精 2 768 公升，1943 年生产酒精 2 628 公升。[2] "北满制糖株式会社"，创办于 1934 年 3 月，同年公称资本 200 万元，实缴资本 200 万元。该厂 1941 年生产普通酒精 1 665 公升，变性酒精 59 公升，砂糖 7 029 吨；1942 年生产砂糖 5 170 吨；1943 年生产砂糖 6 111 吨；1944 年生产砂糖 4 762 吨。[3] 该时期其他生产酒精的工厂还有 "满洲制糖株式会社" "亚洲酒精株式会社" "振边酒精株式会社" 等。

其他重要的化学工业工厂还有："满洲染料株式会社奉天工场"，创办于 1937 年 11 月，1941 年 8 月公称资本 100 万元，实缴资本 100 万元，使用总额 152.9 万元。该厂 1941 年生产 35% 火碱 266 吨，32 度 Be′盐酸 188 吨，氯化苯 260 吨；1942 年生产 35% 火碱 470 吨，32 度 Be′盐酸 258 吨，氯化苯 242 吨，防冻液 17 吨，氯酸钾 120 吨；1943 年生产 35% 火碱 575 吨，32 度 Be′盐酸 217 吨，氯化苯 180 吨，防冻液 5 吨，氯酸钾 121 吨；1944 年生产 32 度 Be′盐酸 150 吨。[4] "满洲农药株式会社"，创办于 1938 年 12 月，同年公称资本 50 万元。1941 年生产杀

---

[1]　东北财经委员会调查统计处编：《伪满时期东北厂矿基本资料·工厂篇之三·化学》，1949 年版，第 35 页。

[2]　东北财经委员会调查统计处编：《伪满时期东北厂矿基本资料·工厂篇之三·化学》，1949 年版，第 36 页。

[3]　东北财经委员会调查统计处编：《伪满时期东北厂矿基本资料·工厂篇之三·化学》，1949 年版，第 37 页。

[4]　东北财经委员会调查统计处编：《伪满时期东北厂矿基本资料·工厂篇之三·化学》，1949 年版，第 81 页。

虫肥皂 219 565 吨，大豆胶 49 356 吨。[1] "满洲日产化学株式会社"，创办于 1942 年 3 月，该年公称资本 30 万元。1943 年生产王铜 268 吨，药铜 172 吨。[2] 该时期其他化学工厂还有"满洲农产化学工业株式会社"、大泷化学工业株式会社、"满蒙殖产株式会社奉天支店""满洲木精株式会社""日满熔材工厂""满洲选矿剂株式会社奉天工场"等。

三、日伪对东北化学工业的掠夺

伪满时期，日伪对东北化学工业的掠夺主要体现在以下几个方面：

（一）从产品流向上看，这些化学工厂生产的产品主要供给日本在"满"会社或日本军队。根据资料，"满铁化学工厂第一制造所"所生产的盐酸卖予"满洲农业株式会社"，所生产的氯气卖予"满铁润滑油工场"。[3] "满洲曹达株式会社开原工场"生产的液体火碱卖予"满洲豆杆巴尔布株式会社"。[4] "满洲涂料工业株式会社"主要制造各种飞机用油漆。[5] 显然这与当时东北的民用无关。"满洲化工株式会社"主要生产电焊条和特殊油漆，供日本军用。[6] "满洲染料株式会社奉天工场"主要生产火碱、盐酸及军用品。[7] "满洲农药株式会社"销售产品给

---

① 东北财经委员会调查统计处编：《伪满时期东北厂矿基本资料·工厂篇之三·化学》，1949 年版，第 84 页。

② 东北财经委员会调查统计处编：《伪满时期东北厂矿基本资料·工厂篇之三·化学》，1949 年版，第 85 页。

③ 东北财经委员会调查统计处编：《伪满时期东北厂矿基本资料·工厂篇之三·化学》，1949 年版，第 20 页。

④ 东北财经委员会调查统计处编：《伪满时期东北厂矿基本资料·工厂篇之三·化学》，1949 年版，第 22 页。

⑤ 东北财经委员会调查统计处编：《伪满时期东北厂矿基本资料·工厂篇之三·化学》，1949 年版，第 64 页。

⑥ 辽宁省统计局编：《辽宁工业百年史料》，辽宁省统计局印刷厂 2003 年版，第 369 页。

⑦ 东北财经委员会调查统计处编：《伪满时期东北厂矿基本资料·工厂篇之三·化学》，1949 年版，第 81 页。

"满洲棉花会社"和"满洲拓殖会社"。[①] "满洲曹达株式会社"所属
"奉天工厂"于1942年独立为"奉天曹达株式会社"。"该社供应'满
铁'气筒油工厂所需氯气，生产过热气筒油，再将其副产品盐酸供味之
素工厂使用。"[②] 另据资料显示，在硫酸制造方面，"满洲"制造的硫酸
几乎全部被自家使用，硫酸铵除使用外，只有一部分被贩卖给大连和奉
天的瓦斯会社。抚顺及"满洲化学株式会社"制造的浓硫酸除自家使
用外，还贩卖给昭和制钢所、"满洲石油会社"及其他的化学工厂。[③]
在盐酸制造方面，大连的盐酸制造所生产的盐酸主要供应给邻近制造味
素的昭和工业株式会社。[④] 事实上，化学工业在当时属于高精尖工业，
公开的资料较少。尽管如此，仍能看出当时的化学工业产品主要供应给
日本在"满"会社，以便制造更多的军用物资，同时也有部分产品直
接供应给日军。这些都有利于日本对东北的殖民统治。

（二）日伪当局排挤和吞并中资工厂，日资工厂垄断了整个东北的
化学工业。在哈尔滨，民族资本家徐鹏志经营的广记酒厂产量较高，占
有东北较大的市场份额。1933年11月，日本东拓昭和酒厂和广记酒厂
合并，组成"日满"合办的大同酒精株式会社，[⑤] 迅速占领了东北的酒
精市场。伪满时期，东北规模较大的化工厂都是日资会社。其中"满洲
油脂株式会社奉天工场"，主要股东为日本油脂株式会社、"满洲投资
证券株式会社"和"满洲自动车株式会社"。"满洲铅矿株式会社葫芦

---

① 东北财经委员会调查统计处编：《伪满时期东北厂矿基本资料·工厂篇之三·化学》，
1949年版，第84页。
② 鲍振东、李向平等：《辽宁工业经济史》，社会科学文献出版社2014年版，第263页。
③ ［日］社團法人工業化學會滿洲支部：『滿洲の資源と化學工業』（增訂版），丸善株
式會社，昭和12年，第419页。
④ ［日］社團法人工業化學會滿洲支部：『滿洲の資源と化學工業』（增訂版），丸善株
式會社，昭和12年，第423页。
⑤ 陈绍楠主编：《哈尔滨经济资料文集》三，哈尔滨市档案馆1991年版，第202页。

岛制炼所硫酸工场",主要股东为"满铁""满业"和"日满矿业株式
会社"。"满铁化学工厂第一制造所",主要股东为"满洲曹达株式会
社"、旭电化株式会社、"满洲农产化学株式会社"。"满洲曹达株式会
社大连工场",主要股东为"满铁""满洲化学工业株式会社"、旭硝子
株式会社和昌光硝子株式会社。"满洲日本油漆株式会社",主要股东
为日本油漆株式会社。"满洲关西油漆株式会社",主要股东为日本关
西油漆株式会社、大连大信洋行和细野六郎。"满洲神东涂料株式会社
奉天工场",主要股东为日本神东涂料株式会社、日本住友化学工业株
式会社和桥本修正。"满洲化学工业株式会社",主要股东为"满铁"、
日本全购联(日本全国购买组合联合会)和东洋窒素工业株式会社。
"满洲硫安工业株式会社",主要股东为伪满政府、日本全购联和日本
各县信用组合等。"满洲化成工业株式会社",主要股东为首藤定、东
裕公司和樱井重义。"大同酒精株式会社",主要股东为东洋拓殖株式
会社。"满洲特产工业株式会社",主要股东为金井佐次、日本谷产工
业株式会社和东洋拓殖株式会社。"北满制糖株式会社",主要股东为
雷氏(波兰人)、高津合资会社、波多野八三郎、日本砂糖贸易株式会
社、增本良夫。"满洲染料株式会社奉天工场",主要股东为大和染料
株式会社(大连)。"满洲农药株式会社",主要股东为日本农药株式会
社。"满洲日产化学株式会社",主要股东为"满洲投资证券株式会
社"。可见,中国民族资本对这些大型化工企业鲜有涉足。

　　另据资料显示,1934 年和 1940 年辽宁省化工厂状况见下表 4 - 14①。
由此可见,在 1934 年,中资化工厂在数量上高于日资化工厂,但在资
本金额方面,日资工厂是中资工厂的 9.97 倍;在生产额方面,日资工

---

① 辽宁省统计局编:《辽宁工业百年史料》,辽宁省统计局印刷厂 2003 年版,第 339 页。

厂是中资工厂的 5.18 倍；在人数上，日资工厂也略多于中资工厂。这说明日资工厂普遍规模较大，资本比较雄厚，产量也远高于中资工厂。在 1940 年，中资工厂在数量上仍然多于日资工厂，在资本金额方面，日资工厂是中资工厂的 14.33 倍；在生产额方面，日资工厂是中资工厂的 9.02 倍；在人数上，两者的差距进一步拉大。这也说明，日资在东北化学工业中所占的比重在增大，日本对东北化学工业的控制在加强。

表 4 - 14　辽宁省化工厂概况

	单位	1934 年			1940 年		
		合计	中国人	日本人	合计	中国人	日本人
化工厂家数	家	103	58	45	104	56	48
资本金额	万元	826.78	75.37	751.41	6 907.72	450.63	6 457.09
生产额	万元	969.18	156.89	812.29	7 956.38	793.77	7 162.61
从业人员数	人	5 760	2 173	3 587	8 486	2 564	5 922

　　以上为近代东北化学工业的梗概。它兴起于清末民初，在民国时期有了一定程度的发展。由于化学工业与军用物资密切相关，故至伪满时期它被日本强行纳入其掠夺体系之中，并受到重点关注。"八一五当时之东北化学工业，其基础工程，大致完成，关于电气化学、染料以及医药品各种工业，已渐由所谓粗笨而发展至精密阶段；但液体燃料工业则略有不同，其中除既设之煤油精制工业及抚顺页岩油工业尚属可观外，其他则均因技术不佳，并无成绩可言。"[①] 这一时期，东北的化学工业虽然呈冒进态势，但其服务于日本的本质对东北化学工业自身的发展无益，并使中资工厂饱受挤压，举步维艰，濒于破产。直至日本战败投降后，东北的化学工业才逐渐重回正轨，掀开了历史新的一页。

----

　　① 东北物资调节委员会研究组编：《东北经济小丛书·化学工业》上，京华印书局 1948 年版，第 47 页。

第三节　窑业

窑业也称建筑材料工业，是将黏土、石英、石灰岩等非金属原料高热处理，制造成陶瓷器、砖瓦、玻璃、水泥等制品的工业。伪满时期的窑业主要包括水泥工业、玻璃工业、陶瓷工业和砖瓦工业。它们是进行城市建设和实现近代化的重要产业之一，在国家的经济发展中占有重要地位。而伪满洲国作为中国近代史上一个特殊的傀儡政权，其窑业在此期间也出现恶性扩张，并成为日本掠夺东北资源的重点领域之一。故梳理伪满洲国的窑业发展状况对于揭露日本对中国东北的殖民统治和殖民掠夺有重要意义。目前国内外学术界的相关研究成果比较有限①，这为对其进行进一步研究留下了很大的空间。

① 国内研究成果主要有：王志方《伪满时期的东北水泥工业》（载中国人民政治协商会议辽宁省委员会文史资料研究委员会编：《文史资料选辑》第五辑，辽宁人民出版社 1965 年版）和《伪满时期的水泥工业》（载政协辽阳市委员会学习宣传文史委员会编：《辽阳文史资料》第 13 辑，2003 年版）。以上两文内容大同小异，作者从亲历者的角度进行讲述，但对数据的使用稍显不足。孙瑜《日本对中国东北的经济掠夺——以伪满水泥工业为例》[《暨南学报》（哲学社会科学版）2015 年第 11 期] 论述了日本对中国东北水泥工业的掠夺等问题。另外，张福全《辽宁近代经济史（1840—1949）》（中国财政经济出版社 1989 年版）对伪满的水泥工业、玻璃工业、陶瓷工业和砖瓦工业进行了论述，但仅限于辽宁地区，且并未对窑业掠夺问题展开论述。杨振禹《肇新窑业公司经营始末》（载中国人民政治协商会议辽宁省委员会文史资料研究委员会编：《文史资料选辑》第五辑，辽宁人民出版社 1965 年版），作者以亲历者的角度回顾了肇新窑业公司从 1923 年建厂至 1949 年公私合营为止二十余年的历史。日本方面的研究成果主要有：藤津清治《二战结束前我国及满洲国水泥制造业的变迁》（『わが国，および満洲その他（終戦前）におけるセメント製造企業の変遷——明治五年（1872 年）—昭和三十年（1955 年）』，『ビジネスレビュー』1959 年 11 月、1960 年 2 月及 1960 年 10 月）。该文主要从经济学的角度考察伪满水泥工业的"发展"，但淡化了日本对伪满水泥工业的掠夺及其殖民地化等问题。

一、清末民国时期东北的窑业

在清末民国时期东北的窑业有了初步发展，现分述如下。

东北的水泥工业。该业发端于清末，在民国时期有了初步发展。中国东北的水泥工业始于 1908 年建立的日本小野田水泥株式会社大连工场。1905 年日俄战争结束后，日本继承了俄国在中国东北的权益。此后，日本在东北的各项工业全面开展，故对水泥的需求量非常大。尤其是"满铁"的成立，所需水泥量巨大。它甚至可以说是小野田水泥株式会社大连工场产生的最直接的动因。[①] 当时"日本的小野田株式会社洞察到东北经济界的发展以及出于满蒙战略之考虑，预料将来水泥的需求量将日益增大，于是在 1906 年春天计划在原料丰富、交通便利的大连附近建设工厂，并着手调查"[②]。此后，经关东都督府批准该工场开始夜以继日地施工，1909 年 5 月 30 日，举行了盛大的落成仪式。该工场创办时公称资本为 500 万日元，实缴资本 50 万日元，至 1912 年其产量已达 3 万吨以上。此后，伴随着东北建筑业的发展，水泥的需求量逐年增加。为了满足当地需要，不得不大量进口水泥。1915 年至 1920 年共进口水泥 146 654 吨，平均每年进口 24 442 吨。日本资本家见有利可图，又建立了大连硅白水泥合资会社，后因生产技术不过关而倒闭。小野田水泥株式会社大连工场也乘机进行了两次扩建。第一期扩建于 1922 年至 1923 年进行，其生产能力达到 13.6 万吨；第二期于 1927 年

---

① ［日］関東局文書課编：『関東局施政三十年業績調査資料』，満洲日日新聞社印刷所印刷，昭和 12 年，第 419 頁。アジア歴史資料センター：レファレンスコード，A06033515600，日本国立公文書館藏。

② ［日］関東局文書課编：『関東局施政三十年業績調査資料』，満洲日日新聞社印刷所印刷，昭和 12 年，第 419—420 頁。アジア歴史資料センター：レファレンスコード，A06033515600。

至1928年进行，1928年扩张完成，生产能力达到25万吨。① 当时东北制造的水泥以普通水泥为主，此外还有高炉水泥、苦土水泥和白云石水泥。

这一时期，鞍山制铁所和本溪湖煤铁公司也能够制造矿渣水泥（高炉水泥），但仅用于自用。② 除此之外，在1919年东北还成立了"满洲水泥会社"和东洋水泥会社，但伴随着全球经济的不景气均于次年倒闭。而且，"辽阳之半拉山石灰窑，有王景山于十二年呈准之矿区一四〇亩，及王景善之九四亩。立有强华洋灰公司，岁产洋灰五万桶，亦日人暗中投资者。"③ 另据资料显示，"一九二九年，在吉林方面，有中国人计划设立水泥厂，后因九一八事变的爆发而未能实现"④。可知，中国民族资本虽有意涉足东北水泥工业，但最终未能成形。总之，这一时期水泥需求量虽然非常大，但东北的水泥工业仍然处于起步阶段，虽然有几家小型水泥厂，但主要是小野田水泥株式会社大连工场一家大厂。其各年产量见下表4-15⑤。至于鞍山制铁所和本溪湖煤铁公司的产量见下表4-16⑥。此外，这一时期还有部分中国人办的水泥制品厂，此类工厂一般生产瓦、管类等，其中在辽宁境内1931年就有2家。但由于水泥制品厂所需资本少、技术含量低，故对整个水泥工业的影响不

---

① ［日］関東局文書課编：『関東局施政三十年業績調査資料』，满洲日日新聞社印刷所印刷，昭和12年，第419頁。アジア歴史資料センター：レファレンスコード，A06033515600。另有资料认为1928年其生产能力为21万吨，见东北物资调节委员会研究组编：《东北经济小丛书·水泥》，中国文化服务社沈阳印刷厂1947年版，第2页。

② ［日］秋田忠義：『圖解满洲產業大系』第五卷，新知社，昭和8年，第79頁。

③ 东北文化社年鉴编印处编：《东北年鉴》，东北文化社1931年版，第1260页。

④ ［日］工業化學會满洲支部編：『满洲の資源と化學工業』（增訂改版），丸善株式会社，昭和12年，第291頁。

⑤ 东北物资调节委员会研究组编：《东北经济小丛书·水泥》，中国文化服务社沈阳印刷厂1947年，第3页。

⑥ ［日］工業化學會满洲支部編：『满洲の資源と化學工業』，丸善株式会社，昭和8年版，第308頁。

大，在此不做重点论述。

表4－15　小野田水泥株式会社大连工场各年生产额变迁表

年度	民国前3年	民国前2年	民国2年	民国5年	民国10年	民国13年	民国16年	民国17年	民国18年	民国19年
生产量（公吨）	9 800	25 800	33 400	37 800	39 600	103 400	111 900	151 400	205 700	194 500

表4－16　鞍山制铁所和本溪湖煤铁公司产量表

（单位：吨）

年代	鞍山煤矿所	本溪湖煤矿公司
1921	257	—
1922	691	—
1923	2 183	—
1924	8 245	—
1925	770	—
1926	2 350	—
1927	—	1 936
1928	—	1 847
1929	—	3 158

由以上可知，东北的水泥工业实际上是舶来品。不仅最早的水泥工厂是日本企业，之后兴办的水泥工厂亦有深刻的日本背景。中国的民族工业虽曾跃跃欲试，但并未成功。以上事实说明，一方面，日本在东北的势力相当雄厚，具有很强的排他性；另一方面，东北的官僚资本和民族资本对水泥工业重视不够，并未做出有力抗争，从而使日本一家独大。

东北的玻璃工业。在中国东北，日俄战争前在一面坡由俄国人最早开始制造平板玻璃。[①] 此即为1903年建立的马尔哥夫工厂。在1906年，

①　［日］關東局：『關東局施政三十年史』，凸版印刷株式会社，昭和11年，第460页。

哈尔滨傅家甸又建立了元吉工厂。^① 同年 3 月，日本人玉置在大连建立玻璃工厂。同年，日本人梁濑绞十郎在营口建立玻璃公司，日本人铃木在奉天建立穗积玻璃工场（资本金 2.5 万元，年产额约 3 万元）。^② 1910 年 10 月，在奉天建景有隆工厂，资本金 2 万元，手工业生产灯罩、瓶子等。^③ 此后，在 1920 年在大连又建立了生产平板玻璃的多田玻璃工厂，但在短期内就倒闭了。^④

民国时期东北最大的玻璃工厂是"昌光硝子株式会社"。该社成立于 1925 年 4 月，由"满铁"和日本"旭硝子会社"共同出资 300 万日元而设立。此后，"满铁"通过节约燃料费，补助一部分煤炭费，扩大在中国的制品销路，对于在中国的销售额给予补助金、提供充足的运转资金、提供债务保证等，使该社的销售业绩逐渐好转。^⑤ 可见，"满铁"的扶植对于该社的发展至关重要。该社 1931 年的生产额为平板玻璃 74 万元，各种玻璃制品 17 万元。^⑥

大连窑业株式会社前身是"满铁"的窑业工厂。1912 年，"满铁"在中央试验所设置了窑业试验工厂，从事和窑业相关的陶瓷器、耐火砖瓦、玻璃等产品的制造和研究。1925 年从"满铁"中分离出来成立窑业工厂。其中玻璃容器部门早在窑业工厂时期就聘请外国技师，并派遣技术人员留学欧洲，以获得技术进步。^⑦ 1928 年，该玻璃容器部门亦分

---

① 陈绍楠主编：《哈尔滨经济资料文集》三，哈尔滨市档案馆 1991 年版，第 204 页。
② 辽宁省统计局：《辽宁工业百年史料》，辽宁省统计局印刷厂 2003 年版，第 247 页。
③ 辽宁省统计局：《辽宁工业百年史料》，辽宁省统计局印刷厂 2003 年版，第 247 页。
④ ［日］關東局：『關東局施政三十年史』，凸版印刷株式会社，昭和 11 年，第 460 页。
⑤ ［日］南滿洲鐵道株式會社總裁室地方部殘務整理委員會：『滿鐵附屬地經營沿革全史』上卷，南滿洲鐵道株式會社發行，1939 年，第 1154 页。
⑥ 辽宁省统计局：《辽宁工业百年史料》，辽宁省统计局印刷厂 2003 年版，第 247 页。
⑦ ［日］南滿洲鐵道株式會社總裁室地方部殘務整理委員會：『滿鐵附屬地經營沿革全史』上卷，南滿洲鐵道株式會社發行，1939 年，第 1154 页。

离出来，建立"南满硝子株式会社"。此后，"满铁"继续给予一定的补助金以扶植其发展。

至 1931 年，辽宁省境内玻璃及其制品工业共有 8 家，实缴资本金为 346.4 万元，生产额为 164.8 万元，有职工 699 人。[1] 另外，同年在哈尔滨还有 2 家中国人的玻璃工厂，资本金为哈大洋 14 000 元，年产额 4 400 元，职工数为 138 人，产品为油灯、玻璃棒等。[2]

东北的陶瓷工业。在后金时代，海城黄瓦窑是著名官窑。在明末，东北的本溪湖、缸窑（今吉林市龙潭区东北部地区，笔者注）以生产甕器而闻名。[3] 进入近代以来，东北人口增加，陶瓷品市场逐渐繁荣。当时东北地广人稠，其陶瓷需求量很高，在 1919 年从"南满"四港进口的陶瓷器合计 893 217 海关两。日本的工业家着眼于此，认识到该行业利益巨大，[4] 遂向该行业倾注财力和物力，以谋求巨大利润。早在"满铁"的窑业试验工厂时期就进行陶瓷工业的研究和制造，并成立陶瓷器试验工厂。它主要制造东北人饮食用的瓷器，并进行制造电气用绝缘电瓷和低压用品的试验。[5] 1920 年 10 月，该试验工厂从"满铁"中分离出来，组成大华窑业公司。此后伴随着银价暴跌，在同山东、山西产品的竞争中陷于不利地位，但公司获得了一部分燃料费补助，导致价格下降，提升了竞争力。[6] 这些都有利于大华窑业公司的发展。在此前

---

① 辽宁省统计局编：《辽宁工业百年史料》，辽宁省统计局印刷厂 2003 年版，第 247 页。

② ［日］贵岛克己：『滿洲產業統計（昭和 6 年）』，南满洲鐵道株式會社發行，昭和 8 年，第 84—85 頁。

③ ［日］關東局：『關東局施政三十年史』，凸版印刷株式會社，昭和 11 年，第 459 頁。

④ ［日］南滿洲鐵道株式會社社長室調查課：『滿蒙全書』第四卷，滿蒙文化協會發行，大正 11 年，第 292—293 頁。

⑤ ［日］關東局：『關東局施政三十年史』，凸版印刷株式會社，昭和 11 年，第 459 頁。

⑥ ［日］南滿洲鐵道株式會社總裁室地方部殘務整理委員會：『滿鐵附屬地經營沿革全史』上卷，南满洲鐵道株式會社發行，1939 年，第 1154 頁。

后，日本人又建立了"满洲制陶株式会社"和"奥野制陶所"，主要生产电气和通讯用的电瓷瓶等。

民国时期东北最大的陶瓷厂是奉天肇新窑业公司。该厂创始人为杜重远①，成立于1923年4月，厂址在奉天城北小二台子，占地60亩，资本金为奉大洋10万元，主要烧制青、红砖瓦和瓷器等。"制瓷部分，至民国十七年终，制出瓷器五十余万件；十八年终，制出三百余万件；十九年八月底，已烧出瓷器，五百卅三万余件；十九年终，可烧出八百余万件。价廉物美，又为纯粹国货，颇为社会所欢迎。"② 由于该厂生产的产品颇具竞争力，对日资工厂起到了一定的抵制作用。该厂设有瓷厂和砖瓦厂。"磁厂（应为瓷厂，笔者注）工人全数，约六百余人，内有男工五百六十人，女工四十余人。"③ 可见，该厂的规模较大。而且，"该公司之组织极为完备，洵可称为东北之模范工厂也。"④ 此外，缸窑地区在民国时也盛产瓷器。根据1916年的调查，这里约有700余户，人口5 000余人，其中制造陶器者37户。其销路遍及吉林全省，并远销黑龙江省、奉天省及蒙古部分地区。⑤ 缸窑瓷器坚固耐用，远近闻名。1930年10月，惠东窑业工厂成立，它可能获得了东三省官银号的

① 杜重远（1897年—1943年），名乾学、字重远，吉林省公主岭市人，中国实业家，知名抗日爱国人士，《新生周刊》主办人。早年留学日本，1923年回国后在奉天创建东北第一座机器制陶厂——肇新窑业公司，曾担任奉天省总商会副会长，兼任张学良东北边防军司令长官公署秘书，襄助处理对日外交问题。九一八事变后积极投入抗日救亡运动，曾以记者身份在湘、鄂、川、赣、沪等地活动，鼓动民众从事抗日救国运动。曾参与筹办《生活日报》。1939年任新疆学院院长，后创办宣传新思想的刊物《光芒》，并积极宣传抗日爱国思想。1943年被军阀盛世才秘密杀害。遗著有《杜重远文集》。
② 东北文化社年鉴编印处编：《东北年鉴》，东北文化社1931年版，第1042页。
③ 东北文化社年鉴编印处编：《东北年鉴》，东北文化社1931年版，第1042页。
④ 东北文化社年鉴编印处编：《东北年鉴》，东北文化社1931年版，第1042页。
⑤ ［日］南满洲鐵道株式會社社長室調查課：『満蒙全書』第四卷，满蒙文化協會發行，大正11年，第295頁。

帮助，资本金为小洋 5 万元，主要生产中国人使用的碗和其他器皿等。[①]
其经理为马子余[②]。此外，马子余还经营宏达窑业工厂和东昇窑业工
厂，三厂都位于石河驿（普兰店境内）。东华瓷业工厂，成立于 1928 年
9 月，李泽普任经理，资本金为 10.8 万元，1929 年 4 月正式开工。[③] 该
厂位于海城纯益街。此外，还有辽东瓷业工厂。该厂于 1928 年 5 月成
立，王锡九、刘承恩任经理，实际出资额为 2.4 万元。[④] 该厂位于海城
东南关。可见，这一时期中国人兴办的陶瓷厂规模也很大。

　　至 1931 年，辽宁省境内共有 20 家陶瓷厂（其中中国人经营的有 11
家，日本人经营的有 9 家），资本金为 171.5 万元，生产额为 75.7 万
元，有职工 699 人。[⑤]

　　东北的砖瓦工业。1906 年 3 月，日本人在大连建立"营口砖瓦制
造所周水子工场"。1908 年在奉天建立官立造砖厂。[⑥] 根据"关东厅"
的统计，在 1919 年在"关东厅"及日本领事馆管辖内有砖瓦工厂 94
家，资本金总计 607.55 万日元。[⑦] 总的说来，砖瓦工业的技术含量较
低，且原料易于获得，故这一时期东北的砖瓦工业比较兴盛。至 1931
年，在中国东北有日本人经营的普通砖瓦工厂 34 家，其中 8 家处于休

　　① ［日］原田健次郎：『滿洲に於ける陶磁器工業と其の需給』，滿鐵資料課編：『滿鐵
調查月報』第十四卷第七號，昭和 9 年 7 月，第 20 頁。
　　② 马子余，山东省莒县人，曾在大华窑业公司工作七年。
　　③ ［日］原田健次郎：『滿洲に於ける陶磁器工業と其の需給』，滿鐵資料課編：『滿鐵
調查月報』第十四卷第七號，昭和 9 年 7 月，第 27 頁。
　　④ ［日］原田健次郎：『滿洲に於ける陶磁器工業と其の需給』，滿鐵資料課編：『滿鐵
調查月報』第十四卷第七號，昭和 9 年 7 月，第 31 頁。
　　⑤ 辽宁省统计局编：《辽宁工业百年史料》，辽宁省统计局印刷厂 2003 年版，第 255—
256 页。
　　⑥ 辽宁省统计局编：《辽宁工业百年史料》，辽宁省统计局印刷厂 2003 年版，第 260 页。
　　⑦ ［日］南滿洲鐵道株式會社社長室調查課：『滿蒙全書』第四卷，滿蒙文化協會發行，
大正 11 年，第 288—290 頁。

业状态；有中国人经营的普通砖瓦工厂 271 家，其中 11 家处于休业状态。总计 305 家，19 家休业。[①] 中国人的工厂数量虽多，但多数为小砖瓦窑。

奉天肇新窑业公司为当时窑业之巨擘，除生产陶瓷产品外，亦主要生产砖瓦。该厂有马蹄窑、轮窑、日本瓦窑和洋灰砖瓦机器等。"至十四年，制成青红砖一千余万，日本瓦四十余万，洋灰砖瓦三十余万块。"[②] 该厂"制砖部分，每年制出各种砖瓦，在八千万件以上，早已畅销于东北各地"[③]。可见，肇新窑业公司作为东北重要的民族企业对于抵制外来产品的入侵起到一定作用。

同期营口砖瓦制造所是当时比较大的砖瓦厂，它收买了"满洲砖瓦制造所工场"，成立大连分厂。除生产普通砖外，还生产空心砖、铺路砖、钢筋砖等。[④]

民国时期东北的耐火砖生产也很发达，但这一行业主要被日资工厂所垄断。在大正时期（1912—1926 年）日本在中国东北建立的工厂主要有："大连窑业株式会社"（大连市）、"奥野制陶所"（大连市）、"大陆窑业株式会社"（大连市）、"日华窑业所"（大连市郊）、"小林耐火砖工场"（旅顺市）、"满洲窑业公司"（普兰店）、"大陆窑业株式会社抚顺工场"（抚顺附属地内）、"抚顺窑业株式会社东冈工场"（抚顺附属地内）、"昭和制钢所砖工场"（鞍山附属地内）及"本溪湖制铁窑业工场"（本溪湖制铁所区域内）等。[⑤] 其中"大连窑业株式会社"

---

① ［日］貴島克己：『満洲產業統計（昭和6年）』，南満洲鐵道株式會社發行，昭和8年，第 90 页。

② 东北文化社年鉴编印处编：《东北年鉴》，东北文化社 1931 年版，第 1042 页。

③ 东北文化社年鉴编印处编：《东北年鉴》，东北文化社 1931 年版，第 1042 页。

④ 辽宁省统计局编：《辽宁工业百年史料》，辽宁省统计局印刷厂 2003 年版，第 261 页。

⑤ ［日］關東局：『關東局施政三十年史』，凸版印刷株式会社，昭和 11 年，第 463 页。

是规模最大的，在 1930 年和 1931 年度其生产量达到约 8 000 吨。[①]

二、伪满时期东北的窑业

伪满建立以后，东北对建筑材料的需求量剧增，这促进了东北窑业产量的增长。在水泥工业方面，整个伪满时期东北主要有大中型水泥工厂 14 家，其部分情况参见下表 4–17[②]：

在 1932 年东北仅有小野田水泥株式会社大连工场一家大厂，其生产量为 10.879 2 万吨[③]，至 1944 年东北 14 家厂水泥总产量为 114.1 万吨[④]，增长至 10.5 倍。伪满时期各水泥工厂主要产量见下表 4–18[⑤]。在伪满前期，除大连工场外共成立水泥工厂 7 家，其中浅野水泥制造株式会社吉林工场是九一八事变后最先建立的一家水泥工厂。最初名为"大同日满合办股份有限公司"，1937 年改为大同洋灰株式会社。伪满后期主要成立水泥工厂 6 家，其中小野田水泥制造株式会社牡丹江工场原为哈尔滨水泥制造株式会社所建，1941 年 4 月竣工投产。而小野田水泥制造株式会社小屯工场，在 1943 年伪满"能力审查委员会"审查东北各水泥工厂时被认定为最为完善者，次年又受到伪满政府之表彰，在当时被认为是最良好之工厂。此外，"满洲磐城水泥株式会社宫原工场"，原为本溪湖水泥株式会社，它建于 1940 年，1942 年 7 月竣工投产。

---

① ［日］星野龍男：『満洲商工事情』，満鐵地方部商工課發行，昭和 9 年，第 149 頁。

② 本表主要根据东北财经委员会调查统计处编《伪满时期东北厂矿基本资料·工厂篇之四·窑业》（1949 年版）相关部分整理而成。

③ 辽宁省统计局编：《辽宁工业百年史料》，辽宁省统计局印刷厂 2003 年版，第 242 页。

④ 东北财经委员会调查统计处编：《伪满时期东北经济统计（1931—1945 年）》，1949 年版，（2）—77。

⑤ 该表根据东北财经委员会调查统计处编《伪满时期东北经济统计（1931—1945 年）》（1949 年版）（2）—77 和辽宁省统计局编《辽宁工业百年史料》（辽宁省统计局印刷厂 2003 年版）第 242 页整理而成。

表4-17 伪满时期东北水泥工业一览表

序号	工厂名称	公称资本（万元）	实缴资本（万元）	主要股东	生产能力（1943年）（万吨）	主要产品	年代	职工人数	水泥产量（吨）
1	小野田水泥株式会社大连工场	550（1941.01）	450（1941.01）	小野田水泥制造株式会社	设备能力21；现状能力18	水泥、熟料	1941		144 336
							1942		172 047
							1943		152 141
							1944	中国人990人 外国人101人	147 955
2	浅野水泥制造株式会社吉林工场	1200（1940.10）	750（1940.10）	浅野水泥制造株式会社、日本证券保有株式会社	设备能力26；现状能力22	水泥、熟料、石棉瓦	1941		
							1942		223 436
							1943	中国人977人 外国人287人	182 645
							1944	中国人1 334人 外国人110人	149 560
3	小野田水泥制造株式会社鞍山工场	550（1941.01）	450（1941.01）	小野田水泥制造株式会社、三井物产株式会社和"关东州小野田水泥制造株式会社"	设备能力16；现状能力18.5（包括小屯厂）	水泥	1941		114 388
							1942		141 160
							1943		127 043
							1944	中国人283人 外国人36人	91 869

续表

序号	工厂名称	公称资本（万元）	实缴资本（万元）	主要股东	生产能力（1943年）（万吨）	主要产品	年代	职工人数	水泥产量（吨）
4	抚顺水泥株式会社抚顺工场	750（1942.12）	687.5（1942.12）	浅野水泥株式会社、日本证券保有株式会社、"满铁"和"满洲轻金属制造株式会社"	设备能力21；现状能力17	水泥、熟料、石棉瓦、洋灰管	1941		181 104
							1942	中国人312人 外国人141人	160 496
							1943	中国人631人 外国人87人	88 771
							1944		
5	哈尔滨水泥制造株式会社哈尔滨工场	1 000（1941.09）	675（1941.09）	小野田水泥制造株式会社、三井物产株式会社和"关东州"和小野田水泥制造株式会社	设备能力11；现状能力9.5	水泥、熟料	1941		75 606
							1942		79 301
							1943	中国人960人 外国人181人	72 133
							1944	中国人637人 外国人51人	
6	"满洲水泥制造株式会社辽阳工场"	1 000（1941.12）	796.1（1941.12）	磐城水泥株式会社、磐城证券株式会社和大仓事业株式会社	设备能力18；现状能力15	水泥、熟料	1941		
							1942	中国人352人 外国人105人	150 623
							1943	中国人362人 外国人92人	120 415
							1944		74 489

续表

序号	工厂名称	公称资本（万元）	实缴资本（万元）	主要股东	生产能力（1943年）（万吨）	主要产品	年代	职工人数	水泥产量（吨）
7	"满洲小野田水泥制造株式会社泉头工场"	1 500（1943.03）	1 375（1943.03）	小野田水泥制造株式会社、三井物产株式会社和"关东州"和"小野田水泥制造株式会社"	设备能力14；现状能力11	水泥、熟料	1941		108 142
							1942		90 528
							1943	中国人719人 外国人233人	97 090
							1944	中国人761人 外国人60人	
8	本溪湖水泥株式会社	1 500（1939.09）	250（1939.09）		设备能力25；现状能力18	水泥、熟料、石棉瓦、洋灰管	1941		204 331
							1942		141 015
							1943	中国人1451人 外国人219人	85 985
							1944	中国人1038人 外国人134人	
9	小野田水泥制造株式会社牡丹江工场			参照哈尔滨工厂	设备能力10；现状能力7	水泥、熟料	1941		71 598
							1942		71 058
							1943	中国人551人 外国人51人	34 824
							1944		44 095

续表

序号	工厂名称	公称资本（万元）	实缴资本（万元）	主要股东	生产能力（1943年）（万吨）	主要产品	年代	职工人数	水泥产量（吨）
10	小野田水泥制造株式会社小屯工场				设备能力4；现状能力18.5(包括鞍山厂)	水泥、熟料	1941		8 127
							1942		72 971
							1943		65 657
							1944	中国人505人 外国人57人	95 106
11	安东水泥株式会社	800 (1940)	800 (1940)	"满洲轻金属株式会社"、岐阜水泥株式会社	设备能力13；现状能力25 (1945)	水泥、熟料	1941		
							1942		64 189
							1943	中国人185人 外国人129人	95 101
							1944	中国人651人 外国人85人	40 491
12	大同水泥制造株式会社锦州工场				设备能力15；现状能力13 (1945)	水泥、熟料	1941		
							1942		48 016
							1943		111 709
							1944	中国人609人 外国人63人	71 812

续表

序号	工厂名称	公称资本（万元）	实缴资本（万元）	主要股东	生产能力（1943 年）（万吨）	主要产品	年代	职工人数	水泥产量（吨）
13	"满洲磐城水泥株式会社宫原工场"				设备能力 17；现状能力 13	水泥、熟料	1941		
							1942		19 446
							1943		91 999
							1944	中国人 788 人 外国人 65 人	56 225
14	"东满水泥株式会社"	1 000（1940）	500（1940）	"东满洲产业株式会社"	设备能力 9；现状能力 7	水泥、熟料	1941		
							1942		
							1943	中国人 301 人 外国人 151 人	36 447
							1944	（包括矿山职工在内）中国人 807 人 外国人 73 人	25 421

表4-18　伪满时期各水泥工厂主要产量

（单位：吨）

年代	合计	大连小野田水泥厂	抚顺水泥厂	鞍山水泥厂	辽阳水泥厂	小屯水泥厂	本溪水泥厂	宫原水泥厂	锦州(西安)水泥厂	安东水泥厂	泉头水泥厂	"满洲小野田水泥哈尔滨工厂"	"满洲小野田水泥牡丹江工厂"	"满洲小野田水泥吉林工厂"	"东满"水泥
1932年	108 792	108 792	—	—	—	—	—	—	—	—	—	—	—	—	—
1933年	192 318	192 318	—	—	—	—	—	—	—	—	—	—	—	—	—
1934年	238 360	163 020	—	75 340	—	—	—	—	—	—	—	—	—	—	—
1935年	263 952	165 000	30 952	68 000	—	—	—	—	—	—	—	—	—	—	—
1936年	475 774	177 966	101 194	76 000	54 000	—	10 614	—	—	—	56 000	—	—	—	—
1937年	860 637	133 958	102 123	110 220	82 752	—	133 605	—	—	—	109 975	58 439	—	129 565	—
1938年	818 804	181 542	124 608	136 259	99 703	—	148 730	—	—	—	127 962	—	—	—	—
1939年	714 075	139 389	99 122	113 993	92 767	—	149 062	—	—	—	119742	—	—	—	—
1940年	998 596	107 265	110 688	134 409	90 838	—	193 308	—	—	—	100 866	76 847	—	184 375	—
1941年	1 163 720	144 336	148 557	114 388	116 797	8 127	202 915	—	—	—	103 745	74 305	71 598	178 952	—
1942年	1 532 129	172 047	181 104	141 160	150 623	72 971	204 331	119 446	48 016	64 189	108 142	75 606	71 058	223 436	—
1943年	1 489 321	152 141	160 496	127 043	120 415	665 657	141 015	991 999	111 709	95 101	90 528	79 301	34 824	182 645	336 447
1944年	1 141 002	147 955	88 771	91 869	74 489	995 106	85 985	556 225	71 812	40 491	97 090	72 133	44 095	149 560	225 421

在玻璃工业方面，伪满时期生产平板玻璃的大厂有两家，分别是"满洲昌光硝子株式会社"和"昌光硝子株式会社"。"满洲昌光硝子株式会社"由日本人创立于1937年9月，1940年5月开工生产。地址位于奉天市铁西区，是沈阳玻璃厂的前身，主要股东为昌光硝子株式会社。该厂1940年生产平板玻璃17万箱（1 579平方米），1941年生产37.7万箱（3 502平方米），1942年生产41.5万箱（3 885平方米），1943年生产38.6万箱（3 585平方米），1944年生产22万箱（2 043平方米）。①昌光硝子株式会社位于大连市，是大连玻璃厂的前身。1935年度的生产量为55万箱，主要销售地是"满洲"和日本。1932年9月以后由于对中国产品征收输入税，导致该社在东北的销售量大幅增加。②1941年8月，该社实缴资本300万元，1942年实缴资本450万元。1942年12月该社有工人129人，1944年有工人450人。1941年生产平板玻璃53.28万箱（4 949平方米），1942年1—10月份生产23.2万箱（2 155平方米），1943年生产26.8万箱（2 489平方米），1944年生产25.372 3万箱（2 357平方米）。③

该时期生产玻璃器具比较大的工厂有8家，分别是："奉天硝子株式会社""株式会社柏内制瓶工厂""满洲硅曹工业株式会社""满洲麦酒株式会社制瓶工场""奉天德永硝子株式会社""满洲岛田硝子工业株式会社""满洲硝子工业株式会社""满洲岩城硝子株式会社"。具体情况如下：

"奉天硝子株式会社"，创办于1939年6月，1943年2月实缴资本

---

① 东北财经委员会调查统计处编：《伪满时期东北厂矿基本资料·工厂篇之四·窑业》，1949年版，第25页。

② ［日］中岛宗一：『满洲商工事情』，南满洲铁道株式会社发行，昭和12年，第91—92页。

③ 东北财经委员会调查统计处编：《伪满时期东北厂矿基本资料·工厂篇之四·窑业》，1949年版，第26页。

100 万元，使用总额 127.3 万元，主要股东为塚越菊次郎、吉野小一郎、石井金次、山村德太郎。1941 年 12 月有职工 118 人，1944 年 12 月有职工 92 人。1944 年生产牛奶瓶 681 668 个，汽水瓶 350 000 个，墨水瓶 469 270 个，药瓶 530 000 个。[①]

"株式会社柏内制瓶工厂"，创办于 1941 年 10 月，1941 年实缴资本为 20 万元，主要股东为柏野菊太郎、柏野岸太郎、柏野保、宫本晃。1944 年 12 月有职工 194 人。1944 年生产一般民需瓶化妆品容器 312 万个，药瓶 96.5 万个，注射用药瓶 28 000 公斤，注射药瓶 300 万个。[②]

"满洲硅曹工业株式会社"，创办于 1942 年 12 月，1943 年 3 月实缴资本 19 万元。1944 年 12 月有职工 114 人。1944 年生产硅酸钠 1 500 吨，玻璃瓶 425 万个。[③]

"满洲麦酒株式会社制瓶工场"，创办于 1938 年 9 月，1940 年 8 月开工。1941 年 7 月实缴资本 400 万元。1941 年有职工 149 人。1942 年生产啤酒瓶 1 334 700 个；1943 年生产啤酒瓶 969 400 个；1944 年生产啤酒瓶 1 300 000 个，汽水瓶 400 000 个。[④]

"奉天德永硝子株式会社"，创办于 1943 年 6 月，1944 年 10 月实缴资本 150 万元，主要股东为德永硝子株式会社和"日满企业株式会社"。1941 年有职工 115 人，1942 年有职工 173 人。1943 年生产清酒一升瓶 500 万个，汽水瓶 350 万个，调味料瓶 200 万个，医药医疗瓶 300

---

① 东北财经委员会调查统计处编：《伪满时期东北厂矿基本资料·工厂篇之四·窑业》，1949 年版，第 27 页。

② 东北财经委员会调查统计处编：《伪满时期东北厂矿基本资料·工厂篇之四·窑业》，1949 年版，第 28 页。

③ 东北财经委员会调查统计处编：《伪满时期东北厂矿基本资料·工厂篇之四·窑业》，1949 年版，第 29 页。

④ 东北财经委员会调查统计处编：《伪满时期东北厂矿基本资料·工厂篇之四·窑业》，1949 年版，第 30 页。

万个，其他药瓶 940 万个。[①]

"满洲岛田硝子工业株式会社"，创办于 1942 年 11 月，1944 年 3 月实缴资本 159.5 万元，主要股东为岛田硝子株式会社社长岛田一郎、"满洲生活必需品会社"理事长石桥米一，另有其他股东 7 名。1944 年有职工 213 人。[②]

"满洲硝子工业株式会社"，创办于 1942 年 10 月，1944 年 3 月实缴资本 50 万元。1944 年 12 月有职工 95 人。1942 年生产酒、清酱用三斤瓶 90 万个；1944 年生产酒、清酱用三斤瓶 10.7 万个，药瓶 259.6 万个。[③]

"满洲岩城硝子株式会社"，创办于 1938 年 8 月，1939 年 3 月开工，主要股东为岩城硝子株式会社和"满洲通信机株式会社"。1941 年有职工 137 人。1942 年生产注射药瓶 2 931 745 个，铁路信号用玻璃 25 892 个，汽车前灯玻璃 15 527 个；1943 年生产注射药瓶 3 600 000 个，铁路信号用玻璃 21 000 个，汽车前灯玻璃 88 000 个。[④]

伪满时期还有一些生产玻璃容器的工厂。其中"南满洲硝子株式会社"是最大的，另外还有日本人建的"玉置硝子工场"（大连）、"安东硝子制造所"（安东）、"穗积玻璃工厂"（奉天）等，还有一些中国人开的小工厂，它们主要供应地方需求。[⑤]

在陶瓷工业方面，伪满时期又新建了一批工厂，其中规模比较大的

---

① 东北财经委员会调查统计处编：《伪满时期东北厂矿基本资料·工厂篇之四·窑业》，1949 年版，第 31 页。
② 东北财经委员会调查统计处编：《伪满时期东北厂矿基本资料·工厂篇之四·窑业》，1949 年版，第 32 页。
③ 东北财经委员会调查统计处编：《伪满时期东北厂矿基本资料·工厂篇之四·窑业》，1949 年版，第 33 页。
④ 东北财经委员会调查统计处编：《伪满时期东北厂矿基本资料·工厂篇之四·窑业》，1949 年版，第 34 页。
⑤ ［日］星野龍男：『満洲商工事情』，満鐵地方部商工課發行，昭和 9 年，第 150 页。

有"满洲陶瓷器株式会社""满洲兴隆山窑业株式会社""东亚窑业株式会社""安东陶瓷器株式会社"等，主要情况如下：

"满洲陶瓷器株式会社"，创办于 1941 年 9 月，1943 年 10 月开工。1943 年 12 月，实缴资本 200 万元，1944 年 8 月，实缴资本 300 万元，主要股东为"满洲生活必需品株式会社"、日本棉丝卸商（批发）业组合联合会、日本棉丝卸商（批发）组合所属组合及组合员、濑户陶瓷器工业组合等。1942 年有职工 350 人，1944 年 12 月有职工 257 人。1943 年生产餐具 620 000 个，1944 年生产餐具 1 396 785 个，1945 年生产餐具 1 200 000 个。[①]

"满洲兴隆山窑业株式会社"，创办于 1940 年 11 月，1943 年 3 月实缴资本 75 万元，使用总额 146.2 万元。1942 年 12 月有职工 309 人，1943 年 12 月有职工 458 人。1942 年生产餐具 2 937 452 个；1943 年生产餐具 3 600 000 个；1944 年生产餐具 1 955 317 个，日式餐具 27 170 个。此外，该会社还生产军用餐具。[②]

"东亚窑业株式会社"，创办于 1942 年 4 月，1944 年 3 月实缴资本 60 万元。1944 年 12 月有职工 152 人。1944 年生产大茶壶 14 490 个，小茶壶 8 190 个，中茶壶 38 100 个，烟灰碟 17 800 个，茶碗 31 710 个，碟 7 800 个，缸类 5 707 套，饭碗 13 600 个。[③]

"安东陶瓷器株式会社"，创办于 1942 年 10 月，主要股东为"满洲生活必需品株式会社"、孙变廷、康钟崑。1943 年 12 月有职工 16

---

①　东北财经委员会调查统计处编：《伪满时期东北厂矿基本资料·工厂篇之四·窑业》，1949 年版，第 35 页。

②　东北财经委员会调查统计处编：《伪满时期东北厂矿基本资料·工厂篇之四·窑业》，1949 年版，第 36 页。

③　东北财经委员会调查统计处编：《伪满时期东北厂矿基本资料·工厂篇之四·窑业》，1949 年版，第 42 页。

人。1944 年的预定生产量为无盖四寸碗 720 万个,大中小缸 4 300 套。①

另外,"奉天肇新窑业公司"改称为"肇新窑业株式会社"。1943
年资本金增为 63 万元,主要生产瓷器、耐火砖、缸坛、普通砖等产品。
1941 年生产瓷器 778.8 万个,耐火砖 1.18 万块,缸坛 2.55 万个,普通
砖 991.5 万块;1942 年生产瓷器 980 万个,耐火砖 1.35 万块,缸坛
4.28 万个,普通砖 1 060 万块;1943 年生产瓷器 1 200 万个;1944 年生
产瓷器 512 万个,普通砖 495 万块;1945 年生产瓷器 500 万个。1944
年有职工 902 人。②

据有关资料显示,1940 年辽宁省境内有陶瓷制品工业企业 38 家,
实缴资本金额为 342.8 万元,生产额为 506.8 万元,有职工 2 813 人。③

由以上可知,伪满时期规模比较大的陶瓷工厂基本上都是日资企
业。尽管如此,在东北仍有一些中国人出资规模较小的陶瓷工厂,这也
引起日本的关注。至伪满末期,伪满政府为了加强对整个陶瓷工业的控
制,根据《事业统制法》成立了统制机构"满洲陶瓷器组合"。规定资
本金 5 万元以上的工厂为组合成员;资本金 5 万元以下的工厂结成地区
组合,以团体形式加入。④ 通过该组合,日本进一步控制了东北的陶瓷
工业。该组合的成员包括:"肇新窑业"(奉天)、"满洲陶器株式会社
(奉天)""满洲陶器株式会社"(兴隆山)(即后来的"满洲兴隆山窑
业株式会社",笔者注)、"海城窑业"(海城)、"辽东新记"(海城)、
"辽阳窑业"(辽阳)、"政新窑业"(瓦房店)、"大新窑业"(海城)、
"新新窑业"(盖平)、"五常窑业"(五常)、"间东窑业"(延吉)、

---

① 东北财经委员会调查统计处编:《伪满时期东北厂矿基本资料·工厂篇之四·窑业》,
1949 年版,第 44 页。
② 辽宁省统计局编:《辽宁工业百年史料》,辽宁省统计局印刷厂 2003 年版,第 256 页。
③ 辽宁省统计局编:《辽宁工业百年史料》,辽宁省统计局印刷厂 2003 年版,第 257 页。
④ [日]满洲镶工技术员协会编纂:『满洲镶工年鉴』,东亚文化图书株式会社,1944 年
版,第 247 页。

"亚细亚窑业"（四平）、"森组制陶所"（抚顺）、"满洲物产"（吉林）、"满洲陶瓷器株式会社"（下九台）、"安东陶瓷器株式会社"（安东）、"抚顺制陶所"（抚顺）、"东亚窑业株式会社"（水曲柳）、"哈尔滨制陶所"（哈尔滨）、"抚顺松风工业"（抚顺）、"满洲瓷砖"（奉天）、"共和瓷砖"（奉天）、"石川制陶所"（抚顺）、"奉天化学工场"（奉天）、"沈阳陶业"（奉天）、"一新窑业"（奉天）、"义兴窑业"（奉天）、"奉天窑业"（奉天）、"恭丰窑业"（营口）、"同益窑业"（复州）、"拓钧工厂"（复州）、"德昌厚厂业"（海城）、"大陆窑业"（奉天）、"缸窑陶业组合"（吉林）、"信昌窑业"（海城）、"伊藤窑业所"（锦县）、"新昌窑业"（海城）、"大华窑业"（大连）、"松下窑业"（大连）、"东昇窑业"（石河）、"满洲制陶"（大连）。[①] 据此，日本将整个东北的陶瓷工厂都囊括在内，实现了对东北陶瓷工业的全面控制。

在砖瓦工业方面，伪满洲国建立以后，日本开始在中国东北大兴土木，对砖瓦的需求急剧增加。根据1936年的资料显示："普通砖分为青砖和红砖两种，前者属于小规模生产，主要供应给满人使用，后者进行大规模的工厂生产，主要供应给城市。建国后作为建筑工业激增的结果，康德二年度（1935年，笔者注）据说全满的需要量为奉天为一亿五千万块，新京、大连、哈尔滨等其他城市共计五亿乃至六亿万块，这表明进入到建筑业的全盛时代。常设的砖瓦工厂，日满经营的都包括在内合计60家。"[②] 另据资料显示，在1937年东北普通砖瓦工业中，使用职工超过5人以上的工厂日本人经营的有89家，中国人经营的有310家，合计399家。另有一些属于马蹄窑的小工厂随处可见，数量不明。[③]事实上，不仅是普通砖，耐火砖的需求也很大，故这一时期耐火砖工业

---

① ［日］满洲礦工技術員協會編纂：『満洲礦工年鑑』，東亞文化図書株式会社，1944年，第247頁。

② ［日］實業部总務司文書科編輯兼發行：『満洲国產業概觀』，1936年，第145頁。

③ ［日］豊田要三編：『満洲工業事情』，満洲事情案内所發行，1939年，第52頁。

也急剧扩张。在民国时期东北砖瓦工业的基础上，这一时期又新建了一些砖瓦厂，主要有：民国二十三年（1934 年 4 月）日本人建的"营口窑业株式会社大连工场""营口窑业株式合社安东工场"，民国二十五年（1936 年）日本人建的"本溪湖白云石工业株式会社""鞍山满洲耐火工业株式会社""抚顺南昌工业株式会社"，民国二十七年（1938 年）日本人建的"安东株式会社石井窑业""奉天川崎窑业株式会社瓦房店分工场"，民国二十八年（1939 年）日本人建的"本溪大和耐火工业株式会社""兴亚窑业株式会社奉天工场""奉天满洲金刚洋瓦株式会社"，民国三十一年（1942 年）日本人建的"鞍山高级炉材株式会社"。① 而同期中国人的小砖窑规模比较小，产量比较低，主要供应当地尤其是农村的需要，无法同日本人的砖瓦厂进行竞争。

伪满时期，东北主要耐火砖工厂的生产能力及历年产量详见下表 4－19②：

表 4－19　各耐火砖工厂的生产能力及历年产量

（单位：生产能力，千吨；产量，千块）

工厂名	地址	工人数 (1945)	生产能力（1945）				生产量					
			耐火砖	矽砖	镁砖	合计	1937	1940	1941	1942	1943	1944
满洲制铁	鞍山	(1943) 500	－	－	10	10	11 705	16 590	12 035	…	…	
鞍山高级炉材	鞍山	2 800	149	58		207	－	－	－	※62	※74	※51
满洲耐火工业	鞍山	550	44	－	－	44	…	※11	※14	※21	※14	※16
抚顺窑业	抚顺	1 200	63	10	－	73	4 117	16 660	7 339	※43	※39	※42

① 辽宁省统计局编：《辽宁工业百年史料》，辽宁省统计局印刷厂 2003 年版，第 264 页。
② 东北财经委员会调查统计处编：《伪满时期东北经济统计（1931—1945 年）》，1949 年版，（2）—78。

续表

工厂名	地址	工人数（1945）	生产能力（1945）				生产量					
			耐火砖	矽砖	镁砖	合计	1937	1940	1941	1942	1943	1944
南昌工业	抚顺	190	18	–	–	18	※1	※7	※8	※8	…	8
日满化学工业	抚顺	120	8	–	–	8	…	…	…	…	…	3
奉天窑业	沈阳	580	53	–	–	53	…	※15	※14	※12	※14	※18
满洲制铁	本溪	580	33	13	–	46	1 739	4 464	3 215	…	…	※23
南满矿业	大石橘	40	–	–	3	3	…	…	…	…	…	1
营口窑业	长春	250	23	–	–	23	…	…	…	…	※9	8
营口窑业	大连	600	47	–	–	47	…	…	…	…	※22	23
大华矿业	大连	170	–	12	–	12	5 729	13 472	8 021	※4	※6	※4
大连窑业	大连	1 450	49	–	5	54	…	…	…	…	…	36
福井商工	石河	200	11	–	–	11	…	…	…	…	…	10
大陆菱苦土	南关岭	80	–	–	7	7	…	…	…	…	…	2
大和耐火	本溪	146（1944）	12	–	–	12	…	※2	※3	※3	…	6
南满炉材	瓦房店	475	6	–	–	6	…	…	…	…	…	3
南满炉材	普兰店		40	–	–	40	…	…	…	…	…	9
其他			37	–	–	37	…	…	…	…	…	23
计		9 931	593	93	25	711	※1	※35	※39	※153	※178	※154
							23 290	51 186	30 610	…	…	132

　　注：1937—1941 年"大华矿业"产量中包含大连地区其他各厂产量；生产量栏中"满洲制铁"（鞍山）产量中包含矿滓砖的产量；附有※号者以千吨为单位。

三、日伪对东北窑业的掠夺

　　伪满时期，日伪对东北窑业的掠夺主要体现在以下四个方面：

（一）从产品原料上看，伪满时期的窑业属于典型的就地取材、现地掠夺。普通水泥的原料主要有石灰石（占64%—67%）、黏土、硫铁矿渣和石膏等，高炉水泥还要加入高炉矿渣和煤炭粉等，当时这些原料都成为日本掠夺的对象。伪满时期生产石灰石的企业主要有大同水泥、哈尔滨水泥会社、"满洲水泥""关东州小野田水泥""满洲小野田水泥"、本溪湖煤铁、昭和制钢、本溪湖水泥、"满洲轻金属"等，以日资企业为主。日本在东北的建筑材料工厂在原料上就地取材是一个普遍现象。以小野田水泥株式会社大连工场为例，其主要原料为石灰石和黏土，都可从工场附近获得。"但为了补充其粘土中硅酸成分和铁成分的不足，要使用少量的软硅石和硫铁矿烧渣，其中前者在工场附近的旱田中即可获得，后者主要从抚顺煤矿中购入。"① 此外，哈尔滨水泥会社的原料产地位于二层甸子（今哈尔滨市阿城区玉泉镇）。② 除普通水泥外，其他类型水泥的原料亦来源于东北。如抚顺水泥株式会社抚顺工场以当地丰富的油母页岩碎屑为原料制造高级水泥。③ 按规定，该厂由"满铁"无偿供应抚顺油页岩废料及其干燥废料。④ 小野田水泥制造株式会社鞍山工场利用鞍山熔矿炉排出之矿渣制造高炉水泥。其所用灰块，起初由大连工场运来，后改为小屯工场，至伪满末期，又由浅野水

---

① ［日］関東局文書課编：『関東局施政三十年業績調査資料』，満洲日日新聞社印刷厂，昭和12年，第421—422页。アジア歴史資料センター：レファレンスコード，A06033515600。

② 『哈爾濱洋灰會社設立ノ件』，昭和9年3月9日，アジア歴史資料センター：レファレンスコード，B09041485100。

③ ［日］石關信助：『満洲資源産業視察便覧』，満鐵東京支社鐵道課，昭和12年，第54页。

④ ［日］南満洲鐵道株式会社编：『南満洲鐵道株式会社第三次十年史』，1938年版，2593页。

泥会社锦州工场供给。[1]

另外，在石灰石开采方面，根据"满铁地质调查所"的报告，1931 年东北石灰石的产量为 54.513 1 万吨，1932 年为 47.735 万吨，1933 年为 69.104 万吨。[2] 另有资料显示，1935 年东北石灰石产量为 86 万吨，[3] 1937 年产量为 74.802 7 万吨，1940 年产量为 182.475 3 万吨，1941 年产量为 203.818 7 万吨，1942 年产量为 225.959 4 万吨，1943 年产量为 289.990 7 万吨，[4] 呈明显增长趋势。而从当时石灰石供应状况来看，供应基本上来自东北本地。1940 年石灰石的生产量为 1 824 753 吨，该年输入 2 668 吨，消费量为 1 827 421 吨，自给率为 99.8%；1941 年生产量为 2 038 187 吨，输入 1 550 吨，消费量为 2 039 737 吨，自给率为 99.9%；1942 年生产量为 2 259 594 吨，输入 1 740 吨，消费量为 2 261 334 吨，自给率为 99.9%；1943 年生产量为 2 899 907 吨，输入 1 080 吨，消费量为 2 900 987 吨，自给率为 99.9%。[5] 可见，东北石灰石的采掘量逐年增加。这主要缘于日本对华战争的扩大，对水泥需求量日益增加，于是加强了对原材料的开采。石灰石自给率达到 99.8% 以上，说明东北水泥生产的主要原料——石灰石基本达到自给，即完全实现了现地掠夺。

---

① 东北物资调节委员会研究组编：《东北经济小丛书·水泥》，中国文化服务社沈阳印刷厂 1947 年版，第 18 页。

② ［日］国务院总务廳情报處编：『满洲帝国概览』，1936 年版，第 164 页。アジア歴史資料センター：レファレンスコード，A06033528300，日本国立公文書館藏。

③ ［日］石關信助：『满洲資源産業視察便覧』，满鐵東京支社鐵道課，昭和 12 年，第 10 页。

④ 东北财经委员会调查统计处编：《伪满时期东北经济统计（1931—1945 年)》，1949 年版，(3)—113。

⑤ 东北财经委员会调查统计处编：《伪满时期东北经济统计（1931—1945 年)》，1949 年版，(3)—113。

玻璃工业也大量使用本地原料。早在"满铁"窑业试验工厂时期，就以"满洲"产的石英岩、石灰石、方解石等为原料试验制造汽水瓶、晶质玻璃、硬质玻璃等，试验成功后又开始进行工业化试验，开辟了所谓"满洲"玻璃工业的"新纪元"。[①] 在哈尔滨地区，"制造玻璃须用纯净之沙，此等沙以中东路西线海拉尔所产最佳，略带青色。若制造下等玻璃，则多混以松花江边之砂（即沙，笔者注），以其价廉也"[②]。另据资料显示，在1912年4月，曾有3名日本人来到"满铁"附属地东北角，向"满铁"提出申请建立砖窑，制造用的沙土主要从附属地内开采，此后每个月制造三至四万块砖。[③] 这说明普通砖的原料也是就地取材。

此外，耐火砖工业也主要使用本地原料。东北的耐火材料极为丰富，以"关东州"附近的复州为首，包括金州、烟台、本溪湖等地都有优质的耐火黏土。石英岩在"南满洲"储藏丰富，特别是在"关东州"有优质的石英岩。东北也是白云石的著名产区。[④] 这些都是制造耐火砖的主要原料。故日本在大连及"满铁"附属地地区兴建了多家耐火砖工厂。

（二）从产品流向和流量上看，也体现了日本对东北窑业的掠夺。东北窑业工厂生产的建筑材料主要供应给与日本政府密切相关的单位和

---

① ［日］關東局：『關東局施政三十年史』，凸版印刷株式会社，昭和11年，第461頁。
② 陈绍楠主编：《哈尔滨经济资料文集》三，哈尔滨市档案馆1991年版，第205页。
③ ［日］南滿洲鐵道株式會社總裁室地方部殘務整理委員會：『滿鉄附屬地經營沿革全史』下卷，南滿洲鐵道株式會社發行，昭和14年，79頁。
④ ［日］關東局：『關東局施政三十年史』，凸版印刷株式会社，昭和11年，第463頁。

部门。在伪满之前，本溪湖煤铁公司生产的矿渣水泥主要留作自用。[1]
小野田水泥株式会社大连工场也主要是为了适应"满铁"在大连殖民
扩建的需要应运而生的。在大连市水泥消费量的一半以上供应给了"满
铁""关东厅"和用于市内建筑。伴随着人口的增加、住宅的增建和
"满铁"事业的扩张，其消费量逐年增长。[2]伪满成立以后，此种趋势
愈演愈烈。其中，小野田水泥制造株式会社小屯工场生产的熟料供应给
小野田水泥制造株式会社鞍山工场，[3]后者再生产水泥。"满洲浅野水
泥株式会社吉林工场"在1942年所产水泥，全部供应给敌伪军和用于
官需。[4]"满洲岛田硝子工业株式会社"主要生产7.33毫米军用特殊玻
璃，1945年的计划生产量为1 226.4万元。[5]显然，作为军用品其生产
目的和用途就很明显了。大连窑业株式会社在建立之初其耐火砖产品专
门供应给"满铁"铁道工场和城市煤气制造所（后来的"南满煤气会
社大连瓦斯制造"）。伴随着鞍山制铁所（后为昭和制钢所）的建设，
则主要供应给该所。[6]"关东州"内生产的耐火砖根据"关东州生产品
特惠关税法"虽然也供应当地消费，但更多的是输往日本。尤其是大连
窑业株式会社从很早就开始对日输出。[7]该厂从1925年至1935年对日

---

① ［日］日本工业化学会满洲支部编：《东三省物产资源与化学工业》，沈学源译，商务
印书馆1936年版，第350页。

② ［日］南满洲铁道株式会社编：『满洲洋灰需要一ケ年八十万樽』F111－301工业，昭
和3年，第111页。"满铁剪报"档案号：M0000185，馆藏于中国社会科学院近代史研究所。

③ 东北财经委员会调查统计处编：《伪满时期东北厂矿基本资料·工厂篇之四·窑业》，
1949年版，第15页。

④ 东北财经委员会调查统计处编：《伪满时期东北厂矿基本资料·工厂篇之四·窑业》，
1949年版，第16页。

⑤ 东北财经委员会调查统计处编：《伪满时期东北厂矿基本资料·工厂篇之四·窑业》，
1949年版，第32页。

⑥ ［日］关东局：『关东局施政三十年史』，凸版印刷株式会社，昭和11年，第463页。

⑦ ［日］关东局：『关东局施政三十年史』，凸版印刷株式会社，昭和11年，第464页。

输出情况详见下表4-20[①]。可知对日输出不在少数，且伪满建立后，输出量明显增加，故掠夺在加深。这些都表明伪满时期东北窑业工厂所生产的建筑材料主要供应给日本在华会社、伪满政府和日本军队。

表4-20　大连窑业株式会社对日输出情况

年别	1925	1926	1927	1928	1929	1930	1931	1932	1933	1934	1935
数量	80 945 个	686 259 个	648 701 个	1 210 108 个	897 059 个	1 014 675 个	641 457 个	8 695 吨	17 062 吨	14 759 吨	23 661 吨
价格（元）	12 057	53 754	78 573	145 369	109 699	124 360	86 544	144 708	572 265	595 440	812 736

在伪满时期有大量的建筑材料被运往日本及日本控制下的地区。九一八事变前后，小野田水泥制造株式会社大连工场在1931年输往日本殖民统治下台湾的水泥为13 919吨，1932年增至24 693吨。[②] 而从整个东北建筑材料的出口来看，1932年输往日本的水泥为407 839担（约合20 392吨），价值407 839海关两；输往朝鲜的水泥为2 005担（约合100吨），价值2 020海关两；输往中华民国（关内）的水泥为167 936担（约合8 352吨），价值171 395海关两。[③] 1934年输往日本的水泥为21担（约合1吨），价值38海关两；输往朝鲜的水泥为63担（约合3吨），价值100海关两；输往中华民国（关内）的水泥为137 681担（约合6 884吨），价值214 992海关两。[④] 1935年输往日本的水泥为178 509担（约合8 925吨），价值279 832海关两；输往朝鲜的水泥为

---

① ［日］關東局：『關東局施政三十年史』，凸版印刷株式会社，昭和11年，第464页。
② ［日］日本工业化学会满洲支部编：《东三省物产资源与化学工业》，沈学源译，商务印书馆1936年版，第351—352页。
③ "满洲国财政部"编：《满洲国外国贸易统计年报（1932）》，载《近代中国史料丛刊三编》第七十六辑，文海出版社，第100—101页。
④ "满洲国财政部"编：《满洲国外国贸易统计年报（1935）》，载《近代中国史料丛刊三编》第七十六辑，文海出版社，第113页。

36 担（约合 2 吨），价值 74 海关两；输往中华民国（关内）的水泥为
69 342 担（约合 3 467 吨），价值 107 721 海关两。[①] 1936 年输往日本的
水泥为 1 530 708 担（约合 76 535 吨），价值 2 264 878 海关量；输往朝
鲜的水泥为 2 担（约合 0.1 吨），价值 10 海关两；输往中华民国的水泥
为 11 435 担（约合 571.75 吨），价值 17 298 海关两。[②] 这说明每年被掠
夺至日本及其殖民地朝鲜的水泥数量是巨大的。但同期伪满输往中国关
内的水泥数量却在明显减少。这一方面是由于伪满和日本需要的水泥量
巨大，从而限制了对外出口；另一方面也说明日本及其卵翼下的伪满洲
国同中华民国政治关系的恶化以及经济关系的疏远。

从玻璃制品来看，1932 年输往日本的普通窗玻璃白片为 1 117.56
万英尺，价值 435 322 海关两；未列名玻璃器及料器价值 30 555 海关
两。[③] 1934 年输往日本的普通窗玻璃白片为 880.71 万英尺，价值
528 401 海关两；未列名玻璃器及料器价值 6 701 海关两。1935 年输往
日本的普通窗玻璃白片为 395.5 万英尺，价值 237 300 海关两。[④] 1936
年输往日本的普通窗玻璃白片为 872.81 万英尺，价值 495 592 海关两；
未列名玻璃器及料器价值 3 115 海关两。[⑤] 由于伪满洲国自身的建设需
要，玻璃制品的使用量是巨大的，因此，这一时期输往日本的玻璃制品

---

① "满洲国财政部"编：《满洲国外国贸易统计年报（1935）》，载《近代中国史料丛刊
三编》第七十六辑，文海出版社，第 112—113 页。

② "满洲国财政部"编：《满洲国外国贸易统计年报（1936）》，载《近代中国史料丛刊
三编》第七十六辑，文海出版社，第 120—121 页。

③ "满洲国财政部"编：《满洲国外国贸易统计年报（1932）》，载《近代中国史料丛刊
三编》第七十六辑，文海出版社，第 100—101 页。

④ "满洲国财政部"编：《满洲国外国贸易统计年报（1935）》，载《近代中国史料丛刊
三编》第七十六辑，文海出版社，第 110—111 页。

⑤ "满洲国财政部"编：《满洲国外国贸易统计年报（1936）》，载《近代中国史料丛刊
三编》第七十六辑，文海出版社，第 118—119 页。

数量有下降的趋势。尽管如此，每年输往日本的玻璃制品的总量仍是巨大的。在日伪时期，伪满洲国向其"母国"的商品输出显然不是一般意义上的两国贸易，日本对东北产品掠夺的色彩是很明显的。

（三）从人力剥削上看，中国工人遭到日伪当局的无情盘剥。在政治上，日伪当局对中国工人实施血腥统治和压迫。以水泥工业为例，在本溪、宫原、辽阳、小屯各厂，在工作时间上，中国工人每天不分昼夜，一律工作 12 小时，全年无休。相比之下，日本职员每月可休息 4 天，日本庸员每月可休息 2 天。如果遇到工程紧急工作量大时，工人加班加点连续作业则属正常现象。由于长年的劳累，工人伤病情况时有发生。这时工厂常常将工人辞退，概不负责。在工作中，如果中国工人去趟便所，就会被日本人组长立刻发现。"如果关系搞不好或者年关、节日不施以小惠，随时都可以给你扣上工作中擅离岗位帽子，或给予拳打脚踢的'待遇'。"[1] 中国工人在日本人压迫的环境中工作，稍有不慎，轻则招致打骂，重则被无条件辞退。此外，上述"水泥厂日本人住宅区，中国工人不得入内，医务所不给中国职工看病，商店货物不卖给中国人，职工俱乐部和共同澡堂，中国人也无入内资格"[2]。这一方面反映了日本厂方对中国工人的政治压迫，另一方面也体现了日本强烈的民族压迫和民族歧视政策。在鹤岗三道沟子日本人开的"三和公司"，下设砖厂，被抓的中国劳工"每天刚蒙蒙亮就得起来干活，一直到黑天才能收工。劳工一天要干十六个小时的活。在日本侵略者的残酷压榨下，

---

① 王志方：《伪满时期的水泥工业》，载中国人民政治协商会议辽阳市委员会学习宣传文史委员会编：《辽阳文史资料》第十三辑，辽阳市委机关印刷厂 2003 年版，第 84 页。

② 王志方：《伪满时期的水泥工业》，载中国人民政治协商会议辽阳市委员会学习宣传文史委员会编：《辽阳文史资料》第十三辑，辽阳市委机关印刷厂 2003 年版，第 84—85 页。

劳工被折磨得个个都是骨瘦如柴"①。事实上，此种剥削和压迫在伪满窑业中普遍存在。

在经济上，日伪当局对中国工人实行残酷的剥削和掠夺。此点集中反映在工资津贴等收入方面。1943 年 2 月沈阳窑业工厂工人工作条件及工薪见下表 4－21②。由表可知，中国窑业工人比日本工人的工作时间长，每日的收入却远低于日本工人，同工不同酬的现象非常明显。以水泥工业为例，在本溪湖水泥株式会社，1935 年日本人最低一级的庸员日薪最高为 4 元，此外还享有"在满津贴"；中国人的平均日薪不超过 5 角钱，其中最低为 0.28 元，最高为 0.65 元。"当时公司经理月薪 1 000 元，厂长 300 元，科长 200 元，科员 150 元，日本人的工人收入在 100 元—130 元的水平。中国工人日薪 3 角就是 3 角，没有任何津贴与附加工资，月收入仅 10 元到 20 元的水平，工资差距如此悬殊。"③ 可见，日本人的收入为中国工人的 10 倍以上。此点在收入分配上也有所反映。"每月工资支出中，占职工总数 95％ 的中国人，只拿到工资总数三分之二；5％ 的日本人职工，竞（应为竟，笔者注）拿取了三分之一。"④ 可见，工厂所创造的财富主要集中到少数日本人手中，广大中国工人仅能得到微薄工资以勉强度日。另据资料显示，1937 年，在东北窑业中，中国人平均工资为 0.72 元，日本人为 2.64 元。⑤ 1940 年，

---

① 周脉喜口述、王冠军整理：《伪满劳工生活片段》，载中国人民政治协商会议伊春市委员会文史资料研究委员会编：《伊春文史资料》第三辑，伊春印刷厂 1986 年版，第 105 页。

② 东北财经委员会调查统计处编：《伪满时期东北经济统计（1931—1945 年）》，1949 年版，（13）—3。

③ 王志方：《伪满时期的水泥工业》，载中国人民政治协商会议辽阳市委员会学习宣传文史委员会编：《辽阳文史资料》第十三辑，辽阳市委机关印刷厂 2003 年版，第 85 页。

④ 王志方：《伪满时期的水泥工业》，载中国人民政治协商会议辽阳市委员会学习宣传文史委员会编：《辽阳文史资料》第十三辑，辽阳市委机关印刷厂 2003 年版，第 85 页。

⑤ 苏崇民等主编：《劳工的血与泪》，中国大百科全书出版社 1995 年版，第 208 页。

东北窑业中，中国工人每工时工资为 0.16 元，日本工人每工时工资为 0.41 元。[1] 可见，从窑业的总体情况来看，两者间的差距也是很明显的，而且日本工人的工作时间一般都较中国工人短。在津贴发放方面更是进一步拉开了两者间的距离。在伪满末期，日本人的工资除"在满津贴"外，还有"战时津贴""地域津贴""家族津贴""通勤津贴""精勤津贴""工龄津贴""军事津贴"等，名目繁多，待遇优厚。相比之下，中国工人却只能享有"工龄津贴"和"全勤津贴"。这主要是因为在战争末期，劳动力极其短缺，为了争取中国工人做工，日本厂方不得不做出仅有的一点"让步"。

表 4-21　沈阳窑业工厂工人工作条件及工薪

（1943 年 2 月）

| | 平均规定工作日数（日） | 平均规定劳动时间（小时） | 实际劳动时间（小时） | 每人每日平均实得工薪（元） | 每小时平均实得工薪 | | 就业率（%） |
					金额（元）	折成高粱米（市斤）	
中国人常工（男）	26.0	9.40	10.26	2.90	0.28	2.8	73.4
日本人常工（男）	23.5	9.40	9.36	4.38	0.47	4.7	63.9

在生活福利方面，中日两国工人的待遇反差很大。在本溪湖水泥株式会社，"特别是职工宿舍，日系的职工全部供给现代化的文明住宅，附有上下水道、电灯、电热、暖气、浴室等完善设备，厂长宿舍一般都有 6 个房间以上，职员住宅 5 室以上，庸员住宅也有 3 个房间。独身者一律收容于近代化的俱乐部独身宿舍之内。另有医务所、商店、澡堂

---

① 东北财经委员会调查统计处编：《伪满时期东北经济统计（1931—1945 年）》，1949 年版，（1）—24。

（日系员工），离市较远的工厂，都设有工厂子弟小学校"①。可见，厂方对日本职工生活方面的考虑是非常周到的。中国工人则不享有此种待遇，"各水泥厂都在工厂所在地就地使用工人，因此工人一律通勤，基本上不给中国职工修建宿舍。对于从关内招来的矿工、搬运等特重体力独身工人，不得不修建一两栋南北大炕的独身简易宿舍，俗称为大房子，除土炕之外其他设备一无所有。也有的厂为了给外省老工人修几十户简易家庭宿舍，但任何一个厂没有超过 50 户的，不管人口多少，一律给一间房，头顶锅台。辽阳水泥厂一户也没有。小屯水泥厂工人宿舍一户居室面积只有 8 平方米"②。在小野田水泥株式会社大连工场，"工厂没有职工食堂，工人当班吃饭必须自带。倒班工人无宿舍安身，冬季只能睡在大窑下和烧块库内，略避风寒等待接班。工人的家庭居住情况，亦是十分贫寒，厂前'海南屯'是当时工厂职工居住较密集的地方，那里，破棚草屋，透风漏雨，摇摇欲坠，十足是一片贫民窟。虽然工厂设有浴池和少量的宿舍，但主要是为日本人服务的"③。在吉林工场，"工人居住在极其简陋的劳工房里，只有部分大、小工头才能住上工厂西侧的砖木结构平房。工人的劳动条件恶劣，生活待遇低下"④。由此可见，中日两国职工的待遇有天壤之别。一方是日本人养尊处优，作威作福；另一方是中国工人受尽欺凌，勉强糊口。同时也说明，上述不平等现象是普遍存在的，它不是存在于一厂一地，而是存在于当时东北整个窑业中。也正是由于日本厂方的这种压榨，才有了东北窑业的膨

---

① 王志方：《伪满时期的水泥工业》，载中国人民政治协商会议辽阳市委员会学习宣传文史委员会：《辽阳文史资料》第十三辑，辽阳市委机关印刷厂 2003 年版，第 86 页。

② 王志方：《伪满时期的水泥工业》，载中国人民政治协商会议辽阳市委员会学习宣传文史委员会：《辽阳文史资料》第十三辑，辽阳市委机关印刷厂 2003 年版，第 86 页。

③ 《大连水泥厂志》编纂委员会：《大连水泥厂志（1907—1985）》，1987 年版，第 291 页。

④ 吉林松江水泥厂厂史办公室编辑：《松江水泥厂史（1933—1985）》，长春新华印刷厂1988 年版，第 12 页。

胀式扩张。"这种畸形的发展，是日本侵略者为把东北建成为吞并中国、独霸东亚的基地，由日资小野田、浅野、磐城等株式会社，在短促时期中以掠夺手段搞起来的。每间厂房、每台窑磨、每个矿山都凝聚着中国劳动人民的血汗。"① 在"三和公司"下属的砖厂，劳工"当时住的是破席棚子，席中间夹着一层破油纸，下雨时，雨水能刮到棚子里铺上。劳工有的连破被也没有，劳累了一天，夜里还要挨冷受冻。穿的更是衣不蔽体，十个脚趾常年露在外头。冬天，冻坏、冻死的事经常发生。吃的是橡子面团和用稗子、谷子、黄豆煮的粥。开饭时，劳工都在自己铺头等着，由工头领着人抬着大粥桶，每人给一平勺子粥，还得用棍子刮一下，唯恐给多了。橡子面做的团子每人发两个，都拿不成个"②。"夏季，劳工流行痢疾。日本人不但不给治，有的不等到断气就给拉出去扔到荒郊野外。一个叫张老三的劳工，五十来岁，因拉痢疾起不来了，不能干活，眼看着被日本人带着活气拖走扔到了离白灰窑不远的一个坑里。那阵子光是拉痢疾就死了三十多人。"③ 可见，这里所谓的工厂不过是劳工们垂死挣扎的人间地狱。由以上可知，只注意到伪满时期东北窑业的扩张变化而忽略了中国工人为此付出的血汗甚至生命，不仅是不客观的，也是有违史实的。

（四）民族窑业在日伪当局挤压下处于崩溃的边缘。在民国时期，东北的民族建筑材料工业有了很大的发展，其中以肇新窑业公司为代表。肇新窑业公司在建厂和经营过程中曾得到奉系军阀张学良等人的支持，1928年张学良曾通过边业银行拨给现洋12万元，作为他个人股

---

① 余德新：《日伪统治时期的东北水泥工业·中国水泥史话之四》，《中国建材》1983年第1期，第62页。

② 周脉喜口述、王冠军整理：《伪满劳工生活片段》，载中国人民政治协商会议伊春市委员会文史资料研究委员会编：《伊春文史资料》第三辑，伊春印刷厂1986年版，第105页。

③ 周脉喜口述、王冠军整理：《伪满劳工生活片段》，载中国人民政治协商会议伊春市委员会文史资料研究委员会编：《伊春文史资料》第三辑，伊春印刷厂1986年版，第106页。

本。九一八事变后，日伪政府以调查"敌股"为名，多次派人来厂里检查。最后认定张学良、周濂①、金哲忱②在公司中持有的 2 260 股、135 600 元为"敌股"，应予以完全没收归为"国有"；还提出由石光宪一（退役的日本少将）、吉田阳太郎、松井常三郎等日本人认领这部分"敌股"。后经厂方和日伪当局协商，达成了一个折中办法，即将没收股份的全部，分让给本厂直接经营者及樾本贤三（肇新窑业公司董事长兼总经理陈楚才的日本友人）、安田乙吉（原肇新窑业公司的技术指导）和石光宪一、吉田阳太郎、松井常三郎，由三方面收买。③ 至此，肇新窑业公司虽然避免了被日本吞并的命运，但日本对它的染指也是显而易见的。

肇新窑业公司在经营过程中也受到日伪政府的压迫。1941 年日伪政府颁布了"七二五"物价停止令。据此法令，所有工商户的生产和销售，都必须按规定办法进行配给、采购和出售。此法令的颁布，给东北的陶瓷工业以沉重打击，很多工厂纷纷亏损，终至破产倒闭。"肇新在'七二五'物价停止令的打击下，不到一年的时间，营业亏损数目不赀，濒于破产境地。"④ 为了避免破产，公司管理层经过研究，决定采取仿造日本彩花细瓷的方案。日伪当局当时对日本彩花细瓷限价很

---

① 周濂（1889 年—1950 年），字酿泉，奉天开原人。毕业于保定军官学校第五期炮科，早年入东北军，曾任东三省兵工厂会办、东北边防司令长官公署军事厅副厅长兼军务处处长，东北讲武堂教育长、副监督，军事委员会北平分会军务处处长等职，1946 年 7 月 31 日晋升为陆军上将，并转为预备役。

② 金恩祺（1894 年—1948 年），字哲忱，辽宁抚顺人，民国商界领袖，奉天工商会会长，商会主席。曾与著名爱国民族实业家张志良一起创建八王寺汽水厂，并任八王寺啤酒汽水公司董事长。

③ 杨振禹：《肇新窑业公司经营始末》，载政协辽宁省委员会文史资料研究委员会编：《文史资料选辑》第五辑，辽宁人民出版社 1965 年版，第 12 页。

④ 杨振禹：《肇新窑业公司经营始末》，载政协辽宁省委员会文史资料研究委员会编：《文史资料选辑》第五辑，辽宁人民出版社 1965 年版，第 14 页。

高，故仿造有利可图。由于仿造成功，肇新窑业公司终于摆脱了破产的境地。肇新窑业公司是东北窑业之翘楚，资本雄厚，技术先进，因此转型较快。而普通陶瓷工厂不具备这样的实力，只能继续生产粗瓷，最终难逃破产厄运。

再如吉林省永吉县缸窑镇的窑业，在伪满时期也饱受摧残。从1940年起，日本在中国东北工商业中搞起组合，缸窑镇的窑业当然也不能幸免。1940年10月缸窑镇的窑业组合成立，由日本人相原三治郎任理事会常务理事，田端喜太恒任理事兼总务系长，其他组合会职务也多由汉奸担任。"陶业组合成立以后，各窑业生产及其他事宜均由日本人一手控制，就连窑业主或是窑业主的代理人也没有任何自主权，各窑业主的费用不断提高。"[①] 窑业主要承担日本质检员的餐费、部分检验费，并按规定价格出售给"满洲石油株式会社"。"此外，组合会的办公费和其他经费，全由各窑业负责。这样，不仅窑工的生活更困难了，就连窑业主的日子也不好过了。"[②] 至此，在日伪政府的剥削和压迫之下，各窑业主的生产难以为继。很多窑业主被迫改行经商，窑业工人被迫失业，外出谋生。"到了1944年，窑帽子由55座下降到17座，制陶业后继无人，濒临崩溃边缘。"[③]

由以上可知，东北窑业在清末民国时期已经有了一定程度的发展，并在伪满时期持续扩张，产量、规模和设备都有了明显的变化。从表象

---

① 永吉县政协：《伪满时期的永吉缸厂》，载孙邦主编：《伪满史料丛书·经济掠夺》，吉林人民出版社1993年版，第138页。

② 永吉县政协：《伪满时期的永吉缸厂》，载孙邦主编：《伪满史料丛书·经济掠夺》，吉林人民出版社1993年版，第139页。

③ 永吉县政协：《伪满时期的永吉缸厂》，载孙邦主编：《伪满史料丛书·经济掠夺》，吉林人民出版社1993年版，第139页。

上看，伪满洲国的窑业的确有了明显的增长，但这不过是为日本对外侵略和殖民统治提供更多的物资保障。而且从窑业的产品原料、产品流向和流量、日本对东北窑业工人的剥削及东北民族窑业的萎缩等方面都暴露出日本对东北窑业的掠夺性本质。可以说，该时期东北窑业产量的提高主要是建立在日本对中国东北资源的极大消耗和对中国工人的残酷剥削之上的。从目的上看，东北窑业的扩张不过是为了满足日本对外侵略所需的庞大的物资需求，是日本"以战养战"政策的一种变形。也正是基于此种目的，其工业扩张是无节制的，是杀鸡取卵式的，这又必然导致后来工业产量的下降。总之，伪满时期是东北窑业发展史上的一段黑暗时期。

第五章　日伪对东北矿业的掠夺

第一节　有色金属矿业

有色金属是国民经济发展的基础材料，航空、汽车、机械制造、电力、通信、建筑、家电等绝大部分行业都以有色金属材料为生产基础。而伪满洲国作为日本的兵站基地和物资仓库，其有色金属矿业自然成为日本掠夺的主要对象。目前国内对于日本对华经济掠夺问题多关注于煤炭、钢铁及农产品等领域，对日本的有色金属掠夺问题仅有少量成果涉及[①]，且多为一带而过或浅尝辄止，这也为后人的研究留下空间。尽管如此，对有色金属矿业的掠夺却是日本对华经济掠夺体系中的重要一环，它为日本提供大量军需产品，并给东北人民带来深重灾难。本节即以此为课题，希望对于加强和深化日本对中国东北的经济掠夺问题研究能有所裨益。值得一提的是，黄金虽属于有色金属，但由于黄金的特殊地位和日伪当局的高度关注，且当时日伪有专门的统制会社，故后文对

[①]　主要成果有：佟静、赵一虹《略述日本帝国主义对东北工矿业的掠夺》[《辽宁师范大学学报》（社会科学版）1998年第5期]、董长芝《日本帝国主义对东北工矿业的掠夺及其后果》（《中国经济史研究》1995年第4期），两文为关于日本对东北工矿业掠夺的宏观研究，对有色金属工业涉及较少。另有沙莉《日本对我国东北地区黄金资源的劫掠》（《兰台世界》2009年第9期），该文大体梳理了日本对东北黄金资源掠夺的线索，因选题不涉及铜、铅、银等有色金属，且篇幅有限，很多问题未能展开。

黄金工业问题有专论，这里的有色金属就不再包括黄金。

一、清末民国时期东北的有色金属矿业

清末民国时期，东北的工矿业相对落后。"在满洲国民经济建设中居于中心地位的工矿业在伪满建立前处于比较低的发展阶段。"[①] 作为其中重要门类之一的有色金属矿业亦不例外。在清朝，有色金属开采主要以金、铜、铅矿为主。清朝建立以后，对东北实行封禁政策，尤其对于陵寝附近，以"有碍龙脉"为名禁止开采金银矿。第一次鸦片战争后，由于国库空虚，清政府也陆续在东北组织人员开采矿源。清朝的有色金属矿主要有天宝山银矿、马鹿沟铜矿、石嘴子铜矿、盘岭铜矿等。其中，天宝山银矿，"一八八九年由国人程光第首先开采，至一九○二年，共经营十四年，以收支不偿，资金困难而中止"[②]。当时该矿开采之目的主要为取得矿银，铜矿则作为废料矿。马鹿沟铜矿，在清末由土民开采。石嘴子铜矿，产量甚高，"从清朝光绪三年发现以来，连续开采的历史很悠久，是名符其实的满洲第一铜矿山"[③]。盘岭铜矿，"于一八五○年，曾由土民开采，惟不久中止"[④]。"在长白山脉的骆驼碴子、临江的六道沟等处也曾办有铜矿，天宝山银矿亦产铜。"[⑤] 此外，宣统元年（1909 年），开源县杨木林子铅矿即已开采。至清末为止，在辽阳、本溪、宽甸、桓仁、开原、盖平等县均发现有铅矿，但当时并未开采。

据清末奉天省矿政调查总局统计，该省有白金矿 1 处，银矿 12 处，

---

① 满洲帝国政府编：『满洲建国十年史』，原书房，1969 年，第 409 页。
② 施良：《东北的矿业》，东方书店 1946 年版，第 130 页。
③ ［日］满史会编：『满州开发四十年史』下卷，满州开发四十年史刊行会，1964 年，第 240 页。
④ 施良：《东北的矿业》，东方书店 1946 年版，第 133—134 页。
⑤ 孔经纬主编：《清代东北地区经济史》，黑龙江人民出版社 1990 年版，第 393 页。

铜矿 26 处，铅矿 48 处，锑矿 1 处，锡矿 1 处。[①] 另据吉林省官方统计，清末该省有银矿 5 处，铜矿 3 处，铅矿 3 处，锑矿 1 处，铋矿 1 处。[②] 黑龙江省"大抵五金矿、煤矿、水晶、翡翠、盐、碱五色土之属，无所不有，而金矿为尤多"[③]。可见，至清末为止，东北的有色金属矿业已初具规模。

至民国时期东北的有色金属矿业发展更快，产量更高，规模更大。在铜矿方面，伴随着一战的爆发，对铜的需求量骤增，导致东北出现铜矿开采的高潮。不仅将以前放弃的旧坑重新开采，而且发现了一些新矿。但一战以后，铜量日减，铜价日低，于是各铜矿纷纷中止，逐渐衰落。这一时期，主要的铜矿有复县华铜矿、石嘴子铜矿等。其中石嘴子铜矿为国人在吉林省开采之唯一铜矿，颇受重视。1913 年，该矿被收归官办，"后由吉林官银号投以巨资，建筑精炼设备，精炼纯铜，以资铸造货币，然经营亦不得法，组织庞大，开支浩繁，故官银号中债务增加，终至停办"[④]。在银、铅、锌矿方面，主要有烟筒山、杨家杖子、岫岩、桓仁、官马嘴子等矿区。其中杨家杖子矿，1915 年作为张作相[⑤]名下之矿山，"由郑某专掘铅矿，一九一七年改由徐文潮管理，一九二

---

① ［清］徐世昌等编纂、李树田等点校：《东三省政略》，吉林文史出版社 1989 年版，第 1596 页。

② ［清］徐世昌等编纂、李树田等点校：《东三省政略》，吉林文史出版社 1989 年版，第 1633 页。

③ ［清］徐世昌等编纂、李树田等点校：《东三省政略》，吉林文史出版社 1989 年版，第 1644 页。

④ 施良：《东北的矿业》，东方书店 1946 年版，第 133 页。

⑤ 张作相（1881 年—1949 年），张作霖的结拜兄弟，张学良的辅帅，曾任东三省巡阅使署总参谋长兼卫队旅旅长、奉天警备总司令、奉天陆军第 27 师师长、吉林军务督办兼吉林省长、吉林省保安司令兼省长、吉林省党务指导委员会主任委员等职。九一八事变后，东北军失利，张作相下野隐居天津。其后日本人多次拉拢，但张拒绝与日本人合作。1949 年 3 月，张作相病逝于天津。

二年有德人技师参加，开凿东部旧坑，惟以资金短绌，纳税繁重，约一年而中止"①。官马嘴子铅矿，位于磐石县正东 80 里，在清末已有开采。民国七年（1918 年）其采矿权"辗转为吴玉琛所得。欧战期内，开采颇盛；嗣以无利可获，亦复停废。其矿区面积为五百五十亩"②。总体上，该时期东北矿业有了进一步的发展，其中很多属于政府或军阀兴办。

从清末起，日本已逐步开始染指中国东北的有色金属矿业。"庚子事变以后，外资投入，更见踊跃，日人在吾国矿业之投资，亦以此时为始。"③ 此后，日俄战争爆发，日军所到之处，发现矿产，立刻强占。其中，"大久保等于日俄战后，即至接梨树地方测勘矿苗，迫令会首姜文德私立合同，曾由我国向日军政署官商允查禁，至是复私行探采"④。此矿中方虽多次查封，但大久保丰彦依然多次开采。在大连旅顺，日本人还强挖复州化铜沟银铅矿。此后，日本向清政府施压，于 1909 年 7 月 20 日逼迫其签订《东三省交涉五案条款》，其中规定："安奉铁路沿线及南满洲铁路干线沿线矿务，除抚顺烟台外，即应按照光绪三十三年即明治四十年东省督抚与日本国总领事议定大纲，由中日两国人合办，所有细则届时仍由督抚与日本国总领事商定。"⑤ 日本据此以中日合办之名掠夺中国东北的矿权。

---

① 施良：《东北的矿业》，东方书店 1946 年版，第 140 页。

② 东北文化社年鉴编印处编：《东北年鉴》，东北文化社 1931 年版，第 1238 页。吴玉琛，字献之，舒兰县白旗镇前江村人，曾任黑龙江省宝清县县长、吉林省公署视学员、吉林省立第一师范学校校长等职。

③ 侯厚培、吴觉农：《日本帝国主义对华经济侵略》，黎明书局 1931 年版，第 195 页。

④ ［清］徐世昌等编纂、李树田等点校：《东三省政略》，吉林文史出版社 1989 年版，第 515 页。

⑤ 王芸生编著：《六十年来中国与日本》第五卷，生活·读书·新知三联书店 2005 年版，第 218—219 页。

民国建立以后，日本更是加紧侵夺中国的矿权。1915年1月18日，日本向袁世凯提出"二十一条"要求，其中第二号第四款规定："中国政府允将在南满洲及东部内蒙古各矿开采权，许与日本国臣民，至于拟开各矿，另行商订。"① 5月，袁世凯接受了包括上述条款在内的大部分条款。5月25日，双方签订"民四条约"，在换文中规定："日本国臣民在南满洲下各矿，除业以探勘或开采各矿区外，速行调查选定，中国政府即准其探勘或开采，但在矿业条例确定以前，应仿照现行办法办理。"② 在此，日本妄图通过"中日合办"之名，行掠夺中国矿权之实。

这一时期，日本还实际占有东北的一部分矿业。"至欧洲大战之时，内地开发了很多新矿山，并重新开采了一些旧矿山，其中中日合办的企业（矿权属于中国，日本代掘代买），一时非常活跃。"③ 在天宝山铜矿，清末程光第曾与日商中野订约合办，后被督办边务陈昭常④等封禁。此后日方多次向中方发出照会，并要求赔偿。对此，延吉、珲春、和龙、敦化四县议事会和额穆、汪清两县自治筹办公所联合呈请由民间集资开采自办。他们恳请"无论如何办法，概不加入异国人资本，免覆前鉴"⑤。而民国政府有关部门则认为："本部以此事已允中、日合办有

---

① 王芸生编著：《六十年来中国与日本》第六卷，生活·读书·新知三联书店2005年版，第76页。

② 王芸生编著：《六十年来中国与日本》第六卷，生活·读书·新知三联书店2005年版，第268页。

③ ［日］工业化學會满洲支部编：『满洲の資源と化學工業』，丸善株式會社，1933年，第6页。

④ 陈昭常（1868年—1914年），字简持（墀、池），一字平叔，广东新会潮连乡巷头村人。清末曾任翰林院庶吉士、散馆一等编修、刑部主事、候选道员、广西右江兵备道、督练公所督办、洋务局总办、总理行营营务处、长春知府、山海关道员、京榆铁路总办、京张铁路总办、邮传部右丞、督办延吉边务兼吉林省各军翼长、署珲春副都统、吉林省巡抚等职，民国建立后任吉林都督兼吉林民政长，著有《廿四花风馆诗词钞》《廿四花风馆文集》。

⑤ （台湾）"中央研究院"近代史研究所编：《中日关系史料·路矿交涉》，（台湾）"中央研究院"近代史研究所1976年版，第41页。

案，此时如欲自行开采，日使必难照允，或重索赔偿。"① 当局对于民意视而不见，对日本则妥协退让，其外交的软弱性可见一斑。此外，对于该矿收回自办能否获利亦持怀疑态度，政府最终同意由中日合办。该矿兴盛之时，全体工作人员达 3 000 余人。在马鹿沟铜矿，1915 至 1916 年间，日商大仓组出资，假中国人之名开采该矿，所采矿石都运往本溪湖。在盘岭铜矿区，1916 年，"国人刘金镛与日商森峰一合办中日矿业公司，着手开掘"②。在接梨树铜矿，"一九一二年有日人内田镇一取得南满铁道公司（即"满铁"，笔者注）之资助，着手试掘"③，后由久原矿业公司和清水矿业公司等经营。在青城子矿（生产银、铅、锌等），1917 年国人刘鼎臣与日人赤峰一合办一中日公司，着手探矿，1921 年开始营业。"至一九二六年时，矿山实权转让于久原矿业公司。"④ 该矿 1926 年产铅 2 823 吨，1927 年产铅 462 吨，1928 年产铅 366 吨，1929 年产铅 1 450 吨，⑤ 1929 年此矿被政府封禁。在杨家杖子矿，由于经营不善，中止开采，"其后由徐文潮转让于日人藤宫，复由藤宫让渡于日满矿业公司"⑥。由此可知，这一时期日本已经开始蚕食东北的有色金属矿业，并为其进一步侵略创造了条件。

二、伪满时期东北的有色金属矿业

伪满洲国成立后，日伪政府颁布了一系列法令加强对东北有色金属

---

① （台湾）"中央研究院"近代史研究所编：《中日关系史料·路矿交涉》，（台湾）"中央研究院"近代史研究所 1976 年版，第 133 页。

② 施良：《东北的矿业》，东方书店 1946 年版，第 134 页。

③ 施良：《东北的矿业》，东方书店 1946 年版，第 136 页。

④ 施良：《东北的矿业》，东方书店 1946 年版，第 139 页。

⑤ ［日］满铁经济调查会：『满洲产业统计（1931）』，南满洲铁道株式会社发行，1933 年，第 50 页。

⑥ 施良：《东北的矿业》，东方书店 1946 年版，第 140 页。

矿业的控制。1933 年 3 月 1 日伪满政府公布《满洲国经济建设纲要》，阐明其经济建设的基本纲领。其中规定："在有关国防之矿产资源，原则上使特殊会社得确保其矿业权，以戒滥采而便开采。"① 在此初步确立了伪满政府对矿产业的统制政策。次年 3 月 30 日，日本内阁通过了《日满经济统制方案要纲》，其中将轻金属，铅、锌、镍、石棉等采矿业，以及采金业等 14 种产业置于最重要的地位，并要求由在"满洲"该种事业中处于支配地位的特殊会社经营。② 至此，东北的有色金属矿业被强行纳入特殊会社的经营及控制之下。此后，伪满政府又于 1937 年 5 月 1 日公布《重要产业统制法》，进一步加强了日伪当局对有色金属矿业的控制和干涉。

在机构设置方面，伪满政府最初于伪实业部下设"农矿司"，管理矿业业务。1937 年取消伪实业部，设立伪产业部，下设"矿工业司"。1940 年又在伪经济部下设"矿山司"，1941 年"矿山司"又分成"金属司"和"燃料司"，1942 年又分成"矿山司""钢铁司""化学司"和"兵器司"四个司。此外，伪满政府又通过一系列矿业会社和"满洲矿工技术员协会"加强对矿业的垄断和控制。其中，伪满政府为了确保对矿业技术员的统制，设立"满洲矿工技术员协会"。"盖伪国以矿业开发权委托于矿业开发会社，又有矿工技术员协会之组织，以吸收大量之矿工技术人才，二者固相得益彰也。"③ 这一系列机构的设立，保证了日伪当局对有色金属矿业的全面控制。

---

① 『満洲国経済建設要綱』，アジア歴史資料センター：レファレンスコード，B02030713200，日本国立公文書館。
② ［日］小林龍夫、島田俊彦解説：『現代史資料·満洲事変』7，みすず書房，1964 年（昭和 39 年），第 594 頁。
③ "国立"东北大学编印：《东北要览》，三台"国立"东北大学出版组 1944 年版，第 520 页。

这一时期，日本还建立了一系列特殊会社以推进对东北有色金属资源的疯狂掠夺。"满洲矿业开发株式会社"，设立于1935年8月，由"满铁"和伪满洲国政府各出资250万元，理事长为山西恒郎。[1] 其设立纲要规定："满洲矿业开发会社（暂称）设立的目的，在于防止国防上必需的满洲矿业资源的矿业权的散失，而当调查和开发之际，使在统制方面能够充分发挥作用。"[2] 实质是将该会社作为统制东北矿产资源的主要机关。同时该纲要还规定：该会社在"满洲国"内应谋求对下列矿物确保其矿业权和进行"开发"，即铁矿、锰矿、钼矿、重石矿、铝矿、菱镁矿、耐火粘土矿、煤矿、石油矿、油母页岩矿、铅矿、锌矿、镍矿、硫化铁矿、锑矿、锡矿、白金矿、水银矿、石墨矿、石棉矿、硝石矿、萤石矿、滑石及其他国防上必需的矿物。[3] 可见，当时东北主要矿产物的矿业权均被该会社所垄断。该会社一直存在至伪满政权解体，是日本掠夺东北矿产资源的马前卒。

"满洲矿山株式会社"（简称"满洲矿山"），成立于1938年2月，为"满业"下属公司，地址在长春，除从事采金生产外，还进行铜、锌、钼、铁等矿产的生产和"开发"。其经营的矿山包括桓仁铅矿、庄河芙蓉矿、凤城青城子矿、岫岩矿山、安东五龙矿、复县华铜矿、杨家杖子矿、海城县分水矿等。

"满洲铜铅业株式会社"，创办于1939年7月，地址在奉天，主要经营的矿山为本溪马鹿沟矿（铜、钼）、本溪县盘岭铜矿和凤城县林家台硫化铁矿。

"日满矿业株式会社"，主要经营兴城夹山矿（金、银、铜）和杨家

---

[1] ［日］濑沼三郎编辑：『满洲国现势』，满洲国通信社，1938年（昭和十三年），第463页。

[2] 苏崇民主编：《满铁档案资料汇编》第十卷，社会科学文献出版社2011年版，第431页。

[3] 苏崇民主编：《满铁档案资料汇编》第十卷，社会科学文献出版社2011年版，第431页。

杖子矿。该矿 1945 年有工人 1 800 名，使用机械开采，年采矿能力为 8.6 万吨，选矿能力为 4.8 万吨。①

"富士矿业株式会社"，创办于 1942 年，社长为大矢。专门经营本溪县林家堡子砂金沟铜矿。该矿 1942 年有工人 85 人，1945 年采矿能力为 5.8 万吨，选矿能力为 1.2 万吨。②

"满洲铅矿株式会社"，创立于 1935 年 6 月，创立资本为 400 万日元，由"满铁"和"日满矿业株式会社"各出资一半。其营业目的为：铅矿、锌矿的开采、冶炼、加工和销售以及以上附属的一切业务。③ 主要经营杨家杖子矿。

另外，伪满时期在岫岩开采钨矿的主要有大仓株式会社、大同株式会社和小林矿业株式会社。其中大仓株式会社经营岫岩龙眼沟钨矿，大同株式会社经营岫岩大山岭矿和岫岩二大山岭钨矿，小林矿业株式会社经营岫岩刘家堡子矿。

"满洲轻金属株式会社"，成立于 1936 年 11 月，公称资本 2 500 万元，实缴资本 625 万元，最初确定年产铝 4 000 吨。1937 年 6 月着手建厂，同年从"满洲矿山"租了小市 28 个矿区（包括腰堡、谢家崴子、宫原）、牛心台 20 个矿区，开始对这两个地区的矾土、黏土进行大规模的开采。④

此外，"满铁"和"满业"也积极参与有色金属矿业。其中"满铁"直接投资于伪满的有色金属矿业，主要包括："南满矿业株式会社" 30 万日元，"满洲采金株式会社" 480 万日元，"满洲矿业株式会

---

① 张福全：《辽宁近代经济史（1840—1949）》，中国财政经济出版社 1989 年版，第 558 页。
② 张福全：《辽宁近代经济史（1840—1949）》，中国财政经济出版社 1989 年版，第 559 页。
③ 苏崇民主编：《满铁档案资料汇编》第十卷，社会科学文献出版社 2011 年版，第 474 页。
④ 张福全：《辽宁近代经济史（1840—1949）》，中国财政经济出版社 1989 年版，第 563 页。

社"500万日元，复州矿业株式会社662万日元，"满洲矿业开发株式会社"200万日元，"大满采金公司"5万日元，[①]"满洲轻金属株式会社"1 400万元。[②] 另外，"满铁"还对部分有色金属矿开展试钻作业或坑道掘进，主要有夹皮沟金矿、杨家杖子矿、盘岭矿山、马鹿沟矿山、青城子矿山、大石桥菱镁矿山、分水金矿等。"满业"，成立于1937年12月，主要从事钢铁业、轻金属工业、汽车、飞机等的生产制造，是对以煤炭为主的各种工矿业进行统辖的机关。其中"满洲矿山株式会社""东边道开发株式会社"和"满洲轻金属制造株式会社"等均为"满业"下属公司。值得注意的是，以上会社主要由日本资本独家垄断，即使个别会社由伪满洲国政府出资，但由于伪满政府是典型的傀儡政权，这和由日本出资并无本质区别，所以东北的有色金属资源还是牢牢地掌握在日本手中。

三、日伪对东北有色金属矿业的掠夺

日本对东北有色金属矿业的掠夺虽然肇始于清末民初，但其大规模掠夺主要集中于九一八事变之后。对此，当时的日本学者曾大声疾呼：现如今，以研究调查的结果和开始的经验为基础，真正实现矿业在"满洲"结出硕果，这是值得期待的。[③] 这表达了日本对获取东北矿产资源的渴望与贪婪。伪满时期，此种掠夺主要体现为以下三个方面：

（一）从产品流向和流量上看，这些有色金属资源多被供应给日本

---

① ［日］满洲国史编纂刊行会编：『满洲国史（各论）』，满蒙同胞援护会，1970年，第581页。

② 张福全：《辽宁近代经济史（1840—1949）》，中国财政经济出版社1989年版，第563页。

③ ［日］阿部武志：『满洲の探検と矿业の历史』，学艺社兴亚书院，1939年（昭和14年），第571页。

在华会社或直接运往日本。早在民国时期，日本就窃取了中国的一部分矿权，即使是中日合办的公司，其实权亦掌握在日本人手中。"且所订合同，又极不平等；例如订定出产物，只准运往日本，或转售于满铁会社。"① 再如杨家杖子矿山，至 1941 年末，向昭和炼钢厂供应矿石 5 000 吨，向抚顺煤矿供应 2 000 吨。根据 1939 年的契约，又向本溪湖煤铁公司供应 6 000 吨矿石，向"满化"（"满洲化学工业会社"）供应 3 800 吨矿石。另根据 1940 年契约，对昭和炼钢厂尽可能最大限度地提供矿石，对本溪湖煤铁公司提供 7 000 吨，对"满化"提供 10 000 吨。②

除供应给日本在华会社外，还有一部分矿产品被直接运至日本。虽然日本在东北大肆制造军用物资，本地有色金属资源消耗量极大，但仍有大量矿产品被运抵日本。在 1932 年伪满对日输出品中，黄铜器为 1 担，价值 96 海关两；紫铜锭、块为 2 378 担，价值 24 698 海关两；旧紫铜、镕化紫铜为 49 591 担，价值 299 154 海关两；金器、银器价值 20 海关两；旧铜铁、碎铜铁价值 186 480 海关两；等等。③ 在 1934 年伪满对日输出品中，铅矿砂为 385 担，价值 455 海关两；黄铜及其制品价值 169 263 海关两；镕化、旧紫铜为 91 281 担，价值 774 071 海关两；其他紫铜制品价值 16 688 海关两；旧铜铁、碎铜铁价值 247 649 海关两；铁、铜及其他制品价值 86 648 海关两；铅及其制品价值 3 528 海关两；锌及其制品价值 7 525 海关两。④ 在 1935 年伪满对日输出品中，铅矿砂

---

① 徐嗣同：《东北研究丛书·东北的产业》，中华书局 1932 年版，第 38—39 页。
② ［日］满史会编：『満洲開発四十年史』下卷，满洲开发四十年史刊行会，1964 年，第 241 页。
③ "满洲国财政部"编：《满洲国外国贸易统计年报（1932）》，载《近代中国史料丛刊三编》第七十六辑，文海出版社，第 98—100 页。
④ "满洲国财政部"编：《满洲国外国贸易统计年报（1935）》，载《近代中国史料丛刊三编》第七十六辑，文海出版社，第 106—111 页。

为 1 担，价值 9 海关两；黄铜及其制品价值 192 088 海关两；紫铜锭、块为 714 担，价值 17 920 海关两；镕化、旧紫铜为 51 870 担，价值 511 694 海关两；其他紫铜制品价值 19 889 海关两；旧铜铁、碎铜铁价值 510 605 海关两；铁、铜及其他制品价值 809 744 海关两；铅及其制品价值 14 617 海关两；锌及其制品价值 10 345 海关两；金器及银器价值 188 海关两。[1] 在 1936 年伪满对日输出品中，黄铜及其制品价值 302 958 海关两；紫铜及其制品（锭、块）为 10 133 担，价值 249 172 海关两；镕化、旧紫铜为 24 231 担，价值 347 680 海关两；旧铜铁、碎铜铁为 400 638 担，价值 795 884 海关两；铅及其制品价值 37 640 海关两；锌及其制品价值 39 107 海关两。[2]

另据资料显示，东北的产铅业至 1940 年达到自给自足程度，从 1941 年开始对日少量出口。锌则作为精矿供给日本。[3] 曾任伪满总务厅次长的古海忠之战后供认，杨家杖子矿 1943 年产钼约 900 吨，大部分都支援了日本。白金方面，根据日本的紧急要求，1944 至 1945 年在国内开展了白金特别回收，并把收回的白金送交日本，负责机关是"满洲中央银行"。镁矿方面，出产地是大石桥，以原矿输出到日本。此外，"营口满洲镁公司"所生产的镁，年产量约 100 万吨，全部支援了日本。镁和铝都是由"满洲重工业会社"卖给日本轻金属统制会。[4] 可见，伪满时期日本根据侵略战争的需要，大肆采掘东北的有色金属资源，不仅

---

① "满洲国财政部"编：《满洲国外国贸易统计年报（1935）》，载《近代中国史料丛刊三编》第七十六辑，文海出版社，第 106—111 页。

② "满洲国财政部"编：《满洲国外国贸易统计年报（1936）》，载《近代中国史料丛刊三编》第七十六辑，文海出版社，第 114—119 页。

③ ［日］满洲国史编纂刊行会编：『满洲国史（各论）』，满蒙同胞援護会，1971 年，第 600 页。

④ 中央档案馆、中国第二历史档案馆、吉林省社会科学院合编：《日本帝国主义侵华档案资料选编·东北经济掠夺》，中华书局 1991 年版，第 297 页。

在本地大量开采使用，还将大量的矿产资源运回日本，以备战争之需。

（二）从人力资源上看，东北有色金属矿的矿工遭到日伪政府的无情盘剥和压榨。大亚矿业株式会社总社位于奉天千代田通十八号，是日本掠夺东北矿产资源的重要公司。它在辽宁锦西地区设有锦西矿业所，下辖四个矿山，即才家屯锰矿、周铁屯铜矿、二庄屯锰矿、兴城上达子沟铜矿。矿业所实行包工制度，经过"层层剥削，处处卡油，大鱼吃小鱼的状况，实际到工人身上就寥寥无几了"[1]。"在日伪时期工人只能过着凄惨的生活，挣扎在死亡线上。"[2] 当时日伪当局最大限度地开采矿产资源，但由于设备缺乏，故采取"人肉开采"政策，在获得大量矿产资源的同时，也造成中国矿工的巨大伤亡。"1944年到1945年，由于日军大东亚战争的失利，他们不按操作堆积采矿，进行疯狂掠夺。根本不顾矿工死活，造成矿井塌陷坠落事故两次，其景象实为可惨。"[3]

"南满矿业株式会社"垄断了大石桥一带的矿产资源，实行包工制度，通过把头控制中国工人。"在这些包工头下面，还有许多小把头。层层盘剥，吮吸中国劳动人民的血汗。"[4] "为了对劳工严加管制和剥削，1944年，南满矿业在劳工当中成立了'南满矿业战力增强协成会'，把分散的劳工组织起来，由矿劳务科统一管理。名义上是劳工自

---

① 崔树铭：《伪满大亚矿业株式会社锦西矿业所》，载孙邦主编：《伪满史料丛书·经济掠夺》，吉林人民出版社1993年版，第392页。

② 崔树铭：《伪满大亚矿业株式会社锦西矿业所》，载孙邦主编：《伪满史料丛书·经济掠夺》，吉林人民出版社1993年版，第392页。

③ 崔树铭：《伪满大亚矿业株式会社锦西矿业所》，载孙邦主编：《伪满史料丛书·经济掠夺》，吉林人民出版社1993年版，第393页。

④ 王海亭：《大石桥南满矿业的始末》，载孙邦主编：《伪满史料丛书·经济掠夺》，吉林人民出版社1993年版，第395页。

己的组织，实际上是南满矿业统治劳工的工具。"① 通过这样的组织，"南满矿业"加强了对中国劳工的控制，从而最大限度地剥削中国工人，获取更多的矿产资源。"南满矿业"掠夺大石桥资源期间，造成大量工人伤亡，部分死亡的矿工被埋在虎石沟、马蹄沟、三道沟等地。"据不完全统计，这七、八年间（大致为 1938 至 1945 年，笔者注）在这里埋葬的死难同胞在 1 万 8 千人左右。"② 虎石沟等地的万人坑反映了日本掠夺东北矿产资源的罪恶和凶残。

在辽宁桓仁，"满洲矿山株式会社"强占了桓仁铜锌矿。"在日伪掠夺开采中，中国矿工深受残酷剥削与压迫，他们不断地反抗和斗争。1938 年 4 月 15 日，西岔坑 31 名工人，因工资低进行了 14 天的大罢工，直到矿方答复给增加半天工资才复工。1944 年 8 月，西岔坑 150 名工人，由于反抗日本人荒木殴打中国'报国队'，罢工 3 天，迫使所长渡边敬一与当地政府共同出面，向挨打工人赔礼道歉，并表示以后不再打骂中国人。"③ 这也反映了日本对中国工人的欺压，而中国工人的罢工正是在这种欺压下产生的强烈反抗。

（三）在伪满末期，日本还通过"金属强制回收"运动大肆掠夺东北的有色金属资源。1943 年 12 月 14 日，日本政府通过了《关东州金属类回收令》，其中规定：伴随着大东亚战争的推进，强化对铁、铜、铅等金属类的回收以谋求增强战力，鉴于此在"关东州"推行金属类

---

① 王海亭：《大石桥南满矿业的始末》，载孙邦主编：《伪满史料丛书·经济掠夺》，吉林人民出版社 1993 年版，第 395 页。

② 苏崇民等主编：《劳工的血与泪》，中国大百科全书出版社 1995 年版，第 421 页。

③ 王学良：《桓仁铜锌矿》，载孙邦主编：《伪满史料丛书·经济掠夺》，吉林人民出版社 1993 年版，第 398 页。

回收令，以对此等金属类进行特别回收。^① 事实上，该政策此时已扩及伪满全境。1943 年 8 月 23 日，伪满政府发布《金属类回收法》，规定："本法以积极的推进金属类之回收而资时局下金属类供给源之确保为目的。"^② 回收的物品主要指铜（包括黄铜、青铜等之铜合金）、铁及其他金属物资。对于阻碍其回收者，处 3 年以下之徒刑或 1 万元以下之罚款。^③ 当时在日本这种金属回收运动也在进行，日本的金属回收本部认为："所有的物资、劳务、资金、输送都要集中于增强军力，重要的物资特别是金属类要增加供应。"^④ 显然这一政策也在伪满推行。至伪满后期，各种物资极缺，但日伪当局为了继续进行对外战争，遂采取各种办法获取资源，作为重要战略物资的有色金属当然不能例外。而且该法的公布，为日伪当局强取豪夺中国百姓手中的有色金属制品提供了"法律依据"。在四平市，金属回收运动在该法公布之前已经开展。从 1943 年 4 月末至 5 月末，回收情况见下表 5 - 1^⑤。曾任伪四平省长的曲秉善^⑥战后供认："在四平市内各户都将门窗上的铜铁、箱柜上铜铁启下

---

① 『関東州金属類回収令ヲ定ム』，第 9 页，昭和 18 年 12 月 09 日。アジア歴史資料センター：レファレンスコード，A03010140200，日本国立公文書館。

② 李茂杰主编：《伪满洲国政府公报全编》第 141 册，线装书局 2009 年版，第 209 页。

③ 李茂杰主编：《伪满洲国政府公报全编》第 141 册，线装书局 2009 年版，第 211 页。

④ 『戦力増強と金属回収』，情报局编辑：『週報』第 359 号，第 5 页。アジア歴史資料センター：レファレンスコード，A06031052100，日本国立公文書館。

⑤ 中央档案馆、中国第二历史档案馆、吉林省社会科学院合编：《日本帝国主义侵华档案资料选编·东北经济掠夺》，中华书局 1991 年版，第 399 页。

⑥ 曲秉善，字子良，奉天省城（今沈阳）人，曾在"南满医科大学"学习，后任奉天警官学校医学卫生教授。1932 年伪满洲国成立后，历任伪满民政部理事官、文书科科长、资料科科长，伪黑河省民政厅厅长，伪经济部大臣官房参事官兼伪满协和会中央本部委员，伪满民生部厚生司长，伪满文官考试委员会委员，伪四平省长等职。日本投降后，被苏军逮捕，关押在苏联俘虏营。1950 年被遣返回国，监禁于抚顺战犯管理所。1964 年 12 月特赦后被安置就业。

来献纳了，有的将佛像或牌匾都献纳了。四平市收了三十吨铜铁，这些铜铁都由日满商事运往日本去了。"[①]

表 5 - 1　1943 年 4 月末—5 月末金属回收量

区别 品名	件数	数量（克）	备考
钢铁类	390	10 641 690	
铜类	171	370 957	
铜合金类	275	1 090 020	
其他	97	76 080	
共计	933	12 178 747	

在东安市，1943 年该项运动回收铜屑 123 公斤，铜合金 591 公斤，非铁金属 81 公斤，钢铁类 15 公斤，所有共计 15 794 公斤。[②] 在奉天市回收了价值约 7 000 万元的旧机器和废铁等，在哈尔滨市回收了价值约 5 000万元的各种旧机器和旧铁，各大城市民间所有的铁器全部回收了。[③]

此外，为了回收铜器，甚至还拆毁了热河省承德避暑山庄在乾隆时期修建的铜亭子，抢走了德都县境内五大连池附近庙里的 200 多尊铜佛，[④] 严重破坏了中国文物。不唯如此，由于该运动，竟迫使沈阳铜行胡同内的铜器制品店铺全部倒闭。至于普通家庭的铁门、防寒用的炉

---

① 中央档案馆编：《伪满洲国的统治与内幕——伪满官员供述》，中华书局 2000 年版，第 393 页。

② 中央档案馆、中国第二历史档案馆、吉林省社会科学院合编：《日本帝国主义侵华档案资料选编·东北经济掠夺》，中华书局 1989 年版，第 400 页。

③ 中央档案馆、中国第二历史档案馆、吉林省社会科学院合编：《日本帝国主义侵华档案资料选编·东北经济掠夺》，中华书局 1989 年版，第 403 页。

④ 中央档案馆编：《伪满洲国的统治与内幕——伪满官员供述》，中华书局 2000 年版，第 149 页。

子，甚至日常生活中使用的铜锅、铜盆等也必须上交。可见，该运动已经给人民生产生活带来极大的不便，严重干扰了东北人民的正常生活。

由以上可知，日本对中国东北有色金属矿业的掠夺肇始于清末民国时期，该时期东北有色金属矿业有了初步的发展，其所开采的矿产以金、银、铅、铜等为主。九一八事变后，日本依托于伪满政权的支持，大肆掠夺东北的有色金属资源，该时期东北的有色金属矿产量更高，开采的种类更多，包括钼、钨、锑、钒、钛、汞等。这一方面是使用日本先进技术进行勘探和挖掘的结果，另一方面更是出于掠夺东北资源和储备战略物资的需要。伪满时期东北有色金属矿的开采大体上呈逐年上升趋势，这与伪满政府为了保持产量不惜采取杀鸡取卵、竭泽而渔式的人肉开采政策密切相关。尽管如此，至伪满末期（1944 年和 1945 年），伴随着东北物资的全面紧缺，工农业陷入全面衰落，有色金属矿业也不可避免地陷入了极度困境，这也给日本继续推行对外侵略战争带来严重困难。

第二节　黄金工业

黄金，作为五金之首，从其被发现之日起就备受关注。它作为天然的一般等价物，常用作国家的货币储备。由于其具有良好的延展性能、耐热性能、耐腐蚀性能和导电导热性能等，多被用于工业品制造领域。更为关键的是，它还被用于特殊发动机中，防止高温的局部耐热腐蚀，且潜艇中也使用黄金。以上这些用途，对于明治维新后迅速走上对外侵略扩张道路的日本而言，都异常重要。但日本缺乏黄金资源，黄金的获得主要依赖于进口。在军国主义大行其道的昭和前期，日本则步西欧殖民者掠夺美洲金银资源的后尘，对中国东北的黄金资源大肆侵占。曾在日本指使下对中国东北进行过矿产调查，后在东北帝国大学和东京帝国大学任教的日本地质学家门仓三能在伪满建立后不久曾表示："近来国人对满蒙资源认识的欲望很旺盛，这的确令我等欣喜。在这些矿产资源中，目前最应该重视的就是北满洲（黑龙江省和吉林省）的砂金和热河省的山金。"[①] 贪婪本性，溢于言表。日本对东北黄金资源的掠夺是日本掠夺中国资源整体链条上的重要一环，也是整个日本对外掠夺体系中的重要组成部分，目前学界对此取得部分成果[②]，但还有一定的探讨空间，故本节尝试对此做进一步的研究，进而有利于揭示日本对中国东北资源掠夺的残酷性和灾难性。

一、清末民国时期东北的黄金工业

这一时期，在掠夺东北黄金资源问题上，日本主要采取调查与侵占相结合，以调查为主、侵占为辅的政策。中国东北历来拥有丰富的黄金

---

①　［日］門倉三能：『北満金鑛資源・外蒙古金鑛資源・新疆金矿石油資源』，丸善株式会社，昭和11年，第1頁。

②　国内成果主要有：沙莉《日本对我国东北地区黄金资源的劫掠》（《兰台世界》2009年第9期），该文仅千余字，很多问题未能充分展开。于文萍《20世纪30至40年代日军对吉林夹皮沟的侵略和掠夺》（《博物馆研究》2007年第3期）对日本关于吉林夹皮沟金矿的掠夺进行个案分析，梳理了日本掠夺该金矿的线索，但不涉及东北的其他金矿。张凤鸣《伪满时期黑龙江地区的采金业》（载郭素美、张凤鸣主编：《东北沦陷十四年史研究》第三辑，黑龙江人民出版社1996年版）主要论述了伪满时期"满洲采金株式会社"对黑龙江地区采金业的统制。李雨桐《伪满时期日本对夹皮沟金矿资源的掠夺》（《吉林省教育学院学报》2017年第10期）认为，伪满时期日本通过"大同殖产株式会社"与"满洲矿山株式会社"先后对夹皮沟金矿进行资源掠夺和经济剥削。仅1940年至1945年，日本就从夹皮沟掠走黄金共达2 327.337公斤。李雨桐《伪满时期中国东北金矿问题述略》（《大庆师范学院学报》2017年第5期）认为，"满洲采金株式会社"和"满洲矿山株式会社"两家公司的成立标志着日本对东北金矿资源的控制进一步加强。通过资源掠夺，日本把中国东北变为其"以战养战"的战略基地，大肆进行资源掠夺，奴役中国人民为侵略战争服务。李雨桐《满铁对中国东北金矿资源的掠夺（1931—1945）》（《哈尔滨师范大学社会科学学报》2017年第4期）认为，"满铁"对金矿资源的掠夺是有色金属掠夺的重中之重。通过掌握东北金矿的储量、开采量、流向等问题，可以更加明确日本侵略者武装占有和掠夺性开采我国东北资源的事实，进而有力地驳斥日本右翼势力所宣扬的"建设东北"论。辛培林、张凤鸣、高晓燕主编《黑龙江开发史》（黑龙江人民出版社1999年版）论述了伪满时期日本对黑龙江地区黄金资源的掠夺。

资源。根据清末的统计，奉天省有金矿 188 处[①]；吉林省有金矿 45 处[②]；在黑龙江省，"山川绵亘，矿产甚多，尤以金矿著称，煤次之，铁又次之"[③]。黑龙江省的金矿主要有漠河金矿、都鲁河金矿、吉拉林金矿、呼玛河金矿等。日本对东北金矿资源的调查主要是通过"满铁"进行的。为了鼓励日本在东北的产金行径，"满铁"建立后不久就制定了《满铁产金奖励设施纲要》，其主要内容为：1. 为了鼓励产金，通常给予大量贷款，大力进行探矿，增加金矿石的供应。2. 根据需要贷给凿岩机，援助探矿及采掘。3. 在矿业课（后为调查部矿山调查部门）增配采金技术员，对中小产金业者在技术上进行各种现场指导。4. 关于搬运矿石，谋求铁路总局的支援。5. 关于新设和扩充冶炼所选矿场，因需要特殊援助，所以要考虑提供资金和技术。[④] 在这一纲要的指导下，日本对东北进行了大规模的金矿调查。在九一八事变前，日本在东北调查的金矿、调查人及调查时间主要如下：柴河堡金矿（木户忠太郎等，1914 年 7 月）、五凤楼金矿（针尾庆次，1915 年）、海城金矿（白男川泰辅，1915 年 12 月）、分水金矿（木村六郎，1927 年 8 月）、狗奶甸子金矿（矢部茂，1930 年 8 月）、夹皮沟金矿（木村六郎、矢部茂，1926 至 1928 年）、黑河附近金矿（矢部茂，1931 年 5 月）。[⑤] 当时在"满铁"下设地质调查所。该调查所原是为开采抚顺煤矿而设立的事务

---

① ［清］徐世昌等编纂、李树田等点校：《东三省政略》，吉林文史出版社 1989 年版，第 1596 页。

② ［清］徐世昌等编纂、李树田等点校：《东三省政略》，吉林文史出版社 1989 年版，第 1633 页。

③ 张伯英总纂、崔重庆等整理：《黑龙江志稿》，黑龙江人民出版社 1992 年版，第 1069 页。

④ ［日］满史会编：『满州开发四十年史』下卷，满州开发四十年史刊行会，1964 年，第 247 页。

⑤ ［日］满史会编：『满州开发四十年史』下卷，满州开发四十年史刊行会，1964 年，第 247—248 页。

所，在此调查暂时告一段落后，"进行了更广泛的满洲矿产地调查，以确定其地质和经济价值，其调查范围逐渐又扩展至蒙古东部，并以一部分力量对南满洲进行了调查"①。显然此调查所主要为日本进一步侵占东北的矿产资源做充分的调查摸底。这期间该调查所曾调查夹皮沟金矿。在1926年调查所还对黑龙江省汤原县梧桐河的砂金矿进行调查，通过调查确定了其开发价值。② 另外，根据"满铁"矿业部矿业课1916年11月至1917年6月的调查，认为"南满洲"的产金地主要集中于"关东州"、奉天省南部诸地区（盖平、海城、岫岩、庄河、凤城各县）、柴河流域、海龙城山城子附近、兴京附近、通化桓仁宽甸附近、松花江上流地区、"间岛"、辽西等地，这些地方每年产金价值约30万元。③ 可见，"满铁"对东北金矿进行了详细调查，为日本下一步的资源侵占做了充分准备。

东北丰富的金矿资源引起日本的垂涎，故日本在其羽翼未丰之际就急不可耐地染指东北的金矿。在清末，日本在日俄战争后接收了俄国在东北的部分权益，其中就包括对部分矿产资源的开采。在1909年7月中日两国签订《东三省交涉五案条款》，其中商定：安奉铁路沿线及"南满洲"铁路干线沿线矿务，除抚顺、烟台外，即应按照光绪三十三年即明治四十年东省督抚与日本国总领事议定大纲由中日两国人合办。④ 在此日本以合办之名行掠夺中国东北矿权之实，采取借尸还魂的障眼法。民国建立以后，日本于1915年1月18日借袁世凯称帝之机向其提出"二十一条"要求，其中要求获得"南满洲"及东部内蒙古各

---

① ［日］南满洲铁道株式会社编：『南满洲铁道株式会社十年史』，原书房，1919年，第904页。
② ［日］南满洲铁道株式会社编：『南满洲铁道株式会社第二次十年史』，原书房，1928年，第1269页。
③ ［日］南满洲铁道株式会社矿业部矿务课编：『最近满洲矿产物概况』，1917年，第25页。
④ 田涛主编：《清朝条约全集》，黑龙江人民出版社1999年版，第1668页。

矿的开采权。① 5 月，袁世凯为在称帝问题上获得日本的支持接受了包括该条款在内的大部分条款。同年 5 月 25 日，双方又签订《关于南满洲及东部内蒙古之条约》（亦称"民四条约"），关于此条约中国外交部在致日本公使照会的换文中称："日本国臣民在南满洲下各矿，除业以探勘或开采各矿区外，速行调查选定，中国政府即准其探勘或开采，但在矿业条例确定以前，应仿照现行办法办理。"② 在其后又列举了准许日本开采的十座矿山，其中包括桦甸县的夹皮沟金矿。可见，此时日本已经开始觊觎中国的夹皮沟金矿。此后，为了发展吉黑两省的金矿和森林事业，民国政府和日本政府于 1918 年 8 月 2 日签订《吉黑两省金矿及森林借款合同》，通过中华汇业银行从日本借款日金 3 000 万元，并以吉黑两省的金矿和国有森林及它们所生之政府收入作为本借款金付还本息之担保。其中还规定在合同有效期内，关于此条金矿、国有森林及其收入拟由他人借款时应预先与日本商议。③ 这将使日本在一定程度上控制吉黑两省的金矿和国有森林的开采权。同日民国农商总长田文烈④和财政总长曹汝霖⑤在致中华汇业银行的函文中称："为使采金局及森

---

① 王芸生编著：《六十年来中国与日本》第六卷，生活·读书·新知三联书店 2005 年版，第 76 页。

② 王芸生编著：《六十年来中国与日本》第六卷，生活·读书·新知三联书店 2005 年版，第 268 页。

③ 中日条约研究会编印：《中日条约全辑》，1932 年版，第 582—584 页。

④ 田文烈（1853 年—1924 年），字焕亭，亦作焕廷或焕霆，湖北汉阳新农镇人。晚清廪贡生，曾任县知事、知府、直隶巡警道、通永镇总兵、正参议、道员、陆军部副大臣、北京政府总统府军事顾问、代理山东民政长、河南民政长兼会办河南军务、护河南都督、河南巡按使、河南将军、河南省省长、陆军左侍郎、农商总长、内务总长兼农商总长、交通总长、内务总长等职。1924 年 11 月 12 日在北京病逝。著有《拙安堂诗集》。

⑤ 曹汝霖（1877 年—1966 年），字润田，新交通系首领，早年留学日本法政大学。在清末曾任外务部副大臣。民国建立后曾任外交次长、交通总长、外交总长、交通银行总理、财政总长、中国通商银行总经理、天河煤矿公司总经理、中国实业银行总经理、井陉和正丰煤矿公司董事长、张作霖军政府财政委员会委员长、冀察政务委员会委员等职。日本占领华北后，被动挂上伪华北临时政府最高顾问、华北政务委员会咨询委员等虚衔，但并未给日本人出力。1966 年 8 月 4 日逝世于美国底特律。

林局各达其目的，以巩固本借款偿还之财源起见，拟聘用日本人技师，俾赞襄各该两局之事务，其佣聘合同另定之。"① 为了开发上述事业，在东北建立采金局和森林局，但聘用日本技师显然有利于日本干涉和染指上述事业。此后，由于在中国掀起了要求取消本借款契约的运动，本借款权实际上处于一纸空文的状态。②

在这一时期，日本主要对夹皮沟金矿进行了有效的渗透。夹皮沟金矿发现于1825年，当时由采金把头韩效忠经营，此后此矿一直由韩家开采和控制。在韩家第三代"韩登举时代，夹皮沟金矿矿照就被不法商人王奉庭骗走，后又由日本奸商丰八十一转卖给江苏商人蒋嘉琛和日本人林正次"③。为了重新开采该矿，韩家说服蒋嘉琛同意放弃该矿开采权，但此时蒋商的合伙人林正次却下落不明。当时"满铁"吉林分所所长吉原大藏主动找到韩家，表示愿意提供帮助代为寻找，后在青岛找到林正次。双方经过一个多月的讨价还价，韩家以偿付一切费用为代价，与林正次和蒋嘉琛办理了交接手续。吉原也由此取得韩家的信任。此后，韩家成立兴吉林业公司，韩家与"满铁"代表吉原大藏签订批卖道木（即铁路枕木）的合同。合同规定由"满铁"向韩家提供60万元贷款，韩家逐年向"满铁"提供一定数量的道木作为补偿。但此后韩家提供的道木"满铁"却借故不要，故韩家欠下"满铁"巨款，这使韩家此后不得不受制于"满铁"。此时，韩家经济陷于窘境，并欠下

① 中日条约研究会编印：《中日条约全辑》，1932年版，第585—586页。
② ［日］門倉三能：『北満金鑛資源・外蒙古金鑛資源・新疆金矿石油資源』，丸善株式会社，昭和11年，第28页。
③ 瞿林祥主编：《黄金王国的兴衰——韩边外祖孙四代纪实》，吉林摄影出版社1997年版，第225页。

前吉林督军鲍贵卿①巨债。为了缓解危机，韩家决定开采夹皮沟金矿。但金矿已停采多年，积水严重，坑木腐烂，单靠人力已无法开采。在此情况下，韩家轻信"满铁"的谎言，多次聘用日人技师到夹皮沟采验矿苗和使用机械排水，并向"满铁"抵借日款。根据1927年8月25日日本驻吉林总领事馆出具的证明书，"姜渭卿（韩家老臣，笔者注）以韩家土地契据及加（夹）皮沟金矿执照作为抵压，借得'满铁'现金二百万元，缔结契约，已于本馆登记在案。此事属实"②。"韩绣堂（韩家第四代族长，笔者注）为了搞该金矿排水调查，从'满铁'借用技师属实。"③ 此事在当时引起轩然大波，并引起吉林省省长张作相的过问。直至1928年2月8日韩绣堂向政府呈缴了原农商部颁发的夹皮沟采矿执照，此事方才告一段落。但韩家聘用日本技师使"满铁"获得夹皮沟金矿的大量一手资料，为其将来的全面吞并提供了条件；而从"满铁"借贷巨款，也为后来出让金矿埋下伏笔。

二、伪满时期东北的黄金工业

九一八事变后，日本占领整个东北，此后日本对东北的黄金资源进行了疯狂的占有。这一时期，日本主要奉行调查与侵占相结合，以侵占为主、调查为辅，并通过特殊会社开采东北黄金资源的政策。事变后，日本首先对东北现有的黄金器物进行没收。当时没有投降的奉系官僚将领们的个人财产被日军洗劫一空，他们的财产作为"逆产"被全部没收。1931年9月19日上午6时10分，日军包围张学良私邸。"所有张

---

① 鲍贵卿（1867年—1934年），字廷九（霆九），辽宁海城（又一说为大洼县）人。曾任直隶陆军第二师第四旅旅长、安徽芜湖大通司令官、芜湖镇守使兼第三混成旅旅长、北京陆军讲武堂堂长、黑龙江督军、吉林督军、陆军总长、东省铁路公司督办事宜、故宫博物院管理委员会委员、审计院长等职。

② 李树田等编：《韩边外》，吉林文史出版社1987年版，第212页。

③ 李树田等编：《韩边外》，吉林文史出版社1987年版，第212页。

副司令私邸一切贵重物品，均被日军夜间用载重汽车运走。二十年来之珍藏抢掠一空"[1]，内含大量金银器物。东北边防军司令长官公署参谋长荣臻[2]的住宅也受到日军的特别注意，其财产箱柜被分装4辆载重大汽车运走。[3] 其他如吉林省政府主席张作相、黑龙江省政府主席万福麟[4]、热河省政府主席汤玉麟[5]、前辽宁省财政厅长张振鹭[6]、奉天市长

① 陈觉编著：《"九·一八"后国难痛史》，辽宁教育出版社1991年版，第43页。

② 荣臻（1889年—1960年），河北枣强人。毕业于保定陆军军官学校和陆军大学，曾任东北陆军第一师第四十三旅旅长、东北第四方面军第十七军军长、东三省保安司令部军事厅中将厅长、中国国民党编遣委员会第五编遣区办事处副主任委员、东北边防军司令长官公署中将参谋长等职。1932年8月19日，任国民政府军委会北平分会委员、常务委员。日军占领华北后，荣臻向日军投降。曾任汪伪军事委员会委员、汪伪军事委员会主任委员、伪华北政务委员会剿共委员会委员长、伪华北政务委员会特别法庭华北分厅厅长、伪华北治安总署中将副署长、伪华北治安军中将副总司令、伪河北省省长、伪华北政务委员会保定绥靖公署主任等职。新中国成立后，被中国共产党作为统战人士对待。1960年于北京病逝。

③ 孔经纬、傅笑枫：《奉系军阀官僚资本》，吉林大学出版社1989年版，第102页。

④ 万福麟（1880年—1951年），字寿山，吉林农安人，奉系将领。曾任东北陆军第十七师师长兼骑兵军副军长、黑龙江保安司令、第八军军长兼第十七师师长、黑龙江军务督办及省司令、东北边防军司令长官公署副司令长官、黑龙江省政府主席、东北政务委员会委员、军事委员会北平分会常务委员、陆海空军副总司令部参议、华北第四军团总指挥兼第五十三军军长、军事委员会北平分会副主任等职。抗战中后期万福麟多任闲职，既无实权，也无兵权。抗战胜利后，万福麟任国民政府顾问、国民政府主席东北行辕副主任、东北"剿匪"总司令部副总司令等职。1949年去台湾，任"全国政治咨询委员会"委员、"总统府"国策顾问，1951年7月15日在台中病逝。

⑤ 汤玉麟（1871年—1937年），字阁臣、阁忱，直隶朝阳人，奉系将领。绿林出身，清末曾任奉天前路巡防马队营管带。民国建立后曾任第二十七师骑兵第二十七团团长、第二十七师第五十三旅旅长、东边镇守使兼右路巡防队统领、第十一混成旅旅长、第七混成旅旅长、第十一师师长、安国军第十二军军长、热河都统兼保安司令、热河省政府主席兼第三十六师师长、东北政务委员会委员、首都建设委员会委员、北平政务委员会委员、军事委员会北平分会委员、第五十五军军长等职，1937年病逝于天津。

⑥ 张振鹭（1896年—1971年），字蕙若，名英荃，辽宁开原人。曾任奉天陆军第八混成旅一等军需、军需处处长，东北军第三军团司令部兵站处处长，直隶第十五统税局局长，张家口、杀虎口、多伦税务监督，东三省官银号会办、督办，奉天省财政厅厅长，东北政务委员会财政处副处长，辽宁省政府委员兼财政厅厅长，印花税处处长，东北火柴专卖局局长，东北边防司令长官购置委员会委员长，北平财政整理委员会常务委员兼审计组主任，河北井陉矿务局局长，冀察政务委员会经济委员，国民政府主席东北行辕经济委员会委员，东北行辕政治委员会委员，东北"剿匪"总司令部政务委员会委员。后去台湾，侨居日本、巴西。1971年11月8日病逝，著有《九一八事变时的臧式毅》。

李法权等人的财产亦被没收,内中金银器物均被洗劫。另据资料显示,日军"查抄了以张学良帅府为首的几家大军阀家的全部金条和现大银元,仅张家就抄查了金条二十多箱,现大银元四十多箱,还有珠翠钻石首饰"①。同期,日军还劫掠东北的银行。在边业银行,张学良寄存于内的大量黄金和古董刻丝画等全被劫夺。② 东三省官银号于1931年9月19日上午11时被日军占领,库存的66万斤黄金和200万元现洋等被日军劫走,③ 该行共损失现金、存放款、公债、各类准备金等共计约43 471.76万元。④

1932年3月,伪满洲国政府成立。日伪政府先后颁布《满洲国经济建设纲要》(1933年3月1日)、《重要产业统制法》(1937年5月1日),日本政府也制定了《日满经济统制方案纲要》(1935年3月30日),逐步将采金业纳入国策会社的控制之下,强化了日本对东北采金业的垄断。为了尽快占有东北的黄金资源,日本陆军于1932年3月10日制定了《满洲国金矿开发意见书》,在其方针中规定:要以各金矿为中心建立大的"租借地",设置中央银行直辖的采矿机关,配置由邦人(日本人,笔者注)组成的屯垦兵,并利用航空进行运输。⑤ 按此方案,日本欲完全吞并东北的金矿资源,而且为了提高掠夺效率,甚至使用航空运输手段。1935年8月1日,伪满政府公布《矿业法》,其中规定:"矿业权者在矿区内获得许可则有权采掘矿物。"⑥ "租矿权者在支付矿

---

① 赵瑞馥:《沈阳五十年中的金银业》,载中国人民政治协商会议辽宁省委员会文史资料研究委员会编:《辽宁文史资料》第十二辑,辽宁人民出版社1985年版,第110—111页。

② 孔经纬、傅笑枫:《奉系军阀官僚资本》,吉林大学出版社1989年版,第102页。

③ 孔经纬、傅笑枫:《奉系军阀官僚资本》,吉林大学出版社1989年版,第116页。

④ 陈觉编著:《"九·一八"后国难痛史》,辽宁教育出版社1991年版,第66页。

⑤ [日]『満洲国金鑛開発意見書』,アジア歴史資料センター:レファレンスコード,C13010389500,防衛省防衛研究所。

⑥ [日]東洋協會調査部:『満洲国鑛業の現勢』,東洋協會,1936年,第40頁。

业权者租金后则有权在矿区内采掘矿物。"① 且规定伪满洲国的金矿适用于该法。这些都对伪满的金矿开采产生重要影响。这一时期日本主要通过特殊会社对东北的黄金资源进行掠夺。在伪满建立之初曾建立"北满洲金矿株式会社"，以"北满"漠河为中心在面积约 1 000 平方里的广阔矿区内开采砂金。"但是此会社不是建立在专业的基础上，没有取得很好的成绩，后作为泡沫会社而消失。"② 此后的"满洲采金株式会社"则成为日本掠夺东北金矿资源的中坚。该会社是 1934 年 5 月由伪满洲国政府出资 500 万元（其中 235 万元为实物出资），"满铁"出资 500 万元和东拓（东洋拓殖会社）出资 200 万元共同设立的国策会社。"其主要业务为山金和砂金金矿的采掘精炼、对采金事业者的资金借贷、其他器具的借贷、关于指导奖励的事项、精金砂金的买卖及其他相关事业。其事业地域的范围是除通化省的大部和奉天、安东、热河、锦州四省之外的九省八十八县、十一旗，包括中部及北满几乎全部的产金地。"③ 它基本上垄断了"北满"的采金事业。"满业"成立以后，它取代"满铁"对采金会社的出资份额。采金会社亦将少量矿区转给作为"满业"子公司的"满洲矿山株式会社"。1938 年，伪满政府取代"满业"和东拓的出资份额，会社成为由政府全额出资的公司。"后来逐渐增资，1942 年资金达 8 000 万日元，采金企业拥有 30 多艘采金船，实行机械采掘。"④ 在其鼎盛时期，其直接经营的矿业所达 15 个，承包

---

① ［日］東洋協會調查部：『満洲国鑛業の現勢』，東洋協會，1936 年，第 47 頁。
② ［日］赤瀬川安彦：『砂金の宝庫』，満洲回顾集刊行会编：『あ，満洲——国つくり産業開発者の手記』，農林出版株式会社，1965 年，第 261 頁。
③ ［日］瀬沼三郎编辑：『満洲国現勢（1938 年版）』，満洲国通信社，1938 年，第 461—462 頁。
④ ［日］満史会编：『満州開発四十年史』下卷，満州開発四十年史刊行会，1964 年，第 249—250 頁。

金厂 20 多个，采金工人约 2 万人。1942 年该会社开采的矿区主要有紫阳矿（"牡丹江省"绥阳县）、泥鳅河矿（"黑河省"瑷珲县）、达拉罕矿（"黑河省"呼玛县）、兴隆矿（"黑河省"呼玛县）、三分处矿（"黑河省"呼玛县）、乌拉嘎矿（"三江省"佛山县）、黑背矿（"三江省"勃利县）、乌玛矿（"兴安北省"）。① "满洲采金株式会社"除直营矿区外，还根据形势需要，将其事业区域内的部分金矿租给其他会社开采。1943 年 12 月该会社解散。

在"南满"，主要由"满洲矿业开发株式会社"（简称"满洲矿发会社"）获得了金矿经营权。1934 年 8 月 1 日，伪满政府以第 90 号敕令颁布《满洲矿业开发株式会社法》，基于该法设立本会社作为"全满"矿业开发强有力的实行机构。② 该社的主要业务包括：矿产资源的调查及探矿；矿业权的取得及租矿权的设定；制造与冶炼；对矿业及冶炼事业的投资、融资及金融保障；经"产业部"大臣认可的前项附属事业。③ "该会社不从事直接经营，而是设定租矿区，由一般民间业者经营。"④ 即"满洲矿发会社"一般将金矿租与其他会社进行开采，它只收取租金。至此，日本通过"满洲采金株式会社"和"满洲矿发会社"基本控制了整个伪满洲国的金矿经营权。

伪满时期，除"满洲采金株式会社"外，其他部分会社也承担了部分矿区的采金事业，在 1942 年主要情况如下：

从事山金开采的有："满洲矿山株式会社"，开采的矿山有夹皮沟

---

① ［日］满史会编：『満州開発四十年史』下卷，満州開発四十年史刊行会，1964 年，第 251—252 頁。

② ［日］满洲国通讯社：『満洲国現勢』，満洲国通讯社，1941 年，第 433 頁。

③ ［日］满洲国通讯社：『満洲国現勢』，満洲国通讯社，1941 年，第 433 頁。

④ ［日］满洲国史编纂刊行会编：『満洲国史（各論）』，満蒙同胞援護会，1971 年，第 597 頁。

金矿、倒流水矿（热河省兴隆县）、分水矿（奉天省海城县）、开山屯矿（"间岛省"和龙县）、老金厂矿（吉林省桦甸县）、金厂沟梁矿（热河省朝阳县）、城北矿（热河省青龙县）、牛心山矿（热河省兴隆县）；"满洲矿业株式会社"，开采的矿山有清原矿（奉天省清原县）、苍石矿（奉天省清原县）、青龙矿（热河省青龙县）、峪耳崖矿（热河省青龙县）、五台山矿（热河省围场县）；热河开发株式会社，开采五家子矿（"锦州省"朝阳县）和狮子岭矿（热河省承德县）；延河金矿株式会社，开采太平矿（"间岛省"延吉县）；金厂矿业株式会社，开采金厂矿（"通化省"通化县）；清水矿业所，开采元宝矿（"安东省"安东县）；热河产金株式会社，开采平泉矿（热河省宁城县）；人见矿业所，开采化洞沟矿（奉天省本溪县）；"满洲铜铅株式会社"，开采马鹿沟矿（奉天省本溪县）；大矢合名，开采砂金沟矿（奉天省本溪县）；东亚矿山株式会社，开采叶柏寿矿（热河省建平县）；"满洲矿业开发株式会社"，开采分水矿（奉天省海城县）和奉天矿（奉天市）。从事砂金开采的有："间岛矿业株式会社"，开采珲春矿（"间岛省"珲春县）；昭德矿业株式会社，开采八面通矿（"牡丹江省"穆棱县）；珲春砂金株式会社，开采珲春矿（"间岛省"珲春县）；"满洲矿山株式会社"，开采小石头矿（"三江省"桦川县）、春化矿（"间岛省"珲春县）和穆棱矿（"牡丹江省"穆棱县）。[①] 可见，伪满时期日伪对东北黄金事业地开采遍布东北各地，会社数量也较多，这主要是为了最大限度地开采东北的黄金资源，以满足日本对外侵略战争的需要。

这一时期，日本也加紧对东北金矿资源进行全面调查。1933 年 1

---

① ［日］满史会编：『満州開発四十年史』下卷，满州開発四十年史刊行会，1964 年，第 251—252 頁。

月，关东军司令部特务部内设立"满洲采金事业调查部"，专门进行"满洲"采金事业的调查研究，并组织了调查班。[①] 调查班从 1933 年 5 月至 10 月对吉林省和黑龙江省的金矿进行详细调查。主要调查了砂金的埋藏区域、当地人的采金方法、金矿局的经营方法，并计算了含金率和埋藏量等，顺利达到调查目的。[②] 值得一提的是，调查班配备了警备队，由预备役军官组成，配备迫击炮、机关枪、步枪、手枪等武器。[③] 这一方面说明当时东北治安混乱，显然这与日本的侵略不无关系；另一方面，也昭示了日本对东北金矿资源的武装强占性质。

另外，1934 年 6 月至 10 月间，日本组织了"北满金矿资源调查班"，对以夹皮沟金矿为首的山金矿床进行详细调查。除夹皮沟外，还对板庙子、王八脖子、热闹沟、头道岔、大线、四道岔、五道岔、聚宝山、东山、八家子等 10 处山金矿床也进行了调查，[④] 获取了关于东北金矿的重要经济情报。

这一时期，日本对东北的金矿展开调查，这些金矿和调查内容主要包括：王家大沟金矿（1932 年 8 月，牛丸周太郎），大庙沟金矿（1932 年 10 月），通化七道沟金厂（1932 年 10 月），"北满"砂金产地调查（1933 年，羽田重吉，主要包括梧桐河、都鲁河地区），分水金矿（1937 年 12 月，内野敏夫），珲春土门子砂金调查（1935 年 3 月，矢部茂），三道沟砂金调查（1936 年 6 月，内野敏夫），劳泥洼子、平泉、

---

① ［日］里见甫：『満洲国現勢』，満洲国通信社，1936 年，第 402 頁。

② ［日］竹内正辰：『満州採金事業調査部の経緯』，満洲回顧集刊行会編：『あ，満洲——国つくり産業開発者の手記』，農林出版株式会社，1965 年，第 174 頁。

③ ［日］竹内正辰：『満州採金事業調査部の経緯』，満洲回顧集刊行会編：『あ，満洲——国つくり産業開発者の手記』，農林出版株式会社，1965 年，第 173 頁。

④ ［日］門倉三能：『北満金鑛資源・外蒙古金鑛資源・新疆金矿石油資源』，丸善株式会社，昭和 11 年，第 262 頁。

丰宁、青龙、专山子金矿（1934 年 9 月，矢部茂；1937 年 1 月，内野敏夫；1937 年 2 月，矢部茂；1937 年 12 月，矢部茂）等。

事实上，在九一八事变前，"满铁"对东北金矿的调查还忌讳于中国政府，故多在遮遮掩掩中进行。而九一八事变后，由于有伪政权的强力支持，此类调查往往大张旗鼓、无所顾忌，其取得的资料也更完备、更系统，这也为其全面侵占中国东北的金矿资源提供了重要情报。

三、日伪对东北黄金工业的掠夺

伪满时期，日伪对东北黄金工业的掠夺主要体现在以下三个方面：

（一）扼杀了东北的民族产业。民国时期，东北的金矿开采业有了很大的发展，这些矿业多为民办（商办），也有一部分属于官商合办或官办。在奉天省，清原县裕民金矿曾由郭松龄①开办，1929 年改由陶伟铎承办。1930 年桦川县有太平岭金矿和梨树沟金矿，两矿矿区面积共计 420 亩，属官商合办。② 辑安县（今集安市）实马川金矿原为矿商江云章于民国元年（1912 年）呈请开采，1931 年由张学良、王正黼、吴常安等人出资转移矿权。③ 德源金矿，位于黑河一带，民国 15 年（1926 年）开办，商股 5 万元。④ 延和金矿，位于延吉县西北 60 里，朝阳七道沟下游，为官商合办。奇漠金矿，位于黑河地区，清末为黑省官办，民国 8 年（1919 年）为广信公司商办。另外，在吉林省 1921 年以

---

① 郭松龄（1883 年—1925 年），字茂宸，沈阳市东陵区深井子镇人，奉系将领之一。曾任北京讲武堂教官、粤赣湘边防督办参谋、广东省警卫军营长、韶关讲武堂教官、东三省陆军讲武堂战术教官、奉军参谋长兼第二团团长、奉军第八旅旅长、奉军第三军副军长、京榆驻军司令部副司令等职。1925 年反奉失败后被枪杀。

② 马尚斌：《奉系经济》，辽海出版社 2000 年版，第 87 页。

③ 陈真编：《中国近代工业史资料》第三辑，生活·读书·新知三联书店 1961 年版，第 1167 页。

④ 东北文化社年鉴编印处编：《东北年鉴》，东北文化社 1931 年版，第 1218 页。

前领有采照者金矿 6 处，领有探照者金矿 3 处。① 由以上可知，民国时期东北的金矿多为商办，且数量较多，并取得一定成绩。其中，有的虽然属于军阀控股，如郭松龄和张学良等人，但对于繁荣民族经济和促进地区经济发展是有一定成效的，对于推动东北地区的工业近代化也有一定作用。但此后九一八事变强行打断了这种发展进程。伪满建立后，日伪政府相继公布相关法令将这些金矿收归特殊会社经营，对此前文已述，在此不再赘言。对于此种强取豪夺，曾任伪满文教部大臣并兼任协和会中央本部副本部长的卢元善②战后供认，1934 年春天成立了采金会社，政府派人到黑河，"出布告说，'沿黑龙江产金地带，都由皇帝陛下给采金会社了'。教各金厂交矿照与采金会社。逢源金厂及其它小金厂都没出头反抗，惟兴安金厂主徐程九抗违"③。后经卢元善劝告，徐程九也被迫交照弃权。"省旧有的观都金矿局虽已停办，把金矿局在佛山县的房屋及采金船一个都交给采金会社了，于是各金厂都无条件交照弃权，各厂共约受二百万元损失。"④ 可见，日本依靠伪政权的力量将商办的金矿强制兼并。

另外，该时期日本对夹皮沟金矿的吞并颇具典型性。在夹皮沟金矿，韩家因欠下"满铁"和鲍家巨额债务，经济上陷入困境。"满铁"眼见时机成熟，便开始逼债。为逃避公众舆论，日本指使"满铁"的

---

① 马尚斌：《奉系经济》，辽海出版社 2000 年版，第 86 页。

② 卢元善（1888 年—1959 年），字仰三，奉天金州人。早年曾留学日本，伪满时期曾任伪满军政部高级秘书，黑龙江省实业厅厅长、民政厅厅长、专卖局局长，"三江省"省长，伪满国务院总务厅次长，伪满文教部大臣。1945 年 8 月，卢元善被苏军俘获后押送苏联境内囚禁，后被押送回国，1959 年 2 月病故于抚顺战犯管理所。

③ 中央档案馆编：《伪满洲国的统治与内幕——伪满官员供述》，中华书局 2000 年版，第 296 页。

④ 中央档案馆编：《伪满洲国的统治与内幕——伪满官员供述》，中华书局 2000 年版，第 297 页。

外围组织大同殖产株式会社（以下简称大同殖产）向韩家索债。万般无奈之下，韩家于 1933 年 12 月 23 日同大同殖产签订让渡契约，其中规定："韩家将其在桦甸所有的领域之内，无论土地、林场、矿山等主权之全部，附于条件而让渡于大同殖产株式会社，由该会社与韩家合办经营之。"[1] "对此权利之让渡，大同殖产株式会社对韩绣堂交付现款七十五万元，以及其他应负担之股票五十万元。"[2] 此后，大同殖产正式入驻夹皮沟金矿。在此背景下，日本组织了"北满金矿资源调查班"，并对夹皮沟金矿进行详细调查。但此后，韩家与大同殖产发生纠纷。大同殖产因资金枯竭，仅陆续支付韩家 23 万余元，其余的 50 余万元现金和 50 万股未能兑现。且大同殖产在经营上述产业期间从未向韩家提出过报告，也从未清算过账目，这明显违背当初的让渡条款。1935 年 8 月 13 日，韩家再次与大同殖产签订契约，其中规定："再确认韩家将其所有的财产，完全任于大同殖产株式会社之管理与经营权。"[3] "再确认大同殖产株式会社及韩绣堂二者在大同二年十二月二十三日，于吉林韩家所签订的契约。"[4] 至此，韩家对上述产业的经营由"合办经营"变为由大同殖产独自经营。韩家丧失了对包括夹皮沟金矿在内的桦甸产业的经营主权。此后，韩锦堂（韩绣堂的堂兄，曾任韩家的代理族长）又与日本资本家村山卯太郎签订密约，将韩家的 236 张土地大照卖予村山。至此，韩家的主权和产业完全丧失。大同殖产完全占有夹皮沟金矿

---

①　瞿林祥主编：《黄金王国的兴衰——韩边外祖孙四代纪实》，吉林摄影出版社 1997 年版，第 244 页。

②　瞿林祥主编：《黄金王国的兴衰——韩边外祖孙四代纪实》，吉林摄影出版社 1997 年版，第 244 页。

③　瞿林祥主编：《黄金王国的兴衰——韩边外祖孙四代纪实》，吉林摄影出版社 1997 年版，第 247 页。

④　瞿林祥主编：《黄金王国的兴衰——韩边外祖孙四代纪实》，吉林摄影出版社 1997 年版，第 247 页。

后，因资金枯竭，无力开发该矿。此后，它正式将夹皮沟金矿转让给"满洲矿山株式会社"。

颇值得一提的是，这一时期日本还严厉打击东北的金银业。民国时期东北的金银业有了很大的发展，其中沈阳萃华金店在沈阳金银业中居于"龙头"地位，拥有良好的品牌效应。它还在哈尔滨、安东（今丹东）等地开设分号，在东北金银业中地位首屈一指。在伪满前期的六年中，日本本土的黄金价格低于沈阳较多，一些日本浪人和朝鲜人则从日本和朝鲜将金条、金块等私下带到沈阳出售，一些金店认为有利可图纷纷购入。这时又发生日本大藏省库存的黄金被盗，于是日本派特务进行侦查，逮捕部分相关的日本浪人和朝鲜人。"经过审讯，供出他等倒卖黄金给沈阳金店的实情，于是沈阳的一场金银业大检举竟在伪康德六年九月张网铺开。"[1] 当时包括萃华金店、增盛和金店、鸿兴金店在内许多金店的负责人均被逮捕，经过审讯后部分人被释放，但萃华金店和增盛和金店的负责人仍被羁押，后经重金贿赂方才被释放。"日寇的这次金银业大检举吓破了金店业者的肝胆，不得已乃在伪满政府的催逼之下，各店纷纷转业，金银业不复存在。"[2] 事实上，东北金银业的繁荣显然不利于日本对东北黄金资源的搜刮，因此，打击东北的金银业是迟早之事，只不过私买日本黄金给了日本一个堂而皇之的理由。经此浩劫，沈阳的黄金业全面破产，东北的黄金业亦陷于瘫痪。另据资料显示，在1938年秋日伪还在"新京"发动大规模的黄金大检举。"在长

---

① 赵瑞馥：《沈阳五十年中的金银业》，载中国人民政治协商会议辽宁省委员会文史资料研究委员会编：《辽宁文史资料》第十二辑，辽宁人民出版社1985年，第112页。

② 赵瑞馥：《沈阳五十年中的金银业》，载中国人民政治协商会议辽宁省委员会文史资料研究委员会编：《辽宁文史资料》第十二辑，辽宁人民出版社1985年版，第112页。

春市由特务科长安井主持此事……没收长春市各金店的黄金五千余两。"① 此番劫难后，"长春市金店和首饰店完全关闭，造成失业人数有五六百人之多。全东北这种营业都被一网打尽，更造成严重失业现象"②。可见，在日本统治下之东北，民族金银业几无立锥之地。

（二）消耗了东北的黄金储备。首先，伪满政府实行的"五年产业开发计划"就体现了对黄金资源的侵占。至 1936 年末 1937 年初，日本在中国东北的殖民统治已经基本稳定。为了深化日本对东北的经济掠夺，并为其进一步侵华做准备，日本对东北的经济政策做了相应调整，出台了"第一次产业开发五年计划"，并于 1937 年 1 月 25 日最后确定。伴随着七七事变的爆发，为了适应新的形势，原有指标已经不能满足需要，伪满政府在日本的授意下在 1938 年 5 月和 1939 年 4 月又分别对计划进行两次修订。其中在黄金资源方面，1938 年 5 月方案计划 1937 年至 1941 年共计生产黄金价值 30 401.2 万元；1939 年 4 月方案计划 1939 年至 1941 年生产黄金价值 22 869.7 万元，1939 年至 1943 年累计生产黄金价值 64 976.9 万元。按照 1939 年 4 月方案需要资金 2.47 亿元。③尽管日本在物资生产方面野心勃勃，但由于战争形势的制约和影响，该计划仅至第三年就陷入严重困境，很多项生产都远未达到指标要求。据原"满铁"地质调查所成员赤濑川安彦回忆："在修订的产业开发五年计划中，从昭和 12 年开始五年间计划合计生产砂金 53 吨，但第一年只

---

①　中央档案馆编：《伪满洲国的统治与内幕——伪满官员供述》，中华书局 2000 年版，第 238 页。

②　中央档案馆编：《伪满洲国的统治与内幕——伪满官员供述》，中华书局 2000 年版，第 239 页。

③　解学诗：《伪满洲国史新编》，人民出版社 2008 年版，第 511 页。

生产了 3 吨，由于各种阻碍未能达到预期产量。"① 可见，此计划以虎头蛇尾收场。尽管如此，在 1941 年夏，伪满当局又着手制定"第二次产业开发五年计划"。按照此计划，伪康德九年（1942 年）计划生产黄金 3 436 吨，伪康德十年（1943 年）计划生产黄金 3 754 吨，伪康德十一年（1944 年）计划生产黄金 3 918 吨，伪康德十二年（1945 年）计划生产黄金 7 107 吨，伪康德十三年（1946 年）计划生产黄金 7 032 吨（这里的"吨"应为"公斤"，笔者注）。② 据此，黄金的生产将逐年增加，并在 1945 年和 1946 年出现迅猛提高。但这只是不顾客观条件的主观臆想罢了。事实上，计划仅完成了一部分。从 1943 年开始，工矿业生产已经开始走下坡路。"因燃料不足，造成停产、半停产的工矿企业不断增加，对于实施整个第二次'产业开发五年计划'一筹莫展。"③至此，从战争物资生产的角度来看，日本的失败已不可避免。

其次，黄金属于不可再生资源，伴随着开采量的增加，其储量会越来越少，有的金矿会逐渐面临枯竭。由于黄金的工业用途、军事用途和在经济上的重要地位，它成为日本发动对外战争的必需品，日本对其需求量巨大，因此疯狂开采。显而易见，在当时情况下开采出的黄金越多，被日本强占的黄金也就越多。根据有关资料显示，1934 年伪满的产金量为 208 362 克，产金额为 541 242 日元；1935 年产金量为 1 316 765 克，产金额为 3 660 848 日元；1936 年产金量为 3 570 884 克，产金额为 10 024 136 日元；1937 年产金量为 3 988 601 克，产金额为

---

① ［日］赤濑川安彦：『砂金の宝庫』，满洲回顾集刊行会编：『あ，满洲——国つくり产業開発者の手記』，農林出版株式会社，1965 年，第 262 頁。
② 中央档案馆、中国第二历史档案馆、吉林省社会科学院合编：《日本帝国主义侵华档案资料选编·东北经济掠夺》，中华书局 1991 年版，第 286 页。
③ 张福全：《辽宁近代经济史（1840—1949）》，中国财政经济出版社 1989 年版，第 440 页。

12 111 197 日元。① 据此，产金量总体上是增长的，这一方面是因为日本完全控制东北后更方便掠夺东北资源；另一方面也是日本对黄金需求量巨大，因而加大侵占的必然结果。另据资料显示，在山金生产方面，1937 年收金量为 11 400 公分，1940 年收金量为 722 236 公分，1941 年收金量为 1 239 892 公分，1942 年收金量为 1 332 688 公分，1943 年收金量为 948 629 公分，1944 年收金量为 1 201 538 公分。② 另外，从各省纯金产量来看，"辽西省""辽东省"、吉林省、黑龙江省、"松江省"、热河省、原"兴安省"合计，1937 年生产山金和砂金 3 186 707 公分，1940 年生产山金和砂金 2 222 853 公分，1941 年生产山金和砂金 2 668 600 公分，1942 年生产山金和砂金 2 797 629 公分，1943 年生产山金和砂金 1 538 255 公分，1944 年生产山金和砂金 1 201 588 公分。③ 可见，从 1943 年开始山金和砂金的产量开始下滑，这主要是由于伪满后期资材缺乏，整个东北的工矿业产量都受到很大影响，黄金亦不例外。

再次，日本大肆侵占东北的黄金资源，并将其中一部分输往日本。在 1943 年 8 月，伪满政府公布《金属类回收法》，将铜、铁等金属回收，以备战争之需，这其中当然也少不了金银等贵金属。据曾任伪满民政部部长和伪奉天省省长的臧士毅④供认，《金属类回收法》特别榨取

---

① ［日］满洲国史编纂刊行会编：『満洲国史（各論）』，满蒙同胞援護会，1971 年，第 599 頁。

② 东北财经委员会调查统计处编：《伪满时期东北经济统计（1931—1945 年）》，1949 年版，（3）—18、（3）—19。

③ 东北财经委员会调查统计处编：《伪满时期东北经济统计（1931—1945 年）》，1949 年版，（3）—24、（3）—25。

④ 臧式毅（1885 年—1956 年），字奉久。早年追随孙烈臣，后受张作霖及张学良赏识，任东三省保安总司令部中将参谋长、辽宁省政府主席等职。伪满建立后任伪民政部部长、伪奉天省省长、伪参议府议长、伪赤十字社总裁等职。战后被苏军逮捕关押于苏联西伯利亚，后被引渡回国。1956 年 11 月病死于抚顺战犯管理所。

了人民所特有的生、熟黄金和白金等金属品。① 曾任伪经济部大臣的阮振铎也供认，《金属类回收法》公布后，征收了大量的铁器和铜器制品，"此外还征收了金、银、白金、水银等物，也都供给日寇使用了"②。这些被搜刮的黄金一部分被关东军使用，还有一部分被直接运往日本。曾任伪满总务厅次长的古海忠之也供认："根据汇兑资金全部卖给日本银行的协定，黄金全部送到日本。满洲国在太平洋战争爆发后不久，着手整理金矿，除了产铜的金矿外，其他金矿全部关闭。因此，对日输送的黄金数量激减，每年大约 600 万元，负责机关是满洲中央银行。"③ 伪满洲国从 1937 年至 1945 年 8 月对日援助物资数量巨大，其中黄金约 580 万元。④ 此外，他还供认，在"五年产业开发计划"期间，伪满对日本也支援了大量物资，其中黄金在 1940 年达 1 500 万元，1941 年是 2 500 万元（2—3 吨）。⑤ 由此可见，大量的黄金被充作战争物资被消耗掉，还有一部分被直接运往日本，这造成东北的黄金储备骤减。显然，这对于战后东北的经济开发和物资生产都是不利的。

（三）残害了东北的金矿工人。在政治上，这些矿工无异于失去人身自由的犯人。在穆棱金矿，从局长、矿长、矿警队队长均由日本人担任，这些组织机构变成了日军掠夺中国黄金资源的政治工具，强制工人

---

① 中央档案馆编：《伪满洲国的统治与内幕——伪满官员供述》，中华书局 2000 年版，第 103 页。

② 中央档案馆编：《伪满洲国的统治与内幕——伪满官员供述》，中华书局 2000 年版，第 149 页。

③ 中央档案馆、中国第二历史档案馆、吉林省社会科学院合编：《日本帝国主义侵华档案资料选编·东北经济掠夺》，中华书局 1991 年版，第 297 页。

④ 中央档案馆、中国第二历史档案馆、吉林省社会科学院合编：《日本帝国主义侵华档案资料选编·东北经济掠夺》，中华书局 1991 年版，第 299 页。

⑤ 中央档案馆、中国第二历史档案馆、吉林省社会科学院合编：《日本帝国主义侵华档案资料选编·东北经济掠夺》，中华书局 1991 年版，第 207 页。

进行掠夺性开采。他们对矿工进行层层压迫，矿工没有集会、言论自由，并用矿警队严厉镇压工人。[①] 在乌拉嘎金矿，工棚区位于沟塘里，四周被围上铁丝网，并设下卡子门。日本警备队和矿警驻扎在南北山上，山上修筑了炮楼，枪眼对准工棚区，工人的一举一动都处于警察的监视之下。工人上工经过卡子门时要检验号牌，检查完号牌后再由把头和稽查送上碃。"干活时，也有把头、稽查看守。收工时，要排队，押到卡子门，再检验号牌。到工棚里，还有把头、稽查看管着。"[②] 号牌如果丢失，矿工将遭到严厉惩罚，轻则挨打，重则丧命。而且，当时伪满政府还确定了"金案犯"罪名，工人在矿上捡东西，或在"官水盆子"涮手都会成为"金案犯"，一旦被抓则一去不复返。可见，中国工人整日生活在恐惧之中。

在经济上，中国矿工遭受日伪当局的无情盘剥。在穆棱金矿，工人们在经济上受到日伪当局的层层盘剥，生活极为困苦。[③] 在乌拉嘎金矿，统领工人们的"大柜""二柜"等层层扒皮似的剥削工人。"在收金时，大秤加'一·五'收，小秤减'一·五'出，即：收金时每两金实际重量为一两一五钱，而用金子打份金时，则为八钱五，里外相差三钱；还用压低成色，扣除零头、'三口穷气、兔子爪一扒拉'的办法，多打出碎金。"[④] "在清缸子时，'一·九'和'二·八'扣，就是每淘一两金把头要分去一钱或二钱；在'打份金'时，又要打好汉股，

① 王广臣：《穆棱金矿的血泪》，载牡丹江市政协文史办公室编：《牡丹江文史资料》第五辑（内部发行），牡丹江市政协1989年版，第146页。

② 顾赠、蔡兰芳：《伪满乌拉嘎金矿》，载孙邦主编：《伪满史料丛书·经济掠夺》，吉林人民出版社1993年版，第382—383页。

③ 王广臣：《穆棱金矿的血泪》，载牡丹江市政协文史办公室编：《牡丹江文史资料》第五辑（内部发行），牡丹江市政协1989年版，第146页。

④ 顾赠、蔡兰芳：《伪满乌拉嘎金矿》，载孙邦主编：《伪满史料丛书·经济掠夺》，吉林人民出版社1993年版，第385页。

扣家什股、铺底股、炊具股、车马股。"① 经过这样的层层盘剥，工人最后拿到手里的钱也大打折扣。即使是工人手里仅有的这点钱，大柜等人也通过商业经营的方式想方设法地搜刮。在小乌拉岛，孙家大柜开办了烟馆、饭店、妓院、烧锅、油坊、铁匠铺等，工人挣得的钱最终都要在这里消费掉。经过此番盘剥，矿工辛苦一年到头来往往两手空空，甚至还欠债。不唯如此，矿工们在生活上也毫无保障，每天都挣扎在死亡线上。在乌拉嘎金矿，很多工人都没有被褥，睡觉枕着木桦子。在冬天，"没有毯子的就拣些洋灰袋子，贴在麻袋片上披着，冻得浑身青一块、紫一块。没有鞋，用麻袋片包着脚，许多人把脚冻坏，成了残废"②。由于生活条件异常恶劣，再加上劳累过度，很多原本身体健康的人都病倒了，甚至客死他乡。

从劳动灾害上看，中国矿工的伤亡率很高。由于日伪政府只追求高产量，不在设施安全方面进行投入，因此致伤致死矿工的事故时有发生。在乌拉嘎金矿，由于大柜不搞安全设施建设，灾害频仍，甚至出现在八个月内乌拉岛由3 000矿工减员至不到1 000人的情况。③ 可见乌拉嘎金矿的伤亡情况非常严重。在朝阳县东五家子乡金矿，"在八九年时间内，全矿共砸死摔死3名矿工，有张家湾的刘殿阳，东五家的何凤祥、高云祥。对死亡的家属给了一点抚恤金"④。在伪满后期，为了继

① 顾赠、蔡兰芳：《伪满乌拉嘎金矿》，载孙邦主编：《伪满史料丛书·经济掠夺》，吉林人民出版社1993年版，第385页。
② 顾赠、蔡兰芳：《伪满乌拉嘎金矿》，载孙邦主编：《伪满史料丛书·经济掠夺》，吉林人民出版社1993年版，第387页。
③ 顾赠、蔡兰芳：《伪满乌拉嘎金矿》，载孙邦主编：《伪满史料丛书·经济掠夺》，吉林人民出版社1993年版，第388页。
④ 周文、韩国瑞、祖焕荣、宫殿臣口述，韩秋记录：《日本侵略者对朝阳县东五家子乡黄金资源的掠夺》，载孙邦主编：《伪满史料丛书·经济掠夺》，吉林人民出版社1993年版，第390页。

续供应大量军用物资，在各种资材不足的情况下，日伪当局采取人肉开采政策，这造成矿山事故频繁发生，工人们的伤亡率很高。

由以上可知，近代以来日本垂涎于东北的黄金资源，民国建立后就开始通过调查和渗透等方式为进一步侵占做准备。九一八事变后，日本放开手脚，公开大肆侵占东北的黄金资源，通过"满洲采金株式会社"和"满洲矿业开发株式会社"基本上垄断了整个东北的金矿经营，从而保证了日伪对东北黄金资源最大限度的强占。日伪对东北黄金资源的侵占贻害深重。首先，它打断了东北工业近代化原有的进程，强行将东北经济纳入其法西斯轨道，挤压甚至扼杀东北的民族产业，从而不利于战后东北民族工业的恢复和发展。其次，它耗费了东北工业发展所必需的大量黄金储备。伪满时期消耗掉大量黄金，而此种消耗不是以东北工业发展为前提的，相反在某种程度上却破坏了东北的工业发展。至于被强行掠夺至日本的大量黄金，不仅和东北的经济发展无关，反而增强了日本的法西斯势力。另外，作为不可再生资源的黄金一旦被消耗掉就难于补充，因此，这不利于战后东北经济的振兴。从此意义上讲，此种危害绵延至今。最后，日本的人肉开采政策造成大量人员伤亡。许多矿工因工终身残疾，或是正值壮年就命丧黄泉，许多家庭妻离子散。从此意义上讲，它给这些家庭成员带来的痛苦是终生的，也是无法弥补的。

第六章　日伪对东北机械工业的统制

第一节　普通机械工业

机械工业，直接肩负着为国民经济各部门提供技术装备和服务的使命，是国力发展的重要标志。而日本侵占中国东北后，把伪满洲国作为其侵华的大基地和提供战争物资的装备部，因此，更加紧对东北机械工业的控制和掠夺，故伪满时期东北的机械工业成为日本掠夺东北资源的重灾区之一。关于机械工业所包含的范围，虽然说法不一，但在民国时期和伪满时期，东北的很多机械工厂既生产机械产品，也生产金属制品，而且生产的金属制品较多，因此很难将铁工厂和机械工厂截然分开，这里遂将铁工业也并入机械工业。目前国内关于此方面的研究成果十分有限①，这些研究对于伪满洲国机械工业政策的本质，即日本对东北机械工业掠夺的论述多一带而过，且多淹没于谈及日本对东北经济掠夺的宏观状况之中，并未做专门论述。而日本方面对工业掠夺问题更是讳莫如深。故此其为本节关注的重点之一。另外，由于兵器工业和飞机

---

① 主要成果有：张福全《辽宁近代经济史（1840—1949）》（中国财政经济出版社 1989 年版），主要对辽宁省机械工业的概况做了叙述。孙瑜《伪满时期日本对东北机械工业的掠夺》[《中国社会科学报》（史学版）2013 年 8 月 21 日]，初步提出了日本对东北机械工业掠夺的问题，但由于报纸篇幅有限，很多问题未能展开。

制造工业具有较强的战略性和高精尖性，而铁路车辆制造业和造船工业
亦包含有较多内容，故另节单独论述，这里所论只包含普通的机械工业
部门。

一、清末民国时期东北的普通机械工业

清朝末年，铁器制造业主要由铁匠炉发展而来，以生产农用工具和
家庭生活用品为主。至 20 世纪初，有些铁工厂扩充为机器厂，可制造
小的机器。1911 年，"营口创建万聚鑫、义顺、广昌、荣记生、万顺等
5 家机器铁工厂，设有从英国、日本购置的机器，各有工人二三十名，
能制造零星的机器、铁具及榨油机器等"①。该时期，奉天也有一些铁
工厂可以制造机器产品，其中包括洋炉、机井机器、酒锅、钱柜、切面
机等。"光绪、宣统年间，奉天省城共有资本金 1000 元以上的铁器制造
业 26 家，资本金共计为 129650 元。"② 可见，奉天的机械工业在这一时
期也有了一定的发展。"光绪、宣统年间，在'关东州'和'满铁附属
地'开设的铁工厂有 11 家，其中 9 家是日本人经营的。生产机械及修
理，资本金共为 534.41 万日元。"③ 这 11 家工厂为：大连铁工厂、大连
山下铁工所、大连木谷铁工所、旅顺柏木铁工场、川奇出张所大连出张
所、洪兴炉、永发炉、鸟羽洋行铁工场、兴顺铁工场、中村铁工场、铁
岭松野铁工场。此外，在日俄战争后，日本在大连又建立了"沙河口铁
道工场""大连机械制造所""大连汽船会社船渠工场"等资本金超过
10 万元的 10 个工场，规模都比华商工场大。在哈尔滨，铁工业可分为
三种类型。"一为机器电力铁工厂，制造小型机器及零件，如 1898 年开

---

① 辽宁省统计局编：《辽宁经济百年史料》，辽宁省统计局印刷厂 2003 年版，第 270 页。
② 辽宁省统计局编：《辽宁经济百年史料》，辽宁省统计局印刷厂 2003 年版，第 270 页。
③ 辽宁省统计局编：《辽宁经济百年史料》，辽宁省统计局印刷厂 2003 年版，第 271 页。

办的中东铁路哈尔滨总工厂；二为人力铁工厂，制造小农具和从事机器修理业；三为洋铁工厂，俗称洋铁炉，主要用铁片打制铁筒等生活用品。"① 其中主要以人力铁工厂为主，总体上哈尔滨的铁工厂发展得比较缓慢。

这一时期，华商铁工厂以顺兴铁工厂为代表。顺兴铁工厂前身为周家炉，创建于1907年，店主为周文富、周文贵兄弟二人，最初该炉以制造马掌和四轮马车为主要业务。1910年改名为顺兴炉，实际上已由家庭手工业发展成为手工业作坊了。② 这一时期由于其制造的螺旋式榨油机颇受华商欢迎，生产迅速扩大。至1911年春，顺兴炉已发展成为拥有近300名职工的通用机械厂。

民国建立以后，东北的普通机械工业有了进一步的发展。从1914年至1923年，奉天省城开业的铁工厂有23家，资本金为10.79万元。③ 其中规模比较大的有德裕兴、德顺永、永兴铁工厂和永泰盛等。在1912年沈阳有2家比较大的铁工厂，一家是孙雅轩以资本10万元开办的雅轩电镀工厂，制造军刀；另一家是孟绍绥以资本50万元开办的关东铁厂，制造各种机器。④ "1916年，沈阳县有机械厂6家，军刀厂5家。"⑤ 在哈尔滨，"1917年设有义和，1918年设有振东、祥泰、德昌、裕发，1919年设有协昌、金利恒、明远、源吉号。"⑥ 1925年以后，哈埠增设织布厂、针织厂20多处，所用机器多为本地铁工厂制造。而且，

---

① 陈绍楠主编：《哈尔滨经济资料文集》第三辑，哈尔滨市档案馆1991年版，第2页。
② 陈季升、周子恩：《大连顺兴铁工厂兴衰记》，载辽宁省政协学习宣传和文史委员会编：《辽宁文史资料精萃 经济·文化·教育》，辽宁人民出版社1999年版，第116页。
③ 辽宁省统计局：《辽宁工业百年史料》，辽宁省统计局印刷厂2003年版，第273页。
④ 孔经纬：《新编中国东北地区经济史》，吉林教育出版社1994年版，第181页。
⑤ 鲍振东、李向平等：《辽宁工业经济史》，社会科学文献出版社2014年版，第141页。
⑥ 孔经纬：《新编中国东北地区经济史》，吉林教育出版社1994年版，第181页。

当地的铁厂还能制造榨油机、磨料机和江轮等。此外，松花江上航行的船只也多由当地铁厂维修。至东北造船所建立以后，一切轮船主要由该厂包修，当地铁工厂多因此项业务而遭受打击。"所幸年末北部垦荒事业，逐渐发达，垦荒所用农具之需要量与日俱增。因之各铁工厂乃大量制造农具，故铁工厂营业渐趋良好。"[1] 这一时期，哈尔滨的铁工厂情况主要见下表6-1[2]。在拜泉县，1914年有两个铁炉，主要生产一般农家用具，并能修理枪械。[3]

表6-1 哈尔滨的铁工厂概况

工厂名称	资本数（千元）	全年制造品价值（万元）	设立年月	所在地点
民生铁工厂	3	2	1929.4	南马路
聚兴诚铁工厂	5	5	1925.3	南马路
祥泰铁工厂	5	7	1915.7	南马路
祥发铁工厂	1.5	3	1929.6	南马路
积成铁工厂	2	2.5	1912	南马路二道街
振东生铁工厂	1	1	1928.7	南马路三道街
合泰铁工厂	0.5	0.5	1929.5	南马路
裕滨源铁工厂	2	4	1927	八站五柳街
大东铁工厂	1	2	1928.2	八站承德街

这一时期，东北较大的华商铁工厂仍为顺兴铁工厂。至1917年，该厂已有职工近千人。"厂内设备有平床四五十台，加以铆焊用的机床，共达七八十台，以后又增加了铣床。生产的品种、数量、质量，都有显著的增加和提高。经过20余年的光景，以八九十元资金起家的周家炉，

---

① 陈绍楠主编：《哈尔滨经济资料文集》第三辑，哈尔滨市档案馆1991年版，第11页。
② 陈绍楠主编：《哈尔滨经济资料文集》第三辑，哈尔滨市档案馆1991年版，第12页。
③ 孔经纬：《新编中国东北地区经济史》，吉林教育出版社1994年版，第181页。

由于发展得迅速，至 1927 年，固定资金约有 300 万元左右。"① 由于其起步较早，发展较快，且实力雄厚，甚至被称为是东北铁工业之鼻祖。"该厂不但生产油坊所需的成套机器设备，还可以制作矿山用的卷扬机、通风机、抽水机以及其他一般通用机械，是一个产品较为完备的通用机械厂，该厂鼎盛时期拥有固定资产 300 万元，在大连、哈尔滨有两处分厂，此外还涉足矿业和航运业。"② 由于它规模宏大，发展迅速，引起了日本在华势力的妒忌和仇恨。此后，"以满铁为代表的日本经济侵略势力，在银行、商业、矿业、交通运输、机械制造等方面相互配合，形成强大的垄断集团，凭借雄厚的资本和先进的技术，以及专制性质的政治统治，千方百计地限制、摧残、压迫顺兴铁工厂"③。顺兴铁工厂在如此打压下，损失惨重，至 1929 年被迫破产倒闭。此外，大亨铁工厂规模也较大。它由杨宇霆④于 1924 年投资兴办，占地 177 亩，总资本为奉票 160 万元。该厂资金雄厚，技术先进，共有工人 600 余人。该厂"有机器 80 余台，钢钳百余座、铁炉 8 台、锅炉 3 台、汽锤 2 架、起重机 8 台、熔炉 5 台，可生产水管、铁路车辆、铁桥、暖气、锅炉、起重机及普通机械"⑤。

尽管这一时期东北的普通机械工业发展较快，但这些机械工业多为

---

① 陈季升、周子恩：《大连顺兴铁工厂兴衰记》，载辽宁省政协学习宣传和文史委员会编：《辽宁文史资料精萃 经济·文化·教育》，辽宁人民出版社 1999 年版，第 116—117 页。

② 鲍振东、李向平等：《辽宁工业经济史》，社会科学文献出版社 2014 年版，第 141 页。

③ 顾明义等主编：《日本侵占旅大四十年史》，辽宁人民出版社 1991 年版，第 411 页。

④ 杨宇霆（1885 年—1929 年），字邻葛，系北洋军阀执政时期奉系军阀首领之一。日本陆军士官学校第八期步科毕业。历任奉军参谋长、东北陆军训练总监、东三省兵工厂总办、奉军第三和第四军团司令、江苏军务督办、安国军参谋总长、东北政务委员会委员、国民政府委员等职。他反对东北易帜，在张作霖死后在重大问题上和张学良常发生龃龉。1929 年 1 月 10 日晚，杨宇霆和常荫槐（时任黑龙江省省长）被张学良处决，时年 44 岁。

⑤ 马尚斌：《奉系经济》，辽海出版社 2000 年版，第 101—102 页。

日本人所经营。"民国时期辽宁省境内机械工业仍很薄弱，而且95%以上为日本人经营，主要分布在大连、鞍山、抚顺（生产额占93.7%）。"① 在大连，日本在九一八事变前建立了20多家铁工厂，其中规模较大的有株式会社进和商会制铁工厂、大华电气冶金株式会社及大连机械制作所。其中株式会社进和商会于1917年在大连设立工厂。至1920年5月，纳入股份资金达100万日元。"九一八事变前，进和商会的产品不仅满足了东北铁路发展的需要，而且还出口南亚地区。"② 大华电气冶金株式会社始建于1918年3月，主要为日本海军生产优秀的TT号不锈钢。在当时，日本人的工厂多，资金雄厚，技术力量强，在东北市场中很有竞争力。

二、伪满时期东北的普通机械工业

伪满洲国成立以后，日伪政府就颇为重视机械工业的生产，尤其对汽车、飞机等机械工业采取严格的统制政策，对于普通机械工业则相对放开。这一时期机械工业扩张较快。在伪满中期，日伪政权对机械工业中的武器制造业、飞机制造业和汽车制造业的统制进一步加强，这一时期也是机械工业的快速扩张时期。至伪满后期，日伪统治者采取严格的统制政策，将整个机械工业纳入其统制范围中。在这一时期，由于照顾特需和物资紧缺，机械工业迅速衰败。

如果从产品的性质划分，伪满时期普通机械工业大致可分为工作母机、生产机械、农业机械、车辆、电器、计量器械、一般机械、零件等门类，下面择要论述之。

---

① 辽宁省统计局编：《辽宁工业百年史料》，辽宁省统计局印刷厂2003年版，第278页。
② 顾明义等主编：《大连近百年史》下，辽宁人民出版社1999年版，第1097页。

（一）工作母机。伪满时期生产工作母机的工厂主要有以下几家：

1. "满洲工作机械株式会社"，创办于 1939 年 9 月 1 日，前身为 "满洲机械工业株式会社"，主要股东为 "株式会社满洲工厂" 和 "满洲重工业开发株式会社"。1940 年年生产能力为各式车床 600 台，各式铣床 300 台；"八一五" 前月产能力为普通车床 25 台，自动车床 5 台，钻床 10 台，铣床 10 台。① 职工数 1940 年为 740 人，1941 年为 832 人，1944 年为 1 105 人。从产量上看，1940 年生产车床 230 台；1941 年计划产量为车床 240 台，钻床 70 台，旋臂钻床 13 台，铣床 39 台；1942 年计划产量为车床 120 台，钻床 180 台，旋臂钻床 60 台，铣床 74 台，刨床 8 台；1943 年计划产量为车床 180 台，钻床 180 台，旋臂钻床 90 台，铣床 60 台，刨床 12 台；1944 年计划产量为车床 180 台，钻床 90 台，旋臂钻床 120 台，铣床 76 台，刨床 25 台。② "满洲工作机械株式会社" 是当时东北地区比较大的生产工作母机的工厂。

2. "株式会社满洲电元社"，创办于 1940 年 5 月 24 日，专门制造削刀，主要股东为株式会社电元社。1944 年公称资本 300 万元，实缴资本 150 万元；1945 年 6 月使用资本为 238 万元。职工数为 1942 年 192 人，1943 年 290 人。1941 年生产能力为年产车刀 25 万把，1942 年生产能力为年产车刀 35 万把。生产量为 1942 年生产车刀 13.6 万把，焊条 30 吨；1943 年生产车刀 23.4 万把，焊条 25 吨；1944 年生产车刀 100 万把。③

---

① 东北财经委员会调查统计处编：《伪满时期东北厂矿基本资料·工厂篇之二·机械》，1949 年版，第 15 页。

② 东北财经委员会调查统计处编：《伪满时期东北厂矿基本资料·工厂篇之二·机械》，1949 年版，第 15 页。

③ 辽宁省统计局编：《辽宁工业百年史料》，辽宁省统计局印刷厂 2003 年版，第 296 页。

3."株式会社满洲吴制砥所",创办于 1940 年 2 月,主要制造各种砂轮,主要股东为株式会社吴制砥所。1940 年公称资本为 200 万元,实缴资本 150 万元。职工数 1942 年为 165 人,1944 年为 151 人。生产能力 1942 年为年产各种砂轮 1 600 吨,1945 年年产各种砂轮 600 吨。生产量 1941 年为生产砂轮 216 吨;1942 年生产砂轮 288 吨;1943 年生产砂轮 288 吨;1944 年生产砂轮 284 吨,油石 12 吨。[①]

4."抚顺精机工业株式会社",创办于 1939 年 4 月 27 日,主要股东为"满洲原田株式会社"。1939 年 4 月公称资本 100 万元,实缴资本 25 万元,1942 年 2 月全额补齐。职工数 1942 年为 99 人,1943 年为 147 人。生产量为 1941 年生产削刀 1 020 个,螺丝锥 80 个,水龙头 200 个;1942 年生产钻头 5 240 个,铰刀 1 320 个,削刀 2 850 个,切削工具 2 440 个;1943 年生产钻头 18 000 个,铰刀 2 000 个,削刀 9 300 个,切削工具 21 000 个;1944 年生产钻头 65 700 个,铰刀 8 000 个,削刀 8 000个,切削工具 6 200 个。[②]

5. 兴亚工业株式会社,创办于 1939 年 10 月 3 日。该厂股东为张锡丰和刘华英,和前述工厂不同,为民族工业。该厂创办伊始主要以粮米加工为主,1940 年合并了无限公司双合盛商会,扩建了铁工部,遂开始正式制造各种机械。1939 年公称资本 40 万元,实缴 40 万元;1940 年公称资本 80 万元,实缴资本亦 80 万元;1941 年为生产放热器4 920个,手动压力机 1 010 台,4.5 英尺车床 10 台,40 英尺铰床 5 台,18

---

①　东北财经委员会调查统计处编:《伪满时期东北厂矿基本资料·工厂篇之二·机械》,1949 年版,第 17 页。

②　东北财经委员会调查统计处编:《伪满时期东北厂矿基本资料·工厂篇之二·机械》,1949 年版,第 18 页。

英寸钻床 10 台，精谷机 11 台。① 其他的主要工厂还有"菊本锉制作所"（主要股东为菊本三郎）、"株式会社满洲佐藤机械制作所"等。

（二）生产机械。伪满时期生产生产机械的工厂主要有以下几家：

1. "株式会社满洲工厂"，创办于 1934 年 5 月 22 日，主要股东为日本生命保险株式会社、根本富士雄和"满洲重工业开发株式会社"。1944 年公称资本 6 000 万元，实缴资本 5 620 万元，1945 年 6 月可用资本为 7 519.7 万元，为日本财阀资本独占东北机械工业的主要组织。职工数 1940 年为 2 064 人，1941 年为 1 922 人，1942 年为 2 534 人，1943 年为 3 802 人，1944 年为 3 053 人。生产能力 1941 年为 30 吨货车每年 1 440 辆，油桶每年 54 万个，铸铁管每年 3 600 吨，矿山机械 2 500 吨；1942 年为 30 吨货车 355 辆，油桶 51 113 个，钢骨 683 吨，矿山机械 2 023 吨；1943 年为 30 吨货车 473 辆，油桶 51 863 个，钢骨 2 400 吨，矿山机械 1 660 吨，杂机器 4 000 吨；1944 年为 30 吨货车 148 辆，油桶 40 437 个，钢骨 7 200 吨，矿山机械 2 000 吨，杂机器 4 050 吨。② 从以上规模上看，"株式会社满洲工厂"在当时东北机械工业中名列前茅。

2. "满洲铸物株式会社"，创办于 1941 年 6 月，主要股东为"株式会社满洲工厂"。1941 年公称资本为 1 000 万元，实缴资本 625 万元。职工数 1941 年为 996 人。生产量 1941 年为生产锅炉 1 858 吨，散热器 1 810 吨，可锻铸铁 179 吨，炼炭机 42 吨，燃烧机 78 吨，铸铁 1 255 吨，铸钢 1 782 吨；1942 年为生产锅炉 800 吨，散热器 1 002 吨，可锻

① 东北财经委员会调查统计处编：《伪满时期东北厂矿基本资料·工厂篇之二·机械》，1949 年版，第 19 页。
② 东北财经委员会调查统计处编：《伪满时期东北厂矿基本资料·工厂篇之二·机械》，1949 年版，第 23 页。

铸铁 197 吨，燃烧机 35 吨，铸铁 828 吨，铸钢 978 吨。[①] 1943 年 5 月该厂被合并到"株式会社满洲工厂"内。

3. "满洲重机制造株式会社"，创办于 1940 年 5 月 17 日，主要股东为"满洲重工业开发株式会社"和美国麦司脱机械公司。1940 年公称资本为 5 000 万元，实缴资本 5 000 万元，1945 年 6 月可用资本总额 10 962.3 万元。在该公司的资本中，美国麦司脱公司的资本为 1 000 万元。职工数 1940 年为 1 195 人，1941 年为 6 000 人，1942 年为 6 000 人，1944 年为 1 515 人。生产量 1942 年为生产机械类 1 000 吨，辗辊 1 000 吨，锻铸钢品 750 吨；1943 年生产机械类 20 000 吨，辗辊 20 000 吨，锻铸钢品 15 000 吨；1944 年生产钢块 3 045 吨，大型钢片 89 吨；1945 年生产钢块 4 000 吨，大型钢片 200 吨。[②] 从以上规模上看，"满洲重机制造株式会社"在东北机械工业中基本处于魁首地位。

4. "津村制作所"，创办于 1941 年，主要股东为津村登喜。1941 年创办资金为 50 万元。该公司产品为矿山机械及留声机等。1941 年生产矿山机械 13 吨；1944 年生产矿山机械 300 吨，留声机 2000 台。[③]

5. 政记铁工厂，创办于 1938 年 8 月，主要股东为张本政，属于民族工业。1941 年公称资本为 100 万元，实缴资本 100 万元。职工数 1941 年为 249 人，1944 年为 252 人。生产量 1941 年为生产工作母机 40 台，搬运机械 180 台，锅炉 35 台，其他 150 台；1942 年生产工作母机 48 台，搬运机械 268 台，锅炉 60 台，其他 204 台；1944 年生产工作母

---

① 东北财经委员会调查统计处编：《伪满时期东北厂矿基本资料·工厂篇之二·机械》，1949 年版，第 24 页。

② 东北财经委员会调查统计处编：《伪满时期东北厂矿基本资料·工厂篇之二·机械》，1949 年版，第 25 页。

③ 陈国清主编：《东北机械工业资料选编（1945—1954）》，沈阳市工具工业公司印刷厂 1985 年版，第 8 页。

机 31 台，搬运机械 5 台，锅炉 5 台，其他 85 台。[①]

其他的主要工厂还有"株式会社大连机械制作所奉天支店"（主要股东为进和商会、日本车辆株式会社和相生由太郎）、"满洲滚珠制造株式会社"（主要股东为东洋滚珠制造株式会社和丹羽昇）、"株式会社满洲日立制作所"（主要股东为株式会社日立制作所）、"株式会社阜新制作所"（主要股东为"满洲炭矿株式会社"、野村合名会社和大连机械制作所）、"满洲矿机株式会社"（主要股东为大同制钢株式会社）、"株式会社满洲永田制作所"（主要股东为"满洲瓦斯株式会社"）、"株式会社满洲栗本铁工所"（主要股东为栗本勇之助）、"株式会社满山制作所"（主要股东为"满洲矿山株式会社"）、"满洲金属工业株式会社"（主要股东为大阪金属工业株式会社）、"株式会社福寿铁工厂"（主要股东为东洋棉花株式会社）、"株式会社满洲三荣精机制作所"（主要股东为日本三荣精机制作所）、"株式会社满洲松尾铁工厂"（主要股东为日本松尾桥梁株式会社和日本东邦输送机株式会社）、"森田铁工所"（主要股东为森田隆一）、"沼田机械工业株式会社"（主要股东为沼田为次郎）、"株式会社抚顺制作所"（主要股东为稻叶幸太郎）、"株式会社满洲大和铁工厂"、"株式会社兴奉铁工厂"（主要股东为徐庆钊、蓧田赖和王锡芝）、"大和机器制造株式会社"（主要股东为木立梅吉）等。

（三）农业机械。伪满时期生产农业机械的工厂主要有以下几家：

1. "国际耕作工业株式会社"，创办于 1940 年 12 月 21 日，主要股东为田中修。1944 年公称资本 200 万元，实缴资本 200 万元。职工数

---

① 东北财经委员会调查统计处编：《伪满时期东北厂矿基本资料·工厂篇之二·机械》，1949 年版，第 37 页。

1941 年为 131 人，1942 年为 419 人，1943 年减为 255 人。生产量 1943 年为生产各种洋犁 6 130 台，除草机 10 532 台，除草碎土机 5 200 台，洋耙 1 000 台，方形洋耙 4 265 台，各种洋耙 800 台；1944 年生产各种洋犁 10 000 台，除草机 10 000 台，除草碎土机 3 000 台，洋耙 3 000 台，方形洋耙 3 000 台，各种洋耙 1 300 台。[①]

2. "满洲农具制造株式会社"，创办于 1940 年 9 月 24 日，主要股东为"株式会社羽田洋行"。1945 年"八一五"光复前有职工 83 人。1941 年生产除草机 784 台，洋犁 793 台，捆包机 37 台，割草机 48 台，镐 3 682 把，镰刀 11 000 万把。[②]

3. "满洲野田兴农株式会社"，创办于 1942 年 12 月 18 日，1942 年公称资本 100 万元，实缴资本 100 万元。1945 年有职工 83 人。1944 年主要产品生产能力为脱谷机 600 台，精谷机 600 台，小农具 700 吨。[③]

4. "大信农具株式会社"，创办于 1944 年 2 月 29 日，主要股东为"满洲大信洋行"。1944 年公称资本 700 万元，实缴资本 100 万元。职工数 1944 年为 115 人。生产量 1944 年为生产牧草镰刀 10 000 个，小镰刀 200 000 个；1945 年生产小镰刀 100 000 个，锄板 745 000 个，铧子 99 000 个，下肥具 18700 个。[④] 总体上，生产农业机械的工厂比较少，且为日本资本所垄断。

（四）车辆。伪满时期生产汽车的会社主要有以下两家：

1. "满洲自动车制造株式会社"，创办于 1939 年 5 月 11 日，主要

---

① 辽宁省统计局编：《辽宁工业百年史料》，辽宁省统计局印刷厂 2003 年版，第 302—303 页。

② 辽宁省统计局编：《辽宁工业百年史料》，辽宁省统计局印刷厂 2003 年版，第 303 页。

③ 辽宁省统计局编：《辽宁工业百年史料》，辽宁省统计局印刷厂 2003 年版，第 303 页。

④ 东北财经委员会调查统计处编：《伪满时期东北厂矿基本资料·工厂篇之二·机械》，1949 年版，第 50 页。

股东为"满洲重工业开发株式会社"。职工数 1940 年沈阳厂为 2 445 人，1942 年安东厂为 1 155 人；1944 年沈阳厂为 3 340 人，安东厂为 3 540 人。在生产量方面，沈阳厂 1942 年为装配汽车 6 000 辆，车体制造 6 150 辆，生产汽车零件 500 万元、代燃机 12 000 台，修理汽车 16 300 辆；安东厂 1943 年装配汽车 3 500 辆，生产汽车零件 82.9 万元。1944 年该厂装配汽车 1 800 辆，车体制造 1 300 辆，生产汽车零件 500 万元，修理汽车10 000辆。①

2. "同和自动车株式会社"，创办于 1934 年 3 月，资本金为 3 000 万元，股东为伪满政府和"满铁"。每年盈利 100 万元左右。② 1942 年 5 月与"满洲自动车制造株式会社"合并，规模巨大。

（五）电器。伪满时期生产电器的工厂主要有以下几家：

1. "满洲东京芝浦电气株式会社"，创办于 1937 年 6 月 24 日，主要股东为日本东京电气株式会社。1943 年 2 月公称资本 300 万元，实缴资本 300 万元，使用总额 712.8 万元。职工数 1941 年沈阳厂为 215 人，1942 年 12 月大连厂为 83 人。1942 年沈阳厂生产量为生产电表 64 000 个（预定数），送信真空管 7 320 个（预定数），收信真空管297 580个（预定数），泡皮子 4 740 000 个；大连工厂生产电灯泡900 000个。1943 年沈阳厂生产电表 26 300 个，送信真空管 239 个，收信真空管 211 938 个；大连工厂生产电灯泡 3 980 951 个。1944 年沈阳厂生产电表 10 000个。③

①　东北财经委员会调查统计处编：《伪满时期东北厂矿基本资料·工厂篇之二·机械》，1949 年版，第 51 页。
②　东北财经委员会调查统计处编：《伪满时期东北厂矿基本资料·工厂篇之二·机械》，1949 年版，第 51 页。
③　东北财经委员会调查统计处编：《伪满时期东北厂矿基本资料·工厂篇之二·机械》，1949 年版，第 65 页。

2. "满洲电线株式会社"，创办于 1937 年 3 月 19 日，主要股东为古河电气工业株式会社、住友电气工业株式会社和藤仓电线等。1944 年 12 月公称资本 4 000 万元，实缴资本 2 500 万元。职工数 1941 年为 1 896 人。生产量 1941 年为生产裸铜线 1 226 吨，裸铝线 515 吨，铅皮线 13 吨，电缆 3 吨，普通绝缘线 708 吨。[①]

3. "满洲通信机株式会社"，创办于 1936 年 12 月 24 日，主要股东为日本电气株式会社（住友财阀系）。1941 年 6 月公称资本 600 万元，实缴资本 600 万元，使用总额 1 176 万元。职工数 1940 年为 609 人，1941 年为 656 人。生产量 1942 年为生产电话机 38 000 台，交换机 500 台，无线机 1 000 台，真空管 110 000 个；1943 年生产电话机 10 500 台，交换机 75 台，无线机 116 台，真空管 12 529 个。[②]

4. "株式会社奉天制作所"，创立于 1937 年 10 月 7 日，主要股东为东京芝浦电气株式会社和东京石川岛造船所。1945 年公称资本 2 000 万元。职工数 1940 年为 807 人，1941 年为 1 047 人，1942 年为 1 007 人，1943 年为 922 人。生产量 1943 年为生产电动机 550 台，司路机键 555 套，配电盘 70 面，变压器 200 台，起重机等 28 台，其他主要机械及修理 230 台；1944 年生产电动机 600 台，司路机键 600 套，配电盘 90 面，变压器 180 台，起重机等 36 台，其他主要机械及修理 235 台。[③]

其他的主要工厂还有"石川岛重工业株式会社"（主要股东为日本石川岛重工业株式会社和日本东京芝浦电气株式会社）、"满洲汤浅电

---

① 东北财经委员会调查统计处编：《伪满时期东北厂矿基本资料·工厂篇之二·机械》，1949 年版，第 66 页。

② 东北财经委员会调查统计处编：《伪满时期东北厂矿基本资料·工厂篇之二·机械》，1949 年版，第 67 页。

③ 东北财经委员会调查统计处编：《伪满时期东北厂矿基本资料·工厂篇之二·机械》，1949 年版，第 68 页。

池株式会社"（主要股东为汤浅蓄电池株式会社、平井守人和藤原顺治)、株式会社富士电机工厂（主要股东为日本富士通信机制造会社和日本富士电机制造会社)、"满洲日本电池株式会社"（主要股东为日本电池株式会社)、"满洲干电池株式会社"（主要股东为冈田悌藏、今枝伟四郎和冈田好雄)、"满洲变压器株式会社"（主要股东为株式会社日立制作所)、"满洲真空工业株式会社"（主要股东为日本富士真空工业株式会社和"满洲电业株式会社"）等。可见，电器工业也是日本垄断的行业。

（六）计量器械。伪满时期生产计量器械的工厂主要有以下几家：

1. "满洲计器株式会社"，创办于1936年10月23日，主要股东为伪满政府、株式会社品川制作所、伪满中央银行和"满洲生命保险株式会社"。该会社从创办到1944年先后在沈阳、长春、哈尔滨和大连建厂，其中以沈阳厂规模最大。1941年沈阳厂有职工871人。生产量为1943年生产度器14.18万个，量器11.09万个，衡器37.25万个，计量器2.72万个；1944年生产度器2.52万个，量器0.36万个，衡器57.21万个，计量器42.58万个。①

2. "盛京精机工厂"，创办于1940年12月2日，主要股东为浅沼谦三。1943年9月公称资本150万元，实缴资本150万元。1941年有职工101人，1944年有职工186人。1941年生产挂钟1 500座，1944年生产挂钟5.5万座。1945年"八一五"光复前生产挂钟4.8万座，闹钟1.2万座，船舶用表1 000块。②

3. "株式会社满洲测机舍"，创办于1941年6月1日，主要股东为

---

① 辽宁省统计局编：《辽宁工业百年史料》，辽宁省统计局印刷厂2003年版，第311页。

② 辽宁省统计局编：《辽宁工业百年史料》，辽宁省统计局印刷厂2003年版，第311—312页。

松崎茂雄。1941 年公称资本 50 万元，实缴资本 50 万元。职工数 1941 年为 75 人，1945 年为 72 人。生产量 1941 年为生产经纬仪 556 台，水平仪 200 台；1942 年生产经纬仪 600 台，水平仪 600 台。[①]

4. "康德计量器株式会社"，创办于 1939 年 7 月 25 日，主要股东为"满洲瓦斯株式会社"。1939 年公称资本 50 万元，实缴资本 12.5 万元。职工数 1942 年为 71 人，1943 年为 95 人，1944 年为 93 人。生产量 1943 年新造瓦斯计量器 6 300 个，修理瓦斯计量器 13 390 个，新造计压器 2 628 个；1944 年新造瓦斯计量器 2 246 个，修理瓦斯计量器 8 262个，新造计压器 4 323 个。[②] 总的来看，计量器械工厂的规模较小、数量较少，但也处于日本资本的垄断之中。

（七）一般机械。伪满时期生产一般机械的工厂主要有以下几家：

1. "满洲钢带工业株式会社"，创办于 1942 年 4 月。1942 年公称资本 300 万元，实缴资本 300 万元。职工数 1944 年为 99 人。生产量 1944 年为生产带锯 30 吨，切钢锯 15 吨，手锯 25 吨；1945 年生产带锯 180 吨，切钢锯 60 吨，手锯 80 吨。[③]

2. "满洲捻子制作所"，创办于 1940 年，主要股东为中田六郎。1941 年实缴资本 250 万元。主要产品为螺丝钉，生产能力为 1945 年年产螺丝及木螺丝 54 000 个，光螺丝钉和光螺丝帽 96 000 个。职工数 1945 年为 84 人。[④]

---

① 东北财经委员会调查统计处编：《伪满时期东北厂矿基本资料·工厂篇之二·机械》，1949 年版，第 79 页。

② 东北财经委员会调查统计处编：《伪满时期东北厂矿基本资料·工厂篇之二·机械》，1949 年版，第 80 页。

③ 东北财经委员会调查统计处编：《伪满时期东北厂矿基本资料·工厂篇之二·机械》，1949 年版，第 81 页。

④ 东北财经委员会调查统计处编：《伪满时期东北厂矿基本资料·工厂篇之二·机械》，1949 年版，第 82 页。

3. "满洲荏原制作所"，日人织田良夫于 1941 年 8 月 16 日开办，资金 25 万元，主要生产小型水泵。1942 年生产小型水泵 145 台。1943 年增资共计 100 万元，新置设备数量提高，1944 年生产小型水泵 890 台。[①]

4. "松田工业机械株式会社"，创办于 1941 年 7 月 1 日，主要股东为吉田增藏。产品有烧煤机、打棉机、卧式抽水机、印刷机。1944 年生产烧煤机 80 台，打棉机 20 台，卧式抽水机 20 台，印刷机 15 台。[②]

5. "株式会社高砂制作所"，创办于 1939 年 1 月 31 日，主要股东为东京高砂铁工株式会社，1944 年归并于"满洲工厂"。生产量为放热器 1940 年生产 7 万个，1941 年生产 5 万个，1943 年生产 8 万个。铸铁锅炉 1940 年生产 150 个，1941 年生产 120 个，1943 年生产 230 个。螺旋送煤机 1940 年生产 120 个，1941 年生产 150 个，1943 年生产 150 个。[③]

其他的主要工厂还有"株式会社奉天前田铁工厂"（主要股东为前田）、"满洲光学工业株式会社"（主要股东为日本光学工业株式会社）、"满洲电线管工业株式会社"（主要股东为住友金属工业株式会社）、"满洲铁塔工业株式会社"（主要股东为有田勇次郎和五十岚小太郎）、"满洲机材工业株式会社"（主要股东为日本机械工业株式会社）、"满洲铁工株式会社"（主要股东为安宅产业株式会社、白山航空金属工业株式会社和原田商事株式会社）、"满洲大阪精机工业所"（主要股东为

---

① 陈国清主编：《东北机械工业资料选编（1945—1954）》，沈阳市工具工业公司印刷厂 1985 年版，第 8 页。

② 陈国清主编：《东北机械工业资料选编（1945—1954）》，沈阳市工具工业公司印刷厂 1985 年版，第 8 页。

③ 陈国清主编：《东北机械工业资料选编（1945—1954）》，沈阳市工具工业公司印刷厂 1985 年版，第 8 页。

石川胜治)、"旭重工业株式会社"（主要股东为高濑彰一）、"株式会社
满洲增岛工作所"（主要股东为田岛喜禄和东京增岛工作所）、"满洲金
网制线株式会社"（主要股东为西村末太郎）、"满洲川崎铁网株式会
社"（主要股东为川崎宽正）、"满洲机工株式会社"（主要股东为浅香
工业株式会社）、"满洲横河桥梁株式会社"（主要股东为株式会社横河
桥梁制作所）、"满洲缝纫机制造株式会社"（主要股东为近藤美治郎）、
"新京钢业株式会社"等。可见，一般机械工业也是以日本资本为主，
民族资本几乎没有。

（八）零件。伪满时期生产零件的工厂主要有以下几家：

1. "日满锻工株式会社"，创办于1938年9月，主要股东为日本锻
工株式会社。1943年公称资本200万元，实缴资本200万元。职工数
1940年为93人，1941年为120人，1942年为168人，1943年为194
人。生产量为1941年生产各种锻造品621吨，飞机零件286吨，兵器
零件28吨，铁路车辆零件197吨；1942年生产各种锻造品730吨；
1943年生产各种锻造品1 300吨；1944年生产各种锻造品1 600吨。[①]

2. "满洲内燃机株式会社"，创办于1940年7月25日，主要股东
为日本内燃机株式会社。1940年公称资本200万元，实缴资本200万
元。生产能力1941年为年产特殊汽车零件22 000个，修理车辆220辆。
职工数1941年为60人，1945年为121人。[②]

3. "万岁自动车工业株式会社"，创办于1939年12月16日，主要
股东为屋代胜和柳田谅三。1939年公称资本100万元，实缴资本50万

[①]　东北财经委员会调查统计处编：《伪满时期东北厂矿基本资料·工厂篇之二·机械》，
1949年版，第101页。

[②]　东北财经委员会调查统计处编：《伪满时期东北厂矿基本资料·工厂篇之二·机械》，
1949年版，第102页。

元。职工数 1941 年为 192 人，1944 年为 200 人。生产量为 1941 年生产货物卡车 5 000 辆，公共汽车车体 1 000 辆，代燃机零件 8 000 件，战车零件 30 件；1944 年生产各种软垫 460 700 张，放热箱 126 个，机械工具 1 685 个；1945 年生产各种软垫 378 000 张，放热箱 2 534 个，机械工具 1 200 个。[1]

4. "满洲架线金具株式会社"，创办于 1943 年 10 月 22 日，主要股东为"满洲日立制作所"。1943 年公称资本 50 万元，实缴资本 50 万元。职工数 1944 年为 54 人。生产能力为 1945 年年产架线用各种铁活 300 吨。生产量为 1945 年生产隔电瓶铁活 118 000 个，架线铁活 455 000 个。[2]

5. "东洋金属工业株式会社"，创办于 1940 年 3 月 29 日，主要股东为大塚定次郎、前泽龙雄和株式会社冈谷商店。主要产品为建筑材料零件。职工数 1942 年为 80 人，1943 年为 173 人。生产能力（计划能力）为 1943 年年产建筑及车辆用零件 1 200 吨，铁路、矿工用零件 80 吨，其他 350 吨。[3] 由以上可知，生产零件的企业比较少，且主要为日本资本所垄断。

以上是伪满时期东北普通机械工业工厂的主要情况。这里所论述的工厂主要以大中型机械工厂为主，且多由日本人经营。除此之外，在伪满还有数以千计制造零件的小工厂、手工作坊，以及旧式的翻砂厂、铁匠炉等，但多影响较小，产值不高。"伪满时期，在沈阳市约有 2 000

---

[1] 东北财经委员会调查统计处编：《伪满时期东北厂矿基本资料·工厂篇之二·机械》，1949 年版，第 103 页。

[2] 东北财经委员会调查统计处编：《伪满时期东北厂矿基本资料·工厂篇之二·机械》，1949 年版，第 104 页。

[3] 东北财经委员会调查统计处编：《伪满时期东北厂矿基本资料·工厂篇之二·机械》，1949 年版，第 105 页。

户民族企业。到 1945 年'九·三'胜利时，发展到 350 人以上并具有相当规模的企业只有五家，即政记铁工厂、东北铁工厂、大陆铁工厂、成发铁工厂、兴奉铁工厂。"① 它们是当时沈阳市规模比较大的民族工厂。政记铁工厂由大连政记轮船股份有限公司总经理张本政建立，主要承揽各种矿山机械的制造和加工，厂长为王庆恩。"东北铁工厂创建于1933 年，由沈阳合名会社经理戚秉玉开办，是沈阳市第一家制造铸钢件工厂，厂长为吴梦周。"② 大陆铁工厂于 1932 年开业，经理为尹子宽。

三、日伪对东北普通机械工业的掠夺

根据以上所论可知，伪满时期东北在普通机械工业发展方面取得了一定的成效。但所有这些，归根结底都是日本为了最大限度地掠夺东北的工业资源，准备大量的战争物资，这才是伪满洲国机械工业存在的本质。这一时期日本对东北普通机械工业的掠夺主要表现在以下四个方面：

（一）从产品流向上看，伪满的机械工业产品主要供应给和日本政府密切相关的单位和部门。由于东北机械工业的逐步发展，这一时期其所生产的物资数量惊人，而日本也相应地加大了对它们的掠夺，并将其充作战争物资。"沦陷区的机械工业，即东北地区的机械厂以及关内沦陷区的较大工厂，多数被迫转为生产军需用品，为日本侵略战争服

---

① 李成海：《沈阳市成发铁工厂创业历史》，载辽宁省政协学习宣传和文史委员会编：《辽宁文史资料精萃 经济·文化·教育》，辽宁人民出版社 1999 年版，第 85 页。

② 李成海：《沈阳市成发铁工厂创业历史》，载辽宁省政协学习宣传和文史委员会编：《辽宁文史资料精萃 经济·文化·教育》，辽宁人民出版社 1999 年版，第 85 页。

务。"① 可以说，日本对此种物资的掠夺涉及当时东北普通机械工业的各个门类。

在工作母机方面，主要产品有车床、钻床、旋臂钻床、磨床、刨床、牛头刨床、铣床和齿轮切削机等。这些产品中很大一部分供应给日本在东北的会社。其中，"满洲工作机械株式会社"在太平洋战争爆发后主要为"满洲飞行机制造株式会社"和"满洲自动车株式会社"修造工作母机；② "株式会社满洲电元社"为东北的工厂提供车刀、焊条等；"株式会社满洲吴制砥所"为东北各工厂提供砂轮等。

在生产机械方面，日本通过在伪满所造的设备来掠夺东北的物产资源。这些工厂所生产的矿山机械、轴承、破碎机、起重机、搬运车等主要提供给日本在东北的会社、矿场等用于冶炼、开采和生产等。其中"株式会社满洲工厂"为"满洲制铁株式会社"提供矿山机械，为"满铁"提供铁路车辆；③ "满洲滚珠制造株式会社"为"奉天造兵所"和"满洲飞行机制造株式会社"提供轴承；④ "株式会社福寿铁工厂"为"奉天造兵所"提供机器；⑤ "株式会社满洲松尾铁工厂"为"满洲合成燃料株式会社"提供产品；⑥ 抚顺煤矿机械制造厂为抚顺新建的东制油厂、煤炭液化厂、炼铝厂、龙风矿的深层开采和老虎台煤矿等提供了

---

① 李健、黄开亮主编：《中国机械工业技术发展史》，机械工业出版社 2001 年版，第 51 页。

② 东北财经委员会调查统计处编：《伪满时期东北厂矿基本资料·工厂篇之二·机械》，1949 年版，第 15 页。

③ 东北财经委员会调查统计处编：《伪满时期东北厂矿基本资料·工厂篇之二·机械》，1949 年版，第 23 页。

④ 东北财经委员会调查统计处编：《伪满时期东北厂矿基本资料·工厂篇之二·机械》，1949 年版，第 27 页。

⑤ 东北财经委员会调查统计处编：《伪满时期东北厂矿基本资料·工厂篇之二·机械》，1949 年版，第 35 页。

⑥ 东北财经委员会调查统计处编：《伪满时期东北厂矿基本资料·工厂篇之二·机械》，1949 年版，第 38 页。

大量机械设备。① 此外，在东北的鞍山、本溪等煤矿中使用的矿山机械很多出自这些工厂，它们为日本掠夺东北的矿产资源提供助力。

在农业机械工业方面，伪满政府建立了一些农业机械工厂，其中一些产品主要供应给日本移民。如奉天"国际耕作工业株式会社"，1941年3月开工，专门制造各种改良洋犁，供日本在东北的农业开拓团使用。② 再如这些工厂所生产的脱谷机、精谷机、除草机等，东北农民使用得很少，主要为日本移民所使用。

在汽车工业方面，民国时期在张学良的支持下，辽宁的民生工厂先后拨款80万元研制汽车。该厂成功研制出民生牌75型汽车和100型汽车。但九一八事变后，"在制汽车全部落入侵华日军之手，日军将民生厂掠夺为同和自动车工业株式会社。在美国购买已运到牛庄（今属辽宁海城市）的46台汽油发动机，只得转运天津"③。在伪满时期，同和自动车工业株式会社是最重要的汽车制造公司，但其产品却主要供应给伪满政府和军队。根据《日满自动车会社设立纲要方案》规定：日"满"两"国"政府，不论军用或官厅用，除有不得已的事由外，一概使用本社产品；日"满"两"国"政府分别对其所监督的事业，努力指导其使用本社制造的汽车。④ 可见，同和汽车已成为伪满政府的主要专用车。此外，该方案还规定：本社在战时和事变之际，对于日"满"两

---

① ［日］满史会编著：《满洲开发四十年史》上卷，东北沦陷十四年史辽宁编写组译，辽宁省营口县商标印刷厂1988年版，第699页。

② 辽宁省统计局：《辽宁工业百年史料》，辽宁省统计局印刷厂2003年版，第302页。

③ 李健、黄开亮主编：《中国机械工业技术发展史》，机械工业出版社2001年版，第1149页。

④ 苏崇民主编：《满铁档案资料汇编》第10卷，社会科学文献出版社2011年版，第255页。

"国"军队所需汽车，有按两"国"当局指定的价格缴纳的义务。[①] 这表明该会社有向军队提供军车的义务。总之，在伪满时期，汽车主要是日本侵略者和汉奸代步和运输物资的工具，和普通百姓关系不大。

在电器方面，伪满工厂所生产的产品主要有无线收音机、电气机械、诱导片、变压器、重油发动机、刹车器和电机零件等。在电器产品尚未普及的伪满时期，这些产品和普通东北人民关系不大，主要供给伪满政府、日本会社和日本在华军队。其中株式会社富士电机工厂生产的各种电话机和电话总机主要提供给伪满政府和日伪军队；"满洲汤浅电池株式会社"主要生产干电池和蓄电池，亦主要供应给伪满政府和日伪军队。

在计量器械方面，伪满时期机械工厂比较少，且属于日本垄断的行业。其主要产品有度量衡器、温度计、钟、表、经纬仪、水平仪、瓦斯计量器等。这里除钟表和东北人民有些关系外，其他主要为官用和军用。其中"盛京精机工厂"生产的船舶用表主要供应给航运业；"康德计量器株式会社"生产的瓦斯计量器主要供应给"南满洲瓦斯株式会社"和"满洲瓦斯株式会社"。[②]

在一般机械方面，伪满工厂的产品主要有带锯、手锯、抽水机、烧煤机、打棉机、放热器、给煤机等，这些产品很多被用于官方和军方。其中"满洲铁工株式会社"生产的锹很多被供应给"满铁"和其他工厂；"满洲大阪精机工业所"为"满洲电业株式会社"和"满洲住友金

---

① 苏崇民主编：《满铁档案资料汇编》第10卷，社会科学文献出版社2011年版，第255页。
② 东北财经委员会调查统计处编：《伪满时期东北厂矿基本资料·工厂篇之二·机械》，1949年版，第80页。

属株式会社"提供产品;①"旭重工业株式会社"为日本关东军第918、879、439等部队提供乘鞍、挽马具、驮马具及军用器材;②"满洲缝纫机制造株式会社"为伪满司法部和各军需工厂及大小缝制厂提供缝纫机。③可见,这些产品也主要供应给伪满政府、日本在华会社和日本军队。

在零件方面,伪满工厂的产品主要有锻造品、汽车零件、战车零件、架线附属零件、建筑用五金等。其中"日满锻工株式会社"主要制造飞机零件、兵器零件和各种车辆零件,并为"满洲飞行机制造株式会社""同和自动车株式会社"和日本关东军提供产品;④"满洲内燃机株式会社"主要生产特殊汽车零件和修理车辆,其产品多为日本关东军所委托订制。⑤"万岁自动车工业株式会社"生产的产品有战车零件、货物卡车、公共汽车车体、代燃机零件等,该厂主要为"满洲自动车株式会社"和"满洲三菱机器株式会社"承揽包工。⑥

由于资料所限,以上所暴露出的日本对东北普通机械工业的掠夺只是冰山一角,但从中亦可窥探出这些普通机械工厂所生产的产品主要供应给伪满政府各部门、日本在东北各会社、日本关东军等。这些工厂成

---

①　东北财经委员会调查统计处编:《伪满时期东北厂矿基本资料·工厂篇之二·机械》,1949年版,第92页。

②　东北财经委员会调查统计处编:《伪满时期东北厂矿基本资料·工厂篇之二·机械》,1949年版,第93页。

③　东北财经委员会调查统计处编:《伪满时期东北厂矿基本资料·工厂篇之二·机械》,1949年版,第99页。

④　东北财经委员会调查统计处编:《伪满时期东北厂矿基本资料·工厂篇之二·机械》,1949年版,第101页。

⑤　东北财经委员会调查统计处编:《伪满时期东北厂矿基本资料·工厂篇之二·机械》,1949年版,第102页。

⑥　东北财经委员会调查统计处编:《伪满时期东北厂矿基本资料·工厂篇之二·机械》,1949年版,第103页。

为日本进行殖民统治和对外扩张的工具。

（二）从产品流量上看，伪满时期有大量的机械产品被直接掠夺至日本。当然，在当时此种输出主要是以所谓"贸易"的形式出现的。但此种"贸易"实际上是日本对东北经济掠夺的一种变形。"所谓对日输出，实亦即对日补助①。"其原因主要如下：1. 其名义上虽属于贸易范畴，但缺乏贸易交流所应具备的对等、公平、双赢等特征。伪满洲国成立后，日本通过建立"日满经济集团"把整个东北的物资都统制起来。"一切输出入都由几个日本方面的特殊会社一手包办，对于一般的输出入业者则予以种种的限制，如申请许可，指定输出入路径目的地，以及限制货物的种类和价格等，同时又将过去的税则税率加以根本的变更，使伪满币与日圆相联系，构成所谓'圆集团'的通货统制圈，实施管理外汇等等，以求达到其完全控制的目的。"② 当一国的贸易完全处于另一国的控制之下时，也就不称其为贸易了，伪满即属于此。2. 日本对东北资源的需求不是以伪满的生产能力或出口能力为基准，而是以宗主国的需要为第一位，所以以下达"指标"的形式强令伪满政府必须完成。例如在伪满后期，虽然农产品产量减少，交通运输更为困难，但伪满对日农产品输出量反而增加，显然这是日本在东北各地竭力搜刮粮食所致。"至于钢铁之所以一跃增加三倍以上者，则因日本战局不利，向我东北极力搜括武器原料所致。"③ 3. 为了攫取战争资源，日本根本不考虑东北资源的合理开发、利用保护等要素，甚至竭泽而

---

① 东北物资调节委员会研究组编：《东北经济小丛书·贸易》，中国文化服务社沈阳印刷厂 1948 年版，第 58 页。

② 张念之：《东北的贸易》，东方书店 1948 年版，第 45 页。

③ 东北物资调节委员会研究组编：《东北经济小丛书·贸易》，中国文化服务社沈阳印刷厂 1948 年版，第 60 页。

渔。正因为如此，日本对东北资源的掠夺造成东北资源的大量浪费和对东北环境的极大破坏，此点将在后文中有专论。4. 日本垄断资本控制着东北资源的开发、采掘、销售权等，并从中获得高额利润。例如，伪满时期东北共有 14 家大中型水泥工厂，但都为日本资本所控制。在伪满后期，伪满政府又成立以"日满商事株式会社"为主要股东的"满洲共同水泥株式会社"，它控制了水泥的买卖及配给。对于普通机械工业，日本资本亦占据绝对优势，此点前文已有论述。由以上可知，伪满与日本的"贸易"已经完全沦落为日本掠夺东北资源的一种方式方法。

自日本侵占东北后，日本就加强对东北普通机械产品的贸易掠夺。1932 年东北向日本输出铁制品价值43 891 海关两,[①] 输出机器及其零件价值 1 130 海关两；输往朝鲜的机器及其零件价值 1 676 海关两。[②] 1934 年由伪满向日本输出机器及其零件价值 20 海关两，输往朝鲜的机器及其零件价值 17 652 海关两。1935 年由伪满向日本输出机器及其零件价值 37 海关两，输往朝鲜的机器及其零件价值 9 271 海关两。[③] 可知，1934 年和 1935 年由东北输往日本的机器产品较少，但是输往朝鲜的很多。事实上，当时朝鲜是日本典型的殖民地，输往朝鲜和输往日本已并无本质区别。这一时期，再输出品中输往日本的机械产品非常丰富。1934 年输往日本的农业机器及其配件价值 254 海关两；1935 年价值 1 957海关两。发电机、传电机 1934 年为 13 个，价值 2 928 海关两；1935 年为 6 个，价值 5 980 海关两。电动机 1934 年为 52 个，价值9 272

---

① "满洲国财政部"编：《满洲国外国贸易统计年报（1932）》，载《近代中国史料丛刊三编》第七十六辑，文海出版社，第98—99 页。

② "满洲国财政部"编：《满洲国外国贸易统计年报（1932）》，载《近代中国史料丛刊三编》第七十六辑，文海出版社，第110—111 页。

③ "满洲国财政部"编：《满洲国外国贸易统计年报（1935）》，载《近代中国史料丛刊三编》第七十六辑，文海出版社，第120—121 页。

海关两；1935 年为 153 个，价值 27 618 海关两。抽水机器及其配件 1934 年价值 5 470 海关两；1935 年价值 26 128 海关两。纺织机器及其配件 1934 年价值 615 海关两；1935 年价值 2 602 海关两。发动机及其配件 1934 年价值 21 877 海关两；1935 年价值 58 529 海关两。制造机械工具 1934 年价值 7 568 海关两；1935 年价值 138 965 海关两。飞机及其配件（海陆军等用在内）1934 年价值 46 338 海关两；1935 年价值 36 305 海关两。各种救火机车及其配件 1934 年价值 2 547 海关两；1935 年价值 11 254 海关两。载货汽车、长途汽车 1934 年为 14 辆，价值 36 270 海关两；1935 年为 2 辆，价值 6 776 海关两。汽车零件、附件（车轮胎不包括在内）1934 年价值 16 524 海关两；1935 年价值 8 612 海关两。脚踏车 1934 年为 3 辆，价值 90 海关两；1935 年为 3 辆，价值 80 海关两。双轮汽车 1934 年为 1 辆，价值 1 000 海关两；1935 年为 1 辆，价值 269 海关两。[①] 1936 年再输出品中输往日本的数量亦很大。农业用机器、器具及其配件价值 1 259 海关两；发电机、传电机 2 个，价值 5 320 海关两；电动机 105 个，价值 37 184 海关两；抽水机器及其配件价值 15 521 海关两；纺织机器及其配件价值 11 073 海关两；发动机及其配件价值 58 057 海关两；机械工具（用气压及电力之工具在内）价值 7 671 海关两；制造机械工具及其配件价值 15 744 海关两；各种救火机车及其配件价值 1 336 海关两；载货汽车、长途汽车（车盖在内）6 辆，价值 10 350 海关两；汽车、拖动车配件价值 36 352 海关两；脚踏车 8 辆，价值 216 海关两；脚踏车配件、附件价值 3 225 海关两；双轮汽车 18 辆，价值 7 028 海关两；马达船、帆船、汽船及其配件与未列

---

① "满洲国财政部"编：《满洲国外国贸易统计年报（1935）》，载《近代中国史料丛刊三编》第七十六辑，文海出版社，第 336—344 页。

名材料价值 12 119 海关两。① 可见，日本占领东北后就开始了对东北机械产品的掠夺，其中对再输出品的掠夺更为严重。

1937 年 1 月关东军最后出台了《满洲产业开发五年计划纲要》，据此伪满政府定下了庞大的生产计划。后适值七七事变爆发，为配合日本之战时经济，扩充生产能力，又将该计划进行大幅修改，明确规定以军需生产为重点，努力建设重工业。由于伪满政府财力有限，且该计划所需资金巨大，故只能依靠日本。这一时期日本加大了对伪满的资金投入和物资投入。伪满的对日输出主要以农产品为主，在机械工业方面，主要以输入为主，输出很少。尽管如此，这并不代表日本对伪满的掠夺有所减轻，此种巨大的资金投入和物资投入只不过是为了进一步获取更多的战争物资，为其侵略扩张服务。

处于日本卵翼下的伪满洲国，其贸易完全受到日本的控制。而由于日本在国际上倒行逆施，使得伪满的贸易对象国越来越少。1941 年 6 月苏德战争的爆发，彻底堵死了伪满和德意之间的物资贸易。该年 7 月，"美国又宣布冻结日本、伪满资金，英国亦采取同一行动，宣布冻结日本、伪满在英国及其属领内之资金"②。至此，伪满洲国的对外贸易只能同日本及日本控制下的地区进行。另据资料显示：到 1940 年以后，包括日帝侵占下的关内各地在内，日帝独占了东北出口总值中的 95%—98%，进口总值中的 93%—97%。③ 由此可见，在伪满后期其对外"贸易"主要是伪满同日本及其控制地区之间的"贸易"。在伪满后

---

① "满洲国财政部"编：《满洲国外国贸易统计年报（1936）》，载《近代中国史料丛刊三编》第七十六辑，文海出版社，第 388—396 页。

② 东北物资调节委员会研究组编：《东北经济小丛书·贸易》，中国文化服务社沈阳印刷厂 1948 年版，第 57 页。

③ 东北财经委员会调查统计处编：《伪满时期东北经济统计（1931—1945 年）》，1949 年版，（10）—2—1。

期，东北的对外输出品亦包含一部分机械产品，在金属及金属制品方面，1940 年价值 6 007.3 万元，1941 年价值 10 909.5 万元，1942 年价值16 719.9万元，1943 年价值 21 038.8 万元；在机械、车辆、船舶方面，1940 年价值 2 136.3 万元，1941 年价值 1 744.7 万元，1942 年价值 1 903.5万元，1943 年价值 1 700.8 万元。① 显然，这些产品主要被运送到日本及日本控制下的地区。

（三）从市场竞争上看，东北民族机械工厂是日本资本吞并和挤压的主要对象。民国初期，东北的普通机械工业多为中小型企业。在 20 世纪 20 年代有了较大发展，建成几家较大规模的民族机械工厂，如大亨铁工厂等。九一八事变后，这些机械工厂基本上都被日军强占。

在鞍山地区，信昌制镲铁工所（新中国成立后为鞍山矿山机械厂）是当地比较大的民族铁工厂。该厂建于 1940 年，由当时鞍山市 12 人筹资 3.6 万元（伪币）而建，是鞍山市比较早的民族铁工厂。当时有简易厂房 12 间，员工 27 人，设备 9 台，主要生产螺丝、铆钉、道钉等简易产品。1943 年 2 月，"日本人谷口征雄以曾贷款给信昌制镲铁工所为借口，仗势将中国人厂主挤走，取而代之，改厂名为合资会社信昌制镲铁工所"②。可见，正是在日本吞并中国东北的大背景下，普通日本人才能采取这种强取豪夺的方式强占鞍山的民族铁工厂。

至于大亨铁工厂，于 1934 年被日本财阀根本富士雄收买，后改为"株式会社满洲工厂"。当时东北主要的普通机械工厂都被日本尽收囊中，且四大重工业工厂均被日本强制占领。至于当时成百上千的民族铁工厂，由于资金少、规模小，没有引起日本的足够重视，并未被完全强

① 东北物资调节委员会研究组编：《东北经济小丛书·贸易》，中国文化服务社沈阳印刷厂 1948 年，第 62 页。

② 胡盛军主编：《鞍山市机械工业志》，辽宁人民出版社 1990 年版，第 5 页。

占，但亦饱受欺压。

在沈阳市的成发铁工厂，也经常遭到日伪当局的盘剥和骚扰。"有一次，伪造兵所所长清水（日本人）来我厂（即成发铁工厂，笔者注）'视察'，认为我厂具有一定生产能力，便要我厂与伪造兵所制作紧急军用任务。当时，我厂合同生产相当繁忙，没有生产余力，婉言相商，清水大怒说：'你的思想有反满抗日嫌疑，跟我到宪兵队走一趟。'在他的强行胁迫下，我厂不得不辞退一部分合同，替伪造兵所加工小炮弹的零件。"① 可见，民族工厂只能在日伪的压迫下艰难生存。

对于这些规模相对较小的民族机械工业，日伪政府主要通过排挤和压制的方式，阻碍其发展。这主要体现在以下几个方面。首先，从原料供应的源头来控制民族工业的发展。1941 年 8 月，日伪政府制定了《关于地方产业的自立振兴及地方资金使用纲要》，规定对于中国的民族工业仅给予最低的原料供应。在鞍山，"伪'满洲铁路株式会社'（即'满铁'，笔者注）及其后来成立的伪鞍山市公署，以对中国人的生活资料和生产资料实行配给为手段，严重地压抑和控制着民族机械工业的发展"②。在沈阳，很多民族铁工厂沦落为给一些日本私营铁工厂做一些带料加工的活，处于生产的最底层。显然，控制了原材料供应就等于控制了生产规模，完全可以左右这些工厂的存续。一方面，日伪政府并不希望这些民族工厂完全倒闭，因为需要它们进行一定的生产，作为日系会社的补充；另一方面，东北民族工厂的发展又不能过于充分，不能成为日系会社的竞争对手。因此，从原材料上控制这些民族工厂，完全可以实现以上目的。正是由于日伪政府的这种控制，导致民族机械

① 李成海：《沈阳市成发铁工厂创业历史》，载辽宁省政协学习宣传和文史委员会编：《辽宁文史资料精萃 经济·文化·教育》，辽宁人民出版社 1999 年版，第 91 页。

② 胡盛军主编：《鞍山市机械工业志》，辽宁人民出版社 1990 年版，第 39 页。

工业呈现出发展缓慢、举步维艰的特征。其次，从工人待遇上控制民族工业的发展。"生活待迁（应为遇，笔者注）方面，日本财阀工厂与私营工厂的工人，从事军需产品加工，可较一般中国市民，多得些粮食供应；而中国工人的工厂却得不到。"① 这就排挤了中国的机械工厂，也造成中国机械工厂工人的生活陷入困难。不仅如此，"政治上，在日本财阀工厂、日本私营工厂工作的中国工人，因该厂有军需产品加工任务，便可免缓征兵、出劳工、当'勤劳奉公队'等义务。而中国工厂的工人却没有这项待遇。这是造成工人跳厂进日本工厂的一重大因素。这些经济上政治上的剥削与压迫，把中国工厂的工人驱入苦难的深渊"②。正是在日系工厂挤压下，中国的机械工厂日渐萎缩，而工人们为了生存也不得不直接进入日系工厂受其奴役。最后，在技术上控制民族机械工业的发展。民族机械工业虽然有一定的机器设备和生产能力，但是只做一些带料加工和技术含量较低的活，其原有的技术优势很难发挥出来。而且，其产品是"按上属日本工厂给的图纸生产，只能作零件，连部件组装也只能交由日本私营甚至财阀厂来进行；至于中国工厂承作的零件，究竟是用到哪里，如何组装的，则无从知晓。这样做的结果，不仅造成殖民地工人技术不全面，得不到技术知识，而且，这种军事技术的垄断保密，还使我国解放以后发展机械工业受到一定的影响"③。企业的竞争在很大程度上是技术的竞争，由于日本对高新技术采取垄断政策，造成东北的民族工厂无法同日本会社相竞争。如此还造

---

① 文蔚之：《旧沈阳的机械工业》，载政协沈阳市委员会文史资料研究委员会编：《沈阳文史资料》第六辑，沈阳市第一印刷厂1984年版，第83页。
② 文蔚之：《旧沈阳的机械工业》，载政协沈阳市委员会文史资料研究委员会编：《沈阳文史资料》第六辑，沈阳市第一印刷厂1984年版，第83页。
③ 文蔚之：《旧沈阳的机械工业》，载政协沈阳市委员会文史资料研究委员会编：《沈阳文史资料》第六辑，沈阳市第一印刷厂1984年版，第83页。

成一个恶果，即由于日本对军事技术和高新技术的保密，使得我国的技术工人和技师掌握的技术非常不全面，因此，在日本投降后东北机械工业的恢复和发展面临诸多技术性难题。

（四）从人力剥削上看，中国工人遭到日伪当局无情的盘剥。在经济上，日伪当局对中国工人实行残酷的剥削和掠夺。在机械工业方面，1936 年工人平均每日工作时间为 10.25 小时，1939 年为 10 小时。[①] 不仅如此，日伪当局为了支持日本的对外战争，残酷压榨工人进行生产，他们任意延长劳动时间，增加劳动强度，对粮食等日常生活必需品实行战时配给制，使广大中国工人苦不堪言。当时在日系工厂，不仅对中国工人延长工时，而且还差别对待，这在工资上就有所体现。在 1937 年 4 月，机械器具工业日工资中国男工为 1.12 元，日本男工为 3.03 元。[②] 在 1940 年，东北境内机械工业中国工人每工时的平均工资是 0.16 元，而日本工人是 0.41 元。[③] 在 1943 年，沈阳金属机械工业中国人常工每小时平均实得工薪 0.35 元，日本人常工实得工薪 0.66 元。[④] 可见，同工不同酬的现象非常普遍。另外，从工薪的角度亦能看出中国工人的生活窘境。在机械器具工业，1936 年中国工人的日薪为 0.81 元，1937 年为 1.03 元，1938 年为 1.41 元，1939 年为 1.39 元，1940 年为 1.60 元。其指数 1936 年为 79，1937 年为 100，1938 年为 137，1939 年为 135，

---

① 东北财经委员会调查统计处编：《伪满时期东北经济统计（1931—1945 年）》，1949 年版，（13）—1，第二表。

② 苏崇民等主编：《劳工的血与泪》，中国大百科全书出版社 1995 年版，第 208 页。

③ 东北财经委员会调查统计处编：《伪满时期东北经济统计（1931—1945 年）》，1949 年版，（1）—24。

④ 东北财经委员会调查统计处编：《伪满时期东北经济统计（1931—1945 年）》，1949 年版，（13）—3。

1940 年为 155。① 从形式上看，中国工人的工资似乎每年略有增长，但同期物价的上涨却是惊人的。其中 1937 年零售物价指数为 100，1940 年为 205，1944 年为 305。② 可见，物价的上涨要明显领先于工资的上涨，因此，中国工人生活水平的下降也就可想而知了。

由以上可知，伪满洲国的普通机械工业是日本掠夺东北资源的重灾区。从表象上看，这一时期东北的普通机械工业和前一阶段相比在质和量上都有了明显的变化。在量上，伪满时期数量更多，规模更大；在质上，伪满时期生产能力更强，甚至能组装和制造部分高精产品。但从本质上讲，这不过是为日本侵略扩张和殖民统治提供更多的物资保障。质量越好，产量越高，掠夺越多，压迫也越深重，它们之间的关系是显而易见的。至伪满末期，普通机械工业迅速衰败。总体上，它表现为日本对普通机械工业统制逐渐加强，而普通机械工业的发展却趋于衰败的双重轨迹；从中亦能看出日本侵华政策走向灭亡的端倪。

第二节　兵器工业

孙子曰："兵者，国之大事，死生之地，存亡之道，不可不察也。"兵器，亦称武器，是直接用于杀伤有生力量和破坏军事设施的器械与装置的统称，在现代战争中占有重要地位。兵器工业一般是指研究、发展和生产常规兵器③的工业。而核武器和生化武器也是战争中运用的重要

---

① 东北财经委员会调查统计处编：《伪满时期东北经济统计（1931—1945 年）》，1949 年版，（13）—2。

② 东北财经委员会调查统计处编：《伪满时期东北经济统计（1931—1945 年）》，1949 年版，（13）—1，第一表。

③ 一般说来，常规兵器包括坦克、装甲战斗车辆、枪械、火炮、火箭、战术导弹、弹药、爆破器材和工程器材等。随着科学技术的发展，兵器工业分成坦克、枪械、火炮、弹药、火药与炸药和战术导弹等行业。本文中的兵器工业以常规兵器工业为主，也兼论核武器工业和生化武器工业。

武器，从广义上讲也属于兵器工业，故也在本节讨论之列。由于兵器在现代军事战争中占有重要地位，因此为各国所重视。伪满洲国作为傀儡政权和日本进一步侵略中国的兵站基地，对兵器工业的重视更是有过之而无不及，并出现超常规化的冒进。可以说，伪满时期东北兵器工业的变迁亦是反映日本侵略中国和掠夺东北的一面镜子，对其进行解读，意义不言而喻。尽管如此，由于视角、资料等各方面条件的限制，目前国内对沦陷时期东北兵器工业的研究还处于探索阶段①，故该问题还有很大的研究空间。另外，航空工业和造船工业虽然也和兵器工业密切相关，但由于内容较多且区别较大，故另节详述。

一、清末民国时期东北的兵器工业

近代以来，武器分为常规武器、生化武器和核武器等。在清末民国时期，常规武器在东北占据绝对主导地位。在清末，东北的兵器工业主要是吉林机器局。19世纪70年代末80年代初，沙俄积极调遣军队准备进攻吉林。在此背景下，清政府派遣钦差大臣吴大澂②前往吉林督办防

---

① 国内研究成果主要有：孙瑜《伪满时期日本对东北机械工业的掠夺》[《中国社会科学报》（史学版）2013年8月21日]主要揭示日本对东北机械工业的掠夺，对于作为机械工业重要门类之一的兵器工业虽有提及，但并未展开。张福全《辽宁近代经济史（1840—1949）》（中国财政经济出版社1989年版）其中一节为"兵器与飞机制造业"，重点论述了伪满时期东北主要兵器工业的概况。鲍振东、李向平等《辽宁工业经济史》（社会科学文献出版社2014年版）论述了张作霖、张学良时期机械与军工产业的初步发展和伪满时期机械工业军事化等问题。但上述研究成果对伪满政府的兵器工业政策及日本的兵器工业掠夺问题涉及较少。国外研究成果主要有：名古屋贡《从东三省兵工厂到奉天造兵所的变迁》（［日］名古屋貢：『東三省兵工廠から奉天造兵所までの変遷』，『銃砲史研究』，2012年7月）论述了从东三省兵工厂到奉天兵工所的沿革。种稻秀司《围绕满洲事变前的奉天兵工厂的日中关系——〈日中兵器同盟〉和深泽暹的武器推销运动》（［日］種稻秀司：『満洲事変前の奉天兵工廠をめぐる日中関係——「日中兵器同盟」と深沢暹による武器売り込み運動』，『国史学』，2005年4月）论述了《中日兵器同盟》条约和日本对东三省兵工厂的建设等问题。

② 吴大澂（1835年—1902年），初名大淳，字止敬，又字清卿，江苏吴县（今江苏苏州）人。清代官员、学者、金石学家、书画家，民族英雄。曾任陕甘学政、河北道、太仆寺卿、左副都御史、广东巡抚、河道总督、湖南巡抚、帮办东征军务等职。后在甲午中日战争中兵败被清廷革职。

务。为提高吉林军队的作战能力，改善武器设备，1881 年 5 月 19 日吴大澂上奏朝廷，表示："目前所最要者，制造军火应设机厂；扼守要隘须筑炮台。二者皆久远之图，自当乘此闲暇及时兴举。"[①] 在此吴大澂申请建立吉林机器局。同年 6 月 1 日，对上述二事清廷着吴大澂和吉林将军铭安[②] "妥为筹划，次第举行。所需经费，即著户部每年另筹拨银十万两，俾资应用"[③]。在此清政府批准了吴大澂的建厂奏请，并拨巨款支持。1883 年 10 月，吉林机器局正式开工生产。"吉林机器局建成时，全局占地面积 29 万平方米，其中建筑面积 1.53 万平方米，各类机器设备计 275 台，大部分购自德国，部分购自美国和英国，仅机械加工部分开办经费即耗银 25 万两，全局常年经费约 10 万两。"[④] 尽管如此，吉林机器局在当时国内的兵器工业中仍属于中型企业。"吉林机器局内部设有十余个分厂，装有从欧美进口的车床、刨床、钻床、汽锤等 80 多种设备；从关内招聘有经验的工匠从事生产，并未雇用洋人；主要产品有各种子弹、炮弹、火药，少量的枪支大炮以及小型的船舰，供给吉林和黑龙江省的边防军队和地方需要。"[⑤] 此外，它还曾为奉天代造部分军火。1894 年，吉林机器局为松花江水师营制造了"康济号"明页小火轮 1 只，舢板炮船 6 只。[⑥] 另据吉林将军长顺[⑦]的奏折记载："1896

---

① 吉林省档案馆编：《清代吉林档案史料选编·工业》上册，1984 年版，第 1 页。

② 铭安（1828 年—1911 年），字鼎臣，内务府满洲镶黄旗人，清朝将领。咸丰六年进士，选庶吉士，授编修，除赞善，累迁内阁学士，曾任泰陵总兵、仓场侍郎等职，加太子太保衔。

③ 吉林省档案馆编：《清代吉林档案史料选编·工业》上册，1984 年版，第 4 页。

④ 《中国近代兵器工业》编审委员会编：《中国近代兵器工业——清末至民国的兵器工业》，国防工业出版社 1998 年版，第 157 页。

⑤ 孔经纬主编：《清代东北地区经济史》，黑龙江人民出版社 1990 年版，第 399 页。

⑥ 高严等主编：《吉林工业发展史》上册，中国经济出版社 1992 年版，第 41 页。

⑦ 长顺（1839 年—1904 年），字鹤汀，达斡尔族，隶满洲正白旗，清朝大臣、将领。曾任二等侍卫、头等侍卫、副都统、镶黄旗汉军副都统、神机营专操官、科布多参赞大臣、巴里坤领队大臣、哈密帮办大臣、乌里雅苏台将军、正白旗汉军都统、内大臣、吉林将军等职，卒后追赠太子少保、一等轻车都尉，谥忠靖，入祀贤良祠。

年 8 月 21 日（光绪二十二年七月十三日）至 1899 年 10 月 4 日（光绪二十五年八月三十日）止，吉林机器局共制成黑色火药 33.209 万公斤，子母枪弹 620.855 万发，前膛枪铅丸 239.2 万粒，大铜帽 684 万粒，炮弹 2.069 万发，炮弹铜 5 件 1.594 万副，炮铜拉火 1.1165 万支，炮弹铜壳 3 200 个。"① 可见，经过多年的经营与发展，吉林机器局的生产规模较大，生产的武器数量较多。"吉林机器局自 1881 年开办至 1899 年，共支用银 233.95 万两。"② 可知，其耗费亦甚巨。1900 年 9 月，沙俄军队攻入吉林省城，吉林机器局被沙俄军队抢劫一空，毁于一旦。吉林机器局从被毁之前的 1897 年起开始铸造银元；被毁后就地改为制造银圆局。1901 年春季开始铸造银元和铜元；同时附设修械所，修理残废枪支。

此外，在清末东北还有盛京机器局和黑龙江机器局。"光绪二十二年（一八九六）六月，盛京将军依克唐阿，奏准设立一座造银元的机器局，由德国礼和洋行购办机器，择定盛京大东边门内旧营房地基，兴建局址；并委派满洲协领常庆为总办。二十四年五月设置完备，六月开工。"③ 盛京机器局主要以造银元为主，同时也兼造武器、弹药，它标志着辽宁近代兵器工业的开端。后由于庚子事变，俄军进入东北，该局

---

① 《中国近代兵器工业》编审委员会编：《中国近代兵器工业——清末至民国的兵器工业》，国防工业出版社 1998 年版，第 157 页。

② 《中国近代兵器工业》编审委员会编：《中国近代兵器工业——清末至民国的兵器工业》，国防工业出版社 1998 年版，第 157 页。

③ 王尔敏：《清季兵工业的兴起》，（台湾）"中央研究院"近代史研究所 1978 年版，第 121 页。依克唐阿（1834 年—1899 年），字尧山，扎拉里氏，满洲镶黄旗人，祖籍吉林伊通，出生于今伊通满族自治县县城东南马家屯。晚清将领，民族英雄。依克唐阿在抗击日、俄侵略，维护中国主权和领土完整的斗争中立下了卓著功勋。曾任三姓（今黑龙江依兰）满洲镶白旗佐领、协领，墨尔根副都统，黑龙江副都统，瑷珲副都统，呼兰副都统，珲春副都统，镶黄旗汉军都统，盛京将军等职。光绪二十五年（1899 年）去世，谥诚勇，予建祠。

毁于兵燹。俄军撤离后该局虽着手恢复，但已不复旧观。1910年改为隶属于度支部，并扩建为奉天造币分厂。黑龙江机器局，建于1899年，系黑龙江将军恩泽①所创立。"局址设于龙江，专造弹药，开办时用银十万两，并奏定历年经费由镇边军岁饷项下筹拨，照往昔之例，每年三万两尚不敷添办军火之用，故该局岁费，每年当不下于三万两之数。"②黑龙江机器局从规模和产量方面都远不如吉林机器局和盛京机器局，影响也较小。

民国建立以后，东北的兵器工业发展很快。尤其是因为"两张"政权属于典型的军阀集团，主要依靠武力维护其统治，因此，颇为重视作为武力基础之一的兵器工业。该时期东北兵器工业有了很大的发展，其中主要有东三省兵工厂、奉天迫击炮厂、黑龙江省军械厂和大冶工厂等。

东三省兵工厂，前身是奉天军械厂。"1916年，张作霖任奉天督军兼省长后，在沈阳大东门内设立奉天军械厂，从事修械和制造枪弹。"③为了向关内扩张，张作霖拟扩大奉天军械厂规模。由于原厂区较小，故张作霖决定另选厂址。1919年春，张作霖亲赴大东边门外东塔农业试验场踏勘，看中了该试验场的广袤土地，遂决定停办农场，其中东塔以西1800余亩作为兵工厂基址。该年秋，原奉天军械厂厂长陶治平奉命筹建东三省兵工厂。此后历经韩麟春④、杨宇霆、张学良等人督办，兵

---

① 恩泽，字雨三，噶奇特氏，蒙古镶蓝旗人。曾任佐领、协领、记名副都统、巴里坤领队大臣、乌鲁木齐领队大臣、吉林副都统、珲春副都统、帮办吉林军务、吉林将军、黑龙江将军等职，1899年因病去世。

② 王尔敏：《清季兵工业的兴起》，（台湾）"中央研究院"近代史研究所1978年版，第123页。

③ 《中国近代兵器工业》编审委员会编：《中国近代兵器工业——清末至民国的兵器工业》，国防工业出版社1998年版，第177页。

④ 韩麟春（1885年—1931年），字芳宸，奉天辽阳人。历任北洋军咨府参事，北洋军陆军次长，东三省兵工厂总办，镇威军第一军副军长、第二军军长，陆军第四方面军团军团长兼陆军大学校长等职。1927年冬天韩麟春突然中风，1931年病逝，年仅46岁。

工厂有了较大的发展。"厂内分成枪弹、炮弹、枪厂、药厂、铸造、火具、兵器、造币厂等 10 余工厂，1930 年底，共有技师约 106 人，工人约 8 000 余人。"① 在九一八事变前，全厂占地约 3 200 亩，建设基金 3 亿余元（银元），② 它已成为当时中国最大的兵工厂，甚至在亚洲亦屈指可数。"此时该厂已成为全国规模最大的综合性的兵工厂。"③ "在（中国）大陆，作为生产兵器设备最大的工厂是为张学良的东北军生产兵器的'奉天兵工厂'，在日本和法国的技术指导下，它能够生产从小型火器到火炮等各种武器，并供应给自己的部队以及各地军阀。"④ 该厂生产的产品种类较多，"且又不时发明各种新利器，如平射炮、重迫击炮、水机枪、马机枪、枪射炸弹、无响炮弹、怕燃烧炮弹等类。厂内技工匠，南北均有，中外咸备，留学归国者，任用尤多云"⑤。"从 1924 年至九一八事变前，东三省兵工厂共耗资 5 亿多元，厂内机器设备共 1 万余部，共制造各种炮 1200 门，每年可生产炮弹 20 余万发，步枪 6 万支，枪弹 1 亿—1.8 亿粒，轻重机枪 1 千挺以上。"⑥ 杨宇霆被杀后，张学良实行"东北新建设计划"，对兵工厂的整顿即其中重要内容。此后，张学良大力缩小了兵工厂的军工生产规模，裁减军工生产人员，建立了兵工厂附设农业机器工具厂和铁路机车车辆厂。其中前者生产农业

---

① 东北财经委员会调查统计处编：《伪满时期东北厂矿基本资料·工厂篇之二·机械》，1949 年版，第 115 页。

② 沈振荣：《东三省兵工厂》，载中国人民政治协商会议辽宁省委员会文史资料研究委员会编：《辽宁文史资料》第八辑，辽宁人民出版社 1984 年版，第 50 页。

③ 《中国近代兵器工业》编审委员会：《中国近代兵器工业——清末至民国的兵器工业》，国防工业出版社 1998 年版，第 385 页。

④ ［日］藤田昌雄：『もう一つの陸軍兵器史』，光人社，2004 年，第 76—77 页。

⑤ 陈真编：《中国近代工业史资料》第三辑，生活·读书·新知三联书店 1961 年版，第 1158—1159 页。

⑥ 鲍振东、李向平等：《辽宁工业经济史》，社会科学文献出版社 2014 年版，第 148 页。

机械和铧犁工具；后者专为东北铁路修理和组装机车，制造铁路货车和客车。九一八事变后，东三省兵工厂为日军所占领。

奉天迫击炮厂，建于1922年，占地50多亩。该厂下设炮厂、炮弹厂和装药厂，拥有各类机械设备1 500部，职工1 400人。[①] 初为英人沙顿主持，后改为李宜春[②]。"该厂专为制造迫击炮机关制品，亦以迫击炮及炮弹并其附属品为限。"[③] 1929年5月，该厂改名为辽宁迫击炮厂。"迫击炮厂由总厂长（李宜春）、总工程师（沙顿）综理全厂一切行政和技术工作，下设五科、四分厂、三所、一队，即总务、会计、工务、材料、兵器五科及炮厂、炮弹厂、翻砂厂、装药厂、木工所、油漆所、医务所和警卫队，分承全厂各项事宜。"[④] 该厂产品主要包括：80毫米迫击炮及炮弹、80毫米迫击炮驮鞍及附属品、150毫米迫击炮及炮弹、迫击炮车、炮击炮弹药车。[⑤] 九一八事变后，该厂亦被日军占领。

黑龙江省军械厂，前身为黑龙江省修械厂，民国8年（1919年）改为此名。民国18年（1929年）该厂扩建厂房，增加设备，建立修理和制造两部。"民国18年至民国20年是该厂最兴盛时期，除修械外，还制造了捷克式步枪1支，'枪牌'手枪5支，捷克式轻机枪21挺，马克沁机枪10挺。三八式骑长枪30支，还试制掷弹筒，手榴弹等，但未

---

① 鲍振东、李向平等：《辽宁工业经济史》，社会科学文献出版社2014年版，第149页。

② 李宜春，字润轩，辽宁沈阳人。毕业于东北讲武堂，曾任第8混成旅第一团一营二连连长、第8混成旅第一团团副，炮兵中校。1926年6月，张作霖将修械司改成奉天迫击炮厂，任命李宜春为少将厂长，负责生产迫击炮和炮弹。

③ 东北文化社年鉴编印处编：《东北年鉴》，东北文化社1931年版，第315页。

④ 辽宁省地方志办公室主编：《辽宁省地方志资料丛刊》第四辑，辽宁省人民政府印刷厂1987年版，第194页。

⑤ 《中国近代兵器工业》编审委员会编：《中国近代兵器工业——清末至民国的兵器工业》，国防工业出版社1998年版，第184页。

大批生产。"①

　　大冶工厂，设在奉天小西边门外，由张学良和冯庸②合资创办。"内分铁工、机器、子弹数部，专代兵工厂制造各种枪炮子弹炸弹。出品极佳，炸弹尤为特色。"③ 而且该厂工人总体上文化素质较高，均为高小以上学历，人数达千余人。

　　上述工厂为东北主要的军事生产单位，其产品的数量和品质在当时居于全国前列，尤其是东三省兵工厂为全国军事企业之翘楚。正是依托于此，张氏父子能够多次出兵关内，逐鹿中原。

二、伪满时期东北的兵器工业

　　在日伪政府兵器工业统制政策的引导下，东北兵器工业极速扩张，如"奉天造兵所""满洲三菱机械株式会社""满洲金属工业株式会社""旭重工业株式会社""兴亚制作所""兴亚金属工业株式会社""满洲火药工业株式会社""第三制造所""陆军造兵厂技术部奉天派出所"等纷纷建立，具体情况如下：

　　"奉天造兵所"。东三省兵工厂被日军占领后，初为关东军野战兵工厂，后以其为基础，于1932年10月建立奉天造兵所。1936年7月成为特殊会社，主要由三井、大仓投资经营。④ 日军占领该厂后，"将原

---

① 胡绍增等：《齐齐哈尔经济史》，哈尔滨船舶工程学院出版社1991年版，第108页。

② 冯庸（1901年—1981年），系奉系军阀冯德麟长子，曾用名冯英，在奉系军队中历任东北航空处上尉参谋、少校参谋、中校参谋处长、少将航空司令、装甲部队司令等职。1927年冯庸自费创办冯庸大学，自任校长兼训练总监，该校为中华民国第一所西式大学。九一八事变后，他任东北抗日联军第七路总指挥、第三战区昆山戒严司令、武汉卫戍区中将军法执行监、军官训练团中将处长、第九战区中将处长等职。抗战胜利后，他任东北行辕政务委员会常务委员。1948年赴台，历任高雄要塞司令官、台湾电力公司董事等职。

③ 陈真编：《中国近代工业史资料》第三辑，生活·读书·新知三联书店1961年版，第1159页。

④ ［日］關口壽一：『滿洲經濟十年史』，興亞印刷株式會社，1942年，第302页。

材料处与发电所一带，及厂南兵工粮栈、兵工医院、职员住宅楼房四栋、二台子仓库、三筒碑仓库、万泉园仓库、珠林寺仓库等，均划归八七九部队（即敌关东军兵器厂）分别利用"①。"又将原兵工学校，及厂南工人宿舍一部，划归满洲飞行机株式会社。原大东俱乐部，划归伪陆军卫生工厂。原总办官邸，及另住宅二栋，归敌宪兵队占用。原化验厂，划归陆军兵器厂。原草仓兵器库，划归伪陆军军械本厂。及原兵工小学，划归伪市府，改为城东国民优级小学。全厂范围较前缩小。"②可见，日军一方面强占了原东三省兵工厂的设备，并在此基础上建立新厂；另一方面肢解了原厂，将其分割吞并。奉天造兵所 1943 年 2 月公称资本 2 500 万元，实缴资本 2 500 万元，使用总额 6 177.3 万元。③ 职工数 1940 年为 22 008 人，1941 年为 16 846 人，1942 年为 12 883 人，1943 年为 14 205 人。主要产品为轻机关枪、重机关枪、迫击炮和步枪等。1945 年生产能力为年产刺刀 120 000 把，轻机关枪 1 000 挺，重机关枪 500 挺，迫击炮 500 门，步枪 1500 支，步枪弹 500 万发，重掷弹筒 400 门。此外，该厂在"牡丹江"和"间岛"还各有一分厂，其中"牡丹江"分厂年产步枪 15 000 支，"间岛"分厂年产步枪子弹 250 万发。④

"满洲三菱机械株式会社"，位于奉天市铁西区，创办于 1935 年 11 月 20 日，主要股东为三菱财阀。1945 年 6 月公称资本 2 000 万元，实

---

① 《中国近代兵器工业档案史料》编委会编：《中国近代兵器工业档案史料》三，兵器工业出版社 1993 年版，第 1275 页。

② 《中国近代兵器工业档案史料》编委会编：《中国近代兵器工业档案史料》三，兵器工业出版社 1993 年版，第 1275 页。

③ 东北财经委员会调查统计处编：《伪满时期东北厂矿基本资料·工厂篇之二·机械》，1949 年版，第 115 页。

④ 东北财经委员会调查统计处编：《伪满时期东北厂矿基本资料·工厂篇之二·机械》，1949 年版，第 115 页。

缴资本 2 000 万元，使用总额 3 489.9 万元。主要产品为一般机器、军需品和电机器械。职工数 1940 年为 1 939 人，1941 年为 1 902 人，1942 年为 2 121 人，1943 年为 3 219 人。其年生产量为 1943 年生产一般机器 2 900 吨，军需品 130 吨，发条 2 600 吨；1944 年生产一般机器 7 980 吨，军需品 130 吨，发条 2 500 吨。①

"满洲金属工业株式会社"，建于 1937 年 7 月 2 日。"日本国内住友财团系统的军火商'大阪金属工业株式会社'以制造精密机器、冷冻机、不冻栓、铁轨用零件、兵器零件等为目的，创办此厂于奉天，1939 年 5 月改制军火。"② 该厂在 1940 年的生产能力为年产枪弹壳 7 万个，钢性生铁弹药 6 万个。③

"旭重工业株式会社"，创办于 1941 年 6 月，由日本人高濑彰一建于奉天市。该厂专门制造各种军用马鞍及其他军用品。其产品主要供应日本关东军第 918、879、439 部队使用。④ 该厂 1941 年的生产能力为年产乘鞍 5 000 套，挽马具 7 000 套，驮马具 10 000 套，军用器材 40 000 个。⑤

"兴亚制作所"，前身为日本人金井于 1917 年 5 月在安东建立的"株式会社满鲜铁工所"，主要制造各种机械工具，九一八事变后成为

---

① 东北财经委员会调查统计处编：《伪满时期东北厂矿基本资料·工厂篇之二·机械》，1949 年版，第 116 页。

② 东北财经委员会调查统计处编：《伪满时期东北厂矿基本资料·工厂篇之二·机械》，1949 年版，第 34 页。

③ 东北财经委员会调查统计处编：《伪满时期东北厂矿基本资料·工厂篇之二·机械》，1949 年版，第 34 页。

④ 东北财经委员会调查统计处编：《伪满时期东北厂矿基本资料·工厂篇之二·机械》，1949 年版，第 93 页。

⑤ 东北财经委员会调查统计处编：《伪满时期东北厂矿基本资料·工厂篇之二·机械》，1949 年版，第 93 页。

日军的军火工厂。"1939年迁到沈阳，易名'兴亚制作所'，增资到50万元，继续制造各种军火——步枪OM弹，飞机零件等等。"①

"兴亚金属工业株式会社"，创办于1939年12月28日，1944年公称资本100万元，实缴资本100万元，主要股东为森真三郎。1941年有职工76人，1944年有职工89人。② 该厂主要生产飞机零件和各种军械零件。

"满洲火药工业株式会社"，前身为"满洲火药贩卖会社"。1935年11月1日，伪满政府发布129号敕令，颁布了《满洲火药贩卖会社法》，依据此法建立了"满洲火药贩卖会社"。该社资本金为50万元，其中伪满政府出资25万元，其余25万元由奉天造兵所、"满铁""满炭"、昭和制钢所、本溪湖煤铁公司及大宗商品需求者均分出资。③ 该会社主要从事火药类的输入和贩卖，兼营火药的生产统制，命令特定的会社从事火药的制造。④ "满洲火药贩卖会社"总社位于奉天，并于哈尔滨、图们和锦州等地设立了三个交易所。1941年1月，由伪满政府和奉天造兵所、"南满火工品株式会社""满洲火药株式会社""满铁"、昭和制钢所、本溪湖煤铁公司等各会社共同出资850万元，于奉天市建立"满洲火药工业株式会社"，主要从事军用及民用类火药及其原料和材料的制造、贩卖、输入、输出及其附带的各种事业。⑤ 1941年，奉天造兵所将火药制造移交给"满洲火药工业株式会社"。由于是特殊部

---

① 东北财经委员会调查统计处编：《伪满时期东北厂矿基本资料·工厂篇之二·机械》，1949年版，第112页。

② 东北财经委员会调查统计处编：《伪满时期东北厂矿基本资料·工厂篇之二·机械》，1949年版，第111页。

③ ［日］菊地主計：『満洲重要産業の構成』，東洋経済出版部，昭和14年，第131页。

④ 満洲国通信社編：『満洲国現勢』，1943年，第541页。

⑤ 満洲国通信社編：『満洲国現勢』，1943年，第541页。

门，所以业绩良好。关于其生产额从资金和过去的实际成绩推测应不低于 3 000 至 5 000 万日元。①

"第三制造所"。鉴于日军在火药作业方面的缺乏，遂于 1939 年 11 月在辽阳唐户屯确定厂址，并于次年 5 月着手开始建设。初名第三制造所，隶属于"中央陆军兵器行政本部"。"至民国三十四年五月，直属于关东军，即改称为关东军火工厂，又名三八三部队工厂。"② 该厂在三八三部队工厂时期主要生产量详见下表 6 - 2③。

表 6 - 2　三八三部队工厂产量

（单位：吨）

	每月产量（最高值）	每月产量（最低值）
梯恩梯	300	200
配克林酸	300	200
硝氨炸药	400	300
硝酸	300	200
硫酸	300	200

"陆军造兵厂技术部奉天派出所"。1938 年 5 月 21 日，日本陆军省派遣技师百余名，在沈阳建立陆军造兵厂技术部奉天派出所。后该厂本部移于沈北文官屯，并于次年 8 月 1 日更名为"陆军造兵厂南满工厂"。"迄至民国三十四年三月三十一日，转归关东军管辖，定名为关东军造兵厂，普通又称为满洲第九一八部队。"④ 该厂的主要产品为战

---

① ［日］满史会编：『満州開発四十年史』下卷，满州开发四十年史刊行会，1964 年，第 504 页。

② 《中国近代兵器工业档案史料》编委会编：《中国近代兵器工业档案史料》三，兵器工业出版社 1993 年版，第 1280 页。

③ 《中国近代兵器工业档案史料》编委会编：《中国近代兵器工业档案史料》三，兵器工业出版社 1993 年版，第 1280 页。

④ 《中国近代兵器工业档案史料》编委会编：《中国近代兵器工业档案史料》三，兵器工业出版社 1993 年版，第 1282—1283 页。

车、炸弹、炮弹、火药、牵引车、军刀等，并于四平街设立分厂。总的说来，沦陷时期东北的兵器工业在九一八事变前东北原有兵器工业的基础上实现了大幅扩充，产量巨大，这为日本对外侵略扩张提供了大量武器，充当了日本的重要武器库。

与九一八事变前相比，为了适应日本对外扩张整体布局的需要，满足日本对东北资源的掠夺，此时的东北兵器工业从产品种类、产品数量、生产规模和生产能力等方面均有质的改变。更为关键的是，这些工厂完全由日方控股，由日方制定生产计划和生产指标，所生产的武器也主要供应日军和伪满军队，民族资本鲜有涉足，这保证了日本对东北兵器工业的完全掌控。日本对其所产武器的完全支配是东北兵器工业殖民地化的主要表现。

至伪满末期，由于资材的缺乏、能源的短缺、人力资源的不足和交通运输的中断等因素，伪满的工业生产陷入全面萎缩，尤其是1944年以后产量急剧下降，在此情况下，东北的兵器工业迅速衰落。事实上，伪满时期东北的兵器工厂在某些材料方面严重依赖于日本的兵器工业。此时，由于日本连年发动对外战争，国内资源面临枯竭，日本海峡也为盟军所阻，因此东北兵器工业的材料来源面临困难，直接影响到东北的兵器工业生产。为此，日伪当局"想尽办法，降低标准，采用代替品来苟延残喘：如迫击炮底盘用木板代替铁板，枪弹铜壳用铁皮代替铜皮等"①，物资短缺程度可见一斑。在此情况下，东北兵器工厂不得不减少产量。而兵器工业产量的下降又直接影响到日军的战斗力，从而加速日军的灭亡。日本投降后，曾经负责奉天造兵所的日本人表示："日军

---

① 《中国近代兵器工业》编审委员会编：《中国近代兵器工业——清末至民国的兵器工业》，国防工业出版社1998年版，第392页。

必然失败，一年以前，在兵工厂里，早就感觉到了。"①

除上述常规武器工业外，在中国东北核武器工业和生化武器工业亦有所发展。在生化武器工业方面，这一时期日本在东北进行了细菌武器、化学武器的开发、研制和实施，但属秘密行为。其中在细菌武器方面在东北主要通过关东军第 731 部队和关东军"满洲第 100 部队"实施。关东军第 731 部队对外称"关东军防疫给水部"，又称"加茂部队"或"石井部队"，本部位于哈尔滨市平房站附近，主要以生产大量传染病菌，包括鼠疫、霍乱、伤寒、炭疽、赤痢等，造成人为疫病大流行，以达到消灭对手，为日本侵略扩张服务的目的。其中尤其重视以染有鼠疫的跳蚤作为细菌武器，进行大规模的细菌战。关东军"满洲第 100 部队"前身为"关东军临时病马收容所"和"关东军马匹防疫部"，1941 年正式称为关东军"满洲第 100 部队"，对外称"关东军兽医防疫部"，营区位于长春市以南的孟家屯。"该部队主要研究生产摧毁人类包括庄稼和牲畜的致命细菌，大量撒布鼠疫、霍乱、伤害、鼻疽、炭疽等致命细菌，借以引起瘟疫，使无数人染疫死亡。"② 在化学武器方面，日本关东军于 1938 年在齐齐哈尔建立"关东军化学部"，即后来的"516 部队"，它和作为化学部练习队的迫击炮联队一起构成了关东军进行化学战演习、实验和实战的部队。该部队不仅研究、制造化学武器，还从日本运来大批毒剂，不断用俘虏进行毒气试验，也向中国居民区发射毒气弹，以观测其效果。此外，它还向 731 部队提供化学毒剂和试验器材，为虎作伥。事实上，早在 1925 年 6 月日内瓦国际会议就制订了《禁止在战争中使用窒息性、毒性或其他气体和细菌战方法的

---

① 《中国近代兵器工业》编审委员会编：《中国近代兵器工业——清末至民国的兵器工业》，国防工业出版社 1998 年版，第 393 页。

② 金成民：《日本军细菌战》，黑龙江人民出版社 2008 年版，第 290 页。

议定书》，但日本为了侵略扩张和满足一己私利，冒天下之大不韪，仍然秘密进行细菌战和化学战。其中，中国东北就是其研制此类武器的主要生产基地和重要实验场所。

在核武器工业方面，客观地讲，在当时的东北不具备进行核武器工业生产的环境和条件，但是这并没有妨碍日本掠夺东北的核武器工业矿石。"1938 年，在分布于奉天省海城东面约 10 公里处附近的伟晶岩中，发现了铀矿产物——黑稀金矿的稀有元素矿产物。这些都产出了少量标本，但作为放射能矿产物的核原料资源，引起日本的重视。在太平洋战争中，按照日本的紧急要求，从 1944 年到 1945 年，有约 5 吨的少量矿石被用飞机输送至日本，但至战争结束时仍未取得研究成果。"[①] 可见，东北虽然没有核武器工业，却被迫为日本提供放射性矿石。这反映了日本对东北兵器工业掠夺之广、挖掘之深，几无遗漏。

三、日伪对东北兵器工业的掠夺

伪满时期，日伪对东北兵器工业的掠夺主要体现在以下三个方面：

（一）对东北原有兵器工业的吞并。九一八事变爆发后，日军迅速侵占了东北的兵器工业。1931 年 9 月 19 日上午 10 时后，平田大尉率领日军第 29 联队占领东三省兵工厂。厂内库存大量武器被日军所劫掠，计有各种步枪 9.5 万余支、各种机枪 2 500 余挺、手枪 2 600 余支、各种炮 50 余门、各种枪弹 1.8 亿余万发、各种炮弹 50 余万发，另有 50 磅地雷 18 粒、一号地雷 11 粒、二号地雷 377 粒、三号地雷 334 粒、四号地雷 45 粒。此外，日军还侵占了该厂的各种机器、工具、建筑物、

---

① ［日］满洲国史编纂刊行会编：『満洲国史（各論）』，満蒙同胞援護会，1971 年，第 609 頁。

办公器具、库存各种材料、各厂房半成品材料、库存款类及银行存款等，总价值达 3.299 622 94 亿元。[①] 另据资料显示，由于事变爆发，东北官方财产损失共计 1 785 兆元，其中尤以东三省兵工厂损失最巨，计 358 兆元，约占五分之一。[②] 当时的中外记者目睹实情，在其报告中称："兵工厂、迫击炮厂、粮服厂等相继占领。兵工厂所存械弹传闻足敷十师之用，与新式机器全被日军运走，厂内工人死约三百人。"[③] 日本占领该厂后，仍将其作为军械厂，用以制造精锐武器。

奉天迫击炮厂，于九一八事变当晚即为日军所强占。九一八事变爆发后，"早有准备的日本宪兵就将迫击炮厂大门把住，不准中国人进厂，并当场打死卫队队副、卫兵、差役计三人，厂内所有财产悉为日本军队霸占"[④]。该厂包括兵器在内的总价值约893.366 9 万元的军用物资，均被日军收入囊中，计有装轮十五珊迫击炮 36 门、无轮十五珊迫击炮 27 门、装轮八珊迫击炮 312 门、无轮八珊迫击炮 1 635 门、直鲁造八四迫击炮 242 门、直鲁造十五珊迫击炮 49 门、二十四生的重迫击炮 2 门、24 式迫击炮弹 72 发、新式十五珊迫击炮 5.976 万发、新式十五珊燃烧弹 593 发、新式八珊迫击炮弹 45.965 万发、直鲁造八四迫击炮弹 3 654 发、直鲁造十五珊迫击炮弹 1 495 发、火药 6 种、制造材料 800 种、八生的炮筒荒料 700 支、十五生的炮筒荒料 50 支、总分仓及各种仓库 9 所、动力及工作机器 650 部、工具及理化仪器千余种、汽车 48 辆、半成品八生的弹 10 万发、半成品十五生的弹 5 000 发、半成品八生的炮

① 陈觉：《九一八后国难痛史资料》第 1 卷，东北问题研究会 1932 年版，第 59—71 页。
② 张其昀编：《东北失地之经济概况》，钟山书局 1933 年版，第 48 页。
③ 中国档案馆、中国第二历史档案馆、吉林省社会科学院合编：《日本帝国主义侵华档案资料选编·九一八事变》，中华书局 1988 年版，第 152 页。
④ 辽宁省科技志编委办公室编：《辽宁科技志资料选编》第一册，辽宁省人民政府印刷厂 1987 年版，第 196—197 页。

60 门、半成品十五生的炮 10 门、厂房 2 座、机械 35 部、工具规矩 50
种、已成汽车 2 辆、半成汽车 43 辆、现金 45.96 万元。[①] 上述军用物资
为以后日本扩张东北兵器工业及武装日军提供了重要条件。

日军于 1931 年 11 月 19 日进占齐齐哈尔。"日人于二十一年（1932
年，笔者注）一月十七日雇大车数十辆，将军械厂机器两部，运至齐克
路，转运至大连关东军用仓库收藏，其余物品悉被运走，计湖北造枪两
千八百余枝，均完好。大砲五门，弹药车十一辆，零星物品，不计其
数，子药库一二两库，尚存子弹三千余箱，亦被日军运去。"[②] 至此，
黑龙江省军械厂也被日军洗劫一空。

上述所列武器装备只是日军强占的一部分。张氏父子经营东北多
年，其兵器工业生产能力巨大，奉军装备水平在全国亦居于前列，此番
奉军匆忙败退，大部分重要的机器设备未及拆卸，基本留在原地，故日
军所掠各类物资数量惊人。当时奉军的兵器工业主要集中于奉天和齐齐
哈尔，奉天城区及周边地区在 9 月 20 日即被占领。齐齐哈尔在两个月
后亦被日军占领。在此过程中，奉军在"不抵抗政策"的指导下，基
本上未做有效抵抗，导致东北的主要兵器工业拱手相让。此后，这些武
器装备被用于武装日军，提高了日军的战斗力，无形中使中日两国间的
军力差距进一步拉大。

（二）日本对东北军用物资的侵占。伪满时期，这些兵器工业主要
为日军、日伪政府及日本在华会社等服务。其中，协和工业株式会社在
1938 年开工后专门为日军修造兵器，1940 年以后兼给"满洲飞行机制
造株式会社"制造机体零件，给奉天造兵所制造军火，从 1941 年至

---

① 陈觉：《九一八后国难痛史资料》第一卷，东北问题研究会 1932 年版，第 83—86 页。
② 陈觉：《九一八后国难痛史资料》第一卷，东北问题研究会 1932 年版，第 308 页。

1945 年间，共盈利 33.161 2 万元。① 兴亚金属工业株式会社是"满洲飞行机制造株式会社""满洲电线株式会社"及日军"关东军满洲第 237 部队"的"协力工厂"之一，专为"满洲飞行机制造株式会社"及日军做各种军械零件。② 兴亚制作所在九一八事变之后，被日本关东军指定为制造军火的工厂，供应日军弹药。③ 陆军造兵厂技术部奉天派出所，"本厂成立之动机，即为利用我东北之资源与劳力，生产各种兵器，其目的除供应关东军需用外，并作敌国内之用"④。

从兵器工业的产量上看，兵器和飞机制造业生产额，1932 年为 655 万元，1936 年为 6 942 万元，1941 年为 31 037 万元，1944 年为 40 893 万元，⑤ 增长速度惊人。在当时东北生产武器的企业中，奉天造兵所规模最大，产量最高。该厂 1939 年生产量为生产兵器弹药类 2 293.1 万元，火药爆药类 400 万元，30 吨无盖货车 75 万元，其他民用品 25.7 万元；1940 年生产兵器弹药类 2 514.6 万元，火药爆药类 363 万元，30 吨无盖货车 53.5 万元，六号雷管 44.9 万元，其他民用品 36 万元。⑥ 另一个重要的兵器企业"满洲三菱机械株式会社"军需品的生产量为 1940 年生产 100 吨，1941 年生产 220 吨，1942 年生产 240 吨，1943 年生产

---

① 东北财经委员会调查统计处编：《伪满时期东北厂矿基本资料·工厂篇之二·机械》，1949 年版，第 109 页。

② 东北财经委员会调查统计处编：《伪满时期东北厂矿基本资料·工厂篇之二·机械》，1949 年版，第 111 页。

③ 东北财经委员会调查统计处编：《伪满时期东北厂矿基本资料·工厂篇之二·机械》，1949 年版，第 112 页。

④ 《中国近代兵器工业档案史料》编委会编：《中国近代兵器工业档案史料》三，兵器工业出版社 1993 年版，第 1283 页。

⑤ 张福全：《辽宁近代经济史（1840—1949）》，中国财政经济出版社 1989 年版，第 611 页。

⑥ 东北财经委员会调查统计处编：《伪满时期东北厂矿基本资料·工厂篇之二·机械》，1949 年版，第 115 页。

130 吨，1944 年生产 130 吨。①

显然，这些兵器都是采用中国大量的资源和人力生产出来的。但日伪政府利用这些武器对付中国军队和镇压中国人民的起义，为其进一步侵略中国和掠夺中国资源而服务。另外，日本战犯对此类事实也做了部分供述。古海忠之曾供认，奉天兵工厂能修理、制造步枪、机关枪和高射炮等，也包括在对日援助之内。② 他还供认，伪满洲国从 1937 年至 1945 年 8 月对日援助的物资有机关枪、步枪和高射炮等。③

（三）日伪政府对兵器工业工人的压榨与盘剥。日伪统治时期在东北的兵器企业中，中国工人遭到日伪当局无情的盘剥。

在技术上，兵工厂中主要管理人员和技术人员多为日本人，他们垄断了兵器生产的主要技术，而中国人多为普通工人或者苦力，这给战后东北兵器工业的恢复带来困难。在奉天造兵所，"除高级职员和一部分技术员、工头、工人等系日本人外（共计约三千多人），大多数工人和少数技术员、事务员都系中国人"④。在三八三部队工厂，"在日寇经营时期，全部技术及管理人员均为日人，其总数达 2500 人之多，至当时在厂华人，仅为苦力及低级技工，约有 4 000 人左右"⑤。当时在东北的兵器工业中，这样的状况普遍存在。

---

① 东北财经委员会调查统计处编：《伪满时期东北厂矿基本资料·工厂篇之二·机械》，1949 年版，第 116 页。

② 中国档案馆、中国第二历史档案馆、吉林省社会科学院合编：《日本帝国主义侵华档案资料选编·东北经济掠夺》，中华书局 1991 年版，第 298 页。

③ 中国档案馆、中国第二历史档案馆、吉林省社会科学院合编：《日本帝国主义侵华档案资料选编·东北经济掠夺》，中华书局 1991 年版，第 299 页。

④ 陈修和：《奉张时期和日伪时期的东北兵工厂》，载中国人民政治协商会议全国委员会文史资料研究委员会编：《文史资料选辑》第 25 辑，中华书局 1962 年版，第 160—161 页。

⑤ 《中国近代兵器工业档案史料》编委会编：《中国近代兵器工业档案史料》三，兵器工业出版社 1993 年版，第 1282 页。

在经济上，日伪当局对中国工人实行残酷剥削和掠夺。日伪当局为了支持日本的对外战争，残酷压榨工人进行生产。他们任意延长劳动时间，增加劳动强度，对粮食等日常生活必需品实行战时配给制，使广大中国工人苦不堪言。在奉天造兵所，日本工人和中国工人待遇迥异。中午吃饭的时候，"中国人吃饭的勺子没有眼，把稀的汤都舀上来了，那边日本人用的勺子有眼，他们净舀干的吃"[1]。日本人的工资也远高于中国人，同工不同酬的现象非常严重。

在政治上，日伪当局对中国工人实行血腥统治和压迫。在奉天兵工所，"原在兵工厂的中国工人，由原在该厂任职的日本人从中拉拢，胁迫工作，并加入大批日本技术员工（约当全厂人数十分之一）监督指导，又利用一些特务汉奸，暗中侦察，严密监视"[2]。在该厂中，某一天怀孕女工郝某遭到两个日本兵的侮辱，她冲着日本兵骂了一句，日本兵便"飞起一脚，朝着她的腹部踢去，郝惨叫一声昏倒在地，顿时流产"[3]。事实上，这样的事情并非个案。"日本兵在兵工厂欺凌和侮辱中国女工的事件，时有发生。"[4] 另据资料记载，"当时的工人丝毫没有个人行动的自由，干活时不能互相谈话，喝水、吸烟要统一号令，集体行动，就连大小便也有限制，时间长了，次数多了，工头就骂你偷懒、怠工。中国工人遭到日本统治者的辱骂和毒打是经常的"[5]。中国工人已

---

① 张凤鸣、王敬荣主编：《残害劳工》，黑龙江人民出版社2000年版，第346页。

② 《中国近代兵器工业》编审委员会编：《中国近代兵器工业——清末至民国的兵器工业》，国防工业出版社1998年版，第392页。

③ 孟庆余：《记兵工厂女工的斗争》，黎明发动机制造公司史志编写办公室编：《黎明发动机制造公司史料》第六辑，1986年版，第90—91页。

④ 孟庆余：《记兵工厂女工的斗争》，黎明发动机制造公司史志编写办公室编：《黎明发动机制造公司史料》第六辑，1986年版，第91页。

⑤ 孟庆余：《没有枪炮声的战斗》，黎明发动机制造公司史志编写办公室编：《黎明发动机制造公司史料》第六辑，1986年版，第96页。

和奴隶无异。日伪当局的压迫，引起中国工人的强烈反感，"兵工厂里的中国工人，长期地采取一种消极怠工的方法，对抗日寇，当时称为'磨洋工'"[①]。这也反映了奉天造兵所内中日双方的矛盾。

尽管日伪当局加强了对中国工人的剥削，但仍然满足不了其日益紧张的物资需求，还需要大量劳动力来补充。为此，日伪当局采取各种措施强迫中国人进厂服役。归纳起来，主要有以下几种形式。一是强抓劳工充当临时工。由于中国人不愿为日本人干活，日伪当局就四处抓劳工服苦役。伪满时期有大量劳工被抓到奉天兵工厂做工。劳工通常被分配给又苦又累的活，而工资又非常微薄，实际上就是奴隶。二是组织"勤劳奉公队"。"勤劳奉公队"就是义务劳动协作队，社会上统称"劳工队"。伪四平省省长曲秉善战后供认："1945 年，这年伪四平省派出的'国民勤劳奉公队'约 2.5 万人，其中的一大部分到梨树县东辽河地区给日本开拓民造农地和到海龙县给日本关东军修道路，其中的一小部分到大连给日本人造木船和洋灰船，到沈阳日本兵工厂生产军火，到鞍山日本人开办的工厂做工。"[②] 可见，"勤劳奉公队"的一部分人也被派往兵器工厂去做工。三是组织"勤劳报国队"。当时日伪政府组织在校学生去各工厂做工，美其名曰"勤劳报国"。在 1943 年和 1944 年，沈阳伪奉天第二国高的学生也被组织参加在关东军兵工厂仓库擦炮弹壳和在伪造币厂抬炼铝用焦炭的劳动。[③] 可见，在伪满后期，物资紧缺已呈普遍状态，劳动力不足亦进一步深化。日本为了继续推行对外侵略战争，

---

① 《中国近代兵器工业》编审委员会编：《中国近代兵器工业——清末至民国的兵器工业》，国防工业出版社 1998 年版，第 392 页。

② 曲秉善：《伪满四平省人民受奴役的实况》，载孙邦主编：《伪满史料丛书·经济掠夺》，吉林人民出版社 1993 年版，第 487 页。

③ 苏崇民等编著：《劳工的血与泪》，中国大百科全书出版社 1995 年版，第 341 页。

罔顾客观条件的限制，采取竭泽而渔的生产方式疯狂掠夺东北的物资资源和劳动力资源，甚至将未成年的在校学生都充作劳力，进行奴役，当然这也是日本在华殖民统治走入穷途末路的征象。

由以上可知，在清末及"两张"时期，中国东北的兵器工业有了很大的发展，尤其是东三省兵工厂为当时中国规模最大的兵工厂。九一八事变后，日本即时侵占东北的兵器工业，东三省兵工厂、奉天迫击炮厂、黑龙江省军械厂等都成为日本重点占领的对象。尤其是对东三省兵工厂的吞并，极大地扩充了日本的兵器生产能力。伪满建立后，日伪政府对兵器工业实行统制政策，保证了对东北兵器工业的全面控制。这一时期东三省兵工厂被改造为奉天造兵所，而"满洲三菱机械株式会社""满洲金属工业株式会社"、旭重工业株式会社、兴亚制作所、兴亚金属工业株式会社、"满洲火药工业株式会社"、第三制造所和陆军造兵厂技术部奉天派出所等工厂亦生产大量兵器物资，为日本的对外扩张服务。另外，从日本对东北军用物资的侵占和日伪政府对兵器工业工人的压榨与盘剥等方面都体现了日本对东北兵器工业的掠夺。其间，东北兵器工业先是极速膨胀，后迅速衰落，呈抛物线状。至伪满末期，尽管日军困兽犹斗，但由于物资生产力量的严重不足，以及国际反法西斯战争的全面推进和中国人民的全面抗战，法西斯日本以失败告终。

第三节　铁路车辆制造业

一般说来，铁路车辆大体可分为机车、客车和货车。工业革命后，铁路运输作为客运和货运的主要方式，受到各国政府的重视。在清末，火车作为新事物亦被引入东北。尤其是日本在"满铁"建立后，力图通过铁路运输加强对中国东北的渗透和扩张，从而达到逐渐吞并中国东北的目的，故这一时期与铁路运输密切相关的铁路车辆制造业也迅速扩张。事实上，日本对中国东北铁路车辆制造业的掠夺是日本对中国东北工业掠夺和经济掠夺的重要组成部分。对这一问题的探讨，对于揭示日本的侵略野心和批驳战后日本右翼的"建设东北论"都是有积极意义的。但遗憾的是，目前关于这一问题仅有少量成果问世①，这为今后的研究留下很大的空间。

一、清末民国时期东北的铁路车辆制造业

1897 年 12 月，俄军强占旅大地区。此后沙俄在大连车站内设修理部，即大连工厂，并建立了辽阳车辆修理厂，上述两厂专门从事铁路车辆修理。其中大连工厂建于 1899 年，位于今胜利桥，原名东清铁道机车制造所，在青泥洼桥以东与海港、造船厂毗邻。②日俄战争后，日本野战铁道提理部控制了大连工厂。1907 年 4 月 1 日，"满铁"从日本野战铁道提理部手中继承了大连工厂。但当时的大连工厂厂房简陋，设备短缺。在 1907 年下半年，"满铁"将窄轨改成宽轨，各种维修制造作业

---

① 主要成果有：张福全《辽宁近代经济史（1840—1949）》（中国财政经济出版社 1989 年版）叙述了大连沙河口铁道工厂、"满洲车辆株式会社"和株式会社大连机械制作所等工厂的车辆生产状况。苏崇民《满铁史》（中华书局 1990 年版）叙述了"满铁"沙河口工厂和辽阳工厂的生产状况。顾明义等《大连近百年史》（辽宁人民出版社 1999 年版）叙述了"满铁"沙河口铁道工厂的创建、经营和发展等问题。但上述三者对经济掠夺问题涉及较少。工厂简史编委会《大连机车车辆厂简史（1899—1999）》（中国铁道出版社 1999 年版），论述了大连机车车辆厂一百年的发展历史，其中包括了沙俄建厂和日本侵占沙河口铁道工厂四十年等内容。大连市社科（联）院历史文化丛书编委会编《沙河口史话》（东北财经大学出版社 2011 年版）也涉及沙河口工厂，简述了"满铁"沙河口工场（厂）的迁建，但更侧重于论述沙河口工场（厂）1918 年"一二五"罢工和 1920 年"五一"大罢工等工人运动的内容。此外，郭洪茂《满铁铁道工厂中国工人状况之考察》（《溥仪及其时代》2019 年第 1 期）揭露了日伪当局对"满铁"铁路系统中国工人的奴役。
② 大连市社科（联）院历史文化丛书编委会编：《沙河口史话》，东北财经大学出版社 2011 年版，第 16 页。

激增，大连工厂无论如何也不能完成预定的任务，为了"满铁"将来的扩张，1908 年 7 月在北沙河口的空地开始了工厂和住宅的建设，伴随其竣工实现了部分设备的迁移。在 1911 年 8 月 9 日，最终完成了工厂事务所的转移，开始了新工厂的全部作业，[①] 是为沙河口铁道工厂。该厂是当时东北最大的铁路车辆工厂，在亚洲也是屈指可数的大工厂之一。厂区面积为 277 200 坪（1 坪 = 3.306 平方米）。[②] 工厂内部结构仿造德国克虏伯的埃森工厂建设而成，拥有各种车间和新式设备，其中包括装配、旋盘、制罐、铰镶、磨光、锻冶、铸造、铸钢、动力、模型、客车、货车、制材、油漆、车台、电气等车间，还有分析室、仓库等。此后，沙河口工厂为适应鞍山制铁所的建设需要而急剧扩张，但至一战结束后，伴随着铁价的暴跌，鞍山制铁所陷于困境，沙河口工厂亦受其影响，遂采取紧缩方针而停止工厂的扩张。工厂在 1919 年度末有职工5 346人，但至 1920 年度末减少至3 069人。[③] 工人数量减少非常明显。尽管如此，工厂总体上规模仍在逐渐扩大。在 1919 年，工厂有建筑物49 栋，1.8 万坪，同时能容纳机车 26 辆、客车 36 辆、货车 130 辆，此外还拥有各种机械制造和维修能力。在产量上，1919 年制造机车 44辆，客车 44 辆，货车 602 辆。从创建后到 1919 年累计制造机车 333辆，客车 297 辆，货车 4 803 辆。此外，还进行车辆的改修、一般机械的制造和修理等。[④] 另外，1928 年至 1931 年间的产量详见下表 6 – 3[⑤]

---

① ［日］南满洲铁道株式会社：『南满洲铁道株式会社第二次十年史』，原书房，昭和三年，第386 页。

② 苏崇民：《满铁史》，中华书局 1990 年版，第 96 页。

③ ［日］南满洲铁道株式会社：『南满洲铁道株式会社第二次十年史』，原书房，昭和三年，第386 页。

④ ［日］满史会编：『满州开发四十年史』下卷，满州开发四十年史刊行会，1964 年，第490 页。

⑤ ［日］满史会编：『满州开发四十年史』下卷，满州开发四十年史刊行会，1964 年，第491 页。

（原表无 1929 年数据）。可见，沙河口工厂规模巨大。当时沙河口工厂技术先进，能够独立制造火车机车。在 1914 年制造坚定式（280）机车，1916 年制造太平洋式 2（462）搭客用机车，1918 年又制造载货标准机车密克道式 1（MK1），1924 年再完成装备有三气筒与自动喷火机的曳引力巨大的密克道式 2（MK2）机车。"民国十六年（1927 年，笔者注）以后，复为胶济、泷海两铁路制造新机车，由此可见沙河口铁道工厂之工作技术相当优秀，民国十六年新造旅客快车'鸠号'，其曳引机为太平洋式 5，速度极快，长春大连间，仅需十二小时，较以往之二十小时，相差悬殊。"[1] 其技术先进，可见一斑。

表 6-3　1928 年到 1931 年沙河口工厂的产值

（单位：万日元）

种别 \ 年度		1928	1930	1931
制造	机车	207	78	90
	客货车	393	171	79
修理零件	机车	172	150	135
	客货车	304	270	219
其他制造和修理		260	159	135
会社外订货		67	76	29
合计		1 403	904	687

注：机车里包含热力机车。另外，制造的车辆数为机车 1928 年 19 辆，1930 年 8 辆，1931 年 1 辆。热力机车 1930 年 17 辆，1931 年 16 辆。客货车 1928 年 375 辆，1930 年 199 辆，1931 年 96 辆。

1907 年 4 月 1 日"满铁"在从日本野战铁道提理部手中继承大连工厂后，于同月 23 日设立了辽阳工作分工厂，它处于运输部工作课的

---

[1]　东北物资调节委员会研究组编：《东北经济小丛书·机械》，京华印书局 1948 年版，第 43 页。

管理之下，主要从事铁道车辆机械及器具的修理工作，当时的工厂主要使用沙俄时期遗留下来的锻冶厂、假木工厂、机械厂等，设备非常简陋，工作能力不足。① 1908 年 12 月 15 日，它合并了运输部所辖的辽阳车辆系，改称辽阳车辆系工厂。1918 年 1 月 15 日又被置于沙河口工厂的管理之下，改称辽阳分工厂。后与车辆系分离，在原来的空地增设了各种设备，并于 1919 年 11 月 27 日被置于技术部所管辖，改称辽阳工厂。② 1922 年 11 月隶属于运输部，1923 年 4 月又改为隶属于铁道部。这期间，辽阳工厂进行扩充，分管熊岳城以北各站及各机关区、检车区、保线区以及四洮、吉长等铁路的车辆维修业务。此后，由于 1929 年世界性经济危机的爆发，"满铁"关闭了辽阳工厂，并将之合并于大连铁道工厂。该厂 1927 年度有日本职工 167 人，临时工 19 人；中国职工 329 人，临时工 155 人。职工合计 496 人，临时工合计 174 人。1928 年度有日本职工 130 人，临时工 10 人；中国职工 305 人，临时工 121 人。职工合计 435 人，临时工合计 131 人。1929 年度有日本职工 94 人，临时工 7 人；中国职工 189 人，临时工 82 人。职工合计 283 人，临时工合计 89 人。③ 可见，该厂的职工数逐年减少，其经营业务也有减少的趋势。另外，该厂部分年度改造及修缮车辆情况详见下表 6 - 4④。除此之外，"满铁"还设有安东工厂和公主岭工厂，其中安东工厂于 1912 年合并于沙河口工厂，公主岭工厂于 1913 年合并于沙河口工厂。

---

① ［日］南満洲鉄道株式会社：『南満洲鉄道株式会社第二次十年史』，原書房，昭和三年，第 413 頁。

② ［日］南満洲鉄道株式会社：『南満洲鉄道株式会社第二次十年史』，原書房，昭和三年，第 413 頁。

③ ［日］松本豊三：『南満洲鉄道株式会社第三次十年史』，南満洲鐵道株式会社發行，1938 年，第 404 頁。

④ 苏崇民：《满铁史》，中华书局 1990 年版，第 99 页。

表6-4　辽阳工厂的生产状况

厂别	年度	机车	客车	货车
辽阳工厂	1907	50	21	395
	1912	49	61	848
	1917	54	15	1 642
	1922	95	7	2 178
	1927	130	—	1 872
	1930	—	—	—

这一时期俄国和中国方面也有部分铁道工厂能够从事铁路车辆的修理工作。其中俄国方面有哈尔滨铁道工厂，原为"中东路北满铁路工厂"，创立于1903年，1907年正式开工，主要进行客、货车的修理。1924年5月，根据中苏两国签订的《中俄解决悬案大纲协定》和《奉俄协定》，中东铁路由中苏合办。此后，哈尔滨铁道工厂也进入中苏合办时期。该厂对各种车辆的修程包括大修、中修、小修和定期检修。"仅从1924年至1927年的4年统计，年均修理机车33台、客车278辆，货车1 676辆。生产基本保持稳定状态。"①

中国方面，东北大学工厂铁工系能够从事铁路车辆的安装和维修。该厂由东北大学理工科学长赵厚达②筹建，1926年4月建成，资本金总额为280万元。③ 在1930年，该厂"安装及修理的机车车辆有吉海铁路

① 陈海江、李广健、郭成力：《"三十六棚"铁路工厂》，载政协哈尔滨市委员会文史资料编辑部编：《哈尔滨文史资料》第十五辑，哈尔滨出版社1991年版，第5页。

② 赵厚达（1888年—1924年），字兴三，1888年生于开原县杨木林子乡泉眼沟村，中文打字机发明者。曾赴日留学，并加入了中国同盟会。1918年当选北洋政府众议院议员，并曾到欧洲研究工艺。回国后，因受到奉天省省长王永江器重，被聘为东北大学理工科学长。为筹建大学工厂，赵再赴欧洲，终因积劳成疾在德国病逝，时年36岁。译有《机械原件学》等。

③ 辽宁省统计局编：《辽宁工业百年史料》，辽宁省统计局印刷厂2003年版，第274页。

机车 8 辆、各种货车 114 辆、行李车 2 辆；沈海铁路机车 17 辆、各种货车 385 辆、客车 12 辆、行李车 2 辆；四洮铁路机车 4 辆；齐克铁路机车 8 辆；京绥铁路机车 10 辆、客车 7 辆、各种货车 126 辆；京奉铁路机车 8 辆；吉敦铁路机车 4 辆、各种货车 82 辆"①。皇姑屯机车车辆厂也是奉系重要的铁路车辆工厂。皇姑屯工厂原为京奉铁路局下设的修理厂，1922 年进行了第一次扩建，具备一定的修理铁路机车和各种车辆的能力。1928 年，在张学良的指导下进行了大规模的扩建，并投入巨资，在规模和技术设备方面达到京奉铁路唐山工厂的水平，成为当时中国第一流的铁路车辆工厂。"到'九一八'事变前，皇姑屯机车车辆厂共检修机车 66 台，客车 129 辆，货车 1149 辆，为东北自建自营铁路和经济发展做出了贡献。"②

此外，东三省兵工厂还附设机车车辆厂。该厂由李广林任厂长，法国技师劳兰任总工程师，有技术工人 1 500 人，并拥有当时国内较为先进的技术和设备。"1929 年 6 月至 1930 年 6 月，东三省兵工厂附设机车厂为沈海、吉海、北宁、洮索等铁路局修理机车和客货车 97 辆，为齐克铁路和呼海铁路组装新机车 16 辆，为沈海铁路公司制造货车 300 辆。"③ 尽管如此，中国方面的铁路车辆厂和"满铁"系统的工厂相比差距还很大，在东北不占优势。

由以上可知，这一时期在中国东北日本的沙河口工厂无论在资金、技术和规模等方面都占据优势。但奉系军阀也开始重视铁路车辆制造业的发展，先后投入巨资加速推进，这使得中资的铁路车辆制造业发展很快，并逐步迈入近代化的良性轨道，成为奉系军阀工业的支柱之一。

---

① 马尚斌：《奉系经济》，辽海出版社 2000 年版，第 98—99 页。
② 马尚斌：《奉系经济》，辽海出版社 2000 年版，第 100 页。
③ 马尚斌：《奉系经济》，辽海出版社 2000 年版，第 100—101 页。

二、伪满时期东北的铁路车辆制造业

九一八事变爆发后，日本很快占领整个东北。为了全面持久地控制东北，提升运输能力必不可少。故"满铁"制定了《铁路车辆制造计划要纲》，其主要方针如下：1. 对于蒸汽机车，以民国三十七年为目标，使能自给自足；同时并供应亚洲大陆所需要之机车零件。2. 对于轻便机车，以民国三十七年为目标，使能自给自足，同时并加强修理之设备。3. 对于电气机车，确立其制造工业，以期电气零件之自给自足。4. 客车及电车之生产设备，维持现状。5. 货车以零件之自给自足为重点，对于供应亚洲大陆之需要，亦加以考虑。6. 关于修理之设备，责成各事业体自行设置。① 这里的亚洲大陆包括华中、华南、华北及朝鲜等地。此外，"满铁"还制定了车辆工厂的扩充目标和生产目标，内容见下表6-5②。在此，"满铁"制定了野心勃勃的车辆扩张计划，至伪满后期已部分实现。

这一时期东北的主要铁路车辆工厂有大连铁道工厂、"满洲车辆株式会社"、大连机械制作所、"满洲工厂"、大连船渠铁工株式会社、沼田机械工业株式会社、奉天造兵所等，其主要生产经营状况如下：

"大连铁道工厂"依然是东北生产铁路车辆的主要工厂。九一八事变爆发后，东北的火车订单急剧增加。各方面的需求不仅要求生产客车货车，还需要生产特别列车、保温车、通风车、冷藏车，以及装甲列

---

① 东北物资调节委员会研究组编：《东北经济小丛书·机械》，京华印书局1948年版，第34页。

② 东北物资调节委员会研究组编：《东北经济小丛书·机械》，京华印书局1948年版，第36—38页。本表根据该书相关表格整理而成。

表6-5　车辆装配工厂（扩充与生产目标）

车种别 工厂别	机车 大连机械制作所 扩充目标	机车 大连机械制作所 生产目标	机车 伪满洲车辆会社 扩充目标	机车 伪满洲车辆会社 生产目标	机车 旧满铁沙河口铁道工厂 扩充目标	机车 旧满铁沙河口铁道工厂 生产目标	机车 计 扩充目标	机车 计 生产目标	轻便机车 沼田机械工厂工会社 扩充目标	轻便机车 沼田机械工厂工会社 生产目标	轻便机车 大连机械制作所 扩充目标	轻便机车 大连机械制作所 生产目标	轻便机车 伪满洲车辆会社 扩充目标	轻便机车 伪满洲车辆会社 生产目标	轻便机车 预定新设之工厂 扩充目标	轻便机车 预定新设之工厂 生产目标	轻便机车 计 扩充目标	轻便机车 计 生产目标	客车及电车 大连机械工业会社 扩充目标	客车及电车 大连机械工业会社 生产目标	客车及电车 伪满洲车辆会社 扩充目标	客车及电车 伪满洲车辆会社 生产目标	客车及电车 大连船渠铁工会社 扩充目标	客车及电车 大连船渠铁工会社 生产目标	客车及电车 旧满铁 扩充目标	客车及电车 旧满铁 生产目标	客车及电车 计 扩充目标	客车及电车 计 生产目标	货车 大连机械制作所 生产目标	货车 伪满洲车辆制作所 生产目标	货车 大连船渠铁工会社 生产目标	货车 伪满洲工厂会社 生产目标	货车 旧满铁 生产目标	货车 计 生产目标
民国三十二年	80	62	50	36	70	46	200	144	60	50	20	/	20	6	/	/	100	56	80	/	40	/	20	/	10	/	150	/	2 245	1 393	551	483	417	5 089
民国三十三年	100	80	75	50	100	70	275	200	80	60	/	20	20	20	/	/	100	100	/	/	/	/	/	/	/	/	/	/	2 300	1 750	700	500	750	6 000
民国三十四年	125	100	100	75	100	100	325	275	100	80	/	20	/	20	50	50	150	120	/	/	/	/	/	/	/	/	/	/	2 300	1 750	700	500	750	6 000
民国三十五年	150	125	120	100	100	100	370	325	115	100	/	/	/	/	60	60	175	150	/	/	/	/	/	/	/	/	/	/	2 800	2 200	700	550	850	7 100
民国三十六年	180	150	170	120	100	100	450	370	120	115	/	/	/	/	80	80	200	175	/	/	/	/	/	/	/	/	/	/	3 200	2 400	800	650	950	8 000
民国三十七年	200	180	200	170	130	100	530	450	/	120	/	/	/	/	/	80	/	200	/	/	/	/	/	/	/	/	/	/	4 000	5 000	1 000	700	1 300	10 000（12 000）

注：上述扩充目标为设备之扩充目标；生产目标为生产品之可能生产量。为扶植轻制便机车之工厂起见，拟由1946年令大连机械制作所及伪满洲车辆株式会社停制轻便列车，改由新成立之工厂制造。1946年以后，客车及电车暂停制造。货车令大连机械制作所已有制造10 000辆之能力，故无扩充设备之能力，原表中为有误，括号中为正确数据。

车、装甲汽车、验道车、军用冷藏车等军用物资直接为战争服务。为此，大连铁道工厂高速运转，生产了大量的军用物资，自身的规模和实力也急剧膨胀。至1937年3月末为止，公司住宅用地90 842坪、公司住宅户数1 003户，特别是建有单身宿舍1栋、会社住宅街道人口4 806人，紧邻的街道（原沙河口工厂墙外）有日"满"人人口共计76 427人，形成了大的市区。① 工厂的设备和产值也继续增长，尤其是1938年后制造能力明显提高。"1938年当时的主要设备，原动机125台、电力机械112台、机床475台、搬用机253台、测定机162台。制造和修理的产值从1935年至1936年出现暂时的减少，1937年开始再次增加，1938年产值为2 000万日元，1939年达到4 000万日元，以后实现飞跃式发展。"② 工厂还设立了职工见习培养机构，用于培养熟练技工。在1936年末，工厂有日本工人2 667人，中国工人2 250人，共计4 917人。其中包含临时工，但不包括见习工人及徒弟。至1944年9月末，工厂有日本工人2 516人，中国工人3 926人，合计6 442人，比1936年末增加了1 525人。③ 这里中国工人的数量已经明显超过日本工人。另外，从总人数上看亦增长明显，这也表明该厂业务量有明显提高。伪满时期，"满铁"在奉天、长春、牡丹江、齐齐哈尔等地还设有铁道工厂。

"满洲车辆株式会社"，是由日本车辆制造会社、日本车辆公司等8个会社共同出资2 000万日元设立的，设有奉天总厂和大连分厂两个工

---

① ［日］満鉄会编：『南満洲鉄道株式会社第四次十年史』，龍溪書舎，昭和61年，第238頁。

② ［日］満史会编：『満州開発四十年史』下卷，満州開発四十年史刊行会，1964年，第502頁。

③ ［日］満鉄会编：『南満洲鉄道株式会社第四次十年史』，龍溪書舎，昭和61年，第239頁。

厂，建于1938年，前身为皇姑屯机车车辆厂。"民国三十三年与旧满铁协议后，增资至三〇〇〇万圆，其中旧满铁投资占半数以上，故该厂实为旧满铁之车辆制造公司。"[①] 1938年至1945年，该厂共生产机车126辆、客车181辆，沈阳厂生产货车2 834辆，大连厂生产货车3 917辆，合计7 058辆。[②]

"大连机械制作所"，创立于1918年，原以制造杂项机械和铸铁制品为主，1933年以后开始侧重于车辆制造。从1940年至1941年，新建了变电所，增设了客车工厂和迁车台，修建了铁道工厂、铸件工厂、锻造工厂，推进了以车辆为中心的经营事业。[③] 该厂设有大连总厂和沈阳分厂，其中大连总厂有职工5 400人。从1934年至1945年为止，生产机车超过261辆，客车超过463辆，货车超过12 079辆。[④]

"满洲工厂"，前身为奉系军阀杨宇霆经营之大亨铁工厂，1934年为日本国内野村财阀系统的根本富士雄所收购，遂改此名，主要制造车辆、桥梁、矿山机械等。"其后逐年扩充，1944年时已成为日本财阀资本独占东北机械企业的主要组织。"[⑤] 该厂从1936年开始制造和修理车辆，并大幅增加资金，车辆设备逐渐完备，其年产货车约在400至600

---

① 东北物资调节委员会研究组编：《东北经济小丛书·机械》，京华印书局1948年版，第54页。

② 东北物资调节委员会研究组编：《东北经济小丛书·机械》，京华印书局1948年版，第55页。

③ ［日］满史会编：『満州開発四十年史』下卷，満州開発四十年史刊行会，1948年，第503页。

④ 东北物资调节委员会研究组编：《东北经济小丛书·机械》，京华印书局1948年版，第56—58页。

⑤ 东北财经委员会调查统计处编：《伪满时期东北厂矿基本资料·工厂篇之二·机械》，1949年版，第23页。

辆之间。其历年车辆（货车）产量见下表6-6①，但该厂并非专门制造车辆之工厂。

表6-6 "满洲工厂"历年货车产量

年次	1938年以前	1938	1939	1940	1941	1942	1943	1944	1945
货车产量	不详	790	不详	不详	不详	355	390	247	不详

"大连船渠铁工株式会社"，主要以修造船舶为主，从1929年前后开始制造货车。"该厂又以客车之内部装修工作，与船舶之舱内工作，大致相同，故亦制造客车，民国三十年完成五辆，后因种种情形中辍。"② 该厂生产车辆情况详见下表6-7③。

表6-7 大连船渠铁工株式会社车辆生产数量

年别	客车	货车
1929	—	130
1930至1937	—	不详
1938	—	876
1939	—	463
1940	—	811
1941	—	564
1942	1	506
1943	4	532
1944	—	386
1945	—	不详
共计	5	4 268

---

① 东北物资调节委员会研究组编：《东北经济小丛书·机械》，京华印书局1948年版，第60页。

② 东北物资调节委员会研究组编：《东北经济小丛书·机械》，京华印书局1948年版，第58页。

③ 东北物资调节委员会研究组编：《东北经济小丛书·机械》，京华印书局1948年版，第59页。

　　"沼田机械工业株式会社"，为日本人沼田于 1936 年所创办，1941 年改为股份有限公司，以制造各种矿山机械为主，其后开始制造各种蒸汽机车、搬运车等。"其厂址设于鞍山市南三番町，生产品为小型机车、搬运车、汽锅，其中，机车年产约 100 辆。"① 另据资料显示，1941 年该厂生产小型蒸汽机车 6 辆，1943 年生产 48 辆，1944 年生产 68 辆。②

　　"齐齐哈尔铁道工厂"，创建于 1935 年 2 月，位于齐齐哈尔站附近，利用齐齐哈尔机务段旧址建设了车间，购置了机器设备而建成。"由于工厂狭窄，设施不全，作业效率不高，不能应付作业量的增加，自昭和 13 年起，着手五年计划工程。昭和十七年 11 月 5 日开始修理机车，现正修建客货车修理车间。"③

　　"牡丹江铁道工厂"，设立于 1940 年 6 月 1 日，1942 年 4 月 27 日开始修缮机车和货车。④ 在 1945 年，牡丹江铁道工厂有建筑物 37 栋，工厂面积为 435 平方米，有从业人员 1 000 人，主要业务为机车、货车修缮及杂工作，机车维修能力为每年 220 辆，货车维修能力为每年 1 000辆。⑤

　　"哈尔滨铁道工厂"，于 1935 年被日伪接收，工厂改名为"北满铁路哈尔滨铁道工厂"，主要任务仍以机车、客车、货车修理为主，后被"三棵树铁道工厂"合并。

---

　　① 东北物资调节委员会研究组编：《东北经济小丛书·机械》，京华印书局 1948 年版，第 61 页。

　　② 东北财经委员会调查统计处编：《伪满时期东北厂矿基本资料·工厂篇之二·机械》，1949 年版，第 40 页。

　　③ 苏崇民主编：《满铁档案资料汇编》第五卷，社会科学文献出版社 2011 年版，第 581 页。

　　④ 苏崇民主编：《满铁档案资料汇编》第五卷，社会科学文献出版社 2011 年版，第 581 页。

　　⑤ 东北物资调节委员会研究组编：《东北经济小丛书·运输》，中国文化服务社沈阳印刷厂 1948 年版，第 186 页。

"三棵树铁道工厂",于 1935 年开始着手建设。该厂原计划是作为以哈尔滨为中心的各线机车、客货车的修缮工厂,后赶上中东路的接收,又接收了哈尔滨铁道工厂,遂将该工厂改为机车专门工厂。至 1936 年末,已经完成了工厂事务所主要厂房、附带建筑物的建设,并配备了各种机器。"本厂建筑物的配制及厂内各项设施,集中了铁道省和在满铁道工厂的精粹,将以崭新的面貌出现,总建设费约 400 万元,拥有总业员 1 000 人,预定在昭和十二年 4 月 1 日开始营业。"①在 1945 年,三棵树铁道工厂有建筑物 25 栋,工厂面积 400 平方米,从业人员 2 000 人,主要业务为机车修缮杂工作,机车维修能力为每年 300 辆。②但总的说来,三棵树铁道工厂在东北车辆工厂中规模较小。

"奉天造兵所",主要以制造兵器为主,制造货车为其副业,年产约 100 辆左右。

值得注意的是,这一时期"满铁"在东北还制造了当时著名的"亚细亚"号特快列车。1934 年 11 月 1 日"亚细亚"号正式从大连发车,终到"新京",行程 701 公里,耗时 8 个半小时。平均时速可以和欧美的优等列车相媲美,达到 82.6 公里,最高时速为 120 公里。这一速度居于世界领先水平。翌年 9 月 1 日,"满铁"又开通了从大连至哈尔滨的"亚细亚"号特快列车,耗时 12 个半小时。由于其速度快,在当时被称为"弹头列车"。③ 在当时"亚细亚"号的车辆是以时速 140 公里为目标设计制造的。④ 至战争后期,"满铁"的运营方针发生改变,

---

① 苏崇民主编:《满铁档案资料汇编》第五卷,社会科学文献出版社 2011 年版,第 579 页。

② 东北物资调节委员会研究组编:《东北经济小丛书·运输》,中国文化服务社沈阳印刷厂 1948 年版,第 186 页。

③ [日]户岛健太郎:『懐かしい満洲鉄道』,国书刊行会,昭和 55 年,第 12 页。

④ [日]秦源治:『満鉄特急"あじあ"』,20 世纪大连会议,2009 年,第 24 页。

从"提高速度"转为"增加运力",至1943年2月末,"亚细亚"号停止运营。"亚细亚"号一共制造了12辆,其中沙河口工场生产了3辆,日本的川崎车辆工场生产了9辆。"亚细亚"号的运营加强了日本对中国东北的控制。

伪满后期东北主要铁路车辆制造厂机车和货车实际生产量详见表下6-8和下表6-9:

表6-8　1941年至1944年东北各机车制造厂实际生产量调查表①

（单位：辆）

年度	大连铁道工厂	大连机械制作所	满洲车辆会社	共计
民国30年	27	38	24	89
民国31年	42	38	22	102
民国32年	47	55	26	128
民国33年	37	47	28	112
共计	153	178	100	431

表6-9　1941年至1944年东北各货车制造厂实际生产量调查表②

（单位：辆）

年度	大连铁道工厂	大连机械制作所	满洲车辆本厂	满洲车辆分厂	大连船渠铁工所	满洲工场	奉天造币厂	共计
民国30年	499	1308	438	645	564	265	60	3 779
民国31年	417	1 575	599	630	506	355	—	4 082
民国32年	286	2 141	591	668	532	390	—	4 608
民国33年	132	1 348	404	481	386	247	—	2 998
共计	1 334	6 372	2 032	2 424	1 988	1 257	60	15 467

可见,从1941年至1943年东北的机车和货车产量大体呈增长趋

① 资源委员会沈阳机车车辆公司编印:《东北之铁路车辆工业》,资源委员会沈阳机车车辆公司1948年版,第15页。
② 资源委员会沈阳机车车辆公司编印:《东北之铁路车辆工业》,资源委员会沈阳机车车辆公司1948年版,第15页。

势，但到 1944 年开始急转直下，产量明显减少。"至民国三十三年始以战争影响，钢铁及其他材料均受配给统制，同时工人移动率激增，致减低工作能力，生产量亦随之减少。"① 显然这与物资短缺密切相关。

三、日本对东北铁路车辆制造业的掠夺

（一）从资本构成上看，伪满时期日本完成了对中资车辆工厂的全面吞并。九一八事变爆发后，日本全面占领了奉系军阀的车辆制造工厂。其中东三省兵工厂首当其冲地被日军占领。其具体情况见兵器工业一节。1931 年 9 月 19 日上午 10 时后，日军平田大尉率领第 29 联队占领东三省兵工厂，厂内各类物资悉数被掠夺。日军占领该厂后，仍将其作为军械厂，用以制造精锐武器。

在皇姑屯机车车辆厂，"1931 年 9 月 28 日，侵略军闯入工厂刺伤门卫，搜捕副厂长杜殿英，造成工厂停工，秩序一片混乱，有些高级技术人员逃离，余下工人由萨克顿厂长指挥勉强维持生产"②。日本人先派曾锡藩等人到厂维持生产，后由"满铁"委派仓永毅志夫等"五人小组"到厂主持工作。此后，原工厂厂长萨克顿被驱逐，工厂的管理层和技术人员基本上都变为日本人。其中，厂长为仓永毅志夫，监理课课长为田代夫，庶务课课长为小笠原馨，材料课课长为曾锡藩，铁工课课

---

① 资源委员会沈阳机车车辆公司编印：《东北之铁路车辆工业》，资源委员会沈阳机车车辆公司 1948 年版，第 15 页。

② 马忠礼：《沦陷时期的"满洲车辆"》，载政协沈阳市皇姑区文史委员会编：《皇姑文史资料·工商专辑》十八，20019 年版，第 5—6 页。杜殿英（1893 年—1978 年），字再山，山东潍县人，中国铁合金先驱之一，曾赴德国留学，获得博士学位。归国后任胶济铁路工程司司长，后任北宁铁路皇姑屯机厂车辆厂副厂长兼唐山材料厂厂长，对当时东北铁路交通的发展贡献颇大。抗战时期任"国家工业处"处长、"全国高普考试"典试委员，后寓居美国。1978 年秋，病逝于美国弗吉尼亚州州府里士满。

长为马淮，木工课课长为矢田仓矢夫，御花园工厂厂长为土井治八。①
各课下面的系长也多由日本人担任。日本人占领皇姑屯工厂后，于
1935 年将其改名为"奉天铁道工厂"，后又改名为"满洲车辆株式会
社"。

东北大学铁工厂在九一八事变后也被日军占领。"1933 年 3 月，伪
满铁路总局成立，随将被日军占领的东北大学工厂，划归皇姑屯工厂，
为其分厂，主要承担铁路客车修理业务，变成了直接服务于日本帝国主
义利益的工厂。"② 至此，东北大学铁工厂也被日本完全吞并。

另据资料显示，辽宁省车辆制造工业的资本金在 1934 年共计
1 563.4 万元，其中中国人经营的为 22.1 万元，日本人经营的为1 533.1
万元，其他外国经营的为 8.2 万元，③ 日本人经营的资本占总数的
98.1%。在 1940 年资本金共计 9 351.6 万元，其中中国人经营的为
220.1 万元，日本人经营的为 9 130.7 万元，其他外国经营的为 0.8 万
元，④ 日本人经营的资本占总数的 97.6%。可见，在辽宁省的车辆制造
工业中，日本资本占有绝对垄断地位。事实上，东北的车辆制造工业主
要集中于辽宁省，因此，辽宁省的情况基本上代表了整个东北的行业
状况。

（二）从产品流向和流量上看，东北铁路车辆制造业主要为日伪当
局及其相关会社服务。早在九一八事变前，这些日资的铁道工厂就主要
为日本在华会社提供服务。如在 1929 年，大连铁道工厂的日本订单对

---

① 马忠礼：《沦陷时期的"满洲车辆"》，载政协沈阳市皇姑区文史委员会编：《皇姑文
史资料·工商专辑》十八，2009 年版，第 6 页。

② 樊丽明：《张学良任校长时期东北大学工厂的发展》，《兰台世界》（上旬刊）2013 年
第 1 期。

③ 辽宁省统计局编：《辽宁工业百年史料》，辽宁省统计局印刷厂 2003 年版，第 282 页。

④ 辽宁省统计局编：《辽宁工业百年史料》，辽宁省统计局印刷厂 2003 年版，第 282 页。

象包括："本溪湖煤铁公司""大连机械制作所""南满洲电气株式会社""原田组""中村铁工所""南满洲船渠株式会社""大连神社""大连油脂工业株式会社""南满洲旅馆株式会社"等。① 另据资料显示，在 1916 年，由于鞍山制铁所的建设，各种机械建设材料的制造和工程都是由大连沙河口工厂承担的，这导致其工作量激增，进而规模迅速扩大。② 这也说明大连铁道工厂主要为日资企业服务。另外，大连铁道工厂还制造了著名的"亚细亚"号特快列车，它成为日本控制东北的重要交通工具。"当时这个跑在东北大地的豪华列车与中国人民大众是无缘的，它只是欧美旅客和日本侵略者的旅行工具。中国人中除少数汉奸外很少有人乘坐，且不说它的警戒森严，它的高额票价也是令人望而却步的。"③ 可见，大连铁道工厂正是日本制造这种重要侵华工具的主要基地。

九一八事变后，这种趋势更加明显。"沙河口铁道工场的生产经营活动骤然转向繁忙紧张局面，不仅制造组装和修理机车车辆，而且接受满铁会社内外的各种订货，特别是铁道装甲车、装甲汽车等军用车辆的生产大量增加，还制作冷藏车、保温车、摩托车等军用车辆和战刀等军用物资。"④ 可见，日伪统治下的大连铁道工厂为日本侵华提供了大量军用物资。另据资料表明，大连铁道工厂还制造了大量军事武器，直接为日本侵华助力。"事变时，铁道工厂担任制作铁甲机车、步兵车、炮

① ［日］佐田弘治郎：『南滿洲鐵道株式會社統計年報（昭和 4 年度）』（秘），滿洲日報社印刷所，昭和 6 年，第 187 页。

② ［日］南滿洲鉄道株式会社：『南滿洲鉄道株式会社第二次十年史』，原書房，昭和三年，第 386 页。

③ 工厂简史编委会编：《大连机车车辆厂简史（1899—1999）》，中国铁道出版社 1999 年版，第 37 页。

④ 工厂简史编委会编：《大连机车车辆厂简史（1899—1999）》，中国铁道出版社 1999 年版，第 32 页。

兵车、铁甲汽车、铁甲轨道车、宿营车、无线电车、病院车、工作车、机车的特殊设施及各种军用材料的任务。这一切都是紧急的，完成速度直接影响军事行动，所以在作业速度上分秒必争，有时彻夜工作并以最大的努力不断改进工作方法。"① 为此，大连铁道工厂不断地实行加班加点增员等措施，为日军输送大量的军用车辆。当时东北的各铁道工厂在其主要业务中还进行了部分特殊工作，主要如下：在 1934 年度，改善装甲列车设备（28 个列车），制造先驱装甲轨道车车体（20 辆），制造装甲轨道车及装甲板架装（28 辆）；在 1935 年度，制造先驱装甲轨道车车体（13 辆），制造列车尾随警备非常车（11 辆），制造装甲轨道车装甲架装（5 辆），改造机车装甲车（7 辆），改造货车装甲车（53 辆），改造机车轴距（27 辆），改造宽轨机车（25 辆），制造保线监督车车体（16 辆）；在 1936 年度，制造甲种编成装甲列车指挥车（4 辆），制造乙种编成京滨线装甲列车（1 个列车），车队长车安装装甲（11 辆），改造装甲列车电气装置（6 辆），改造指挥车（14 辆），新造装甲轨道车（10 辆），新造京滨线装甲轨道车（3 辆），制造装甲步兵监督车（10 辆），改造第二种装甲轨道车前轴（30 辆）。② 以上均为典型的军用车辆，是镇压抗日武装的重要交通工具和运输工具，也是日本发动侵略战争的重要武器，为日本控制整个东北提供了帮助。

这一时期，"各事业体专用之特殊车辆，亦随产业之开发，急激增加，从来此项车辆皆由各事业体自向各国购用，一九三六年以后，改由

---

① 苏崇民主编：《满铁档案资料汇编》第五卷，社会科学文献出版社 2011 年版，第 579 页。

② ［日］松本豊三：『南満洲鉄道株式会社第三次十年史』，南満洲鐵道株式会社發行，1938 年，第 1116—1117 頁。

沙河口铁道工厂及东北境内车辆制造工厂制造供应"①。上述各事业体所用车辆包括：煤炭部门的倾侧车、产业用煤车、高边车等，钢铁工业部门的移送车、熔铣车、矿车、搬运焦炭电车，特殊用途的还有矿石称量车、焦炭消火车、开程车等，这些特殊车辆都为日本掠夺东北产业资源大开方便之门。此外，"满洲工厂"也为"满洲制铁株式会社"提供矿山机械，为"满铁"提供铁路车辆。②可见，这些车辆工厂扮演了为日本控制东北提供铁路车辆的角色。

（三）从人力资源的角度上看，日伪当局对东北车辆工厂的工人进行了残酷的剥削。大连铁道工厂是当时东北制造铁道车辆的主要工厂，也是日本对铁路工厂工人剥削比较集中的地方。在政治上，工厂工人受到日伪当局严格的控制和残酷的压迫。"日本侵占工厂时期，制定的规章制度都是为了压迫剥削工人，特别是针对中国工人，建立了搜身等制度，设立了防卫系、劳务系等机构，镇压反满抗日活动和监视中国工人。"③ 在此种严密的监视之下，中国工人毫无自由可言。在经济上，工厂工人遭受到日伪当局的盘剥。九一八事变后，大连铁道工厂规模急剧扩大。在1933年，"满铁"从铁道工厂抽调大批工人支援其他工厂生产，铁道工厂也分几次补充了大量工人。"日本侵略当局一方面增建车间、增添设备，另一方面采取加点、假日出勤、通宵作业的办法，充实各种能力，解决劳动力不足的状况。"④ 可见，工人所遭受的剥削在加

---

① 东北物资调节委员会研究组编：《东北经济小丛书·机械》，京华印书馆1948年版，第94页。

② 东北财经委员会调查统计处编：《伪满时期东北厂矿基本资料·工厂篇之二·机械》，1949年版，第23页。

③ 大连机车车辆工厂厂志编纂委员会编：《铁道部大连机车车辆工厂志（1899—1987）》，大连出版社1993年版，第7页。

④ 大连机车车辆工厂厂志编纂委员会编：《铁道部大连机车车辆工厂志（1899—1987）》，大连出版社1993年版，第6页。

深。为了弥补劳动力的不足，日伪当局从外地拐骗大量劳工。"日本场主从山东等地骗来大批中国工人，每天要从事长达12至16小时劳动。"[1] 在工厂中，工人们被迫进行超负荷的劳动。"中国工人的收入只占日本人的七分之一。技术工作全部由日本人掌握，中国工人只能从事繁重苦累的劳动和辅助工作。"[2] 由于中国工人不掌握核心技术，这也给战后工厂恢复生产带来困难。另据"满铁"统计，在1936年度，在铁道工厂中日本工人的平均日工资为2.4日元，中国工人的平均日工资为0.79日元，[3] 前者是后者的3倍多。同年日本临时工的平均日工资为1.89日元，中国临时工的平均日工资为0.5日元，[4] 前者是后者的3.78倍。可见，在东北车辆工厂中，中国工人和日本工人相比同工不同酬的现象非常严重。由于中国工人工资太低，故中国工人不得不将收入的大部分用于解决吃住问题。"据满铁调查，在1940年至1941年间的满铁铁道工厂工人的生计费支出中，中国工人的食用费、燃料费和居住费合计占67.28%至85.84%（日本人占54.35%至59.46%），其中仅食用费就占54.93%至67.34%（日本人占46.72%至51.13%）。"[5] 正是在这种同工不同酬的政策下，中国工人日益贫困化。

在大连铁道工厂中还有一些上海工人。七七事变爆发后，日本大力

---

[1] 大连机车车辆工厂厂志编纂委员会编：《铁道部大连机车车辆工厂志（1899—1987）》，大连出版社1993年版，第7页。

[2] 大连机车车辆工厂厂志编纂委员会编：《铁道部大连机车车辆工厂志（1899—1987）》，大连出版社1993年版，第7页。

[3] ［日］水谷國一：『南滿洲鐵道株式會社統計年報（昭和11年）』，南滿洲鐵道株式會社發行，1939年，第538—540页。

[4] ［日］水谷國一：『南滿洲鐵道株式會社統計年報（昭和11年）』，南滿洲鐵道株式會社發行，1939年，第538—540页。

[5] 郭洪茂：《满铁铁道工厂中国工人状况之考察》，《溥仪及其时代》2019年第1期，第15页。

扩充东北的物资生产，劳动力不足现象日益明显。"1941—1943 年，满铁去上海招工 12 次，每次招来工人 30—40 人，共招来 500 名左右，多是年青工人，其中有二分之一是技术工人。"① 上海工人有单身和有家属的两种。有家属的工人为生活所迫，不敢不干活。而单身的工人更易于逃跑，故铁道工厂的劳务系和"上海工人管理所"尤其对单身工人管理极其严格，动辄打骂。"单身工人住的西官房，条件极为恶劣，炕上只有破炕席无草，冬天不给生炉子，不给烧炕，室内结冰有五六厘米厚。"② 二鬼子经常毒打工人，不干活就不给窝窝头吃。工人们没有办法，只能典当衣物获取食物，很快就变得一无所有。"由于受冻挨饿，再加上管理人员的毒打，上海工人病的病，死的死，逃的逃。不到两年光景，招来的工人只剩下近一半。光复前只剩下五六个人。"③ 事实上，上海工人的悲惨经历只是众多铁路工厂工人的一个缩影，在当时日伪当局的高压统治之下，中国铁路工厂工人的境遇可想而知。

在大连机械制作所，中国工人所遭受的压迫也大同小异。日伪当局为了生产更多的军需用品以支援战争，不断强迫工厂工人延长劳动时间，增加劳动强度。"为达到进一步提高劳动生产率的目的，还在机关车车间强迫推行了一种月活计件工资制。工人被迫在极端劳累和毫无安全保障的情况下，每日在坚持 10 多个小时的紧张劳动之后，有时还得连续加班加点，继续完成厂方不断下达的新生产指标，工人一旦完不成不断提高的生产定额，还要受到惩罚或降低原工资标准。因此，每个工

---

① 苏崇民主编：《满铁档案资料汇编》第六卷，社会科学文献出版社 2011 年版，第 467 页。

② 苏崇民主编：《满铁档案资料汇编》第六卷，社会科学文献出版社 2011 年版，第 468 页。

③ 苏崇民主编：《满铁档案资料汇编》第六卷，社会科学文献出版社 2011 年版，第 468 页。

人平均每月都要减少 10 多元收入。"① 这一举措引起了中国工人的不满，也遭到日本工人的反对。此后，中日两国工人联合起来进行了停产停工大罢工。罢工取得部分胜利，但事后日伪当局逮捕了中国工人代表吕大眼（绰号）和于振宏等人，于振宏被捕后，因多次遭到灌凉水等严刑拷打而身患肺病，出狱后不久即死去。② 日本工人代表胡崎被日伪当局遣返回国。

在"满洲车辆株式会社"，工人们工资很低，粮米布匹实行配给制，工人食用大米是违法的。"但每日从事很辛苦的劳动，由于无力购买细粮，在食品上缺乏营养，以致体力渐退。"③ 工厂中还雇用了百余人的临时工。"此外，还强迫青年人为其劳动，美其名勤劳奉仕队或青年队，在当时也不下 300 余人。诸如此类的法西斯统治，终于随着 1945 年 8 月 15 日的到来终止了。"④ 另有资料表明，这一时期厂方在工厂中还建立了骇人听闻的"共和庄"。在"共和庄"中，500 多名劳工居住于此。为了加强对中国工人的管理，厂方还制定了"七不准"和"七打"等规定。"七不准"为：不准串房间；不准两人以上在一起唠嗑；不准带火柴上班；不准不脱衣服和鞋帽睡觉；不准和管理人员顶撞；不准到"幸福间"看病人；不准欠勤。"七打"为：在一起说话者打；私下有怨言者打；有病不上班者打；干活怠慢者打；见日本人不行礼者

---

① 大连市社科联（院）历史文化丛书编委会编：《沙河口史话》，东北财经大学出版社 2011 年版，第 25 页。

② 大连市社科联（院）历史文化丛书编委会编：《沙河口史话》，东北财经大学出版社 2011 年版，第 26 页。

③ 沈阳市人民政府地方志编纂办公室编印：《沈阳地方志资料丛刊·沈阳地区工厂沿革史料》，1985 年版，第 401 页。

④ 沈阳市人民政府地方志编纂办公室编印：《沈阳地方志资料丛刊·沈阳地区工厂沿革史料》，1985 年版，第 401 页。

打；上错了厕所者打；天冷想取暖者打。① 在这样的规定下，中国工人们毫无自由可言。上述"幸福间"是安置病人或被打致伤者的地方，这里不给医治，也不给饭吃，亦不许工友探望，多数人熬不过几天就死去，甚至有被活埋者。"共和庄"周围架起铁丝网，并有狼狗把守。② 可见，这里和集中营已无本质区别。

在哈尔滨铁道工厂，"工人每天都在日本工头的严密监视下劳动，日本工头看谁不顺眼，开口就骂，举手就打。当时中国工人中流传着这样一首顺口溜：反侵略是'国事犯'，吃米面是'经济犯'，说实话是'思想犯'，不出劳工是'抗日'，不交税捐是'反满'。在日本侵略者统治时期，总工厂变成了一座大监狱"③，工人们遭受到日伪当局的法西斯统治。"工人们由于工作时间长，劳动强度大，累伤累倒的很多。但是日本鬼子根本不顾工人的死活，还巧立名目强迫工人为他们多干活。"④ 日本厂方开展所谓的"生产周间"运动，什么"安全周间""节约周间""增产周间""圣战完遂周间"等，力图通过这些运动实现增产目的。但由于受到工人们的抵制，收效甚微。在伪满后期由于物资紧缺，日伪当局极力压低中国人民的生活消费资料，实行全面配给制。"有些工人家庭人口多，单靠配给粮实难糊口，有时糠、菜也难弄到手，不得不冒风险，到江北各县去设法求亲告友，买回些苞米、杂粮、煎饼，糠麸之类，补充口粮的不足，以维持一家老小的最低生活。一旦被

---

① 段玉玲、马忠礼：《机车车辆厂的新起点》，载政协沈阳市皇姑区文史委员会编：《皇姑文史资料·工商专辑》十八，2009 年版，第 8—9 页。

② 段玉玲、马忠礼：《机车车辆厂的新起点》，载政协沈阳市皇姑区文史委员会编：《皇姑文史资料·工商专辑》十八，2009 年版，第 9 页。

③ 哈尔滨车辆厂志编委会编：《哈尔滨车辆厂志（1898—1995）》，哈尔滨出版社 1998 年版，第 7 页。

④ 哈尔滨车辆工厂、哈尔滨师范学院历史系编写组：《三十六棚——哈尔滨车辆工厂史》，黑龙江人民出版社 1980 年版，第 140 页。

警察发现，要被抓为'经济犯'，轻者粮食被没收，重者蹲拘留。"① 当时因偷买粮食而被拘留者屡见不鲜。此外，在哈尔滨铁道工厂还使用了大量童工。"这些 12、13 岁的孩子，要在日本监工的皮鞭下，每天从事 12 小时以上繁重的体力劳动。1937 年，总工厂招收童工 40 名，以后逐年增加，到 1944 年就达到 400 名之多。"② 这些童工虽然未成年，但都干着成年人的活。"他们在日本监工的皮鞭下，劳累一天却只能挣 2 角工钱。"③ 而当时中国成年工人的工资一般是每日 8 角。这些童工每天从早到晚为日本人干杂务，养花、养猪、种地、清扫等无所不干。由于未成年就劳累过度，且营养不良，很多童工发育不良，甚至夭折。

　　总而言之，东北的铁路车辆制造业作为新兴工业是日本重点掠夺的领域之一，它主要有以下几个特点：一是开始时间早、持续时间长，有深刻的殖民地烙印。它最初由俄国建立，后为日本所接收，直至日本战败投降为止，其中仅日本控制即长达 40 年。二是日本全面垄断了东北的铁路车辆制造业，使中国资本无法立足。铁路车辆制造业和军需工业密切相关，因此，受到日本的严格控制。在九一八事变前，还有少量中国资本涉足其中，包括东北大学工厂、皇姑屯机车车辆厂、东三省兵工厂机车车辆厂等。九一八事变后，日本全面统制了东北的铁路车辆制造业，中国资本被全面清理。三是扩张速度快。这一方面是由于东北的铁路车辆制造业拥有一定的发展基础和物资条件；另一方面，日本出于掠夺和侵略的需要，谋求制造出量大质优的铁路车辆，故对东北的铁路车

---

① 哈尔滨车辆工厂、哈尔滨师范学院历史系编写组：《三十六棚——哈尔滨车辆工厂史》，黑龙江人民出版社 1980 年版，第 146 页。

② 陈海江、李广健、郭成力：《"三十六棚"铁路工厂》，载政协哈尔滨市委员会文史资料编辑部编：《哈尔滨文史资料》第 15 辑，哈尔滨出版社 1991 年版，第 11 页。

③ 陈海江、李广健、郭成力：《"三十六棚"铁路工厂》，载政协哈尔滨市委员会文史资料编辑部编：《哈尔滨文史资料》第 15 辑，哈尔滨出版社 1991 年版，第 11 页。

辆制造业投入大量技术力量和资金，因此，伪满时期东北的铁路车辆制造业迅速扩张。尽管如此，东北的铁路车辆制造业被日本强行纳入其法西斯发展轨道作为重点掠夺对象而被强行扩充的，而且在此过程中东北的铁路车辆制造业工人也遭受到日伪当局的残酷剥削和压迫，苦不堪言。因此，这段历史是东北铁路车辆制造业发展史上的一个黑暗时期，给东北人民留下了沉痛的记忆。

第四节　造船工业

近代以来，日本政府奉行对外侵略的"大陆政策"，其中占领中国东北是其重要一环。而中国东北毗邻渤海和黄海，内陆河流亦非常发达，在航运业方面具有得天独厚的条件，造船工业取得了一定程度的发展。因此，日本在日俄战争结束后，就极力染指东北的造船工业。此后，日本出于掠夺的需要，又大力扩充东北的造船工业，使其为日本的对外侵略扩张提供更多的军用物资。目前国内关于这方面的研究仅有少量成果问世①，这就为对该问题的研究留下很大的空间。

---

① 目前国内所取得的成果主要有：《大连造船厂史》编委会编《大连造船厂史（1898—1998）》（1998 年版）论述了大连造船厂从 1898 年建立到 1998 年百年间的历史变迁，但不涉及东北其他的造船厂；苏崇民《满铁史》（中华书局 1990 年版）涉及"满洲船渠株式会社"、大连船渠铁工株式会社、哈尔滨造船所等造船厂，但篇幅较短，很多问题未能展开；张福全《辽宁近代经济史（1840—1949）》（中国财政经济出版社 1989 年版）论述了大连船渠铁工株式会社的生产状况，篇幅依然有限；辛元欧《中国近代船舶工业史》（上海古籍出版社 1999 年版）论述了"俄、日在大连、旅顺地区经营的船舶修造业""旅顺船坞的建设及其失陷"等内容，但对工业掠夺问题涉及有限；王志毅《中国造船工业史略（1840—1949）》（油印件，1980 年版）论述了日俄吞并旅顺船坞和大连造船厂的概况；顾明义等《大连近百年史》（辽宁人民出版社 1999 年版）论述了"满铁"控制下的大连造船厂的沿革状况；孙燕南《东北造船所考论》[《兰台世界》（上旬刊）2013 年第 1 期]论述了东北造船所建立的背景、概况和产生的历史影响。

一、清末民国时期东北的造船工业

中国近代造船工业是在鸦片战争后逐渐发展起来的。早在 1840 年 8 月 16 日，林则徐①上奏言："今春检查旧船，捐资仿造两船，底用铜包，篷如洋式，虽能结实，而船体嫌小，尚须另筹办理。"② 这里比较早地提出要仿造西方建造近代舰船。同年 9 月 23 日，林则徐又上奏言："即以船炮而言，本为防海必需之物，虽一时难以猝办，而为长久计，亦不得不先事筹维。且广东利在通商，自道光元年（1821 年）至今，粤海关已征银三千余万两，收其利者必须预防其害。若前此以关税十分之一制炮造船，则制夷已可裕如，何至尚形棘手？"③ 这里实则主张利用广东的关税制造近代舰船，以抵御外夷侵扰。魏源④在《海国图志》中亦明确主张："请于广东虎门外之沙角、大角二处，置造船厂一，火器局一，……司造船械。"⑤ 这里提出了要建立近代造船厂。由于各种原因，林则徐、魏源的主张并未实现，直到 20 年后，随着洋务运动的

---

① 林则徐（1785 年 8 月 30 日—1850 年 11 月 22 日），字元抚，福建侯官县人，清朝著名的政治家、思想家、诗人、民族英雄。曾任庶吉士，授翰林编修，江南道监察御史，江苏按察使，陕西按察使、代理布政使，江宁布政使，湖北布政使，河南布政使，东河河道总督，江苏巡抚，湖广总督，陕甘总督，陕西巡抚，云贵总督等职。其主张严禁鸦片，并于 1839 年 6 月在虎门实施销烟，进而引发第一次鸦片战争。死后赠其太子太傅衔，谥文忠。

② 中国近代舰艇工业史料编纂组编：《中国近代舰艇工业史料集文献资料（初稿）》上，1990 年版，第 1 页。

③ 《中国舰艇工业历史资料丛书》编辑部编纂：《中国近代舰艇工业史料集》，上海人民出版社 1994 年版，第 27 页。

④ 魏源（1794 年 4 月 23 日—1857 年 3 月 26 日），名远达，字默深、墨生、汉士，清朝启蒙思想家、政治家、文学家。官至高邮知州，晚年弃官归隐，是近代中国"睁眼看世界"的首批知识分子的代表。著有《圣武记》《元史新编》和《海国图志》等。

⑤ 《中国舰艇工业历史资料丛书》编辑部编纂：《中国近代舰艇工业史料集》，上海人民出版社 1994 年版，第 3 页。

兴起，中国才开始制造近代船舰。1865 年春，李鸿章①、丁日昌②买下
了美商位于上海虹口可以制造轮船、器械的旗记铁厂，同时又将丁日
昌、韩殿甲分管的两个洋炮局并入，并于 1865 年 6 月正式成立"江南
机器制造总局"，从此中国开始能够自行制造近代炮舰。清末中国的造
船厂主要有广东军装机器局、福建船政、天津军火机器总局、北洋水师
大沽船坞等。

　　近代东北的造船工业发轫于"北洋水师旅顺船坞局"。早在 1874 年
12 月 10 日，直隶总督李鸿章上奏朝廷："而中国船厂仍另加开拓，以
备修船地步……窃谓北、东、南三洋须各有铁甲大船二号，北洋宜分驻
烟台、旅顺口一带……"③ 这里比较早地提出了要在旅顺设立船厂的建
议。福建巡抚丁日昌在 1877 年 8 月 28 日上奏曰："至修船之坞，北则
宜于牛庄附近之大连湾，南则宜于浙江温州所署之南关。盖铁甲船吃水
总须在二十尺以外，福州、上海之船坞俱不能进。惟大连湾南关二处地
险水深，山势回环，而且势居要隘，将来乌族与我有事，必全力以铁舶
据此要隘。是二者敌之所欲争，宜我之所必宜防。若位置铁甲船坞与
此，并认真操练，必于大局有裨。"④ 这里丁日昌指出旅大地区具有独
特的地理位置和战略价值，是在北方设置造船厂的首选之地。后几经争

---

　　① 李鸿章（1823 年 2 月 15 日—1901 年 11 月 7 日），淮军、北洋水师的创始人和统帅，
洋务运动领袖，晚清重臣，建立了中国第一支西式海军北洋水师。官至东宫三师、文华殿大
学士、北洋通商大臣、直隶总督，爵位一等肃毅伯。曾参与镇压太平天国运动、镇压捻军起
义、洋务运动、甲午战争等一系列清末重大历史事件，代表清政府签订了《越南条约》《马关
条约》《中法简明条约》《辛丑条约》等一系列不平等条约。
　　② 丁日昌（1823 年—1882 年），字持静，小名雨生，别名禹生，广东潮州府丰顺县
（今梅州市丰顺县）人。历任广东琼州府儒学训导、江西万安县令、庐陵县令、苏松太道、两
淮盐运使、江苏布政使、江苏巡抚、福建船政大臣、福建巡抚、总督衔会办海防、节制沿海
水师兼理各国事务大臣，是中国近代洋务运动的代表人物之一。
　　③ 中国近代舰艇工业史料编纂组编：《中国近代舰艇工业史料集文献资料（初稿）》下
（七、旅顺船坞部分），1990 年版，第 1 页。
　　④ 中国近代舰艇工业史料编纂组编：《中国近代舰艇工业史料集文献资料（初稿）》下
（七、旅顺船坞部分），1990 年版，第 1 页。

议和勘察，李鸿章于 1880 年决定在旅顺修建北洋水师军港和船坞工厂，至 1890 年竣工。"据统计，旅顺船坞局在创建的 10 年中，共修理各种舰船 120 艘次，造船 12 艘，大修改装舰船 4 艘。"[①] 在 1890 年 11 月，旅顺船坞局维修了"平远"号巡洋舰；次年，又修理了"济远"号巡洋舰、"定远"号铁甲舰和"镇远"号铁甲舰。"据不完全统计：1890 年至 1894 年，旅顺船坞局共修理舰艇 58 艘次，建造了一批锅炉和船用机器，还为青岛、刘公岛等处建造铁码头 4 座。1893 年，为'超勇'、'扬威'两艘巡洋舰换新锅炉 4 台。"[②] 中日甲午战争爆发后，旅顺船坞局还抢修了在黄海海战中受损的"定远"号、"镇远"号铁甲舰。

在黑龙江及松花江流域，我国的造船工业也得到一定程度的发展。早在崇祯十六年（1643 年），沙俄政府就派遣书记官波雅尔古等人探测我国黑龙江等地。后在 1689 年中俄两国签订《尼布楚条约》，划分了两国边界。至 1858 年，沙俄趁英法发动第二次鸦片战争之际，威逼利诱清政府签了了《瑷珲条约》，不仅窃取了中国 60 多万平方公里的土地，还规定，原属大清国内河的黑龙江和乌苏里江只准大清国和俄国船只航行。此后，沙俄曲解该条约，"不但黑龙江、乌苏里江航权。完全归于俄人掌握；而我内地之松花江，亦渐为俄人所侵略矣"[③]。此后，沙俄独占了黑龙江、松花江等诸江的航权。十月革命的爆发，为我国收回航运权提供了契机。时中国商人成立了戊通公司（取戊午年通航之意，戊午年即 1918 年），以王荃士为总经理，并购买了沙俄停泊在黑龙江和松花江上的船只，开始了我国船只在黑龙江航运的新时期。此后，公司

---

① 《中国舰艇工业历史资料丛书》编辑部编纂：《中国近代舰艇工业史料集》，上海人民出版社 1994 年版，第 865 页。

② 《中国舰艇工业历史资料丛书》编辑部编纂：《中国近代舰艇工业史料集》，上海人民出版社 1994 年版，第 866 页。

③ 东北文化社年鉴编印处编：《东北年鉴》，东北文化社 1931 年版，第 499 页。

"又在圈儿河设立船坞机器厂、及材料处"①。1921年，戊通公司改为官商合办，收齐股本200万元。1925年春，戊通公司因债务问题宣告破产。此后，它被改组为官办的东北航务局，并于1925年9月1日正式成立，由沈鸿烈②任董事长，宋式善③为董事。新成立的航务局内部整顿内政，规范行规，营私舞弊行为大为减少，逐年获利丰厚。"自此不但将坠之航权，得以兴废继绝，而且便利交通，发展农商，蒙其利者，至溥且众，固不独航务局本身已也。"④ 航务局造船课虽有附属船厂，但规模较小。有鉴于此，航务局董事长沈鸿烈召集董事会决议，"取消修船课，即以航务局及江运部原有江北船坞及机器厂为基础，改组为东北造船所，独立营业，仍隶属于航务局董事会"⑤。该所由邢契莘⑥任所

---

① 东北文化社年鉴编印处编：《东北年鉴》，东北文化社1931年版，第500页。
② 沈鸿烈（1882年—1967年），字成章，湖北天门人。18岁时考中秀才。1905年东渡日本，入日本海军学校学习。1911年夏毕业回国，加入国民政府海军。由海军"楚观"舰候补员起步，先后担任国民政府参谋部海军科科员，黑吉江防舰队参谋、参谋长，尔后参与创建东北海军，官至东北海军副总司令、代总司令。九一八事变后率领海军第三舰队开往青岛。在国民政府中曾任山东省政府主席兼保安司令、农林部部长、农林部垦务总局局长、国家总动员会议秘书长、中央党政工作考核委员会秘书长、浙江省主席、浙江军管司令、浙江省保安司令、海军长江防卫司令等职。1949年去台湾后任台湾当局"总统府"战略顾问。
③ 宋式善，1887生人，别号谨予，湖南长沙人。曾赴日本留学，并于东京加入同盟会。回国后任职于北洋政府海军部，1913年7月16日授海军少校，后加入奉军。1922年8月任东北保安司令长官公署航警处课长。后任"利捷"炮舰舰长、"威海"舰舰长、东北保安司令长官公署航警处处长、东北海防舰队参谋长等职。1927年8月4日晋升海军少将。1928年12月东北易帜后，改任东北政务委员会航政处处长。1931年12月改任北平绥靖公署海军处处长、北平军分会航警处处长，1932年辞职。1947年3月14日被国民政府授予海军少将衔。
④ 东北文化社年鉴编印处编：《东北年鉴》，东北文化社1931年版，第502页。
⑤ 东北文化社年鉴编印处编：《东北年鉴》，东北文化社1931年版，第515页。
⑥ 邢契莘（1887年—1957年），浙江嵊县人，曾留学美国，毕业于麻省理工学院，获硕士学位。回国后，任大沽造船所工程师，福州船政局制船主任，北平航空署技正、科长，机械厅厅长，东北航空处技师、技正、机械处处长，东北航空工厂厂长，东北航务局总经理，东北造船所所长等职。1934年1月，任青岛市工务局局长。1937年4月，任国民政府航空委员会机械处处长。1943年3月，任农林部总务司司长。抗战胜利后，先后任大连港务委员会主任委员（未就任）、交通部塘沽新港工程局局长、水利部珠江水利工程总局局长、广州港工程局局长等职。1949年去台湾，先后任"交通部"设计委员会委员、"经济部"台湾省渔业增产委员会委员。1957年7月10日病逝。

长，王文庆任副所长，主要以修造航务局船只为主，兼营对外修造业务。1928 年至 1930 年该所制造的船舶包括：东甲、东乙、理华、品华、铁华、泽华、鹤图、峻德、莲江、兴山、合利、合盛、合益、江鸿、江雁、瑞华、契华、鸿宾、协茂、合茂、合兴、越云、翼云、浚江、顺江、通江、鸿图、敬华等。其下设的江北船坞位于哈尔滨道外之江北岸，三面环水，形似半岛。该船坞"同时可制造装载六百吨以上拖船，或二三百吨以上轮船七艘"①，拥有较强的修造船能力。该所 1928 年收支相抵盈余哈洋 54 200.43 元，1929 年盈余 110 285.47 元。②

　　另外，这一时期中国方面还有营口造船业。营口在清末开始建立修造船行业，但仅有季节性个体包工修造木帆船。1925 年，民国政府成立辽河工程局，为修造工程船舶成立了修船所，其修船能力很低，工人也仅有 40 人。③

　　由以上可知，近代以来东北的中资造船工业有了一定程度的发展，其中沿海造船业受到洋务运动的影响发展很快，内河造船工业主要是在民国时期有了很大的发展。上述工业以官僚资本为主，私人资本涉足较少，仍处于起步阶段，总体上从规模、资本等方面来看都很弱小。尽管如此，东北的造船工业已经开始逐渐步入近代化的正轨，并沿着良性发展的轨道前进。

　　这一时期，俄日两国也开始染指中国东北的造船工业，尤其是后者更是在东北建立了规模宏大的造船厂。1895 年 11 月，日军占领旅顺。后经俄、法、德"三国干涉还辽"，旅顺被重新归还中国，但旅顺船坞局被日军洗劫一空，损失惨重，只能从事基本的坞修保养工作。1897

---

① 东北文化社年鉴编印处编：《东北年鉴》，东北文化社 1931 年版，第 521 页。
② 东北文化社年鉴编印处编：《东北年鉴》，东北文化社 1931 年版，第 518 页。
③ 孙嘉良主编：《辽宁近代船舶工业史料》，大连理工大学出版社 1994 年版，第 8 页。

年12月，俄军强占旅大地区，旅顺船坞局被改为俄海军修理厂，为俄国太平洋舰队修理舰船。俄军强占旅顺船坞局后，为了控制中国黄海和渤海的制海权，急需扩大该厂的生产能力。"1898年初，沙皇尼古拉二世批准投资3 242.4万卢布，用于改造旅顺港，主要有扩建旅顺旧坞、重建两座大坞和扩建船厂等。1903年，旧坞改造工程完工，比原来拓长40米，基本上能满足俄国巡洋舰和装甲舰的坞修需要。"① 此后，由于日俄战争的迅速爆发，很多项目未能完成。在战争期间，该修理厂维修了10余艘俄军战舰，但也遭到日军的猛烈炮轰，遂成一片废墟。1905年9月，日俄战争结束，俄国战败。在战争中，日军占领旅顺，俄国海军修理厂亦被日军强占。1905年2月，该修理厂被日军更名为日本旅顺海军修理厂。此后，该厂修复码头、清理和打捞沉船，并新建了一些港口设施，不断提高其维修和生产能力。1922年12月，该修理厂被日本海军租赁给"满铁"，并更名为旅顺工场。1923年4月1日，"满铁"成立"满洲船渠株式会社"，旅顺工场归其管理。"是年，旅顺工场建造3 000吨级船台1座。1924年6月，建成1 750吨的'古城丸'，1926年，建成130吨的'旅顺丸'和1 700吨的'新屯丸'，1928年10月建造1 200吨的'辽河丸'，1930年建造100吨的'淀丸'、'海洋丸'、'凤鸣'号等7艘船，为日本掠夺中国资源提供运输条件。"②

除旅顺船坞局外，这一时期东北的造船厂还有大连造船场。1898年3月27日，清政府同沙俄签订《旅大租地条约》，此后，沙俄政府开

---

① 《中国舰艇工业历史资料丛书》编辑部编纂：《中国近代舰艇工业史料集》，上海人民出版社1994年版，第866—867页。

② 《中国舰艇工业历史资料丛书》编辑部编纂：《中国近代舰艇工业史料集》，上海人民出版社1994年版，第867页。

始筹建大连商港及其造船场。不久，中东铁路公司副董事长盖尔贝次等人经过勘探确定在大连湾西南部的青泥洼海滨拓建造船场和国际商港。1899 年 7 月 31 日，沙皇尼古拉二世下达了关于建设大连自由港的敕令。9 月 28 日，沙俄政府又确定了建设大连商港的筑港计划，修建修造船场是其中的重要内容。"按照沙俄的筑港方案，轮船修理工场占地面积为 3.6 万余平方米，造船场占地面积为 5.7 万多平方米，修造船场总建设费用计 198.7 万卢布。整个筑港工程分两期进行，计划到 1904 年底全部竣工。"① 按此方案，轮船修理工场要形成能修理 3 000 吨级船舶的生产能力。至 1902 年底，3 000 吨级的小船坞已经建成，轮船修理工场初具规模。日俄战争爆发后，沙俄政府停止对修造船场的建设。由于俄国在战场上的失利，俄军撤出大连，并将修造船场洗劫一空。日军占领大连后，全面接管了大连修造船场，将其隶属于大连湾防备军海军工作部管辖，并将该场的一部分机器设备迁入旅顺船场。1906 年，日军成立"旅顺海军工作部"，大连修造船场又隶属于该部大连支部事务所经营，并承担日本海军舰船的维修任务。"满铁"建立后，全面接管了大连修造船场，并将其作为大连铁道工场的附属工场。1908 年 7 月，大连修造船场又被"满铁"出租给日本神户川崎造船所经营。

川崎造船所租借了大连修造船场后，正式成立了"株式会社川崎造船所大连出张所"，所长是岩藤与十郎。出张所的主要业务是修理民船，制造船舶机械和小型汽船。"1913 年 3 月，应满铁的要求，开始扩建 3000 吨级船坞，次年 3 月竣工，共耗资 115328 日元。扩建后的船坞为 5000 吨级，长 132.05 米，坞口宽 15.54 米，深 5.9 米，满潮时坞口水

---

① 《中国舰艇工业历史资料丛书》编辑部编纂：《中国近代舰艇工业史料集》，上海人民出版社 1994 年版，第 870 页。

深6.58米。"① 此外，船坞北侧还有小型系泊码头，南侧建有引扬船坞。扩建后的出张所维修和造船能力不断提高。"据1918年至1923年的不完全统计，川崎大连出张所修船数量最多的是1919年，坞修船舶近百艘，总吨位约9万排水吨。"② 它甚至还曾为国际汽船公司坞修了5 860排水吨的"永福丸"船。

一战结束后，"满铁"开始重视航运业。1922年，"满铁"承租了旅顺工场，并收回租借给川崎造船厂的大连船场。1923年4月1日，"满铁"建立子公司"满洲船渠株式会社"，下设旅顺工场和大连工场，共拥有资金200万日元。按照当时的分工，旅顺工场以造船为主，大连工场以修船为主。但由于海运业不景气，大连工场前三年处于亏损状态。"为扭转逆境，满船股东总会作出两项决议：一是进行管理体制改革，实行社长制；二是大连工场实行修船和陆用机械制修并重的生产经营方针，即在进行修船作业的同时，还使用主要的设备和人力，从事陆用机械的制造和修理，使船舶修理的收入和陆用机械制修的收入基本相等。"③ 此后，由于"满铁"将大量修造任务委托给大连工场，大连工场的经营状况有了明显好转。为了制造修建大连港第四码头的沉箱及提高修船能力，"满船"对沙俄遗留下来的船坞进行了修建。"该坞的修建分两个阶段进行，1924年完成施工准备工作，1926年9月30日全部工程竣工，共耗资65.4万日元。该坞长148米，底宽12米，俗称沉箱

---

① 《中国舰艇工业历史资料丛书》编辑部编纂：《中国近代舰艇工业史料集》，上海人民出版社1994年版，第872页。
② 《大连造船厂史》编委会编：《大连造船厂（1898—1998）》，1998年版，第14页。
③ 《中国舰艇工业历史资料丛书》编辑部编纂：《中国近代舰艇工业史料集》，上海人民出版社1994年版，第873页。

船坞，如将内部稍加整理，即可充作 6 000 吨级修船坞使用。"① 在 1927 年 3 月末，会社有职工 1 002 名，一年间进入船坞维修的船只达 1 000 余只。② 关于大连工场 1923 年至 1931 年的生产经营状况详见下表 6 - 10③。

在清末民国时期东北的造船工业还有"西森造船所""小金丸造船所""大司佳铁工所""高见造船所""鸭绿江造船株式会社""滨町船渠""沉箱船渠"等，其中在安东的鸭绿江造船株式会社规模稍大，但也只能制造极小型的船舶。④ 这些造船厂均为日资，详见下表 6 - 11⑤。

"西森造船所"，在 1920 年左右伴随着大连港的发展，小型船频繁进出港口，鉴于修造船数量的增加，利用修筑西防波堤填平的空地建立了船渠。至 1921 年，在渠口建立了 37 英尺的木造开闭门。⑥

"滨町船渠"，在 1916 年建成，位于西防波堤基础部分乃木町船坞内侧，专门修理"满铁"工事用船舶。⑦

"沉箱船渠"，在沙俄控制大连时期计划修筑一个大船渠，与"满洲船渠"的北侧相邻，但仅完成了一部分。"但在（日本，笔者注）继承后修筑第四码头的时候，制定了将其岸壁作成沉箱式的计划。因此，就利用这个船渠作为制造建港用的沉箱的地方。大正十四年（1925 年，

---

① 《中国舰艇工业历史资料丛书》编辑部编纂：《中国近代舰艇工业史料集》，上海人民出版社 1994 年版，第 873 页。

② ［日］南满洲铁道株式会社编：『南满洲铁道株式会社第二次十年史』，原书房，昭和三年，第 964 页。

③ 《大连造船厂史》编委会编：《大连造船厂史（1898—1998）》，1998 年版，第 26 页。

④ ［日］南满洲铁道株式会社社长室调查课：『满蒙全书』第四卷，满蒙文化协会发行，大正 11 年，第 459—460 页。

⑤ ［日］南满洲铁道株式会社社长室调查课：『满蒙全书』第四卷，满蒙文化协会发行，大正 11 年，第 460 页。

⑥ ［日］井上谦三郎：『大连市史』，大连市役所发行，昭和 11 年，第 689 页。

⑦ ［日］井上谦三郎：『大连市史』，大连市役所发行，昭和 11 年，第 689 页。

表 6 - 10　大连工场生产营业表

（单位：日元）

期别	船舶新造		船舶修理		车辆		陆用机械制作		陆用机械修理		计		损益	
	金额	%	金额	%	金额	%	金额	%	金额	%	金额	%	金额	%
1923 年上半期			364 132.66	86			56 837.97	13	3 001.01	1	424 021.64	1	16 313.07	4
下半期			299 339.64	76			66 733.03	17	26 828.36	7	392 901.03	7	25 848.71	7
1924 年上半期	21 000.00	3	316 599.73	44			366 563.06	52	5 399.07	1	709 561.86	1	13 281.13	2
下半期			287 098.99	48			304 701.74	51	2 753.30	1	549 554.03	1	29 302.27	5
1925 年上半期	31 450.00	7	294 644.19	64			133 142.14	29	1 880.00	0	461 116.33	0	11 155.17	2
下半期	30 046.00	5	248 178.97	44			285 096.64	50	4 461.83	1	567 784.24	1	6 290.56	1
1926 年上半期	88 783.00	14	340 868.62	53			203 672.28	31	12 522.90	2	645 846.80	2	29 920.95	5
下半期			290 825.13	49	103 802.05	18	172 091.20	29	21 712.98	4	588 431.36	4	51 568.45	9
1927 上半期	66 671.13	12	285 316.22	50	11 880.00	2	193 355.55	34	13 841.74	2	571 064.64	2	39 041.91	7
下半期	3 217.90	1	255 782.78	62			152 654.91	37	2 489.71	0	414 145.30	0	18 734.31	5
1928 上半期	17 005.00	2	372 319.03	52			308 067.94	43	18 737.18	3	716 129.15	3	34 824.10	5
下半期	31 546.00	7	176 051.67	39			234 619.58	53	2 278.41	1	444 495.66	1	64 603.41	15
1929 上半期			343 659.78	49			359 742.46	51	1 313.91	0	704 716.15	0	78 214.19	11
下半期	14 694.50	2	336 348.82	45			403 290.91	53	2 840.14	0	757 174.37	0	75 823.25	10
1930 上半期			298 979.76	32			636 946.58	67	9 863.28	1	945 789.62	1	71 319.68	8
下半期			210 549.47	40			311 221.68	59	3 979.06	1	525 750.21	1	17 287.18	3
1931 上半期			264 179.07	98			3 988.62	2	565.46	0	268 733.15	0	84 545.68	31

注：原表有误。1923 年上半期总金额应为 423 971.64 日元，1925 年下半期总金额应为 567 783.44 日元。

笔者注）完成了制造沉箱的船渠。"① 伪满建立后，该船渠依然使用。

表6-11 东北部分造船厂情况一览表

工场名	所在地	资本金（日元）	设立年月	动力	职工总数	1919年度生产量	
						数量（只）	价值（日元）
川崎造船所出张所工场	大连市滨町	总店：2 000万	1908年7月	电力185	日本人2 820人中国人15 090人	修理	886 557
西森造船所	大连市乃木町	15万	1907年3月		日本人600人	制造72	15 000
小金丸造船所	大连市乃木町	1万	1911年6月		日本人120人中国人30人	修理48	9 210
大司佳铁工所	大连市寺内通	1.2万	1916年11月		日本人600人	修理72	15 000
高见造船所	安东江岸	1万	1917年9月		日本人7 500人中国人274人	制造9	25 000
鸭绿江造船株式会社	安东江岸	4万	1917年12月		日本人1 621人中国人2 465人	制造11	121 000

　　这一时期，在大连还有一些小型造船厂，包括：铃木造船所、才野造船所、川本造船所、山口造船所、松江造船所、仓本造船所等。铃木造船所，前身为阿部造船所，1927年开始营业。后该所木工铃木政行

---

　　① 大连港《港史》编委会编辑组编：《大连港史资料选编》（铅印件），1982年版，第38页。

掌管该所事务，更名为铃木造船所，雇佣工人六七十名。该造船所能制造 160 马力木质渔轮，同时能修理柴油机。[①] 才野造船所，由才野太助于 1922 年创办。雇佣中国工人十余人，主要修造小型木帆船。川本造船所，由川本平于 1929 年开办。山口造船所，由山口弥四郎于 1911 年开办，主要为福昌公司建造木帆船。仓本造船所，由木工仓本元一郎于 1916 年 5 月创办，初期主要承修舢板。"1927 年又增设坞道，雇用中国工人多达一百三十余人，建造大型机动渔轮和福昌公司的运输船。"[②]

由以上可知，这一时期俄日两国大肆染指东北的造船工业，尤其是日本在"南满"地区逐渐确立了优势地位，并建立了规模宏大的造船厂。

二、伪满时期东北的造船工业

九一八事变后，日本迅速控制和吞并了整个东北的造船工业。同时，为了适应日本对外侵略的需要，东北的造船工业也急剧扩张。这一时期东北的造船厂主要包括"营口造船株式会社""丹东造船厂""大连船渠铁工株式会社""哈尔滨造船所""大连木造船制作所""森崎造船所""小林造船所""金田造船所""需和富造船所""关东造船实业组合"等。

"营口造船株式会社"，创办于 1941 年 4 月 30 日，主要股东为营口纺织株式会社和三井造船株式会社。在营口港缺乏制造和维修船舶的专

---

① 大连渔轮公司厂志办：《从关东造船实业组合到关东造船株式会社》，载政协大连市西岗区委员会文史资料委员会编：《西岗文史资料》第三辑，旅顺包装装潢印刷厂 1991 年版，第 149 页。

② 大连渔轮公司厂志办：《从关东造船实业组合到关东造船株式会社》，载政协大连市西岗区委员会文史资料委员会编：《西岗文史资料》第三辑，旅顺包装装潢印刷厂 1991 年版，第 151 页。

业设施，主要依靠大连和日本。小型船舶以营口港为中心进行巡航，不仅缺乏耐航性，危险性大，而且巡航费用高，时间长，阻碍了物资输送的顺利进行。另外，伴随着"产业开发五年计划"的进行，营口港的重要性日益提升，日伪政府也认识到它的重要性。[①] 在此背景下，日伪政府命令扩充造船设备。该会社董事长为野口三郎，常务董事为井上武雄，董事为根本虎之助、成濑、武牧、重雄、原安三郎、井上辉夫、李子初，监察官为小川亮一、王翰生，大股东为铃木淳二。[②] 1943 年公称资本 500 万元，实缴资本 250 万元，使用总额 286.9 万元。1944 年仅制造木船 50 只，1944 年后修建两个船渠，计划生产钢船 8 500 吨、木船 50 只，修理船 10 只。[③] "至 1945 年，造船株式会社曾建造 200 吨及 500 吨水泥船各一艘，200 吨钢质船一艘，200 吨机帆船 60—70 艘，工人及劳工有 3000 多人"[④]。

"丹东造船厂"，始建于 1936 年 1 月，前身为日本军人武藤勘三创办的牡丹江株式会社安东造船所，主要为海上运输制造 200 吨级木质船。工厂的机构设置比较健全，有原木和制材 2 个系，4 个制材场，5 个造船课，1 个机械修理部，当时有职工万余人。[⑤]

"旅顺船坞"，在伪满洲国建立后获得进一步的扩张。"到 1936 年，工场占地面积达 7.95 万平方米，车间由 12 个增加到 15 个，设备有 22

---

① ［日］满洲矿工技术员协会编纂：『满洲矿工年鉴』，东亚文化图书株式会社发行，1944 年，第 350 页。

② ［日］满洲矿工技术员协会编纂：『满洲矿工年鉴』，东亚文化图书株式会社发行，1944 年，第 350 页。

③ 东北财经委员会调查统计处编：《伪满时期东北厂矿基本资料·工厂篇之二·机械》，1949 年版，第 56 页。

④ 孙嘉良主编：《辽宁近代船舶工业史料》，大连理工大学出版社 1994 年版，第 8 页。

⑤ 孙嘉良主编：《辽宁近代船舶工业史料》，大连理工大学出版社 1994 年版，第 8—9 页。

呎（670.56 厘米）车床、2 吨汽锤、交流电焊机、3.5 吨化铁炉、木材锯机等大型设备。"① 在 1936 年末，旅顺工场归日本海军要港司令部管辖，1937 年改名为日本海军工作部，1942 年又改名为日本镇海海军工作部。"日本投降前，该海军工作部占地 14.6 万平方米，其中生产建筑面积 2.53 万平方米。有大小船坞各 1 座，3 000 吨级船台 1 座。设机械、装配、锻造、焊接、铜工、铸造、木工、铁船、制罐、剪刨、模型、电气、小型蒸汽船等 13 个车间，共有机器设备 122 台；其中铸造车间能铸造 7 吨重的铁铸件和 4 吨重的铜铸件。"②

据统计，伪满制造和维修船舶的产值，在 1939 年仅有 557 万日元。代表性企业有大连船渠铁工株式会社、西森造船所（1 500 吨级）、"满铁"经营的船厂（1 200 吨级）、哈尔滨造船所（1938 年新造产值 4 万日元，维修及其他产值 93 万日元）。③ 其中大连船渠铁工株式会社产值巨大，居于首位。

"大连船渠铁工株式会社"（简称大连船渠会社）。1931 年 9 月 26 日，"满铁"的子会社"大连汽船株式会社"（简称"大汽"）在"满铁"的安排下，吞并了"满洲船渠株式会社"，将之作为下属的船渠工场，后改为船渠部，下设大连工场和旅顺工场。1931 年的制造、修理生产额为 122 万元。④ 由于世界性经济危机的影响，"满洲船渠株式会社"的生产经营处于萧条之中。但在九一八事变后，由于日本的扩军备

① 孙嘉良主编：《辽宁近代船舶工业史料》，大连理工大学出版社 1994 年版，第 6—7 页。

② 《中国舰艇工业历史资料丛书》编辑部编纂：《中国近代舰艇工业史料集》，上海人民出版社 1994 年版，第 867 页。

③ ［日］满史会编：『满州开发四十年史』下卷，满州开发四十年史刊行会，1964 年，第 503 页。

④ 辽宁省统计局编：《辽宁工业百年史料》，辽宁省统计局印刷厂 2003 年版，第 278 页。

战和伪满洲国的成立，船渠工场的生产开始复苏，经营状况明显好转。
"从1932年下半年起，伪满洲国陆续向大连工场订购警备艇、自动艇和
车辆、桥梁、锅炉等产品，使大连工场的产品逐渐发展为五大品种，即
修船、造船、车辆生产、陆用机械的制造和修理"①。这说明，船渠工
场受到伪满政府的大力扶植，它的经营种类多元化，更有利于适应当时
市场的需要。1936年7月1日，旅顺工场被返还给日本海军要港部，而
大连工场于1937年8月1日从"大汽"中分离出来成立大连船渠铁工
株式会社而独立经营。② 大连船渠会社的营业种类主要包括：船舶、装
置、车辆、诸机械、器具及其附属品，以及各种工业品的制造与修理；
海难救助；前项附属业务。董事会主席安田桢，成立时公称资本200万
元。③ 大连船渠会社主要股东为大连汽船株式会社和"满铁"。1942年
2月公称资本1 000万元，实缴资本780万元。职工数1941年8月为
3 316人，1942年12月为3 652人。④ 该会社为日本商社制造货船，还
为军队制造了一些大中型军用船只，以上这些船只完善了日本的海上运
输体系，充实了日本的海防力量，增强了日本的整体军力。

"哈尔滨造船所"，前身为东北造船所。1933年3月改名为哈尔滨
造船所，为哈尔滨水运局所管辖。1936年10月1日改为哈尔滨铁路局

---

① 《中国舰艇工业历史资料丛书》编辑部编纂：《中国近代舰艇工业史料集》，上海人民
出版社1994年版，第873页。

② ［日］满铁调查部资料课编：『關係會社統計年報（昭和12年度）』，南满洲铁道株式
会社發行，昭和14年，第147页。

③ ［日］满铁调查部资料课编：『關係會社統計年報（昭和12年度）』，南满洲铁道株式
会社發行，昭和14年，第145页。

④ 东北财经委员会调查统计处编：《伪满时期东北厂矿基本资料·工厂篇之二·机械》，
1949年版，第61页。

管辖，主要从事松花江上船舶（包括军船）的维修和小型船舶的制造。[①] 在 1934 年下设庶务股、会计股、计划股、材料股、造船厂和造机厂等四股二厂。造船所 1933 年至 1936 年的工作量见下表 6 - 12[②]。

表 6 - 12 造船所 1933 至 1936 年的工作量表

（单位：元）

年度	新造及改造船舶	维修	杂工事	总计
1933 年度	—	—	—	111 155
1934 年度	95 192	358 505	53 616	507 313
1935 年度	272 312	365 824	113 355	751 491
1936 年度	127 721	279 968	71 683	479 372

"大连木造船制作所"。1943 年 4 月 3 日，"满铁"还在大连设立了木造船制作所，制造木船，以适应海运的紧张局势，有助于增强海运。[③] 日本大量制造木船，说明其运输能力严重不足，其对外战争已经力不从心。

"森崎造船所"，由森崎印太郎于 1931 年创办，其女婿乔口为二柜。初期雇佣中国工 20 余人，最多时达 40 余人。"经营初期修理舭板，后期修造木壳船只。"[④]

"小林造船所"，由小林繁雄于 1937 年创办，主要修理小型木帆船。

"金田造船所"，前身为松江造船所，后由金田邦彦掌权，1932 年 1

---

① ［日］南满洲铁道株式会社编：『南满洲铁道株式会社第三次十年史』，南满洲铁道株式会社发行，1938 年，第 1269 页。

② ［日］南满洲铁道株式会社编：『南满洲铁道株式会社第三次十年史』，南满洲铁道株式会社发行，1938 年，第 1270 页。

③ 苏崇民主编：《满铁档案资料汇编》第六卷，社会科学文献出版社 2011 年版，第 44 页。

④ 大连渔轮公司厂志办：《从关东造船实业组合到关东造船株式会社》，载政协大连市西岗区委员会文史资料委员会编：《西岗文史资料》第三辑，旅顺包装装潢印刷厂 1991 年版，第 149 页。

月更名为金田造船所。"雇用中国工人多达三十余人，1937年达到五十余人。"① 主要修理和建造大型风船。

"需和富造船所"，由木工需和富创办，成立年代不详。"雇用工人十余人，主要修理船上的机器活。"②

"关东造船实业组合"。太平洋战争爆发后，"关东州"政府决定建造木壳船只代替钢壳船只（当时钢材严重缺乏），故于1942年春组织大连黑嘴子、小平岛、老虎滩等地的18家造船所、电器所、铁工所等组成了关东造船实业组合，前述森崎造船所、铃木造船所、才野造船所、川本造船所、小林造船所、山口造船所、金田造船所、仓本造船所、小金丸造船所、需和富造船所等均被囊括在内，铃木政行任组合长，木村为秘书长，各造船所掌柜为理事。1944年福昌公司出股的日本洋行也加入了组合，同年2月改组为关东造船株式会社。福昌公司社长相生常三郎兼任关东造船株式会社社长，原组合长铃木政行任专务董事。会社下设专务董事、常务董事、监察官、八大课、八大造船现场，工人多达两三万人，驻场部队为688部队。③

以上这些造船厂多为日资或为日本所控制。九一八事变后，日本依靠伪满政权的支持，全面控制了东北的造船工业，这为其掠夺东北的造船工业准备了条件。

---

① 大连渔轮公司厂志办：《从关东造船实业组合到关东造船株式会社》，载政协大连市西岗区委员会文史资料委员会编：《西岗文史资料》第三辑，旅顺包装装潢印刷厂1991年版，第151页。

② 大连渔轮公司厂志办：《从关东造船实业组合到关东造船株式会社》，载政协大连市西岗区委员会文史资料委员会编：《西岗文史资料》第三辑，旅顺包装装潢印刷厂1991年版，第151页。

③ 大连渔轮公司厂志办：《从关东造船实业组合到关东造船株式会社》，载政协大连市西岗区委员会文史资料委员会编：《西岗文史资料》第三辑，旅顺包装装潢印刷厂1991年版，第152页。

三、日伪对东北造船工业的掠夺

伪满时期，日伪对东北造船工业的掠夺主要体现在以下两个方面：

（一）日本对东北船舶物资的侵占。在东北造船所，"自民国二十一年二月，哈尔滨失守，所有松花江上轮船百余艘，及东北海军江防诸舰，悉被日军征发没收，且以之载兵运械，沿江重镇皆毁于日军炮火之下，痛心之至"①。这造成东北海军和船舶业的巨大损失。

在丹东造船厂，1938 年造船所被关东军接管。太平洋战争爆发后，为适应战争需要，该厂大量制造木质运输船，曾建造 300—400 吨级大方头木质船 100 余艘，200 吨级小方头木质船 400 余艘。② 这些船只主要为日军运输物资货物。曾任伪满总务厅次长的古海忠之曾供认：在关东军监督下，安东制造了 500 艘帆船，作为日本和"满洲"间的运输。③

在旅顺船坞，日本关东军于七七事变前将其宣布为军港，并于 1936 年 7 月收回了租借给"满铁"的船坞及修理工厂，以专门用于维修在侵华战争中损失的舰船。而且由于战争的需要，船坞及其工厂还生产迫击炮弹、子弹等，并将一部分设备拆运至日本本土。在伪满后期，它还改装过军船，将 2 艘 2 000 吨的运输船改装成军舰。④

在营口造船株式会社，1944 年生产木船 43 只，修理船艇价值

---

① 张其昀编：《东北失地之经济概况》，钟山书局 1933 年版，第 49 页。
② 孙嘉良主编：《辽宁近代船舶工业史料》，大连理工大学出版社 1994 年版，第 9 页。
③ 中国档案馆、中国第二历史档案馆、吉林省社会科学院合编：《日本帝国主义侵华档案资料选编·东北经济掠夺》，中华书局 1991 年版，第 298 页。
④ 《中国舰艇工业历史资料丛书》编辑部编纂：《中国近代舰艇工业史料集》，上海人民出版社 1994 年版，第 867 页。

40 596元，修理机械价值57 457元。① 另据资料显示，1945年该厂曾造200吨及500吨水泥船各1艘，200吨钢制船1艘，200吨机帆船60—70艘。②

在大连船渠会社，七七事变后其修船业务非常繁忙，但修的主要是日本船，中国和欧洲等国的修船比例很小。③ 从生产产品上看，其所造的民用船舶主要有50吨起重船、60吨和150吨钢制拖船、5立方米和10立方米采金船、100吨和120吨木制汽船、平岛丸型浚渫船、330立方米挖泥船、三九A型内河船等，主要供应给"满铁""满洲采金""日满商事"、关东海务局等；其所造的军用船有警备艇、自动艇、甲型炮艇、乙型炮艇、钢制小型摩托艇、35吨警备船和监视船等，主要供应给伪满洲国治安部、海上警察队、日本陆军运输部和大连水上警察署等。④ 从1941年至1945年8月，大连船渠会社所造的船只总吨位为29 687吨，详见下表6－13。⑤ 由此可见，其主要的销售对象是伪满政府部门、日本商社和日本军队，用于侵略和掠夺的用途十分明显。在伪满后期，大连船渠会社还制造了一些大中型军用船只，直接为日本侵略战争服务。"从1942年初开始至1945年8月日本宣告无条件投降为止，船渠会社计建造大、中型军运船舶11艘，计48 240排水吨。其中，3000吨D型船2艘，8100吨运矿船1艘，4500吨C型船3艘，3850吨

---

① 东北财经委员会调查统计处编：《伪满时期东北厂矿基本资料·工厂篇之二·机械》，1949年版，第56页。

② 孙嘉良主编：《辽宁近代船舶工业史料》，大连理工大学出版社1994年版，第8页。

③ 《大连造船厂史》编委会编：《大连造船厂史（1898年—1998年）》，1998年版，第44页。

④ 《大连造船厂史》编委会编：《大连造船厂史（1898—1998）》，1998年版，第45页。

⑤ 东北财经委员会调查统计处编：《伪满时期东北厂矿基本资料·工厂篇之二·机械》，1949年版，第61页。

2D 型船 5 艘。"①

表 6 - 13　大连船渠会社 1941—1945 年造船产量

船名	主要尺寸（米）	种类	总吨数（吨）	重量吨数（吨）	订购者
清河号	85.73×12.50×6.50	货物船	2 091	3045	大连汽船会社
海河号	85.73×12.50×6.50	货物船	2 088	3 045	大连汽船会社
福岭号	12.00×16.50×9.30	矿石搬运船	5 969	8 369	东亚海运会社
柳河号	93.33×13.70×7.60	货物船	2 813	4 522	大阪商船会社
大慈号	93.33×13.70×7.60	货物船	2 813	4 522	大阪商船会社
庄河号	93.33×13.70×7.60	货物船	2 813	4 522	大阪商船会社
大亚号	85.00×13.40×7.20	货物船	2 220	4 043	大阪商船会社
大宇号	85.00×13.40×7.20	货物船	2 220	4 043	大阪商船会社
大吉号	85.00×13.40×7.20	货物船	2 220	4 043	大阪商船会社
大黑号	85.00×13.40×7.20	货物船	2 220	4 043	大阪商船会社
大康号	85.00×13.40×7.20	货物船	2 220	4 043	大阪商船会社

　　（二）日伪政府对东北造船工业工人的压榨与盘剥。曾任伪满兴农部大臣的黄富俊②在 1945 年 6 月 10 日赴安东和营口视察造船事宜。据其供述，原计划制造 2 000 只木船，到"八一五"前共造出 200 多只。这些木船的用途是向日本运送粮食。在安东造船厂，用于造船的工人有 1 000 多人，是由奉天、安东两地征发。③

---

① 《大连造船厂史》编委会编：《大连造船厂史（1898—1998）》，1998 年版，第 49 页。
② 黄富俊，1890 年生人，字润轩。伪满时期历任伪满民政部地方司长、伪安东省省长、伪龙江省省长等职。他在伪省长任内对"粮谷出荷"非常效力，被关东军晋升为伪兴农部大臣。抗战胜利后作为战犯被关押于抚顺战犯管理所。
③ 中央档案馆编：《伪满洲国的统治与内幕——伪满官员供述》，中华书局 2000 年版，第 227 页。

另据曾任伪满奉天省省长的于镜涛①供述，在支援日军军需物资生产方面，"奉天省除供应日寇粮食、肉类、蔬菜等外，还有橡胶制品，如军用胶鞋、雨衣等，和降落伞、毛织品和布匹，军用船艇"②。可见，日本对中国东北物资的掠夺是全方位的，其中船艇作为重要军用物资自然不能少。他还供述，伪满奉天省的劳工供出每年是4万人，"勤劳奉公队"是3万人。分配在抚顺、阜新、鞍山、大连造船所、营口造船所、辽河和奉天市铁西各工厂等处做工。在1944年春，于曾视察大连造船所、营口造船所及营口改造水田和铁西工厂等处，深感劳工待遇极为苛刻，由于饥寒、过劳和疾病，死亡率在三分之一以上。③造船厂劳工的悲惨生活可见一斑。

在伪满时期，大连船渠会社是日本在东北维修及制造船只的主要工厂，这里集中了大量的工人和劳工，因此也是日伪剥削东北造船工人比较严重的地方。在经济上，船渠会社的工人遭受到残酷的剥削和掠夺。在这里，"名义上实行9小时工作制，但在实际上中国工人经常被迫加班到晚上九、十点，比规定的工作时间多干四五个小时的活。尤其是太平洋战争爆发以后，中国工人加班干活的时间更长，特别是直接从事新

---

① 于镜涛（1898年—1986年），字鉴寰，吉林长春人。在奉系军阀时代，他历任巡官、路警段长、中东铁路路警处副处长、东省特别区高等警官学校教务长、提调等职。九一八事变后，他作为张景惠的亲信，担任东省特区警备总队长、哈尔滨特别警察总队长。伪满建立后，他担任哈尔滨警察厅厅长、"首都警察厅总监"、伪滨江省省长、伪奉天省省长、伪国民勤劳奉公部大臣、伪满洲国国民勤劳奉公队总司令、"新京特别市市长"等职。战后被拘押于苏联赤塔和伯力，后被引渡回国，关押于抚顺战犯管理所。1966年4月16日被特赦，后在长春市图书馆工作，并任长春市政协委员，1986年4月15日病逝。
② 中央档案馆编：《伪满洲国的统治与内幕——伪满官员供述》，中华书局2000年版，第243页。
③ 中央档案馆编：《伪满洲国的统治与内幕——伪满官员供述》，中华书局2000年版，第243—244页。

造船和修船的工人，有时为了赶任务，几天几夜都不让回家"①。工人们虽然加班加点，但日本殖民者不给工钱，只是每顿饭发给两个苞米面小窝窝头和一块臭萝卜咸菜，而这也是为了维持工人基本体能以便为其出工出力。此外，节假日很少休息，工人如果在春节等传统节日里在家休息不上班，就会被扣掉几天的工钱。可见，这里的造船工人遭受到日伪当局无情的盘剥。在政治上，大连船渠会社"中国工人在日本帝国主义铁蹄的蹂躏下，没有任何的权利和自由，过着悲惨的亡国奴生活。日本殖民者不仅'酷使'中国工人当牛做马，任意进行打骂、凌辱和摧残，而且成立了各种公开的和秘密的法西斯特务机构，与日本大连宪兵队和关东洲（应为州，笔者注）厅警察部勾结在一起，严密监视和控制中国工人，制造了多起耸人听闻的政治事件，进行血腥的统治"②。当时，门岗的守卫人员专门配有对付中国工人用的手铐、胶带、木棒和绳子等。过岗时，如果看谁不顺眼往往拳脚相加。下班时，中国工人要举手排队接受检查，门卫如果认为谁有"偷窃"嫌疑，谁就要惨遭毒打。在生产中，日本人对待中国人经常是张口就骂，动手就打。日本人不仅指派中国工人干最苦、最脏、最累的活，而且还让中国工人伺候他们，稍有不从就要挨打。当时为了加强对中国工人的控制，日伪当局还通过"侦谍网""星交会"和"企业团体关系情报网"等法西斯统治机构严密监视工人的言行，并在船渠会社内部成立"防卫课"，专门负责侦破共产党地下组织、搜集工人反满抗日情报和制造政治事件等。"据不完全统计，船渠会社的日本殖民者与日本特务机关相勾结，共制造政

---

① 《大连造船厂史》编委会编：《大连船厂史（1898—1998）》，大连船舶印刷厂1998年版，第77页。

② 《大连造船厂史》编委会编：《大连船厂史（1898—1998）》，大连船舶印刷厂1998年版，第74页。

治事件 16 起，逮捕中国工人约 120 人。其中较重大的政治事件 4 起，共逮捕中国工人 64 人（不包括王荣义电台案）。"[1] 在这样法西斯统治的高压之下，工人们不免惶惶不可终日。

由于日伪当局的残酷剥削，工厂中减员严重。为此日伪当局主要采取三种方式补充劳力。一是强抓劳工。"凡被抓送到船渠会社的劳工全部充当临时工使用，归劳务课进行管理，并在职工花名册上盖一个'劳'字印记，以示区别。"[2] 二是使用"勤劳奉仕队"的劳工。从 1944 年 4 月至 1945 年 8 月计使用了 14 期劳工，每期劳工服苦役的时间是 6 个月。三是组织"勤劳报国队"。当时日伪政府组织在校学生去各工厂做工，美其名曰"勤劳报国"。在大连船渠会社，参加义务劳动的主要有"南满洲商业学校""工业专科学校""经济专科学校"等学校的学生，他们往往整学年整班级被拉来。"其中商校学生来了 3 个班级，造船、造机和车辆工场各分 1 个班，他们从 1944 年 4 月一直干到 1945 年 8 月，承担的主要工作是运钢板、把螺丝和钻眼等。"[3] 尽管如此，东北造船工业劳动力不足现象仍然非常严重，无法满足日本对外侵略所

---

① 《大连造船厂史》编委会编：《大连造船厂史（1898—1998）》，大连船舶印刷厂 1998 年版，第 76 页。王荣义电台案：王荣义，又名何汝清，系延安无线电训练班毕业生。受中共中央的派遣，他和抗日军政大学刘逢川前往大连地区从事情报搜集工作，接受大连苏联领事馆的领导。刘逢川以做小买卖为掩护，王荣义在大连船渠会社制罐厂当工人。"从 1944 年 6 月至 1944 年 12 月的半年时间里，他们共搜集到满洲石油株式会社的石油生产储存情况、大连船渠铁工株式会社船舶建造能力、寺儿沟地区高射炮架设位置，关东军实行非常物资回收情况、驻扎在熊岳城附近的日本军队宿营情况等，先后 9 次传送到苏联境内的指令局。"（大连市史志办公室编著：《中共大连地方史》上卷，大连出版社 1996 年版，第 119 页）1944 年 12 月 3 日，王荣义正在家中拍电报时被捕。次年 8 月 16 日，王荣义、刘逢川被日军秘密杀害，王牺牲时年仅 23 岁。同案被捕的亲属和邻居等 6 人，在被关押 70 余天后释放。

② 《大连造船厂史》编委会编：《大连造船厂史（1898—1998）》，大连船舶印刷厂 1998 年版，第 77 页。

③ 《大连造船厂史》编委会编：《大连造船厂史（1898—1998）》，大连船舶印刷厂 1998 年版，第 79 页。

需的足够船只，这也反映了战争后期日本的穷途末路。

　　总而言之，东北的造船工业是日本重点掠夺的领域。它主要有以下几个特点：一是日伪对东北造船工业的掠夺开始时间早，持续时间长，几乎与其对东北的侵略相伴始终。它开始于日俄战争之后，直至日本战败投降为止，历时40年。二是日本全面垄断了东北的造船工业，使中国资本无法立足。造船工业属于军需工业，因此受到日本的严格控制。在九一八事变前，还有少量中国资本涉足其中，包括旅顺船坞局、东北造船所等。九一八事变后，日本全面统制了东北的造船工业，中国资本被全面清理。三是东北的造船工业技术力量比较雄厚。这一方面是由于东北的造船工业拥有比较深厚的发展基础，旅顺船坞局、东北造船所等经过多年的发展具备一定的实力；另一方面，日本出于掠夺和侵略的需要，谋求制造出量大质优的船舶，对东北的造船工业投入较多的技术力量和资金，因此，伪满时期东北的造船工业已能制造出比较先进的大中型军用船舶。尽管如此，东北的造船工业是被日本强行纳入其法西斯发展轨道作为重点掠夺对象而被强行扩充的，而且在此过程中东北的造船工人也遭受到日伪当局的残酷剥削和压迫，苦不堪言。因此，这段历史是东北造船工业发展史上的黑暗时期，给东北人民留下了沉痛的记忆。

第五节　航空工业

　　航空工业是指研制、生产和修理航空器的工业。本文所指的航空器为飞机。近代以来，航空工业作为兵器工业的主要门类之一，引导着兵器工业未来发展的主要方向。同时，由于飞机在战场上的作用越来越大，引起日本方面的高度重视，因此，伪满时期东北的航空工业亦成为日本扩张的重点领域。目前由于该问题涉及军事、国防等敏感信息，很多机密资料尚未公开，关于伪满航空工业的研究几未开展，仅有少量成果涉及①，故还有很大的拓展空间。

一、奉张时期东北的航空工业

张作霖掌握东北实权后非常重视飞机在战争中的作用，故大力发展该项事业。"民国九年春（1920 年，笔者注）东三省设航空筹备处，直皖战后得飞机十数架，十年春（1921 年，笔者注）正式成立。"② 航空处设在奉天沈垣第三中学，在东塔附近建立飞机场，同时设立两座飞机库，此即后来的沈阳东塔飞机场。③ 1921 年 10 月，张学良赴日观操，归国后建议张作霖扩充航空处。1923 年 9 月，东三省保安总司令部委任张学良为东三省航空处总办，至此张作霖父子将东北航空事业牢牢控制住。飞机事业的发展离不开维修，故航空工厂的建立也是势所必然。"至十三年冬（1924 年，笔者注），厂房筑成，添置机械，设备工具，渐有规模。"④ 1925 年，邢契莘被任命为厂长，他锐意整顿，提高了工厂修理制造飞机的能力，工厂规模亦有所扩大。从其组织上看，"厂长为上（中）校，科长为少校，并设技师科员若干人。十八年并入航空大队，其时之组织，厂长下设中校厂附，少校主任，少校及上尉技师，上尉及中尉厂员，上士、中士、班长、班目、以及技兵。"⑤ 当时该工

---

① 关于伪满航空工业的研究主要有：张福全《辽宁近代经济史（1840—1949）》（中国财政经济出版社 1989 年版）、张佐华《日本对我国东北的航空统制》（《世界知识》1935 年第 1 期）等。此外，相关中国航空业的通史如姜长英编著《中国航空史》（西北工业大学出版社 1987 年版）、中国航空工业史编修办公室编《中国近代航空工业史（1909—1949）》（航空工业出版社 2013 年版）、姚俊主编《中国航空史》（大象出版社 1998 年版）中亦涉及伪满时期东北航空工业等内容，但论述较简略。

② 交通铁道部交通史编纂委员会编：《交通史航空编》，交通铁道部交通史编纂委员会 1930 年版，第 32 页。

③ ［日］佐佐木孝三郎：『奉天経済三十年史』，奉天商工公会，1940 年，第 276 頁。

④ 东北文化社年鉴编印处编：《东北年鉴》，东北文化社 1931 年版，第 311 页。

⑤ 东北文化社年鉴编印处编：《东北年鉴》，东北文化社 1931 年版，第 311 页。

厂的制造能力包括：机身机翼及尾舵、螺旋桨、发动机各种零件之配制、发动机试验架、冷气机、始动机、冷气始动机、单力始动机、冷气救火机、飞机架尾车、飞机铁平车、通信钩、信号枪、放烟筒、机关枪转盘、炸弹架、炸弹悬吊机、炸弹上子、炸弹投掷器、机关枪连动机、航空仪器、航空照相机零件配制、航空无线电机零件之配制，此外还包括各种印刷品之印制和装订、各种木器之制作及修理。① 可见，当时的航空工厂已经具备一定的飞机零部件维修和制造能力。"工厂面积约九四九七八呎（即英尺，笔者注），附设印刷工厂，铅石印装钉等部分，均称完备。"② 这也在一定程度上反映了东北航空工厂的总体建设情况。总之，东北航空工厂为当时东北唯一的一家飞机制造工厂，它在奉系军阀的扶植下有了一定程度的发展。但由于资金和技术方面的原因它和当时世界上航空业先进的国家相比差距还很明显。1930 年 3 月张学良任命军事参议官张焕相③为东北航空军代理司令。他上任后申请购买摩斯飞机，张学良对此表示支持，后因九一八事变爆发该计划搁浅。

二、伪满时期东北的航空工业

九一八事变后，日本吞并了原奉系军阀的东北航空工厂。伪满洲国建立后，日本极力将东北打造成供应其各类军用物资的兵站基地，为此

---

① 东北文化社年鉴编印处编：《东北年鉴》，东北文化社 1931 年版，第 311 页。

② 东北文化社年鉴编印处编：《东北年鉴》，东北文化社 1931 年版，第 311 页。

③ 张焕相（1880 年—1962 年），字绍棠，辽宁抚顺人。早年东渡日本，先进东京振武学校，后入日本陆军士官学校。1910 年毕业回国，历任上将军行署中校参谋、盛武将军行署顾问、奉天全省渔业商船保护总局局长、黑龙江省督军署参谋长、奉军第 19 混成旅旅长、中东铁路护路军总司令部参谋长、长绥司令、俄侨工厂总办、司令长官公署军事参议官、东北航空军司令部代行政司令等职。伪满建立后，他历任伪国务院嘱托、伪协和会中央本部委员、伪协和会中央本部企划部部长、伪满政府司法部大臣、伪参议府参议等职。日本战败投降后曾藏匿于吉林通化，后被逮捕，关押于抚顺战犯管理所，1962 年 10 月被释放，同年 12 月病故。

510

它全力扩充东北的航空工业。1937 年 1 月 12 日，日本参谋本部参谋次长西尾寿造①正式向陆军次长梅津美治郎建议：根据战争指导上的必要性和"满洲国"的经济价值，尽快将日本的飞机工业和兵器工业移植"满洲国"，从而提升帝国的大陆战备能力。② 可见，日方非常重视扩充中国东北的航空工业，以便为日本的对外侵略战争提供更多的飞机。

这一时期东北生产飞机及其零件的工厂主要有：

"满洲航空工厂"。1933 年 9 月 25 日"满洲航空株式会社"成立（简称"满航"），郑垂任社长，儿玉常雄③任副社长。根据会社章程，其经营的事业包括飞机的制造和修理。为此，"满航"成立了"满洲航空工厂"，后者作为"满航"的附属机关而存在。在成立之初，工厂下设技术科、工务科和庶务科，厂长是永渕三郎，包括试用人员在内，共计255 人。④ 工厂制定了第一次生产计划，包括：在会社用机制造和修理方面，对于高级机，一年大修中修 16 架，新制 11 架，小修和逐一检查每月 14 架；对于朱庇特型和寿型发动机，每月大修 4 台，定期完成 8台，安装发动机 12 台。在军用机修理方面，八八式侦察机和轻爆机，

---

① 西尾寿造（1881 年 10 月 31 日—1960 年 10 月 26 日），日本陆军大将。毕业于陆军大学，曾任大臣秘书官、陆军省副官、第四十步兵联队长、第三十九步兵旅团长、军事调查委员长、参谋本部第四部长、关东军参谋长兼特务部部长、陆军参谋次长、近卫师长、第二军司令、教育总监、中国派遣军总司令官兼第十三军司令官、军事参议官、东京都长官等职。

② ［日］『戦争準備の為帝国の飛行機及兵器工業を速に満洲へ推進せしむる為の要望の件』（極秘），昭和 12 年 1 月 12 日。アジア歴史資料センター：レファレンスコード，C01004254100，日本国立公文書館。

③ 儿玉常雄（1884 年—1949 年），明治及昭和时代军人、实业家，儿玉源太郎第四子。毕业于日本陆军士官学校，1932 年以大佐身份退役。历任"满洲航空"副社长、社长，"中华航空"社长，大日本航空总裁等职。

④ ［日］满洲航空史話編纂委員会编：『満洲航空史話』，満州航空史話編纂委員会发行，昭和 47 年，第 96 頁。

每月合计制造 5 架；贝式和朱庇特式发动机，每月合计制造 5 台。①
1933 年 10 月，该厂制成了两架被称为"满航式一型"的飞机，其命名
和升空仪式于 10 月 5 日举行，关东军参谋长小矶国昭等人曾出席仪
式。②"1935 年，这个工厂兼修理日本陆军的飞机，其后并开始制造陆
军用机，设备亦逐渐扩充。"③ 该厂后被改组为"满洲飞行机制造株式
会社"。

"满洲飞行机制造株式会社"（简称"满飞"），创办于 1938 年 6 月
20 日。1938 年"满业"投资 2 000 万元建立"满飞"。"满飞"还获得
三菱、中岛等日本企业的技术援助，能够进行更正式的飞机制造，其工
场设备也实现显著提高。④"满飞"理事长为高碕达之助⑤，小川淑一为
常务理事。"太平洋战争以后'满飞'在沈阳浑河区新建一厂，在 1944
年冬将要完工时，连遭轰炸，设备半毁，于是'满飞'再不敢在沈阳

---

① ［日］满洲航空史話编纂委员会编：『满洲航空史話』，满州航空史話编纂委员会发
行，昭和 47 年，第 97 页。

② ［日］满洲航空史話编纂委员会编：『满洲航空史話』，满州航空史話编纂委员会发行，
昭和 47 年，第 97 页。小矶国昭（1880 年 3 月 22 日—1950 年 11 月 3 日），曾任陆军士官学校
教官、关东都督府参谋、步兵第 2 连队大队长、参谋本部员、第 12 师团参谋、参谋本部兵站
班长、航空本部员、陆军大学校教官、步兵第 51 连队长、参谋本部编制动员课长、航空本
部总务部部长、陆军省整备局局长、陆军省军务局局长、陆军次官、关东军参谋长兼特务部
部长、第 5 师团长、朝鲜军司令官、第 15 代拓务大臣、第 17 代拓务大臣、"满洲国"移住协
会理事长、朝鲜总督、首相等职。日本战败后被远东国际军事法庭判处无期徒刑。1950 年在
狱中病逝。

③ 东北财经委员会调查统计处编：《伪满时期东北厂矿基本资料·工厂篇之二·机械》，
1949 年版，第 107 页。

④ ［日］関口壽一：『满洲經済十年史』，興亞印刷株式會社，1942 年，第 304 页。

⑤ 高碕达之助（1885 年 2 月 7 日—1964 年 2 月 24 日），日本政治家、企业家，"满业"
的首任副总裁和第二任总裁。曾在岸信介内阁中担任经济产业大臣，在鸠山一郎内阁中担任
内阁府特命担当大臣。1962 年，高碕达之助访问北京，与中方代表廖承志签署了《中日长期
贸易综合协定》，互建联络处，开启了 LT 贸易，为发展中日贸易和增进中日友好做出重要贡
献。著有《满洲的终结》（［日］高碕達之助：『满洲の終焉』，实业之日本社，1953 年）。

设厂，并决定将主要设备疏散到各地方，避免集中损失。"[1] 这反映了在伪满末期"满飞"的发展遭遇一系列挫折。"满飞"下设五厂，沈阳总厂、沈阳特厂、哈尔滨一厂、哈尔滨二厂、公主岭厂，其中在"八一五"前沈阳厂有职工 4 813 人，公主岭厂有职工 2 150 人，哈尔滨厂有职工 4 935 人，合计达 11 898 人。[2] 在 1945 年其生产能力为高等练习机（低翼单叶全金属）每月 150 架、高等练习机（低翼单叶木金混用）50 架，八四重战斗机每月 50 架，八三甲型 450 马力发动机每月 250 台，八一二型 1 500 马力发动机每月 120 台。[3] 1945 年 1 月，"满飞"再次改名为"航空工厂"。[4] "满飞"作为垄断性的国策会社获利丰厚。在 1941 年"满飞"尚亏累计 126.4 万元，但到了 1942 年，不但弥补上历年亏空，反盈利达 575.4 万元之多。[5] 显然，这种暴利都是建立在对东北人民残酷剥削之上的。

"协和工业株式会社"。1937 年伊藤忠会社以 35 万元资本创立了这个公司，1938 年增资到 500 万元，主要股东为日本国内的"不二越钢材株式会社"。1939 年三度增资后，大股东则是"营口纺织株式会社"。[6] 该厂 1941 年有职工 889 人，1942 年有职工 725 人，1943 年有职

---

① 东北财经委员会调查统计处编：《伪满时期东北厂矿基本资料·工厂篇之二·机械》，1949 年版，第 107 页。

② 东北财经委员会调查统计处编：《伪满时期东北厂矿基本资料·工厂篇之二·机械》，1949 年版，第 107 页。

③ 东北财经委员会调查统计处编：《伪满时期东北厂矿基本资料·工厂篇之二·机械》，1949 年版，第 107 页。

④ ［日］满洲航空史話編纂委员会编：『満洲航空史話』，満洲航空史話編纂委员会發行，昭和 47 年，99 頁。

⑤ 东北财经委员会调查统计处编：《伪满时期东北厂矿基本资料·工厂篇之二·机械》，1949 年版，第 107 页。

⑥ 东北财经委员会调查统计处编：《伪满时期东北厂矿基本资料·工厂篇之二·机械》，1949 年版，第 109 页。

工 738 人。①

"合资会社满洲工作所"。1932 年 3 月由弓场长太郎创立。该厂 1940 年有职工 402 人，1941 年有职工 439 人，1945 年有职工 278 人。② 1945 年该厂生产 8 吨压路机 1 部，12 吨压路机 1 部，木制炭车 100 辆，水管式锅炉 3 部。③

其他的主要工厂还有"兴亚制作所"（创办于 1939 年 5 月 1 日，主要股东为金井谦明）、"兴亚金属工业株式会社"（创办于 1939 年 12 月 28 日，主要股东为森真三郎）、"旭螺子株式会社"（创办于 1943 年 2 月，主要股东为川西幸夫）等。事实上，在伪满后期，东北已经形成了一个以"满飞"为中心包括大批制造零件的工厂在内相对完整的航空工业体系。

三、日伪对东北航空工业的掠夺

伪满时期东北的航空工业成为日本掠夺的主要对象，这主要体现在以下两个方面。

（一）从产量上看，这些会社制造和维修了大量飞机。这些飞机和机器基本上和民用无关，从这个角度来看，生产和维修多少，就等同于掠夺多少。据"满铁"统计，在 1933 年，"满洲航空工厂"新造会社用机身 8 件，修理会社用机身 63 件，修理会社用发动机 133 件，完成会社用工厂整理作业 74 件；在 1934 年新造会社用机身 9 件，修理会社

① 东北财经委员会调查统计处编：《伪满时期东北厂矿基本资料·工厂篇之二·机械》，1949 年版，第 109 页。

② 东北财经委员会调查统计处编：《伪满时期东北厂矿基本资料·工厂篇之二·机械》，1949 年版，第 110 页。

③ 东北财经委员会调查统计处编：《伪满时期东北厂矿基本资料·工厂篇之二·机械》，1949 年版，第 110 页。

用机身 165 件，修理会社用发动机 203 件，完成会社用工厂整理作业 178 件；在 1935 年新造会社用机身 9 件，修理会社用机身 14 件，修理会社用发动机 96 件，完成会社用工厂整理作业 73 件；在 1936 年新造会社用机身 15 件，修理会社用机身 37 件，修理会社用发动机 162 件，完成会社用工厂整理作业 211 件；在 1937 年新造会社用机身 15 件，修理会社用机身 52 件，修理会社用发动机 201 件，完成会社用工厂整理作业 327 件，制造滑翔机 53 件。[1] 可见，"满洲航空工厂"从 1933 年至 1937 年维修和生产数量总体上呈上升趋势，且从 1937 年开始能够生产滑翔机，这也说明其技术水平有所提高。另据资料显示，从 1934 年至 1944 年，"满飞"生产了各种性能、各种用途的飞机 4 190 架。其中，小型客机 210 架，九四侦察机（复叶木金混用）300 架，九五战斗机（一叶半全金属）150 架，100 重型轰炸机（低翼单叶双发全金属）30 架，九七战斗机（低翼单发单叶全金属）2 000 架，高等练习机（单座）1 500 架。除上述已完成的整机外，1944 年还有高等练习机（复座，低翼单发单叶罩金属）1 000 架（未完成），高等练习机（复座，低翼单发单叶木金混用）20 架（未完成），八四重型战斗机（低翼单发单叶全金属）10 架。[2] 日本利用这些先进的飞机发动针对包括中国在内的对外侵略战争，给这些国家带来巨大的灾难。

（二）从流量和流向上看，这些飞机制造工厂主要为日军服务。沦陷时期东北的飞机制造业主要为日军、日伪政府及日系会社等服务。其中，"满洲航空工厂"在建立时明确其设立目的为：对于准予使用"满

---

① ［日］满铁调查部资料课编：『關係會社統計年報（昭和 12 年度）』，南满洲铁道株式會社发行，昭和 14 年，第 578—579 页。

② 东北财经委员会调查统计处编：《伪满时期东北厂矿基本资料·工厂篇之二·机械》，1949 年版，第 107 页。

洲国"内航线的飞机、发动机及其他航空器材的制造和修理；关东军的飞机、发动机和航空器材的修理。① 可见，为日军服务是"满洲航空工厂"的主要职能。"协和工业株式会社"在1938年开工后专门为日军修造兵器，1940年以后兼给"满飞"制造机体零件，并给"奉天造兵所"制造军火，从1941年至1945年，共盈利331 612元。② "合资会社满洲工作所"从1935年起，主要为"满飞"包做零件。③ "兴亚金属工业株式会社"，是"满飞"与"满洲电线株式会社"及"日本关东军满洲第237部队"的"协力工厂"之一，专为"满飞"及日军做各种军械零件，原料均由"满飞"统筹支给。④ "兴亚制作所"在九一八事变之后被日本关东军指定为制造军火的工厂，供应日军弹药，并制造飞机零件等。⑤ 至于伪满时期究竟有多少飞机被直接交给日本军队，目前缺乏确切数据，且这作为军事机密也难于掌握。尽管如此，从战后日本战犯的供述中亦可窥其一二。据古海忠之供认："满洲飞机制造会社"（即"满飞"，笔者注）从日本领到一半以上的飞机零件，制造能坐2个人的练习机，每月能出产100架，全部交给日本陆军。伪满洲国从1937年至1945年8月对日援助飞机约4 000架，还有机关枪、步枪和

① ［日］满洲航空史话编纂委员会编：『满洲航空史话』，满洲航空史话编纂委员会发行，昭和47年，第96页。

② 东北财经委员会调查统计处编：《伪满时期东北厂矿基本资料·工厂篇之二·机械》，1949年版，第109页。

③ 东北财经委员会调查统计处编：《伪满时期东北厂矿基本资料·工厂篇之二·机械》，1949年版，第110页。

④ 东北财经委员会调查统计处编：《伪满时期东北厂矿基本资料·工厂篇之二·机械》，1949年版，第111页。

⑤ 东北财经委员会调查统计处编：《伪满时期东北厂矿基本资料·工厂篇之二·机械》，1949年版，第112页。

高射炮。① 总之，伪满为日本提供的飞机数量不在少数。

由以上可知，航空工业作为新兴工业，在中国东北发展比较早，且由于张氏父子的重视和支持，在九一八事变前已初具规模。日本侵占东北后，在吞并原奉系东北航空工厂的基础上加速扩张，逐渐形成了以"满洲航空工厂"（后为"满飞"）为中心的，包括"协和工业株式会社""合资会社满洲工作所"等在内的 60 余家会社共同构成的东北航空工业体系。这一工业体系生产了大量飞机及飞机零部件，为日本发动的对外侵略战争提供了大量紧缺的战略物资，耗费了中国大量的资源，给中国人民带来深重灾难。

---

① 中国档案馆、中国第二历史档案馆、吉林省社会科学院合编：《日本帝国主义侵华档案资料选编·东北经济掠夺》，中华书局 1991 年版，第 298—299 页。

第七章 伪满洲国殖民地工业
体系的特点、终结及影响

第一节 伪满洲国殖民地工业体系的特点

伪满洲国工业体系是在日本全面侵略中国东北的情况下建立的，先天不足、后天发育不全等因素造成伪满洲国工业体系一些独有的特点，即地区发展极不平衡、日本资本居于绝对垄断地位、对资源和环境造成极大破坏等。

一、地区发展极不平衡

伪满洲国的工业主要集中于辽宁省，尤其是沈阳、大连和旅顺等地。1940年各省市各类工业分布状况详见下表7-1①。由此可知，辽宁省工厂数最多，在各个工业门类中占52.5%，又主要集中于沈阳、大连和旅顺等地。其次是吉林省，再次是黑龙江省，热河省的工业则最为落后，仅占3.1%。而关于1940年各省市各类工厂的生产额及其百分比

①　东北财经委员会调查统计处编：《伪满时期东北经济统计（1931—1945年）》，1949年版，(2)—16、(2)—17。

表7-1 各省市各类工业分布状况表

		沈阳市	抚顺市	鞍山市	本溪市	辽东市	辽西市	吉林省	黑龙江省	松江省	热河省	原关东州	原兴安省	合计
发电业	工厂数	1	1	1	3	8	4	16	16	27	8	4	5	89
	百分数	1.1	1.1	1.1	3.4	9.0	4.5	18.0	18.0	30.3	9.0	4.5	—	100.0
煤气工业	工厂数	1	1	2	1	1	1	1	—	—	—	1	—	9
	百分数	11.0	11.0	22.0	11.0	11.0	11.0	11.0	—	—	—	11.0	—	100.0
金属工业	工厂数	222	18	32	5	89	86	166	80	185	68	163	10	1 114
	百分数	19.9	1.6	2.9	0.5	8.0	7.7	14.9	7.2	16.6	6.1	14.6	—	100.0
机械工业	工厂数	215	33	27	4	106	51	160	103	268	10	239	15	1 216
	百分数	17.7	2.7	2.2	0.3	8.7	4.2	13.2	8.5	22.0	0.8	19.7	—	100.0
化学工业	工厂数	174	36	7	10	344	206	180	324	396	22	109	34	1 808
	百分数	9.6	2.0	0.4	0.6	19.0	11.4	10.0	17.9	21.9	1.2	6.0	—	100.0
窑业	工厂数	145	24	27	13	210	60	281	161	248	22	154	16	1 345
	百分数	10.8	1.8	2.0	1.0	15.6	4.5	20.9	12.0	18.4	1.6	11.4	—	100.0
制材工业	工厂数	149	7	3	3	168	116	202	132	197	30	105	26	1 112
	百分数	13.4	0.6	0.3	0.3	15.1	10.4	18.2	11.9	17.7	2.7	9.4	—	100.0
纺织工业	工厂数	283	3	2	2	944	73	165	25	195	15	89	5	1 796
	百分数	15.8	0.2	0.1	0.1	52.6	4.1	9.2	1.4	10.8	0.8	4.9	—	100.0
食品工业	工厂数	227	40	27	32	304	253	456	348	556	172	218	118	2 633
	百分数	8.6	1.5	1.1	1.2	11.5	9.6	17.3	13.2	21.1	6.6	8.3	—	100.0

续表

		沈阳市	抚顺市	鞍山市	本溪市	辽东市	辽西市	吉林省	黑龙江省	松江省	热河省	原关东州	原兴安省	合计
印刷装订业	工厂数	101	10	7	1	77	46	86	34	100	9	106	9	577
	百分数	17.5	1.7	1.2	0.2	13.3	8.0	14.9	5.9	17.3	1.6	18.4	—	100.0
杂工业	工厂数	396	13	2	3	287	211	324	113	646	73	186	57	2 254
	百分数	17.6	0.6	0.1	0.1	12.7	9.4	14.4	5.0	28.7	3.2	8.2	—	100.0
合计	工厂数	1 914	186	137	77	2 538	1 107	2 037	1 336	2 818	429	1 374	295	13 953
	百分数	13.7	1.3	1.0	0.6	18.2	7.9	14.6	9.6	20.2	3.1	9.8	—	100.0

注：表7-1和表7-2系根据《1940年度满洲国工场统计》《1940年度满洲国工场名簿》《1941年度关东州工业统计》合并而成，故数字略有出入。

详见下表 7 - 2^①。显然，从生产额上更能反映出各地的发展水平。辽宁省生产额约占 78.5%，其中又尤以沈阳、鞍山和旅大地区产量较高，热河省仅为 0.4%。这一方面说明沈阳、鞍山、旅大等辽宁地区重工业发达，产业化程度较高；另一方面也说明东北其他地区如吉林省、黑龙江省虽然工厂数量较多，但多为小作坊、铁匠炉等，规模小，产量低。

　　之所以出现以上情况，和之前东北工业的发展布局有一定关系。在"两张"时代，奉天的工业就比较发达。张氏父子尤其重视军火工业的发展，建立了一批在当时国内首屈一指的工厂。其中东三省兵工厂规模之大，设备之精良为国内军工业之翘楚。在最初几年中每年耗费 2 000 多万元，至 1930 年底有职工（包括外国人）10 620 人，其中工人 8 050 人。^② 东北迫击炮厂占地 50 多亩，全厂 990 人。1929 年 2 月，迫击炮厂又拨款 4.3 万元（大洋）建立了辽宁民生工厂，后又增资 70 万元（大洋），并从美国引进汽车配件用于试制汽车。^③ 东北航空工厂规模亦很大，能够制造飞机的主要部件 23 种。其他工业在张氏父子的扶植下也有了初步发展。在旅大地区，日本自日俄战争后就开始经营。其中规模比较大的工厂有"满铁沙河口工厂""满洲船渠会社""大连机械制造所""进和商会制铁工厂""中村铁工所""大连铁工所""西森造船所""小野田水泥株式会社大连工场""南满洲电气株式会社"等。而当时民族工业的代表——顺兴铁工厂规模宏大，甚至与"满铁沙河口工厂"、川崎造船所鼎立为大连三大工厂。^④ 此外，本溪湖煤矿和鞍山制

---

　　① 东北财经委员会调查统计处编：《伪满时期东北经济统计（1931—1945 年）》，1949 年版，（2）—18、（2）—19。

　　② 张福全：《辽宁近代经济史（1840—1949）》，中国财政经济出版社 1989 年版，第 132 页。

　　③ 张福全：《辽宁近代经济史（1840—1949）》，中国财政经济出版社 1989 年版，第 134 页。

　　④ 傅立鱼：《大连要览》，泰东日报社 1918 年版，第 87 页。

表7-2　1940年各省省市各类工业工厂的生产额及其百分数

（生产额单位：千元）

		沈阳市	抚顺市	鞍山市	本溪市	辽东市	辽西市	吉林省	黑龙江省	松江省	热河省	原关东州	原兴安省	合计
发电业	生产额	—	15 477	2 534	1 606	2 165	3 928	3 248	452	2 674	259	6 454	166	38 797
	百分数	—	39.9	6.5	4.1	5.6	10.1	8.4	1.2	6.9	0.7	16.6	—	100.0
煤气工业	生产额	1 223	2 230	22 383	2 152	278	112	1 196	—	—	—	4 082	—	33 656
	百分数	3.6	6.6	66.5	6.4	0.8	0.3	3.6	—	—	—	12.2	—	100.0
金属工业	生产额	70 018	26 921	359 196	13 380	3 645	1 625	11 127	1 349	7 606	733	38 615	139	534 215
	百分数	13.1	5.0	67.3	2.5	0.7	0.3	2.1	0.3	1.4	0.1	7.2	—	100.0
机械工业	生产额	92 008	6 681	9 379	2 761	4 850	8 149	4 240	1 078	9 660	159	105 648	187	244 613
	百分数	37.6	2.7	3.8	1.2	2.0	3.3	1.7	0.4	4.0	0.1	43.2	—	100.0
化学工业	生产额	55 112	18 538	68 736	8 932	53 020	15 345	26 069	16 167	36 077	401	175 518	2 249	473 915
	百分数	11.6	3.9	14.5	1.9	11.2	3.3	5.5	3.4	7.6	0.1	37.0	—	100.0
窑业	生产额	20 379	7 160	10 763	7 484	29 355	4 065	23 954	1 605	12 184	292	25 707	350	142 948
	百分数	14.3	5.0	7.5	5.2	20.5	2.9	16.8	1.1	8.5	0.2	18.0	—	100.0
制材工业	生产额	23 102	3 684	312	218	7 786	2 819	25 414	4 099	13 883	263	7 685	1 312	89 265
	百分数	25.9	4.1	0.4	0.2	8.7	3.1	28.5	4.6	15.6	0.3	8.6	—	100.0
纺织工业	生产额	72 654	60	52	24	95 238	15 231	11 159	1 773	17 436	225	49 861	53	263 713
	百分数	27.6	—	—	—	36.1	5.8	4.2	0.7	6.6	0.1	18.9	—	100.0

续表

		沈阳市	抚顺市	鞍山市	本溪市	辽东市	辽西市	吉林省	黑龙江省	松江省	热河省	原关东洲	原兴安省	合计
食品工业	生产额	76 687	3 428	1 360	2 704	29 809	41 929	55 234	40 536	99 794	6 908	41 062	17 846	399 451
	百分数	19.2	0.9	0.3	0.7	7.5	10.5	13.8	10.2	25.0	1.7	10.2	—	100.0
印刷装订业	生产额	18 049	366	645	216	5 223	1 183	18 396	1 148	7 316	217	7 988	226	60 747
	百分数	29.7	0.6	1.1	0.4	8.6	1.9	30.3	1.9	12.0	0.4	13.1	—	100.0
杂工业	生产额	99 123	336	31	68	38 548	6 012	40 960	3 728	35 967	1 485	21 865	1 242	248 123
	百分数	40.0	0.1	—	—	15.6	2.4	16.5	1.5	14.5	0.6	8.8	—	100.0
合计	生产额	528 355	84 881	475 391	39 545	269 917	100 397	220 998	71 935	242 597	10 942	481 485	23 770	2 529 443
	百分数	20.9	3.4	18.8	1.6	10.7	3.9	8.7	2.8	9.6	0.4	19.2	—	100.0

铁所等亦为当时主要的煤铁企业。可见，在"两张"时期，辽宁地区已经成为东北最发达的工业地区。

伪满成立以后，在原有的工业基础之上日伪当局更加重视对辽宁地区的投资，又建立了一批新的工矿企业。其中规模较大的有"满洲工作机械株式会社""株式会社满洲工厂""满洲自动车制造株式会社""小野田水泥制造株式会社鞍山工场""抚顺水泥株式会社抚顺工场""满洲水泥制造株式会社辽阳工场""昭和制钢所""满洲化学工业株式会社"等，同时加紧对该地区矿产资源的"开发"，这造成辽宁地区同东北其他地区的工业差距进一步拉大。显然，这不利于东北后续的经济发展。即使在中华人民共和国成立以后，辽宁地区的工业产量亦远远高于其他地区，只是后来由于政府的调控，各地区间的工业差距才得以缩小。

二、日本资本居于绝对垄断地位

在伪满洲国的工业体系中，日本资本居于绝对垄断地位，民族资本处于从属地位，且濒于消亡。以普通机械工业为例，公称资本在20万元以上的机械工业工厂，绝大多数为日资工厂。其中农业机械、车辆及造船、电器、一般机械等为日本垄断的行业，而中国的民族机械工业主要是一些铁匠炉和铁工厂，规模小、资金少、技术差，且在日资企业的挤压下濒于破产。再以煤炭工业为例，东北的煤炭工业主要由"满铁""满炭"两家垄断，"满铁"为日本资本，"满炭"为伪满洲国政府与"满铁"各出资一半而建，实际上也是日本所控制。另以水泥工业为例，在伪满成立以前，东北主要是小野田水泥株式会社大连工场一家大厂。伪满建立以后，先后建立13家水泥工厂，均为日本私人财团资本或伪满政府资本，并无东北民族资本参与。此外，在电力工业中，在"两张"时期，东北有部分官办和民办的电力工业。但伪满建立以后，日本建立了"满洲电业株式会社"，并逐渐吞并东北各地的发电厂，后期甚至将钢铁、水泥、纸浆等工业部门的自备发电厂也并入其中，实现了对东北电力工业的全面控制。以上只是对东北工业的个案说明。从全局上看，日本在九一八事变前，约占外人在东北投资总额的72.3%。1931年3月，日本在东北（所谓"满蒙"）投资达14亿日元，占日本对华投资总额的60%。[①] 日本虽在外资中占据首位，但并未达到垄断地位。九一八事变后，日本资本在东北急剧膨胀，迅速控制整个东北的经济命脉。从整个东北工业中各类资本所占份额来看，1945年的情况见下表7-3[②]。可知，在工业中，日本私人资本占多数，伪满政府资本次之。后者在很大程度上又为日本所控制，可以看作是日本资本的延伸。在工业中，日资及日本控制下的资本占99.5%，民族资本仅占0.5%，在矿业中甚至为零。另外，从工矿业私人资本中民族资本和日本资本所占比重来看（详见下表7-4[③]），中国私人资本在工业中仅占4.2%；在消费资料领域，即轻工业领域比重稍高，为14.5%；在生产资料领域，即重工业领域比重很低，仅为1.2%。这说明日本资本对重工业的控制要高于轻工业。另外在矿业部门中，中国私人资本也很少涉足。

表7-3　1945年6月在特殊、准特殊公司资本中，伪满政府、

日本政府、日本私人资本、民族资本投资额的比重

（单位：千元）

种类 产业别	伪满政府	日本政府	日本私人资本	民族资本	合计
工业	489 899	31 702	796 097	7 152	1 324 850

---

① 孔经纬：《伪满时期的东北经济状况》，《社会科学辑刊》1979年第4期，第75页。

② 东北财经委员会调查统计处编：《伪满时期东北经济统计（1931—1945年）》，1949年版，（1）—19。

③ 东北财经委员会调查统计处编：《伪满时期东北经济统计（1931—1945年）》，1949年版，（1）—20。

续表

种类\产业别	伪满政府	日本政府	日本私人资本	民族资本	合计
百分数	37.0	2.4	60.1	0.5	100.0
矿业	102 000	—	524 700	—	626 700
百分数	16.3	—	83.7	—	100.0
交通业	128 750	825 000	882 700	3 834	1 840 284
百分数	7.0	44.8	48.0	0.2	100.0
实缴资本总额	720 649	856 702	2 203 497	10 986	3 791 834
百分数	19.0	22.6	58.1	0.3	100.0

表7-4　1943年在有关工、矿、交通的私人资本中民族资本、

日本资本所占的比重

（单位：百万元）

种类\产业别	私人资本		中国私人资本		日本私人资本	
	实缴资本额	百分数	实缴资本额	百分数	实缴资本额	百分数
工业	1 615	100.0	67	4.2	1 548	95.8
生产资料	1 254	100.0	15	1.2	1 239	93.8
消费资料	361	100.0	52	14.5	309	85.5
矿业	731	100.0	3	0.4	728	99.6
交通业	128	100.0	5	3.7	123	96.3
合计	2 474	100.0	75	3.0	2 399	96.3

　　出现以上情况主要源于以下几点原因：首先，重工业对技术和资金的要求要高于轻工业和农业，这无形中让大部分实力薄弱的民族资本望而却步。而且由于九一八事变后，民族资本受到日本资本和伪满当局的严重挤压，发展举步维艰，因此很难有足够实力来投资重工业。在"两张"时期，由于东北当局的支持，军阀资本建立了一批重工业企业，但是随着"两张"政权的瓦解，这些企业多被日本没收或强占，东北原

有的官营资本不复存在。其次，重工业是东北经济建设和发展的核心组成部分，控制了东北的重工业就等于抓住了东北经济的命脉，这符合日本吞并中国东北的总目标，因此，日本重视对东北重工业的控制。伪满建立不久，日本就在东北通过"一业一会社"制度进行垄断经营，以达到统制每个行业的目的。在此政策下，日本竭力排斥民族资本，从而保证其对东北重要产业和事业的控制和垄断。最后，重工业和军工业关系密切。无论是机械工业、钢铁工业、石油工业，还是电力工业等，都与战时军工业密切相关。日本自明治维新后，军国主义膨胀，常年对外用兵，对于和军工业相关的重工业必然严格控制，这也是保证东北作为日本兵站基地的重要前提。

三、对资源和环境造成极大破坏

伪满时期，日伪政府所实施的杀鸡取卵式的战时经济政策成为后来东北经济发展的桎梏之一。其中对资源的破坏主要体现在两个方面：一是对东北资源的疯狂开采不利于后续的资源开发。日本为了攫取更多的战争资源，根本不考虑东北资源的合理开发、利用保护等要素，甚至竭泽而渔。古海忠之战后曾供认：对抚顺煤，每年强行破坏性的采掘，特别是露天煤矿来不及剥离表面，适当的倾斜度 12 度，恶化到 18 度，走上了逐年减产的道路。[①] 这种掠夺性的开采造成采剥比率失调，以致产量锐减。这也为后来东北煤炭的开采带来困难。而且由于日本的野蛮开采，只追求产量，不顾及中国工人的死活，导致塌方、瓦斯爆炸事件频仍。1933 年至 1945 年抚顺煤矿部分伤亡事故见下表 7 - 5[②]。这仅是抚

---

① 中央档案馆、中国第二历史档案馆、吉林省社会科学院合编：《日本帝国主义侵华档案资料选编·东北经济掠夺》，中华书局 1991 年版，第 350 页。

② 解学诗主编：《满铁史资料·煤铁篇》，中华书局 1987 年版，第 612—614 页。

顺煤矿的灾害情况，其他各类矿山也经常发生此类事件。这些矿山在事故后有的需要花费大量资金进行重新清理，有的只能封存放弃使用。这给后续的开采带来很大困难。在阜新，日本奉行"人肉开采政策"，宁可死人也要出煤。"那时，他们是哪里煤层厚，就到哪里去采，回采率不到30％，造成煤炭资源的极大浪费，也给以后建井采煤带来许多隐患。"[1]

表 7－5　1933—1945 年抚顺煤矿部分伤亡事故状况表

年月日	场所	原因	事故概况	伤亡
1933.12.20	东乡矿	井下火灾	西部第 10 卷扬机坑道，第 3 水平巷道 2 号巷道，因火灾造成瓦斯中毒	中国工人死亡 14 人
1934.5.10	新屯矿	瓦斯爆炸	在中部人车通行坑道，第 14 水平巷道处，发生爆炸	中国工人死亡 24 名，负伤 13 名
1935.4.10	万达屋矿	瓦斯爆炸	东部小卷扬机坑道第 14 水平巷道附近发生爆炸	日本人死亡 2 名，负伤 7 名；中国工人死亡 10 名，负伤 32 名
1936.1.27	新屯矿	瓦斯爆炸	在西部露头的第 2 水平巷道发生爆炸	中国工人死亡 4 名，负伤 9 名
1936.5.29	东乡矿	瓦斯燃烧	西部第 8 卷扬机斜巷内，发生燃烧	中国工人死亡 9 名，负伤 16 名
1936.9.10	龙凤竖井	瓦斯燃烧	第 1 主斜巷道内的 0 号水平巷道内发生燃烧	中国工人死亡 5 名，负伤 21 名
1936.10.31	东乡矿	瓦斯燃烧	在东部第 12 卷扬机巷道内的西侧第 8 水平巷道 14 号水平掌子处发生燃烧	中国工人死亡 6 名，负伤 12 名

---

[1]　邱新野：《阜新能源基地建设回忆录》，载辽宁省政协学习宣传和文史委员会编：《辽宁文史资料精萃　经济·文化·教育》，辽宁人民出版社 1999 年版，第 270 页。

续表

年月日	场所	原因	事故概况	伤亡
1936.11.14	新屯矿	井下火灾	中部副坑道内第2水平巷道第3巷道，常盘层第2地段处，电缆燃烧成灾	日本人死亡1名；中国工人死亡12名
1937.10.15	老虎台矿	瓦斯爆炸	第28水平巷道第8斜卷内，电缆短路引起爆炸	中国工人死亡15名，负伤25名；日本人负伤3名
1938.9.20	老虎台矿	瓦斯爆炸	大斜井东部排气10路一水平处	中国工人死亡2名，负伤16名
1939.4.26	龙凤矿	瓦斯爆炸		日本人死亡6名，负伤5名；中国工人死亡64名，负伤65名
1939.5.29	烟台矿	瓦斯燃烧	第6斜井第5水平道上中接层掌子	中国工人死亡7名，负伤7名
1939.12.16	东乡矿	瓦斯燃烧	在东部零号卷扬机坑道，第11水平巷道2号掌子，自然发火	日本人死亡1名，负伤4名；中国工人死亡2名，负伤9名
1940.4.29	龙凤矿	瓦斯爆炸	第五本部21路5009号掌子发生爆炸	中国工人死亡80余名，负伤150余名
1940.5.23	万达屋矿	瓦斯燃烧	东斜井16路三道盘发生爆炸	中国工人死亡32名，负伤20名
1940.6.27至6.30	万达屋矿	瓦斯爆炸	东斜井，前后7次周期性瓦斯爆炸	日本人死亡6名，负伤3名；中国工人死亡30名，负伤20名
1943.1.8	老虎台矿	瓦斯爆炸	在一330米西第4水平43号大掌子发生爆炸	中国工人死亡15名，负伤10名
1943.8.25	龙凤矿	瓦斯爆炸	第6主斜巷道西侧零号水平巷道掌子发生爆炸	中国工人死亡27名，负伤49名
1943.9.15	烟台矿	瓦斯爆炸	第7斜井排气巷道内发生爆炸	日本人2名，中国工人11名生死不明

续表

年月日	场所	原因	事故概况	伤亡
1943.9.27	东乡矿	瓦斯燃烧		中日人员共负伤3名
1944.3.11	老虎台矿	瓦斯燃烧	西侧下部第30水平巷道，第8平巷，第3斜巷倾斜处	中国工人负伤3名
1944.3.21	龙凤矿	瓦斯燃烧	第2斜井内右侧7水平巷道第3逆倾斜巷内	中国工人负伤3名
1944.4.2	烟台矿	瓦斯燃烧	第6主斜巷道，0号水平巷道，第3采煤班的上1平巷排气巷道内	中国工人死亡1名，负伤5名
1944.9.26	大山矿	瓦斯燃烧	东部第2主坑第10水平巷道西侧撄层撑子，预备第3号斜巷内	中国工人负伤3名
1945.1.18	蛟河矿	顶板坠落	中岗矿，第1盘斜井主坑左侧第5水平巷道，16605号撑子	中国工人死亡6名
1945.1.25	老虎台矿	瓦斯爆炸	东部一330第4平巷与第5平巷间朝日层掌子	日本人死亡1名；中国工人死亡10名，负伤3名

注：此表系根据搜集到的文字资料编制，另外有些资料记载不详，未编入。

二是对东北资源的大量消耗和对日输出造成东北资源的大量减少。整个伪满时期，日本一直处于对外侵略扩张状态，战争资源消耗巨大。在这些资源当中，很大一部分属于不可再生资源，尤其是各种矿产资源，对它们的消耗阻碍了东北经济后续的开发。以煤炭工业为例，伪满时期的煤炭主要供应给关东军、伪满政府、日本会社及各种产业，用于民需量极少，而且还有大量煤炭被直接输往日本。其中1937年对日煤炭输出 191.2 万吨，对外煤炭输出总量 260.6 万吨，[①] 对日输出量占对外输出煤总量的 73.37%；1940 年对日煤炭输出 76.2 万吨，对外煤炭输出总量 105 万吨，对日输出量占对外输出煤总量的 72.57%。[②] 显然这些煤炭都在日本被消耗掉了，客观上成为日本发动对外战争的物质基础。在阜新，"在长达近 40 年的时间里，日本对阜新煤田进行了'地毯式的'调查和涸泽而渔式的掠采，先后成立了新邱、孙家湾、平安、高德、五龙、太平、八道壕和城南等 8 个采矿所，共掠夺煤矿资源 2500 多万吨。这为后来阜新成为资源枯竭型城市埋下了隐患"[③]。另如钢铁工业，伪满生产的钢铁产品除就地使用外，还有大量被输往日本。其中昭和制钢所 1933 年输往日本的生铁数量占其生产总量的 83%，1937 年占 64.6%，1942 年占 38.5%，1943 年上半年占 26.2%。[④] 后期主要是由于伪满自身需求量增加和交通运输日益困难导致对日输出量明显减少。再以有色金属矿业为例，东北生产的铅、锌、钼、镁、铝、黄金、白金等亦被大量输往日本。这些矿产资源在日本被用于制造机器、武器等，以备战争之需。正是由于这些资源是不可再生的，总量是不变的，随着开采的继续，它们的存量在不断减少。在正常情况下，对这些矿产资源的开发和使用应该对当地的经济发展起到促进作用，但在伪满时期，这些资源却被战争白白地消耗掉，或被强行输往日本。这造成东北后来能够进行产业开发的资源大量减少，破坏了东北经济后续的发展。

在东北环境方面，以煤炭开采为例，当时日本以提高产量为第一要

---

① 东北财经委员会调查统计处编：《伪满时期东北经济统计（1931—1945 年）》，1949 年版，（3）—72。

② 东北财经委员会调查统计处编：《伪满时期东北经济统计（1931—1945 年）》，1949 年版，（3）—72。

③ 杨津涛：《抚顺标准煤喂饱日本兵工厂》，《中国国家地理》2015 年第 9 期，第 54 页。

④ 解学诗主编：《满铁史资料·煤铁篇》第四分册，中华书局 1987 年版，第 1509 页。

务，无视对东北环境的破坏。在 1926 年，抚顺王纶如等呈奉天省长公署文中表示："窃日人在千金寨采砂，订约矿区北至浑河为界，孰知其日肆贪心，乘时局之隙，坚将浑河靠南岸边流水处，运土高垫，逼水北滚，复以其挖砂机械迁移河北，侵挖北岸沙土引水北流，岂知北岸尚有县城村会纳粮公地，并有多户民田均被河水冲没。"① 可见，日本只顾采矿和掠夺中国土地，根本无视中国人良田被淹，导致国人损失惨重。1928 年 7 月 4 日，在奉天交涉员高清和致"满铁"奉天公所长镰田弥助函中表示："千金寨全市均因之下陷，少则三、四尺，多则丈余，所有县街各机关及商民房屋均被塌陷，万难再用。现在〔水〕势仍未少减，虽经设法排泄，然亦无济于事。至下陷原因，委由日本抚顺炭矿采矿所致。"② 1929 年 3 月，抚顺炭矿认为搭连采矿所使用的坑道采煤不方便，便在搭连电车站西面约 350 米处开凿新坑道。该处为中国村民的居住区，故遭到中国村民的强烈抵制。"而炭矿当局不顾村民的强烈反对强行施工，由此造成居民宅地陷落。"③ 此后，当地居民还和煤矿方面人员发生冲突。可知，由于日本大肆开采东北的煤炭资源，改变了东北的地质结构，且由于没有进行有效填充，造成部分地区塌陷，民众的生存环境遭到严重威胁和破坏，因而引发了民众的抵制和反抗。日本统治东北期间还对森林资源滥砍滥伐。其中仅在 1936 年至 1938 年三年间各伪营林署就生产各种木材 653 万平方米。④ 至于成林抚育采伐，防治森林病虫害等工作基本没有进行。这一时期森林的大量砍伐造成生态环

---

① 解学诗主编：《满铁史资料·煤铁篇》第一分册，中华书局 1987 年版，第 220—221 页。

② 解学诗主编：《满铁史资料·煤铁篇》第一分册，中华书局 1987 年版，第 223 页。

③ 傅波、曹德全主编：《抚顺编年史》，辽宁民族出版社 2004 年版，第 361 页。

④ 吉林市林业局《林业志》办公室：《伪满时期东北林业史料译编》第一集，1986 年版，第 146 页。

境的严重破坏，不利于后来的经济发展。

此外，水电站的修建也在一定程度上破坏了当地的生态环境。兴修水利工程本是造福后世之举，但日伪政府从掠夺东北资源的角度出发，强迫大量劳工修建水库，强占当地居民土地，并破坏了许多重要物种的栖息地，给东北地区带来灾难。在吉林市，为了修建丰满水电站，日本往往强占中国人的土地。吉林农民刁歧山曾控诉："丰满大坝于1937年开工。在这之前，日本人就到丰满进行勘探，强占土地。我们家当时有几亩地被他们占去了，一文钱也没给。我们当地有不少农民都因无活可干，被迫当了劳工。"① 可见，水电站的修建往往夺走了当地人赖以生存的耕地，使其生活陷入困境。不仅如此，水电站的修建还破坏了当地部分物种的生存环境。1942年，丰满水电站开始蓄水，坝下的水位涨落因受到人为控制，造成水文条件的明显变化，进而影响到当地的渔业生产。特别严重的是大坝阻断了洄游性鱼类的洄游路线，导致大马哈鱼因不能进入大坝以上的产卵区而绝迹。② 事实上，日本在东北兴修水利设施主要是为其掠夺和侵略东北服务的。至于中国人是否受益，以及对环境有何影响并非其考虑范畴。因此，当日本注意到东北丰富的水力资源时便匆匆兴建水利设施，并未对环境等问题进行充分论证，因而造成上述破坏也就不足为奇了。

---

① 刁歧山等：《丰满劳工的血泪控诉》，载孙邦主编：《伪满史料丛书·经济掠夺》，吉林人民出版社1993年版，第491页。

② 范立君：《近代松花江流域经济开发与生态环境变迁》，中国社会科学出版社2013年版，第173—174页。

第二节　伪满洲国殖民地工业
体系的终结

至伪满末期，伪满洲国殖民地工业体系经历了濒于瓦解直至终结的过程，而它的长期存在对东北当世及后世均产生重大影响。

一、伪满洲国工业体系濒于瓦解

至伪满末期，东北殖民地工业体系已濒临崩溃边缘。战争与剥削造成东北地区生产力与生产关系之间出现严重扭曲，最终加速整个殖民地工业体系的崩溃。具体而言，主要存在以下几个方面的矛盾。

首先，供需矛盾。至伪满末期，普通民众的生活必需品严重缺乏。不仅粮食、衣物等短缺，和民众生活息息相关的日常用品亦严重不足。由于"金属强制回收"运动的推行，人们日常生活使用的铁门、炉子、铜锅、铜盆等金属用品必须上交。冬季城市居民使用的煤炭严重短缺，平野岭夫对此供认，"满炭"生产的煤全部为关东军所用，只有很少一部分供给一般民需。[①] 城市中停电断电现象严重。至于水泥，民需由1939 年占总量的 18% 降至 1943 年的 2%，次年亦 33%。[②] 尽管需求量巨大，但供应严重不足。为了延续统治，伪满政府实行粮食及其他生活必需品的配给制，名义上说是照顾各民族的生活方式，实际上是以日本

---

① 平野岭夫：《河本大作与满炭》，载孙邦主编：《伪满史料丛书·经济掠夺》，吉林人民出版社 1993 年版，第 349 页。河本大作为关东军高级参谋，曾任"满洲炭矿株式会社"理事长，平野岭夫为其妻弟。

② 东北物资调节委员会研究组编：《东北经济小丛书·水泥》，中国文化服务社沈阳印刷所 1947 年版，第 98—99 页。

人为中心的配给制，一切以对日本人的供应为主。至伪满后期，普通中国民众都挣扎在死亡线上。

其次，市场需求与统制经济之间的矛盾。市场需求是指一定的顾客在一定的地区、一定的时间、一定的市场营销环境和一定的市场营销计划下，对某种商品或服务愿意而且能够购买的数量。市场需求是消费者需求的总和。在伪满时期，由于广大东北民众占人口的绝大多数，因此，它主要反映了广大民众对物资产品的需求。但当时东北的工业生产并不以东北人民的市场需求为出发点，更多的是围绕满足日本对外战争和日本国内的需要而展开。为此，日本在伪满洲国实行统制经济。它先后颁布了《满洲国经济建设纲要》《日满经济统制方策要纲》《重要产业统制法》《总动员法》《钢铁类统制法》《物价及物资统制法》《日满华经济建设纲要》《价格等临时措置法》《劳动统制法修正案》《产业统制法》《满洲国基本国策大纲》等，强化了战时体制，使伪满洲国进入非常时期，其各项政策都集中到紧急增产战时物资，满足日本侵略战争的需要。显然，此种统制经济与广大东北人民的市场需求间存在巨大矛盾，但日本政府通过强制手段推行统制经济，无视广大民众的生活需求，严重违背市场规律，使广大东北人民陷于水深火热之中，也使整个伪满工业体系陷入不健康的恶性循环状态之中。

最后，生产要素与产品之间的矛盾。生产要素，指进行社会生产经营活动时所需要的各种社会资源，是维系国民经济运行及市场主体生产经营过程中所必须具备的基本因素。伪满时期的生产要素主要包括资金、劳动力、产品原料、生产设备、生产场地等。至伪满后期，这些生产要素均处于紧缺状态。其中在资金方面，日本为扩大生产以获取更多的战略物资，先后进行两次"产业开发五年计划"，急需投入巨额资金。由于资金不足，不得不大规模发行货币，而东北工业品的生产却严重滞后，最终导致出现恶性通货膨胀。1945 年 6 月，"新京"的物价指数是 1941 年 12 月，即太平洋战争爆发时的 26 倍，奉天是 30 倍，哈尔滨是 21 倍。① 显然，通货膨胀是资金不足的表现之一，也是伪满经济濒于崩溃的征兆。在劳动力方面，日本为了提高产品产量急需大量劳动力，为此建立"国民皆劳"的新体制。其实质为强制实行全民劳工化，将整个伪满洲国变为日本的劳动营，包括妇女、儿童在内全体东北人民都沦为日本的战争奴隶。其采取的方式主要有：推行"勤劳奉公"制度，加强对社会各阶层的劳务奴役，摊派及抓捕劳工等。尽管如此，由于日伪当局采取高压统治及"人肉开采"等政策，导致东北劳动力死亡率高、流动性强，进而造成伪满洲国劳动力严重不足，生产自然受到影响。在产品原料方面，整个伪满时期，日本一直处于对外侵略扩张状态，战争资源消耗巨大。为了攫取更多的战争资源，日本根本不考虑东北资源的合理开发、利用保护等要素，甚至竭泽而渔。至伪满末期，大部分产品原料均处于紧缺状态，进而影响整个生产的进行。此外，生产设备、生产场地等亦出现不足。作为提供生产设备的伪满机械工业日渐萎缩，产量下滑。而海上交通线的封锁导致从日本本土获取机械设备变得日益困难。尤其是 1944 年 7、8 月份"南满"重工业区连遭美机轰炸，设备、厂房损失无数。这些都导致伪满工业生产锐减。但与此同时，由于战争的进行，日本为维系自身力量对工业品的需求量急剧增加，两者之间形成巨大缺口，这导致日本的对外侵略战争难以为继。此外，伪满工业体系还存在综合经营与工业统制的矛盾、设备闲置、部分工业品收购价格过低等问题，这些都严重影响了伪满的工业生产。

在以上诸多矛盾的共同作用下，至 1944 年末整个伪满殖民地工业

---

① 解学诗：《伪满洲国史新编》，人民出版社 2008 年版，第 778 页。

体系已经摇摇欲坠，各项工业生产严重缩水，具体情况见下表7－6[①]。由此可知，从1944年起，各项工业生产出现明显下滑，产量锐减。1945年的情况则更为严重，产量严重不足。至日本战败投降后，整个伪满殖民地工业体系彻底土崩瓦解。

表7－6 主要工业制品的历年产量

项目 工业制品	单位	生 产 量			
		1937	1941	1943	1944
电力	亿 K. W. H.	16	35	45	45
生铁	万公吨	81	139	170	118
钢块	万公吨	52	58	87	47
钢片	万公吨	41	48	72	40
普通钢材	万公吨	25	41	52	28
钢板	万公吨	4	6	12	6
鱼尾板	万公吨	8	12	12	5
管材	万公吨	2	3	4	2
条钢型钢线材	万公吨	10	18	18	11
其他钢材	万公吨	—	2	6	4
特殊钢	百公吨	—	—	85	133
车辆 机车	辆	20	97	128	112
车辆 客车	辆	67	177	113	52
车辆 货车	辆	2 674	3 880	4 685	2 771
硫酸	千公吨	236	217	171	111
硫酸铔	千公吨	192	191	94	58
浓硝酸	公吨	—	913	3 043	3 122

---

① 东北财经委员会调查统计处编：《伪满时期东北经济统计（1931—1945年）》，1949年版，（2）—3。

续表

工业制品 \ 项目	单位	生　产　量			
		1937	1941	1943	1944
苏打灰	千公吨	11	62	59	50
苛性苏打	百公吨	—	73	80	41
盐酸	百公吨	—	28	18	8
酒精	百万公升	7	18	25	32
巴尔布	千公吨	11	81	65	59
纸	千公吨	20	53	76	46
豆油	千公吨	114	115	134	—
平板玻璃	千箱	639	906	654	473
水泥	万公吨	86	116	150	114
麻袋	万条	1 124	937	738	615
棉纱	千件	174	145	160	95
棉布	万匹	553	466	455	268
面粉	万袋	2 867	1 439	1 525	—
砂糖	千公吨	12	26	20（1942）	19
纸烟	亿支	147	241	240	—
火柴	千箱	402	442	421	—

二、伪满解体与殖民地工业体系的终结

1943年11月，中、英、美在开罗举行会议，于12月发表了《开罗宣言》，宣布在日本无条件投降前，三国将坚持长期作战，中国东北和台湾均须归还中国。1945年2月，美、苏、英在雅尔塔会议上决定，在德国投降及欧洲战争结束二至三个月内，苏联将参加盟国对日作战。至此，日本败局已定，其投降只是时间问题。该年5月，欧战结束，盟军遂全力进攻日本。7月26日，中、美、英三国发表《波茨坦公告》，

敦促日本无条件投降。与此同时，盟军也加紧了对日军的进攻。8月6日和9日，美军分别在广岛和长崎投下两枚原子弹，导致广岛死伤20万人，长崎死伤7万人。8月8日，苏联对日宣战，并宣布同意《波茨坦公告》。苏军共计174万余人，于8月9日零时分东、北、西三路同时向盘踞在中国东北的日本关东军发起进攻，并对朝鲜北部、库页岛南部和千岛群岛也发起进攻。8月9日，毛泽东发表《对日寇的最后一战》，八路军对日伪军展开大规模反攻，在以上各路军队的围剿下，日军一溃千里。

8月12日和13日，日本军国主义统治集团反复召开内阁会议、皇族会议和最高战争指导会议，商谈投降事宜。"8月14日，召开最后一次御前会议。阿南惟畿、梅津美治郎、丰田贞次郎等人重申要求给同盟国再发照会，或继续进行战争以死里求生的意见。天皇见大势已去，挥泪作出接受盟国答复的决定，并要政府起草《终战诏书》。"① 当日，日本政府正式照会中、美、英、苏四国政府，表示接受《波茨坦公告》。同期，在中国东北日军和伪满官员早已乱作一团。8月13日，关东军在"新京"留守者要求伪满首脑官吏全部撤离。在14日晚，当伪满首脑官吏聚集在总务厅准备撤离时，从"满通社"传来日本将无条件投

---

① 步平、荣维木主编：《中华民族抗日战争全史》，中国青年出版社2010年版，第381页。阿南惟畿（1887年2月21日—1945年8月15日），日本陆军大将，日本大分县人。曾任天皇侍从武官、近卫步兵第2团团长、东京陆军幼年学校校长、陆军省兵务局长、陆军省人事局长、第109师师长、陆军次官、第11集团军司令、第2方面军司令、航空总监兼航空本部长、军事参议官、陆军大臣等职。他力主实施本土决战，反对接受《波茨坦公告》，拒绝向盟军投降。后在日本宣布无条件投降当日自杀。丰田贞次郎（1885年—1961年），日本海军大将，日本和歌山县人。历任日本海军省军务局局长、海军舰政本部总务部部长、佐世保镇守府司令长官、海军航空本部长、海军舰政本部部长、海军次官、第二届近卫内阁商工大臣、第三届近卫内阁外务大臣兼拓务大臣、日本制铁株式会社社长、铃木内阁军需大臣兼运输通讯大臣。战后一度被开除公职。

降的消息，会场一片混乱。次日正午，日本天皇发表广播，正式宣布无条件投降。于是，伪总务厅命令各部门立即烧毁机密档案资料。

　　面对战败命运，日本关东军仍不忘导演一出溥仪①退位的闹剧。伪满总务长官武部六藏决定令溥仪颁布伪满解散的"诏书"。18日凌晨②，在大栗子矿山食堂举行了伪满皇帝退位仪式。溥仪宣读了日本人拟好的《退位诏书》。此《退位诏书》后在慌乱中遗失。③ 但该诏书的发布，标志着伪满政权的彻底垮台和日本在中国东北殖民统治的彻底终结。

　　伴随着伪满政权的解体，依附于此的殖民地工业体系亦彻底瓦解。战后一部分工业被国民党接收。"从1945年11月开始，先后以国民党政府经济部东北区特派员办公处或东北行营经济组的名义，接收了日伪的'国营'工矿、电业、商业及研究机构。"④ 这也是国民党当时所奉行的抢占抗战胜利果实行动的一部分。"到1946年10月，以国民党军队侵占安东、通化为顶点，东北工矿业的70—80%落入国民党官僚资本手中，其中重工业接收了140余处，约占东北全部重工业的80%。"⑤

────────────

　　① 溥仪（1906年2月7日—1967年10月17日），字耀之，号浩然，清朝末代皇帝，也称清废帝或宣统帝。1909年到1912年、1917年7月1日到1917年7月12日两次在位。1911年辛亥革命爆发，1912年2月12日被迫退位。九一八事变之后他先任伪满洲国执政，1934年成为伪满洲国皇帝。1945年8月日本战败投降后溥仪在沈阳准备逃亡时被苏军俘虏，被带到苏联。1950年8月初被引渡回国，关押于抚顺战犯管理所。1959年12月4日被特赦并成为全国政协委员。1967年10月17日，溥仪因肾癌在北京逝世。著有自传《我的前半生》。

　　② 关于溥仪退位的时间，目前有三种说法，即8月15日说、8月17日说和8月18日凌晨说。笔者认为应为8月18日凌晨。关于此日期问题，志强在《溥仪出逃、退位、被捕日期辨》（载《伪皇宫陈列馆年鉴1987》）一文中有详细论述，颇具参考价值。

　　③ 该《退位诏书》的影响和价值显而易见，但目前关于此诏书的专论较少，可参见孙瑜《佚失伪满〈退位诏书〉考析》（《近代史研究》2016年第5期）一文。该文认为此诏书的主要内容可能包括：鼓吹日"满"一心，感恩日本提携；美化伪满统治，宣扬虚假政绩；宣布正式退位，拼凑退位理由。

　　④ 朱建华主编：《东北解放区财政经济史稿》，黑龙江人民出版社1987年版，第201页。

　　⑤ 朱建华主编：《东北解放区财政经济史稿》，黑龙江人民出版社1987年版，第201—202页。

这一时期东北各工业门类的具体情况如下：

在轻纺工业领域，面粉工业方面，"一九四六年四月二十八日，民主联军进驻哈尔滨，人民政府成立。在人民政府关怀下，濒于破产的各家制粉厂，经过短时间筹备，先后开机生产"①。在吉林裕华织染工厂，"八一五"后日本战败投降，"苏军进入吉林后，把裕华工厂加工的原料及棉布没收，但把更生布留下来了"②。造纸工业方面，"1945年'八·一五'后，由安东省民主政府接管日伪安东两个纸厂。1945年末由汪清县民主政府接管石岘纸厂。1946年秋，3个厂统归辽东经济委员会领导"③。制盐工业方面，1945年8月22日，苏军"进驻旅大后，开始对石河以南地区包括盐田在内实行军事管制。登沙河西部盐田被苏军作为演炮靶场，直到1947年恢复晒盐时，经交涉开始退还"④。次年1月22日，日方代表冈雅枝向中方代表旅顺市市长王世明和苏方代表佐瓦斯基·杨·亚克夫多维兹移交了日本盐业株式会社经营的《关东州盐田财产书》。"同日，大连市政府签署50号证明书，将原日本盐业株式会社经营的关东州盐田交由苏联经营。"⑤从1946年至1950年，旅大地区的部分盐场由中苏合营。

在能源工业领域，1945年9月27日，苏联军队加尔金中将向"满

---

① 邵越千：《天兴福的创立和发展》，载中国人民政治协商会议黑龙江省哈尔滨市委员会文史资料研究委员会编：《哈尔滨文史资料》第四辑，哈尔滨市龙江印刷厂1984年版，第51页。

② 许洪山：《吉林裕华织染工厂的创立与发展》，载《吉林文史资料》编辑部、中国民主建国会吉林省委员会、吉林省工商业联合会编辑：《吉林文史资料》第15辑，中国人民政治协商会议吉林省委员会文史资料研究委员会1987年版，第147页。

③ 朱建华主编：《东北解放区财政经济史稿》，黑龙江人民出版社1987年版，第240页。

④ 大连市史志办公室编：《大连市志·冶金工业志 电子工业志 盐业志 医药志》，辽宁民族出版社2004年版，第357页。

⑤ 大连市史志办公室编：《大连市志·冶金工业志 电子工业志 盐业志 医药志》，辽宁民族出版社2004年版，第358页。

铁"总裁山崎元干①宣告：截至 9 月 22 日，"满铁"的法人资格消失，丧失了管理权，"满铁"的理事全被解职。② 次日，挂在"满铁""新京"支社大楼上的"满铁"的牌子被摘了下来。"满铁"的财产陆续被移交给苏联。中华人民共和国成立后，部分财产被交还中国。"满铁"作为日本在中国东北最大的国策会社，它的解体表明日本在东北建立的殖民地工业体系已经瘫痪。在西安煤矿，日本人不肯交权，妄图继续组织和维持生产。"于是工人们便自动组织起来，向日寇开展了一场猛烈的进攻。"③ 日本人只能龟缩在其居住地——东山区，惶惶不可终日。9 月 5 日，苏军入城后日军向其投降。"在苏军的军事管制下，各矿井都选出代表，与苏军联系，开始组织工友，着手恢复生产。矿工们个个欢欣鼓舞，庆祝自己过上了安居乐业的生活。"④ 在丰满水电站，在"八一五"这一天，"广大劳工、勤劳奉仕队全部遣散，各奔自己的家乡，丰满水电建设工程全部停滞。驻丰满的日本军队（包括警察署、宪兵队的日本人）全部解除武装，清点登记，部队在原地待命；日本人的工程技术人员（担负电厂运行值班者除外）全部集中在丰满江西小学校待

---

① 山崎元干（1889 年 7 月 7 日—1971 年 1 月 24 日），昭和时期的实业家，作为"满铁"末任总裁处理了"满铁"在中国东北的战败事宜。山崎元干 1916 年 5 月入职"满铁"总务部，曾任社长室文书课课长、交涉部涉外课课长、总务部次长、"满铁"理事等职。1937 年专任"满洲电业株式会社"副社长，1942 年返回"满铁"任副总裁，1945 年 5 月任"满铁"总裁。日本战败投降后他在中国东北留用至 1947 年。回国后，他创立财团法人"满铁会"，并向小田原市立图书馆捐赠了"山崎元干文库"。

② 苏崇民：《满铁史》，中华书局 1990 年版，第 843 页。

③ 杨启明：《"九·三"胜利和国民党统治时期的西安煤矿》，载政协辽源市委员会文史资料委员会、政协辽源市西安区委员会文史资料委员会编：《辽源文史资料》第三辑，辽源矿务局印刷厂 1990 年版，第 50 页。

④ 杨启明：《"九·三"胜利和国民党统治时期的西安煤矿》，载政协辽源市委员会文史资料委员会、政协辽源市西安区委员会文史资料委员会编：《辽源文史资料》第三辑，辽源矿务局印刷厂 1990 年版，第 50 页。

命；伪满的其他机关全部解散。"① 8 月 20 日，苏联两个中队进驻丰满地区。在抚顺西制油厂，10 月份解放军派干部接管该厂，并发动工人惩治了一些罪大恶极的日本工头。② 在 945 部队锦西制造所，"1945 年 9 月 2 日，苏联红军和八路军进驻锦西，立即制止了日本人破坏工厂的行动，工厂由冀察热辽军区军工部接管。11 月 22 日八路军实施战略转移，国民党军队占领锦西"③。此后，工厂被国民党政府经济部接收。

在基础原料工业领域，"八一五"日本帝国主义投降后，本溪湖煤铁公司广大职工开展了护厂斗争，其中"特殊工人"表现尤为突出。④工人们组成纠察队。9 月 1 日，公司的中国员工又发起并成立了临时维持会。此后，工厂被苏军接收。在抚顺水泥厂，"1945 年'八·一五'日本侵略者战败后，工场由国民政府经济部抚顺矿务局接收"⑤。在哈尔滨水泥厂，共产党人刘世范等人组织临时维持会来保护工厂。"8 月下旬，苏联红军一个班开到工厂，缴了日本人的枪。"⑥ 在小野田水泥株式会社大连工场，"9 月 13 日，苏军进驻'小野田洋灰工厂'，工厂奉命停产。10 月 15 日，工厂的工人组织起来，与市总工会取得联系后，成立小野田洋灰工厂工会"⑦。

---

① 丰满发电厂工人运动史编审委员会编：《丰满发电厂工人运动史（1937—1985）》，丰满发电厂工运史办公室 1992 年版，第 37 页。

② 抚顺石油工业志编委会编：《抚顺石油工业志（1909—1987）》，辽宁人民出版社 1989 年版，第 75 页。

③ 孙为人：《"945"部队揭秘》，载中国人民政治协商会议葫芦岛市委员会文史资料委员会编：《葫芦岛文史资料》第三辑，葫芦岛日报社印刷厂 1995 年版，第 55 页。

④ 本钢史志办公室编：《本钢志（1905—1985）》第一卷（上），辽宁人民出版社 1989 年版，第 35 页。

⑤ 《抚顺水泥厂志》编纂委员会编：《抚顺水泥厂志（1934—1988）》，中国有色金属总公司辽宁矿产地质研究所印刷厂 1996 年版，第 3 页。

⑥ 《哈尔滨水泥厂志》编委会：《哈尔滨水泥厂志（1932—1995）》，1998 年版，第 18 页。

⑦ 《大连水泥厂志》编纂委员会编：《大连水泥厂志（1907—1985）》，1987 年版，第 4 页。

　　在矿业领域，在大石桥，"1945 年'八·一五'光复后，日本侵略者被迫结束了对中国的掠夺，至此，南满矿业株式会社随之垮台"①。1945 年 8 月 10 日牡丹江穆棱县光复。"这年，在国民党反动政权的统治下，黄金生产没有得到恢复，只在三道崴子原金矿处有少量的群众采金，加上国民党官员带警兵抢金，年产黄金不足 200 两。"② 尽管如此，这也标志着日本对穆棱金矿控制的终结。

　　在机械工业领域，在旅大地区，1945 年 "9 月苏联红军进驻南满洲铁道株式会社沙河口铁道工场，工场易名为中长铁路大连铁路工厂。在苏联军事机关领导下，由苏联铁路专家管理工厂"③。"1945 年 8 月 25 日，苏军依据 1945 年 2 月 11 日苏美英三国首脑签订的《雅尔塔协定》，及同年 8 月 14 日苏联政府同中国国民政府签订的《关于大连之协定》《关于旅顺口之协定》和《关于中国长春铁路之协定》所获得的特殊权益，正式接管原由日本统治的大连船渠铁工株式会社。"④ 在东三省兵工厂，1945 年 8 月 21 日日本关东军向苏联红军投降，苏军进入沈阳后搬走该厂机器 2 400 多台。"1945 年 10 月 14 日，中国共产党领导下的东北军区军工部接收了奉天造兵所。"⑤ 后来国民党军队占领沈阳，接管了兵工厂。"苏联于 1945 年 8 月末接管了大连船渠铁工株式会社，将

　　① 王海亭：《大石桥南满矿业的始末》，载孙邦主编：《伪满史料丛书·经济掠夺》，吉林人民出版社 1993 年版，第 395 页。

　　② 王广臣：《穆棱金矿的血泪》，载牡丹江市政协文史办公室编：《牡丹江文史资料》第五辑，牡丹江市政协 1989 年版，第 147 页。

　　③ 大连机车车辆工厂厂志编纂委员会编：《铁道部大连机车车辆工厂志（1899—1987)》，大连出版社 1993 年版，第 7 页。

　　④ 《大连造船厂史》编委会编：《大连造船厂史（1898—1998)》，大连船舶印刷厂 1998 年版，第 83 页。

　　⑤ 《中国近代兵器工业》编审委员会：《中国近代兵器工业——清末至民国的兵器工业》，国防工业出版社 1998 年版，第 179 页。

其易名为大连船渠修船造船机械工厂，作为设在远东的一个船舶修理基地，隶属于苏联海军部。"[①] 1951 年 1 月中华人民共和国收回了工厂主权。在"满洲航空工厂"，8 月 19 日，苏军进驻奉天后，航空工厂、毗连处的航空人员训练所、管区事务所、旅客机场大楼等地的设备、各种机器、器材、资材，包括桌椅等都被扣押，并通过铁路专线和货车向北方输送。另外，战争结束后，一部分资材被中国人获得。[②]

以上只是东北万千工厂中的少数例子，事实上，在当时的东北，各个厂矿的情况大同小异，主要由中国工人或者苏联军队接管了日本人控制的工厂，并驱逐了一部分日本人。另外，国民党也接收了一部分工矿企业，这标志着伪满殖民地工业体系的彻底终结，中国东北的工业经济从此开启了新的阶段。

第三节　伪满洲国殖民地工业体系的影响

日本统治中国东北历时十四年，在此期间建立了殖民地工业体系，此种体系对整个东北社会产生巨大影响，主要如下。

一、强行阻断了东北原有工业近代化之路

该体系成为日本殖民掠夺体系的重要环节。秦爽也认为：九一八事变爆发，伪满成立，中断了东北工业近代化的进程。[③] 事实上，在九一

---

① 大连造船厂综合档案处：《1898—1954 大连造船厂沿革史》，载政协大连市西岗区委员会文史资料委员会编：《西岗文史资料》第三辑，旅顺包装装潢印刷厂 1991 年版，第 104 页。

② ［日］满洲航空史话编纂委员会编：『满洲航空史話』，满洲航空史話编纂委员会发行，昭和 47 年，第 99 页。

③ 秦爽：《伪满洲国殖民地工业体系形成研究》，辽宁大学 2010 年硕士论文，第 41 页。

八事变爆发前，东北地区已经形成了一定规模的工业格局，东北工业近代化之路已经开启。从清朝后期，东北就出现了官办、商办、官督商办和官商合办等形式的企业，官办具有官僚资本主义性质，商办具有民族资本主义性质，官督商办、官商合办具有两重性（以官僚资本为主体，兼有民族资本成分）。其中官办的以 1881 年设立的吉林机器局为代表。1895 年在奉天又设立了机器局，1903 年改为奉天造币厂。[①] 在清末，东北的矿业有了明显的发展，其中代表性的有阜新县的新成窑、漠河金矿、吉林三姓金矿、桦甸县夹皮沟金矿、额穆县望宝山煤矿、老头沟天宝山煤矿等。民国建立以后，东北的工业有了进一步的发展。尤其是出现了官僚军阀资本的形式。在"两张"时代，东北逐渐形成了以奉系军阀为首的官僚资本和当地的民族资本长足发展的工业格局。其中奉系资本以东三省兵工厂、东北大学工厂、皇姑屯铁路工厂和奉天迫击炮厂为代表，民族资本以大亨铁工厂和顺兴铁工厂为代表。在电气工业方面，中国官办和民办的有 52 家，规模较大的有民办的哈尔滨电业局、东北矿务局办的八道壕发电所、北票煤炭公司经营的发电厂、官办的安东电灯厂。此外，这一时期还有一些中国工厂的自备发电厂，主要有奉天纺织厂发电厂、奉天造兵厂发电厂、皇姑屯工厂发电厂、东北大学发电厂、祐东煤矿公司发电厂。在矿业方面，有八道壕煤矿、阜新煤矿、复州煤矿、北票煤矿、抚顺县金沟矿、西安煤矿公司、海城大岭滑石矿、辽阳天利煤矿公司、奉天硝矿总局、吉林县火石岭子煤矿、额穆县奶子山煤矿、穆棱县秋皮沟金矿等。总体上，这一时期奠定了以沈阳、大连、哈尔滨和图们江流域城市为中心的民族工商业初步发展的工业格局。

---

① 孔经纬：《新编中国东北地区经济史》，吉林教育出版社 1994 年版，第 77 页。

作为工业化标志之一的铁路在这一时期也有了长足的发展。除"满铁"经营的铁路外，奉系军阀、官办资本和民族资本也修建了一批自资铁路。"自1921年2月至1931年9月，使用本国资金和技术修建的铁路营运里程共计1521.7公里。"[①] 其中包括京奉铁路的部分支线，民办的开丰铁路，官办的吉海、昂齐、洮索、齐克铁路，官商合办的奉海、呼海、鹤岗等省有铁路，共计10条铁路。另有正在修建的数十条铁路。此外，还有中苏共同经营的中东铁路。这些铁路将各地的物资运入运出，极大地促进了当地的经济繁荣和工业发展。不唯如此，在1930年9月，东北交通委员会还根据张学良的指示，制定了宏伟的"东北铁路网计划"，拟定修建三大干线，包括：东大干线，葫芦岛—奉天—海龙—吉林—海林—依兰—同江—抚远；西大干线，葫芦岛—大虎山—通辽—洮南—齐齐哈尔—宁年—嫩江—黑河；南大干线，朝阳—赤峰—多伦。[②] 三大干线全长4 307公里，依托东西两大干线还计划修建20条主要支线，全长4 060公里。去除重复建成的244公里，铁路网计划的干支线总长8 123公里。[③] 应该说，上述铁路的修建是大势所趋。可以预见的是，无须太久，东北就将建成四通八达的铁路交通网。此外，这一时期东北的公路建设和港口建设也取得了长足发展，在此不再赘述。

由以上可知，这一时期东北工业的发展遍布轻工业、重工业、矿业等各个领域，初步形成了比较完整的东北民族工业体系。可以说，该时期的东北工业已经初步步入了近代化的正轨，工业格局初具规模。但值此之际，日本通过九一八事变侵占了整个东北，严格实行经济统制政

---

　　① 马尚斌：《奉系经济》，辽海出版社2000年版，第113页。

　　② ［日］满史会编著：《满洲开发四十年史》上册，东北沦陷十四年史辽宁编写组译，辽宁省营口县商标印刷厂1988年版，第190页。

　　③ 马尚斌：《奉系经济》，辽海出版社2000年版，第120页。

策，强行打断了东北原有的工业近代化发展历程，逐步建立了配合日本侵华和掠夺东北资源的殖民地工业体系。

二、产生了建立在残酷剥削之上的"虚高"的工业指标

该体系所形成的"虚高"的工业指标实际上是建立在对东北人民的残酷剥削之上的，给东北人民带来巨大灾难。在伪满的工厂中，中国工人遭受日伪当局非人的待遇，有的工厂工人要像犯人一样被建立指纹卡片，立档存查以防万一，然后还要填写完全有利于厂方的进厂保证书。在工作时间上，一般每天不分昼夜，一律工作12小时，全年无休。此外，任意延长工作时间和增加劳动强度的情况也屡见不鲜。对于纺织工业、钢铁工业、普通机械工业、兵器工业、煤炭工业、石油工业、电力工业、水泥工业、有色金属矿业等门类中国工人的生活情况在前文中已有论述，在此不再赘言。事实上，虽然伪满各个工厂、各个工业门类的具体情况有所不同，但总体上中国工人普遍工作时间较长，工资水平却较低，即使是相同的工作，日本工人的工资也往往是中国工人的2—3倍，甚至更高，同工不同酬的现象非常普遍。这一方面体现了日伪当局的民族歧视，说明"五族协和"不过是个骗局；另一方面这也是日本剥削中国工人、搜刮中国财富的主要手段。这些中国工人在工厂中当牛做马、为奴为婢，备受摧残。更有甚者，许多工人因劳累致死或被折磨致残。通过此类所谓的"工业建设"造成多少人员伤亡，目前没有确切统计，但仍能从一些局部的统计中感受到它的残酷。在丰满水电站，据丰满工程处劳务股统计，仅1937年至1941年五年间，劳工中被镇压杀害竟达1 913人，病死者达3 684人，因工伤事故死亡424人，

合计死亡 6 021 人。① 在抚顺煤矿，据不完全统计，从 1905 年 3 月到 1945 年 8 月的 40 年中，华人矿工因矿山事故受日本侵略者残害而死亡与伤残的人数共达 23 万人之多。这个数字还不包括因虐杀、劳累过度、营养不良而死的数以万计的中国矿工及其家属子女。② 时至今日，在中国东北仍然留有许多由于日本残杀中国劳工而留下的"万人坑"，其中包括抚顺万人坑、辽源煤矿万人坑、吉林市丰满万人坑、延吉老头沟煤矿万人坑、大栗子铁矿万人坑等，这些都是日本残害中国劳工、压迫中国工人的历史见证。

可见，在所谓的伪满工业高指标之下是中国人民付出的血的代价，它给中国人民带来的伤痛也是长期的。家园被毁尚可重建，但人死不能复生。日本对这些工人和劳工生命的无情剥夺是我们国家的损失，更是其家人一生挥之不去的痛苦。此种罪恶如果以财富的膨胀或者工业指标的虚高来衡量本身就是一种道德的沦丧和人性的缺失。从此意义上讲，日本军国主义侵略东北给中国人民带来的伤害是无法弥补的，这种罪恶是任何借口和理由都掩盖不了的。

三、部分地充当了历史的不自觉的工具

该体系也为战后东北工业的发展残留了少许基础。马克思在评价英国对印度的殖民统治时曾指出："英国的工业巨头们之所以愿意在印度修筑铁路，完全是为了要降低他们工厂所需要的棉花和其他原料的价格。""如果你想在一个幅员广大的国家维持一个铁路网，那你就不能

---

① 吉林省地方志编纂委员会编纂：《吉林省志·重工业志·电力》，吉林文史出版社 1995 年版，第 144 页。

② 抚顺市政协文史资料委员会、抚顺矿业集团有限责任公司编：《抚顺煤矿百年 (1901—2001)》，辽宁人民出版社 2004 年版，第 273 页。

不在这个国家里把铁路交通日常急需的各种生产过程都建立起来。这样一来也必然要在那些与铁路没有直接关系的工业部门里应用机器。"[1] 在此，英国为了在印度掠夺更多的原材料而扮演了一个历史的不自觉的工具的作用。对此有学者也认为："西方各国垄断资本以掠夺资源为目的而兴建的一大批矿山、工厂、铁路和港口等，一方面使辽宁工业经济在殖民统治下有了快速的畸形发展；另一方面在客观上形成了辽宁的近现代机器工业的基础。"[2] 相比之下，日本对伪满洲国的统治和它亦有相似之处，所不同的是由于战争的紧迫性和日本传统的恃强凌弱野蛮嗜杀的民族心态，导致它对东北人民的殖民掠夺更残酷、更野蛮。若以水泥工业为例，中华人民共和国的许多水泥工厂间接承接于伪满时期。如哈尔滨水泥厂其前身为哈尔滨水泥制造株式会社哈尔滨工场，大连水泥厂其前身为小野田水泥株式会社大连工场等。再如电力工业，在日本战败投降前夕，虽经其疯狂破坏，但仍有部分电力设施被不可避免地遗留下来，其遗留设备大约有 60 万千瓦。除此之外，当时东北的电力网仍存，这为之后东北建立完善的电力网奠定了基础。当然，更为重要的是，中华人民共和国的工厂继承的更多的是前者的产业理念、管理方式等，这些是殖民统治者带不走的，这也是中国劳工用血泪换来的。而且关于东北产业工人队伍的壮大、西方管理理念和管理方式的渗透、部分领域里科技手段的运用等，应该说是日本对东北殖民统治的副遗产，也是伴随着日本的殖民统治所造成的客观结果。至于厂房、交通道路等设施则不能简单地认为是后来者所继承。这些设施本身即由中国工人建造的，甚至是以生命为代价换来的。伪满时期各工业的情况大同小异。

---

① 《马克思恩格斯选集》第 2 卷，人民出版社 1972 年版，第 72—73 页。
② 王询：《辽宁工业经济发展的轨迹及反思》，《东北财经大学学报》2010 年第 4 期，第 27 页。

"满铁"留下的铁路，长春遗留的伪满建筑，抚顺残留的矿山，苏军拆迁后留下的废旧机器等，都有东北人民的付出和贡献。毫不夸张地说，它们都是建立在东北人民滴滴血泪和累累白骨之上的。

针对上述问题，李作权先生曾明确指出："日本侵占东北后，大量资本输入到东北，在某种程度上加速了东北生产的发展，并对东北经济在某种程度上进行了资本主义改造。但这绝不能说侵略有功。帝国主义侵占殖民地进行资本输出，其根本目的在于掠夺，而修建的工厂、开采矿山，只不过是为达到掠夺的目的而进行的，并不是为发展当地的经济。"① 应该说是谈到了问题的实质。孔经纬先生在另文中也指出："日伪统治下所创造的工业基础只不过是中国人民受尽千辛万苦和经历种种灾难以后换来的一种客观代价。而且由于日本投降以后国民党反动统治的惨重破坏，日伪所遗留下来的工业基础已经所余无几了。"② 因此，如果把中华人民共和国东北工业建设的骄人成绩记在日本殖民者的头上，不仅和历史不符，也有违殖民统治者的初衷。

---

① 李作权：《日伪统治时期的东北经济特征——兼论东北资本主义的发展》，载《伪皇宫陈列馆年鉴1986》，第150页。

② 孔经纬：《日俄战争至抗战胜利期间东北的工业问题》，辽宁人民出版社1958年版，第75页。

结　　论

　　抗日战争结束已七十余载，日本对中国东北的殖民统治早已不复存在，但历史的真相不能被淹没。尽管事实凿凿，但战后仍有日本右翼人士鼓噪日本统治东北时期"建设东北""复兴东北"等奇谈谬论，显然这严重偏离了历史唯物主义立场，带有强烈的民族狭隘主义和大国沙文主义色彩。如果不及时加以纠正，不仅会误导更多的日本大众，甚至会使中日两国友好和平的理性交往偏离轨道，遗患无穷。本书旨在反映伪满时期东北工业的真实情况，并对这一特殊的工业体系进行归纳、分析和界定，从而有力地驳斥战后日本右翼的错误史观。当然，本书所论述的工业并未涵盖伪满时期东北的所有工业门类。作为已开始近代化的东北工业而言，门类之多、涉及之广，已接近于今日。况且笔者能力有限，颇感力所不逮，故在此选取比较有代表性的轻工业、重工业和矿业，希望能达到一叶知秋的效果。此外，笔者还试图得出以下几点结论。

一、日本通过傀儡政权的形式对中国东北实行殖民统治

　　伪满洲国的性质问题是研究伪满史的中心问题，目前关于此问题还在争论之中。学术界的这种争论是必要的，对于最终厘清伪满洲国的性

质有着积极的促进作用。有的学者认为伪满洲国是日本的殖民地①，更多的学者认为伪满洲国是傀儡政权②，也有的学者认为它是殖民地傀儡

---

① 部分研究成果如下：步平《日本殖民地经济问题的比较研究——以中国东北殖民地为中心》（载郭素美、张凤鸣主编：《东北沦陷十四年史研究》第三辑，黑龙江人民出版社1996年版）认为，伪满时期的东北经济是日本及其殖民地一体化经济的一个组成部分。日本同东北殖民地有一定的特殊性关系；东北虽然同样作为日本的殖民地，但其经济背景同日本的其他殖民地如朝鲜等并不相同；日本对东北经济的统制程度不比其他殖民地弱。该文比较全面地论述了东北作为日本殖民地在经济上所表现出的特征。赵聆实《太平洋战争后伪满殖民地经济的特点》（载《伪皇宫陈列馆年鉴1988》）认为，伪满经济是殖民地经济。从九一八事变到七七事变爆发，是伪满殖民地经济形成时期。从七七事变到太平洋战争爆发，是伪满殖民地经济体制基本确立时期。太平洋战争爆发后，伪满殖民地经济转入战争轨道。李作权《东北殖民地经济的形成和发展——兼论掠夺是日本帝国主义的根本目的》（载《伪皇宫陈列馆年鉴1986》）认为，日伪统治时期，东北的统制经济是一种特殊类型的国家垄断资本主义，是殖民地经济的一种形式，它是日本帝国主义经济体系的一个组成部分。李作权《伪满的〈产业开发五年计划〉及其实质》（载《伪皇宫陈列馆年鉴1986》）认为，日本资本垄断了伪满的生产，使伪满成为日本帝国主义的原材产地和投资场所，伪满的经济成为日本帝国主义的经济附庸，殖民地的经济特征越来越显著、突出。潘佩孟《驳日本军国主义分子美化侵略的谬论》（载《伪皇宫陈列馆年鉴1995》）认为，日本所标榜的"王道乐土"之标本——"满洲国"，实际上是日本的殖民地。日本帝国主义对中国东北14年的殖民统治，霸占了130万平方公里的土地和2 000余公里铁路，3 000万同胞过着亡国奴生活，日本掠夺煤炭2.4亿吨、生铁1 200万吨、黄金22吨、粮食2.28亿吨、木材1亿立方米。

② 关于这方面的论述比较多：张辅麟《伪满政权傀儡性再认识》（《社会科学战线》1991年第2期）认为，溥仪在关东军的操纵下已成了不折不扣的儿皇帝。王希亮《日本对中国东北的政治统治（1931—1945年）》（黑龙江人民出版社1991年版）认为，从伪满洲国出笼的第一天起，日本帝国主义便把它置于毫无自主权力的傀儡地位上，自上而下，方方面面，完全由日籍官员主其政。李慧娟《从总务制到次长制——论伪满洲国政治体制的傀儡性》（《史学集刊》2005年第4期）认为，日本帝国主义在伪满洲国实行"以总务厅为中心"的统治方式，以达到严密控制伪满政权的目的，通过总务制把伪满政府完全变成了傀儡。于耀洲、黄志强《从〈日满议定书〉及相关附件的内容看伪满政权的傀儡性》[《齐齐哈尔大学学报》（哲学社会科学版）2008年第3期]认为，通过《日满议定书》及其附件可以清晰地看到，日本政府和关东军已经实现了对伪满洲国的全面控制，伪满洲国实际上是一个彻头彻尾的傀儡政权。姜楠《从溥仪的元首生涯看伪满政权的傀儡性》（《学理论》2019年第2期）认为，伪满元首的傀儡性并不是孤立的，是整个伪满政权傀儡性的一个缩影。关靖华《浅析伪满洲国傀儡帝制的原因》（《黑龙江史志》2014年第9期）认为，在日本帝国主义侵略我国东北并建立伪满洲国之后，其傀儡国家政治体制发生了从"执政制"向"帝制"的转变。

政权①。但近年来也有否定其殖民地性质的倾向。笔者也认为大量事实证明伪满洲国是日本殖民地性质的傀儡政权。根据日本的"大陆政策"，侵占中国东北是其中的重要环节。而占领中国东北后实施怎样的统治模式也是日本当局考虑的重点。早在 1929 年关东军作战参谋石原莞尔②就宣传其"战争史大观"，公然提出"满蒙"原来并非汉族之领土，而且中国人缺乏统治能力，因此莫若以当地居民及与之同种同系日本人之力量维持治安，施以善政，则"满蒙"可望得到迅速发展。③ 其实质是宣扬由日本来统治东北。日本参谋本部在 1931 年 4 月的《情势判断》中亦提出，对中国东北要分三步走，第一阶段建立取代张学良政府的亲日政权，第二阶段建立独立的"满蒙政权"，第三阶段占领"满蒙"，并纳入日本版图。④ 九一八事变的迅速爆发，使采取何种统治模式问题更为紧迫。1931 年 9 月 20 日早晨，代表陆军中央的日本参谋本

---

① 部分研究成果如下：姜念东等《伪满洲国史》（大连出版社 1991 年版）认为，不论日本帝国主义玩弄什么"承认""新国家"的把戏，或者打扮成"独立国家"的样子，都不能改变伪满洲国作为殖民地傀儡政权的性质。安德喜《伪满傀儡政权始末》（《兰台世界》2002 年第 3 期）认为，伪满洲国不是什么"独立国家""王道乐土"，而是地地道道的日本殖民地；伪满政权不是什么"独立""自主"的政府，而是彻头彻尾的傀儡政权。李亚婷《从伪满国务总理任命看其政权的傀儡性》（载《伪满皇宫博物院年鉴 2009—2010》）认为，从伪满总理任命这一侧面看出，日本和伪满之间的关系根本不是什么国家关系，而是宗主国和殖民地之间的"主子"与"奴才"的关系。王希亮（载高晓燕主编：《东北沦陷时期殖民地形态研究》，社会科学文献出版社 2013 年版）认为伪满洲国的一切运转均在日本军部、政府和关东军的掌控之下，从根到梢均是为了日本的国家利益和大陆侵略扩张政策服务，是一个地地道道的殖民地傀儡政权。

② 石原莞尔（1889 年—1949 年），日本思想家、政治家，军国主义鼓吹者，九一八事变罪魁祸首之一，日本陆军中将。曾任关东军作战参谋、高级参谋、参谋本部作战部部长、第 16 师团师团长等职。

③ ［日］满洲国史编纂刊行会编：《满洲国史·总论》，步平等译，黑龙江省社会科学院 1990 年版，第 100 页。

④ ［日］小林龍夫、島田俊彦解説：『現代史資料·満洲事変』7，みすず書房，1964 年，第 161 頁。

部作战部长建川美次①少将拜访了关东军司令官本庄繁②，建议成立以溥仪为首依附于日本的政权。9 月 22 日，板垣征四郎③、石原莞尔、片仓衷④等人制定了《满蒙问题解决方策案》，其中规定：建立受日本支持的以宣统帝为首脑的统辖东北四省和蒙古的新政权；受新政权委托，日本掌握国防和外交等。⑤ 这里彻底确立了建立以溥仪为首脑的傀儡政权形式。此后，溥仪被日军从天津秘密送往中国东北。1932 年 3 月 9 日，溥仪在关东军的导演下，就任伪满洲国执政。就任执政的溥仪极端不满，仍然梦想着"黄袍加身"。此时，关东军已经在东北站稳脚跟，为了消除溥仪及其身后"王公大臣"的不满，决定在伪满实施"帝制"，此举得到日本政府的认可。1934 年 3 月 1 日，在关东军的操控

---

① 建川美次（1880 年 10 月—1945 年 9 月），陆军中将，日本陆军大学毕业，曾任骑兵少尉、骑兵中尉、陆军骑兵学校教官、骑兵大尉、参谋本部员、英国驻在、印度驻在武官、参谋本部附、骑兵少佐、参谋本部员、陆军大臣秘书、骑兵中佐、参谋本部附（国际联盟陆军代表随员）、骑兵第 1 联队附、骑兵第 5 联队长、骑兵大佐、参谋本部课长、陆军少将、公使馆附武官、参谋本部第二部长、参谋本部第一部长、日内瓦裁军会议全权随员、驻苏大使、参谋本部附、国际联盟常设委员会陆军代表、第 10 师团长、第 4 师团长、大政翼赞会总务、大日本翼赞壮年团团长等职。

② 本庄繁（1876 年 5 月 10 日—1945 年 11 月 20 日），日本兵库县人，陆军大将，男爵。参加过日俄战争。曾任驻华副武官、参谋本部中国科科长、步兵第 11 团团长、中国奉系军阀张作霖军事顾问、步兵第 4 旅旅长、驻华武官、第 10 师团长、关东军司令、军事参议官、天皇侍从武官长、军事保护院总裁、枢密顾问。日本败降后被指控为甲级战犯而畏罪自杀。著有《本庄日记》等。在中国东北期间，他主持并策划了九一八事变，炮制了伪满洲国。

③ 板垣征四郎（1885 年 1 月 21 日—1948 年 12 月 23 日），日本陆军大将，1931 年与石原莞尔共同策划九一八事变。曾任奉天特务机关长兼天津特务机关长、"满洲国"军政最高顾问、关东军副参谋长、参谋长、陆军第五师团长、陆军大臣兼任对"满"事务局总裁、中国派遣军参谋长、朝鲜军司令、最高军事参议官、驻朝鲜第 17 方面军司令官、第 7 方面军司令、战后作为甲级战犯被处以绞刑。

④ 片仓衷（1896 年 5 月—1991 年 7 月），日本陆军少将。曾任关东军参谋、关东军第四课长、步兵 53 联队长、参谋本部附、关东防卫军高级参谋、第 15 军高级参谋、缅甸方面军作战课长、第 33 军参谋长、航空总监部附、下志津教导飞行师团长、第 202 师师团长等职。

⑤ 王希亮：《日本对中国东北的政治统治（1931—1945 年）》，黑龙江人民出版社 1991 年版，第 18 页。

下，溥仪"登基"，如愿"称帝"。

早在伪满洲国成立的次日（1932年3月10日），本庄繁就与溥仪签订了《本庄——溥仪书简》，其中规定：伪满洲国国防由日本军承担；国防需要的铁路、港湾、水路、航空等委托给日本管理；伪满洲国对日本军的设施予以援助，伪满洲国政府官员录用日本人，并由关东军司令官推荐。同年9月15日，时任关东军司令官武藤信义①与伪满洲国总理郑孝胥②签订《日满议定书》，承认日"满"间历来的条约、协定等，并赋予日本在东北的驻兵权。此外，《满洲国指导方针要纲》《对满洲国根本观念的确立》等文件都确保了日本对东北的全面控制，它们如同一条条绞索将东北完全束缚住。

执政的基础关键在于用人。在关东军看来，日本人显然比中国人更可靠。在上述文件的基础上，伪满洲国实行总务厅中心主义（后改为次长中心制），日本人通过中央一级的总务厅长（次长）和地方的次长、副省、市、县长直接掌权，甚至在有些省市县，日本官吏撕去伪装的外衣直接担任主官。此外，日本还通过协和会宣传"建国精神""万邦协和"等思想麻痹民众，配合伪满政府的统治。早在协和会成立之初，它就被牢牢控制在日本人手中，协和会的主要官员都由汉奸或日本人担任。从1936年底以后，协和会中央机构和伪满洲国的中央政权逐渐实

---

① 武藤信义（1868年9月1日—1933年7月27日），日本陆军元帅。曾任步兵第24联队附、步兵第24联队小队长、参谋本部部员、近卫师团参谋、鸭绿江军参谋、沙俄公使馆附武官辅佐官、参谋本部欧美课长、近卫步兵第4联队长、参谋本部作战课长、步兵第23旅团长、参谋本部附、哈尔滨特务机关长、第3师团司令部附（驻伊尔库茨克）、参谋本部附（驻鄂木思克）、参谋本部第一部长、参谋本部总务部长、第3师团长、参谋次长、军事参议官、军事参议官兼东京警备司令官、关东军司令官、教育总监等职。1933年得黄疸病死于长春。

② 郑孝胥（1860年—1938年），中国近代政治人物、诗人、书法家，福建闽侯人。在清末曾任广西边防大臣、安徽广东按察使、湖南布政使等职。伪满建立后，任伪满洲国总理大臣兼文教总长。

行"二位一体制"，即由伪满政府官员兼任协和会中央机构的职务。至伪满后期，各地伪省长、省次长兼任协和会省本部长、副本部长；伪县长、副县长兼任协和会县本部长、副本部长。这些都保证了日本对协和会的全面控制。此外，为了稀释中国人的人口比例，巩固日本的殖民统治，日本还对中国东北进行了多次移民。至 1936 年以前，日本在中国东北进行了 5 次武装移民，共计移民 7 000 余人。从 1936 年开始，日本又实施了"百万户移民计划"，计划从 1937 年至 1956 年的 20 年间，向东北移民日本人 100 万户、500 万人。这一计划由于战争等原因未能实现，但仍有大量日本人被移民东北。战后根据日本外务省的调查，在"终战"时日本在东北的移民有 102 339 户、220 968 人，其中在东北死亡 46 000 人，滞留苏联西伯利亚等地有 34 000 千人，失踪 36 000 人，安全返回日本的只有半数的 11 万人。[①] 可见，东北已成为日本海外移民的主要地区，其殖民地本质已暴露无遗。

二、关于殖民地工业体系的提法

中华人民共和国成立后关于东北工业曾有殖民地工业的提法。在朱建华主编的《东北解放区财政经济史稿》中曾提到殖民地工业的问题。该书认为："日本帝国主义统治下的东北工业是日本工业的附庸，是典型的殖民地工业。"[②] 王询在《辽宁工业经济发展的轨迹及反思》一文中认为："近代辽宁的工业是在侵略者的掠夺式开发中，在外力的冲击下，超越其自身的发展阶段而强制形成的，从某种意义上说，辽宁在近

---

①　[日] 满铁会：『南満洲鉄道株式会社第四次十年史』，龍溪書舍，昭和 61 年，第 470 页。

②　朱建华主编：《东北解放区财政经济史稿》，黑龙江人民出版社 1987 年版，第 201 页。

代时期发展起来的工业属于殖民地工业。"[①] 而秦爽《伪满洲国殖民地工业体系形成研究》一文则首次提到了殖民地工业体系的问题，他认为：伪满洲国殖民地工业体系是日本帝国主义在掠夺奉系军阀官僚资本工业的基础上，在对东北人民的残酷剥削中，通过以武力胁迫逐渐加深东北工业对日依赖性的过程中形成的。[②] 但这并未引起学界的足够重视，颇属遗憾。另外，如前所述，伪满洲国属于典型的日本殖民地性质的傀儡政权，相应地其工业体系自然也属于日本殖民地工业体系。伪满洲国属于母体，其工业体系属于寄生其母体之上的畸胎。畸胎的成长要受到母体的影响，这也决定了伪满洲国的工业体系必然属于日本殖民地工业体系。具体来看，伪满洲国作为日本在华的原料产地和商品销售市场，东北的工业承担了为日本提供大量军需用品、扮演兵站基地的角色。其中纺织工业、钢铁工业、兵器工业、普通机械工业、煤炭工业、石油工业、电力工业、水泥工业、有色金属矿业等行业都为日本提供了大量战时物资，其他行业亦积极进行军事生产，供应日本的战时需要。可以说，整个伪满洲国工业体系已经被迫作为日本战争机器上的有力链条而高速运转。显然，工业作为战时经济和军事经济的核心，更是被日本高度重视，成为日本掠夺东北经济的重灾区。另外，在伪满洲国的工业政策中，亦确定了战时经济统制政策，并通过两次"产业开发五年计划"提高生产能力，供应战时军需。从结果上看，至伪满后期，在东北已经形成了由宗主国日本控制、以军需工业为核心、以供应日本军需产品为目的的殖民地工业体系。该体系以工矿业为基础，以特殊会社为主要经营单位，以"满铁"和"满业"为经营支柱，构成了一个有机的

---

① 王询：《辽宁工业经济发展的轨迹及反思》，《东北财经大学学报》2010 年第 4 期，第 27 页。

② 秦爽：《伪满洲国殖民地工业体系形成研究》，辽宁大学 2010 年硕士论文，第 44 页。

生产体系。

三、产业的冒进并不是现代化（工业化）的体现，而是殖民地化的有效载体

以水泥工业为例，伪满洲国的水泥工业虽然脱胎于民国时期，但在伪满时期有了明显的变化趋势，由过去的一家演变成十四家，产量、规模和设备都有了明显提高。但从水泥的产品原料、产品流向和流量，以及日本对水泥工厂人力资源的剥削等方面都暴露出日本对东北水泥工业的掠夺性本质，可以说，该时期东北水泥工业产量的提高主要是建立在日本对中国资源的极大消耗和对中国工人的残酷剥削之上的。从目的上看，水泥工业的冒进不过是为了满足日本对外侵略所需的庞大的物资需求，是日本"以战养战"政策的一种变形。而纵观伪满时期东北整个工业的情况亦是如此。从产业指数上看，伪满时期东北产业的冒进是明显的。但问题的关键是，产业增长得越快，日本对东北产业的控制力就越强，东北产业的殖民地化亦越明显。以1945年特殊会社和准特殊会社在行业资本中所占份额为例，其在工业中占总额的46.6%，在矿业中占总额的57.4%。① 在其余部分日本私人资本亦占绝对多数。可见，日本已经完全实现了对东北产业经济的绝对垄断。从产品归属上看，这些产品大部分被供应给日军或直接运回日本。如从1937年至1945年8月伪满洲国对日援助包括："生铁420万吨；煤780万吨；液体燃料52万吨；轻金属：铝1.2万吨，镁550万吨；铅1.7万吨，钼3 000吨；黄金约580万元；盐300万吨。此外还有特殊钢、白金、亚铅（即锌，

---

① 东北财经委员会调查统计处编：《伪满时期东北经济统计（1931—1945年）》，1949年版，（1）—19。

笔者注）等。飞机约 4000 架，还有机关枪、步枪和高射炮。"[1] 又如，在当时东北最主要的石油工厂——抚顺西制油厂，从 1930 年至 1943 年生产重油合计 842 861 吨，其中，"满铁"自用 37 785 吨，占 4.5%；当地销售 28 850 吨，占 3.4%；用于日本海军达 776 226 吨，占 92.1%。[2] 可见，"满铁"自用和日本海军使用占据了绝大多数份额。再如，1932 年东北生铁运销日本 309 678 吨，东北自用 18 793 吨，前者是后者的 16.48 倍；1933 年东北生铁运销日本为 456 531 吨，东北自用 35 403 吨，前者是后者的 12.90 倍；1934 年东北生铁运销日本为 433 312吨，东北自用 45 726 吨，前者是后者的 9.48 倍；1935 年东北生铁运销日本为 393 284 吨，东北自用 40 094 吨，前者是后者的 9.81 倍；1936 年东北生铁运销日本为 273 335 吨，东北自用 44 207 吨，前者是后者的 6.18 倍。[3] 可见，东北自用的生铁数额远远低于运往日本的数量，即使是东北自用的这部分生铁也主要为"满铁"等日系会社使用。另外，从 1935 年开始东北生铁运销日本的数量急剧减少，这是因为大量生铁被运往昭和制钢所用于炼钢，制成钢材后再运往日本。总之，产业的冒进不能简单地归结为"工业化的发展"，它更多的是为日本在东北的殖民统治提供物资保障，并进一步将东北打造成日本侵略中国的兵站基地。

---

[1] 中国档案馆、中国第二历史档案馆、吉林省社会科学院合编：《日本帝国主义侵华档案资料选编·东北经济掠夺》，中华书局 1991 年版，第 299 页。

[2] 解学诗主编：《满铁史资料·煤铁篇》第三分册，中华书局 1987 年版，第 872 页。

[3] 中国档案馆、中国第二历史档案馆、吉林省社会科学院合编：《日本帝国主义侵华档案资料选编·东北经济掠夺》，中华书局 1991 年版，第 309 页。

四、杀鸡取卵、竭泽而渔式的战时经济成为东北经济后续发展的桎梏之一

日本对中国东北的殖民统治对资源和环境造成严重破坏，主要体现为：日本对东北资源的疯狂开采不利于后续的资源开发；资源消耗和对日输出造成东北资源的急剧减少；掠夺性开采对东北环境造成严重破坏等。上述内容在前文中有所论述，在此不再赘述。此外，值得一提的是，日本在战败前后对东北工业有意识的破坏也影响了东北工业后续的建设。根据时任东北经济委员会副主任、东北工业部副部长的邵式平[①]在1947年11月27日的报告中指出："二次世界大战中，日寇败局已定的时候，日寇对于东满的许多建设，便开始了有系统的（地）破坏。驼腰子、八面通的采金船于1942年就拆走了，金矿封闭了，为此而建立起来的飞机场，发电厂也都同时破坏了。到了'八·一五'，日寇更加大肆破坏，所有的矿山被炸了，所有的机器被毁了，所有的兵营被烧

---

① 邵式平（1900年1月27日—1965年3月24日），江西弋阳县邵家坂人，是中国共产党中国人民解放军早期的无产阶级革命家、军事家，著名的农民运动领袖。他是弋横暴动的主要领导人之一，是闽浙赣苏区和红十军的创建者与领导者之一，也是闽赣苏区的创建人和主要领导人之一。曾任中共浮梁县委书记兼中共景德镇市委书记，中共横峰县委书记，中共信江特委委员、军委书记，信江革命军事委员会主席，中国工农红军第十军政委、政治部主任，中央革命军事委员会委员，赣东北省军委书记兼红军学校第五分校校长、政委，闽浙赣省军委主席，闽浙赣军区政治部主任，闽赣省苏维埃主席，闽赣省委书记，闽赣军区代政委，中华苏维埃共和国中央执行委员，中央军事委员会委员，中央军委纵队（即红星纵队）参谋长和政治部主任，陕北公学教育长，抗日军政大学第二分校副校长，边区政府粮食局局长，晋察冀边区政府工商局局长，晋察冀边区政府四分区专员，华中办事处主任，中共辽吉省委副书记兼军区副政委，中共嫩江省委副书记兼军区副政委，西满财经委员会副主任，东北财经委员会、计划委员会副主任，江西省第一任人民政府主席，中共中南局委员，中共华东局委员，中共江西省委常委、省委第二书记，省长等职。

了，过去的各种设施，几天之内都被破坏得不成样子了。"① 破坏的场景令人感到触目惊心，但邵式平提到的只能是其中的一小部分。在煤炭工业，"日本帝国主义在临近覆灭之际，疯狂破坏矿山设备。如炸毁了北满的城子河、恒山、滴道等地煤矿的矿山机械和电动机，放火烧掉房屋、油脂等，使坑内外的设备，无一幸存。"② 在机械工业，"'八·一五'前后，日本侵略者大肆破坏，兼之苏军又拆走了一部分设备，机械工业损失非常严重。机械设备被破坏达90%。内燃机、汽车、飞机、母机、电机等几乎全部无存，最大的住友、三菱机器厂，连一台机器也找不到。"③ 显然，这种行为与日本军人的战败心理和民族利己主义都不无关系。这种破坏对东北后续经济发展的恶劣影响也是显而易见的。

五、掠夺式开发决定其开发的野蛮性和残酷性，也埋下其最终走向失败的祸因

此点在整个伪满产业中普遍存在，尤其是在农业、矿业中体现得尤为明显。在伪满后期，日伪政府对"出荷粮"的征集造成农民口粮、种子量和饲料的严重不足。为了满足日本殖民侵略的需要，东北的出荷粮数量逐年增加，1940年为620万吨，1941年为680万吨，1942年为720万吨，1943年为780万吨，1944年为820万吨，伪满崩溃的1945年为900万吨。④ 另据资料显示，1940年东北粮食生产量为1 389.673 7

---

① 邵式平：《东线经济视察总结报告（1947年11月27日）》，载东北解放区财政经济史编写组、辽宁省档案馆、吉林省档案馆、黑龙江省档案馆编：《东北解放区财政经济史资料选编》第二辑，黑龙江人民出版社1987年版，第43—44页。

② 朱建华主编：《东北解放区财政经济史稿》，黑龙江人民出版社1987年版，第228—229页。

③ 朱建华主编：《东北解放区财政经济史稿》，黑龙江人民出版社1987年版，第234页。

④ 中国档案馆、中国第二历史档案馆、吉林省社会科学院合编：《日本帝国主义侵华档案资料选编·东北经济掠夺》，中华书局1991年版，第545页。

万吨，[1] 1943 年为 1 479. 025 万吨。[2] 显然，要完成如此高额的出荷数量必然要占用农民的口粮。由于粮食不足造成农民死亡的现象比比皆是。在 1942 年，"北安省望奎县因粮食奇缺，全县人民都笼罩着灰暗的悲观情绪……该县山头村从五月十日至二十日仅在五户人家中便有三十多人自杀"[3]。此种对农业的掠夺造成劳动力锐减，进而影响伪满整个社会生产的顺利进行。在矿业中，"人肉开采"现象非常严重，日伪在矿山中实行法西斯高压统治，并竭力扩大封建把头制度，几十万矿工处于水深火热之中，灾害频仍。至 1941 年，煤矿工人死亡 7 373 人，其中中国人 7 168 人，[4] 占其中的 97. 2%。至今在东北各地还有众多的"万人坑"，如抚顺煤矿万人坑、辽源煤矿万人坑、吉林市丰满万人坑、延吉老头沟煤矿万人坑、大栗子铁矿万人坑等。可见，这种掠夺式开发决定其开采是毫无节制的，尤其是在前线战况吃紧物资紧缺的情况下，更是不惜任何代价，甚至采取杀鸡取卵、竭泽而渔的方式，这又必然导致后来工业产量的下降。因此，至伪满末期，由于资材的缺乏、能源的短缺、人力资源的不足和交通运输的中断，工业的生产迅速萎缩，这也从军需物资的角度决定了日本战争失败的不可逆转。总之，日本的野蛮侵略，使其陷入野蛮开发——物资短缺——战斗力下降的恶性循环轨迹之中，最终法西斯日本注定被淹没在历史的尘埃之中。

以上只是笔者得出的几点不成熟的结论，其论证还需要更多的材料和更全面的理论支撑。此外，关于对伪满殖民地工业体系的评价问题也

---

①　东北财经委员会调查统计处编：《伪满时期东北经济统计（1931—1945 年）》，1949 年版，（4）—21。

②　东北财经委员会调查统计处编：《伪满时期东北经济统计（1931—1945 年）》，1949 年版，（4）—22。

③　姜念东等：《伪满洲国史》，大连出版社 1991 年版，第 377 页。

④　解学诗主编：《满铁史资料·煤铁篇》第三分册，中华书局 1987 年版，第 615 页。

颇值得注意。但此问题在前文中关于"伪满殖民地工业体系的影响"一节中已有涉及,即该体系强行阻断了东北原有的工业近代化之路,是日本殖民掠夺体系的重要环节,并给东北人民带来巨大灾难,但也为战后东北工业的发展残留了少许基础,充当了"历史的不自觉的工具",故在此不再展开。

参 考 文 献

中文资料

文献史料：

1. 中央档案馆、中国第二历史档案馆、吉林省社会科学院合编：《日本帝国主义侵华档案资料选编·东北经济掠夺》，中华书局 1991 年版。

2. 中央档案馆、中国第二历史档案馆、吉林省社会科学院合编：《日本帝国主义侵华档案资料选编·九一八事变》，中华书局 1988 年版。

3. 东北财经委员会调查统计处编：《伪满时期东北经济统计（1931—1945 年）》，1949 年版。

4. 东北财经委员会调查统计处编：《伪满时期东北厂矿基本资料》（东北经济参考资料三），1949 年版。

5. 辽宁省统计局编：《辽宁工业百年史料》，辽宁省统计局印刷厂 2003 年版。

6. 辽宁省档案馆、辽宁社会科学院编：《"九·一八"事变前后的日本与中国东北——满铁秘档选编》，辽宁人民出版社 1991 年版。

7. 李茂杰主编：《伪满洲国政府公报全编》，线装书局 2009 年版。

8. 解学诗主编：《满铁史资料·煤铁篇》，中华书局 1987 年版。

9. 东北文化社年鉴编印处编：《东北年鉴》，东北文化社 1931 年版。

10. 陈国清主编：《东北机械工业资料选编（1945—1954）》，沈阳市工具工业公司印刷厂 1985 年版。

11. 解学诗、苏崇民主编：《满铁档案资料汇编》，社会科学文献出版社 2011 年版。

12. "满洲国财政部"编：《满洲国外国贸易统计年报（1932）》载《近代中国史料丛刊三编》第七十六辑，文海出版社（出版年代不详）。

13. "满洲国财政部"编：《满洲国外国贸易统计年报（1935）》载《近代中国史料丛刊三编》第七十六辑，文海出版社（出版年代不详）。

14. "满洲国财政部"编：《满洲国外国贸易统计年报（1936）》载《近代中国史料丛刊三编》第七十六辑，文海出版社（出版年代不详）。

15. 张伯英总纂、崔重庆等整理：《黑龙江志稿》，黑龙江人民出版社 1992 年版。

16. ［清］徐世昌等编纂、李树田等点校：《东三省政略》，吉林文史出版社 1989 年版。

17. 陈绍楠主编：《哈尔滨经济资料文集》第三辑，哈尔滨市档案馆 1991 年版。

18. 中国科学院经济研究所中央工商行政管理局资本主义经济改造研究室编：《旧中国机制面粉工业统计资料》，中华书局 1966 年版。

19. 中国银行总管理处编印：《东三省经济调查录》，1919 年版。

20. 田涛主编：《清朝条约全集》，黑龙江人民出版社 1999 年版。

21. 吉林省档案馆编：《清代吉林档案史料选编·工业》，内部发行，1984 年版、1985 年版。

22. （台湾）"中央研究院"近代史研究所编：《中日关系史料·路

矿交涉》，（台湾）"中央研究院"近代史研究所 1976 年版。

23. 中日条约研究会编印：《中日条约全辑》，1932 年版。

24. 东北物资调节委员会编：《东北经济小丛书》，中国文化服务社沈阳印刷厂 1947 年版、1948 年版。

25. 陈觉：《九一八后国难痛史资料》第一卷，东北问题研究会 1932 年版。

26. 孙嘉良主编：《辽宁近代船舶工业史料》，大连理工大学出版社 1994 年版。

27. 王芸生编著：《六十年来中国与日本》，生活·读书·新知三联书店 2005 年版。

28. ［日］齐藤直基知编：《满洲产业经济大观》，满洲产业调查会 1943 年版。

29. 苏长春主编：《辽宁省地方志资料丛刊》第四辑，辽宁省人民政府印刷厂 1987 年版。

30. 沈阳市人民政府地方志编纂办公室编印：《沈阳地方志资料丛刊·沈阳地区工厂沿革史料》，1985 年版。

31. 中国近代舰艇工业史料编纂组编：《中国近代舰艇工业史料集文献资料（初稿）》，1990 年版。

32. 《中国舰艇工业历史资料丛书》编辑部编纂：《中国近代舰艇工业史料集》，上海人民出版社 1994 年版。

33. 资源委员会沈阳机车车辆公司编印：《东北之铁路车辆工业》，1948 年版。

34. 交通铁道部交通史编纂委员会编印：《交通史航空编》，1930 年版。

35. 辽宁省档案馆编：《奉系军阀档案史料汇编》，江苏古籍出版社

1990 年版。

36. 国民政府主席东北行辕经济委员会经济调查研究处编：《东北造纸业概况》，1947 年版。

37. 锡良：《锡良遗稿（奏稿）》第二册，中华书局 1959 年版。

38. 丹东市史志办公室编印：《清末至解放初期的丹东工业史料（1910—1950）》，1986 年版。

39. 中国电业史志编辑室、湖北省电力志编辑室编：《中国电业史料选编》上，天津牛家牌印刷厂 1987 年版。

40. 中央档案馆整理编辑：《日本战犯的侵华罪行自供》，香港中和出版有限公司 2014 年版。

41. 旅大概述编辑委员会印行：《旅大概述》，1949 年版。

42. 东北解放区财政经济史编写组编：《东北解放区财政经济史资料选编》，黑龙江人民出版社 1988 年版。

43. 大连港《港史》编委会编辑组编：《大连港史资料选编》（铅印件），1992 年版。

44. 《中国近代兵器工业档案史料》编委会编：《中国近代兵器工业档案史料》，兵器工业出版社 1993 年版。

45. 汪敬虞编：《中国近代工业史资料》第二辑，科学出版社 1957 年版。

46. 彭泽益编：《中国近代手工业史资料（1840—1949）》，生活·读书·新知三联书店 1957 年版。

47. 陈真等编：《中国近代工业史资料》（共四辑），生活·读书·新知三联书店 1957—1961 年版。

48. 东北科学技术学会：《电力报告书》，1945 年 9 月 1 日。

著作：

1. 詹自佑：《东北的资源》（东北经济丛书之一），东方书店 1946年版。

2. 郑学稼：《东北的工业》（东北经济丛书之二），东方书店 1946年版。

3. 施良：《东北的矿业》（东北经济丛书之三），东方书店 1946年版。

4. 张念之：《东北的贸易》（东北经济丛书之五），东方书店 1948年版。

5. 徐嗣同：《东北研究丛书·东北的产业》，中华书局 1932年版。

6. 高晓燕主编：《东北沦陷时期殖民地形态研究》，社会科学文献出版社 2013年版。

7. 丘树屏：《伪满洲国十四年史话》（长春市政协文史与学习委员会编：《长春文史资料》第53辑），1997年版。

8. 东北沦陷十四年史总编室、日本殖民地文化研究会编：《伪满洲国的真相——中日学者共同研究》，社会科学文献出版社 2010年版。

9. 刘家常、于正、刘宝军：《抚顺战犯管理所纪事》，沈阳出版社 2014年版。

10. 辛培林、张凤鸣、高晓燕主编：《黑龙江开发史》，黑龙江人民出版社 1999年版。

11. 杜恂诚：《日本在旧中国的投资》，上海社会科学院出版社 1986年版。

12. 孔经纬主编：《长春经济演变》，长春出版社 1991年版。

13. 孔经纬主编：《清代东北地区经济史》，黑龙江人民出版社 1990

年版。

14. 孔经纬、傅笑枫：《奉系军阀官僚资本》，吉林大学出版社 1989 年版。

15. 孔经纬：《新编中国东北地区经济史》，吉林教育出版社 1994 年版。

16. 孔经纬：《日俄战争至抗战胜利期间东北的工业问题》，辽宁人民出版社 1958 年版。

17. 孔经纬：《中国东北经济变迁》，吉林教育出版社 1999 年版。

18. 孔经纬、朱显平：《帝俄对哈尔滨一带的经济掠夺》，黑龙江人民出版社 1986 年版。

19. 姜念东等编：《伪满洲国史》，大连出版社 1991 年版。

20. 解学诗：《伪满洲国史新编》，人民出版社 2008 年版。

21. 解学诗等主编：《满铁与中国劳工》，社会科学文献出版社 2003 年版。

22. 解学诗、张克良编：《鞍钢史（1909—1948）》，冶金工业出版社 1984 年版。

23. 张田实改编：《伪满洲国始末》，江西人民出版社 1985 年版。

24. 王承礼主编：《中国东北沦陷十四年史纲要》，中国大百科全书出版社 1991 年版。

25. 王承礼等总主编：《苦难与斗争十四年》，中国大百科全书出版社 1995 年版。

26. 苏崇民等主编：《劳工的血与泪》，中国大百科全书出版社 1995 年版。

27. 苏崇民：《满铁史》，中华书局 1990 年版。

28. 顾明义等主编：《日本侵占旅大四十年史》，辽宁人民出版社

1991 年版。

29. 顾明义等主编：《大连近百年史》，辽宁人民出版社 1999 年版。

30. 傅波：《中日抚顺煤矿案交涉始末》，黑龙江人民出版社 1987 年版。

31. 傅波、曹德全主编：《抚顺编年史》，辽宁民族出版社 2004 年版。

32. 傅波、刘畅、王平鲁主编：《抚顺地方史概览》，抚顺市人民政府印刷厂 2001 年版。

33. 高严等主编：《吉林工业发展史》，中国经济出版社 1992 年版。

34. 张福全：《辽宁近代经济史（1840—1949）》，中国财政经济出版社 1989 年版。

35. 鲍振东、李向平等：《辽宁工业经济史》，社会科学文献出版社 2014 年版。

36. 吕冬冬、栾莹：《历史的见证——本溪湖劳工问题研究》，吉林人民出版社 2006 年版。

37. 张其昀编：《东北失地之经济概况》，钟山书局 1933 年版。

38. 张凤鸣、王敬荣主编：《残害劳工》（日本侵华新罪证系列丛书），黑龙江人民出版社 2000 年版。

39. 马尚斌：《奉系经济》，辽海出版社 2000 年版。

40. 高书全、孙继武、顾民：《中日关系史》第二卷，社会科学文献出版社 2006 年版。

41. 何天义主编：《日军枪刺下的中国劳工——伪满劳工血泪史》，新华出版社 1995 年版。

42. 李代耕编：《中国电力工业发展史料——解放前的七十年（1879—1949）》，水利电力出版社 1983 年版。

43. 傅立鱼：《大连要览》，泰东日报社 1918 年版。

44. 范立君：《近代松花江流域经济开发与生态环境变迁》，中国社会科学出版社 2013 年版。

45. 赵广庆、曹德全：《抚顺通史》，辽宁民族出版社 1995 年版。

46. 抚顺市政协文史资料委员会、抚顺矿业集团有限责任公司编：《抚顺煤矿百年（1901—2001）》，辽宁人民出版社 2004 年版。

47. 王渤光主编：《抚顺人民抗日斗争四十年史》，辽宁人民出版社 1992 年版。

48. 侯厚培、吴觉农：《日本帝国主义对华经济侵略》，黎明书局 1931 年版。

49. 步平、荣维木主编：《中华民族抗日战争全史》，中国青年出版社 2010 年版。

50. 上海市粮食局、上海市工商行政管理局、上海社会科学院经济研究所经济史研究室编：《中国近代面粉工业史》，中华书局 1987 年版。

51. 胡绍增等：《齐齐哈尔经济史》，哈尔滨船舶工程学院出版社 1991 年版。

52. 瞿林祥主编：《黄金王国的兴衰——韩边外祖孙四代纪实》，吉林摄影出版社 1997 年版。

53. 李树田等编：《韩边外》，吉林文史出版社 1987 年版。

54. 中共通化市委党史研究室编著：《通化百年》，吉林人民出版社 2011 年版。

55. 傅恩龄编：《八十四年前的东北地理教本》，南开大学出版社 2015 年版。

56. 《中国近代兵器工业》编审委员会编：《中国近代兵器工业——清末至民国的兵器工业》，国防工业出版社 1998 年版。

57. 王希亮：《近代中国东北日本人早期活动研究》，社会科学文献出版社 2017 年版。

58. 王希亮：《日本对中国东北的政治统治（1931—1945 年)》，黑龙江人民出版社 1991 年版。

59. 滕利贵：《伪满经济统治》（伪满史丛书），吉林教育出版社 1992 年版。

60. 辛元欧：《中国近代船舶工业史》，上海古籍出版社 1999 年版。

61. 王志毅：《中国造船工业史略（1840—1949）》（油印件），1980 年版。

62. 姜长英编著：《中国航空史》，西北工业大学出版社 1987 年版。

63. 中国航空工业史编修办公室编： 《中国近代航空工业史 (1909—1949)》，航空工业出版社 2013 年版。

64. 姚峻主编：《中国航空史》，大象出版社 1998 年版。

65. 哈尔滨飞机制造公司《创业风采》编委会编：《创业风采——纪念哈尔滨飞机制造公司创建四十周年（1952—1992)》，1992 年版。

66. 朱建华主编：《东北解放区财政经济史稿》，黑龙江人民出版社 1987 年版。

67. 中央档案馆编：《伪满洲国的统治与内幕——伪满官员供述》，中华书局 2000 年版。

68. 余克礼、朱显龙主编：《中国国民党全书》，陕西人民出版社 2001 年版。

69. 刘国铭主编：《中国国民党百年人物全书》，团结出版社 2005 年版。

70. 金成民：《日本军细菌战》，黑龙江人民出版社 2008 年版。

71. 王尔敏：《清季兵工业的兴起》，（台湾）"中央研究院"近代史研究所 1978 年版。

史志类：

1. 《大连造船厂史》编委会编：《大连造船厂史（1898—1998）》，大连船舶印刷厂 1998 年版。

2. 大连市史志办公室编：《大连市志·冶金工业志 电子工业志 盐业志 医药志》，辽宁民族出版社 2004 年版。

3. 大连盐化集团有限公司编：《百年盐业百年文化》，2012 年版。

4. 鞍钢史志编纂委员会编：《鞍钢志（1916—1985）》上册，人民出版社 1991 年版。

5. 大连机车车辆工厂厂志编纂委员会编：《铁道部大连机车车辆工厂志（1899—1987）》，大连出版社 1993 年版。

6. 哈尔滨车辆厂志编委会编：《哈尔滨车辆厂志（1898—1995）》，哈尔滨出版社 1998 年版。

7. 齐齐哈尔车辆工厂厂志编委会编：《齐齐哈尔车辆工厂厂志（1935—1984）》，黑龙江美术出版社 1986 年版。

8. 胡盛军主编：《鞍山市机械工业志》，辽宁人民出版社 1990 年版。

9. 抚顺石油工业志编委会编：《抚顺石油工业志（1904—1987）》，辽宁人民出版社 1989 年版。

10. 黑龙江省地方志编纂委员会编：《黑龙江省志·电力工业志（1905—1985）》，黑龙江人民出版社 1992 年版。

11. 吉林省电力工业志编辑室编：《吉林省电力工业志》，中国城市出版社 1994 年版。

12. 吉林省地方志编纂委员会：《吉林省志·重工业志·电力》，吉林文史出版社 1995 年版。

13. 《大连水泥厂志》编纂委员会：《大连水泥厂志（1907—1985）》，1987 年版。

14. 哈尔滨市纺织管理局史志办编：《哈尔滨市纺织系统厂志汇集》，哈尔滨市纺织局 1994 年版。

15. 吉林松江水泥厂厂史办公室编辑：《松江水泥厂史（1933—1985）》，1988 年版。

16. 丰满发电厂工人运动史编审委员会编：《丰满发电厂工人运动史（1937—1985）》，丰满发电厂工运史办公室 1992 年版。

17. 穆恒洲主编：《吉林省旧志资料类编·矿产矿务篇》，吉林文史出版社 1985 年版。

18. 哈尔滨市地方志编纂委员会编：《哈尔滨市志·轻工业 食品工业》，黑龙江人民出版社 1999 年版。

19. 哈尔滨车辆工厂、哈尔滨师范学院历史系编写组：《三十六棚——哈尔滨车辆工厂史》，黑龙江人民出版社 1980 年版。

20. 黎明发动机制造公司史志办编：《黎明发动机制造公司史料》第六辑，1986 年版。

21. 大连市史志办公室编著：《中共大连地方史》上卷，大连出版社 1996 年版。

22. 李健、黄开亮主编：《中国机械工业技术发展史》，机械工业出版社 2001 年版。

23. 大连市社科（联）院历史文化丛书编委会编：《沙河口史话》，东北财经大学出版社 2011 年版。

24. 抚顺矿务局煤炭志编纂委员会：《抚顺矿区史略（1901—1985）》，抚顺矿工报印刷厂 1988 年版。

25. 本钢史志办公室编：《本钢志（1905—1985）》第一卷（上），

辽宁人民出版社 1989 年版。

26. 工厂简史编委会编：《大连机车车辆厂简史（1899—1999）》，中国铁道出版社 1999 年版。

27.《哈尔滨水泥厂志》编委会：《哈尔滨水泥厂志（1932—1995）》（出版年代不详）。

文史资料：

1. 王梦林、赵广田：《卜奎电灯厂始末》，载齐齐哈尔市政协文史办公室编：《齐齐哈尔文史资料》第 18 辑，齐齐哈尔市政协文史资料研究委员会 1988 年版。

2. 袁铁凤：《奉天电灯厂的创办及沿革》，载政协沈阳市沈河区文史资料研究委员会编：《沈河文史资料》第二辑，沈阳市第二市政建设工程公司印刷厂 1990 年版。

3. 沈振荣：《东三省兵工厂》，载中国人民政治协商会议辽宁省委员会文史资料研究委员会编：《辽宁文史资料》第八辑，辽宁人民出版社 1984 年版。

4. 宋瑞宸：《解放前安东的油坊业》，载中国人民政治协商会议辽宁省委员会文史资料研究委员会编：《辽宁文史资料》第八辑，辽宁人民出版社 1984 年版。

5. 卢广绩：《缅怀杜重远同志》，载中国人民政治协商会议辽宁省委员会文史资料研究委员会编：《辽宁文史资料》第八辑，辽宁人民出版社 1984 年版。

6. 赵瑞馥：《沈阳五十年中的金银业》，载政协辽宁省委员会文史资料研究委员会编：《辽宁文史资料》第 12 辑，辽宁人民出版社 1985 年版。

7. 文蔚之:《旧沈阳的机械工业》,载政协沈阳市委员会文史资料研究委员会编:《沈阳文史资料》第六辑,沈阳市第一印刷厂1984年版。

8. 陈海江、李广健、郭成力:《"三十六棚"铁路工厂》,载政协哈尔滨市委员会文史资料编辑部编:《哈尔滨文史资料》第15辑,哈尔滨出版社1991年版。

9. 孙继先、罗正难:《东北航空军》,载政协辽阳市委员会学习宣传文史委员会编:《辽阳文史资料》第13辑,辽阳市委机关印刷厂2003年版。

10. 刘益旺、贾涛:《长春益发合兴衰始末》,载政协吉林省长春市委员会文史资料研究委员会编:《长春市委员会文史资料》9,政协吉林省长春文史资料研究委员会1985年版。

11. 马国宴:《长春裕昌源火磨的创办人王荆山》,载政协吉林省长春市委员会文史资料研究委员会编:《长春文史资料》9,政协吉林省长春市委员会文史资料研究委员会1985年版。

12. 刘沛泽:《廿年纺织生活片段》,载政协辽阳市委员会学习宣传文史委员会编:《辽阳文史资料》第13辑,辽阳市委机关印刷厂2003年版。

13. 刘春辉、贾魁元:《解放前辽阳纺织厂工人斗争史略》,载政协辽阳市委员会学习宣传文史委员会编:《辽阳文史资料》第13辑,辽阳市委机关印刷厂2003年版。

14. 杨大明:《满洲纺绩株式会社史要》,载政协辽阳市委员会学习宣传文史委员会编:《辽阳文史资料》第13辑,辽阳市委机关印刷厂2003年版。

15. 王志方:《伪满时期的水泥工业》,载政协辽阳市委员会学习宣传文史委员会编：《辽阳文史资料》第 13 辑，辽阳市委机关印刷厂 2003 年版。

16. 周脉喜口述、王冠军整理：《伪满劳工生活片段》，载中国人民政治协商会议伊春市委员会文史资料研究委员会编：《伊春文史资料》第三辑，伊春印刷厂 1986 年版。

17. 田仁：《"周家炉"兴衰浮沉记略》，载政协大连市西岗区委员会文史资料委员会编：《西岗文史资料》第 2 辑，旅顺包装装潢印刷厂 1990 年版。

18. 许洪山：《吉林裕华织染工厂的创立与发展》，载《吉林文史资料》编辑部、中国民主建国会吉林省委员会、吉林省工商业联合会编：《吉林文史资料》第 15 辑，中国人民政治协商会议吉林省委员会文史资料研究委员会 1987 年版。

19. 杨孝侯：《长春新力棉织厂厂史略闻》，载《长春文史资料》编辑部编：《长春文史资料》第 5 辑，长春市政协文史资料委员会 1988 年版。

20. 杨恺忱、邹德隆整理：《难忘的历史 血泪的回忆——辽源煤矿部分老工人座谈会纪实》，载政协辽源市委员会文史资料委员会、政协辽源市西安区委员会文史资料委员会编：《辽源文史资料》第二辑，辽源矿务局印刷厂 1989 年版。

21. 张家珠：《日伪统治者残害矿工的暴行》，载政协辽源市委员会文史资料委员会、政协辽源市西安区委员会文史资料委员会编：《辽源文史资料》第三辑，辽源矿务局印刷厂 1990 年版。

22. 魏本厚口述、王者安整理：《一个老矿工的控诉》，政协辽源市委员会文史资料委员会、政协辽源市西安区委员会文史资料委员会：《辽源文史资料》第三辑，辽源矿务局印刷厂 1990 年版。

23. 张家珠：《矿山把头是怎样盘剥矿工的》，载政协辽源市委员会文史资料委员会、政协辽源市西安区委员会文史资料委员会：《辽源文史资料》第三辑，辽源矿务局印刷厂1990年版。

24. 杨启明：《"九·三"胜利和国民党统治时期的西安煤矿》，载政协辽源市委员会文史资料委员会、政协辽源市西安区委员会文史资料委员会编：《辽源文史资料》第三辑，辽源矿务局印刷厂1990年版。

25. 安庆祥、郝贵聪：《解放前西安县经济发展综述》，载政协辽源市委员会文史资料委员会编：《辽源文史资料》第四辑，辽源矿务局印刷厂1991年版。

26. 李长春口述、李亚东整理：《日寇铁蹄下的扎赉诺尔煤矿》，载中国人民政治协商会议内蒙古自治区委员会文史资料委员会编：《伪满兴安史料》（《内蒙古文史资料》第三十四辑），内蒙古新华印刷厂附属厂1989年版。

27. 黄青山：《民国和日伪时期的东宁煤矿》，载牡丹江市政协文史办公室编：《牡丹江文史资料》第五辑，牡丹江市政协1989年版。

28. 王者安：《昔日的西安发电厂》，载政协辽源市委员会文史资料委员会、政协辽源市西安区委员会文史资料委员会编：《辽源文史资料》第三辑，辽源矿务局印刷厂1990年版。

29. 杨云程：《我所知道的双合盛与张廷阁》，载中国人民政治协商会议黑龙江省哈尔滨市委员会文史资料研究委员会编：《哈尔滨文史资料》第二辑，黑龙江省教育厅印刷厂1983年版。

30. 刘佩芝遗稿：《天兴福制粉厂发展史》，载中国人民政治协商会议黑龙江省哈尔滨市委员会文史资料研究委员会编：《哈尔滨文史资料》第四辑，哈尔滨市龙江印刷厂1984年版。

31. 邵越千：《天兴福的创立和发展》，载中国人民政治协商会议黑龙江省哈尔滨市委员会文史资料研究委员会编：《哈尔滨文史资料》第四辑，哈尔滨市龙江印刷厂1984年版。

32. 市民建、工商联史料组：《哈尔滨的制粉业》，载中国人民政治协商会议黑龙江省哈尔滨市委员会文史资料研究委员会编：《哈尔滨文史资料》第四辑，哈尔滨市龙江印刷厂1984年版。

33. 丁继荣：《建国前后的牡丹江市纺织业》，载牡丹江市政协文史办公室编：《牡丹江文史资料》第五辑，牡丹江市政协1989年版。

34. 王广臣：《穆棱金矿的血泪》，载牡丹江市政协文史办公室编：《牡丹江文史资料》第五辑，牡丹江市政协1989年版。

35. 程远逵：《血泪斑斑话鞍钢》，载政协辽阳市委员会学习宣传文史委员会编：《辽阳文史资料》第13辑，辽阳市委机关印刷厂2003年版。

36. 民建哈尔滨市委、哈尔滨市工商联：《张廷阁与双合盛兴衰》，载中国民主建国会黑龙江省委员会黑龙江省工商业联合会编：《黑龙江工商史料》第一辑，中共黑龙江省委机关铅印室1988年版。

37. 孙为人：《"945"部队揭秘》，载中国人民政治协商会议葫芦岛市委员会文史资料委员会编：《葫芦岛文史资料》第三辑，葫芦岛日报社印刷厂1995年版。

38. 王玲：《白山黑水慰忠魂——追念祖父王镜寰》，载中国人民政治协商会议北京市海淀区委员会编：《文史资料选编》第二辑，1988年版。

39. 大连渔轮公司厂志办：《从关东造船实业组合到关东造船株式会社》，载政协大连市西岗区委员会文史资料委员会编：《西岗文史资料》第三辑，旅顺包装装潢印刷厂1991年版。

40. 大连造船厂综合档案处：《1898—1954大连造船厂沿革史》，载政协大连市西岗区委员会文史资料委员会编：《西岗文史资料》第三辑，旅顺包装装潢印刷厂1991年版。

41. 马忠礼：《沦陷时期的"满洲车辆"》，载政协沈阳市皇姑区文史委员会编：《皇姑文史资料·工商专辑》18，2009年版。

42. 段玉玲、马忠礼：《机车车辆厂的新起点》，载政协沈阳市皇姑区文史委员会编：《皇姑文史资料·工商专辑》18，2009年版。

43. 马忠礼、陈焰：《世纪飞翔——记"沈飞"的前身及其后发展》，载政协沈阳市皇姑区文史委员会编：《皇姑文史资料·工商专辑》18，2009年版。

44. 贾超：《国民党空军沿革》，载政协重庆市中区委员会文史资料委员会编：《重庆市中区文史资料》第1辑，1988年版。

45. 王迪：《伪满国都"新京"机场的概况》，载政协长春市宽城区委员会文史办编：《文史资料》，1987年第4期。

46. 韩世魁：《营口电力工业的产生与第一座发电厂》，载中国人民政治协商会议营口市委员会文史资料研究委员会编：《营口文史资料》第十辑，中共营口市委机关印刷厂1994年版。

47. 李德隆：《营口盐场今昔》，载中国人民政治协商会议营口市委员会文史资料研究委员会编：《营口文史资料》第十辑，中共营口市委机关印刷厂1994年版。

48. 王一清：《本溪湖煤铁公司20年》，载辽宁省政协学习宣传和文史委员会编：《辽宁文史资料精萃 经济·文化·教育》，辽宁人民出版社1999年版。

49. 李成海：《沈阳市成发铁工厂创业历史》，载辽宁省政协学习宣传和文史委员会编：《辽宁文史资料精萃 经济·文化·教育》，辽宁人民出版社1999年版。

50. 邱新野：《阜新能源基地建设回忆录》，载辽宁省政协学习宣传和文史委员会编：《辽宁文史资料精萃 经济·文化·教育》，辽宁人民出版社1999年版。

51. 孙丽君：《废墟上崛起的发电厂》，载辽宁省政协学习宣传和文史委员会编：《辽宁文史资料精萃 经济·文化·教育》，辽宁人民出版社1999年版。

52. 蒋辑五口述、林基永笔录：《回忆爱国企业家大连顺兴铁工厂主周文贵》，载中国人民政治协商会议辽宁省大连市委员会文史资料委员会编：《大连文史资料》第6辑，大连市委党校印刷厂1989年版。

53. 王延和：《旅顺盐业开发简史》，载中国人民政治协商会议辽宁省大连市委员会文史资料委员会编：《大连文史资料》第6辑，大连市委党校印刷厂1989年版。

54. 徐敬之：《解放前大连民族工商业见闻》，载中国人民政治协商会议辽宁省大连市委员会文史资料委员会编：《大连文史资料》第6辑，大连市委党校印刷厂1989年版。

55. 陈季升、周子恩：《大连顺兴铁工厂兴衰记》，载辽宁省政协学习宣传和文史委员会编：《辽宁文史资料精萃 经济·文化·教育》，辽宁人民出版社1999年版。

56. 王中新、樊德明：《伪满时期镇东的工商业》，载孙邦主编：《伪满史料丛书·经济掠夺》，吉林人民出版社1993年版。

57. 常树勋：《日伪"七·二五"停价令后的黑山工商业》，载孙邦主编：《伪满史料丛书·经济掠夺》，吉林人民出版社1993年版。

58. 永吉县政协：《伪满时期的永吉缸厂》，载孙邦主编：《伪满史料丛书·经济掠夺》，吉林人民出版社1993年版。

59. 宋铎：《桦南县东茂祥火磨的艰难历程》，载孙邦主编：《伪满史料丛书·经济掠夺》，吉林人民出版社 1993 年版。

60. 翟永魁：《伪满时期辽中县的"粮谷出荷"》，载孙邦主编：《伪满史料丛书·经济掠夺》，吉林人民出版社 1993 年版。

61. 于洪乔：《庆安县的"粮谷出荷"》，载孙邦主编：《伪满史料丛书·经济掠夺》，吉林人民出版社 1993 年版。

62. 郭守昌：《日本帝国主义是怎样掠夺东北大豆和吞并民族工商业的》，载孙邦主编：《伪满史料丛书·经济掠夺》，吉林人民出版社 1993 年版。

63. 王洪学：《伪满时期的"依兰亚麻株式会社"》，载孙邦主编：《伪满史料丛书·经济掠夺》，吉林人民出版社 1993 年版。

64. 于静远：《日本对东北的铁矿及其他矿产的掠夺》，载孙邦主编：《伪满史料丛书·经济掠夺》，吉林人民出版社 1993 年版。

65. ［日］平野岭夫：《河本大作与满炭》，载孙邦主编：《伪满史料丛书·经济掠夺》，吉林人民出版社 1993 年版。

66. 战丽珠、张涉任、张九英：《日伪统治时期的北票煤矿》，载孙邦主编：《伪满史料丛书·经济掠夺》，吉林人民出版社 1993 年版。

67. 赵立静、傅波：《抚顺人造石油资源的掠夺》，载孙邦主编：《伪满史料丛书·经济掠夺》，吉林人民出版社 1993 年版。

68. 杨春发整理：《伪满时期的四平油化厂》，载孙邦主编：《伪满史料丛书·经济掠夺》，吉林人民出版社 1993 年版。

69. 顾赠、蔡兰芳：《伪满乌拉嘎金矿》，载孙邦主编：《伪满史料丛书·经济掠夺》，吉林人民出版社 1993 年版。

70. 周文、韩国瑞、祖焕荣、宫殿臣口述，韩秋记录：《日本侵略者对朝阳县东五家子乡黄金资源的掠夺》，载孙邦主编：《伪满史料丛书·经济掠夺》，吉林人民出版社 1993 年版。

71. 崔树铭：《伪满大亚矿业株式会社锦西矿业所》，载孙邦主编：《伪满史料丛书·经济掠夺》，吉林人民出版社 1993 年版。

72. 王海亭：《大石桥南满矿业的始末》，载孙邦主编：《伪满史料丛书·经济掠夺》，吉林人民出版社 1993 年版。

73. 王学良：《桓仁铜锌矿》，载孙邦主编：《伪满史料丛书·经济掠夺》，吉林人民出版社 1993 年版。

74. 闻师：《丰满电站的沧桑》，载孙邦主编：《伪满史料丛书·经济掠夺》，吉林人民出版社 1993 年版。

75. 曲秉善：《伪满四平省人民受奴役的实况》，载孙邦主编：《伪满史料丛书·经济掠夺》，吉林人民出版社 1993 年版。

76. 张宝玉：《劳工血泪》，载孙邦主编：《伪满史料丛书·经济掠夺》，吉林人民出版社 1993 年版。

77. 刁歧山等：《丰满劳工的血泪控诉》，载孙邦主编：《伪满史料丛书·经济掠夺》，吉林人民出版社 1993 年版。

78. 李权洙：《浑江大栗子铁矿劳工的生活》，载孙邦主编：《伪满史料丛书·经济掠夺》，吉林人民出版社 1993 年版。

79. 魏春德等口述，于开圻、刘荒、辛愚圣整理：《日伪统治时期七道沟铁矿工人的苦难》，载孙邦主编：《伪满史料丛书·经济掠夺》，吉林人民出版社 1993 年版。

80. 陈修和：《奉张时期和日伪时期的东北兵工厂》，载中国政治协商会议全国委员会文史资料研究委员会编：《文史资料选辑》第 25 辑，中华书局 1962 年版。

文章：

1. 张志强：《近代东北的榨油业》，《东北地方史研究》1984 年第

1 期。

2. 宋德玲：《伪满时期日本帝国主义对黑龙江地区的经济掠夺》，《北方文物》1997 年第 3 期。

3. 刘英杰：《伪满时期日本对中国东北能源的掠夺》，《社会科学辑刊》2002 年第 5 期。

4. 傅笑枫：《"九·一八"事变后日伪对奉系军阀官僚资本的劫夺》，载东北三省中国经济史学会等编：《中国东北地区经济史专题国际学术会议文集》，学苑出版社 1989 年版。

5. 樊丽明：《张学良任校长时期东北大学工厂的发展》，《兰台世界》（上旬刊）2013 年第 1 期。

6. 刘万东：《从本溪湖煤铁公司看日本帝国主义对我国东北的经济侵略》，《辽宁大学学报》（哲学社会科学版）1982 年第 2 期。

7. 赵恩棠：《谈谈我国的水力发电事业》，载《新满洲》1941 年 11 月第 12 号，满洲图书株式会社。

8. 余德新：《日伪统治时期的东北水泥工业》（中国水泥史话之四），《中国建材》1983 年第 1 期。

9. 孔经纬、王连忠、孙建华：《九一八事变后日本对奉系军阀官僚资本的侵掠》，《抗日战争研究》1996 年第 2 期。

10. 孔经纬：《伪满时期的东北经济状况》，《社会科学辑刊》1979 年第 4 期。

11. 李力：《伪满前期满铁对东北煤炭业的控制——满洲炭矿株式会社成立经纬》，《东北史地》2013 年第 1 期。

12. 邱建群：《伪满时期日本的石油贸易管制研究》，《日本研究》2013 年第 4 期。

13. 杨津涛：《抚顺标准煤喂饱日本兵工厂》，《中国国家地理》

2015 年第 9 期。

14. 孙瑜：《伪满时期日本对中国东北酿酒工业的掠夺》，《学术交流》2020 年第 9 期。

15. 孙瑜：《伪满时期日本对东北机械工业的掠夺》，《中国社会科学报》，2013 年 8 月 21 日。

16. 孙瑜：《日本对中国东北的经济掠夺——以伪满水泥工业为例》，《暨南学报》2015 年第 11 期。

17. 孙瑜：《论近代以来日本对中国东北石油工业的掠夺》，《学术交流》2015 年第 9 期。

18. 孙瑜：《"九·一八"事变前东北电力工业初探》，《史学集刊》2016 年第 2 期。

19. 孙瑜：《日本侵略中国东北电力》，《中国社会科学报》2016 年 8 月 15 日。

20. 孙瑜：《九一八事变后日本对中国东北有色金属矿业的掠夺》，《学术交流》2016 年第 9 期。

21. 孙瑜：《佚失伪满〈退位诏书〉考析》，《近代史研究》2016 年第 5 期。

22. 孙瑜：《沦陷时期日本对中国东北兵器工业的控制与掠夺》，《军事历史研究》2018 年第 6 期。

23. 孙瑜：《论伪满时期日本对中国东北煤炭工业的掠夺》，《溥仪及其时代》2019 年第 2 期。

24. 孙瑜：《伪满时期日本对东北纺织业的掠夺》，《经济社会史评论》2020 年第 1 期。

25. 孙瑜：《论日本对中国东北铁路车辆制造业的侵占与掠夺（1905—1945）》，《哈尔滨师范大学社会科学学报》2020 年第 3 期。

26. 郭洪茂、武向平：《伪满时期日本对东北的国防资源"调查"——以铁矿资源"调查"为中心》，《外国问题研究》2011 年第 3 期。

27. 武向平：《满铁对满鲜历史地理"调查"及实质》，《社会科学战线》2011 年第 8 期。

28. 郭洪茂：《满铁铁道工厂中国工人状况之考察》，《溥仪及其时代》2019 年第 1 期。

29. 武向平：《40 年来我国满铁研究现状述评》，《溥仪及其时代》2019 年第 1 期。

30. 庄严：《日伪时期日本对东北钢铁资源的掠夺及其特点——以辽宁为剖析对象》，载郭素美、张凤鸣主编：《东北沦陷十四年史研究》第三辑，黑龙江人民出版社 1996 年版。

31. 张凤鸣：《伪满时期黑龙江地区的采金业》，载郭素美、张凤鸣主编：《东北沦陷十四年史研究》第三辑，黑龙江人民出版社 1996 年版。

32. 步平：《日本殖民地经济问题的比较研究——以中国东北殖民地为中心》，载郭素美、张凤鸣主编：《东北沦陷十四年史研究》第三辑，黑龙江人民出版社 1996 年版。

33. 胡吉勇：《日本对吉林的煤炭掠夺》，《吉林日报》2015 年 9 月 15 日。

34. 张文俊、申晓云：《论张作霖与日本关系的双重面相》，《历史教学》（高校版）2009 年第 4 期。

35. 侯文强：《张作霖、张学良与东北铁路建设》，《南京政治学院学报》2003 年第 3 期。

36. 朱显平：《帝俄霸占哈尔滨市政的几个问题》，《哈尔滨史志》

1986 年第 3 期。

37. 高晓燕：《沦陷时期日本在黑龙江地区的地质勘查》，抚顺市社会科学院编：《东北地区中日关系史研究》，吉林文史出版社 2015 年版。

38. 王革生：《清代的东北盐业》，《东北地方史研究》1984 年第 1 期。

39. 宇存：《哈尔滨经济界之调查（七续）》，《中东经济月刊》第六卷第六号（调查）（1930 年 6 月 16 日发行）。

40. 仙乎：《东三省电气事业》，《东省经济月刊》第三卷第四号（1927 年 4 月 15 日发行）。

41. 《哈尔滨之电业公司》，《东省经济月刊》第三卷第八号（1927 年 8 月 15 日发行）。

42. 季秀石：《日本对我国东北经济侵略和掠夺政策的变迁及其实施》，《史林》1986 年第 2 期。

43. 祝全华、高翔、关尼亚：《罪恶与明证——甲午战争以来日本对辽宁矿产资源的觊觎与掠夺》，《国土资源》2015 年第 9 期。

44. 王询：《辽宁工业经济发展的轨迹及反思》，《东北财经大学学报》2010 年第 4 期。

45. 崔再尚：《日本对东北盐业资源的掠夺》，《大连近代史研究》第 11 卷。

46. 曲惠新：《沦陷时期的东北盐业》，《盐业史研究》1992 年第 2 期。

47. 赵光珍：《日本殖民统治大连时期的盐业史探》，《辽宁师范大学学报》（社会科学版）1999 年第 5 期。

48. 王万涛：《日本对旅大地区土地资源的掠夺（续）》，《大连近代史研究》第 6 卷。

49. 关靖华：《浅析伪满洲国傀儡帝制的原因》，《黑龙江史志》2014 年第 9 期。

50. 张辅麟：《伪满政权傀儡性再认识》，《社会科学战线》1991 年第 2 期。

51. 李慧娟：《从总务制到次长制——论伪满洲国政治体制的傀儡性》，《史学集刊》2005 年第 4 期。

52. 于耀洲、黄志强：《从〈日满议定书〉及相关附件的内容看伪满政权的傀儡性》，《齐齐哈尔大学学报》（哲学社会科学版）2008 年第 3 期。

53. 姜楠：《从溥仪的元首生涯看伪满政权的傀儡性》，《学理论》2019 年第 2 期。

54. 安德喜：《伪满傀儡政权始末》，《兰台世界》2002 年第 3 期。

55. 李作权：《东北殖民地经济的形成和发展——兼论掠夺是日本帝国主义的根本目的》，载《伪皇宫陈列馆年鉴 1986》。

56. 李作权：《日伪统治时期的东北经济特征——兼论东北资本主义的发展》，载《伪皇宫陈列馆年鉴 1986》。

57. 李作权：《伪满的〈产业开发五年计划〉及其实质》，载《伪皇宫陈列馆年鉴 1986》。

58. 志强：《溥仪出逃、退位、被捕日期辨》，载《伪皇宫陈列馆年鉴 1987》。

59. 李作权：《东北沦陷时期的民族工商业》，载《伪皇宫陈列馆年鉴 1987》。

60. 李作权：《日本资本与东北经济》，载《伪皇宫陈列馆年鉴 1987》《伪皇宫陈列馆年鉴 1988》。

61. 李作权：《满铁在东北经济殖民地化中的地位和作用》，载《伪皇宫陈列馆年鉴 1989》。

62. 李作权：《略论中国东北地区近代面粉工业的兴衰》，载《伪皇宫陈列馆年鉴 1989》。

63. 赵聆实：《太平洋战争后伪满殖民地经济的特点》，载《伪皇宫陈列馆年鉴 1988》。

64. 蒋志平：《满铁在日本侵略东北中的作用》，载《伪皇宫陈列馆年鉴 1988》。

65. 沈燕：《伪满汉奸于静远》，载《伪皇宫陈列馆年鉴 1995》。

66. 潘佩孟：《驳日本军国主义分子美化侵略的谬论》，载《伪皇宫陈列馆年鉴 1995》。

67. 范广杰：《东北沦陷史鉴》，载《伪皇宫陈列馆年鉴 1998—1999》。

68. 陈宏：《日本甲级战犯梅津美治郎》，载《伪皇宫陈列馆年鉴 1998—1999》。

69. 李亚婷：《试论伪满时期特殊会社》，载《伪满皇宫博物院年鉴 2000—2001》。

70. 王丽杰：《多行不义必自毙——审判日本战犯侧记》，载《伪满皇宫博物院年鉴 2003—2004》。

71. 董文武：《伪满国民勤劳奉公部大臣于镜涛》，载《伪满皇宫博物院年鉴 2005—2006》。

72. 王斌：《"伪满八大部"之称欠妥》，载《伪满皇宫博物院年鉴 2009—2010》。

73. 李亚婷：《从伪满国务总理任命看其政权的傀儡性》，载《伪满皇宫博物院年鉴 2009—2010》。

74. 解学诗：《评伪满的经济"统制"和五年计划》，《社会科学战线》1981 年第 3 期。

75. 解学诗：《日本帝国主义与东北煤铁工业——〈满铁史资料〉第四卷序言》，《社会科学战线》1983 年第 4 期。

76. 解学诗：《鞍山制铁所的变迁》，载解学诗：《解学诗文集》，吉林人民出版社 2010 年版。

77. 李雨桐：《满铁对中国东北金矿资源的掠夺（1931—1945）》，《哈尔滨师范大学社会科学学报》2017 年第 4 期。

78. 李雨桐：《吉林通化七道沟铁矿发展历史探究》，《江西科技师范大学学报》2020 年第 1 期。

79. 李雨桐：《"满炭"系统控制下东北煤炭业的扩张》，《现代交际》2019 年第 10 期。

80. 李雨桐：《伪满时期"满炭"对东北煤炭资源的操控》，《现代交际》2019 年第 18 期。

81. 李雨桐：《近代日本对东北煤炭资源"开发"的伪善性研究》，《吉林广播电视大学学报》2019 年第 4 期。

82. 李雨桐：《昭和制钢所殖民性特征解析》，《长春工程学院学报》（社会科学版）2018 年第 2 期。

83. 李雨桐：《近代日本操控东北煤炭业的过程解析》，《吉林广播电视大学学报》2018 年第 5 期。

84. 李雨桐：《伪满时期日本对夹皮沟金矿资源的掠夺》，《吉林省教育学院学报》2017 年第 10 期。

85. 李雨桐：《伪满时期中国东北工矿业发展述略》，《长春工程学院学报》（社会科学版）2017 年第 3 期。

86. 李雨桐：《伪满时期中国东北金矿问题述略》，《大庆师范学院学报》2017 年第 5 期。

87. 孙运璇:《孙运璇撰〈日伪开发东北电力计划概述〉》,《民国档案》1994 年第 1 期。

硕博论文:

1. 杨帆:《日本对东边道地区经济资源掠夺研究（1905—1945）》,东北师范大学 2018 年博士论文。

2. 李雨桐:《日本对中国东北矿产资源的调查与掠夺（1905—1931）》,东北师范大学 2015 年博士论文。

3. 王林楠:《近代东北煤炭资源开发研究（1895—1931）》,吉林大学 2010 年博士论文。

4. 石建国:《东北工业化研究》,中共中央党校 2006 年博士论文。

5. 宁柱:《日本海外资源战略的国际政治经济学分析——以煤铁为例》,中国社会科学院研究生院 2013 年博士论文。

6. 秦爽:《伪满洲国殖民地工业体系形成研究》,辽宁大学 2010 年硕士论文。

7. 李朝月:《1905—1932 年哈尔滨民族机器榨油业发展探究》,哈尔滨师范大学 2012 年硕士论文。

8. 屈宏:《1907—1932 年哈尔滨民族面粉业发展探析》,哈尔滨师范大学 2011 年硕士论文。

9. 杨钰:《日俄战争后日本与抚顺煤矿》,齐齐哈尔大学 2014 年硕士论文。

10. 赵建华:《伪满电力业统制研究》,辽宁大学 2011 年硕士论文。

11. 张丽:《近代日本对鞍山钢铁资源的掠夺（1909—1945）》,东北师范大学 2007 年硕士论文。

12. 张敏:《论战时体制下日本对东北战争资源的掠夺（1941—1945

年)》，哈尔滨师范大学 2010 年硕士论文。

13. 张慧玲：《昭和制钢所中国劳工状况探析》，东北师范大学 2010 年硕士论文。

14. 梁燕：《"满洲重工业开发株式会社"研究》，哈尔滨师范大学 2016 年硕士论文。

15. 关靖华：《日本占领时期伪满帝制研究》，哈尔滨师范大学 2015 年硕士论文。

译著：

1. ［日］长谷川编：《哈尔滨经济概观》，王绍灿、王金石译，哈尔滨市政府地方志编纂办公室 1990 年版。

2. 哈尔滨满铁事务所编：《北满概观》，汤尔和译，商务印书馆 1937 年版。

3. ［日］日本工业化学会满洲支部编：《东三省物产资源与化学工业》，沈学源译，商务印书馆 1936 年版。

4. 抚顺矿务局编译委员会编印：《抚顺页岩油》，1950 年版。

5. ［日］满洲国史编纂刊行会编：《满洲国史（总论)》，步平等译，黑龙江省社会科学院历史研究所 1990 年版。

6. ［日］满洲国史编纂刊行会编：《满洲国史（分论)》上、下，东北沦陷十四年史吉林编写组译，东北师范大学校办印刷厂 1990 年版。

7. ［日］满史会编著：《满洲开发四十年史》上、下，东北沦陷十四年史辽宁编写组译，辽宁省营口县商标印刷厂 1988 年版。

8. ［日］铃木隆史：《日本帝国主义对中国东北的侵略》，吉林省伪皇宫陈列馆译，吉林教育出版社 1996 年版。

9. ［日］浅田乔二、小林英夫编：《日本帝国主义对中国东北的统治——以十五年战争时期为中心》，东北沦陷十四年史吉林编写组译，长春市朝阳彩印厂1994年版。

日文资料

"满铁"资料及日文史料：

1.《满铁调查报告》（1—8辑），分别由辽宁省档案馆、黑龙江省档案馆编，广西师范大学出版社于2005—2016年陆续出版。

2. 辽宁省档案馆编：《满铁密档·满铁与劳工》，广西师范大学出版社2003年版。

3. 辽宁省档案馆编：《满铁密档·满铁与侵华日军》，广西师范大学出版社1999年版。

4. 辽宁省档案馆编：《满铁密档·满铁机构》，广西师范大学出版社2004年版。

5. 辽宁省档案馆编：《满铁密档·满铁与移民》，广西师范大学出版社2003年版。

6. ［日］関東局文書課编：『関東局施政三十年業績調査資料』，昭和12年，アジア歴史資料センター：レファレンスコード，A06033515600，日本国立公文書館藏。

7. ［日］国務院总務廳情報處编：『満洲帝国概览』，1934年，アジア歴史資料センター：レファレンスコード，A06033528300，日本国立公文書館藏。

8. 『満洲国金鑛開発意見書』，アジア歴史資料センター：レファレンスコード，C13010389500，防衛省防衛研究所。

9. 『満洲国經濟建設要綱』，アジア歴史資料センター：レファレンスコード，B02030713200，日本国立公文書館。

10. 『関東州金属類回収令ヲ定ム』，昭和 18 年 12 月 9 日，アジア歴史資料センター：レファレンスコード，A03010140200，日本国立公文書館。

11. 『哈爾濱洋灰會社設立ノ件』，昭和 9 年 3 月 9 日，アジア歴史資料センター：レファレンスコード，B09041485100。

12. 『大同洋灰股份有限公司定款并概要説名書提出ノ件』，昭和 9 年 3 月 29 日，アジア歴史資料センター：レファレンスコード，B09041485100。

13. 『太子河附近セメント會社設立計畫』，昭和七年七月八日，第 7 页，アジア歴史資料センター：レファレンスコード，B08061151700。

14. 『満洲産業開発 5 年計画綱要』，アジア歴史資料センター：レファレンスコード，A09050546900，日本国立公文書館藏。

15. 『満州産業開発五年計画実施経過概要』，アジア歴史資料センター：レファレンスコード，B09040783300，日本国立公文書館藏。

16. 『満洲に於ける電業合同に関する株式会社設立要綱』，アジア歴史資料センター：レファレンスコード，A09050349200，日本国立公文書館藏。

17. 『満州国基本国策大綱』，1942 年 12 月 8 日，アジア歴史資料センター：レファレンスコード，C12120039300，日本国立公文書館藏。

18. 『満洲石油会社設立要綱』，アジア歴史資料センター：レファレンスコード，A08072647400，日本国立公文書館藏。

19. 『日本石油問題と撫順産油母頁岩の価値』，アジア歴史資料センター：レファレンスコード，A08072008700，日本国立公文書館藏。

20. 『戦力増強と金属回収』，情報局編輯：『周報』第 359 号，ア
ジア歴史資料センター：レファレンスコード，A06031052100，日本国
立公文書館藏。

21. 『石炭液化事業計画』，アジア歴史資料センター：レファレン
スコード，A09050524100，日本国立公文書館藏。

22. 『戦争準備の為帝国飛行機及兵器工業を速に満州へ進出せし
むる為の要望の件（参本）』（極秘），昭和 12 年 1 月 12 日，アジア歴
史資料センター：レファレンスコード，C01004254100，日本国立公文
書館藏。

23. ［日］経済部工務司：『満洲国工場統計』，1942 年刊行，アジ
ア歴史資料センター：レファレンスコード，A06033532100。

24. ［日］経済部工務司：『満洲国工場名簿』，1941 年刊行，アジ
ア歴史資料センター：レファレンスコード，A06033531900。

25. ［日］關東局官房總務課：『關東州工場統計』，昭和 13 年，
アジア歴史資料センター：レファレンスコード，A06033521800。

26. ［日］關東局官房總務課：『關東州工場鑛山名簿』，昭和 18
年，アジア歴史資料センター：レファレンスコード，A06033521500。

27. ［日］國務院總務廳統計處、建國大學研究院圖表班編纂：
『満洲帝國國勢圖表』，1940 年，アジア歴史資料センター：レファレン
スコード，A06031504100。

28. ［日］満鐵撫順炭鉱：『撫順炭鉱統計年報』，昭和 18 年。

29. ［日］満洲電力株式會社：『電業讀本』，満洲電力株式會社，
1938 年。

30. ［日］満洲電業株式會社調査課：『満洲に於ける電氣事業概

説』，昭和十年八月改訂再版。

31. ［日］滿鐵經濟調查會：『滿洲產業統計（1931）』，1933 年。

32. ［日］滿鐵經濟調查會編：『滿洲經濟年報』，改造社，昭和 9 年。

33. ［日］南滿洲鉄道株式会社編：『南滿洲鉄道株式会社十年史』，原書房，大正八年。

34. ［日］南滿洲鉄道株式会社編：『南滿洲鉄道株式会社第二次十年史』，原書房，昭和 3 年。

35. ［日］南滿洲鐵道株式會社庶務部調查課編：『南滿洲鐵道株式會社二十年略史』，南滿洲鐵道株式會社發行，昭和 2 年。

36. ［日］松本豊三：『南滿洲鐵道株式会社第三次十年史』，南滿洲鐵道株式会社發行，1938 年。

37. ［日］松本豊三：『南滿洲鐵道株式會社三十年略史』，南滿洲鐵道株式會社，昭和 12 年。

38. ［日］滿洲回顧集刊行会編：『あ，滿洲——国つくり産業開発者の手記』，農林出版株式会社，1965 年（昭和 40 年）。

39. ［日］南滿洲鐵道株式會社調查部：『滿洲經濟提要』，昭和 13 年。

40. ［日］南滿洲鐵道株式会社鑛業部鑛務課編：『最近滿洲鑛産物概況』，大正六年。

41. ［日］関東局官房文書課等編：『滿洲工場統計速報（昭和十五年）』，1941 年。

42. ［日］大連商工会議所：『滿洲工場要覽』，1937 年。

43. 滿洲帝国政府編：『滿洲建国十年史』，原書房，1969 年。

44. ［日］里见甫：『滿洲国現勢』，滿洲国通信社，1936 年。

45. ［日］瀬沼三郎編輯：『満洲国現勢』，満洲国通信社，1938 年。

46. 満洲国通信社：『満洲国現勢』，満洲国通信社，1941 年。

47. ［日］南満鉄道株式会社情報科編：『満洲洋灰需要一ケ年八十萬樽』F111 - 301 工業，昭和 3 年，"满铁剪报" 档案号：M0000185，馆藏于中国社会科学院近代史研究所。

48. ［日］稲葉正夫、小林竜夫、島田俊彦編：『現代史資料・続・満洲事変』(11)，みすず書房，昭和 40 年。

49. 満洲国通信社編：《満洲国現勢》，満洲国通信社，1943 年。

50. ［日］關東局：『關東局施政三十年史』，凸版印刷株式会社，昭和 11 年。

51. ［日］南満洲鐵道株式会社社長室調査課：『満蒙全書』第四卷，満蒙文化協會發行，大正 11 年。

52. ［日］關東都督府民政部：『満蒙經済事情』第六号，大正 6 年。

53. ［日］南満洲鐵道株式会社總務部調査課編：『満洲の纖維工業』，南満洲鐵道株式会社，昭和 6 年。

54. ［日］秋田忠義：『圖解満洲産業大系』第五卷，新知社，昭和 8 年。

55. ［日］満洲電業株式會社總務部調査課：『社業統計（昭和 12 年下期報竝年報)』，満洲日日新聞社印刷所，昭和 13 年。

56. ［日］小林龍夫、島田俊彦解説：『現代史資料・満洲事変』(7)，みすず書房，1964 年（昭和 39 年）。

57. ［日］門倉三能：『北満金鑛資源・外蒙古金鑛資源・新疆金矿石油資源』，丸善株式会社，昭和 11 年。

58. ［日］阿部武志：『満洲の探検と鉱業の歴史』，學藝社興亞書院，昭和 14 年。

59. ［日］佐佐木孝三郎編：『奉天經濟三十年史』，奉天商工公會，1940 年。

60. ［日］關口壽一：『滿洲經濟十年史』，興亜印刷株式會社，1942 年。

61. 『滿洲トピック解説』，滿鉄總裁室弘報課發行。

62. ［日］豊田要三：『滿洲工業事情』（滿洲事情案内所報告 43），滿洲事情案内所發行，1939 年。

63. ［日］高野恒男：『滿洲国産業經済關係要綱集』第一輯，滿洲商工會中央會發行，1944 年。

64. ［日］星野龍男：『滿洲商工事情』，滿鐵地方部商工課發行，昭和 9 年。

65. ［日］中島宗一：『滿洲商工事情』，南滿洲鐵道株式會社發行，昭和 12 年。

66. ［日］南滿洲鉄道株式会社殖産部商工課編：『滿洲商工概覧』，滿洲日報社印刷所，昭和 5 年。

67. ［日］滿鐵產業部：『滿鐵調查機關要覽（昭和 11 年度）』，南滿洲鐵道株式會社，昭和 12 年。

68. ［日］滿洲事情案内所編：『滿洲事情（工・鑛業篇）』下，滿洲事情案内所發行，昭和十年。

69. ［日］南滿洲鐵道株式会社北滿經済調查所編：『滿洲の探検と鑛業の歴史』，學藝社興亜書院，昭和 14 年。

70. ［日］門倉三能：『北滿金鑛資源・外蒙古金鑛資源・新疆金矿石油資源』，丸善株式会社，1936 年。

71. ［日］滿洲鑛工技術員協會編纂：『滿洲鑛工年鑑』，東亜文化図書株式會社，1944 年。

72. ［日］佐田弘志郎：『南滿洲鐵道株式會社統計年報（昭和 4 年度）』（秘），滿洲日報社印刷所，昭和 6 年。

73. ［日］水谷國一：『南滿洲鐵道株式會社統計年報（昭和 11 年度）』，南滿洲鐵道株式會社發行。

74. ［日］滿鐵調查部資料課編：『關係會社統計年報（昭和 12 年度）』，南滿洲鐵道株式會社發行，昭和 14 年。

75. ［日］南滿洲鐵道株式會社總裁室地方部殘務整理委員會編：『滿鐵附屬地經營沿革全史』，南滿洲鐵道株式會社，昭和 14 年。

76. ［日］白石幸三郎：『新滿洲国の經濟事情』，朝日新聞社發行，昭和 7 年。

77. ［日］原郎解題：『滿洲五箇年計画概要』（『滿洲・五箇年計画立案書類』第一編第一卷），龍溪書舍，1980 年。

78. ［日］アジア経済研究所図書資料部編：『旧植民地関係機関刊行物総合目録 満州国・関東州編』，アジア経済研究所，1975 年。

79. ［日］アジア経済研究所図書資料部編：『旧植民地関係機関刊行物総合目録 南満州鉄道株式会社編』，アジア経済研究所，1975 年。

80. ［日］国立国会図書館参考書誌部：『日本旧外地関係統計資料目録』，1964 年。

81. 解学詩監修・解題：『満洲国機密経済資料』，本の友社，2000 年。

82. ［日］河村清：『満洲水產概要』，満洲事情案内所，1940 年。

83. ［日］高谷大二郎：『満洲鹽業概要』，三木昇二編：『満洲化學工業協會會誌（康德七年度版）』，満洲化學工業協會，1940 年。

84. ［日］佐田弘治郎：『満洲政治經済事情（昭和5年）』，南満洲鉄道株式會社，1931年。

85. ［日］河村清：『満洲の物産』，満洲事情案内所，1939年。

86. ［日］關口壽一：『満洲經濟十年史』，興亜印刷株式會社，1942年。

87. ［日］福富八郎：『満洲年鑑（昭和18年版）』，満洲日日新聞社，1942年。

88. ［日］福富八郎：『満洲年鑑（昭和20年版）』，満洲日報社奉天支社，1944年。

89. ［日］石關信助：『満洲資源産業視察便覧』，満鐵東京支社鐵道課，1937年。

90. ［日］工業化學會満洲支部編：『満洲の資源と化學工業』（増訂改版），丸善株式会社，昭和12年。

91. ［日］水谷光太郎：『満洲に於ける液体燃料事業の回顧と展望』，1938年12月，吉林省社会科学院満铁资料馆馆藏，档案号04792。

92. ［日］満鐵經濟調査会：『満洲石油統制方策』，吉林省社会科学院満铁资料馆馆藏，档案号07073。

93. ［日］關東都督府民政部庶務課：『満蒙經濟要覧』，小林又七支店，大正6年。

94. ［日］永井和歌丸：『關東州の資源と工業（海産篇）』，關東州工業會發行，昭和20年。

95. ［日］伊藤武雄、荻原極、藤井満洲男編：『現代史資料・満鉄』（31）—（33），みすず書房，昭和41年。

96. ［日］高崎隆治：『十五年戦争重要文献シリーズ』，不二出版社，1990—1995 年。

97. ［日］東洋協會調查部：『滿洲国鑛業の現勢』，東洋協會，昭和 11 年。

著作：

1. ［日］滿史会編：『滿州開発四十年史』上下卷，滿州開発四十年史刊行会，1964 年。

2. ［日］滿洲国史編纂刊行会編：『滿洲国史（總論）』，滿蒙同胞援護会，1970 年。

3. ［日］滿洲国史編纂刊行会編：『滿洲国史（各論）』，滿蒙同胞援護会，1971 年。

4. ［日］滿洲航空史話編纂委員会編：『滿洲航空史話』，滿洲航空史話編纂委員会發行，昭和 47 年。

5. ［日］滿洲航空史話編纂委員会編：『滿洲航空史話（続編）』，滿洲航空史話編纂委員会發行，昭和 56 年。

6. ［日］水津利輔：『鉄鋼一代今昔物語——日本鉄鋼業 100 年側面史』，鉄鋼短期大学，1974 年。

7. ［日］内田弘四編：『豊滿ダム：松花江堰堤発電工事実録』（非売品），大豊建設株式会社，1979 年。

8. ［日］西村成雄：『中国近代東北地域史研究』，法律文化社，1984 年。

9. ［日］黄文雄：『滿州国の遺産』，光文社，2001 年。

10. ［日］松村高夫、柳沢遊、江田憲治：『滿鉄の調查と研究——その「神話」と実像』，青木書店，2008 年。

11. ［日］上田恭輔：『露西亜时代の大連』，1918 年。

12．［日］満鉄会編：『南満洲鉄道株式会社第四次十年史』，龍溪書舍，昭和 61 年。

13．［日］満鉄会編：『満鉄四十年史』，吉川弘文館，2007 年。

14．［日］赤瀬川安彦：『満洲鑛業談叢』，満洲日報社發行，1945 年。

15．［日］井上谦三郎：『大连市史』，大連市役所發行，昭和 11 年。

16．［日］大連市史編集委員会編：『続大連市史』，大連会，2009 年。

17．［日］户島健太郎：『懐かしい満洲鉄道』，国書刊行会，昭和 55 年。

18．［日］秦源治：『満鐵特急"あじあ"』，20 世紀大連会議，2009 年。

19．［日］杉山德太郎：『満洲航空——空のシロクロードの夢を追った永淵三郎』，論創社，2016 年。

20．［日］満洲飛行機の思い出編集委員会編集並発行：『満洲飛行機の思い出』，1982 年。

21．［日］菊地主計：『満洲重要産業の構成』，東洋經濟出版部，1939 年。

22．［日］岡部牧夫編：『南満洲鉄道会社の研究』，日本経済評論社，2008 年。

23．［日］松本俊郎：『侵略と開発——日本資本主義と中国植民地化』，御茶の水書房，1988 年。

24．［日］山本有造編：『"満洲国"の研究』，京都大学人文科学研究所発行，1993 年。

25. ［日］高碕達之助：『満洲の終焉』，実業の日本社，1953 年。

26. ［日］高碕達之助集刊委員会：『高碕達之助集』，東洋製缶株式会社，1965 年。

27. ［日］佐佐木義彦：『鮎川義介先生追悼録』，鮎川義介先生追悼録刊行会，1968 年。

28. ［日］武田英克：　『奔流のはざまに：わが半生の記』，1984 年。

29. ［日］武田英克：『満州脱出：満州中央銀行幹部の体験』，中央公論社，1985 年。

30. ［日］藤田昌雄：　『もう一つの陸軍兵器史』，光人社，2004 年。

31. 南龙瑞：《日伪殖民统治与战后东北重建》（日文版），中央编译出版社 2012 年。

32. ［日］山岸明：『満洲の石油』，东亞交通公社満洲支社刊，1943 年。

文章：

1. ［日］関権：『“満洲国”工業生産——“工場統計表”による推計』，『東京経済大学会誌』245 号，2005 年。

2. ［日］須永徳武：『1940 年代の満洲工業』，『立教経済学研究』第 65 巻第 1 号，2011 年。

3. ［日］風間秀人：『1930 年代にぉける“満洲国”の工業——土着資本と日本資本の動向』，『アシァ経済』XLVIII－12，2007 年 12 月。

4. ［日］原朗：『“満洲”にぉける経済統制政策の展開』，安藤良雄編：『日本経済政策史論』下巻，東京大学出版会，1976 年。

5. ［日］山本有造：『"満洲国"生産力のマクロ的研究』，『経済研究』（一橋大学経済研究所）第 47 巻第 2 号，1996 年。

6. ［日］松村高夫：『15 年戦争期にぉける撫順炭鉱の労働史』上，『三田学会雑誌』93 巻 2 号。

7. ［日］名古屋貢：『東三省兵工廠から奉天造兵所までの変遷』，『銃砲史研究』，2012 年 7 月。

8. ［日］種稲秀司：『満洲事変前の奉天兵工廠をめぐる日中関係――「日中兵器同盟」と深沢暹による武器売り込み運動』，『国史学』，2005 年 4 月。

9. ［日］原田健次郎：『満洲に於ける陶磁器工業と其の需給』，満鉄資料課編：『満鉄調査月報』第十四巻第七號，昭和 9 年 7 月號。

附录　近代东北重要工矿企业资料汇总

本部分将本书中涉及到的近 400 家工厂矿厂的信息分列如下。

一、清末时期

制油工业：

"太古榨油厂"，由英国"太古洋行"成立于 1896 年，采用机器榨油，为东北机器榨油之嚆矢。

"三泰油坊"，在 1907 年由日商三井物产株式会社与营口华商经营的东永茂合办，资本金为 50 万元，本店设在营口，分店设在大连。1908 年 4 月，三泰油坊开工，日产豆饼 5 000—6 000 片，规模很大。

"日清制油株式会社大连工厂"，1908 年开工，由日商大仓组建，资本金 75 万元，以电作动力，日产豆饼 5 000—6 000 片，为东北地区最大的油坊。（辽宁省统计局编：《辽宁工业百年史料》，辽宁省统计局印刷厂 2003 年版，第 533 页）

面粉工业：

"磨面合名会社"，位于哈尔滨市，1900 年俄国人以三十万卢布开办，后转入华人之手，改为广源盛面粉工场，是在"北满"最初创设的西式面粉工厂。（哈尔滨满铁事务所编：《北满概观》，汤尔和译，商务印书馆 1937 年版，第 280 页）

"松花江面粉公司"，在 1902 年由中东路公司建立。

"第三面粉公司"，1902 年由俄人霍瓦士斯基创设于傅家甸。（陈绍楠主编：《哈尔滨经济资料文集》第三辑，哈尔滨市档案馆 1991 年版，第 82 页）

"依沙耶夫公司"，面粉公司，1904 年成立于哈尔滨市。（陈绍楠主编：《哈尔滨经济资料文集》第三辑，哈尔滨市档案馆 1991 年版，第 82 页）

"李夫公司"，面粉公司，1905 年成立于傅家甸。（陈绍楠主编：《哈尔滨经济资料文集》第三辑，哈尔滨市档案馆 1991 年版，第 82 页）

"双和盛火磨公司"，1911 年成立于双城堡，资本金 10 万元，每日制粉 1 000 普特。（陈真编：《中国近代工业史资料》第四辑，生活·读书·新知三联书店 1961 年版，第 381 页）

"吉盛火磨公司"，1898 年正月创设，属官督商办企业，后因赔钱于 1900 年 6 月关闭。

"满洲制粉株式会社"，1906 年由日本商人在铁岭创办，公称资本 100 万元（实缴 45 万元），总公司设于东京。次年 6 月开业，专门生产面粉。（辽宁省统计局编：《辽宁工业百年史料》，辽宁省统计局印刷厂 2003 年版，第 524 页）

"抚顺千金寨开设的制粉所"，光绪三十四年（1908 年）九月由日本商人福田创办，经营制粉和杂谷买卖，年产 70 余万斤，生产额为 3 万元。（辽宁省统计局编：《辽宁工业百年史料》，辽宁省统计局印刷厂 2003 年版，第 524 页）

酿酒工业：

"乌鲁布列夫斯基啤酒厂"，1900 年建立，厂址位于哈尔滨南岗区花园街，1908 年改称谷罗里亚啤酒厂（即哈尔滨第一啤酒厂）。（陈绍

楠主编:《哈尔滨经济资料文集》第三辑,哈尔滨市档案馆 1991 年版,第 200 页)

"哈盖迈耶尔""留杰尔曼啤酒厂",1901 年建立,位于哈尔滨香坊小北屯,1927 年改称为五洲啤酒厂。(陈绍楠主编:《哈尔滨经济资料文集》第三辑,哈尔滨市档案馆 1991 年版,第 200 页)

"梭忌奴啤酒厂",1905 年由德籍俄人考夫曼在哈尔滨道里创办。(陈绍楠主编:《哈尔滨经济资料文集》第三辑,哈尔滨市档案馆 1991 年版,第 200 页)

造纸工业:

"实习工厂",1907 年吉林省当局于松花江南岸设立,内设制纸等科。(孔经纬:《新编中国东北地区经济史》,吉林教育出版社 1994 年版,第 92 页)

"城北路工业小学纸厂",位于齐齐哈尔,在清末城北路工业小学分别办纸碱二厂。造纸原料主要取自城东九里的九道沟,城东南三十里的哈拉乌苏以南之苇子沟,城北四百里北山、城西碾子山等处的榆树皮,以及城东北四百里的哈拉扒山所产椴树皮,城东南七十里之大小推扒所产乌拉草。(胡绍增等:《齐齐哈尔经济史》,哈尔滨船舶工程学院出版社 1991 年版,第 76 页)

"黑龙江造纸公司",于宣统元年(1909 年)在省城招股筹办,共集股本银 3 000 两,作为 300 股,并开始赁工场,购机器,备器具,收原料。宣统二年(1910 年)三月开工,定名龙江造纸有限公司。(孔经纬主编:《清代东北地区经济史》,黑龙江人民出版社 1990 年版,第 414—415 页)后改为官商合股商办企业。1911 年继续增股,改为龙江官督商办造纸股份有限公司,龙江知府兼任造纸公司督办。该公司曾因经济紧张向广信公司借款。

纺织工业：

"至诚永"，1886 年在奉天府开办，从事纺织业。

"永兴和针织工场"，1887 年开办。

"同泰兴织袜厂"，1904 年在营口开办，资本金 1 000 元。（孔经纬主编：《清代东北地区经济史》，黑龙江人民出版社 1990 年版，第 416 页）

"大业织布公司"，1910 年在辽阳建立，资本金 2 万元，有工人 50 人。（陈真、姚洛合编：《中国近代工业史资料》第一辑，生活·读书·新知三联书店 1957 年版，第 52 页）

"隆兴德缫丝厂"，1890 年在盖平建立，资本约 4 000 元。（孔经纬主编：《清代东北地区经济史》，黑龙江人民出版社 1990 年版，第 417 页）

制盐工业：

"大日本盐业株式会社"，是"关东州"亦是东北规模最大的盐企。该会社前身为"大日本食盐コークス株式会社"，成立于 1903 年 9 月，资本金为 5 万元。"大日本食盐コークス株式会社"于 1906 年 12 月与"赞岐制盐株式会社"合并，资本金达 200 万元。1908 年 2 月，"大日本食盐コークス株式会社"改称"大日本食盐株式会社"。该会社于 1912 年 7 月又与五岛的"东洋制盐株式会社"合并，资本金达 220 万元。经过不断扩张，"大日本盐业株式会社"逐渐控制了"关东州"大部分盐田。

煤炭工业：

"抚顺煤矿"。光绪二十七年（1901 年），候选府经历王承尧、候选知县翁寿分别提出在抚顺的开矿申请。后经清廷批准，王承尧建立"华兴利煤矿公司"，公司设在千金台；翁寿建立"抚顺煤矿公司"，公司设在老虎台。此后，翁寿为同王承尧竞争，引入俄资，先后将俄籍华人纪凤台、俄国退役大校陆宾诺夫等人引入公司，并以此为靠山力图挤垮"华兴利煤矿公司"。后在盛京将军增祺等人的干涉下，其阴谋未能得逞。有鉴于此，王承尧亦引入中俄道胜银行股金 6 万两（股本并未收齐），并明文规定：道胜银行只为入股分红，不为合办，银行不得过问公司事务，不得参与公司管理，从而保住了公司的主权。（傅波：《中日抚顺煤矿案交涉始末》，黑龙江人民出版社 1987 年版，第 13 页）此后，翁寿亦被陆宾诺夫等人排挤出"抚顺煤矿公司"，翁寿遂向增祺告状，增祺将"抚顺煤矿公司"判与王承尧。但在当时王承尧无力收回。日俄战争后，日本武装占领了抚顺煤矿。

"烟台煤矿"，清嘉庆年间由吴某以军功领得开矿龙票。光绪二十年（1894 年）曾有英人庞氏投资开办，后由中东铁路经营。日俄战争后，日本以继承沙俄经营权为由占领了该煤矿。1907 年交由"满铁"经营，改为"抚顺炭矿烟台采炭所"。后清政府与日本签订《东三省交涉五案条款》，承认日本对抚顺、烟台两处煤矿的开采权。1911 年 5 月12 日，双方又签订《抚顺烟台煤矿细则》，给予日本在该地区排他性的开采权，并拥有一定的治理权力。此外，还规定细则时限为 60 年，如至期煤尚不能采尽，再行延期。（解学诗主编：《满铁史资料·煤铁篇》第一分册，中华书局 1987 年版，第 123—124 页）

电力工业：

"旅顺船坞电灯厂"。清光绪十六年（1890 年 11 月 9 日）清政府兴办北洋水师时，由法国人德威尼在旅顺包建旅顺大石船坞及旅顺船坞电灯厂，其中设置"大小电光灯四十九具，包定银一万二千两"。（吴汝纶编：《李文忠公（鸿章）全集》奏稿卷之七十三卷，沈云龙主编：《近代中国史料丛刊续编》694，台湾文海出版社 1980 年版，第 2114

页）此为东北电力工业之滥觞。

"大连发电所"。1902 年 10 月，在滨町行政区船渠工厂的附近地区，俄国命令东支铁道会社建造拥有三台 25 万伏发电机的火力发电所，为该工厂提供动力，（［日］關口壽一：『滿洲經濟十年史』，興亜印刷株式會社，1942 年，第 307 頁）是为大连发电所。不久，该厂建成并投入使用，并成为当时东北最主要的电力设施。1905 年日俄战争后，日本取代俄国占领旅大地区。大连发电所被用于供应日军及机关用电。1907 年"满铁"成立后，从日本政府机关手中接管了大连的电气设施。

"营口水道电气株式会社"。1905 年 12 月 8 日，民营的营口电气株式会社成立，初步计划经营当地的电灯事业，但不久就被营口水道电气株式会社吞并。营口水道电气株式会社于 1905 年 4 月由日本人谋划创办，采取"中日合办"的方式。"1906 年（日明治 39 年）11 月 15 日，中日双方'推选'出岩下清周、太田黄重五郎和益田三郎三人为创立委员，以子爵涩泽荣一和中野武营二人为参谋员，按照日本商法在东京阶乐园召开了创立总会，水道电气株式会社由此正式产生。"（韩世魁：《营口电力工业的产生与第一座发电厂》，载中国人民政治协商会议营口市委员会文史资料研究委员会编：《营口文史资料》第十辑，中共营口市委机关印刷厂 1994 年版，第 142 页）会社下设营口发电所（厂）。"1908 年 3 月 1 日，从英国购进一台 300 千瓦交流发电机开始发电，日发电量为 3 760 千瓦时。当时主要供营口新市街（日本人租界地）、旧市街、牛家屯和河北火车站用电。1910 年 9 月又安装一台 200 千瓦交流发电机。"（韩世魁：《营口电力工业的产生与第一座发电厂》，载中国人民政治协商会议营口市委员会文史资料研究委员会编：《营口文史资料》第十辑，中共营口市委机关印刷厂 1994 年版，第 142 页）

"耀滨电灯公司"，设立于 1905 年 12 月。1906 年 7 月，"电灯杆线安设停妥，拟定于七月初二日通电燃灯"。（吉林省档案馆编：《清代吉林档案史料选编（工业）》中，1985 年版，第 493 页）

"吉林宝华电灯公司"，为胡廷儒以商股 20 万元于 1907 年在吉林省城创办。1908 年秋天改商办为官办，称为官办电灯处，或称吉林宝华电灯公司或吉林宝华电灯股份有限公司。（孔经纬：《新编中国东北地区经济史》，吉林教育出版社 1994 年版，第 91 页）

"长春商埠电灯厂"，由吉林西南路兵备道吉长道尹颜世清等于 1910 年筹划建立，装机 200 千瓦。"其开办费由吉长道尹颜世清任内自开埠局拨出吉平银十七万六千五百三十一两零三分二厘。"（吉林省电力工业志编辑室编：《吉林省电力工业志》，中国城市出版社 1994 年版，第 19 页）1911 年 7 月开始向中国部分居民区供应照明用电。

"奉天电灯厂"，原为东三省银元总局附属的电灯厂，"光绪三十四年五月间奉文停铸铜圆，该局前总办郎中舒鸿贻以原有工匠、机器废弃可惜，呈请创设电灯厂一所，制办电灯，经前督臣徐世昌批准，并委舒鸿贻兼办"。（锡良：《奉省设立电灯厂开办及常年经费请做正开销折》，载《锡良遗稿（奏稿）》第二册，中华书局 1959 年版，第 980 页）1909 年该厂竣成投产。

"卜奎电灯厂"，是齐齐哈尔第一座发电厂，于 1909 年建成发电，装机为 40 千瓦直流发电机。"供当时巡抚衙门、兵营及商工户的照明用电。厂址在市府路原芙蓉街路南电业文化宫（已拆）西侧。"（王梦林、赵广田：《卜奎电灯厂始末》，载齐齐哈尔市政协文史办公室编：《齐齐哈尔文史资料》第 18 辑，齐齐哈尔市政协文史资料研究委员会 1988 年版，第 251 页）电灯厂靠近齐昂铁路火车站，交通非常便利。

钢铁工业：

"商办本溪湖煤炭有限公司"。日俄战争结束后，日本财阀大仓组就趁机侵占安奉铁路（今丹东至沈阳线）沿线本溪湖一带的煤、铁矿山，并进行非法的勘察和采掘。后清政府被迫妥协并签订《中日合办本溪湖煤矿合同》。1911 年，根据该约成立的中日合办本溪湖煤矿公司添设制铁部，后改为"商办本溪湖煤炭有限公司"。

化学工业：

"大连油脂厂"，建于 1905 年，是当时我国从事植物油料加工最大的企业，也是东北比较早的化工厂。

"抚顺化工厂"，光绪三十四年（1908 年）建厂，以油、煤为主要原料，以炭黑、焦炭为主导产品。（辽宁省统计局编：《辽宁工业百年史料》，辽宁省统计局印刷厂 2003 年版，第 339 页）

"畑中石硷工场"，日本人于 1906 年 9 月在大连建立，资本金为 3 000 元，年生产额为 34 984 日元。（辽宁省统计局编：《辽宁工业百年史料》，辽宁省统计局印刷厂 2003 年版，第 378 页）

"日清磷寸（火柴）株式会社"，光绪三十三年（1907 年）日本人高坂万兵卫等人以资本金 30 万日元在大连建立。（辽宁省统计局编：《辽宁工业百年史料》，辽宁省统计局印刷厂 2003 年版，第 384 页）它是东北比较早的火柴厂。

窑业：

"小野田水泥株式会社大连工场"，1908 年建立。1909 年 5 月 30 日，会社举行了盛大的落成仪式。该工场创办时名义资本为 500 万日元，实缴资本 50 万日元，至 1912 年其产量已达 3 万吨以上。

"穗积玻璃公司"，1906 年日本人铃木在奉天建立，资本金 2.5 万元，年产额约 3 万元。（辽宁省统计局编：《辽宁工业百年史料》，辽宁省统计局印刷厂 2003 年版，第 247 页）

"景有隆工厂"，1910 年 10 月在奉天建立，资本金 2 万元，手工业

生产灯罩、瓶子等。(辽宁省统计局编:《辽宁工业百年史料》,辽宁省统计局印刷厂 2003 年版,第 247 页)

有色金属矿业:

"天宝山铜矿"。"一八八九年由国人程光第首先开采,至一九〇二年,共经营十四年,以收支不偿,资金困难而中止。"[施良:《东北的矿业》(东北经济丛书之三),东方书店 1946 年版,第 130 页] 当时该矿开采之目的主要为取得矿银,铜矿则做废料矿。

"马鹿沟铜矿",在清末由土民开采。

"石嘴子铜矿",产量甚高,"从清朝光绪三年发现以来,连续开采的历史很悠久,是名符其实的满洲第一铜矿山"。([日]满史会编:『満洲開発四十年史』下卷,满州开发四十年史刊行会,1964 年,第 240 页)

"盘岭铜矿","于一八五〇年,曾由土民开采,惟不久中止"。[施良:《东北的矿业》(东北经济丛书之三),东方书店 1946 年版,第 133—134 页]

黄金工业:

"夹皮沟金矿",发现于 1825 年,当时由采金把头韩效忠经营,此后此矿一直由韩家开采和控制。在韩家第三代"韩登举时代,夹皮沟金矿矿照就被不法商人王奉庭骗走,后又由日本奸商丰八十一转卖给江苏商人蒋嘉琛和日本人林正次"。(瞿林祥主编:《黄金王国的兴衰——韩边外祖孙四代纪实》,吉林摄影出版社 1997 年版,第 225 页)为了重新开采该矿,韩家说服蒋嘉琛同意放弃该矿开采权,但此时蒋嘉琛的合伙人林正次却下落不明。当时"满铁"吉林分所所长吉原大藏主动找到韩家,表示愿意提供帮助代为寻找,后在青岛找到林正次。经过一个多月的讨价还价,韩家以偿付一切费用为代价,与林正次和蒋嘉琛办理了交接手续,吉原也由此取得韩家的信任。此后,韩家成立"兴吉林业公司"，韩家与"满铁"代表吉原大藏签订批卖道木（即铁路枕木）的合同。合同规定由"满铁"向韩家提供 60 万元贷款，韩家逐年向"满铁"提供一定数量的道木作为补偿。但此后韩家提供的道木"满铁"却借故不要，故韩家欠下"满铁"巨款，这使韩家此后不得不受制于"满铁"。此时，韩家经济陷于窘境，并欠下前吉林督军鲍贵卿巨债。为了缓解危机，韩家决定开采夹皮沟金矿。但金矿已停采多年，积水严重，坑木腐烂，单靠人力已无法开采。在此情况下，韩家轻信"满铁"的谎言，多次聘用日人技师到夹皮沟采验矿苗和使用机械排水，并向"满铁"抵借日款。根据 1927 年 8 月 25 日日本驻吉林总领事馆出具的证明书，"姜渭卿以韩家土地契据及加（夹）皮沟金矿执照作为抵押，借得'满铁'现金二百万元，缔结契约，已于本馆登记在案。此事属实。""韩绣堂为了搞该金矿排水调查，从满铁借用技师属实。"（李树田等编：《韩边外》，吉林文史出版社 1987 年版，第 212 页）此事在当时引起轩然大波，并引起吉林省省长张作相的过问。直至 1928 年 2 月 8 日韩绣堂向政府呈缴了原农商部颁发的夹皮沟采矿执照，此事方才告一段落。但韩家聘用日本技师使"满铁"获得夹皮沟金矿的大量一手资料，为日方将来的全面吞并准备了条件。而从"满铁"借贷巨款，也为后来韩家出让金矿埋下伏笔。

普通机械工业：

"顺兴铁工厂"，前身为周家炉，创建于 1907 年，店主为周文富、周文贵兄弟二人。最初该炉以制造马掌和四轮马车为主要业务。1910年改名为顺兴炉，实际上已由家庭手工业发展成为手工业作坊了。（陈季升、周子恩：《大连顺兴铁工厂兴衰记》，载辽宁省政协学习宣传和文史委员会编：《辽宁文史资料精萃 经济·文化·教育》，辽宁人民出版社 1999 年版，第 116 页）这一时期由于其制造的螺旋式榨油机颇受

615

华商欢迎，生产迅速扩大。至1911年春，顺兴炉已发展成为拥有近300名职工的通用机械厂。

兵器工业：

"吉林机器局"。1883年10月，吉林机器局正式开工生产。"吉林机器局建成时，全局占地面积29万平方米，其中建筑面积1.53万平方米，各类机器设备计275台，大部分购自德国，部分购自美国和英国，仅机械加工部分开办经费即耗银25万两，全局常年经费约10万两。"（《中国近代兵器工业》编审委员会编：《中国近代兵器工业——清末至民国的兵器工业》，国防工业出版社1998年版，第157页）尽管如此，吉林机器局在当时国内的兵器工业中仍属于中型企业。"吉林机器局内部设有十余个分厂，装有从欧美进口的车床、刨床、钻床、汽锤等80多种设备；从关内招聘有经验的工匠从事生产，并未雇用洋人；主要产品有各种子弹、炮弹、火药，少量的枪支大炮以及小型的船舰，供给吉林和黑龙江省的边防军队和地方需要。"（孔经纬主编：《清代东北地区经济史》，黑龙江人民出版社1990年版，第399页）此外，它还曾为奉天代造部分军火。1894年，吉林机器局为松花江水师营制造了"康济号"明页小火轮1只，舢板炮船6只。（高严等主编：《吉林工业发展史》上册，中国经济出版社1992年版，第41页）另据吉林将军长顺的奏折记载："1896年8月21日（光绪二十二年七月十三日）至1899年10月4日（光绪二十五年八月三十日）止，吉林机器局共制成黑色火药33.209万公斤，子母枪弹620.855万发，前膛枪铅丸239.2万粒，大铜帽684万粒，炮弹2.069万发，炮弹铜5件1.594万副，炮铜拉火1.1165万支，炮弹铜壳3200个。"（《中国近代兵器工业》编审委员会编：《中国近代兵器工业——清末至民国的兵器工业》，国防工业出版社1998年版，第157页）可见，经过多年的经营与发展，吉林机器局的生产规模较大，生产的武器数量较多。"吉林机器局自 1881 年开办至 1899 年，共支用银 233.95 万两。"（《中国近代兵器工业》编审委员会编：《中国近代兵器工业——清末至民国的兵器工业》，国防工业出版社 1998 年版，第 157 页）可知，其耗费亦甚巨。1900 年 9 月，沙俄军队攻入吉林省城，吉林机器局被沙俄军队抢劫一空，毁于一旦。吉林机器局从被毁之前的 1897 年起开始铸造银元，被毁后就地改为制造银元局，1901 年春季开始铸造银元和铜元。同时附设修械所，修理残废枪支。

"盛京机器局"。"光绪二十二年（一八九六）六月，盛京将军依克唐阿，奏准设立一座造银元的机器局，由德国礼和洋行购办机器，择定盛京大东边门内旧营房地基，兴建局址；并委派满洲协领常庆为总办。二十四年五月设置完备，六月开工。"［王尔敏：《清季兵工业的兴起》，（台湾）"中央研究院"近代史研究所 1978 年版，第 121 页］盛京机器局主要以造银元为主，同时也兼造武器、弹药，它标志着辽宁近代兵器工业的开端。后由于庚子事变，俄军进入东北，该局毁于兵燹。俄军撤离后该局虽着手恢复，但已不复旧观。1910 年改为隶属于度支部，并扩建为奉天造币分厂。

"黑龙江机器局"，建于 1899 年，系黑龙江将军恩泽所创立。"局址设于龙江，专造弹药，开办时用银十万两，并奏定历年经费由镇边军岁饷项下筹拨，照往昔之例，每年三万两尚不敷添办军火之用，故该局岁费，每年当不下于三万两之数。"（王尔敏：《清季兵工业的兴起》，（台湾）"中央研究院"近代史研究所 1978 年版，第 123 页）黑龙江机器局从规模和产量方面都远不如吉林机器局和盛京机器局，影响也较小。

铁路车辆制造业：

"大连工厂"，建于 1899 年，位于今胜利桥，原名东清铁道机车制造所，在青泥洼桥以东与海港、造船厂毗邻。（大连市社科（联）院历史文化丛书编委会编：《沙河口史话》，东北财经大学出版社2011年版，第16页）日俄战争后，日本野战铁道提理部控制了大连工厂。1907年4月1日，"满铁"从日本野战铁道提理部手中继承了大连工厂。但当时的大连工厂厂房简陋，设备短缺。在1907年下半年，"满铁"将窄轨改成宽轨，各种维修制造作业激增，大连工厂无论如何也不能完成预定的任务，为了"满铁"将来的扩张，1908年7月在北沙河口的空地开始了工厂和住宅的建设，伴随其竣工实现了部分设备的转移。在1911年8月9日，最终完成了工厂事务所的转移，开始了新工厂的全部作业。（［日］南满洲鉄道株式会社：『南满洲鉄道株式会社第二次十年史』，原书房，昭和三年，第386頁）是为沙河口铁道工厂。

"辽阳工作分工厂"。1907年4月1日，"满铁"在从日本野战铁道提理部手中继承大连工厂后，于同月23日设立了辽阳工作分工厂，它处于运输部工作课的管理之下，主要从事铁道车辆机械及器具的修理工作，当时的工厂主要使用沙俄时期遗留下来的锻冶厂、假木工厂、机械厂等，设备非常简陋，工作能力不足。（［日］南满洲鉄道株式会社：『南满洲鉄道株式会社第二次十年史』，原书房，昭和三年，第413頁）1908年12月15日，它合并了运输部所辖的辽阳车辆系，改称辽阳车辆系工厂。

造船工业：

"旅顺船坞局"。李鸿章于1880年决定在旅顺修建北洋水师军港和船坞工厂，至1890年竣工。"据统计，旅顺船坞局在创建的10年中，共修理各种舰船120艘次，造船12艘，大修改装舰船4艘。"（《中国舰艇工业历史资料丛书》编辑部编纂：《中国近代舰艇工业史料集》，上海人民出版社1994年版，第865页）在1890年11月，旅顺船坞局维修了"平远"号巡洋舰；次年，又修理了"济远"号巡洋舰、"定远"号铁甲舰和"镇远"号铁甲舰。"据不完全统计：1890 年至 1894 年，旅顺船坞局共修理舰艇 58 艘次，建造了一批锅炉和船用机器，还为青岛、刘公岛等处建造铁码头 4 座。1893 年，为'超勇'、'扬威'两艘巡洋舰换新锅炉 4 台。"（《中国舰艇工业历史资料丛书》编辑部编纂：《中国近代舰艇工业史料集》，上海人民出版社 1994 年版，第 866 页）中日甲午战争爆发后，旅顺船坞局还抢修了在黄海海战中受损的"定远"号、"镇远"号铁甲舰。

"戊通公司"，由中国商人成立，取戊午年通航之意，以王荃士为总经理，并购买了沙俄停泊在黑龙江和松花江上的船只，开始了我国船只在黑龙江航运的新时期。此后，公司"又在圈儿河设立船坞机器厂及材料处"。（东北文化社年鉴编印处编：《东北年鉴》，东北文化社 1931 年版，第 500 页）1921 年，戊通公司改为官商合办，收齐股本 200 万元。1925 年春，戊通公司因债务问题宣告破产。此后，它被改组为官办的东北航务局，并于 1925 年 9 月 1 日正式成立，由沈鸿烈任董事长，宋式善为董事。新成立的航务局内部整顿内政，规范行规，营私舞弊行为大为减少，逐年获利丰厚。"自此不但将坠之航权，得以兴废继绝，而且便利交通，发展农商，蒙其利者，至溥且众，固不独航务局本身已也。"（东北文化社年鉴编印处编：《东北年鉴》，东北文化社 1931 年版，第 502 页）航务局造船课虽有附属船厂，但规模较小。有鉴于此，航务局董事长沈鸿烈召集董事会决议，"取消修船课，即以航务局及江运部原有江北船坞及机器厂为基础，改组为东北造船所，独立营业，仍隶属于航务局董事会"。（东北文化社年鉴编印处编：《东北年鉴》，东北文化社 1931 年版，第 515 页）该所由邢契莘任所长，王文庆任副所长，主要以修造航务局船只为主，兼营对外修造业务。1928 年至 1930

年该所制造的船舶包括：东甲、东乙、理华、品华、铁华、泽华、鹤图、峻德、莲江、兴山、合利、合盛、合益、江鸿、江雁、瑞华、契华、鸿宾、协茂、合茂、合兴、越云、翼云、浚江、顺江、通江、鸿图、敬华等。其下设的江北船坞位于哈尔滨道外之江北岸，三面环水，形似半岛。该船坞"可制造装载六百吨以上拖船，或二三百吨以上轮船七艘"，（东北文化社年鉴编印处编：《东北年鉴》，东北文化社 1931 年版，第 521 页）拥有较强的修造船能力。该所 1928 年收支相抵盈余哈洋 54 200.43 元，1929 年盈余 110 285.47 元。（东北文化社年鉴编印处编：《东北年鉴》，东北文化社 1931 年版，第 518 页）

"旅顺工场"。1895 年 11 月，日军占领旅顺。后经俄、法、德"三国干涉还辽"，旅顺被重新归还中国，但旅顺船坞局被日军洗劫一空，损失惨重，只能从事基本的坞修保养工作。1897 年 12 月，俄军强占旅大地区，旅顺船坞局被改为俄军海军修理厂，为俄国太平洋舰队修理舰船。俄军强占旅顺船坞局后，为了控制中国黄海和渤海的制海权，急需扩大该厂的生产能力。"1898 年初，沙皇尼古拉二世批准投资 3242.4 万卢布，用于改造旅顺港，主要有扩建旅顺旧坞、重建两座大坞和扩建船厂等。1903 年，旧坞改造工程完工，比原来拓长 40 米，基本上能满足俄国巡洋舰和装甲舰的坞修需要。"（《中国舰艇工业历史资料丛书》编辑部编纂：《中国近代舰艇工业史料集》，上海人民出版社 1994 年版，第 866—867 页）此后，由于日俄战争的迅速爆发，很多项目未能完成。在战争期间，该修理厂维修了十余艘俄军战舰，但也遭到日军的猛烈炮轰，遂成一片废墟。1905 年 9 月，日俄战争结束，俄国战败。在战争中，日军占领旅顺，俄国海军修理厂亦被日军强占。1905 年 2 月，该修理厂被日军更名为日本旅顺海军修理厂。此后，该厂修复码头、清理和打捞沉船，并新建了一些港口设施，不断提高其维修和生产能力。

620

1922 年 12 月，该修理厂被日本海军租赁给"满铁"，并更名为旅顺工场。1923 年 4 月 1 日，"满铁"成立"满洲船渠株式会社"，旅顺工场归其管理。"是年，旅顺工场建造 3000 吨级船台 1 座。1924 年 6 月，建成 1750 吨的'古城丸'，1926 年，建成 130 吨的'旅顺丸'和 1700 吨的'新屯丸'，1928 年 10 月建造 1200 吨的'辽河丸'，1930 年建造 100 吨的'淀丸'、'海洋丸''凤鸣'号等 7 艘船，为日本掠夺中国资源提供运输条件"。(《中国舰艇工业历史资料丛书》编辑部编纂：《中国近代舰艇工业史料集》，上海人民出版社 1994 年版，第 867 页)

　　"大连造船厂"。1898 年 3 月 27 日，清政府同沙俄签订《旅大租地条约》，此后，沙俄政府开始筹建大连商港及其造船厂。不久，中东铁路公司副董事长盖尔贝次等人经过勘探确定在大连湾西南部的青泥洼海滨拓建造船厂和国际商港。1899 年 7 月 31 日，沙皇尼古拉二世下达了关于建设大连自由港的敕令。9 月 28 日，沙俄政府又确定了建设大连商港的筑港计划，修建修造船厂是其中的重要内容。"按照沙俄的筑港方案，轮船修理工场占地面积为 3.6 万余平方米，造船场占地面积为 5.7 万多平方米，修造船场总建设费用计 198.7 万卢布。整个筑港工程分两期进行，计划到 1904 年底全部竣工。"(《中国舰艇工业历史资料丛书》编辑部编纂：《中国近代舰艇工业史料集》，上海人民出版社 1994 年版，第 870 页) 按此方案，轮船修理工场要形成能修理 3 000 吨级船舶的生产能力。至 1902 年底，3 000 吨级的小船坞已经建成，轮船修理工场初具规模。日俄战争爆发后，沙俄政府停止对修造船场的建设。由于俄国在战场上的失利，俄军撤出大连，并将修造船场洗劫一空。日军占领大连后，全面接管了大连修造船场，将其隶属于大连湾防备军海军工作部管辖，并将该场的一部分机器设备迁入旅顺船场。1906 年，日军成立旅顺海军工作部，大连修造船场又隶属于该部大连支部事务所经营，并承担日本海军舰船的维修任务。"满铁"建立后，全面接管了大连修造船场，并将其作为大连铁道工场的附属工场。1908 年 7 月，大连修造船场又被"满铁"出租给日本神户川崎造船所经营。川崎造船所租借了大连修造船场后，正式成立了"株式会社川崎造船所大连出张所"，所长是岩藤与十郎。出张所的主要业务是修理民船，制造船舶机械和小型汽船。"1913 年 3 月，应满铁的要求，开始扩建 3000吨级船坞，次年 3 月竣工，共耗资 115328 日元。扩建后的船坞为 5000吨级，长 132.05 米，坞口宽 15.54 米，深 5.9 米，满潮时坞口水深6.58 米。"（《中国舰艇工业历史资料丛书》编辑部编纂：《中国近代舰艇工业史料集》，上海人民出版社 1994 年版，第 872 页）此外，船坞北侧还有小型系泊码头，南侧建有引扬船坞。扩建后的出张所维修和造船能力不断提高。"据 1918 年至 1923 年的不完全统计，川崎大连出张所修船数量最多的是 1919 年，坞修船舶近百艘，总吨位约 9 万排水吨。"（《大连造船厂史》编委会编：《大连造船厂史（1898—1998）》，1998 年版，第 14 页）它甚至还曾为国际汽船公司坞修了 5 860 排水吨的"永福丸"船。

"山口造船所"，由山口弥四郎于 1911 年开办，主要为福昌公司建造木帆船。

二、民国时期

制油工业：

"三菱商事油坊"，1921 年由日商开设，资本金 50 万元，日产豆饼能力 3 000 片。1929 年，日商建立"三菱商事油坊第二工场"，资本金也是 50 万元，日产豆饼能力 4 000 片。（辽宁省统计局编：《辽宁工业百年史料》，辽宁省统计局印刷厂 2003 年版，第 535 页）

"大信油坊"，1922 年由日商建于大连。

"丰年制油株式会社大连分工场"，由日商所建，资金额为 1 000 万元，年产豆饼能力为 120 万片。（辽宁省统计局编：《辽宁工业百年史料》，辽宁省统计局印刷厂 2003 年版，第 535 页）

"益发合"，吉林省较大的制油厂，在 1928 年 12 月末，长春益发合制油厂资本金为 85 万元。（孔经纬主编：《长春经济演变》，长春出版社 1991 年版，第 68 页）从 1942 年起被指定为农产公社（日伪统制农产品的组织）的直属油坊，完全沦为日伪的加工工厂。（孔经纬主编：《长春经济演变》，长春出版社 1991 年版，第 68 页）

"东茂泰油坊"，位于公主岭，1927 年生产豆油 50.7 万斤，豆饼 11.8 万片。（高严等主编：《吉林工业发展史》上卷，中国经济出版社 1992 年版，第 93 页）

面粉工业：

"裕昌源火磨"，王荆山于 1914 年 9 月 12 日创办。它是长春市第一家由中国商人开办的机械化大型粮食加工企业。（马国宴：《长春裕昌源火磨的创办人王荆山》，政协吉林省长春市委员会文史资料研究委员会编：《长春文史资料》9，政协吉林省长春文史资料研究委员会 1985 年版，第 121 页）1918 年王荆山以 19 万元收买了吉林的恒茂火磨，改称裕昌源吉林火磨。

"双和栈机磨面粉股份有限公司"，1921 年在长春头道沟建立，资本总额 100 万元，每股大洋 50 元。（孔经纬：《新编中国东北地区经济史》，吉林教育出版社 1994 年版，第 269 页）该厂于 1929 年 12 月申请停业，后被长春福顺厚机磨面粉无限公司收购。

"长城面粉公司"，在民国 19 年（1930 年），由绥中县李守田、张恩霖、彭化邦等人集资 20 万元（国币）在北镇县沟帮子建立，购买德国生产的机器设备，日产面粉 600 袋（每袋 40 斤），有工人 50 名，由

八道壕煤矿提供电力。（辽宁省统计局编：《辽宁工业百年史料》，辽宁省统计局印刷厂2003年版，第526—527页）

"满洲制粉"，日人开办，1906年成立，所在地为铁岭，资本金为300万日元。（［日］南満洲鐵道株式会社社長室調査課：『満蒙全書』第四卷，満蒙文化協會發行，大正11年，第323—324頁）

"满洲制粉分工厂"，日人开办，1912年成立，所在地为长春。（［日］南満洲鐵道株式会社社長室調査課：『満蒙全書』第四卷，満蒙文化協會發行，大正11年，第323—324頁）

"大陆制粉"，日人开办，1919年成立，所在地为大连，资本金为100万日元，后与"满洲制粉"合并。（［日］南満洲鐵道株式会社社長室調査課：『満蒙全書』第四卷，満蒙文化協會發行，大正11年，第323—324頁）

"日华制粉"，日人开办，所在地为沈阳，资本金为20万日元。（［日］南満洲鐵道株式会社社長室調査課：『満蒙全書』第四卷，満蒙文化協會發行，大正11年，第323—324頁）

"亚洲制粉"，中日合办，1919年成立，所在地为开原，资本金为300万日元。（［日］南満洲鐵道株式会社社長室調査課：『満蒙全書』第四卷，満蒙文化協會發行，大正11年，第323—324頁）

"裕昌源火磨"，国人开办，1914年成立，所在地为长春，资本金为30万两。（［日］南満洲鐵道株式会社社長室調査課：『満蒙全書』第四卷，満蒙文化協會發行，大正11年，第323—324頁）

"福田制粉所"，所在地为抚顺，资本金为5 000日元，每日制粉能力为1 000斤。（［日］南満洲鐵道株式会社社長室調査課：『満蒙全書』第四卷，満蒙文化協會發行，大正11年，第323—324頁）

"千金寨制粉所"，1911年成立，所在地为抚顺千金寨，资本金为

4 000 元。（［日］南満洲鐵道株式会社社長室調查課：『満蒙全書』第四卷，満蒙文化協會發行，大正 11 年，第 323—324 頁）

"德懋昌制粉厂"，国人开办，1914 年成立，所在地为四平街，资本金为 3 000 两。（［日］南満洲鐵道株式会社社長室調查課：『満蒙全書』第四卷，満蒙文化協會發行，大正 11 年，第 323—324 頁）

"泉泰机器面厂"，国人开办，1914 年成立，所在地为沈阳，资本金为 4 570 元，一日制粉能力为 170 袋。（［日］南満洲鐵道株式会社社長室調查課：『満蒙全書』第四卷，満蒙文化協會發行，大正 11 年，第 323—324 頁）

"裕顺和火磨"，国人开办，1910 年成立，所在地为吉林，资本金为 5 万元，一日制粉能力为 2 240 袋。（［日］南満洲鐵道株式会社社長室調查課：『満蒙全書』第四卷，満蒙文化協會發行，大正 11 年，第 323—324 頁）

"恒茂火磨面"，国人开办，1916 年成立，所在地为吉林，资本金为 32 万元，一日制粉能力为 2 800 袋。（［日］南満洲鐵道株式会社社長室調查課：『満蒙全書』第四卷，満蒙文化協會發行，大正 11 年，第 323—324 頁）

"希米亚可夫股份有限公司"，俄国人开办，1910 年成立，所在地为宽城子，资本金为 8 万留，一日制粉能力为 600 袋。（［日］南満洲鐵道株式会社社長室調查課：『満蒙全書』第四卷，満蒙文化協會發行，大正 11 年，第 323—324 頁）

酿酒工业：

"天兴勇烧锅"，于 1922 年 8 月在珲春县设立，由李玉山经营，1931 年 8 月的资本额为现大洋 2 万元。（孔经纬：《新编中国东北地区经济史》，吉林教育出版社 1994 年版，第 279 页）

"公济制酒公司"，1912 年在安广县设立，资本额为 8 000 元，有工人 12 人。（孔经纬：《新编中国东北地区经济史》，吉林教育出版社 1994 年版，第 180 页）

"东三省啤酒厂"，1914 年在道外南十七道街开办，1926 年改称大兴啤酒厂。（陈绍楠主编：《哈尔滨经济资料文集》第三辑，哈尔滨市档案馆 1991 年版，第 200 页）

"五洲啤酒汽水公司"，1914 年在哈尔滨八区开办，由王立堂等人经营，1933 年曾改称"联合啤酒公司"。（陈绍楠主编：《哈尔滨经济资料文集》第三辑，哈尔滨市档案馆 1991 年版，第 200—201 页）

"裕济茂烧锅"，1918 年 12 月在哈尔滨道外开办。（陈绍楠主编：《哈尔滨经济资料文集》第三辑，哈尔滨市档案馆 1991 年版，第 201 页）

"东三省呼兰制糖酒厂"，官办企业，1926 年 9 月在哈尔滨设立，经营啤酒、酒精，经理为张铭坤。至 1929 年 6 月，资本额为哈大洋 3 万至 10 万元，使用蒸汽机，工人 39 人。（孔经纬：《新编中国东北地区经济史》，吉林教育出版社 1994 年版，第 279 页）

"大兴昌制酒厂"，位于阿城县，1930 年 5 月有资本额为 12 万元。（孔经纬：《新编中国东北地区经济史》，吉林教育出版社 1994 年版，第 279 页）

"丰升泰制酒厂"，位于哈尔滨地区，1930 年 5 月资本金为 11 万元。（孔经纬：《新编中国东北地区经济史》，吉林教育出版社 1994 年版，第 279 页）

"永源发制酒厂"，位于哈尔滨地区，1930 年 5 月有资本金 10 万元。（孔经纬：《新编中国东北地区经济史》，吉林教育出版社 1994 年版，第 279 页）

"大兴泉烧锅"，位于热河省朝阳县，建于 1927 年，1929 年销售烧酒 19 万斤，露酒 4 700 瓶。（东北文化社年鉴编印处编：《东北年鉴》，东北文化社 1931 年版，第 1110 页）

造纸工业：

"大兴纸厂"，1914 年，于田庄台建立，使用机器造纸。

"吉林富宁造纸公司"，1917 年创立，中日合办，属于日本王子造纸公司的系统。（〔日〕日本工业化学会满洲支部编：《东三省物产资源与化学工业》上册，沈学源译，商务印书馆 1936 年版，第 279 页）1923 年，富宁造纸公司为"共荣企业股份有限公司"所接办。

"合名会社松浦制纸工场"，民国 7 年（1918 年）7 月 12 日，日本人松浦静男等 4 人以 3 000 日元资本金在大连谭家屯建立，生产粗纸（烧纸），年产能力 450 万磅。（辽宁省统计局编：《辽宁工业百年史料》，辽宁省统计局印刷厂 2003 年版，第 472 页）后因该公司之厂址为官方所收买，故将工厂迁移至沙河口。

"满洲制纸株式会社"，民国 7 年（1918 年 12 月）成立于大连市外革镇堡会夏家屯。（国民政府主席东北行辕经济委员会经济调查研究处编：《东北造纸业概况》，1947 年版，第 1 页）后因经济状况不佳，生产停滞。1933 年，该社为"松浦制纸株式会社"所收买。

"抚顺造纸厂"，1931 年在抚顺建立，规模较大。

"六合成纸厂"，中国人经营，该厂利用鸭绿江边之芦苇制造烧纸，嗣为张学良氏收买后，曾设法扩大工厂，向英国定购造纸机器，但于机器未到之前发生九一八事变。（国民政府主席东北行辕经济委员会经济调查研究处编：《东北造纸业概况》，1947 年版，第 2 页）

"鸭绿江制纸株式会社"，成立于 1919 年 5 月，由日本大仓公司以资本金 500 万元创建于安东六道沟。适值一战后欧美纸浆向东亚地区大量倾销，影响了该公司的销路，故于 1922 年 8 月至 1926 年 7 月期间暂时停工。该厂生产的中国纸品质优良，销路很广。该厂"产品中之毛边纸、宣纸，半销于'南满铁路'沿线，半销于上海、天津、山东等地。"（辽宁省统计局编：《辽宁工业百年史料》，辽宁省统计局印刷厂2003 年版，第 472 页）

纺织工业：

"正记丝厂"，位于安东，资本 3 万元。（孔经纬：《新编中国东北地区经济史》，吉林教育出版社 1994 年版，第 179 页）

"远记丝厂"，位于安东，资本 2 万元。（孔经纬：《新编中国东北地区经济史》，吉林教育出版社 1994 年版，第 179 页）

"实业丝厂"，位于安东，资本 2 万元。（孔经纬：《新编中国东北地区经济史》，吉林教育出版社 1994 年版，第 179 页）

"和丰丝厂"，位于安东，资本 3 万元。（孔经纬：《新编中国东北地区经济史》，吉林教育出版社 1994 年版，第 179 页）

"谦盛恒丝厂"，位于安东，资本 2 万元。（孔经纬：《新编中国东北地区经济史》，吉林教育出版社 1994 年版，第 179 页）

"恒顺庆丝厂"，位于安东，资本 2 万元。（孔经纬：《新编中国东北地区经济史》，吉林教育出版社 1994 年版，第 179 页）

"东泰丝厂"，位于安东，资本 2 万元。（孔经纬：《新编中国东北地区经济史》，吉林教育出版社 1994 年版，第 179 页）

"双兴织布厂"，位于安东，资本 2 万元。（孔经纬：《新编中国东北地区经济史》，吉林教育出版社 1994 年版，第 179 页）

"成纪工厂"，1924 年崔进德在西傅家区北新街（老江坝）227 号创建，"弹棉，织布为主业，雇工四、五十人，设备有 30 多台人力织布机"。（哈尔滨市纺织管理局史志办编：《哈尔滨市纺织系统厂志汇集》，

哈尔滨市纺织局 1994 年版，第 692 页）

"奉天纺纱厂"，官商合办企业，成立于 1921 年，1923 年 1 月 1 日开始营业。成立时资本金为奉票 450 万元。该厂有纺机 25 000 锭，织机 250 台，在 1929 年使用 650 马力电动机。（［日］南満洲鐵道株式会社総務部調查課編：『満洲の繊維工業』，南満洲鐵道株式会社，昭和 6 年，第 37 页）"其出品价值，恒较舶来品为廉，即就粗布一项而言，该厂出品，每匹不过现洋八元，外货则在十一元以上，物美价廉，多为国人所乐用，以致供给不敷需要。"（东北文化社年鉴编印处编：《东北年鉴》，东北文化社 1931 年版，第 1038 页）该厂是东北最大的纺织工厂，一度获利丰厚，为其他纺织厂所不及。

"纯益缫织公司"，为官办企业，成立于 1920 年，资本金为国币 25 万元。"每年出品数量，共绸八千匹，丝三百担；副产品，每年出蚕蛹十万斤，所织花素绸，质坚耐久，品质在舶来品之上。售价极廉，每尺仅现洋三角，颇为一般人所乐用。"（东北文化社年鉴编印处编：《东北年鉴》，东北文化社 1931 年版，第 1038 页）

"天增利织布厂"，民国初期东北最大的织布工厂，它有三个工厂，织机 20 台，职工 500 人。（［日］南満洲鐵道株式会社社長室調查課：『満蒙全書』第四卷，満蒙文化協會發行，大正 11 年，第 108 页）

"东兴色染纺织公司"，成立于 1924 年 9 月，资本金为国币 30 万元，为商办企业，主要产品为白大布，并兼营染色工业。"大布销路极广，几于供不应求；因该厂大布，每匹仅售现洋十元；较诸外国布匹，每匹约廉二元。其质地坚固，最合一般农工之用，故销路有增无减。"（东北文化社年鉴编印处编：《东北年鉴》，东北文化社 1931 年版，第 1039 页）

"旅顺机业株式会社"，日资企业，公称资本十万元，主要经营一般机业、制丝业、染色业、养蚕业及与各业相关产品的贩卖及其附属事业。（［日］南满洲鐵道株式会社總務部調查課编：『満洲の纖維工業』，南满洲鐵道株式会社，昭和6年，第36—37頁）

"满洲织布株式会社"，位于铁岭，成立于1921年7月1日，公称资本60万元，主要经营棉丝布的制造及其附属事业。（［日］南满洲鐵道株式会社總務部調查課编：『満洲の纖維工業』，南满洲鐵道株式会社，昭和6年，第42頁）它成立后不久，效益不好，陷入停顿状态。

"满洲纺绩株式会社"，成立于1923年3月15日，公称资本500万元，使用1 680马力电动机，在1929年有纺机31 360锭，有织机504台。（［日］南满洲鐵道株式会社總務部調查課编：『満洲の纖維工業』，南满洲鐵道株式会社，昭和6年，第42頁）

"内外绵株式会社分店"，所在地为"关东州"金州，设立于1924年，资本金1 600万元，在1929年末有纺机53 600锭，使用2 400马力电动机。（［日］南满洲鐵道株式会社總務部調查課编：『満洲の纖維工業』，南满洲鐵道株式会社，昭和6年，第46頁）

"满洲福岛纺绩株式会社"，所在地为"关东州"周水子会周水子屯，设立于1923年4月1日，公称资本300万元，使用973马力诱导电动机，在1929年末有纺机18 816锭。（［日］南满洲鐵道株式会社總務部調查課编：『満洲の纖維工業』，南满洲鐵道株式会社，昭和6年，第48頁）

制盐工业：

"大日本盐业株式会社"。民国建立后，该社经营的盐田数量占"关东州"盐田总数的三分之二以上。1915年1月19日，"大日本盐业株式会社"与"满韩盐业株式会社"合并，增资10万元，资本金达到370万元，在皮子窝的夹心子开设盐田。1915年7月，它又与"东亚盐业株式会社"合并，增资 120 万元，资本金达到 495 万元。1917 年 12 月，它又与"台湾盐业株式会社"合并，增资 100 万元，去除之前未缴纳的资本金，共有资本金 400 万元，实缴 380.24 万元。

"奉天精盐公司"，1922 年设立，有工人 200 人，每日制造精盐 320 包。（东北文化社年鉴编印处编：《东北年鉴》，东北文化社 1931 年版，第 1061 页）

"利源精盐公司"，1923 年设立，有工人 250 人，每日制造精盐 500 包。（东北文化社年鉴编印处编：《东北年鉴》，东北文化社 1931 年版，第 1061 页）

"华丰精盐公司"，1926 年设立，有工人 120 人，每日制造精盐 130 包。（东北文化社年鉴编印处编：《东北年鉴》，东北文化社 1931 年版，第 1061 页）

"福海精盐公司"，1922 年设立，有工人 200 人，每日制造精盐 300 包。（东北文化社年鉴编印处编：《东北年鉴》，东北文化社 1931 年版，第 1061 页）该公司还于 1927 年在营口东双桥子设分厂，且规模较大。

煤炭工业：

"东北矿务局"，由王正黻任总办，该局直接经营和间接经营的煤矿包括黑山县八道壕煤矿、复县复州湾煤矿、西安煤矿、海城大岭滑石矿、辑安宝马川金矿、阜新煤矿、兴城富儿沟煤矿（试办中）。在当时八道壕煤矿规模较大，产量较高，为奉系控制的主要煤矿。

"搭连煤矿"，原由华商孙喜冒的大兴煤矿公司开采，后孙喜冒与日人三好龟井合办，改名为中日合办大兴煤矿有限公司。后三好的权利几经转手，1920 年为"满铁"所收买。孙喜冒的权利也为华商周文贵所掌握。在 1930 年，"满铁"以日金 50 万元收买了周文富（周文贵之兄）对该矿的一切权利。但表面上仍以周为公司总理，实行中日合办之名，实际上双方已缔结权利转让契约，"满铁"已将该煤矿独占。

"华胜煤矿"。1905 年左右由中国人马福隆和范宜春等人主持开采该煤矿，定名为"华胜煤矿公司"。后马福隆与南昌洋行签订购煤合同和聘请工程师合同，并从南昌洋行获得巨额贷款。而"满铁"为占有该煤矿同马福隆及南昌洋行进行了长达两年的协商，最终将华胜煤矿完全购买。

"阜新煤矿"，原为中国人所有。1898 年 8 月，徐泉在阜新老君庙西南方建立东盛窑，开挖斜井采煤。此后，新成窑、天成窑、福成窑、兴顺窑、玉德窑、宝成窑、九成窑、实成窑等纷纷建立，但这些煤矿规模都比较小。此后，由于判明该地煤质优良，矿脉广阔，遂引起日本的觊觎。1914 年 6 月，大仓组派工学士大日方一辅前往该地调查煤田情况，途中遇土匪袭击身亡。日方强辩此事件因新邱煤矿而引起，要求以该煤矿作为赔偿，在日方的强烈坚持下，中方被迫同意，但须成立中日合办企业。由此，大仓组于 1914 年成立了大新公司和大兴公司，后两公司被"满铁"收买。为了鲸吞阜新煤田，同时减少吞并的阻力，"满铁"收买汉奸刘海轩等人，以其名义收买土地，再转让给"满铁"。其中在 1918 年 5 月，刘海轩将其收买的 12 个矿区全部转让给大新、大兴两公司。此外，"满铁"还收买其他汉奸，以他们的名义呈请矿区，至 1922 年共呈请了 26 个矿区，其中 1918 年有 13 个矿区，1919 年有 8 个矿区，1920 年有 3 个矿区，1922 年有 2 个矿区。（解学诗主编：《满铁史资料·煤铁篇》第二分册，中华书局 1987 年版，第 656 页）为了使这些矿区顺利获批，"满铁"还贿赂北洋军阀政府、热河都统等机关的官僚，以达到盗取矿权的目的。

电力工业：

"哈尔滨电业局"，民办，成立于 1920 年，发电设备能力为 4 000

千瓦。

"八道壕发电所"，东北矿务局办，成立于1924年，发电设备能力为3 200千瓦。

"北票煤炭公司"经营的发电厂，成立于1926年，发电设备能力为1 500千瓦。

"安东电灯厂"，官办，成立于1931年，发电设备能力为1 000千瓦。该厂成立之初，由"官银号、中国银行、商务会息借法价大洋十二万元、镇平银六万两、小洋二万一千元，并借用江堤公债票准备金现大洋十二万元、江堤流通券准备金现小洋十八万元。除以上贷款，尚欠慎昌洋行等机器价款约现大洋五十万元。借欠两项共约计洋一百零二万左右"。（丹东市史志办公室编印：《清末至解放初期的丹东工业史料（1910—1950）》，1986年版，第32页）可见，该厂从开办之初就得到中国政府的大力扶植。

"奉天省电灯厂"，在民国时期有了进一步的发展。"至1919年（民国8年）电灯厂已略具规模。员工已达百余，资本总额为大洋52万元，安装电灯已达5万余盏，发电量1 000瓩，营业区域达40平方公里。此后，又陆续增加一些机器和锅炉设备，到1928年（民国17年），工厂已有大小机台36部，房舍230余间。"（袁铁凤：《奉天电灯厂的创办及沿革》，载政协沈阳市沈河区文史资料研究委员会编：《沈河文史资料》第二辑，沈阳市第二市政建设工程公司印刷厂1990年版，第65页）

"齐齐哈尔电灯厂"，于1926年改为官办，更名为省城电灯厂。据1931年4月该厂上报江省的年鉴资料记载："本厂有1600瓩发电机组和自动燃煤锅炉一座，设有文书、庶务、发电、营业、会计、稽查六股，职工七十人，年收入哈洋四十余万元，除支出人工、电料、燃料等项外可余利八万元。"（王梦林、赵广田：《卜奎电灯厂始末》，载齐齐哈尔市政协文史办公室编：《齐齐哈尔文史资料》第 18 辑，齐齐哈尔市政协文史资料研究委员会 1988 年版，第 252 页）

"鞍山制铁所"，为当时整个东北规模最大的发电厂，由"满铁"经营。该厂成立于 1919 年，发电设备能力为 6 000 千瓦。

"南满洲电气株式会社"，日资，1926 年 6 月成立。该会社将本社设于大连，在奉天、长春、安东、辽阳等地设有分社，从营口水道电气会社收买下鞍山地区的电气事业，设鞍山分社，并向铁路沿线各地电气事业投资，直接或间接地参与其经营活动，逐渐垄断了"南满"地区大部分电力事业。至 1930 年，"南满洲电气株式会社"一共在东北控制电力企业 17 家，发电容量为 52 679 千瓦。（杜恂诚：《日本在旧中国的投资》，上海社会科学院出版社 1986 年版，第 306 页）

石油工业：

"札兰诺尔石油矿"。该矿"东起札兰诺尔车站之东十八公里之阿尔古小站，西迄札兰诺尔东站之西十九公里之阿巴，沿路一带，皆属油矿，矿区包围于札兰诺尔煤矿之东西南三方面，全区面积约二百九十方里"。（东北文化社年鉴编印处：《东北年鉴》，东北文化社 1931 年版，第 1193 页）在扎赉诺尔（即札兰诺尔）地区，曾发现有天然沥青，据信有石油矿存在。"此矿于民国十六年时，曾经呈请开办，并深得前大元帅张作霖，及黑督吴俊升之赞许，允与投资扶助。嗣以皇姑屯祸发，不幸作罢，近有周金声者，与黑省农矿厅订立租采合同，拟请开办。"（东北文化社年鉴编印处：《东北年鉴》，东北文化社 1931 年版，第 1193 页）这说明官营资本已经开始关注此矿。另据资料显示，1931 年夏中国的地质调查所派遣技师侯德封在该地进行调查。同年 9 月原东北政府矿山局顾问德国人夏伊特也进行了调查。（［日］山岸明：『満洲の

634

石油』，東亞交通公社满洲支社刊，1943 年版，第 41 頁）但由于治安
状况恶劣等原因未能得到所期待的结果。

"抚顺页岩油工厂"。1925 年 5 月，"满铁"和日本陆海军决定建立
日处理 2 000 吨矿石的抚顺页岩油工厂。后由于试验炉效率的提高，决
定建立日处理 4 000 吨矿石的炼油厂。（［日］满史会编著：《满洲开发
四十年史》，东北沦陷十四年史辽宁编写组译，辽宁省营口县商标印刷
厂 1988 年版，第 716 页）该厂于 1928 年 3 月动工，次年末竣工。依托
于该厂，日本加紧对东北石油资源的"开发"。1930 年 1 月抚顺制油工
厂（1940 年改名为西制油厂）建成投产，计划年产粗油 7 万吨，硫铵
1.8 万吨。创立当时的工厂设备，有页岩破碎工场、页岩干馏工场、粗
油蒸馏及粗蜡抽出工场、其他附属设备。（抚顺矿务局编译委员会编印：
《抚顺页岩油》，1950 年版，第 47 页）该年 5 月，炼制 4 000 吨油的设
备（50 吨的干馏炉 80 座）开始作业。

钢铁工业：

"中日合办振兴铁矿有限公司"。为获得鞍山一带的铁矿开采权，
"满铁"成立"中日合办振兴铁矿有限公司"，其中中方代表为辽阳地
主秦日宣（后改名于冲汉），日方代表为镰田弥助，以中日合办的名义
申请开矿，实为"满铁"全额出资。通过贿赂中国政府官员，"满铁"
以"振兴公司"名义获取大孤山、樱桃园、鞍山、王家堡子、对面山、
关门山、小岭子、铁石山等 8 个矿区的开采权。此后，"满铁"大肆强
买矿区土地，非法收买矿区外民有地，扩占白家堡子、新关门山、一担
山等矿区，并攫取火连寨等地的石灰石矿等，严重侵夺中国的矿权。

"鞍山制铁所"，1917 年初开始动工，4 月 3 日举行了所谓的"地
镇祭"。1918 年 5 月 15 日，正式成立鞍山制铁所，八田郁太郎任首任
所长。1919 年 3 月，炼焦厂开始生产焦炭。4 月 29 日一号高炉点火，

至此，鞍山制铁所正式投产。

"弓长岭铁矿"，位于辽阳东面约 20 里处，由苏家堡子、太阳及黄泥坎子三矿区组成。1918 年 12 月，日本人饭田延太郎和奉天省政府一起，成立了中日官商合办弓长岭铁矿无限公司。此后，由于铁价下降、炼铁业萧条等原因，该矿一直未能正式开采。

"昭和制钢所"。1929 年 7 月 4 日，日本政府正式设立昭和制钢所。但该计划曾一度停顿，后随着九一八事变的爆发而加快步伐。1933 年 4 月 10 日，日本政府批准昭和制钢所正式营业。同年 5 月，鞍山制铁所与"满铁"分开，并于 6 月 1 日并入昭和制钢所。新成立的昭和制钢所为"满铁"子会社，由"满铁"全额出资，是日本法人。该会社成立后，"满铁"加紧了对它的扩张，其中主要表现为吞并振兴公司和弓长岭铁矿。

化学工业：

"大连油脂工业株式会社"，开办于 1916 年 5 月，设有硬化油工场。

"大和染料合资会社"，建于 1918 年，专门生产硫化染料。1919 年 2 月，该会社以 200 万日元改组为"大和染料株式会社"，后由于德国产品的竞争，该会社产品销量受到影响，减资到 50 万日元。

"满洲涂料株式会社"，建于 1919 年 2 月，资本金为 50 万元。它以大豆油为原料，主要生产涂料、清漆、颜料等，销路很好。在 1931 年，"关东州"和"满铁附属地"共有涂料染料厂 6 家，有 5 家为日本人经营的，资本金共为 75.5 万元，其中中国人经营的仅占 11%，生产额仅占 0.7%。（辽宁省统计局编：《辽宁工业百年史料》，辽宁省统计局印刷厂 2003 年版，第 367 页）

"满洲酒精公司"。由于苏联加强取缔酒精走私，以及中东路事件导致中苏关系紧张，东北的酒精工业生产过剩，面临危机。"日本为挽救其在东北酒精工业经济的危机，遂纠合昭和酒精工厂，广记酒厂等四工厂及三分工厂，成立满洲酒精公司，统制生产，以防止市场价格之跌落，而利维持工厂之经营。"（东北物资调节委员会研究组编：《东北经济小丛书·化学工业》下，京华印书局 1948 年版，第 119—120 页）

窑业：

"小野田水泥株式会社大连工场"，民国时期进行了两次扩建。第一期扩建于 1922 年至 1923 年进行，其生产能力达到 13.6 万吨；第二期于 1927 年至 1928 年进行，1928 年扩张完成，生产能力达到 25 万吨。（［日］関東局文書課编：『関東局施政三十年業績調査資料』，第 419 頁。アジア歴史資料センター：レファレンスコード，A06033515600。）另有资料认为 1928 年其生产能力为 21 万吨。（东北物资调节委员会研究组编：《东北经济小丛书·水泥》，中国文化服务社沈阳印刷厂 1947 年版，第 2 页）

"多田玻璃工厂"，1920 年在大连建立，但在短期内就倒闭了。（［日］關東局：『關東局施政三十年史』，凸版印刷株式会社，昭和 11 年，第 460 頁）

"昌光硝子株式会社"，成立于 1925 年 4 月，由"满铁"和日本"旭硝子会社"共同出资 300 万日元而设立。

"大连窑业株式会社"，前身是"满铁"的窑业工厂。1912 年，"满铁"在"中央试验所"设置了窑业试验工厂，从事和窑业相关的陶瓷器、耐火砖瓦、玻璃等产品的制造和研究。1925 年从"满铁"中分离出来成立窑业工厂。其中玻璃容器部门早在窑业工厂时期就聘请外国技师，并派遣技术人员留学欧洲，以获得技术进步。（［日］南満洲鐵道株式會社總裁室地方部殘務整理委員會：『満鐵附属地經營沿革全史』上卷，南満洲鐵道株式會社，昭和 14 年，第 1154 頁）1928 年，该玻璃容器部门亦分离出来，建立了"南满洲硝子株式会社"。此后，"满铁"继续给予一定的补助金以扶植其发展。

"陶瓷器试验工厂"，由"满铁"建立，主要制造东北人饮食用的瓷器，并进行制造电气用的绝缘电瓷和低压用品的试验。（［日］關東局：『關東局施政三十年史』，凸版印刷株式会社，昭和11年，第459页）1920年10月，该试验工厂从"满铁"中分离出来，组成了大华窑业公司。此后伴随着银价暴跌，在同山东、山西产品的竞争中陷于不利地位，但公司获得了一部分燃料费补助，导致价格下降，提升了竞争力。（［日］南満洲鐵道株式會社總裁室地方部殘務整理委員會：『滿鐵附属地經營沿革全史』上卷，南満洲鐵道株式會社，昭和14年，第1154頁）这些都有利于大华窑业公司的发展。

"奉天肇新窑业公司"，民国时期东北最大的陶瓷厂。该厂创始人为杜重远，成立于1923年4月，厂址在奉天城北小二台子，占地60亩，资本金为奉大洋10万元，主要烧制青、红砖瓦和瓷器等。"制瓷部分，至民国十七年终，制出瓷器五十余万件；十八年终，制出三百余万件；十九年八月底，已烧出瓷器，五百卅三万余件；十九年终，可烧出八百余万件。价廉物美，又为纯粹国货，颇为社会所欢迎。"（东北文化社年鉴编印处编：《东北年鉴》，东北文化社1931年版，第1042页）由于该厂生产的产品颇具竞争力，对日本的工厂起到一定的抵制作用。该厂设有瓷厂和砖瓦厂。"磁厂工人全数，约六百余人，内有男工五百六十人，女工四十余人。"（东北文化社年鉴编印处编：《东北年鉴》，东北文化社1931年版，第1042页）可见，该厂的规模较大。而且，"该公司之组织极为完备，洵可称为东北之模范工厂也。"（东北文化社年鉴编印处编：《东北年鉴》，东北文化社1931年版，第1042页）

"惠东窑业工厂"，1930年10月成立，它可能获得了东三省官银号的帮助，资本金为小洋 5 万元，主要生产中国人使用的碗、器皿等。
（［日］原田健次郎：『滿洲に於ける陶磁器工業と其の需給』，滿鐵資
料課編：『滿鐵調查月報』第十四卷第七號，昭和 9 年 7 月號，第 20
頁）其经理为马子余。此外，马子余还经营宏达窑业工厂和东昇窑业工
厂，三厂都位于石河驿（普兰店境内）。

　　"东华瓷业工厂"，成立于 1928 年 9 月，李泽普任经理，资本金为
10.8 万元，1929 年 4 月正式开工。（［日］原田健次郎：『滿洲に於け
る陶磁器工業と其の需給』，滿鐵資料課編：『滿鐵調查月報』第十四
卷第七號，昭和 9 年 7 月號，第 27 頁）该厂位于海城纯益街。

　　"辽东瓷业工厂"。该厂于 1928 年 5 月成立，王锡九、刘承恩任经
理，实际出资额为 2.4 万元。（［日］原田健次郎：『滿洲に於ける陶磁
器工業と其の需給』，滿鐵資料課編：『滿鐵調查月報』第十四卷第七
號，昭和 9 年 7 月號，第 31 頁）该厂位于海城东南关。

　　"营口砖瓦制造所周水子工场"，1906 年 3 月由日本人在大连建立。
（辽宁省统计局编：《辽宁工业百年史料》，辽宁省统计局印刷厂 2003
年版，第 260 页）

　　"官立造砖厂"，1908 年在奉天建立。（辽宁省统计局编：《辽宁工
业百年史料》，辽宁省统计局印刷厂 2003 年版，第 260 页）

　　"奉天肇新窑业公司"，为当时窑业之巨擘，除生产陶瓷产品外，
亦主要生产砖瓦。该厂有马蹄窑、轮窑、日本瓦窑和洋灰砖瓦机器等。
"至十四年，制成青红砖一千余万，日本瓦四十余万，洋灰砖瓦三十余
万块。"（东北文化社年鉴编印处编：《东北年鉴》，东北文化社 1931 年
版，第 1042 页）该厂"制砖部分，每年制出各种砖瓦，在八千万件以
上，早已畅销于东北各地"。（东北文化社年鉴编印处编：《东北年鉴》，
东北文化社 1931 年版，第 1042 页）肇新窑业公司作为东北重要的民族

企业对于抵制外来产品的入侵起到一定作用。

"营口砖瓦制造所",是当时比较大的砖瓦厂,它收买了"满洲砖瓦制造所工场",成立大连分厂。除生产普通砖外,还生产空心砖、铺路砖、钢筋砖等。(辽宁省统计局编:《辽宁工业百年史料》,辽宁省统计局印刷厂2003年版,第261页)

"大连窑业株式会社",日本人建立,是当时东北规模最大的耐火砖工厂,在1930年和1931年度其生产量达到约8 000吨。([日]星野龍男:『満洲商工事情』,満鐵地方部商工課發行,昭和9年10月,第149頁)

有色金属矿业:

"石嘴子铜矿",为国人在吉林省开采之唯一铜矿,颇受重视。1913年,该矿被收归官办,"后由吉林官银号投以巨资,建筑精炼设备,精炼纯铜,以资铸造货币,然经营亦不得法,组织庞大,开支浩繁,故官银号中债务增加,终至停办"。(施良:《东北的矿业》,东方书店1946年版,第133页)

"杨家杖子矿",1915年作为张作相名下之矿山,"由郑某专掘铅矿,一九一七年改由徐文潮管理,一九二二年有德人技师参加,开凿东部旧坑,惟以资金短绌,纳税繁重,约一年而中止"。(施良:《东北的矿业》,东方书店1946年版,第140页)

"官马嘴子铅矿",位于磐石县正东80里,在清末已有开采。民国七年(1918年)其采矿权"辗转为吴玉琛所得。欧战期内,开采颇盛;嗣以无利可获,亦复停废。其矿区面积为五百五十亩"。(东北文化社年鉴编印处编:《东北年鉴》,东北文化社1931年版,第1238页)

"天宝山铜矿",清末程光第曾与日商中野订约合办,后被督办边务陈昭常等封禁。此后日方多次向中方发出照会,并要求赔偿。对此,延吉、珲春、和龙、敦化四县议事会和额穆、汪清两县自治筹办公所联合呈请由民间集资开采自办。他们恳请"无论如何办法，概不加入异国人资本，免覆前鉴"。[（台湾）"中央研究院"近代史研究所编：《中日关系史料·路矿交涉》，（台湾）"中央研究院"近代史研究所1976年版，第41页] 而民国政府有关部门则认为："本部以此事已允中、日合办有案，此时如欲自行开采，日使必难照允，或重索赔偿"，[（台湾）"中央研究院"近代史研究所编：《中日关系史料·路矿交涉》，（台湾）"中央研究院"近代史研究所1976年版，第133页] 对于民意视而不见，对日本则妥协退让。此外，对于该矿收回自办能否获利亦持怀疑态度。政府最终同意由中日合办。该矿兴盛之时，全体工作人员达3 000余人。

"在马鹿沟铜矿"，1915年至1916年间，日商大仓组出资，假中国人之名开采该矿，所采矿石都运往本溪湖。在盘岭铜矿区，1916年，"国人刘金镛与日商森峰一合办中日矿业公司，着手开掘"。（施良：《东北的矿业》，东北书店1946年版，第134页）

"接梨树铜矿"，"一九一二年有日人内田镇一取得南满铁道公司之资助，着手试掘"，（施良：《东北的矿业》，东北书店1946年版，第136页）后由久原矿业公司和清水矿业公司等经营。

"青城子矿"（生产银、铅、锌等）。1917年国人刘鼎臣与日人赤峰一合办一中日公司，着手探矿。1921年开始营业。"至一九二六年时，矿山实权转让于久原矿业公司。"（施良：《东北的矿业》，东北书店1946年版，第139页）该矿1926年产铅2 823吨，1927年产铅462吨，1928年产铅366吨，1929年产铅1 450吨，（[日] 满铁经济调查会：『满洲产业统计（1931）』，1933年，第50页）1929年此矿被政府封禁。

"杨家杖子矿"，由于经营不善，中止开采，"后由徐文潮转让于日人藤宫，复由藤宫让渡于日满矿业公司"。（施良：《东北的矿业》，东北书店1946年版，第140页）

普通机械工业：

"雅轩电镀工厂"，孙雅轩以资本10万元开办于沈阳，制造军刀。（孔经纬：《新编中国东北地区经济史》，吉林教育出版社1994年版，第181页）

"关东铁厂"，孟绍绥以资本50万元开办于沈阳，制造各种机器。（孔经纬：《新编中国东北地区经济史》，吉林教育出版社1994年版，第181页）

"顺兴铁工厂"。至1917年，该厂已有职工近千人。"厂内设备有平床四五十台，加以铆焊用的机床，共达七八十台，以后又增加了铣床。生产的品种、数量、质量，都有显著的增加和提高。经过20余年的光景，以八九十元资金起家的周家炉，由于发展的迅速，至1927年，固定资金约有300万元左右。"（陈季升、周子恩：《大连顺兴铁工厂兴衰记》，载辽宁省政协学习宣传和文史委员会编：《辽宁文史资料精萃 经济·文化·教育》，辽宁人民出版社1999年版，第116—117页）由于其起步较早，发展迅速，且实力雄厚，甚至被称为是东北铁工业之鼻祖。"该厂不但生产油坊所需的成套机器设备，还可以制作矿山用的卷扬机、通风机、抽水机以及其他一般通用机械，是一个产品较为完备的通用机械厂，该厂鼎盛时期拥有固定资产300万元，在大连、哈尔滨有两处分厂，此外还涉足矿业和航运业。"（鲍振东、李向平等：《辽宁工业经济史》，社会科学文献出版社2014年版，第141页）由于它规模宏大、发展迅速，引起了日本在华势力的妒忌和仇恨。此后，"以满铁为代表的日本经济侵略势力，在银行、商业、矿业交通运输、机械制造等方面相互配合，形成强大的垄断集团，凭借雄厚的资本和先进的技术，以及专制性质的政治统治，千方百计地限制、摧残、压迫顺兴铁工厂。"（顾明义等主编：《日本侵占旅大四十年史》，辽宁人民出版社 1991 年版，第 411 页）顺兴铁工厂在如此打压下损失惨重，至 1929 年被迫破产倒闭。

"大亨铁工厂"，由杨宇霆于 1924 年投资兴办，占地 177 亩，总资本为奉票 160 万元。该厂资金雄厚，技术先进，共有工人 600 余人。该厂"有机器 80 余台，钢钳百余座、铁炉 8 台、锅炉 3 台、汽锤 2 架、起重机 8 台、熔炉 5 台，可生产水管、铁路车辆、铁桥、暖气、锅炉、起重机及普通机械。"（马尚斌：《奉系经济》，辽海出版社 2000 年版，第 101—102 页）

"株式会社进和商会制铁工厂"。株式会社进和商会于 1917 年在大连设立。至 1920 年 5 月，纳入股份资金达 100 万日元。"九一八事变前，进和商会的产品不仅满足了东北铁路发展的需要，而且还出口南亚地区。"（顾明义等主编：《大连近百年史》下，辽宁人民出版 1999 年版，第 1097 页）

"大华电气冶金株式会社"，始建于 1918 年 3 月，主要为海军生产优秀的 TT 号不锈钢。

兵器工业：

"东三省兵工厂"，前身是奉天军械厂。"1916 年，张作霖任奉天督军兼省长后，在沈阳大东门内设立奉天军械厂，从事修械和制造枪弹。"（《中国近代兵器工业》编审委员会编：《中国近代兵器工业——清末至民国的兵器工业》，国防工业出版社 1998 年版，第 177 页）为了向关内扩张，张作霖拟扩大奉天军械厂规模。由于原厂区较小，故张作霖决定另选厂址。1919 年春，张作霖亲赴大东边门外东塔农业试验场踏勘，看中了该试验场的广袤土地，遂决定农场停办，其中东塔以西1 800余亩作为兵工厂基址。该年秋，原奉天军械厂厂长陶治平奉命筹建东三省兵工厂。此后历经韩麟春、杨宇霆、张学良等人督办该厂，兵工厂有了较大的发展。"厂内分成枪弹、炮弹、枪厂、药厂、铸造、火具、兵器、造币厂等10余工厂，1930年底，共有技师约106人，工人约8000余人。"（东北财经委员会调查统计处编：《伪满时期东北厂矿基本资料·工厂篇之二·机械》，1949年版，第115页）在九一八事变前，全厂占地约三千两百亩，建设基金超过三亿余元（银元）（沈振荣：《东三省兵工厂》，载中国人民政治协商会议辽宁省委员会文史资料研究委员会编：《辽宁文史资料》第八辑，辽宁人民出版社1984年版，第50页），它已成为当时中国最大的兵工厂，甚至在亚洲亦屈指可数。"此时该厂已成为全国规模最大的综合性的兵工厂。"（《中国近代兵器工业》编审委员会编：《中国近代兵器工业——清末至民国的兵器工业》，国防工业出版社1998年版，第385页）"在（中国）大陆，作为生产兵器设备最大的工厂是为张学良的东北军生产兵器的'奉天兵工厂'，在日本和法国的技术指导下，它能够生产从小型火器到火炮等各种武器，并供应给自己的部队以及各地军阀。"（［日］藤田昌雄：『もう一つの陆军兵器史』，光人社，2004年，第76—77页）该厂生产的产品种类较多，"且又不时发明各种新利器，如平射炮、重迫击炮、水机枪、马机枪、枪射炸弹、无响炮弹、怕燃烧炮弹等类。厂内技工匠，南北均有，中外咸备，留学归国者，任用尤多云。"（陈真编：《中国近代工业史资料》第三辑，生活·读书·新知三联书店1961年版，第1158—1159页）"从1924年至九一八事变前，东三省兵工厂共耗资5亿多元，厂内机器设备共1万余部，共制造各种炮1200门，每年可生产炮弹20余万发，步枪6万支，枪弹1亿—1.8亿粒，轻重机枪1千挺以上。"（鲍振东、李向平等：《辽宁工业经济史》，社会科学文献出版社 2014 年版，第 148 页）杨宇霆被杀后，张学良实行"东北新建设计划"，对兵工厂的整顿即是其中重要内容。此后，张学良大力缩小了兵工厂的军工生产规模，裁减军工生产人员，建立了兵工厂附设农业机器工具厂和铁路机车车辆厂。其中前者生产农业机械和铧犁工具，后者专为东北铁路修理和组装机车，制造铁路货车和客车。九一八事变后，东三省兵工厂为日军所占领。

"奉天迫击炮厂"，建于 1922 年，占地 50 多亩。该厂下设炮厂、炮弹厂和装药厂，拥有各类机械设备 1 500 部，职工 1 400 人。（东北文化社年鉴编印处编：《东北年鉴》，东北文化社 1931 年版，第 315 页）初为英人沙顿主持，后改为李宜春。"该厂专为制造迫击炮机关制品，亦以迫击炮及炮弹并其附属品为限。"（东北文化社年鉴编印处编：《东北年鉴》，东北文化社 1931 年版，第 315 页）1929 年 5 月，该厂改名为辽宁迫击炮厂。"迫击炮厂由总厂长（李宜春）、总工程师（沙顿）综理全厂一切行政和技术工作，下设五科、四分厂、三所、一队，即总务、会计、工务、材料、兵器五科及炮厂、炮弹厂、翻砂厂、装药厂、木工所、油漆所、医务所和警卫队，分承全厂各项事宜。"（辽宁省地方志办公室主编：《辽宁省地方志资料丛刊》第四辑，辽宁人民出版社印刷厂 1987 年版，第 194 页）该厂产品主要包括：80 毫米迫击炮及炮弹，80 毫米迫击炮驮鞍及附属品，150 毫米迫击炮及炮弹，迫击炮车，迫击炮弹药车。（《中国近代兵器工业》编审委员会编：《中国近代兵器工业——清末至民国的兵器工业》，国防工业出版社 1988 年版，第 184 页）九一八事变后，该厂亦被日军占领。

"黑龙江省军械厂"，前身为黑龙江省修械厂，民国 8 年（1919 年）改为此名。民国 18 年（1929 年）该厂扩建厂房，增加设备，建立修理和制造两部。"民国 18 年至民国 20 年是该厂最兴盛时期，除修械外，还制造了捷克式步枪 1 支，'枪牌'手枪 5 支，捷克式轻机枪 21 挺，马克沁机枪 10 挺。三八式骑长枪 30 支，还试制掷弹筒，手榴弹等，但未大批生产。"（胡绍增等：《齐齐哈尔经济史》，哈尔滨船舶工程学院出版社 1991 年版，第 108 页）

大冶工厂，设在奉天小西边门外，由张学良和冯庸合资创办。"内分铁工、机器、子弹数部，专代兵工厂制造各种枪炮子弹炸弹。出品极佳，炸弹尤为特色。"（陈真编：《中国近代工业史资料》第三辑，生活·读书·新知三联书店 1961 年版，第 1159 页）而且该厂工人总体上文化素质较高，均为高小以上学历，人数达千余人。

铁路车辆制造业：

"沙河口铁道工厂"。该厂是当时东北最大的铁路车辆工厂，在亚洲也是屈指可数的大工厂之一。厂区面积为 277 200 坪（1 坪 = 3.306 平方米）。（苏崇民：《满铁史》，中华书局 1990 年版，第 96 页）工厂内部结构仿造德国克虏伯的埃森工厂建设而成，拥有各种车间和新式设备，其中包括装配、旋盘、制罐、铰镖、磨光、锻冶、铸造、铸钢、动力、模型、客车、货车、制材、油漆、车台、电气等车间，还有分析室、仓库等。此后，沙河口工厂为适应鞍山制铁所的建设需要而急剧扩张，但至一战结束后，伴随着铁价的暴跌，鞍山制铁所陷于困境，沙河口工厂亦受其影响，遂采取紧缩方针而停止工厂的扩张。工厂在 1919 年度末有职工 5 346 人，但至 1920 年度末减少至 3 069 人。（［日］南满洲铁道株式会社：『南满洲铁道株式会社第二次十年史』，原书房，昭和三年，第 386 页）工人数量减少非常明显。尽管如此，工厂总体上规模仍在逐渐扩大。在 1919 年，工厂有建筑物 49 栋，1.8 万坪，同时能容纳机车 26 辆，客车 36 辆，货车 130 辆，此外还拥有各种机械制造和维修能力。在产量上，1919 年制造机车 44 辆，客车 44 辆，货车 602 辆。从创建后到 1919 年累计制造机车 333 辆，客车 297 辆，货车 4 803 辆。此外，还进行车辆的改修，一般机械的制造和修理等。（［日］满史会编：『满州开発四十年史』下卷，满州开発四十年史刊行会，1964 年，第 490 頁）沙河口工厂技术先进，能够独立制造火车机车。在 1914 年制造坚定式（280）机车，1916 年制造太平洋式 2（462）搭客用机车，1918 年又制造载货标准机车密克道式 1（MK1），1924 年再完成装备有三气筒与自动喷火机的曳引力巨大的密克道式 2（MK2）机车。"民国十六年（1927 年，笔者注）以后，复为胶济、泷海两铁路制造新机车，由此可见沙河口铁道工厂之工作技术相当优秀，民国十六年（1927 年，笔者注）新造旅客快车'鸠号'，其曳引机为太平洋式 5，速度极快，长春大连间，仅需十二小时，较以往之二十小时，相差悬殊。"（东北物资调节委员会研究组编：《东北经济小丛书·机械》，京华印书局 1948 年版，第 43 页）其技术先进，可见一斑。

"辽阳分工厂"。1918 年 1 月 15 日辽阳车辆系工厂又被置于沙河口工厂的管理之下，改称辽阳分工厂。后与车辆系分离，在原来的空地增设了各种设备，并于 1919 年 11 月 27 日被置于技术部所管辖，改称辽阳工厂。（［日］南满洲鐵道株式会社：『南满洲鉄道株式会社第二次十年史』，原書房，昭和三年，第 413 頁）1922 年 11 月隶属于运输部，1923 年 4 月又改为隶属于铁道部。这期间，辽阳工厂进行了扩充，分管熊岳城以北各站及各机关区、检车区、保线区以及四洮、吉长等铁路的车辆维修业务。此后，由于 1929 年世界性经济危机的爆发，"满铁"关闭了辽阳工厂，并将之合并于大连铁道工厂。该厂 1927 年度有日本职工 167 人，临时工 19 人；中国职工 329 人，临时工 155 人；合计 496 人，临时工 174 人。1928 年度有日本职工 130 人，临时工 10 人；中国职工 305 人，临时工 121 人；合计 435 人，临时工 131 人。1929 年度有日本职工 94 人，临时工 7 人；中国职工 189 人，临时工 82 人；合计 283 人，临时工 89 人。（［日］松本豊三：『南満洲鐵道株式会社第三次十年史』，南満洲鐵道株式会社發行，1938 年，第 404 頁）可见，该厂的职工数逐年减少，其经营业务也有减少的趋势。

"哈尔滨铁道工厂"，由沙俄建立，原为"中东路北满铁路工厂"，创立于 1903 年，1907 年正式开工，主要进行客、货车的修理。1924 年 5 月，根据中苏两国签订的《中俄解决悬案大纲协定》和《奉俄协定》，中东铁路由中苏合办。此后，哈尔滨铁道工厂也进入中苏合办时期。该厂对各种车辆的修程包括大修、中修、小修和定期检修。"仅从 1924 年至 1927 年的 4 年统计，年均修理机车 33 台、客车 278 辆，货车 1 676辆。生产基本保持稳定状态。"（陈海江、李广健、郭成力：《"三十六棚"铁路工厂》，载政协哈尔滨市委员会文史资料编辑部编：《哈尔滨文史资料》第 15 辑，哈尔滨出版社 1991 年版，第 5 页）

"东北大学工厂铁工系"，能够从事铁路车辆的安装和维修。该厂由东北大学理工科学长赵厚达筹建，1926 年 4 月建成。资本金总额为 280 万元。（辽宁省统计局编：《辽宁工业百年史料》，辽宁省统计局印刷厂 2003 年版，第 274 页）在 1930 年，该厂"安装及修理的机车车辆有吉海铁路机车 8 辆、各种货车 114 辆、行李车 2 辆；沈海铁路机车 17 辆、各种货车 385 辆、客车 12 辆、行李车 2 辆；四洮铁路机车 4 辆；齐克铁路机车 8 辆；京绥铁路机车 10 辆、客车 7 辆、各种货车 126 辆；京奉铁路机车 8 辆；吉敦铁路机车 4 辆、各种货车 82 辆。"（马尚斌：《奉系经济》，辽海出版社 2000 年版，第 98—99 页）

"皇姑屯机车车辆厂"，奉系重要的铁路车辆工厂。皇姑屯工厂原为京奉铁路局下设的修理厂，1922 年进行了第一次扩建，具备一定的修理铁路机车和各种车辆的能力。1928 年，在张学良的指导下进行了大规模的扩建，并进行巨额投资，在规模和技术设备方面达到京奉铁路唐山工厂的水平，成为当时中国第一流的铁路车辆工厂。"到'九一八'事变前，皇姑屯机车车辆厂共检修机车 66 台，客车 129 辆，货车 1149 辆，为东北自建自营铁路和经济发展做出了贡献。"（马尚斌：《奉系经济》，辽海出版社 2000 年版，第 100 页）

"东三省兵工厂机车车辆厂"。该厂由李广林任厂长，法国技师劳兰任总工程师，有技术工人 1 500 人，并拥有当时国内较为先进的技术和设备。"1929 年 6 月至 1930 年 6 月，东三省兵工厂附设机车厂为沈海、吉海、北宁、洮索等铁路局修理机车和客货车 97 辆，为齐克铁路和呼海铁路组装新机车 16 辆，为沈海铁路公司制造货车 300 辆。"（马尚斌：《奉系经济》，辽海出版社 2000 年版，第 100—101 页）

造船工业：

"满洲船渠株式会社"。1922 年，"满铁"承租了旅顺工场，并收回租借给川崎造船厂的大连船场。1923 年 4 月 1 日，"满铁"建立子公司"满洲船渠株式会社"，下设旅顺工场和大连工场，共拥有资金 200 万日元。按照当时的分工，旅顺工场以造船为主，大连工场以修船为主。但由于海运业不景气，大连工场前三年处于亏损状态。"为扭转逆境，满船股东总会作出两项决议：一是进行管理体制改革，实行社长制；二是大连工场实行修船和陆用机械制修并重的生产经营方针，即在进行修船作业的同时，还使用主要的设备和人力，从事陆用机械的制造和修理，使船舶修理的收入和陆用机械制修的收入基本相等。"（《中国舰艇工业历史资料丛书》编辑部编纂：《中国近代舰艇工业史料集》，上海人民出版社 1994 年版，第 873 页）此后，由于"满铁"将大量修造任务委托给大连工场，大连工场的经营状况有了明显的好转。为了制造修建大连港第四码头的沉箱以及提高修船能力，"满船"对沙俄遗留下来的船坞进行了修建。"该坞的修建分两个阶段进行，1924年完成施工准备工作，1926年9月30日全部工程竣工，共耗资65.4万日元。该坞长148米，底宽12米，俗称沉箱船坞，如将内部稍加整理，即可充作6000吨级修船坞使用。"（《中国舰艇工业历史资料丛书》编辑部编纂：《中国近代舰艇工业史料集》，上海人民出版社1994年版，第873页）在1927年3月末，会社有职工1 002名，一年间进入船坞维修的船只达1 000余只。（〔日〕南满洲铁道株式会社编：『南満洲鉄道株式会社第二次十年史』，原書房，昭和三年，964页）

铃木造船所，前身为阿部造船所，1927年开始营业。后该所木工铃木政行掌管该所事务，更名为铃木造船所，雇佣工人六七十名。该造船所能制造160马力木质渔轮，同时能修理柴油机。（大连渔轮公司厂志办：《从关东造船实业组合到关东造船株式会社》，载政协大连市西岗区委员会文史资料委员会编：《西岗文史资料》第三辑，旅顺包装装潢印刷厂1991年版，第149页）

才野造船所，由才野太助于1922年创办。雇佣中国工人十余人，主要修造小型木帆船。

川本造船所，由川本平于1929年开办。

仓本造船所，由木工仓本元一郎于1916年5月创办，初期主要承修舢板。"1927年又增设坞道，雇用中国工人多达一百三十余人，建造大型机动渔轮和福昌公司的运输船。"（大连渔轮公司厂志办：《从关东造船实业组合到关东造船株式会社》，载政协大连市西岗区委员会文史资料委员会编：《西岗文史资料》第三辑，旅顺包装装潢印刷厂1991年版，第151页）

西森造船所，在1920年左右伴随着大连港的发展，小型船频繁进出港口，鉴于修造船数量的增加，利用修筑西防波堤填平的空地建立了船渠。至 1921 年，在渠口建立了 37 英尺的木造开闭门。（［日］井上谦三郎：『大连市史』，大连市役所發行，昭和 11 年，第 689 頁）

滨町船渠，在 1916 年建成，位于西防波堤基础部分乃木町船坞内侧，专门修理"满铁"工事用船舶。（［日］井上谦三郎：『大连市史』，大连市役所發行，昭和 11 年，第 689 頁）

沉箱船渠。沙俄控制大连时期计划修筑一个大船渠，与"满洲船渠"的北侧相邻，但仅完成了一部分。"但在（日本，笔者注）继承后修筑第四码头的时候，制定了将其岸壁作成沉箱式的计划。因此，就利用这个船渠作为制造建港用的沉箱的地方。大正十四年（1925 年，笔者注）完成了制造沉箱的船渠。"［大连港《港史》编委会编辑组编：《大连港史资料选编》（铅印件），1992 年版，第 38 页］伪满建立后，该船渠依然使用。

航空工业：

航空工厂。"至十三年冬，厂房筑成，添置机械，设备工具，渐有规模。"（东北文化社年鉴编印处编：《东北年鉴》，东北文化社 1931 年版，第 311 页）1925 年，邢契莘被任命为厂长，他锐意整顿，提高了工厂修理制造飞机的能力，工厂规模亦有所扩大。从其组织上看，"厂长为上（中）校，科长为少校，并设技师科员若干人。十八年并入航空大队，其时之组织，厂长下设中校厂附，少校主任，少校及上尉技师，上尉及中尉厂员，上士、中士、班长、班目、以及技兵。"（东北文化社年鉴编印处编：《东北年鉴》，东北文化社 1931 年版，第 311 页）当时该工厂的制造能力包括：机身机翼及尾舵、螺旋桨、发动机各种零件之配制、发动机试验架、冷气机、始动机、冷气始动机、单力始动机、冷气救火机、飞机架尾车、飞机铁平车、通信钩、信号枪、放烟筒、机关枪转盘、炸弹架、炸弹悬吊机、炸弹上子、炸弹投掷器、机关枪连动机、航空仪器、航空照相机零件配制、航空无线电机零件之配制，此外还包括各种印刷品之印制和装订、各种木器之制作及修理。（东北文化社年鉴编印处编：《东北年鉴》，东北文化社1931年版，第311页）可见，当时的航空工厂已经具备一定的飞机零部件维修和制造能力。"工厂面积约九四九七八呎（即英尺，笔者注），附设印刷工厂，铅石印装钉等部分，均称完备。"（东北文化社年鉴编印处编：《东北年鉴》，东北文化社1931年版，第311页）这也在一定程度上反映了东北航空工厂的总体建设情况。东北航空工厂为当时东北唯一的一家飞机制造工厂，它在奉系军阀的扶植下有了一定程度的发展。

三、伪满时期

制油工业：

"满洲大豆化学工业株式会社大连工厂"，是伪满时期东北最大的制油工厂。1934年"满铁"等会社共同出资500万元，在大连建立"满洲大豆株式会社"。1940年伪满政府又出资，改为"满洲大豆化学工业株式会社"。该会社采用先进榨油法，即生产豆油的同时，还制有副产品，如大豆胶、可塑剂、人造羊毛等。该工厂1940年公称资本增加到3 000万元，实缴资本增加到750万元，1943年实际使用资金794万元，1942年有职工132人。（张福全：《辽宁近代经济史（1840—1949）》，中国财政经济出版社1989年版，第663页）

福和祥工厂，1939年在九台县合资创办，以榨油和酿酒为主，是当时规模比较大的企业。至1941年，该厂已发展到拥有榨油机76台，但其后经营逐渐陷于困境。（高严等主编：《吉林工业发展史》上卷，中国经济出版社1992年版，第188页）

"敦化组合油坊"（今敦化市植物油厂）。1941年，日伪将敦化县的

18 家油坊合并成敦化组合油坊。当时它的主要设备有：57 台人力螺旋榨油机、50 马力电动机和 100 平方米豆坑等，但由于原料实行配给，限制了它的发展。（高严等主编：《吉林工业发展史》上卷，中国经济出版社 1992 年版，第 188 页）

"东济油坊"，由"满洲中央银行"的旁系公司——大兴公司出资经营，是哈尔滨市内最大的制油厂，1937 年由于油坊业整体不景气而倒闭。该油坊由于获得"政府"的间接支持，资金雄厚，技术先进。（［日］长谷川编：《哈尔滨经济概观》，王绍灿、王金石译，哈尔滨市政府地方志办公室 1990 年版，第 179 页）

"龙兴制油株式会社"。日本为了吞并齐齐哈尔的油坊业，成立"龙兴制油株式会社"，对当地 12 家油坊进行威逼恫吓，包括采用抓捕和拘押各油坊的经理、罚款、逼债等方式，迫使这些油坊加入该会社。最终，这些油坊的经理不得不就范。该会社是 1942 年春开始土木施工的，1942 年冬，大油坊部分建成投产，由日本人把持一切。各油坊入股后，人员和机器并入大油坊。

面粉工业：

"日满制粉株式会社"，成立于 1934 年 6 月 25 日，资本金 1 000 万日元。该会社在海拉尔、锦州、安达、绥化、海伦、佳木斯、牙克石等地设有分工厂，代表者是中泽正洽和大志摩孙四郎。（陈绍楠主编：《哈尔滨经济资料文集》第三辑，哈尔滨市档案馆 1991 年版，第 149 页）1937 年哈尔滨市面粉总产量是 14 721 511 袋（每袋 22 公斤），其中"日满面粉公司"占了四分之三强。（陈绍楠主编：《哈尔滨经济资料文集》第三辑，哈尔滨市档案馆 1991 年版，第 115 页）"日满面粉株式会社"已经基本垄断了哈尔滨的面粉工业。

"满洲制粉"，位于奉天，资本金 575 万日元。（［日］满洲国史编

纂刊行会编：『満洲国史（各論）』，満蒙同胞援護会，1971 年，第 618
页）

　　"康德制粉株式会社"，位于奉天，资本金 500 万日元。（［日］満
洲国史編纂刊行会编：『満洲国史（各論）』，満蒙同胞援護会，1971
年，第 618 页）

　　裕昌源，位于"新京"，资本金 433 万日元。（［日］満洲国史編纂
刊行会编：『満洲国史（各論）』，満蒙同胞援護会，1971 年，第 618
页）

　　"満洲日本制粉"，位于"新京"，资本金 200 万日元。（［日］満洲
国史編纂刊行会编：『満洲国史（各論）』，満蒙同胞援護会，1971 年，
第 618 页）

　　东洋制粉，位于奉天，资本金 200 万日元。（［日］満洲国史編纂
刊行会编：『満洲国史（各論）』，満蒙同胞援護会，1971 年，第 618
页）

　　亚洲制粉，位于开原，资本金 100 万日元。（［日］満洲国史編纂
刊行会编：『満洲国史（各論）』，満蒙同胞援護会，1971 年，第 618
页）

　　益发合，位于"新京"，资本金 200 万日元。（［日］満洲国史編纂
刊行会编：『満洲国史（各論）』，満蒙同胞援護会，1971 年，第 618
页）它是当时东北地区颇具代表性的民族资本主义工商企业，其制粉厂
在长春产量较高，销路较好，所生产的龙马牌面粉畅销东北。在伪满后
期，伴随着日伪政府经济统制政策的加强，益发合的经营也陷入困难。
自 1938 年以后，不仅面粉产量日益减少，而且由 1940 年开始，小麦原
料完全被"満洲面粉组合"掌握，不得不从事苞米面的生产。在 1940
年前益发合制粉厂还能自产自销，到 1940 后即逐步丧失自销能力。到

1945 年即完全为日伪加工，依靠加工费维持。（刘益旺、贾涛：《长春益发合兴衰始末》，载政协吉林省长春市委员会文史资料研究委员会编：《长春文史资料》9，政协吉林省长春文史资料研究委员会 1985 年版，第 68—69 页）后期益发合在日伪当局的压榨下也举步维艰，苟延残喘。

福康，位于哈尔滨，公称资本 33 万元，缴纳资本 33 万元。（［日］齐藤直基知编：《满洲产业经济大观》，满洲产业调查会 1943 年版，第 323 页）

裕东栈制面粉，位于牡丹江，公称资本为 30.2 万元，缴纳 30.2 万元。（［日］齐藤直基知编：《满洲产业经济大观》，满洲产业调查会 1943 年版，第 323 页）

新华面粉，位于牡丹江，公称资本 15 万元，缴纳 15 万元。（［日］齐藤直基知编：《满洲产业经济大观》，满洲产业调查会 1943 年版，第 323 页）

"间岛油坊"，位于"间岛"，公称资本 10 万元，缴纳 5 万元。（［日］齐藤直基知编：《满洲产业经济大观》，满洲产业调查会 1943 年版，第 323 页）

哈尔滨麻昌泰（合资），位于哈尔滨，公称资本 41 万元。（［日］齐藤直基知编：《满洲产业经济大观》，满洲产业调查会 1943 年版，第 323 页）

双合盛，是当时哈尔滨比较大的民族面粉工业，由民族资本家张廷阁任总经理。日伪政府实行小麦及制粉业统制后，民族工业饱受打击。双合盛制粉厂从此产量日减，生产任务常年不足，并且开始出现经营亏损。（杨云程：《我所知道的双合盛与张廷阁》，载中国人民政治协商会议黑龙江省哈尔滨市委员会文史资料研究委员会编：《哈尔滨文史资料》第二辑，黑龙江省教育厅印刷厂 1983 年版，第 48 页）该厂在

1944 年以后，被迫改制苞米面，全年仅开工 50—60 天，流动资金几乎全部耗光，接近倒闭状态。这是双合盛制粉厂历史上最不景气的年月。（民建哈尔滨市委、哈尔滨市工商联：《张廷阁与双合盛兴衰》，载中国民主建国会黑龙江省委员会黑龙江省工商业联合会编：《黑龙江工商史料》第一辑，中共黑龙江省委机关铅印室 1988 年版，第 40 页）

东茂祥火磨，位于桦南县，建于 1938 年，至 1940 年初基本竣工，随即投入生产。日本妄图吞并该厂，遭拒绝后日伪当局最终勒令其停产。

酿酒工业：

裕昌源，位于"新京市"东二道街，生产烧酒，在 1935 年末有职工 67 人。（孔经纬主编：《长春经济演变》，长春出版社 1991 年版，第 139 页）

鸿发兴，是由中国人经营的烧酒厂，规模较大，位于"新京市"南关桥东大街路北，生产烧酒，在 1935 年末有职工 32 人，1937 年资本额为 37 200 元。（孔经纬主编：《长春经济演变》，长春出版社 1991 年版，第 139 页）

造纸工业：

"锦州巴尔布株式会社锦州工场"，创办于 1939 年 6 月 2 日，主要股东为王子证券株式会社、大阪商事株式会社。该厂 1942 年生产纸浆 13 295 吨，各种纸 14 574 吨；1943 年生产纸浆 12 206 吨，各种纸 15 651 吨；1944 年生产纸浆 11 000 吨，各种纸 10 840 吨。（东北财经委员会调查统计处编：《伪满时期东北厂矿基本资料·工厂篇之三·化学》，1949 年版，第 93 页）

"日满巴尔布株式会社"，设立于 1936 年 9 月 11 日，原名为"日满巴尔布制造股份有限公司"，1938 年 11 月 21 日改为此名。1945 年"日满巴尔布株式会社"并入锦州巴尔布株式会社。其敦化工场1942年生产人造丝纸浆2 040吨，造纸纸浆12 980吨；1943年生产人造丝纸浆2 182吨，造纸纸浆9 047吨；1944年生产人造丝纸浆2 556吨，造纸纸浆8 854吨。（东北财经委员会调查统计处编：《伪满时期东北厂矿基本资料·工厂篇之三·化学》，1949年版，第94页）

"满洲豆秆巴尔布株式会社"，创办于1937年9月3日，1939年12月正式开工，主要股东有日本酒井织维工业株式会社、伪满政府、伪满兴业银行、"满铁"和酒井伊四郎。该厂1942年生产人造丝纸浆、漂白纸浆、未漂白纸浆合计4 831吨，印刷纸、包装纸合计2 781吨；1943年生产人造丝纸浆、漂白纸浆、未漂白纸浆合计3 979吨，印刷纸、包装纸合计5 578吨；1944年生产人造丝纸浆、漂白纸浆、未漂白纸浆合计1 091吨，印刷纸、包装纸合计2 503吨。（东北财经委员会调查统计处编：《伪满时期东北厂矿基本资料·工厂篇之三·化学》，1949年版，第95页）

"满洲钟渊制纸株式会社东满工场"，位于延吉县开山屯，主要股东为钟渊实业株式会社和钟渊公大实业株式会社。该厂1942年生产人造丝纸浆730吨，漂白纸浆和未漂白纸浆合计12 900吨，各种纸浆总计13 630吨，洋纸2 496吨；1943年生产人造丝纸浆178吨，漂白纸浆和未漂白纸浆合计6 917吨，各种纸浆总计7 095吨，洋纸3 026吨；1944年生产人造丝纸浆430吨，漂白纸浆和未漂白纸浆合计6 450吨，各种纸浆总计6 880吨，洋纸1 999吨。（东北财经委员会调查统计处编：《伪满时期东北厂矿基本资料·工厂篇之三·化学》，1949年版，第96页）

"满洲钟渊制纸株式会社营口工场"，原名"康德苇巴尔布株式会社"，建于1936年10月。1939年5月至11月该厂改善机械设备，品质提高，产量明显增加。该厂主要股东为钟渊实业株式会社和钟渊公大实业株式会社。该厂 1942 年生产造纸纸浆 6 796 吨，纸 3 857 吨；1943 年生产造纸纸浆 7 283 吨，纸 4 427 吨；1944 年生产造纸纸浆 6 400 吨，纸 2 204 吨。（东北财经委员会调查统计处编：《伪满时期东北厂矿基本资料·工厂篇之三·化学》，1949 年版，第 97 页）

"东洋巴尔布株式会社"，创办于 1936 年 9 月 11 日，1938 年 10 月 4 日开工生产，主要股东为日本毛织株式会社、川西精三、川西龙三、吴羽纺织株式会社。该厂 1942 年生产人造纸浆 364 吨、漂白纸浆 5 356 吨、未漂白纸浆 8 650 吨，纸浆总计 14 370 吨，纸 2 718 吨；1943 年生产人造纸浆 310 吨、未漂白纸浆 5 483 吨，纸浆总计 5 793 吨，纸 2 369 吨；1944 年生产人造纸浆 1 030 吨、未漂白纸浆 2 110 吨，纸浆总计 3 140吨，纸 2 161 吨。（东北财经委员会调查统计处编：《伪满时期东北厂矿基本资料·工厂篇之三·化学》，1949 年版，第 98 页）

"满洲巴尔布工业株式会社"，创办于 1936 年 5 月 11 日，1938 年 6 月 12 日开工生产，主要股东为三菱制纸株式会社、王子证券株式会社、寺田元之助、寺田元三部、岸本五卫兵。该厂 1942 年生产未漂白纸浆 7 425吨、漂白纸浆 5 001 吨、人造丝纸浆 50 吨，纸浆总计 12 476 吨；1943 年生产未漂白纸浆和漂白纸浆合计 8 139 吨、人造丝纸浆 49 吨，纸浆总计 8 188 吨；1944 年生产未漂白纸浆和漂白纸浆合计 5 530 吨、人造丝纸浆 70 吨，纸浆总计 5 600 吨，纸 513 吨。（东北财经委员会调查统计处编：《伪满时期东北厂矿基本资料·工厂篇之三·化学》，1949 年版，第 99 页）

"鸭绿江制纸株式会社"，主要股东为合名会社大仓组、王子证券株式会社。该厂 1942 年生产纸浆 10 950 吨；1943 年生产纸浆 6 800 吨；1944 年生产纸浆 6 580 吨，宣纸 918 吨，毛边纸 1 216 吨，包装纸 4 394

吨，其他纸 755 吨。（东北财经委员会调查统计处编：《伪满时期东北厂矿基本资料·工厂篇之三·化学》，1949 年版，第 100 页）

"安东造纸株式会社"，创办于 1936 年 9 月，次年 11 月开工。该厂由矢野茂成与中国人孙培莘、周玉棠、宋承德等人合资创办，专门制造卷烟纸，后与王子制纸株式会社合资。该厂 1942 年生产卷烟纸 1 395 吨，1943 年生产卷烟纸 1 496 吨，1944 年生产卷烟纸 1 134 吨。（东北财经委员会调查统计处编：《伪满时期东北厂矿基本资料·工厂篇之三·化学》，1949 年版，第 102 页）

"吉林制纸株式会社"，创办于 1939 年 12 月 25 日，主要股东为日本纸业株式会社、北原广和川崎清男。该厂 1943 年生产各种纸 340 吨；1944 年生产薄叶纸 370 吨、打字用纸 172 吨、自由包装纸 20 吨、手纸 1 吨，合计 563 吨。（东北财经委员会调查统计处编：《伪满时期东北厂矿基本资料·工厂篇之三·化学》，1949 年版，第 109 页）

"朝日制纸株式会社"，位于安东市（今丹东市），1945 年 8 月公称资本 180 万元，实缴资本 180 万元，使用总额 225.7 万元。该厂 1941 年生产纸绳原纸 598 吨、薄叶纸 374 吨、印刷纸 406 吨，合计 1 378 吨；1942 年生产各类纸 1 260 吨；1943 年生产各类纸 1 172 吨；1944 年生产纸绳原纸 156 吨、薄叶纸 141 吨、印刷纸 78 吨，合计 375 吨。（东北财经委员会调查统计处编：《伪满时期东北厂矿基本资料·工厂篇之三·化学》，1949 年版，第 110 页）

"丸三制纸工厂"，位于奉天市铁西区，主要股东为古谷芳太郎。该厂 1941 年生产日本纸 2 137 吨，1942 年生产各类纸 2 149 吨，1943 年生产各类纸 1 312 吨，1944 年生产各类纸 231 吨。（东北财经委员会调查统计处编：《伪满时期东北厂矿基本资料·工厂篇之三·化学》，1949 年版，第 111 页）

"大满制纸株式会社",创办于 1943 年 9 月 22 日,主要股东为丸井制纸株式会社、大西规一、池田江一、熊野光次、藤原猪八。该厂 1944 年生产 41 吨纸。(东北财经委员会调查统计处编:《伪满时期东北厂矿基本资料·工厂篇之三·化学》,1949 年版,第 112 页)

"抚顺制纸株式会社",创办于 1930 年 11 月 23 日,主要股东为太阳烟草株式会社、今村荣松、孙兴远、陈孟元。该厂 1941 年生产满天纸 1 252.08 吨,手纸 187.24 吨,牛皮纸 1.55 吨,印刷纸 2.51 吨;1944 年生产满天纸 30 吨。(东北财经委员会调查统计处编:《伪满时期东北厂矿基本资料·工厂篇之三·化学》,1949 年版,第 113 页)

"松浦制纸株式会社",创办于民国时期。1942 年生产纸 2 672 吨,1943 年生产纸 2 312 吨,1944 年生产纸 965 吨。(东北财经委员会调查统计处编:《伪满时期东北厂矿基本资料·工厂篇之三·化学》,1949 年版,第 114 页)

"满洲纸业奉天工场",创办于 1937 年 10 月,同年 12 月开工,1941 年使用资本总额 25.4 万元,主要股东为文野新竹。1942 年生产各类纸 1 048 吨,1943 年生产各类纸 570 吨,1944 年生产各类纸 265 吨。(东北财经委员会调查统计处编:《伪满时期东北厂矿基本资料·工厂篇之三·化学》,1949 年版,第 116 页)

纺织工业:

"满洲福岛纺绩株式会社",是侵入东北最早的日本纺织资本之一,1945 年 7 月有精纺机 49 520 锭,合股机 1 020 锭,宽幅织机 90 台。1943 年生产棉纱 18 093 件,棉布 15 000 匹;1944 年生产棉纱 9 901 件,棉布 8 000 匹。(东北财经委员会调查统计处编:《伪满时期东北厂矿基本资料·工厂篇之五·纺织》,1949 年版,第 17 页)

"德和纺绩株式会社",创办于 1936 年 9 月 16 日,1945 年 7 月有精纺机 62 600 锭，合股机 35 020 锭，宽幅织机 780 台，染色机 34 台，轴线机 100 台。1944 年生产棉纱 8 640 件，轴线 13 882 罗，更生棉毯 176 754 条，棉布 248 000 匹，染织维制品 64 480 匹。(东北财经委员会调查统计处编：《伪满时期东北厂矿基本资料·工厂篇之五·纺织》，1949 年版，第 19 页)

"营口纺绩株式会社"，创办于 1933 年 3 月 24 日，1941 年至 1945 年，有精纺机 55 728 锭，混棉机 100 台，梳棉机 290 台。1944 年生产棉纱 11 458 件，宽幅棉布 218 828 匹，窄幅棉布 53 400 匹。(东北财经委员会调查统计处编：《伪满时期东北厂矿基本资料·工厂篇之五·纺织》，1949 年版，第 20 页)

"南满纺绩株式会社"，创办于 1939 年 12 月 22 日，1945 年 7 月有精纺机 35 280 锭，合股机 4 400 锭，宽幅织机 1 000 台。1944 年生产棉纱 7 485 件，棉布 215 匹。(东北财经委员会调查统计处编：《伪满时期东北厂矿基本资料·工厂篇之五·纺织》，1949 年版，第 23 页)

"满蒙毛织株式会社"根据 1918 年日本内阁拓殖会议的决议而设立，资本金 1 000 万元。日本方面提供了助成金，陆军省得知输入外国机械比较困难，遂于 1919 年将千住制绒所的 25 台织机及附属机械借给该社。在伪满成立初期，其资本金为 250 万元，生产能力方面毛织品年产量为 120 万码，毛丝年产量为 48 万磅，帽子年产量为 6 万打。([日] 關東局：『關東局施政三十年史』，凸版印刷株式会社，昭和 11 年，第 456 页)

"康德毛织株式会社"，原为 1924 年由哈尔滨巨商所建立，在 1937 年 1 月成为拥有资本金 65 万元的株式会社。同年 10 月引入钟纺资本(即日本的钟渊纺纱株式会社，笔者注)后，改称"康德毛织株式会社"，主要生产呢绒、毛布及绒毯。[[日] 豐田要三：『滿洲工業事情』

（满洲事情案内所报告43），满洲事情案内所发行，1939 年，第 86 页〕

　　"满蒙棉花株式会社"，创办于 1937 年 9 月 30 日，1945 年 7 月有和纺机 10 240 锭，四幅纺机 30 台，二幅纺机 41 台，两面机 13 台，片面机 22 台，梳棉机 15 台。1944 年生产衣服棉和被褥棉 1 024 660 公斤，更生棉毯 45 078 条；1945 年生产衣服棉和被褥棉 714 055 公斤，更生棉毯 31 651 条。（东北财经委员会调查统计处编：《伪满时期东北厂矿基本资料·工厂篇之五·纺织》，1949 年版，第 33 页）

　　"株式会社高冈棉厂"，创办于 1940 年 9 月 25 日，1943 年生产衣服棉和被褥棉 1 450 000 公斤，1944 年生产衣服棉和被褥棉 1 320 000 公斤。（东北财经委员会调查统计处编：《伪满时期东北厂矿基本资料·工厂篇之五·纺织》，1949 年版，第 34 页）

　　"株式会社德和纺织厂"，创办于 1933 年 9 月 16 日，1935 年 6 月为日本人所收买。1942 年 8 月，它与瓦房店的"满洲制丝株式会社"及沈阳的"株式会社德和染色厂"合并，易名"德和纺绩株式会社沈阳分厂"。1941 年生产各种棉布 199 656 匹，帆布 21 160 匹；1942 年生产各种棉布 240 000 匹，各种布带类 13 000 000 米，腿绊 100 000 副。（东北财经委员会调查统计处编：《伪满时期东北厂矿基本资料·工厂篇之五·纺织》，1949 年版，第 43 页）

　　"满洲制麻株式会社"，创办于 1917 年。"奉天制麻株式会社"创办于 1919 年。"关东州政府"在 1918 年为"满洲制麻株式会社"购入设备提供贷款，并于 1929 年免除其产品输往日本的关税，因此其业绩较好。（〔日〕关东局：『关东局施政三十年史』，凸版印刷株式会社，昭和 11 年，第 453—454 页）该时期"奉天制麻株式会社"由于银价暴跌等原因，经营陷于困难，并于 1930 年停业。1933 年 12 月该厂再次开业，并于 1936 年与"满洲制麻株式会社"合并，成为"满洲制麻株式

会社奉天工场"。（［日］關東局：『關東局施政三十年史』，凸版印刷株式会社，昭和 11 年，第 454 页）

"安东柞蚕工业株式会社" 创办于 1939 年 9 月 9 日，1945 年 7 月有合股机约 5 000 锭、109 台，织机 500 台。1942 年生产柞蚕丝 26 653 公斤；1943 年生产柞蚕丝 26 470 公斤，挽手 57 860 公斤，丝线 386 公斤，生蛹 330 082 公斤，干燥蛹 23 508 公斤。（东北财经委员会调查统计处编：《伪满时期东北厂矿基本资料·工厂篇之五·纺织》，1949 年版，第 57 页）

"合名会社羽田奉天工厂" 创办于 1938 年 5 月 1 日，1945 年 7 月有纺机 14 000 锭，四幅织机 45 台；1941 年生产更生棉毯子 51 444 条。（东北财经委员会调查统计处编：《伪满时期东北厂矿基本资料·工厂篇之五·纺织》，1949 年版，第 61 页）

"满洲内外棉株式会社" 创办于 1939 年 8 月 12 日，在 1945 年 7 月有染色机 38 台，加压煮布机 4 座，烘干机 8 台，拉幅机 3 台。1944 年染黑色棉布 80 523 匹，染蓝士林棉布 8 027 匹，染草绿色棉布 86 881 匹。（东北财经委员会调查统计处编：《伪满时期东北厂矿基本资料·工厂篇之五·纺织》，1949 年版，第 65 页）

"满洲织维工业株式会社" 创办于 1942 年 9 月，1945 年 7 月有精纺机 15 000 锭，合股机 1 840 锭，织机 141 台。1941 年生产柞蚕可纺性织维 43 750 公斤，柞蚕人造织维混纺衣服料 7 000 匹。（东北财经委员会调查统计处编：《伪满时期东北厂矿基本资料·工厂篇之五·纺织》，1949 年版，第 71 页）

在 1940 年末，东北民族纺织工业有长记制丝厂（安东，厂主孙殿住）、仁昌制丝厂（安东，厂主林均和）、和顺德制丝厂（安东，厂主贺端亭）、王记丝厂（安东，厂主贺业明）、同义成（安东，厂主胡书

良）、源生德丝厂（庄河，厂主孔明五）、益发合株式会社棉布工厂
（长春，厂主孙秀三）、老王带房（长春，厂主王海亭）、长记工厂（长
春，厂主赵长有）、天增福工厂（长春，厂主房树清）、恒盛合（哈尔
滨，厂主闵玉林）、同德工厂（哈尔滨，厂主闵树春）、雪岩工厂（哈
尔滨，厂主崔雪岩）、广泰李工厂（安东，厂主王占一）、增顺泰工厂
（安东，厂主姜仁臣）等。（［日］满洲国経済部工務司工政科：『满洲
国工場名簿（1940 年末現在)』，1941 年，第 1—18 頁）

制盐工业：

"满洲盐业株式会社"，1936 年 4 月 28 日设立，是基于"满洲"盐
田开发和统制工业盐输出的目的，根据第 55 号敕令，以资本金 500 万
元（实缴四分之一）成立的半官半民的特殊会社。（［日］濑沼三郎编
辑：『满洲国現勢』，满洲国通信社，1938 年，第 465 頁）该社垄断了
东北盐的制造、加工和贩卖，以及盐副产品的加工和贩卖。该社理事长
为三角爱三，副理事长为洪维国，理事为甲斐喜八郎和芝喜代二。"该
公司所设之盐田，西自锦州小凌河，东至复县之渤海沿岸，以及魏子窝
以东之黄海沿岸。"（东北物资调节委员会研究组编：《东北经济小丛
书·化学工业》上，中国文化服务社沈阳印刷厂1948 年版，第 72 页）

"满洲曹达株式会社"，1936 年 5 月成立。该社的资本金为 1 600 万
元，其中"满铁"400 万元，旭硝子会社 560 万元，"满化"（"满洲化
学工业株式会社"）400 万元，昌光硝子会社 240 万元。（［日］满洲国
通讯社：『满洲国現勢』，1943 年，第 540 頁）会社下设大连、开原、
奉天等工厂，还有锦州盐田（500 陌）和南关岭盐田（150 陌）。由于
有自己的盐田，会社解决了原料盐的供应问题。

"同和盐业会社"，1934 年 12 月在"关东州"设立，该社以矢原重
吉经营的盐田为基础，并收买了一部分中国人的盐田。

煤炭工业:

"满洲炭矿株式会社"于1934年5月6日正式成立,注册资本为1 600万日元,由伪满洲国政府与"满铁"各半出资。其中伪满政府以复州煤矿、八道壕煤矿、尾明山煤矿、孙家湾煤矿,以及北票煤矿、西安煤矿、鹤岗煤矿中的官股等作为投资,"满铁"则把阜新县内的矿业权和附属财产作为投资。1935年"满炭"开始开采滴道煤矿,同年还开始经营扎赉诺尔煤矿。1936年后又开始收买北票煤矿、西安煤矿和鹤岗煤矿的私股部分。另外,"满炭"还着手开发新的煤矿,主要有和龙煤矿、田师付煤矿、舒兰煤矿、东宁煤矿、三姓煤矿、城子河煤矿、恒山煤矿、珲春煤矿、宝清煤矿、瑷珲煤矿等,至此,已逐渐形成了对东北煤炭工业的垄断。

"阜新煤矿",在伪满初期由"满炭"直营,是包括新邱、孙家湾、八道壕、太平、平安、高德、城南等各采煤所的一大煤矿,1943年脱离"满炭",改称"阜新煤矿株式会社"。该矿主要由"满业"投资,1945年实缴资本2.2亿元,使用总额达2.5亿元。伪满时期该矿扩张迅速,"煤炭产量1938年达到107.6万吨,1939年达到234万吨,1940年达到337.6万吨"。(辽宁省统计局编:《辽宁工业百年史料》,辽宁省统计局印刷厂2003年版,第147页)以后各年产量均在400万吨上下。其在籍工人数1939年为34 028人,1940年为39 888人,1941年为46 541人,1944年为58 823人。(辽宁省统计局编:《辽宁工业百年史料》,辽宁省统计局印刷厂2003年版,第147页)至伪满后期阜新煤矿成为仅次于抚顺煤矿的大煤矿。

"本溪湖煤矿"。该矿位于安奉路沿线,自本溪湖市的东北端起横断铁路线,延伸至西南部。在乾隆年间就有人开采,至咸丰、同治年间,冶铁和采煤两项事业并进,至光绪年间渐趋衰落。1909年日本大仓组建立中日合办之本溪湖煤矿公司，从事采煤事业，后兼营制铁事业，改称"本溪湖煤铁公司"。至伪满末期，又与鞍山制钢所合并，改称为"满洲制铁会社本溪支社"。该矿 1939 年生产煤炭 95 万吨，1940 年生产 74.4 万吨，1941 年生产 75 万吨，1942 年生产 79.8 万吨，1943 年生产 86.8 万吨，1944 年生产 95.1 万吨。（辽宁省统计局编：《辽宁工业百年史料》，辽宁省统计局印刷厂，第 147 页）1941 年有职工 2 018 人，年选煤设备能力为 328 万吨。（张福全：《辽宁近代经济史（1840—1949）》，中国财政经济出版社 1989 年版，第 498 页）

"北票煤矿"，"清代即已由当地人用土法开采"。（解学诗主编：《满铁史资料·煤铁篇》第二分册，中华书局 1987 年版，第 788 页）1917 年，它被京奉铁路局作为开滦煤矿的补助矿，1921 年改为官商合办。伪满建立后，被伪满洲国实业部接收，后建立"日满合营北票炭矿股份有限公司"。1937 年被并入"满炭"，至伪满后期又独立经营。该矿 1939 年生产煤炭 61.96 万吨，1940 年生产 94.07 万吨，1941 年生产 116.82 万吨，1942 年生产 107.9 万吨，1943 年生产 117.8 万吨，1944 年生产 123.83 万吨。（辽宁省统计局编：《辽宁工业百年史料》，辽宁省统计局印刷厂 2003 年版，第 147 页）1939 年有职工 19 523 人，1941 年为 21 428 人，1944 年为 15 857 人。（辽宁省统计局编：《辽宁工业百年史料》，辽宁省统计局印刷厂 2003 年版，第 147 页）

"田师付煤矿"，属于奉天省本溪县管内。民国时期为孟凌云所有，1937 年为"满炭"所收购，1942 年转给溪碱炭矿株式会社经营。1939 年生产煤炭 7.32 万吨，1940 年生产 20.8 万吨，1941 年生产 47.8 万吨，1942 年生产 57.2 万吨，1943 年生产 69.5 万吨，1944 年生产 61.84 万吨。（辽宁省统计局编：《辽宁工业百年史料》，辽宁省统计局印刷厂 2003 年版，第 147 页）1939 年该矿有工人 3 865 人，1941 年有 4 757

人，1944 年有 6 744 人。（辽宁省统计局编：《辽宁工业百年史料》，辽宁省统计局印刷厂 2003 年版，第 147 页）

"牛心台煤矿"，位于本溪湖市东约 17 公里，太子河左岸，至本溪湖可利用溪碱线之便。（解学诗主编：《满铁史资料·煤铁篇》第二分册，中华书局 1987 年版，第 791—792 页）该矿 1939 年为"满炭"所收买，1941 年归溪碱炭矿株式会社经营。1939 年生产煤炭 17.9 万吨，1940 年生产 26.14 万吨，1941 年生产 26.71 万吨，1942 年生产 21.33 万吨，1943 年生产 15.8 万吨，1944 年生产 15.28 万吨。（辽宁省统计局编：《辽宁工业百年史料》，辽宁省统计局印刷厂 2003 年版，第 147 页）

"八道壕煤矿"。该矿发现于 1919 年，曾由张作霖、吴俊升、孙烈臣等组织八道壕矿务局于 1921 年开始采掘，其后归属于奉天省矿务总局。伪满时期为"满炭"经营，改称"阜新炭矿八道壕采矿所"。1939 年该矿生产煤炭 10.35 万吨，1940 年生产 8.88 万吨，1941 年生产 11.03 万吨，1942 年生产 15.97 万吨，1943 年生产 25.83 万吨，1944 年生产 27.95 万吨。（辽宁省统计局编：《辽宁工业百年史料》，辽宁省统计局印刷厂 2003 年版，第 147 页）1939 年该矿有工人 1 268 人。（辽宁省统计局编：《辽宁工业百年史料》，辽宁省统计局印刷厂 2003 年版，第 148 页）

"瓦房店煤矿"，属于"满铁"经营。伪满时期该矿被交予抚顺煤矿蛟河采煤所管理。1939 年生产煤炭 5.19 万吨，1940 年生产 7.61 万吨，1941 年生产 7.47 万吨，1942 年生产 6 万吨，1943 年生产 5.21 万吨，1944 年生产 3.65 万吨。（辽宁省统计局编：《辽宁工业百年史料》，辽宁省统计局印刷厂 2003 年版，第 147 页）

"复州煤矿"。该矿又称五湖嘴煤矿，位于复县城南五十二公里处。

据说清以前已经开采，清乾隆年间由郑亲王家仆陈、刘二人领有。该矿"以同治年间为最盛，于同治七年之产量，曾达八〇〇〇万市斤"。（东北物资调节委员会研究组编：《东北经济小丛书·煤炭》，京华印书局1948年版，第117页）伪满成立以后，该矿由"满炭"经营，1944年10月转给复州矿业株式会社。该矿1939年生产煤炭13.6万吨，1940年生产13.5万吨，1941年生产14.99万吨，1942年生产12.35万吨，1943年生产14.51万吨，1944年生产12.3万吨。（辽宁省统计局编：《辽宁工业百年史料》，辽宁省统计局印刷厂2003年版，第147页）1939年该矿有工人1 409人，1940年有1 630人，1941年有1 575人，1942年有1 579人，1944年有1 343人。（辽宁省统计局编：《辽宁工业百年史料》，辽宁省统计局印刷厂2003年版，第147页）

"南票煤矿"。该矿在清代即有人开采。1939年由"满洲矿业汽船株式会社"创办，当时称"南票煤矿采煤所"，后改为"南票煤矿株式会社"。"1945年实缴资本2 000万元，实际使用资金2 722万元。原煤产量，1944年达到6.5万吨，为最高的年份。"（张福全：《辽宁近代经济史（1840—1949）》，中国财政经济出版社1989年版，第502页）该矿1940年有工人250人，1942年有668人，1944年有2 385人。（辽宁省统计局编：《辽宁工业百年史料》，辽宁省统计局印刷厂2003年版，第147页）

"扎赉诺尔煤矿"，位于滨州线满洲里附近，苏"满"边境，扎赉诺尔站西约3公里。1900年中东铁路进行地质调查，1902年由"北满"铁路局着手开发。1935年"北满"铁路局将其委托给"满铁"经营，同年8月委托给"满炭"经营，1941年为独立公司。该矿煤质一般，但储藏量大，据称可达40亿吨。1941年该矿生产煤炭12.2万吨，1942年生产31.9万吨，1943年生产37.6万吨，1944年生产26.1万吨。

（［日］满史会编著：《满洲开发四十年史》上册，东北沦陷十四年史辽宁编写组译，辽宁省营口县商标印刷厂1988年版，第735页）

"鹤岗煤矿"。该矿位于"三江省"鹤立县鹤岗街。1926年成立官商合营鹤岗煤矿公司，1937年为"满炭"所经营，1943年独立成为鹤岗炭矿株式会社。该矿1941年生产煤炭140万吨，1942年生产192万吨，1943年生产242万吨，1944年生产285万吨，1945年生产320万吨。（［日］满史会编著：《满洲开发四十年史》上册，东北沦陷十四年史辽宁编写组译，辽宁省营口县商标印刷厂1988年版，第730页）

"西安煤矿"，位于"奉天省"西安县第一区平梅县中部。1932年成立官商合营西安煤矿公司，归东北矿务局管理，后为"满炭"旁系煤矿，1938年为"满炭"直营，1943年又归于"满业"，成为西安煤矿。1940年生产煤炭155.4万吨，1941年生产167.8万吨，1942年生产137万吨，1943年生产187.6万吨，1944年生产225.4万吨。（［日］满史会编著：《满洲开发四十年史》上册，东北沦陷十四年史辽宁编写组译，辽宁省营口县商标印刷厂1988年版，第732页）

"舒兰煤矿"。该矿地跨吉林省舒兰县和吉林县。1897年被发现，1936年归"满炭"所有，1939年成立舒兰炭矿株式会社。该矿1941年有日本人1 251人，中国人1万人；1942年有日本人478人，中国人4 000人。（［日］满史会编著：《满洲开发四十年史》上册，东北沦陷十四年史辽宁编写组译，辽宁省营口县商标印刷厂1988年版，第734页）

"珲春煤矿"，位于"间岛省"珲春县盘石沟。伪满时期由"东满产业会社"经营，1944年10月起由"满业"经营。该矿1940年生产煤炭21.8万吨，1941年生产34万吨，1942年生产37.8万吨，1943年生产36.7万吨，1944年生产35.2万吨。（［日］满史会编著：《满洲开

发四十年史》上册，东北沦陷十四年史辽宁编写组译，辽宁省营口县商标印刷厂1988年版，第736页）

"密山炭矿滴道采煤所"，总社设在"东安省"虎林县鸡宁车站附近的鸡宁街，采煤所位于滴道东站北5公里。该矿1940年生产煤炭69.2万吨，1941年生产100.8万吨，1942年生产109.1万吨，1943年生产83.5万吨，1944年生产87万吨。（［日］满史会编著：《满洲开发四十年史》上册，东北沦陷十四年史辽宁编写组译，辽宁省营口县商标印刷厂1988年版，第742页）

"穆棱煤矿"，位于牡丹江穆棱县。1924年吉林省政府与俄国人斯基泰尔斯基达成合营契约，建立穆棱煤矿公司。伪满时期，租矿权人及经营者为穆棱炭矿株式会社。该矿1940年生产煤炭29万吨，1941年生产36.2万吨，1942年生产38.1万吨，1943年生产36万吨。（［日］满史会编著：《满洲开发四十年史》上册，东北沦陷十四年史辽宁编写组译，辽宁省营口县商标印刷厂1988年版，第745页）

电力工业：

"满洲电业株式会社"。伪满建立后，日本将"南满洲电业株式会社"、营口水道电气株式会社、"北满电气株式会社"、奉天电灯厂、"新京电灯厂"、哈尔滨电业局、吉林电灯厂、齐齐哈尔电灯厂、安东发电股份有限公司等合并，统一建立"满洲电业株式会社"（简称"满电"）。该会社于1934年12月1日正式开业，其资金为9 000万日元（1937年资金额为1.6亿日元），社长为吉田丰彦，总公司设于"新京"，在大连、奉天、营口、鞍山、安东等地设分公司。该社的会社章程中明确规定：本会社以经营电力和电灯的供给及相关业务，对本社和同类会社进行投资为目的。即本社以电力、电灯的供给、同类事业的投资、相关会社的投资为目的而设立，并作为"全满"电气供给事业的统制会社。（［日］满洲電業株式會社：『電業讀本』，满洲電業株式會社，1938 年，第 45 頁）此后，各地发电厂纷纷被并入"满洲电业株式会社"，该会社逐渐控制了全东北的电力事业。

"满洲电业株式会社营口支店"。营口水道电气株式会社在并入"满洲电业株式会社"后更名为"满洲电业株式会社营口支店"。"营口发电所（厂）也得到不断扩建，至 1937 年装机容量已增加到 9 800 千瓦，年发电量为 2 000 万千瓦时，供电范围除营口市内，还包括大石桥市和田庄台等地。"（韩世魁：《营口电力工业的产生与第一座发电厂》，载中国人民政治协商会议营口市委员会文史资料研究委员会编：《营口文史资料》第十辑，中共营口市委机关印刷厂，1949 年版，第 143 页）

"水丰水电站"，位于鸭绿江上游，距离安东有 80 公里，建有 107 米的拦河坝，通过拦河坝截鸭绿江的主流进行发电，计划发电能力为 70 万千瓦。（［日］满史会编著：《满洲开发四十年史》下册，东北沦陷十四年史辽宁编写组译，辽宁省营口县商标印刷厂 1988 年版，第 153 页）1937 年公称资本 1 亿元，实缴 6 250 万元，伪满和朝鲜各出资一半，由野口遵任理事长。1941 年 8 月，向伪满洲国输电 20 万千瓦。（［日］黄文雄：『满州国の遗产』，光文社，2001 年，第 269 页）

"丰满水电站"，建于 1939 年 3 月，位于吉林市境内的松花江上，为当时亚洲规模最大的水电站。至 1945 年 8 月 15 日日本战败投降为止，丰满水电站尚未全部竣工，总投入资金 2.37 亿日元，电站机组安装已完成了第一期工程的 50%，完成总工程量的 87%。

"镜泊湖水力发电所"，建于 1939 年 3 月，1942 年 6 月开始发电。该发电所位于松花江支流牡丹江的上游，距离古渤海国的上京——东京城古遗址约 35 公里。"安装有 2 万千瓦的发电机，年发电量为 5 亿 5 千万千瓦时。"（［日］黄文雄：『满州国の遗产』，光文社，2001 年，第

269 页）

"桓仁电站"。日伪当局提出了具体计划，即建立高91米、长1 018米的堤坝，蓄水池面积达209万平方公里，最终发电能力为28万千瓦。（［日］黄文雄：『満州国の遺産』，光文社，2001 年，第269 頁）但该水电站只修建了一部分，后随着日本的战败而被迫中辍。

"云峰水电站"，日伪在鸭绿江中游建设的发电站，计划发电能力为10万千瓦，于1942 年 8 月开工兴建，1945 年 8 月因日本投降而停工。

石油工业：

"满洲石油株式会社"，总公司设于长春，工厂设于大连，机械装备为完全蒸馏式。当时计划年处理原油15 万吨。1940 年添设润滑油制造设备，1941 年开始生产，1944 年添设触媒分解装置，因原油来源枯竭，置重点于重油分解，更开始装设瓦斯重合装置，二者均生产高率烷值的航空汽油。（东北财经委员会调查统计处编：《伪满时期东北厂矿基本资料·工厂篇之三·化学》，1949 年版，第 25 页）在 1943 年，该厂有工人 1 195 人、技术人员 93 人、职员及其他 855 人，共计 2 143人。（东北财经委员会调查统计处编：《伪满时期东北厂矿基本资料·工厂篇之三·化学》，1949 年版，第 25 页）

"西制油厂"。在 1933 年该厂进行了扩大处理能力的改造，1936 年又开始建设西部第二工厂。"到 1945 年建设总投资为 4 235 万日元。其中东场，包括页岩干馏及热裂化等装置，投资 1 466 万日元；西场，包括页岩干馏和石蜡等装置，投资 1 991 万日元；硫酸装置、日本人的住宅和其他设施，投资 778 万日元。共建成 11 个工场（车间）"，（抚顺石油工业志编委会编：《抚顺石油工业志》，辽宁人民出版社1989 年版，第 65 页）分别是破碎工场、干馏工场、硫铵工场、柴油工场、石蜡工场、汽油工场、润滑油工场、硫酸工场、锅炉工场、机械工场、变电所等。

"东制油厂"。在 1939 年日本提出开发东露天矿，建设东制油厂，计划年产页岩原油 50 万吨，硫铵 9 万吨。总投资 1.43 亿日元，其中东露天矿的建设投资 6 739.42 万日元，东制油厂的建设投资为 7 515.94 万日元。（抚顺石油工业志编委会编：《抚顺石油工业志》，辽宁人民出版社 1989 年版，第 69—70 页）从 1944 年到 1945 年试生产中，其总共生产页岩原油不到 5 万吨，并因加工装置未建成，页岩原油被送到西制油厂加工。（抚顺石油工业志编委会编：《抚顺石油工业志（1909—1987）》，辽宁人民出版社 1989 年版，第 71 页）

"满洲人造石油株式会社吉林工厂"，创办于 1943 年 6 月，主要股东为伪满政府、帝国燃料兴业株式会社和"满铁"。1944 年生产低温煤焦油 1 260 吨，1945 年生产低温煤焦油 2 015 吨。（东北财经委员会调查统计处编：《伪满时期东北厂矿基本资料·工厂篇之三·化学》，1949 年版，第 27 页）

"945 部队锦西制造所"，建于 1942 年初，原厂名为"日本陆军第二燃料厂"，6 月改称"945 部队锦西制造所"。该厂设立之初以精馏南洋原油为目的，其后添设低温干馏法。在 1944 年，该厂选用阜新烟煤进行干馏，并将蒸出的沥青油，运往四平燃料厂另行加工提炼飞机用油。（孙为人：《"945"部队揭秘》，载中国人民政治协商会议葫芦岛市委员会文史资料委员会编：《葫芦岛文史资料》第三辑，葫芦岛日报社印刷厂 1995 年版，第 53—54 页）

"满洲油化株式会社"，建于 1936 年，公称资本 200 万元。1939 年以原油开始试验煤油至 1940 年始行综合试验，同年被日本陆军收买，改为"满洲第 238 部队"，并将原有装置改为陆军式加氢法。（东北财经委员会调查统计处编：《伪满时期东北厂矿基本资料·工厂篇之三·化学》，1949 年版，第 30 页）该厂后与锦西"日本陆军第二燃料厂"合并，改称为 945 部队。

"满洲合成燃料株式会社"，建于 1937 年 8 月 6 日，1939 年 12 月公称资本 5 000 万元，主要股东为伪满政府、三井物产、帝国燃料、三井矿山、"满洲炭矿""满洲石油"等。1945 年生产能力为生产粗合成油 3 万吨。（东北财经委员会调查统计处编：《伪满时期东北厂矿基本资料·工厂篇之三·化学》，1949 年版，第 31 页）

"石炭液化研究所"，创办于 1939 年 8 月 16 日。公称资本 600 万元，实缴资本 300 万元，主要股东为伪满政府和神户制钢所。1944 年 11 月、12 月，曾处理中油 10 万升，翌年 3、4 两月又处理 10 万升，至"8·15"时，第二次尚未添氢即行停止。（东北财经委员会调查统计处编：《伪满时期东北厂矿基本资料·工厂篇之三·化学》，1949 年版，第 32 页）

钢铁工业：

"满洲制铁株式会社"。在 1944 年，昭和制钢所与"本溪湖煤铁公司"、东边道开发株式会社合并，成立了"满洲制铁株式会社"。

"本溪湖煤铁公司"，九一八事变后日本人加紧对中国人的压迫和排挤。1935 年，大仓喜七郎将公司改名为"本溪煤铁有限公司"，其公称资本 1 000 万元。1937 年 5 月，"本溪煤炭有限公司"并入"满洲重工业株式会社"，大仓喜七郎任社长。1939 年，根据伪满五年计划增资 10 000 万元。1941 年，该公司设立宫原工厂，其第一高炉点火。同时，该年增资 20 000 万元。次年 10 月，宫原工厂第二高炉点火。

"东边道开发公司"，日伪当局于 1938 年 9 月设立，主要开采通化大栗子沟、七道沟一带的铁矿。

化学工业：

"满洲大豆化学工业株式会社"，创办于 1940 年 6 月 20 日。该年公称资本为 3 000 万元，实缴资本 750 万元，主要股东为"满铁"和伪满政府。1941 年生产豆精 8 565 吨，豆油 7 677 吨，大豆胶 40 吨。（东北财经委员会调查统计处编：《伪满时期东北厂矿基本资料·工厂篇之三·化学》，1949 年版，第 51 页）

"满洲油脂株式会社奉天工场"，创办于 1938 年 6 月。1942 年生产化妆肥皂 2 447 吨，洗衣肥皂 306 吨，甘油 206 吨，脂肪酸 327 吨，工业肥皂 216 吨；1943 年生产化妆肥皂 4 619 吨，洗衣肥皂 858 吨，甘油 381 吨，脂肪酸 346 吨，工业肥皂 192 吨；1944 年生产化妆肥皂 2 900 吨，洗衣肥皂 1 178 吨，甘油 414 吨，脂肪酸 406 吨，工业肥皂 81 吨；1945 年半期生产化妆肥皂 836 吨，洗衣肥皂 331 吨，甘油 133 吨，脂肪酸 834 吨。（东北财经委员会调查统计处编：《伪满时期东北厂矿基本资料·工厂篇之三·化学》，1949 年版，第 52 页）

"满洲油脂株式会社大连工场"，创办于 1938 年 6 月。原名大连油脂株式会社，1939 年被沈阳的"满洲油脂株式会社"所收买，改称"满洲油脂株式会社大连工场"。制品除硬化油外，有重合油、肥皂、甘油、农药、氧气、消毒剂等。（东北财经委员会调查统计处编：《伪满时期东北厂矿基本资料·工厂篇之三·化学》，1949 年版，第 53 页）

"满洲铅矿株式会社葫芦岛制炼所硫酸工场"，创办于 1938 年。1945 年开工，仅于 6—8 月三个月中工作三次，日本即告投降。当年生产硫酸 2 083 吨。（东北财经委员会调查统计处编：《伪满时期东北厂矿基本资料·工厂篇之三·化学》，1949 年版，第 19 页）

"满洲化学工厂第一制造所"，创办于 1942 年 8 月 8 日。同年公称资本 800 万元，实缴资本 500 万元。该厂 1943 年生产火碱 2 677 吨，漂白粉 1 306 吨，盐酸 767 吨，氢气 920 立方米，液氯 210 吨；1944 年生产火碱 1 284 吨，漂白粉 303 吨，盐酸 306 吨。（东北财经委员会调查统计处编：《伪满时期东北厂矿基本资料·工厂篇之三·化学》，1949年版，第 20 页）

"满洲曹达株式会社大连工场"，创办于 1936 年 5 月。该年公称资本 800 万元，实缴资本 600 万元。该厂 1941 年生产碳酸钠 61 517 吨，火碱 2 317 吨；1942 年生产碳酸钠 57 915 吨，火碱 1 299 吨；1943 年生产碳酸钠 58 596 吨，火碱 1 985 吨；1944 年生产碳酸钠 50 062 吨，火碱 1 649 吨。（东北财经委员会调查统计处编：《伪满时期东北厂矿基本资料·工厂篇之三·化学》，1949 年版，第 21 页）

"满洲日本油漆株式会社"创办于 1939 年 2 月。1941 年公称资本 400 万元，实缴资本 160 万元，使用总额 270 万元。该厂 1941 年生产铅油类 1 499 吨，清油 1 125 吨，清漆 342 吨，喷漆 442 吨；1942 年生产铅油类 1 502 吨，清油 821 吨，清漆 205 吨，喷漆 162 吨，磁油 224 吨；1943 年生产铅油类 1 687 吨，清油 970 吨，清漆 272 吨，喷漆 253 吨。（东北财经委员会调查统计处编：《伪满时期东北厂矿基本资料·工厂篇之三·化学》，1949 年版，第 59 页）

"满洲关西油漆株式会社"，创办于 1938 年 7 月。1941 年 8 月公称资本 150 万元，实缴资本 150 万元，使用总额 237 万元。该厂 1941 年生产铅油类 1 308 吨，清油 246 吨，清漆 168 吨，磁油 427 吨，喷漆 326 吨；1942 年生产铅油类 3 128 吨，清油 450 吨，清漆 155 吨，磁油 198 吨，喷漆 290 吨；1943 年生产铅油类 3 900 吨，清油 300 吨，清漆 144 吨，磁油 180 吨，喷漆 336 吨。（东北财经委员会调查统计处编：《伪满时期东北厂矿基本资料·工厂篇之三·化学》，1949 年版，第 60 页）

"满洲神东涂料株式会社奉天工场"，创办于 1938 年 9 月。1941 年公称资本 150 万元，实缴资本 150 万元，使用总额 99 万元。1941 年生产铅油类 613 吨，清油 634 吨，清漆 118 吨；1943 年生产铅油类 942 吨，清油 323 吨，清漆 213 吨，喷漆 13 吨。（东北财经委员会调查统计处编：《伪满时期东北厂矿基本资料·工厂篇之三·化学》，1949 年版，第 61 页）

"满洲化学工业株式会社"，创办于 1933 年 2 月。1933 年公称资本 2 500 万元，实缴资本 1 250 万元，使用总额 2 527.3 万元。该厂 1942 年生产硫酸铔 91 080 吨，浓硝酸 1 426 吨；1943 年生产硫酸铔 53 912 吨，浓硝酸 3 043 吨，液氩 2 500 吨，硝酸铔 10 812 吨，稀硝酸 60 894 吨；1944 年生产硫酸铔 30 036 吨，浓硝酸 3 122 吨，稀硝酸 22 312 吨，液氩 3 000 吨，硝酸铔 8 926 吨，浓硫酸 32 100 吨，稀硝酸 19 359 吨，二硝基氩 443 吨，硫酸矾土 896 吨，硫化黑 908 吨。（东北财经委员会调查统计处编：《伪满时期东北厂矿基本资料·工厂篇之三·化学》，1949 年版，第 41 页）

"满洲硫安工业株式会社"，创办于 1939 年 2 月。该年公称资本 5 000 万元，实缴资本 1 250 万元，该厂计划生产能力为年产硫酸铔 20 万吨，1941 年该厂有中外职工共计 21 人。（东北财经委员会调查统计处编：《伪满时期东北厂矿基本资料·工厂篇之三·化学》，1949 年版，第 42 页）

"抚顺炭矿化学工业所"，下设煤气工厂、炼焦厂、煤焦油蒸馏工厂、沥青焦炭工厂、硫酸工厂（铅室法）、硫酸工厂（接触法）、电解厂。该厂 1944 年有职工 1 063 人。在 1942 年煤气工厂生产硫酸铔 792 吨，高温焦油 5 172 吨，低温焦油 1 381 吨，半焦 20 400 吨；炼焦厂生产焦炭 44 482 吨，粗苯 196 吨，高温焦油 1 428 吨；煤焦油蒸馏工厂生产粗酚 1 355 吨，甲酚 138 吨，沥青 4 748 吨，补装用沥青 984 公升，粗苯 188 公升；沥青焦炭工厂生产沥青焦炭 1 171 吨；硫酸工厂（铅室法）生产 50 度硫酸 21 142 吨；硫酸工厂（接触法）生产 98 度硫酸 34 287吨，50 度硫酸 4 741 吨；电解厂生产氧气 66 605 立方米，氢气 39 582立方米。在 1943 年，煤气工厂生产硫酸铵 259 吨，高温焦油 4 498吨，低温焦油 490 吨，半焦 21 775 吨；炼焦厂生产焦炭 45 910 吨，高温焦油 1 379 吨；煤焦油蒸馏工厂生产粗酚 1 454 吨，甲酚 141 吨，沥青 4 581 吨；沥青焦炭工厂生产沥青焦炭 572 吨；电解厂生产氧气 74 585立方米，氢气 35 640 立方米。（东北财经委员会调查统计处编：《伪满时期东北厂矿基本资料·工厂篇之三·化学》，1949 年版，第 43 页）

"满洲化成工业株式会社"，创办于 1939 年 6 月。1942 年 8 月公称资本 25 万元，实缴资本 25 万元，使用总额 62.6 万元。该厂 1942 年生产合成树脂中间制品 48 吨，醋酸钙 7 吨，木焦油 9 吨，木炭 140 吨；1943 年生产合成树脂中间制品 80 吨，木精 800 吨，醋酸钙 15 吨，木焦油 3 吨，木炭 120 吨。（东北财经委员会调查统计处编：《伪满时期东北厂矿基本资料·工厂篇之三·化学》，1949 年版，第 77 页）

"满洲树脂株式会社"，创办于 1942 年 9 月。同年公称资本 50 万元，实缴资本 12.5 万元。1942 年生产松节油 1 号 27 000 公斤，木焦油 36 000公斤；1943 年生产松节油 1 号 2 210 公斤，松节油 2 号 3 540 公斤，松节油 3 号 8 170 公斤，木焦油 19 000 公斤，松香 3 600 公斤。（东北财经委员会调查统计处编：《伪满时期东北厂矿基本资料·工厂篇之三·化学》，1949 年版，第 78 页）

"奉天胶木工业株式会社"，创办于 1939 年 8 月。1942 年 3 月公称资本 20 万元，实缴资本 10 万元，使用总额 20.5 万元。该厂 1941 年生产电气零件 106 397 个，瓶盖类 81 871 个，机械零件 12 496 个，文具类

46 926 个，家庭用品 100 个；1943 年生产各类产品总量 3 000 公斤。（东北财经委员会调查统计处编：《伪满时期东北厂矿基本资料·工厂篇之三·化学》，1949 年版，第 79 页）

"大同酒精株式会社"，创办于 1933 年 11 月。同年公称资本 167 万元，实缴资本 167 万元。该厂 1942 年生产无水酒精 3 827 公升，普通酒精 2 560 公升，丙醇及酮 276 吨；1943 年生产无水酒精 3 298 公升，普通酒精 4 060 公升，变性酒精 168 公升，丙醇及酮 276 吨；1944 年生产无水酒精 2 948 公升，普通酒精 7 772 公升，三等酒精 482 公升，变性酒精 540 公升，丙醇及酮 300 吨。（东北财经委员会调查统计处编：《伪满时期东北厂矿基本资料·工厂篇之三·化学》，1949 年版，第 35 页）

"满洲特产工业株式会社"，创办于 1935 年 6 月。同年公称资本 300 万元，实缴资本 75 万元。该厂 1940 年生产酒精 1 193 公升，1941 年生产酒精 1 143 公升，1942 年生产酒精 2 768 公升，1943 年生产酒精 2 628 公升。（东北财经委员会调查统计处编：《伪满时期东北厂矿基本资料·工厂篇之三·化学》，1949 年版，第 36 页）

"北满制糖株式会社"，创办于 1934 年 3 月。同年公称资本 200 万元，实缴资本 200 万元。该厂 1941 年生产普通酒精 1 665 公升，变性酒精 59 公升，砂糖 7 029 吨；1942 年生产砂糖 5 170 吨；1943 年生产砂糖 6 111 吨；1944 年生产砂糖 4 762 吨。（东北财经委员会调查统计处编：《伪满时期东北厂矿基本资料·工厂篇之三·化学》，1949 年版，第 37 页）

"满洲染料株式会社奉天工场"，创办于 1937 年 11 月。1941 年 8 月公称资本 100 万元，实缴资本 100 万元，使用总额 152.9 万元。该厂 1941 年生产 35% 火碱 266 吨，32 度 Be′盐酸 188 吨，氯化苯 260 吨；1942 年生产 35% 火碱 470 吨，32 度 Be′盐酸 258 吨，氯化苯 242 吨，防冻液 17 吨，氯酸钾 120 吨；1943 年生产 35% 火碱 575 吨，32 度 Be′盐酸 217 吨，氯化苯 180 吨，防冻液 5 吨，氯酸钾 121 吨；1944 年生产 32 度 Be′盐酸 150 吨。（东北财经委员会调查统计处编：《伪满时期东北厂矿基本资料·工厂篇之三·化学》，1949 年版，第 81 页）

"满洲农药株式会社"，创办于 1938 年 12 月。同年公称资本 50 万元。1941 年生产杀虫肥皂 219 565 吨，大豆胶 49 356 吨。（东北财经委员会调查统计处编：《伪满时期东北厂矿基本资料·工厂篇之三·化学》，1949 年版，第 84 页）

"满洲日产化学株式会社"，创办于 1942 年 3 月。该年公称资本 30 万元。1943 年生产王铜 268 吨，药铜 172 吨。（东北财经委员会调查统计处编：《伪满时期东北厂矿基本资料·工厂篇之三·化学》，1949 年版，第 85 页）

窑业：

"奉天硝子株式会社"，创办于 1939 年 6 月。1943 年 2 月实缴资本 100 万元，使用总额 127.3 万元，主要股东为塚越菊次郎、吉野小一郎、石井金次、山村德太郎。1941 年 12 月有职工 118 人，1944 年 12 月有职工 92 人。1944 年生产各种玻璃瓶 2 030 938 个。（东北财经委员会调查统计处编：《伪满时期东北厂矿基本资料·工厂篇之四·窑业》，1949 年版，第 27 页）

"株式会社柏内制瓶工厂"，创办于 1941 年 10 月。1941 年实缴资本为 20 万元，主要股东为柏野菊太郎、柏野岸太郎、柏野保、宫本晃。1944 年 12 月有职工 194 人。1944 年生产一般民需瓶化妆品容器 312 万个，药瓶 96.5 万个，注射用药瓶 28 000 公斤，注射药瓶 300 万个。（东北财经委员会调查统计处编：《伪满时期东北厂矿基本资料·工厂篇之四·窑业》，1949 年版，第 28 页）

　　"满洲硅曹工业株式会社"，创办于 1942 年 12 月。1943 年 3 月实缴资本 19 万元。1944 年 12 月有职工 114 人。1944 年生产硅酸钠1 500吨，玻璃瓶 425 万个。（东北财经委员会调查统计处编：《伪满时期东北厂矿基本资料·工厂篇之四·窑业》，1949 年版，第 29 页）

　　"满洲麦酒株式会社制瓶工场"，创办于 1938 年 9 月。1940 年 8 月开工。1941 年 7 月实缴资本 400 万元。1941 年有职工 149 人。1942 年生产啤酒瓶 1 334 700 个；1943 年生产啤酒瓶 969 400 个；1944 年生产啤酒瓶 1 300 000 个，汽水瓶 400 000 个。（东北财经委员会调查统计处编：《伪满时期东北厂矿基本资料·工厂篇之四·窑业》，1949 年版，第 30 页）

　　"奉天德永硝子株式会社"，创办于 1943 年 6 月。1944 年 10 月实缴资本 150 万元，主要股东为德永硝子株式会社和"日满企业株式会社"。1941 年有职工 115 人，1942 年有职工 173 人。1943 年生产清酒一升瓶 500 万个，汽水瓶 350 万个，调味料瓶 200 万个，医药医疗瓶 300万个，其他药瓶 940 万个。（东北财经委员会调查统计处编：《伪满时期东北厂矿基本资料·工厂篇之四·窑业》，1949 年版，第 31 页）

　　"满洲岛田硝子工业株式会社"，创办于 1942 年 11 月。1944 年 3 月实缴资本 159.5 万元，主要股东为岛田硝子株式会社社长岛田一郎、"满洲生活必需品会社"理事长石桥米一，另有其他股东 7 名。1944 年有职工 213 人。（东北财经委员会调查统计处编：《伪满时期东北厂矿基本资料·工厂篇之四·窑业》，1949 年版，第 32 页）

　　"满洲硝子工业株式会社"，创办于 1942 年 10 月。1944 年 3 月实缴资本 50 万元。1944 年 12 月有职工 95 人。1942 年生产酒、清酱用三斤瓶 90 万个；1944 年生产酒、清酱用三斤瓶 10.7 万个，药瓶 259.6 万个。（东北财经委员会调查统计处编：《伪满时期东北厂矿基本资料·

工厂篇之四·窑业》，1949 年版，第 33 页）

"满洲岩城硝子株式会社"，创办于 1938 年 8 月。1939 年 3 月开工，主要股东为岩城硝子株式会社和"满洲通信机株式会社"。1941 年有职工 137 人。1942 年生产注射药瓶 2 931 745 个，铁路信号用玻璃 25 892 个，汽车前灯玻璃 15 527 个；1943 年生产注射药瓶 3 600 000 个，铁路信号用玻璃 21 000 个，汽车前灯玻璃 88 000 个。（东北财经委员会调查统计处编：《伪满时期东北厂矿基本资料·工厂篇之四·窑业》，1949 年版，第 34 页）

"满洲陶瓷器株式会社"，创办于 1941 年 9 月。1943 年 10 月开工。1943 年 12 月实缴资本 200 万元，1944 年 8 月实缴资本 300 万元，主要股东为"满洲生活必需品株式会社"、日本棉丝卸商（批发）业组合联合会、日本棉丝卸商（批发）组合所属组合及组合员、濑户陶瓷器工业组合等。1942 年有职工 350 人，1944 年 12 月有职工 257 人。1943 年生产餐具 620 000 个，1944 年生产餐具 1 396 785 个，1945 年生产餐具 1 200 000 个。（东北财经委员会调查统计处编：《伪满时期东北厂矿基本资料·工厂篇之四·窑业》，1949 年版，第 35 页）

"满洲兴隆山窑业株式会社"，创办于 1940 年 11 月。1943 年 3 月实缴资本 75 万元，使用总额 146.2 万元。1942 年 12 月有职工 309 人，1943 年 12 月有职工 458 人。1942 年生产餐具 2 937 452 个；1943 年生产餐具 3 600 000 个；1944 年生产餐具 1 955 317 个，日式餐具 27 170 个。此外，该会社还生产军用餐具。（东北财经委员会调查统计处编：《伪满时期东北厂矿基本资料·工厂篇之四·窑业》，1949 年版，第 36 页）

"东亚窑业株式会社"，创办于 1942 年 4 月。1944 年 3 月实缴资本 60 万元。1944 年 12 月有职工 152 人。1944 年生产大茶壶 14 490 个，小茶壶 8 190 个，中茶壶 38 100 个，烟灰碟 17 800 个，茶碗 31 710 个，碟 7 800 个，缸类 5 707 套，饭碗 13 600 个。（东北财经委员会调查统计处编：《伪满时期东北厂矿基本资料·工厂篇之四·窑业》，1949 年版，第 42 页）

"安东陶瓷器株式会社"，创办于 1942 年 10 月，主要股东为"满洲生活必需品株式会社"、孙变廷、康钟崑。1943 年 12 月有职工 16 人。1942 年的预定生产量为无盖四寸碗 720 万个，大中小缸 4 300 套。（东北财经委员会调查统计处编：《伪满时期东北厂矿基本资料·工厂篇之四·窑业》，1949 年版，第 44 页）

"肇新窑业株式会社"。奉天肇新窑业公司改称为"肇新窑业株式会社"。1943 年资本金增为 63 万元，主要生产瓷器、耐火砖、缸坛、普通砖等产品。1941 年生产瓷器 778.8 万个，耐火砖 1.18 万块，缸坛 2.55 万个，普通砖 991.5 万块；1942 年生产瓷器 980 万个，耐火砖 1.35 万块，缸坛 4.28 万个，普通砖 1 060 万块；1943 年生产瓷器 1 200 万个；1944 年生产瓷器 512 万个；1945 年生产瓷器 500 万个。1944 年有职工 902 人。（辽宁省统计局编：《辽宁工业百年史料》，辽宁省统计局印刷厂 2003 年版，第 256 页）

有色金属矿业：

"满洲矿业开发株式会社"，设立于 1935 年 8 月，由"满铁"和伪满洲国政府各出资 250 万元，理事长为山西恒郎。（〔日〕濑沼三郎编辑：『满洲国现势』，满洲国通信社，1938 年，第 463 页）其设立纲要的方针为："满洲矿业开发会社（暂称）设立的目的，在于防止国防上必需的满洲矿业资源的矿业权的散失，而当调查和开发之际，使在统制方面能够充分发挥作用。"（解学诗主编：《满铁档案资料汇编·工商矿业统制与掠夺》，社会科学文献出版社 2011 年版，第 431 页）实质是将该会社作为统制东北矿产资源的主要机关。

"满洲矿山株式会社"（简称"满洲矿山"），成立于 1938 年 2 月。该社为"满业"下属公司，地址在长春，除从事采金生产外，还进行铜、锌、钼、铁等矿产的生产和"开发"。其经营的矿山包括桓仁铅矿、庄河芙蓉矿、凤城青城子矿、岫岩矿山、安东五龙矿、复县华铜矿、杨家杖子矿、海城县分水矿等。

"满洲铜铅业株式会社"，创办于 1939 年 7 月。地址在奉天，主要经营的矿山为本溪马鹿沟矿（铜、钼）、本溪县盘岭铜矿、凤城县林家台硫化铁矿。

"日满矿业株式会社"，主要经营兴城夹山矿（金、银、铜）和杨家杖子矿。该矿 1945 年有工人 18 00 名，使用机械开采，年采矿能力为 8.6 万吨，选矿能力为 4.8 万吨。（张福全：《辽宁近代经济史（1840—1949）》，中国财政经济出版社 1989 年版，第 558 页）

"富士矿业株式会社"，创办于 1942 年，社长为大矢。专门经营本溪县林家堡子砂金沟铜矿。该矿 1942 年有工人 85 人，1945 年采矿能力为 5.8 万吨，选矿能力为 1.2 万吨。（张福全：《辽宁近代经济史（1840—1949）》，中国财政经济出版社 1989 年版，第 559 页）

"满洲铅矿株式会社"，创立于 1935 年 6 月。创立资本为 400 万日元，由"满铁"和"日满矿业株式会社"各出资一半。其营业目的为：铅矿、锌矿的开采、冶炼、加工和销售，以及以上附属的一切业务。（解学诗主编：《满铁档案资料汇编》第十卷，社会科学文献出版社 2011 年版，第 474 页）主要经营杨家杖子矿。

"大仓株式会社"，经营岫岩龙眼沟钨矿。

"大同株式会社"，经营岫岩大山岭矿和岫岩二大山岭钨矿。

"小林矿业株式会社"，经营岫岩刘家堡子矿。

"满洲轻金属株式会社"，成立于 1936 年 11 月。公称资本 2 500 万元，实缴资本 625 万元，最初确定年产铝 4 000 吨。1937 年 6 月着手建厂，同年从"满洲矿山"租了小市 28 个矿区（包括腰堡、谢家崴子、宫原）、牛心台 20 个矿区，开始了对这两个地区的矾土、黏土进行大规模开采。（张福全：《辽宁近代经济史（1840—1949）》，中国财政经济出版社 1989 年版，第 563 页）

黄金工业：

"北满洲金矿株式会社"，伪满成立之初建立，以"北满"漠河为中心在面积约 1 000 平方里的广阔矿区内开采砂金。"但是此会社不是建立在专业的基础上，没有取得很好的成绩，后作为泡沫会社而消失。"（［日］赤濑川安彦：『砂金の宝庫』，满洲回顾集刊行会编：『あ，满洲——国つくり産業開発者の手記』，農林出版株式会社，1965 年，第261 頁）

"满洲采金株式会社"，1934 年 5 月由伪满洲国政府出资 500 万元（其中 235 万元为实物出资），"满铁"出资 500 万元，东拓（东洋拓殖会社）出资 200 万元共同设立的国策会社。"其主要业务为山金和砂金金矿的采掘精炼、对采金事业者的资金借贷、其他器具的借贷、关于指导奖励的事项、精金砂金的买卖及其他相关事业。其事业地域的范围是除通化省的大部和奉天、安东、热河、锦州四省之外的九省八十八县、十一旗，包括中部及北满几乎全部的产金地。"（［日］瀬沼三郎编辑：『满洲国現勢』，满洲国通信社，1938 年，第 461—462 頁）它基本上垄断了"北满"的采金事业。"满业"成立以后，它取代"满铁"对采金会社的出资份额。采金会社亦将少量矿区转给作为"满业"子公司的"满洲矿山株式会社"。1938 年，伪满政府取代"满业"和东拓的出资份额，会社成为由政府全额出资的公司。"后来逐渐增资，1942 年资金达 8000 万日元，采金企业拥有 30 多艘采金船，实行机械采掘。"（［日］满史会编：『满州开発四十年史』下卷，满州开発四十年史刊行会，1964 年，第 249—250 頁）在其鼎盛时期，其直接经营的矿业所达 15 个，承包金厂 20 多个，采金工人约 2 万人。1942 年该会社开采的矿区主要有：紫阳矿（"牡丹江省"绥阳县）、泥鳅河矿（"黑河省"瑷珲县）、达拉罕矿（"黑河省"呼玛县）、兴隆矿（"黑河省"呼玛县）、三分处矿（"黑河省"呼玛县）、乌拉嘎矿（"三江省"佛山县）、黑背矿（"三江省"勃利县）、乌玛矿（"兴安北省"）。（［日］满史会编：『满州开発四十年史』下卷，满州开発四十年史刊行会，1964 年，第 251—252 頁）"满洲采金株式会社"除直营矿区外，还根据形势需要，将其事业区域内的部分金矿租给其他会社开采。1943 年 12 月该会社解散。

"满洲矿业开发株式会社"（简称"满洲矿发会社"），获得"南满"金矿经营权。1934 年 8 月 1 日伪满政府以第 90 号敕令颁布《满洲矿业开发株式会社法》，基于该法设立本会社作为"全满"矿业开发强有力的实行机构。（［日］长泽升代造：『满洲国现势』，满洲国通信社，1941 年，第 433 頁）该社的主要业务包括：矿产资源的调查及探矿；矿业权的取得及租矿权的设定；制造与冶炼；对矿业及冶炼事业的投资、融资及金融保障；经"产业部"大臣认可的前项附属事业。（满洲国通信社：『满洲国现势』，满洲国通信社，1941 年，第 433 頁）"该会社不从事直接经营，而是设定租矿区，由一般民间业者经营。"（［日］满洲国史编纂刊行会编：『满洲国史（各論）』，满蒙同胞援護会，1971 年，第 597 頁）即"满洲矿发会社"一般将金矿租与其他会社进行开采，它只收取租金。

普通机械工业：

"满洲工作机械株式会社"，创办于 1939 年 9 月 1 日，前身为"满洲机械工业株式会社"，主要股东为"株式会社满洲工厂"和"满洲重工业开发株式会社"。1940 年生产能力为各式车床 600 台，各式铣床 300 台；"八一五"光复前月产能力为普通车床 25 台，自动车床 5 台，钻床 10 台，铣床 10 台。(东北财经委员会调查统计处编：《伪满时期东北厂矿基本资料·工厂篇之二·机械》，1949 年版，第 15 页) 职工数 1940 年为 740 人，1941 年为 832 人，1944 年为 1 105 人。从产量上看，1940 年生产车床 230 台；1941 年计划产量为车床 240 台，钻床 70 台，旋臂钻床 13 台，铣床 39 台；1942 年计划产量为车床 120 台，钻床 180 台，旋臂钻床 60 台，铣床 74 台，刨床 8 台；1943 年计划产量为车床 180 台，钻床 180 台，旋臂钻床 90 台，铣床 60 台，刨床 12 台；1944 年计划产量车床 180 台，钻床 90 台，旋臂钻床 120 台，铣床 76 台，刨床 25 台。(东北财经委员会调查统计处编：《伪满时期东北厂矿基本资料·工厂篇之二·机械》，1949 年版，第 15 页) "满洲工作机械株式会社"是当时东北地区比较大的生产工作母机的工厂。

"株式会社满洲电元社"，创办于 1940 年 5 月 24 日，专门制造削刀，主要股东为株式会社电元社。1944 年公称资本 300 万元，实缴资本 150 万元；1945 年 6 月使用资本为 238 万元。职工数为 1942 年 192 人，1943 年 290 人。1941 年生产能力为年产车刀 25 万把，1942 年生产能力为年产车刀 35 万把。生产量为 1942 年生产车刀 13.6 万把，焊条 30 吨；1943 年生产车刀 23.4 万把，焊条 25 吨；1944 年生产车刀 100 万把。(辽宁省统计局编：《辽宁工业百年史料》，辽宁省统计局印刷厂 2003 年版，第 296 页)

"株式会社满洲吴制砥所"，创办于 1940 年 2 月，主要制造各种砂轮，主要股东为株式会社吴制砥所。1940 年公称资本 200 万元，实缴资本 150 万元。职工数 1942 年为 165 人，1944 年为 151 人。生产能力

1942 年为年产各种砂轮 1 600 吨，1945 年年产各种砂轮 600 吨。生产量 1941 年为生产砂轮 216 吨；1942 年生产砂轮 288 吨；1943 年生产砂轮 288 吨；1944 年生产砂轮 284 吨，油石 12 吨。（东北财经委员会调查统计处编：《伪满时期东北厂矿基本资料·工厂篇之二·机械》，1949 年版，第 17 页）

"抚顺精机工业株式会社"，创办于 1939 年 4 月 27 日，主要股东为"满洲原田株式会社"。1939 年 4 月公称资本 100 万元，实缴资本 25 万元，1942 年 2 月全额补齐。职工数 1942 年为 99 人，1943 年为 147 人。生产量 1941 年为生产削刀 1 020 个，螺丝锥 80 个，水龙头 200 个；1942 年为生产钻头 5 240 个，铰刀 1 320 个，削刀 2 850 个，切削工具 2 440 个；1943 年为生产钻头 18 000 个，铰刀 2 000 个，削刀 9 300 个，切削工具 21 000 个；1944 年为生产钻头 65 700 个，铰刀 8 000 个，削刀 8 000 个，切削工具 6 200 个。（东北财经委员会调查统计处编：《伪满时期东北厂矿基本资料·工厂篇之二·机械》，1949 年版，第 18 页）

兴亚工业株式会社，创办于 1939 年 10 月 3 日。该厂股东为张锡丰和刘华英，和前述工厂不同，为民族工业。该厂创办伊始主要以粮米加工为主，1940 年合并了无限公司双合盛商会，扩建了铁工部，遂开始正式制造各种机械。1939 年公称资本 40 万元，实缴 40 万元；1940 年公称资本 80 万元，实缴资本亦 80 万元。生产量 1941 年为生产放热器 4 920 个，手动压力机 1 010 台，4.5 英尺车床 10 台，40 英尺铰床 5 台，18 英寸钻床 10 台，精谷机 11 台。（东北财经委员会调查统计处编：《伪满时期东北厂矿基本资料·工厂篇之二·机械》，1949 年版，第 19 页）

"株式会社满洲工厂"，创办于 1934 年 5 月 22 日，主要股东为日本生命保险株式会社、根本富士雄和"满洲重工业开发株式会社"。1944

年公称资本 6 000 万元，实缴资本 5 620 万元，1945 年 6 月可用资本为 7 519.7 万元，为日本财阀资本独占东北机械工业的主要工厂。职工数 1940 年为 2 064 人，1941 年为 1 922 人，1942 年为 2 534 人，1943 年为 3 802 人，1944 年为 3 053 人。生产能力为 1941 年生产 30 吨货车 1 440 辆，油桶 54 万个，铸铁管 3 600 吨，矿山机械 2 500 吨；1942 年生产 30 吨货车 355 辆，油桶 51 113 个，钢骨 683 吨，矿山机械 2 023 吨；1943 年生产 30 吨货车 473 辆，油桶 51 863 个，钢骨 2 400 吨，矿山机械 1 660 吨，杂机器 4 000 吨；1944 年生产 30 吨货车 148 辆，油桶 40 437 个，钢骨 7 200 吨，矿山机械 2 000 吨，杂机器 4 050 吨。（东北财经委员会调查统计处编：《伪满时期东北厂矿基本资料·工厂篇之二·机械》，1949 年版，第 23 页）从以上规模上看，"株式会社满洲工厂"在当时东北机械工业中名列前茅。

"满洲铸物株式会社"，创办于 1941 年 6 月，主要股东为"株式会社满洲工厂"。1941 年公称资本 1 000 万元，实缴资本 625 万元。职工数 1941 年为 996 人。生产量 1941 年为生产锅炉 1 858 吨，散热器 1 810 吨，可锻铸铁 179 吨，炼炭机 42 吨，燃烧机 78 吨，铸铁 1 255 吨，铸钢 1 782 吨；1942 年为生产锅炉 800 吨，散热器 1 002 吨，可锻铸铁 197 吨，燃烧机 35 吨，铸铁 828 吨，铸钢 978 吨。（东北财经委员会调查统计处编：《伪满时期东北厂矿基本资料·工厂篇之二·机械》，1949 年版，第 24 页）1943 年 5 月该厂被合并到"株式会社满洲工厂"内。

"满洲重机制造株式会社"，创办于 1940 年 5 月 17 日，主要股东为"满洲重工业开发株式会社"和美国麦司脱机械公司。1940 年公称资本 5 000 万元，实缴资本 5 000 万元，1945 年 6 月可用资本总额 10 962.3 万元。在该公司的资本中，美国麦司脱公司的资本为 1 000 万元。职工

数 1940 年为 1 195 人，1941 年为 6 000 人，1942 年为 6 000 人，1944 年
为 1 515 人。生产量 1942 年为生产机械类 1 000 吨，辗辊 1 000 吨，锻
铸钢品 750 吨；1943 年生产机械类 20 000 吨，辗辊 20 000 吨，锻铸钢
品 15 000 吨；1944 年生产钢块 3 045 吨，大型钢片 89 吨；1945 年生产
钢块 4 000 吨，大型钢片 200 吨。（东北财经委员会调查统计处编：《伪
满时期东北厂矿基本资料·工厂篇之二·机械》，1949 年版，第 25 页）
从以上规模上看，"满洲重机制造株式会社"在东北机械工业中基本处
于魁首地位。

"津村制作所"，创办于 1941 年，主要股东为津村登喜。1941 年创
办资金为 50 万元。该公司产品为矿山机械及留声机等。1941 年生产矿
山机械 13 吨；1944 年生产矿山机械 300 吨，留声机 2 000 台。（陈国清
主编：《东北机械工业资料选编（1945—1954）》，沈阳市工具工业公司
印刷厂 1985 年版，第 8 页）

政记铁工厂，创办于 1938 年 8 月，主要股东为张本政，属于民族
工业。1941 年公称资本 100 万元，实缴资本 100 万元。职工数 1941 年
为 249 人，1944 年为 252 人。生产量 1941 年为生产工作母机 40 台，搬
运机械 180 台，锅炉 35 台，其他 150 台；1942 年生产工作母机 48 台，
搬运机械 268 台，锅炉 60 台，其他 204 台；1944 年生产工作母机 31
台，搬运机械 5 台，锅炉 5 台，其他 85 台。（东北财经委员会调查统计
处编：《伪满时期东北厂矿基本资料·工厂篇之二·机械》，1949 年版，
第 37 页）

"国际耕作工业株式会社"，创办于 1940 年 12 月 21 日，主要股东
为田中修。1944 年公称资本 200 万元，实缴资本 200 万元。职工数
1941 年为 131 人，1942 年为 419 人，1943 年减为 255 人。生产量 1943
年为生产各种洋犁 6 130 台，除草机 10 532 台，除草碎土机 5 200 台，

洋耙 1 000 台，方形洋耙 4 265 台，各种洋耙 800 台；1944 年生产各种洋犁 10 000 台，除草机 10 000 台，除草碎土机 3 000 台，洋耙 3 000 台，方形洋耙 3 000 台，各种洋耙 1 300 台。（辽宁省统计局编：《辽宁工业百年史料》，辽宁省统计局印刷厂 2003 年版，第 302—303 页）

"满洲农具制造株式会社"，创办于 1940 年 9 月 24 日，主要股东为"株式会社羽田洋行"。1945 年"八一五"光复前有职工 83 人。1941 年生产除草机 784 台，洋犁 793 台，捆包机 37 台，割草机 48 台，镐 3 682 把，镰刀 1.1 万把。（辽宁省统计局编：《辽宁工业百年史料》，辽宁省统计局印刷厂 2003 年版，第 303 页）

"满洲野田兴农株式会社"，创办于 1942 年 12 月 18 日。1942 年公称资本 100 万元，实缴资本 100 万元。1945 年有职工 83 人。1944 年主要产品生产能力为生产脱谷机 600 台，精谷机 600 台，小农具 700 吨。（辽宁省统计局编：《辽宁工业百年史料》，辽宁省统计局印刷厂 2003 年版，第 303 页）

"大信农具株式会社"，创办于 1944 年 2 月 29 日，主要股东为"满洲大信洋行"。1944 年公称资本 700 万元，实缴资本 100 万元。职工数 1944 年为 115 人。生产量 1944 年为生产牧草镰刀 10 000 个，小镰刀 200 000 个；1945 年生产小镰刀 100 000 个，锄板 745 000 个，铧子 99 000 个，下肥具 18 700 个。（东北财经委员会调查统计处编：《伪满时期东北厂矿基本资料·工厂篇之二·机械》，1949 年版，第 50 页）

"满洲自动车制造株式会社"，创办于 1939 年 5 月 11 日，主要股东为"满洲重工业开发株式会社"。职工数 1940 年沈阳厂为 2 445 人；1942 年安东厂为 1 155 人；1944 年沈阳厂为 3 340 人，安东厂为 3 540 人。在生产量方面，沈阳厂 1942 年装配汽车 6 000 辆，车体制造 6 150 辆，生产汽车零件 500 万元、代燃机 12 000 台，修理汽车 16 300 辆；

安东厂1943年装配汽车3 500辆，生产汽车零件82.9万元；1944年该厂装配汽车1 800辆，车体制造1 300辆，生产汽车零件500万元，修理汽车10 000辆。（东北财经委员会调查统计处编：《伪满时期东北厂矿基本资料·工厂篇之二·机械》，1949年版，第51页）

"同和自动车株式会社"，创办于1934年3月。资本金为3 000万元，股东为伪满政府和"满铁"。每年盈利100万元左右。（东北财经委员会调查统计处编：《伪满时期东北厂矿基本资料·工厂篇之二·机械》，1949年版，第51页）1942年5月，与"满洲自动车制造株式会社"合并，规模巨大。

"满洲东京芝浦电气株式会社"，创办于1937年6月24日，主要股东为"日本东京电气株式会社"。1943年2月公称资本300万元，实缴资本300万元，使用总额712.8万元。职工数1941年沈阳厂为215人，1942年12月大连厂为83人。生产量1942年为生产电表64 000个（预定数），送信真空管预定7 320个（预定数），收信真空管预定297 580个（预定数），泡皮子4 740 000个，大连工厂电灯泡900 000个；1943年生产电表26 300个，送信真空管239个，收信真空管211 938个，大连工厂电灯泡3 980 951个；1944年生产电表10 000个。（东北财经委员会调查统计处编：《伪满时期东北厂矿基本资料·工厂篇之二·机械》，1949年版，第65页）

"满洲电线株式会社"，创办于1937年3月19日，主要股东为"古河电气工业株式会社""住友电气工业株式会社"和"藤仓电线"等。1944年12月公称资本4 000万元，实缴资本2 500万元。职工数1941年为1 896人。生产量1941年为生产裸铜线1 226吨，裸铝线515吨，铅皮线13吨，电缆3吨，普通绝缘线708吨。（东北财经委员会调查统计处编：《伪满时期东北厂矿基本资料·工厂篇之二·机械》，1949年

版，第 66 页）

　　"满洲通信机株式会社"，创办于 1936 年 12 月 24 日，主要股东为"日本电气株式会社"（住友财阀系）。1941 年 6 月公称资本 600 万元，实缴资本 600 万元，使用总额 1 176 万元。职工数 1940 年为 609 人，1941 年为 656 人。生产量为 1942 年生产电话机 38 000 台，交换机 500 台，无线机 1 000 台，真空管 110 000 个；1943 年生产电话机 10 500 台，交换机 75 台，无线机 116 台，真空管 12 529 个。（东北财经委员会调查统计处编：《伪满时期东北厂矿基本资料·工厂篇之二·机械》，1949 年版，第 67 页）

　　"株式会社奉天制作所"，创立于 1937 年 10 月 7 日，主要股东为"东京芝浦电气株式会社"和"东京石川岛造船所"。1945 年公称资本 2 000 万元。职工数 1940 年为 807 人，1941 年为 1 047 人，1942 年为 1 007 人，1943 年为 922 人。生产量为 1943 年生产电动机 550 台，司路机键 555 套，配电盘 70 面，变压器 200 台，起重机等 28 台，其他主要机械及修理 230 台；1944 年生产电动机 600 台，司路机键 600 套，配电盘 90 面，变压器 180 台，起重机等 36 台，其他主要机械及修理 235 台。（东北财经委员会调查统计处编：《伪满时期东北厂矿基本资料·工厂篇之二·机械》，1949 年版，第 68 页）

　　"满洲计器株式会社"，创办于 1936 年 10 月 23 日，主要股东为伪满政府、株式会社品川制作所、伪满中央银行和"满洲生命保险株式会社"。该会社由创办到 1944 年先后在沈阳、长春、哈尔滨和大连建厂，其中以沈阳厂规模最大。1941 年奉天厂有职工 871 人。生产量为 1943 年生产度器 14.18 万个，量器 11.09 万个，衡器 37.25 万个，计量器 2.72 万个；1944 年生产度器 2.52 万个，量器 0.36 万个，衡器 57.21 万个，计量器 42.58 万个。（辽宁省统计局编：《辽宁工业百年史料》，

辽宁省统计局印刷厂 2003 年版，第 311 页）

"盛京精机工厂"，创办于 1940 年 12 月 2 日，主要股东为浅沼谦三。1943 年 9 月公称资本 150 万元，实缴资本 150 万元。1941 年有职工 101 人，1944 年有职工 186 人。1941 年生产挂钟 1 500 座，1944 年生产挂钟 5.5 万座。1945 年 "八一五" 前生产挂钟 4.8 万座，闹钟 1.2 万座，船舶用表 1 000 块。（辽宁省统计局编：《辽宁工业百年史料》，辽宁省统计局印刷厂 2003 年版，第 311—312 页）

"株式会社满洲测机舍"，创办于 1941 年 6 月 1 日，主要股东为松崎茂雄。1941 年公称资本 50 万元，实缴资本 50 万元。职工数 1941 年为 75 人，1945 年为 72 人。生产量为 1941 年生产经纬仪 556 台，水平仪 200 台；1942 年生产经纬仪 600 台，水平仪 600 台。（东北财经委员会调查统计处编：《伪满时期东北厂矿基本资料·工厂篇之二·机械》，1949 年版，第 79 页）

"康德计量器株式会社"，创办于 1939 年 7 月 25 日，主要股东为 "满洲瓦斯株式会社"。1939 年公称资本 50 万元，实缴资本 12.5 万元。职工数 1942 年为 71 人，1943 年为 95 人，1944 年为 93 人。生产量为 1943 年新造瓦斯计量器 6 300 个，修理瓦斯计量器 13 390 个，新造计压器 2 628 个；1944 年新造瓦斯计量器 2 246 个，修理瓦斯计量器 8 262 个，新造计压器 4 323 个。（东北财经委员会调查统计处编：《伪满时期东北厂矿基本资料·工厂篇之二·机械》，1949 年版，第 80 页）

"满洲钢带工业株式会社"，创办于 1942 年 4 月。1942 年公称资本 300 万元，实缴资本 300 万元。职工数 1944 年为 99 人。生产量为 1944 年生产带锯 30 吨，切钢锯 15 吨，手锯 25 吨；1945 年生产带锯 180 吨，切钢锯 60 吨，手锯 80 吨。（东北财经委员会调查统计处编：《伪满时期东北厂矿基本资料·工厂篇之二·机械》，1949 年版，第 81 页）

"满洲捻子制作所"，创办于 1940 年，主要股东为中田六郎。1941 年实缴资本 250 万元。主要产品为螺丝钉，生产能力为 1945 年年产螺丝及木螺丝 54 000 个，光螺丝钉和光螺丝帽 96 000 个。职工数 1945 年为 84 人。（东北财经委员会调查统计处编：《伪满时期东北厂矿基本资料·工厂篇之二·机械》，1949 年版，第 82 页）

"满洲荏原制作所"，日人织田良夫于 1941 年 8 月 16 日开办。资金 25 万元，主要生产小型水泵。1942 年生产小型水泵 145 台。1943 年增资共计 100 万元，新置设备数量提高，1944 年生产小型水泵 890 台。（陈国清主编：《东北机械工业资料选编（1945—1954）》，沈阳市工具工业公司印刷厂 1985 年版，第 8 页）

"松田工业机械株式会社"，创办于 1941 年 7 月 1 日，主要股东为吉田增藏。产品有烧煤机、打棉机、卧式抽水机、印刷机。1944 年生产烧煤机 80 台，打棉机 20 台，卧式抽水机 20 台，印刷机 15 台。（陈国清主编：《东北机械工业资料选编（1945—1954）》，沈阳市工具工业公司印刷厂 1985 年版，第 8 页）

"株式会社高砂制作所"，创办于 1939 年 1 月 31 日，主要股东为"东京高砂铁工株式会社"，1944 年归并于"满洲工厂"。生产量 1940 年为生产放热器 7 万个，1941 年生产 5 万个，1943 年生产 8 万个。1940 年生产铸铁锅炉 150 个，1941 年生产 120 个，1943 年生产 230 个。1940 年生产螺旋送煤机 120 个，1941 年生产 150 个，1943 年生产 150 个。（陈国清主编：《东北机械工业资料选编（1945—1954）》，沈阳市工具工业公司印刷厂 1985 年版，第 8 页）

"日满锻工株式会社"，创办于 1938 年 9 月，主要股东为日本锻工株式会社。1943 年公称资本 200 万元，实缴资本 200 万元。职工数 1940 年为 93 人，1941 年为 120 人，1942 年为 168 人，1943 年为 194

人。生产量 1941 年生产各种锻造品 621 吨，飞机零件 286 吨，兵器零件 28 吨，铁路车辆零件 197 吨；1942 年生产各种锻造品 730 吨；1943 年生产各种锻造品 1 300 吨；1944 年生产各种锻造品 1 600 吨。（东北财经委员会调查统计处编：《伪满时期东北厂矿基本资料·工厂篇之二·机械》，1949 年版，第 101 页）

"满洲内燃机株式会社"，创办于 1940 年 7 月 25 日，主要股东为日本内燃机株式会社。1940 年公称资本 200 万元，实缴资本 200 万元。生产能力为 1941 年年产特殊汽车零件 22 000 个，修理车辆 220 辆。职工数 1941 年为 60 人，1945 年为 121 人。（东北财经委员会调查统计处编：《伪满时期东北厂矿基本资料·工厂篇之二·机械》，1949 年版，第 102 页）

"万岁自动车工业株式会社"，创办于 1939 年 12 月 16 日，主要股东为屋代胜和柳田谅三。1939 年公称资本 100 万元，实缴资本 50 万元。职工数 1941 年为 192 人，1944 年为 200 人。生产量为 1941 年生产货物卡车 5 000 辆，公共汽车车体 1 000 辆，代燃机零件 8 000 件，战车零件 30 件；1944 年生产各种软垫 460 700 张，放热箱 126 个，机械工具 1 685 个；1945 年生产各种软垫 378 000 张，放热箱 2 534 个，机械工具 1 200 个。（东北财经委员会调查统计处编：《伪满时期东北厂矿基本资料·工厂篇之二·机械》，1949 年版，第 103 页）

"满洲架线金具株式会社"，创办于 1943 年 10 月 22 日，主要股东为"满洲日立制作所"。1943 年公称资本 50 万元，实缴资本 50 万元。职工数 1944 年为 54 人。生产能力 1945 年为年产架线用各种铁活 300 吨。生产量为 1945 年生产隔电瓶铁活 118 000 个，架线铁活 455 000 个。（东北财经委员会调查统计处编：《伪满时期东北厂矿基本资料·工厂篇之二·机械》，1949 年版，第 104 页）

"东洋金属工业株式会社"，创办于 1940 年 3 月 29 日，主要股东为大塚定次郎、前泽龙雄和"株式会社冈谷商店"。主要产品为建筑材料零件。职工数 1942 年为 80 人，1943 年为 173 人。生产能力（计划能力）为 1943 年年产建筑及车辆用零件 1 200 吨，铁路、矿工用零件 80 吨，其他 350 吨。（东北财经委员会调查统计处编：《伪满时期东北厂矿基本资料·工厂篇之二·机械》，1949 年版，第 105 页）

"东北铁工厂"，创建于 1933 年，由沈阳合名会社经理戚秉玉开办，是沈阳市第一家制造铸钢件工厂，厂长为吴梦周。（李成海：《沈阳市成发铁工厂创业历史》，载辽宁省政协学习宣传和文史委员会编：《辽宁文史资料精萃 经济·文化·教育》，辽宁人民出版社 1999 年版，第 85 页）

"大陆铁工厂"，于 1932 年开业，经理为尹子宽。

兵器工业：

"奉天造兵所"。东三省兵工厂被日军占领后，初为关东军野战兵工厂，后以其为基础，于 1932 年 10 月建立奉天造兵所。在 1936 年 7 月成为特殊会社，主要由三井、大仓投资经营。（［日］関口壽一：『満洲經濟十年史』，興亞印刷株式會社，1942 年，第 302 頁）日军占领该厂后，"将原材料处与发电所一带，及厂南兵工粮栈、兵工医院、职员住宅楼房四栋、二台子仓库、三筒碑仓库、万泉园仓库、珠林寺仓库等，均划归八七九部队（即敌关东军兵器厂）分别利用"。（《中国近代兵器工业档案史料》编委会编：《中国近代兵器工业档案史料》，兵器工业出版社 1993 年版，第 1275 页）"又将原兵工学校，及厂南工人宿舍一部，划归满洲飞行机株式会社。原大东俱乐部，划归伪陆军卫生工厂。原总办官邸，及另住宅二栋，归敌宪兵队占用。原化验厂，划归陆军兵器厂。原草仓兵器库，划归伪陆军军械本厂。及原兵工小学，划归伪市府，改为城东国民优级小学。全厂范围较前缩小。"（《中国近代兵器工业档案史料》编委会编：《中国近代兵器工业档案史料》，兵器工业出版社 1993 年版，第 1275 页）可见，日军一方面强占了原东三省兵工厂的设备，并在此基础上建立新厂；另一方面肢解了原厂，将其分割吞并。奉天造兵所 1943 年 2 月公称资本 2 500 万元，实缴资本 2 500 万元，使用总额 6 177.3 万元。（东北财经委员会调查统计处编：《伪满时期东北厂矿基本资料·工厂篇之二·机械》，1949 年版，第 115 页）职工数 1940 年为 22 008 人，1941 年为 16 846 人，1942 年为 12 883 人，1943 年为 14 205 人。主要产品为轻机关枪、重机关枪、迫击炮和步枪等。1945 年生产能力为年产刺刀 120 000 把，轻机关枪 1 000 挺，重机关枪 500 挺，迫击炮 500 门，步枪 1 500 支，步枪弹 500 万发，重掷弹筒 400 门。此外，该厂在"牡丹江"和"间岛"还各有一分厂，其中"牡丹江"分厂年产步枪 15 000 支，"间岛"分厂年产步枪子弹 250 万发。（东北财经委员会调查统计处编：《伪满时期东北厂矿基本资料·工厂篇之二·机械》，1949 年版，第 115 页）

"满洲三菱机械株式会社"，位于奉天市铁西区，创办于 1935 年 11 月 20 日，主要股东为三菱财阀。1945 年 6 月公称资本 2 000 万元，实缴资本 200 万元，使用总额 3 489.9 万元。主要产品为一般机器、军需品和电机器械。职工数 1940 年为 1 939 人，1941 年为 1 902 人，1942 年为 2 121 人，1943 年为 3 219 人。其年生产量为 1943 年生产一般机器 2 900 吨，军需品 130 吨，发条 2 600 吨；1944 年生产一般机器 7 980 吨，军需品 130 吨，发条 2 500 吨。（东北财经委员会调查统计处编：《伪满时期东北厂矿基本资料·工厂篇之二·机械》，1949 年版，第 116 页）

"满洲金属工业株式会社"，建于 1937 年 7 月 2 日。"日本国内住友财团系统的军火商'大阪金属工业株式会社'以制造精密机器、冷冻机、不冻栓、铁轨用零件、兵器零件等为目的，创办此厂于奉天，1939年5月改制军火。"（东北财经委员会调查统计处编：《伪满时期东北厂矿基本资料·工厂篇之二·机械》，1949年版，第34页）该厂在1940年的生产能力为年产枪弹壳7万个，钢性生铁弹药6万个。（东北财经委员会调查统计处编：《伪满时期东北厂矿基本资料·工厂篇之二·机械》，1949年版，第34页）

"旭重工业株式会社"，创办于1941年6月，由日本人高瀬彰一建于奉天市。该厂专门制造各种军用马鞍及其他军用品。其产品主要供应日本关东军第918、879、439各部队使用。（东北财经委员会调查统计处编：《伪满时期东北厂矿基本资料·工厂篇之二·机械》，1949年版，第93页）该厂1941年的年生产能力为生产乘鞍5 000套，挽马具7 000套，驮马具10 000套，军用器材40 000个。（东北财经委员会调查统计处编：《伪满时期东北厂矿基本资料·工厂篇之二·机械》，1949年版，第93页）

"兴亚制作所"。前身为日本人金井于1917年5月在安东建立的"株式会社满鲜铁工所"，主要制造各种机械工具，九一八事变后成为日军的军火工厂。"1939年迁到沈阳，易名'兴亚制作所'，增资到50万元，继续制造各种军火——步枪OM弹，飞机零件等等。"（东北财经委员会调查统计处编：《伪满时期东北厂矿基本资料·工厂篇之二·机械》，1949年版，第112页）

"兴亚金属工业株式会社"，创办于1939年12月28日。1944年公称资本100万元，实缴资本100万元，主要股东为森真三郎。1941年有职工76人，1944年有职工89人。（东北财经委员会调查统计处编：《伪满时期东北厂矿基本资料·工厂篇之二·机械》，1949年版，第111

页）该厂主要生产飞机零件和各种军械零件。

"满洲火药工业株式会社"，前身为"满洲火药贩卖会社"。1935 年 11 月 1 日，伪满政府发布 129 号敕令，颁布了《满洲火药贩卖会社法》，依据此法建立了"满洲火药贩卖会社"。该社资本金为 50 万元，其中伪满政府出资 25 万元，其余 25 万元由奉天造兵所、"满铁""满炭"、昭和制钢所、本溪湖煤铁公司及大宗商品需求者均分出资。（［日］菊地主计：『満洲重要産業の構成』，東洋経済出版社，1939 年版，第 131 頁）该会社主要从事火药类的输入和贩卖，兼营火药的生产统制，命令特定的会社从事火药的制造。（满洲国通信社编：『满洲国现势』，满洲国通信社，1943 年，第 541 頁）"满洲火药贩卖会社"总社位于奉天，并于哈尔滨、图们和锦州等地设立了三个交易所。1941 年 1 月，由伪满政府和奉天造兵所、"南满火工品株式会社""满洲火药株式会社""满铁"、昭和制钢所、本溪湖煤铁公司等各会社共同出资 850 万元，于奉天市建立"满洲火药工业株式会社"，主要从事军用及民用类火药及其原料和材料的制造、贩卖、输入和输出及其附带的各种事业。（满洲国通信社编：『满洲国现势』，满洲国通信社，1943 年，第 541 頁）1941 年，奉天造兵所将火药制造移交给"满洲火药工业株式会社"。由于是特殊部门，所以业绩良好。关于其生产额从资金和过去的实际成绩推测应不低于 3 000 至 5 000 万日元。（［日］满史会编：『满洲开発四十年史』下卷，满洲开発四十年史刊行会，1964 年，第 504 頁）

"第三制造所"。鉴于在火药作业方面的缺乏，日军遂于 1939 年 11 月在辽阳唐户屯确定厂址，并于次年 5 月着手开始建设。初名第三制造所，隶属于"中央陆军兵器行政本部"。"至民国三十四年五月，直属于关东军，即改称为关东军火工厂，又名三八三部队工厂。"（《中国近

代兵器工业档案史料》编委会编：《中国近代兵器工业档案史料》三，兵器工业出版社 1993 年版，第 1280 页）

"陆军造兵厂技术部奉天派出所"。1938 年 5 月 21 日，日本陆军省派遣技师百余名，在沈阳建立陆军造兵厂技术部奉天派出所。后该厂本部移于沈北文官屯，并于次年 8 月 1 日更名为"陆军造兵厂南满工厂"。"迄至民国三十四年三月三十一日，转归关东军管辖，定名为关东军造兵厂，普通又称为满洲第九一八部队。"（《中国近代兵器工业档案史料》编委会编：《中国近代兵器工业档案史料》三，兵器工业出版社 1993 年版，第 1282—1283 页）该厂的主要产品为战车、炸弹、炮弹、火药、牵引车、军刀等，并于四平街设立分厂。

铁路车辆制造业：

"大连铁道工厂"，东北生产铁路车辆的主要工厂。九一八事变爆发后，东北的火车订单急剧增加。各方面的需求不仅要求生产客车货车，还需要生产特别列车、保温车、通风车、冷藏车，以及装甲列车、装甲汽车、验道车、军用冷藏车等军用物资直接为战争服务。为此，大连铁道工厂高速运转，生产了大量的军用物资，自身的规模和实力也急剧膨胀。至 1937 年 3 月末为止，公司住宅用地 90 842 坪，公司住宅户数 1 003 户，特别是建有单身宿舍 1 栋，会社住宅街道人口 4 806 人，紧邻的街道（原沙河口工厂墙外）有日"满"人口共计 76 427 人，形成了大的市区。（［日］满铁会编：『南满洲铁道株式会社第四次十年史』，龍溪书舍，昭和 61 年，第 238 页）工厂的设备和产值也继续增长，尤其是 1938 年后制造能力明显提高。"1938 年当时的主要设备，原动机 125 台、电力机械 112 台、机床 475 台、搬用机 253 台、测定机 162 台。制造和修理的产值从 1935 年至 1936 年出现暂时的减少，1937年开始再次增加，1938 年产值为 2 000 万日元，1939 年达到 4 000 万日元，以后实现飞跃式发展。"（［日］满史会编：『满州开发四十年史』下卷，满州开发四十年史刊行会，1964年，第502页）工厂还设立了职工见习培养机构，用于培养熟练技工。在1936年末，工厂有日本工人2 667人，中国工人2 250人，共计4 917人，其中包含临时工，但不包括见习工人及徒弟。至1944年9月末，工厂有日本工人2 516人，中国工人3 926人，合计6 442人，比1936年末增加了1 525人。（［日］满铁会编：『南满洲铁道株式会社第四次十年史』，龍溪书舍，昭和61年，第239页）这里中国工人的数量已经明显超过日本工人。另外，从总人数上看亦增长明显，这也表明该厂业务量有明显提高。伪满时期，"满铁"在奉天、长春、牡丹江、齐齐哈尔等地还设有铁道工厂。

"满洲车辆株式会社"，由日本车辆制造会社、日本车辆公司等8个会社共同出资2 000万日元设立，设有奉天总厂和大连分厂两个工厂，建于1938年，前身为皇姑屯机车车辆厂。"民国三十三年与旧满铁协议后，增资至三〇〇〇万圆，其中旧满铁投资占半数以上，故该厂实为旧满铁之车辆制造公司。"（东北物资调节委员会研究组编：《东北经济小丛书·机械》，京华印书局1948年版，第54页）1938年至1945年，该厂共生产机车126辆、客车181辆，沈阳厂生产货车2 834辆，大连厂生产货车3 917辆，合计7 058辆。（东北物资调节委员会研究组编：《东北经济小丛书·机械》，京华印书局1948年版，第55页）

"大连机械制作所"，创立于1918年。原以制造杂项机械和铸铁制品为主，1933年以后开始侧重于车辆制造。从1940年至1941年，新建了变电所，增设了客车工厂和迁车台，修建了铁道工厂、铸件工厂、锻造工厂，推进了以车辆为中心的经营事业。（［日］满史会编：『满州开发四十年史』下卷，满州开发四十年史刊行会，1964年，第503页）该厂设有大连总厂和沈阳分厂，其中大连总厂有职工5 400人。从1934

年至 1945 年为止，生产机车超过 261 辆，客车超过 463 辆，货车超过 12 079 辆。（东北物资调节委员会研究组编：《东北经济小丛书·机械》，京华印书局 1948 年版，第 56—58 页）

"满洲工厂"，前身为奉系军阀杨宇霆经营之大亨铁工厂，1934 年为日本国内野村财阀系统的根本富士雄所收购，遂改此名，主要制造车辆、桥梁、矿山机械等。"其后逐年扩充，1944 年时已成为日本财阀资本独占东北机械企业的主要组织。"（东北财经委员会调查统计处编：《伪满时期东北厂矿基本资料·工厂篇之二·机械》，1949 年版，第 23 页）该厂从 1936 年开始制造和修理车辆，并大幅增加资金，车辆设备逐渐完备，其年产货车约在 400 辆至 600 辆之间。但该厂并非专门制造车辆之工厂。

"大连船渠铁工株式会社"，主要以修造船舶为主，从 1929 年前后开始制造货车。"该厂又以客车之内部装修工作，与船舶之舱内工作，大致相同，故亦制造客车，民国三十年完成五辆，后因种种情形中辍。"（东北物资调节委员会研究组编：《东北经济小丛书·机械》，京华印书局 1948 年版，第 58 页）

"沼田机械工业株式会社"，为日本人沼田于 1936 年创办。1941 年改为股份有限公司，以制造各种矿山机械为主，其后开始制造各种蒸汽机车、搬运车等。"其厂址设于鞍山市南三番町，生产品为小型机车、搬运车、汽锅，其中，机车年产约 100 辆。"（东北物资调节委员会研究组编：《东北经济小丛书·机械》，京华印书局 1948 年版，第 61 页。）另据资料显示，1941 年生产小型蒸汽机车 6 辆，1943 年生产 48 辆，1944 年生产 68 辆。（东北财经委员会调查统计处编：《伪满时期东北厂矿基本资料·工厂篇之二·机械》，1949 年版，第 40 页）

"齐齐哈尔铁道工厂"，创建于 1935 年 2 月，位于齐齐哈尔站附近，利用齐齐哈尔机务段旧址建设了车间，购置了机器设备。"由于工厂狭窄，设施不全，作业效率不高，不能应付作业量的增加，自昭和 13 年起，着手五年计划工程。昭和 17 年 11 月 5 日开始修理机车，现正修建客货车修理车间。"（解学诗编：《满铁档案资料汇编》第五卷，社会科学文献出版社 2011 年版，第 581 页）

"牡丹江铁道工厂"，设立于 1940 年 6 月 1 日。1942 年 4 月 27 日开始修缮机车和货车。（解学诗编：《满铁档案资料汇编》第五卷，社会科学文献出版社 2011 年版，第 581 页）在 1945 年，牡丹江铁道工厂有建筑物 37 栋，工厂面积为 435 平方米，有从业人员 1 000 人，主要业务为机车、货车修缮及杂工作，机车维修能力为每年 220 辆，货车维修能力为每年 1 000 辆。（东北物资调节委员会研究组编：《东北经济小丛书·运输》，中国文化服务社沈阳印刷厂 1948 年版，第 186 页）

"哈尔滨铁道工厂"，于 1935 年被日伪接收，工厂名改为"北满铁路哈尔滨铁道工厂"，主要任务仍以机车、客车、货车修理为主，后被"三棵树铁道工厂"合并。

"三棵树铁道工厂"，于 1935 年开始着手建设。该厂原计划是作为以哈尔滨为中心的各线机车、客货车的修缮工厂，后赶上中东路的接收，又接收了哈尔滨铁道工厂，遂将该工厂改为机车专门工厂。至 1936 年末，已经完成了工厂事务所主要厂房、附带建筑物的建设，并配备了各种机器。"本厂建筑物的配制及厂内各项设施，集中了铁道省和在满铁道工厂的精粹，将以崭新的面貌出现，总建设费约 400 万元，拥有总业员 1 000 人，预定在昭和十二年 4 月 1 日开始营业。"（解学诗编：《满铁档案资料汇编》第五卷，社会科学文献出版社 2011 年版，第 579 页）在 1945 年，三棵树铁道工厂有建筑物 25 栋，工厂面积 400 平方米，从业人员 2 000 人，主要业务为机车修缮杂工作，机车维修能力为每年 300 辆。（东北物资调节委员会研究组编：《东北经济小丛书·运输》，中国文化服务社沈阳印刷厂 1948 年版，第 186 页）但总的说来，三棵树铁道工厂在东北车辆工厂中规模较小。

"奉天造兵所"，主要以制造兵器为主，制造货车为其副业，年产 100 辆左右。

造船工业：

"营口造船株式会社"，创办于 1941 年 4 月 30 日。主要股东为"营口纺织株式会社"和"三井造船株式会社"。在营口港缺乏制造和维修船舶的专业设施，主要依靠大连和日本。小型船舶以营口港为中心进行巡航，不仅缺乏耐航性、危险性大，而且巡航费用高、时间长，阻碍了物资输送的顺利进行。另外，伴随着"产业开发五年计划"的进行，营口港的重要性日益提升，日伪政府也认识到了它的重要性。（［日］满洲鑛工技術員協會编纂：『满洲鑛工年鑑』，東亞文化图書株式會社，1944 年，第 350 页）在此背景下，日伪政府命令扩充造船设备。该会社董事长为野口三郎，常务董事为井上武雄，董事为根本虎之助、成濑、武牧、重雄、原安三郎、井上辉夫、李子初，监察官为小川亮一、王翰生，大股东为铃木淳二。（［日］满洲鑛工技術員協會编纂：『满洲鑛工年鑑』，東亞文化图書株式會社，1944 年，第 350 页）1943 年公称资本 500 万元，实缴资本 250 万元，使用总额 286.9 万元。1944 年仅制造木船 50 只；1944 年后修建两个船渠，计划生产钢船 8 500 吨、木船 50 只，修理船 10 只。（东北财经委员会调查统计处编：《伪满时期东北厂矿基本资料·工厂篇之二·机械》，1949 年版，第 56 页）"至 1945 年，造船株式会社曾建造 200 吨及 500 吨水泥船各一艘，200 吨钢质船一艘，200 吨机帆船 60—70 艘，工人及劳工有 3 000 多人。"（孙嘉良主编：《辽宁近代船舶工业史料》，大连理工大学出版社 1994 年版，第 8

页）

"丹东造船厂"，始建于 1936 年 1 月。前身为日本军人武藤勘三创办的牡丹江株式会社安东造船所，主要为海上运输制造 200 吨级木质船。工厂的机构设置比较健全，有原木和制材 2 个系，4 个制材场，5 个造船课，1 个机械修理部，当时有职工万余人。（孙嘉良主编：《辽宁近代船舶工业史料》，大连理工大学出版社 1994 年版，第 8—9 页）

"旅顺船坞"，在伪满洲国建立后获得进一步的扩张。"到 1936 年，工场占地面积达 7.95 万平方米，车间由 12 个增加到 15 个，设备有 22 呎（670.56 厘米）车床、2 吨汽锤、交流电焊机、3.5 吨化铁炉、木材锯机等大型设备。"（孙嘉良主编：《辽宁近代船舶工业史料》，大连理工大学出版社，1994 年版，第 6—7 页）在 1936 年 7 月，旅顺船坞归日本海军要港司令部管辖，1937 年改名为日本海军工作部，1942 年又改名为日本镇海海军工作部。"日本投降前，该海军工作部占地 14.6 万平方米，其中生产建筑面积 2.53 万平方米。有大小船坞各 1 座，3 000 吨级船台 1 座。设机械、装配、锻造、焊接、铜工、铸造、木工、铁船、制罐、剪刨、模型、电气、小型蒸汽船等 13 个车间，共有机器设备 122 台；其中铸造车间能铸造 7 吨重的铁铸件和 4 吨重的铜铸件。"（《中国舰艇工业历史资料丛书》编辑部编纂：《中国近代舰艇工业史料集》，上海人民出版社 1994 年版，第 867 页）

"大连船渠铁工株式会社"（简称"大连船渠会社"）。1931 年 9 月 26 日，"满铁"的子会社"大连汽船株式会社"（简称"大汽"）在"满铁"的安排下吞并了"满洲船渠株式会社"，将之作为下属的船渠工场，后改为船渠部，下设大连工场和旅顺工场。1931 年的制造、修理生产额为 122 万元。（辽宁省统计局编：《辽宁工业百年史料》，辽宁省统计局印刷厂 2003 年版，第 278 页）由于世界性经济危机的影响，

"满洲船渠株式会社"的生产经营处于萧条之中。但在九一八事变后，由于日本的扩军备战和伪满洲国的成立，船渠工场的生产开始复苏，经营状况明显好转。"从1932年下半年起，伪满洲国陆续向大连工场订购警备艇、自动艇和车辆、桥梁、锅炉等产品，使大连工场的产品逐渐发展为五大品种，即修船、造船、车辆生产、陆用机械的制造和修理。"（《中国舰艇工业历史资料丛书》编辑部编纂：《中国近代舰艇工业史料集》，上海人民出版社1994年版，第873页）这说明，船渠工场受到伪满政府的大力扶植，它的经营种类多元化，更有利于适应当时市场的需要。1936年7月1日，旅顺工场被返还给日本海军要港部，而大连工场于1937年8月1日从"大汽"中分离出来成立大连船渠铁工株式会社而独立经营。（〔日〕满铁调查部资料课编：『關係會社統計年報（昭和12年度）』，南满洲铁道株式会社发行，昭和14年，第147页）大连船渠会社的营业种类主要包括：船舶、装置、车辆、诸机械、器具及其附属品，以及各种工业品的制造与修理；海难救助；前项附属业务。董事会主席安田柾，成立时公称资本为200万元。（〔日〕满铁调查部资料课编：『關係會社統計年報（昭和12年度）』，南满洲铁道株式会社，昭和14年，第145页）大连船渠会社主要股东为大连汽船株式会社和"满铁"。1942年2月公称资本1 000万元，实缴资本780万元。职工数为1941年8月有3 316人，1942年12月有3 652人。（东北财经委员会调查统计处编：《伪满时期东北厂矿基本资料·工厂篇之二·机械》，1949年版，第61页）该会社为日本商社制造货船，还为军队制造了一些大中型军用船只，以上这些船只完善了日本的海上运输体系，充实了日本的海防力量，增强了日本的整体军力。

"哈尔滨造船所"，前身为东北造船所，1933年3月改名为哈尔滨造船所，为哈尔滨水运局所管辖。1936年10月1日改为哈尔滨铁路局管辖，主要从事松花江上船舶（包括军船）的维修和小型船舶的制造。（［日］松本豐三编：『南满洲鐵道株式会社第三次十年史』，南满洲鐵道株式会社發行，昭和 12 年，第 1269 頁）在 1934 年下设庶务股、会计股、计划股、材料股、造船厂和造机厂等四股二厂。

"大连木造船制作所"。1943 年 4 月 3 日，"满铁"还在大连设立了木造船制作所，制造木船，以适应海运紧张的局势，有助于增强海运。（苏崇民编：《满铁档案资料汇编》第六卷，社会科学文献出版社 2011 年版，第 44 页。）日本大量制造木船，说明其运输能力严重不足，显示其对外战争已经力不从心。

"森崎造船所"，由森崎印太郎于 1931 年创办，其女婿乔口为二柜。初期雇佣中国工人 20 余人，最多时达 40 余人。"经营初期修理舢板，后期修造木壳船只。"（大连渔轮公司厂志办：《从关东造船实业组合到关东造船株式会社》，载政协大连市西岗区委员会文史资料委员会编：《西岗文史资料》第三辑，旅顺包装装潢印刷厂 1991 年版，第 149 页）

"小林造船所"，由小林繁雄于 1937 年创办。主要修理小型木帆船。

"金田造船所"，前身为松江造船所，后由金田邦彦掌权，1932 年 1 月更名为金田造船所。"雇用中国工人多达三十余人，1937 年达到五十余人。"（大连渔轮公司厂志办：《从关东造船实业组合到关东造船株式会社》，载政协大连市西岗区委员会文史资料委员会编：《西岗文史资料》第三辑，旅顺包装装潢印刷厂 1991 年版，第 151 页）主要修理和建造大型风船。

"需和富造船所"，由木工需和富创办，成立年代不详。"雇用工人十余人，主要修理船上的机器活。"（大连渔轮公司厂志办：《从关东造船实业组合到关东造船株式会社》，载政协大连市西岗区委员会文史资料委员会编：《西岗文史资料》第三辑，旅顺包装装潢印刷厂 1991 年

版，第 151 页）

　　"关东造船实业组合"。太平洋战争爆发后，"关东州"政府决定建造木壳船只代替钢壳船只（当时钢材严重缺乏），故于 1942 年春组织大连黑嘴子、小平岛、老虎滩等地的 18 家造船所、电器所、铁工所等组成了关东造船实业组合，前述森崎造船所、铃木造船所、才野造船所、川本造船所、小林造船所、山口造船所、金田造船所、仓本造船所、小金丸造船所、需和富造船所等均被囊括在内，铃木政行任组合长，木村为秘书，各造船所掌柜为理事。1944 年福昌公司出股的日本洋行也加入了组合，同年 2 月改组为关东造船株式会社。福昌公司社长相生常三郎兼任关东造船株式会社社长，原组合长铃木政行任专务董事。会社下设专务董事、常务董事、监察官、八大课、八大造船现场，工人多达两三万人，驻场部队为 688 部队。（大连渔轮公司厂志办：《从关东造船实业组合到关东造船株式会社》，载政协大连市西岗区委员会文史资料委员会编：《西岗文史资料》第三辑，旅顺包装装潢印刷厂 1991 年版，第152 页）

　　航空工业：

　　"满洲航空工厂"。1933 年 9 月 25 日"满洲航空株式会社"（简称"满航"）成立，郑垂任社长，儿玉常雄任副社长。根据会社章程，其经营的事业包括飞机的制造和修理。为此，"满航"成立了"满洲航空工厂"，后者作为"满航"的附属机关而存在。在成立之初，工厂下设技术科、工务科和庶务科，厂长是永渕三郎，包括试用人员在内，共计255 人。（［日］满洲航空史話编纂委员会编：『满洲航空史話』，满洲航空史話编纂委员会发行，昭和 47 年，第 96 页）工厂制定了第一次生产计划，包括：在会社用机制造和修理方面，对于高级机，一年大修中修 16 架，新制 11 架，小修和逐一检查每月 14 架；对于朱庇特型和寿型发动机，每月大修 4 台，定期完成 8 台，安装发动机 12 台。在军用机修理方面，八八式侦察机和轻爆机，每月合计制造 5 架；贝式和朱庇特式发动机每月合计制造 5 台。（［日］满洲航空史話编纂委员会编：『满洲航空史話』，满洲航空史話编纂委员会發行，昭和 47 年，第 97 頁）1933 年 10 月，该厂制成了两架被称为"满航式一型"的飞机，其命名和升空仪式于 10 月 5 日举行，关东军参谋长小矶国昭等人出席仪式。（［日］满洲航空史話编纂委员会编：『满洲航空史話』，满洲航空史話编纂委员会發行，昭和 47 年，第 97 頁）"1935 年，这个工厂兼修理日本陆军的飞机，其后并开始制造陆军用机，设备亦逐渐扩充。"（东北财经委员会调查统计处编：《伪满时期东北厂矿基本资料·工厂篇之二·机械》，1949 年版，第 107 页）该厂后被改组为"满洲飞行机制造株式会社"。

"满洲飞行机制造株式会社"（简称"满飞"），创办于 1938 年 6 月 20 日。1938 年"满业"投资 2 000 万元建立"满飞"。"满飞"还获得三菱、中岛等日本企业的技术援助，能够进行更正式的飞机制造，其工厂设备水平也实现显著提高。（［日］關口壽一：『满洲經濟十年史』，興亞印刷株式會社，1942 年，304 頁）"满飞"理事长为高碕达之助，小川淑一为常务理事。"太平洋战争以后'满飞'在沈阳浑河区新建一厂，在 1944 年冬将要完工时，连遭轰炸，设备半毁，于是'满飞'再不敢在沈阳设厂，并决定将主要设备疏散到各地方，避免集中损失。"（东北财经委员会调查统计处编：《伪满时期东北厂矿基本资料·工厂篇之二·机械》，1949 年版，第 107 页）这反映了在伪满末期"满飞"的发展遭遇一系列挫折。"满飞"下设五厂，沈阳总厂、沈阳特厂、哈尔滨一厂、哈尔滨二厂、公主岭厂，其中在"八一五"前沈阳厂有职工 4 813 人，公主岭厂有职工 2 150 人，哈尔滨厂有职工 4 935 人，合计达 11 898 人。（东北财经委员会调查统计处编：《伪满时期东北厂矿基本资料·工厂篇之二·机械》，1949 年版，第 107 页）在 1945 年其生产能力为高等练习机（低翼单叶全金属）每月 150 架，高等练习机（低翼单页木金混用）50 架，八四重战斗机每月 50 架，八三甲型 450 马力发动机每月 250 台，八一二型 1 500 马力发动机每月 120 台。（东北财经委员会调查统计处编：《伪满时期东北厂矿基本资料·工厂篇之二·机械》，1949 年版，第 107 页）1945 年 1 月，"满飞"再次改名为"航空工厂"。（［日］满洲航空史話编纂委員会编：『满洲航空史話』，满洲航空史話编纂委員会發行，昭和 47 年，第 99 页）"满飞"作为垄断性的国策会社获利丰厚。在 1941 年"满飞"尚亏累计 126.4 万元，但到了 1942 年，不但弥补上历年亏空，反盈利达 575.4 万元之多。（东北财经委员会调查统计处编：《伪满时期东北厂矿基本资料·工厂篇之二·机械》，1949 年版，第 107 页）显然，这种暴利都是建立在对东北人民残酷剥削之上的。

"协和工业株式会社"。1937 年"伊藤忠会社"以 35 万元资本创立了这个公司，1938 年增资到 500 万元，主要股东为日本国内的"不二越钢材株式会社"。1939 年三度增资后，大股东则是"营口纺织株式会社"。（东北财经委员会调查统计处编：《伪满时期东北厂矿基本资料·工厂篇之二·机械》，1949 年版，第 109 页）该厂 1941 年有职工 889人，1942 年有职工 725 人，1943 年有职工 738 人。（东北财经委员会调查统计处编：《伪满时期东北厂矿基本资料·工厂篇之二·机械》，1949 年版，第 109 页）

"合资会社满洲工作所"，1932 年 3 月由弓场长太郎创立。该厂1940 年有职工 402 人，1941 年有职工 439 人，1945 年有职工 278 人。（东北财经委员会调查统计处编：《伪满时期东北厂矿基本资料·工厂篇之二·机械》，1949 年版，第 110 页）1945 年该厂生产 8 吨压路机 1部，12 吨压路机 1 部，木制炭车 100 辆，水管式锅炉 3 部。（东北财经委员会调查统计处编：《伪满时期东北厂矿基本资料·工厂篇之二·机械》，1949 年版，第 110 页）

重要人物索引

本书涉及众多历史人物，为便于查阅，将其中 138 人的简要信息分列如下：

武部六藏，曾任"关东局"总长、日本企划院次长、伪满洲国国务院总务厅长官等职。（绪论，第一章第三节，第三章第三节，第七章第二节。）

古海忠之，曾任伪满洲国国务院经济部次长、伪满洲国总务厅次长。（绪论，第三章第三节，第五章第一节、第二节，第六章第二节、第四节、第五节，第七章第一节。）

岐部与平，曾任哈尔滨电政管理局局长、吉黑邮政管理局局长、"牡丹江省"次长、"东安省"省长、伪满政府总务厅参事官、"间岛省"省长等职。（绪论。）

中井久二，曾任伪满洲国锦州地方法院审判官、司法矫正总局局长。（绪论。）

三宅秀也，曾任"热河省"公署警务厅警务科科长、伪治安部警务司警务科人事股股长、"奉天省"警务厅厅长。（绪论。）

堀口正雄，曾任"新京"宪兵队敦化宪兵分队长、牡丹江宪兵队牡丹江宪兵分队长。（绪论。）

河本大作，曾任日本关东军高级参谋，陆军大佐。（第一章第一节，

712

金泽武文，丰满警察署特务系主任。（第三章第二节。）

王正黼，中国采矿专家，曾任辽宁本溪湖煤铁公司总工程师兼制铁部部长、东北矿务局总办等职。（第三章第二节，第五章第二节。）

吴俊升，黑龙江督军兼省长。（第三章第三节。）

李济东，民国时期抚顺县县长。（第三章第三节。）

梅野实，抚顺煤矿矿长。（第三章第三节。）

王镜寰，中国外交部特派员辽宁交涉员。（第三章第三节。）

林久治郎，日本驻奉天总领事。（第三章第三节。）

山本条太郎，"满铁"总裁。（第三章第三节。）

阿部良之助，"中央试验所"燃料课课长。（第三章第三节。）

渡边猪之助，"满铁"技术研究所所长。（第三章第三节。）

冈田启介，日本海军大臣。（第三章第三节。）

大角岑生，日本海军次长。（第三章第三节。）

池田岩三郎，日本海军省军需局长，海军中将。（第三章第三节。）

青山秀三郎，东京大学教授。（第三章第三节。）

大村卓一，"满铁"总裁。（第三章第三节。）

松冈洋右，"满铁"总裁。（第三章第三节。）

久保孚，"满铁"抚顺煤矿矿长。（第三章第三节。）

深山达藏，石炭液化厂厂长。（第三章第三节。）

水谷光太郎，日本海军中将，"满铁"顾问、海军燃料厂厂长。（第三章第三节。）

藤田尚德，日本海军省次官。（第三章第三节。）

林博太郎，"满铁"总裁。（第三章第三节。）

张锡銮，奉天都督。（第三章第二节，第四章第一节。）

于冲汉，老牌汉奸，伪满洲国首任监察院院长。（绪论，第四章第一节。)

佐藤安之助，"满铁"奉天公所所长。（第四章第一节。）

周自齐，中华民国农商部总长。（第四章第一节。）

金邦平，中华民国农商部次长。（第四章第一节。）

张轶欧，中华民国农商部矿政司司长。（第四章第一节。）

中村是公，"满铁"总裁。（第四章第一节。）

中村雄次郎，"满铁"总裁。（第四章第一节。）

八田郁太郎，鞍山制铁所首任所长。（第四章第一节。）

大仓喜七郎，本溪煤铁有限公司社长。（第四章第一节。）

于静远，伪满洲国监察院首任院长于冲汉之子，曾任伪满洲国"新京"特别市市长、伪产业部大臣、伪兴农部大臣、伪民生部大臣、伪经济部大臣等职。（绪论，第四章第一节。）

杜重远，奉天肇新窑业公司创始人。（第四章第三节。）

马子余，惠东窑业工厂经理，他还经营宏达窑业工厂和东昇窑业工厂。（第四章第三节。）

周濂，国民革命军东北讲武学堂教育长、副监。（第一章第一节，第四章第三节。）

金恩祺，字哲忱，八王寺啤酒汽水公司董事长。（第一章第一节，第四章第三节。）

山西恒郎，"满洲矿业开发株式会社"理事长。（第五章第一节。）

陈昭常，清末督办边务。（第五章第一节。）

郭松龄，曾任奉军第八旅旅长、奉军第三军副军长等职。（第五章第二节。）

吉原大藏，"满铁"吉林分所所长。（第五章第二节。）

韩效忠，采金把头，原名显忠，原籍山东，移居复州，控制夹皮沟金矿，时人称"韩边外"。（第五章第二节。）

韩绣堂，夹皮沟金矿韩家第四代族长。（第五章第二节。）

韩锦堂，韩绣堂的堂兄，曾任夹皮沟金矿韩家的代理族长。（第五章第二节。）

姜渭卿，韩家老臣。（第五章第二节。）

田文烈，民国政府农商总长。（第五章第二节。）

曹汝霖，民国政府财政总长。（第五章第二节。）

卢元善，伪满文教部大臣兼协和会中央本部副本部长。（第五章第二节。）

荣臻，东北边防军司令长官公署参谋长。（第五章第二节。）

张作相，吉林省政府主席。（第五章第一节、第二节。）

万福麟，黑龙江省政府主席。（第五章第二节。）

汤玉麟，"热河省"政府主席。（第五章第二节。）

张振鹭，辽宁省财政厅厅长。（第五章第二节。）

李法权，奉天市市长。（第五章第二节。）

张学良，国民革命军将领，奉系军阀首领张作霖的长子，东北保安军总司令，中华民国陆海空军副司令。（第一章第一节，第四章第三节，第五章第二节，第六章第一节、第二节、第五节。）

臧士毅，曾任伪满民政部部长、伪奉天省省长。（第五章第二节。）

阮振铎，伪满洲国经济部大臣。（第三章第三节，第五章第二节。）

杨宇霆，历任奉军参谋长、东北陆军训练总监、东三省兵工厂总办、奉军第三和第四军团司令、江苏军务督办、安国军参谋总长、东北政务委员会委员、国民政府委员等职。（第六章第一节、第二节、第三节。）

张本政，政记铁工厂主要股东，大连政记轮船股份有限公司总经

四节。）

魏源，曾任高邮知州。（第六章第四节。）

丁日昌，曾任福州船政大臣、福建巡抚等职。（第六章第四节。）

李鸿章，淮军，北洋水师的创始人和统帅、洋务运动领袖、晚清重臣、直隶总督。（第六章第四节。）

盖尔贝次，中东铁路公司副董事长。（第六章第四节。）

岩藤与十郎，"株式会社川崎造船所大连出张所"所长。（第六章第四节。）

沈鸿烈，东北航务局董事长。（第六章第四节。）

宋式善，东北航务局董事。（第六章第四节。）

邢契莘，曾任东北造船所所长、东北航空工厂厂长等职。（第六章第四节、第五节。）

安田柾，大连船渠铁工株式会社董事会主席。（第六章第四节。）

森崎印太郎，创办森崎造船所。（第六章第四节。）

小林繁雄，创办小林造船所。（第六章第四节。）

相生常三郎，福昌公司社长兼关东造船株式会社社长。（第六章第四节。）

黄富俊，伪满洲国兴农部大臣。（第六章第四节。）

于镜涛，伪满洲国奉天省省长，伪国民勤劳部大臣。（第六章第四节。）

张焕相，军事参议官，东北航空军代理司令。（第六章第五节。）

本庄繁，日本陆军大将，关东军司令官。（结论。）

西尾寿造，日本陆军大将，参谋本部参谋次长。（第六章第五节。）

梅津美治郎，日军陆军大将，曾任陆军次长、关东军司令官等职。（第一章第三节，第六章第五节，第七章第二节。）

后　记

　　2008 年 7 月，我博士毕业后入职哈尔滨师范大学，继续我的科研生涯。在从事通史研究的同时，我逐渐意识到地方史研究的重要性和优势所在。首先，地方史研究有助于史学工作者担负起繁荣地方文化的学术重任。东北和中原地区相比，在历史的悠久程度和文化的厚重方面略显逊色。但东北亦是物华天宝、地杰人灵之地，有一定的文化积淀和人文气息。这就需要史学工作者深入挖掘，不断探索，从而使东北的文化更加繁荣昌盛。其次，地方史研究能够发挥史学工作者学术戍边的历史担当。由于历史和地理原因，近代以来东北成为周边列强必争之地，也曾几度失而复得，且至今仍同周边国家有一定的领土纠纷。这就需要史学工作者从学术角度进行论证，进而维护国家的安全和统一。再次，地方史研究更能体现史学工作者经世致用的人文关怀。历史研究往往关注于过去的人和事，但地方史研究由于空间关系更接近于关注我们身边的人，身边的事，身边的环境，以及身边的文化。由于文化传承和历史因袭的关系，这种研究往往与我们的现实生活密切相关。因此，这种研究更能体现以史为鉴、学以致用的史学功能。最后，地方史研究还享有天时、地利、人和之便。当前国家和地方政府都重视地方史研究，在国家社科基金项目和省社科基金项目的资助方面有一些倾斜政策，尤其是后者更是重点关注于此，是为天时。历史学是材料科学，史料是研究的来

720

源和关键。地方史资料多存于地方图书馆、地方档案馆、地方院校和地方科研院所中，在当地查阅这些资料省去长途跋涉之苦，是为地利。目前，鉴于各种原因，许多重要资料处于封闭或半公开状态，地方学者长期在当地工作，对当地的情况比较了解，也易于利用自身的学术资源获取资料，从而实现学术上的弯道超车，是为人和。总之，地方史研究是一个学术宝库，有着取之不尽用之不竭的资料来源和选题优势，这些都坚定了我从事地方史研究的意志。故从2010年起我开始进行全面转型，将研究领域聚焦于伪满洲国史范畴。这既属于具有浓郁乡土情结的地方史，也与我曾经学习的日本史专业相契合。在此过程中，我还受到哈师大李淑娟教授的启示和鼓励，这些都增强了我研究伪满洲国史的决心和信心。

抚今追昔，我从事伪满洲国史研究已十载有余，虽无小成，但亦颇有心得。伪满洲国史研究是一门显学，它既属于典型的东北地方史，又与日本史（世界史）、中日关系史、日本侵华史相交叉。此外，它还与七十多年前那场改变中国人民历史命运乃至世界历史进程的第二次世界大战密切相关，亦与许多现实问题如历史观问题、日本在华遗孤问题、细菌战问题、劳工问题、慰安妇问题等息息相关。但遗憾的是，目前国内关于伪满洲国史研究虽然取得了一部分成果，但仍有很大的拓展空间，尤其是与日本学界的互动交流还远远不够，这导致双方的研究无法对接或达成共识，显然这不利于完成史海钩沉的历史使命。

2012年我有幸进入作为中国哲学社会科学研究最高殿堂的中国社会科学院近代史研究所进行博士后工作学习，在导师王建朗研究员的指导下确定了以"伪满洲国工业史"作为研究选题，从此开始了长达近十年的科研攻关，本书正是对我从事伪满洲国史和伪满洲国工业史研究的一个总结和回顾。它历经博士后出站报告的打磨，获得国家社科基金和国家出版基金的资助，中间因事多次短暂中辍，又多次补充，前后历时近十载，始获完成。在此过程中，我感受到古人"十年磨一剑"的艰辛，对朱熹"问渠那得清如许？为有源头活水来"的为学创新之道有了进一步的理解，也对"治学不为媚时语，独寻真知启后人"的学者风骨有所领悟，更充满对张载"为往圣继绝学"的一种期许。最后在 2020 年初又遭遇新冠疫情，封闭禁足，以古人"雪夜闭门读禁书"的状态实现学术冲刺，完成书稿。握笔沉思，我的为学之路布满荆棘，但亦有惊喜，如攀高峰，每登一级，总能看到不同的风景。在我为学之路上，我最应该感谢的就是我的几位恩师。田富恩师（吉林师范大学）对我的学术之路的开启，陈景彦师（吉林大学）对我学术之路的引领，王建朗师（中国社会科学院近代史研究所）对我学术之路的助推，都是我从事学术研究的重要动力和宝贵财富。师恩难忘，恩泽浩荡，弟子无以为报，唯有在为学之路上不懈努力，上下求索，方不负三位恩师的厚爱与提携。

此外，本书在写作过程中得到黑龙江省社会科学院王希亮研究员的悉心指导和点拨，黑龙江人民出版社李庭军老师、姜新宇编辑也为本书的完成做了大量细致的工作，哈尔滨师范大学张晓校教授也为本书建言献策，正是由于他们的付出和帮助，此书才得以顺利出版，在此一并感谢！

2021 年是九一八事变爆发 90 周年，本书可以看作是纪念此事件的一份献礼，借以悼念那些在此事件中牺牲的中国人民，歌颂那些在此事件中勇于抗争的中国军民。无数事实证明，中国人民是伟大的，是压不倒打不垮的，胜利终将属于中国人民，中华民族必将以伟大的姿态屹立于世界民族之林！

孙瑜于陋室